高等学校教材

理论力学

第2版

○ 主　编　李永强
○ 副主编　张智慧　张英杰

中国教育出版传媒集团
高等教育出版社·北京

内容提要

本书在第1版的基础上参照教育部高等学校工科基础课程教学指导委员会编制的《高等学校工科基础课程教学基本要求》中"理论力学课程教学基本要求(A类)"修订而成,仍保持了前版特点:编写上注重基本概念与基本方法的阐述,并引入工程领域的实例及与工程相关的算例和习题,以培养学生的工程应用能力。

全书共14章,包括静力学(静力学的基本概念与公理、力系的简化、力系的平衡)、运动学(点的运动学、刚体的简单运动、点的合成运动、刚体的平面运动)和动力学(质点动力学基本方程、动量定理、动量矩定理、动能定理、达朗贝尔原理、虚位移原理、机械振动基础)。每章后有小结、思考题和习题。本书配有电子作业本,可实现在线作业功能。

本书可作为高等学校工科专业理论力学课程的教材,也可供相关爱好者自学。

图书在版编目(CIP)数据

理论力学 / 李永强主编 ; 张智慧, 张英杰副主编 . 2版 . -- 北京 : 高等教育出版社, 2025. 9. -- ISBN 978-7-04-064662-7

Ⅰ. O31

中国国家版本馆 CIP 数据核字第 2025AN1954 号

LILUN LIXUE

策划编辑 赵向东　责任编辑 赵向东　封面设计 张申申　版式设计 于 婕
责任绘图 裴一丹　责任校对 胡美萍　责任印制 赵 佳

出版发行	高等教育出版社	网　　址	http://www.hep.edu.cn
社　　址	北京市西城区德外大街4号		http://www.hep.com.cn
邮政编码	100120	网上订购	http://www.hepmall.com.cn
印　　刷	涿州市星河印刷有限公司		http://www.hepmall.com
开　　本	787mm×1092mm　1/16		http://www.hepmall.cn
印　　张	21.25	版　　次	2018年3月第1版
字　　数	470千字		2025年9月第2版
购书热线	010－58581118	印　　次	2025年9月第1次印刷
咨询电话	400－810－0598	定　　价	49.80元

物 料 号　64662-00

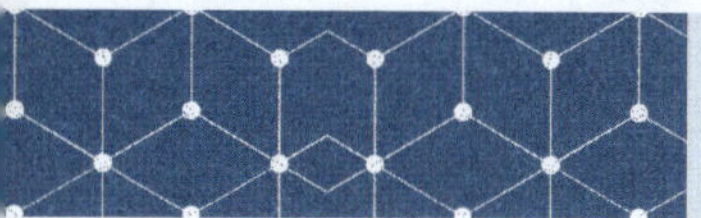

理论力学

第2版

1 计算机访问https://abooks.hep.com.cn/64662，或手机扫描二维码，访问新形态教材网小程序。

2 注册并登录，进入“个人中心”，点击“绑定防伪码”。

3 输入教材封底的防伪码（20位密码，刮开涂层可见），或通过新形态教材网小程序扫描封底防伪码，完成课程绑定。

4 点击“我的学习”找到相应课程即可“开始学习”。

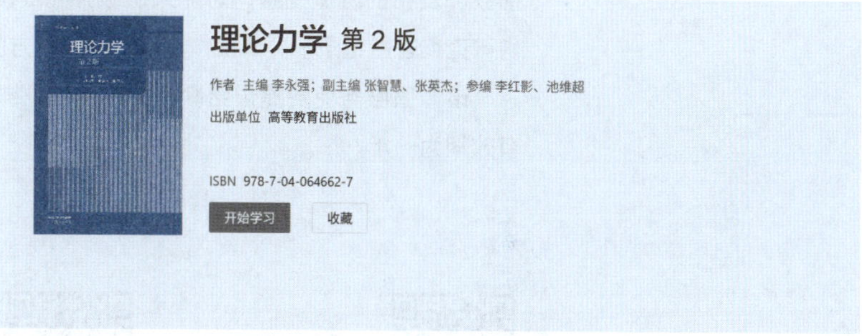

受硬件限制，部分内容无法在手机端显示，请按提示通过计算机访问学习。

如有使用问题，请发邮件至abook@hep.com.cn。

https://abooks.hep.com.cn/64662

电子作业本增值服务使用说明

本书每一章后的习题同时以在线作业的形式给出，所有教材用户均可扫描习题二维码查看全部在线试题，提交后即可查看参考答案及部分重点、难点和典型习题的解答提示。详细的解答过程，可进一步参看与本书配套的《理论力学习题全解》。

如需使用电子作业本功能，教师可通过扫描习题二维码进行实名教师认证后进入“爱习题测评系统”，该系统支持班级管理、作业发布等教学活动；学生通过扫描教师发布的班级二维码可加入班级并完成教师布置的在线作业。教师和学生均可查询答题记录。具体操作步骤可扫描下方的二维码观看。

该增值服务免费提供给教材用户使用。绑定书后防伪码成功后，该增值服务有效期为一年。

学生如何使用
电子作业本

新形态教材网
电子作业本使用指南

第2版前言

本书第1版自2018年出版以来，承蒙广大师生和读者的支持与厚爱，被国内外多所高校选作教材或参考用书。理论力学作为经典力学的核心分支，其教学理念与方法始终与时俱进。近年来，学科交叉融合加速，工程技术需求升级，课程思政建设也对高等教育提出了更高要求。为适应新时代人才培养目标，反映学科前沿动态，落实立德树人根本任务，我们对全书进行了全面修订与创新升级。

本书在修订过程中坚持“知识传授+能力培养+价值塑造”三位一体的编写理念，既注重逻辑扮演的严密性，也强调力学理论与人文精神的共鸣。

本书分为静力学、运动学和动力学三篇，共14章，由东北大学和辽宁工程技术大学共同编写，参加编写工作的有李永强（绪论，第4、5、6、7章）、张英杰（第3、8、9章）、李红影（第10、11、12章）、池维超（第1、2章）和张智慧（第13、14章）。全书由李永强统稿。

本书的出版得到了东北大学“百种优质教材建设”项目的资助和东北大学理学院力学系全体教师的全力支持，谨致谢意。

哈尔滨工业大学曾凡林教授仔细审阅了本书，并提出了宝贵意见，在此表示衷心感谢。

由于编者水平所限，书中难免有不妥之处，恳请读者批评指正。反馈的意见或建议请发至 yqli@ mail. neu. edu. cn。

编者

2025年2月

第1版前言

理论力学作为高等学校本科相关专业的基础课程，是培养学生工程应用分析能力和科学研究素养的重要课程。本书主要参照教育部高等学校力学基础课程教学指导委员会制订的“理论力学课程教学基本要求（A类）”进行编写。在编写过程中力求做到理论严谨、逻辑清晰、由浅入深、论述简明。在每章之后附有小结、思考题和习题，便于自学。本书注重基本概念与基本方法的阐述，并引入工程领域的实例及与工程相关的算例和习题，以培养学生的工程应用能力。

本书编写过程中主要进行了三方面改革。首先，引入了增强现实技术（AR），书中带有“”图标的插图，均可通过手机扫描观看相关动画资源；其次，为了便于读者自学，能够快速掌握章节的重点，对文字和插图中的重点部分利用双色印刷进行了标注，使重点更加突出；最后，为了使本书生动逼真，大部分插图采用三维绘制。

本书分为静力学、运动学和动力学三篇，共14章，由东北大学理学院力学系理论力学教研室编写，参加编写工作的有李永强（绪论、第4、5、6、7章），张英杰（第3、8、9、13、14章），李红影（第10、11、12章）和池维超（第1、2章）。全书由李永强统稿，担任主编，张英杰任副主编。

本书的全部插图原稿由程皖东、王世雄、杨洪朋三位本科生绘制，其中王世雄、杨洪朋负责三维图形制作，程皖东负责二维图形制作。

本书的出版得到了东北大学“百种优质教材建设”项目的资助和东北大学理学院力学系全体教师的全力支持，谨致谢意。

浙江大学庄表中教授仔细审阅了本书，并提出了宝贵意见，在此表示衷心感谢。

由于编者水平所限，书中不妥之处，恳请读者批评指正。书中利用AR技术进行辅助教学，对我们来说，尚属首次，难免有不足之处，但其内容可以随时进行修改，欢迎读者提出宝贵意见和建议（yqli@ mail.neu.edu.cn），在此致谢。

编者

2017年10月于沈阳

目录

第二篇　运　动　学

绪论

§0-1 理论力学的研究对象

理论力学是研究物体机械运动一般规律的一门科学。

所谓机械运动，是指物体在空间的位置随时间变化的过程。机械运动是自然界和工程技术中最为常见的一种运动。平衡是机械运动的特殊情况，理论力学也研究物体的平衡问题。

理论力学研究的内容是速度远小于光速的宏观物体的机械运动，它以伽利略和牛顿所建立的基本定律为基础，属于古典力学的范畴。由于近代物理学的重大发展，人们发现，许多力学现象不能用古典力学加以解释。对于速度接近于光速的物体以及微观粒子的运动，则需要用相对论和量子力学的观点才能合理解释。这说明了古典力学的局限性。但是，对于速度远小于光速的宏观物体的运动，古典力学具有足够的精确性。同时，在古典力学基础上诞生的各种近代力学也正在迅速发展。因此，无论是在现代科学技术的研究中，还是在众多工程实际和日常生活的应用中，理论力学都具有非常重要的作用。

§0-2 理论力学的任务及其研究内容

理论力学是一门理论性较强的课程。学习本课程的任务是：一方面，学会运用力学基本知识直接解决工程实际问题；另一方面，为一系列后续课程，如材料力学、结构力学、弹塑性力学、流体力学、机械原理、机械零件、飞行力学、振动理论、断裂力学及许多专业课程等的学习奠定坚实的理论基础。

本课程的内容包括以下三部分：

静力学——研究物体的平衡规律，同时也研究力的一般性质及其合成法则；

运动学——研究物体运动的几何性质，而不考虑物体运动的原因；

动力学——研究受力物体的运动变化与作用力之间的关系。

§0-3 理论力学的研究方法

科学研究的过程，就是认识客观世界的过程。理论力学的研究方法符合辩证唯物主义认识论的实践、认识、再实践的循环发展过程。

观察和实验是理论发展的基础。通过观察生活和生产实践中的各种现象，进行无数次的科学实验，经过分析、综合和归纳，总结出力学的公理和最基本的概念和定律。如力、力矩、加速度等概念，动力学三大定理等，都是在大量实践和实验的基础上经分析、综合和归纳得到的。

通过抽象化建立力学模型。客观事物总是复杂多样的，当我们在实践中获得大量资料之后，必须根据所研究问题的性质，抓住主要的、起决定性作用的因素，撇开次要的、偶然的因素，深入事物的本质，了解其内部联系，这就是力学中普遍采用的抽象化方法。例如，在研究物体机械运动时，忽略物体的变形，就得到刚体的模型；在另一些问题中，忽略物体的大小和形状，就得到质点的模型等。一个物体究竟应该作为质点还是作为刚体来看待，主要取决于所讨论问题的性质，而不是取决于物体本身的大小和形状。例如机器上的零件，尽管尺寸不大，但是当要研究它的运动时，就必须将其视为刚体。一列火车虽然很长，但当我们考察其沿铁路运行的距离、速度和加速度时，却可以将其作为一个质点来看待。即使同一个物体，在不同的问题里，随着问题性质的不同，有时可作为质点，有时则要作为刚体。例如当研究地球绕太阳公转的运行规律时，可以将地球看作质点，而当考察地球的自转时，却必须将地球看作刚体。

在建立力学模型的基础上，从基本定律出发，用数学演绎和逻辑推理的方法，得出正确的具有理论意义和实用价值的定理和结论，在更高的水平上指导实践，推动生产的发展。

数学方法在理论力学的发展中起了重要的作用。随着计算机技术的快速发展和广泛应用，它不仅能够高效处理力学研究中复杂的数值计算问题，而且在逻辑推理、公式推导等领域展现出强大的辅助功能。

从实践中得到理论，再将理论运用于实践，以此来解释世界、改造世界，并使理论不断得到验证和发展，理论力学便不断趋于完善。

§0-4 力学的发展简史

力学知识最早起源于对自然现象的观察和在生产劳动中总结的经验。人们在建筑、灌溉等劳动中使用杠杆、斜面、汲水器具，逐渐积累起对平衡物体受力情况的认识。古希腊的阿基米德对杠杆平衡、物体重心位置、物体在水中受到的浮力等做了系统研究，总结它们的基本规律，初步奠定了静力学平衡理论的基础。古代人们还从对日、月运行的观察和弓箭、车轮等的使用中了解到一些简单的运动规律，如匀速的移动和转动。但是对力和运动之间的关系，则是在欧洲文艺复兴时期以后才逐渐有了正确的认识。伽利略在实验研究和理论分析的基础上，最早阐明自由落体运动的规律，提出加速度的概念。牛顿继承和发展了前人的研究成果，提出了物体运动三定律。伽利略、牛顿奠定了动力学的基础。牛顿运动定律的建立标志着力学开始成为一门科学。此后，力学的进展在于它所考虑的对象由单个的自由质点转向受约束的质点和受约束的质点系，这方面的标志是达朗贝尔原理的提出和拉格朗日分析力学的建立。欧拉又进一步把牛顿运动定律推广，用于刚体和理想流体的运动方程。欧拉建立理想流体的力学方程可看作连续介质力学的创举。在此以前，有关固体的弹性、流体的黏性、气体的可压缩性等物质属性方程已经陆续建立。运动定律和物性定律这两者的结合，促使弹性固体力学基本理论和黏性流体力学基本理论孪生于世，在这方面做出贡献的是纳维、柯西、泊松、斯托克斯等人。弹性力学和流体力学基本方程的建立，使得力学逐渐脱离物理学而成为独立学科。另一方面，从拉格朗日分析力学基础上发展起来的哈密顿体系，继续在物理学中起作用。从牛顿到哈密顿的理论体系组成了物理学中的经典力学或牛顿力学。弹性和流体基本方程建立后，所给出的方程一时难以求解，工程技术中许多应用力学问题还须依靠经验或半经验的方法解决，这使得在 19 世纪后半叶材料力学、结构力学同弹性力学之间，水力学和水动力学之间一直存在着风格上的显著差别。直到 20 世纪初，在流体力学和固体力学中，实际应用同数学理论开始结合，此后力学便蓬勃发展起来，出现了许多新的理论，同时也解决了工程技术中大量的关键性问题，如航空工程中的声障问题和航天工程中的热障问题。将理论和实际密切结合的力学先导者是普朗特和冯・卡门。他们在力学研究中善于从复杂的现象中洞察事物本质，又能寻找到解决问题的数学途径，逐渐形成一套特有的方法。从 20 世纪 60 年代起，计算机应用渐广，力学无论在应用上或理论上都有了新的进展。

力学在我国的发展经历了一个特殊过程。与古希腊几乎同时，我国古代对平衡和简单的运动形式就已具备了相当水平的力学知识，所不同的是，未像阿基米德那样建立理论体系。在文艺复兴前的约一千年时间内，整个欧洲的科学技术进展缓慢，而我国科学技术的综合性成果显著，其中有些在当时居于世界领先地位。这些成果反映出丰富的力学知识，但终未形成系统的力学理论。到明末清初，我国科学技术已显著落后于欧洲。经过曲折的过程，到 19 世纪中叶，牛顿力学才由欧洲传入我国。此后，我国力学的发展便随同世界潮流前进。

第一篇　静力学

引　言

静力学是研究物体在力系作用下平衡规律的科学。

平衡，是指物体相对于惯性参考系（如地面）保持静止或物体内各质点做匀速直线运动。平衡是机械运动的特殊形式，是相对于特定参考系而言的。在工程实际中，通常把固连于地球的参考系作为惯性参考系来研究物体相对于地球的平衡问题，其分析计算的结果具有足够的精确度，也能较好地与实际情况相吻合。

理论力学中研究的物体在力的作用下，其内部任意两点间的距离始终保持不变。这样的物体叫作**刚体**。刚体是对实际受力物体的抽象，是一种理想化的力学模型。实际的物体在力的作用下，都会产生不同程度的变形。但是，如果物体的变形很小，且不影响所研究问题的结果，就可忽略变形，把物体视为刚体。在静力学中，所研究的物体仅限于刚体，故又称为刚体静力学。

静力学既是理论力学中动力学部分的基础，也是研究变形体力学（如材料力学、结构力学等）的基础。例如在研究复杂机械结构的动力学特性时，需要使用静力学原理分析物体系及各部件的受力情况，将复杂力系进行等效简化，得出部件之间的受力关系，从而进一步分析结构的受力与运动的关系。在材料力学中，研究受力物体的应力、变形以及强度问题时，构件约束力和内力的求取也都要应用静力学平衡理论。

本篇主要围绕解决静力学的三类基本问题展开。首先介绍物体的受力分析，即分析物体或物体系所受力的数量、位置和方向；其次介绍力系的简化，即用一个简单力系等效替换另一个复杂力系；最后介绍力系的平衡，即物体系处于平衡时，作用于物体上的力系应满足的条件及其应用。

第一章

静力学的基本概念与公理

静力学的基本概念、公理及物体的受力分析是研究力系简化和平衡的基础。本章将介绍静力学的基本概念及静力学公理，对工程中常见的约束和约束力进行分析，最后介绍物体的受力分析方法及受力图的画法。

§1-1 静力学的基本概念

力，是物体间相互的机械作用，这种作用使物体的机械运动状态发生变化或使物体变形。

力系，是指作用于物体上的一群力。

力按照物体接触与否可分为两类：一类是接触力，例如物体之间的挤压力、摩擦力等；另一类是非接触力或场力，例如地球引力场对物体的引力、电场对电荷的引力或斥力等。各种物体间相互作用力的来源和性质不尽相同，但在理论力学中只研究力对物体产生的效应。

实践表明，力对物体的作用效果取决于**力的三要素**：（1）力的大小；（2）力的方向；（3）力的作用点。因为力具有大小和方向，同时力的运算又满足矢量运算法则，所以用一个矢量来表示力，本书中用黑体字母 $\boldsymbol{F}$ 表示力矢量，而用白体字母 F 表示矢量的模，即力的大小。在国际单位制中，力的单位是“牛顿”，记作 N；或“千牛顿”，记作 kN。

§1-2 静力学公理

公理是人们在生活和生产实践中长期积累的经验总结，又经过实践反复检验，被确认是符合客观实际的最普遍、最一般的规律。静力学公理是静力学的理论基础，静力学的全部推论都可由静力学公理通过数学论证推导出来。

公理 1　二力平衡条件

作用在刚体上的两个力（如图 1-1 中 $\boldsymbol{F}_1$ 和 $\boldsymbol{F}_2$）使刚体保持平衡的充分必要条件是：这两个力的大小相等，方向相反，且作用在同一条直线上。

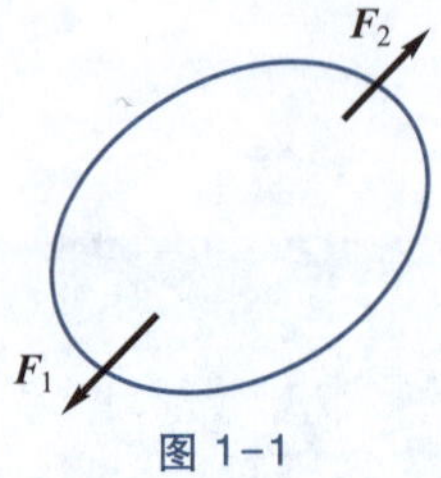

图 1-1

公理 1 总结了作用于刚体上的最简单的力系平衡时所必须满足的条件。需要指出的是，此公理只适用于刚体，对于变形体而言，这个条件是必要非充分的。

公理 2　力的平行四边形法则

作用于物体上同一点的两个力可以合成为一个合力。合力为原两力的矢量和，即合力矢量可由以这两个力矢量为邻边构成的平行四边形的对角线矢量确定。

如图 1-2a 所示的力 $\boldsymbol{F}_1$ 和 $\boldsymbol{F}_2$，合力矢量为

$$\boldsymbol{F}_R=\boldsymbol{F}_1+\boldsymbol{F}_2 \tag{1-1}$$

为简便起见，求合力的大小和方向时，也可以用力的平行四边形的一半来表示合成的过程。即由任意一点 A 起作一个力三角形，如图 1-2b、c 所示。力三角形的两个边分别为 $\boldsymbol{F}_1$ 和 $\boldsymbol{F}_2$，第三边 $\boldsymbol{F}_R$ 即代表合力矢量，这种求合力的方法称为**力的三角形法则**。应注意，力三角形只表示力的大小和方向，而不表示力的作用点或作用线。合力作用点仍在原来的汇交点 A。

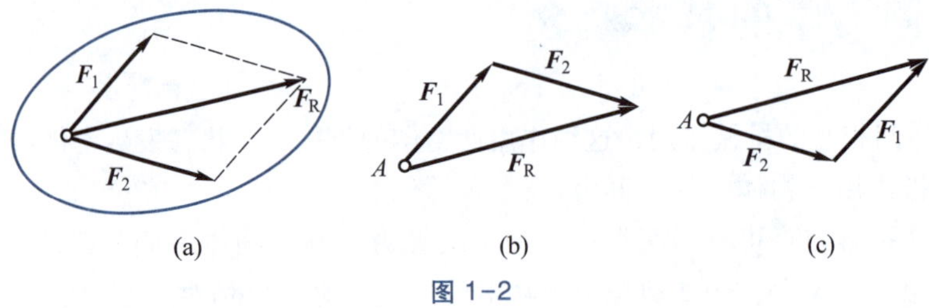

图 1-2

力的平行四边形法则与力的三角形法则表明了最简单力系简化的规律，是复杂力系简化的依据。

公理 3　加减平衡力系原理

在作用于刚体的已知力系中加上或减去任意平衡力系，并不改变原力系对刚体的作用效果。

公理 3 是研究力系简化的重要依据，需要注意的是，它只适合于刚体，不适合于变形体。根据上述公理可得到如下推理:

推理 1　力的可传性

作用于刚体上某点的力，可以沿着它的作用线移到刚体内任意一点，并不改变该力对刚体的作用效果。

证明：设力 $\boldsymbol{F}$ 作用在刚体上的点 A，如图 1-3a 所示。根据加减平衡力系原理，可在力的作用线上任取一点 B，并加上两个相互平衡的力 $\boldsymbol{F}_1$ 和 $\boldsymbol{F}_2$，使 $\boldsymbol{F}_1=-\boldsymbol{F}_2=\boldsymbol{F}$，如图 1-3b 所示。由公理 1 可知，力 $\boldsymbol{F}$ 和 $\boldsymbol{F}_2$ 也是一个平衡力系，可根据公理 3 将其减去，这样只剩下一个力 $\boldsymbol{F}_1$，如图 1-3c 所示。于是，原来的这个力 $\boldsymbol{F}$ 与力系（$\boldsymbol{F}_1$，$\boldsymbol{F}_2$，$\boldsymbol{F}$）以及力 $\boldsymbol{F}_1$ 均等效，即原来的力 $\boldsymbol{F}$ 沿其作用线移到了点 B。

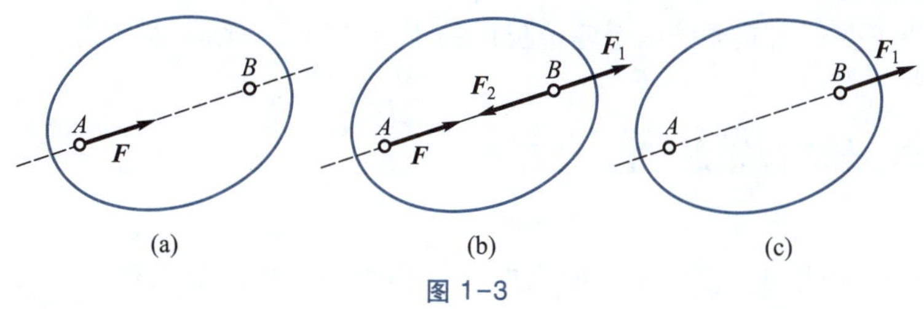

图 1-3

由此可见，对于刚体来说，力的作用点已不是决定力作用效应的要素，它被作用线所代替。因此，作用于刚体上的力的三要素是：力的大小、方向和作用线。应用力的可传性时须注意：

（1）力的可传性只能在一个刚体上进行，不可将力从一个刚体传到另一个刚体上；

（2）当研究物体的变形时（即对于变形体），力的可传性不适用。

作用于刚体上的力可以沿着作用线移动，这种矢量称为**滑动矢量**。

推理 2　三力平衡汇交定理

刚体在三个力的作用下处于平衡，若其中两个力的作用线汇交于一点，则此三力必在同一平面内，且第三个力的作用线通过汇交点。

推理 2 的证明过程可根据图 1-4 的提示自行完成。

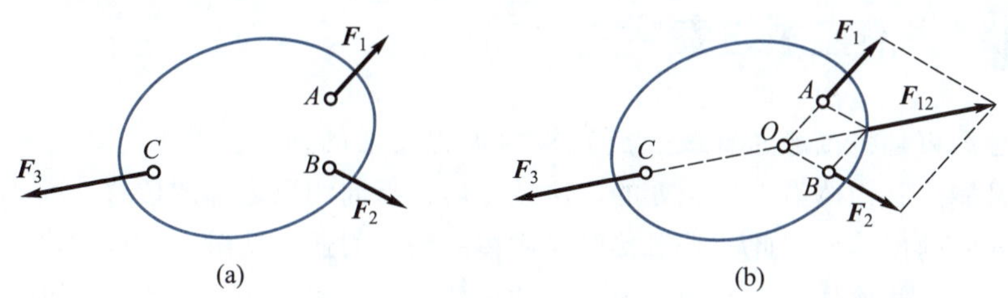

图 1-4

各力的作用线共面且汇交于一点的力系称为平面汇交力系。三力平衡汇交定理给出了三个不平行的共面力构成平衡力系的必要条件，即这三个力构成一平面汇交力系。当刚体受到不平行的三个力作用而处于平衡状态时，常利用这个关系确定未知力的作用线。

公理 4　作用和反作用定律

两个物体间的相互作用力总是大小相等、方向相反、沿同一直线，分别作用在两个相互作用的物体上。

公理 4 阐明了物体间相互作用的关系，表明作用力和反作用力总是成对出现的。无论物体处于平衡状态还是运动状态，此公理都普遍适用。由于作用力与反作用力分别作用在两个物体上，因此不能视作平衡力系。

公理 5　刚化原理

变形体在某一力系作用下处于平衡，若将此变形体刚化为刚体，其平衡状态保持不变。

公理 5 表明，处于平衡状态的变形体，完全可以视为刚体来研究。该公理为进一步研究变形体的平衡问题提供了依据。应当注意，刚体的平衡条件是变形体平衡的必要条件，而非充要条件。例如，图 1-5 所示软绳受两个等值反向的两个拉力作用时，如将绳子刚化为刚体，

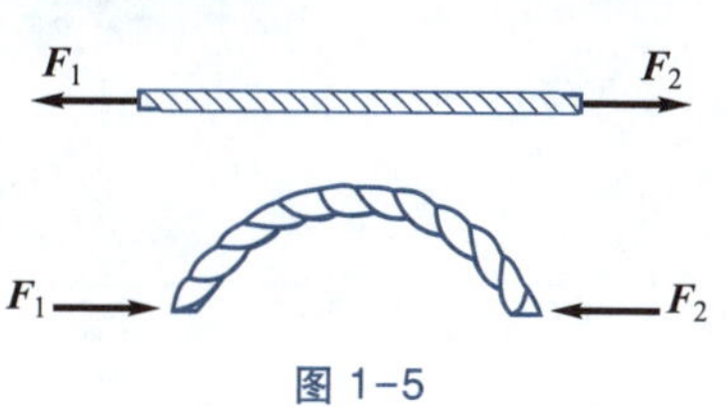

图 1-5

其平衡状态保持不变；当软绳受两个等值反向的压力作用时，则不能平衡了。

§1-3 约束与约束力

可以在空间任意运动，位移不受限制的物体称为**自由体**。如飞行的飞机、火箭和卫星等。相反，多数物体由于与周围物体发生接触，不能任意运动，如重物被绳索吊住，不能下落；发动机转子受到轴承的限制，只能绕轴线转动；火车车轮受到轨道的限制，使火车只能沿轨道行进等。位移受到限制的物体称为**非自由体**。对非自由体的某些位移起到限制作用的周围物体称为**约束**。上面的例子中，绳索对于重物，轴承对于发动机转子，都是约束。

既然约束阻碍着物体的位移，也就是约束能够起到改变物体运动状态的作用，所以约束对物体的作用，实际上就是力，这种力称为**约束力**。因此，约束力的方向必与该约束所能够阻碍的位移方向相反。应用这个准则，可以确定约束力的方向或作用线的位置，而约束力的大小则是未知的。在静力学问题中，约束力和物体受的主动力组成平衡力系，因此可用平衡条件求出未知的约束力。下面介绍几种在工程中常见的约束类型和确定约束力方向的方法。

1.3.1 光滑接触约束

光滑接触约束是将接触面（线、点）视为理想光滑的约束。此时，不论接触是面、线还是点，都只能限制物体沿着接触处的公法线方向并指向约束内部的位移，而不能限制物体沿约束切线方向的位移。因此，光滑接触对物体的约束力通过接触点，方向沿接触处的公法线，并指向被约束的物体。这种约束力称为**法向约束力**，通常用 $\boldsymbol{F}_{\mathrm{N}}$ 表示。如图 1-6 所示支承物体的固定面、啮合齿轮的公切线可视为光滑接触，它们的约束力分别为 $\boldsymbol{F}_{\mathrm{N}A}$ 和 $\boldsymbol{F}_{\mathrm{N}B}$。

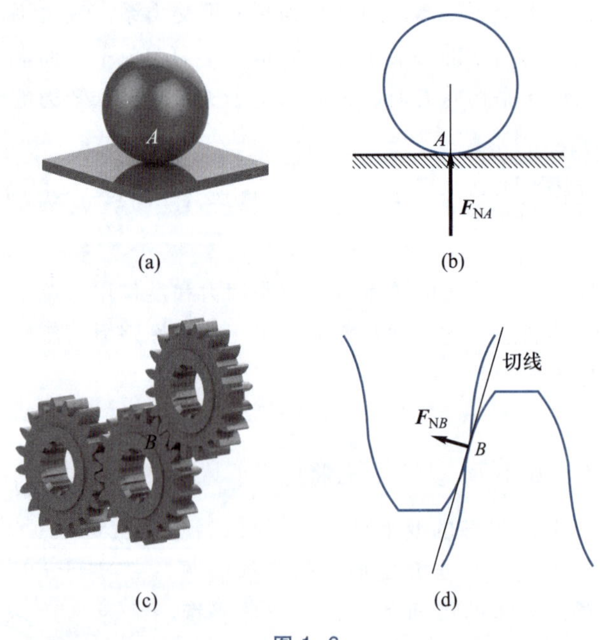

图 1-6

1.3.2 柔索约束

由绳索、带或链条等柔性物体构成的约束称为柔索约束。这类约束只能限制物体沿柔索伸长方向的运动，不能承受压力和弯矩。因此，柔索约束的约束力只能是拉力，作用在连接点处，方向沿柔索背离被约束的物体。通常用 $\boldsymbol{F}$ 或 $\boldsymbol{F}_{\mathrm{T}}$ 表示这类约束力，如图 1-7a 所示为一带传动装置，带对带轮的约束力沿轮缘的切线方向，且两边都产生拉力，如图 1-7b 所示。

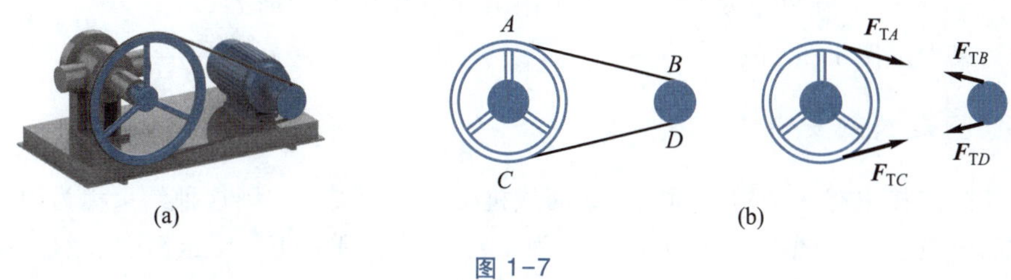

图 1-7

1.3.3 光滑铰链约束

光滑铰链约束是工程结构和机械中连接部件的常见约束。这类约束有圆柱形铰链、固定铰链支座和向心轴承等。

（一） 圆柱形铰链

圆柱形铰链简称**铰链**，它是用一个圆柱形销将若干个构件连接到一起的一种结构形式。它的构造是将若干个构件或零件钻出同样大小的圆孔，并用圆柱形销穿入圆孔从而将构件或零件连接起来。如图 1-8a 所示的挖掘机前臂和后臂通过圆柱形销连接，即可简化为铰链约束，其简图可表示为图 1-8b。不难看出，铰链约束的特点是只能限制两物体沿销的径向移动，不能限制物体绕销轴线的相对转动及沿轴线的移动。当销与圆柱孔光滑接触时，销对物

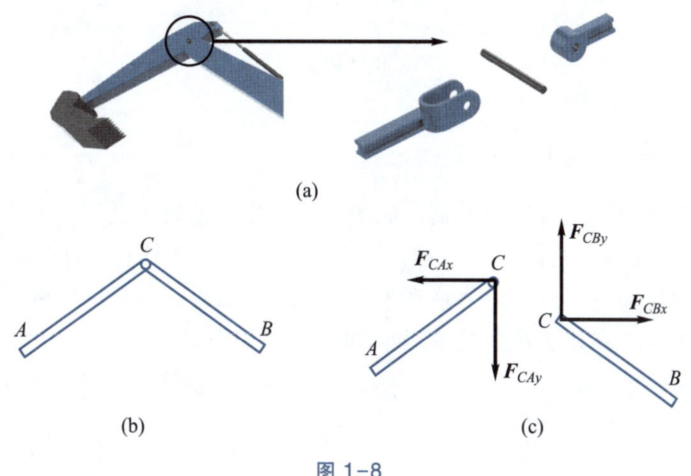

图 1-8

体的约束力作用在接触点，沿公法线（即接触点到销中心的连线）指向物体，且垂直于销轴线。由于物体所受的主动力不同，销与圆柱孔的接触点的位置也随之不同。然而，无论约束力方向如何，它的作用线必垂直于销轴线并通过销中心。因此，可以用通过销中心的两个大小未知的正交分力来表示，如图 1-8c 所示。正交分力的方向可以任意假设。

当需要分析销 C 的受力时，可把销分离出来单独研究。这时，销 C 将同时受到构件 A、B 上的孔对它的反作用力。其中 $\boldsymbol{F}_{CAx}=-\boldsymbol{F}'_{CAx}$，$\boldsymbol{F}_{CAy}=-\boldsymbol{F}'_{CAy}$ 为构件 A 与销 C 的作用力与反作用力；$\boldsymbol{F}_{CBx}=-\boldsymbol{F}'_{CBx}$，$\boldsymbol{F}_{CBy}=-\boldsymbol{F}'_{CBy}$ 则为构件 B 与销 C 的作用力与反作用力。销 C 所受到的约束力如图 1-9 所示。

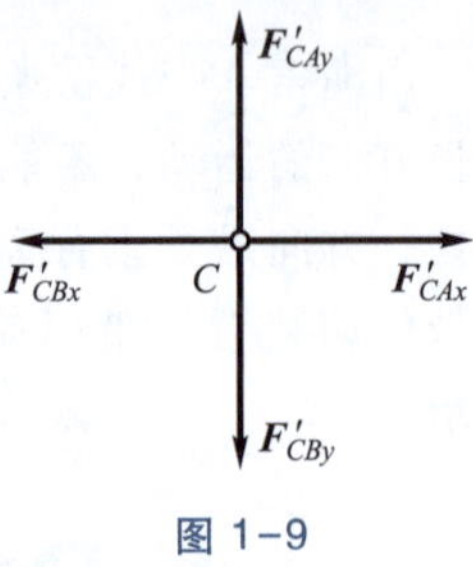

图 1-9

（二）固定铰链支座

如果铰链连接中有一个构件固定在地面或机架上作为支座，则这种约束称为固定铰链支座，简称固定铰支，如图 1-10a、b 所示。固定铰支可由图 1-10c 所示简图表示。被约束物体可以绕销轴线转动，但限制被约束物体垂直于销轴线的任何位移。和圆柱形铰链约束一样，由于约束力大小和方向均不能确定，所以也用通过销中心的两个大小未知的正交分力 $\boldsymbol{F}_x$、$\boldsymbol{F}_y$ 来表示，如图 1-10d 所示。

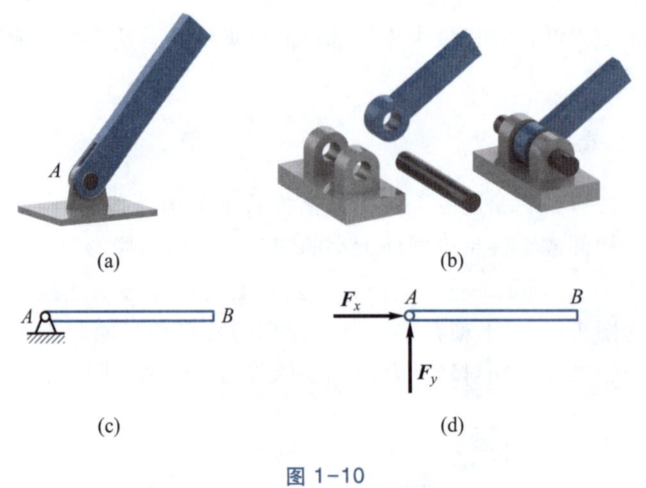

图 1-10

（三）向心轴承（径向轴承）

向心轴承是机械结构中常见的约束，如图 1-11a 所示的轴承装置，约束了转轴沿 x 轴和 z 轴方向的位移。其简图可由图 1-11b 表示。向心轴承与铰链具有同样的约束性质，即约束力的作用线不能预先确定，但约束力垂直于轴线并通过轴心，因此可用两个大小未知的正交分力表示，如图 1-11c 所示，$\boldsymbol{F}_x$、$\boldsymbol{F}_z$ 的方向可以任意假设。

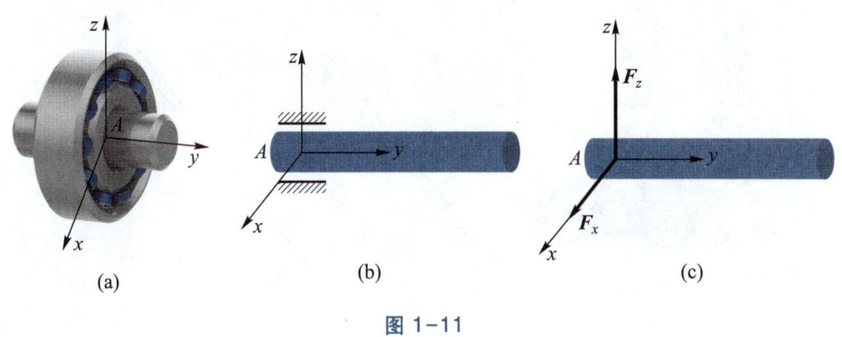

图 1-11

1.3.4 其他类型约束

（一）滚动铰链支座

滚动铰链支座是在固定铰链支座与光滑支承面之间安装几个辊轴而构成的，在桥梁（图 1-12a）、屋架等结构中经常采用，它可以使被约束物体沿支承面移动，允许由于温度变化而引起沿结构跨度方向的自由伸长或缩短。滚动铰链支座的简图可表示为图 1-12b 中的三种形式。滚动铰链支座的约束性质与光滑接触面约束相同，其约束力的作用线必垂直于支承面，且通过铰链中心。通常用 $\boldsymbol{F}_{\mathrm{N}}$ 表示其法向约束力，如图 1-12c 所示。

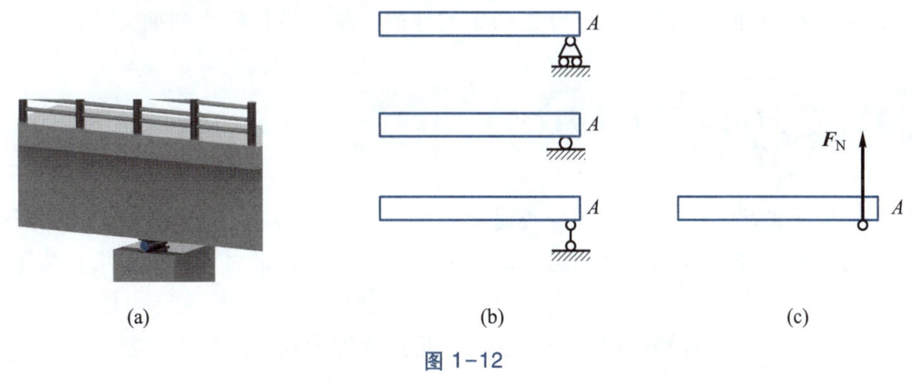

图 1-12

（二）球铰链

通过球和球壳将两个构件连接在一起的约束称为**球铰链**，如图 1-13a 所示。它使构件的球心不能有任何位移，但构件可绕球心任意转动。若忽略摩擦，与圆柱形铰链分析相似，其约束力应是通过球心但方向不能预先确定的一个空间力，可用三个正交分力 $\boldsymbol{F}_x$、$\boldsymbol{F}_y$、$\boldsymbol{F}_z$ 表示，其简图及约束力如图 1-13b、c 所示。

（三）止推轴承

如图 1-14a 所示的止推轴承，其简图由图 1-14b 所示。这类约束不仅能限制轴的径向位移，还能限制轴沿轴线某一方向的位移。因此，该约束除了在轴的径向平面内的一对正交约束力 $\boldsymbol{F}_y$、$\boldsymbol{F}_z$ 以外，还提供一个沿轴向的约束力 $\boldsymbol{F}_x$，如图 1-14c 所示。

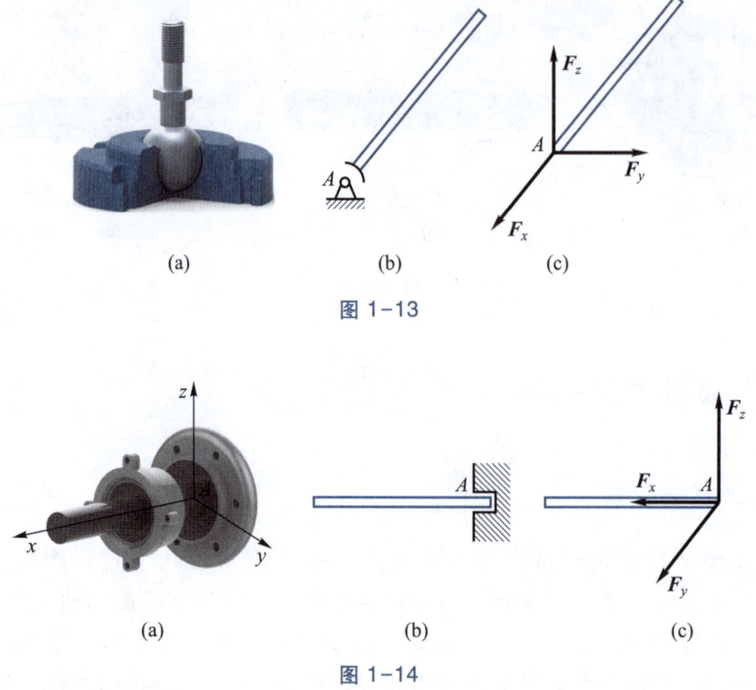

图 1-13

图 1-14

对于工程中的大部分约束，上述几种模型已具有普遍适用性。在解决实际工程中所遇到的问题时，应根据实际约束的构造，分析约束的性质，从而进行简化和抽象处理。

§1-4 受力分析和受力图

作用在物体上的力可分为两类：一类是主动力，例如物体的重力、风力、气体压力等，一般是已知的；另一类是未知的被动力，即约束对于物体的约束力。在工程中，为了求出未知的约束力，需要根据主动力，应用平衡条件求解。为此，首先要确定构件受几个力的作用，分析每个力的作用位置和作用方向，这个分析过程称为物体的**受力分析**。

为了清晰地表示物体的受力情况，我们把需要研究的物体（称为受力体）从周围的物体（称为施力体）中分离出来，单独画出它的简图，这个步骤叫作取研究对象或**取分离体**。然后把施力物体对研究对象的作用力（包括主动力和约束力）全部画出来。这种表示物体受力的简明图形，称为**受力图**。画物体受力图是解决静力学问题的一个重要步骤。下面举例说明受力图的画法。

【例 1-1】 如图 1-15a 所示的上料车，由钢丝牵引在倾角为 α 的斜桥钢轨上运动。已知上料车连同载荷共重 P，试画出上料车的受力图。

【解】（1）取上料车为研究对象（即取分离体），并单独画其简图。

（2）画主动力，即作用于上料车质心的重力 $\boldsymbol{P}$，铅垂向下。

（3）画约束力。车轮在 A 和 B 两处受到钢轨的约束，如不计摩擦，则在 A、B 两处分别受到约束力 $\boldsymbol{F}_{NA}$ 和 $\boldsymbol{F}_{NB}$ 的作用，它们都过车轮的接触点沿接触面法线方向而指向上料车。上料车的受力图如图 1-15b 所示。

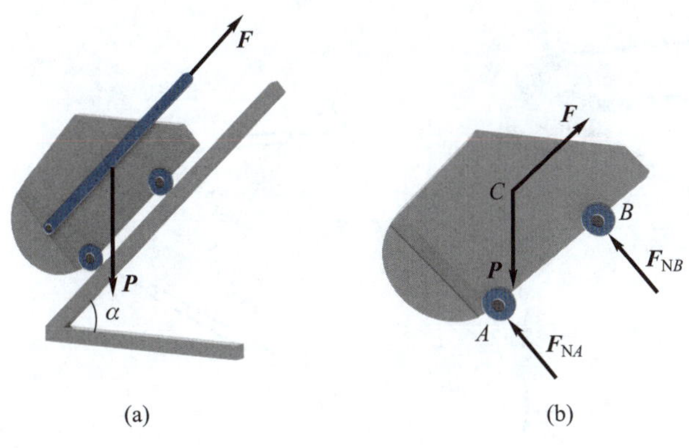

(a) (b)

图 1-15

【例 1-2】如图 1-16a 所示，梁 AB 和杆 CD 通过 D 处的铰链连接，现有一重力为 $\boldsymbol{P}_1$ 的重物放在梁 AB 的右端，杆 AB 的重力为 $\boldsymbol{P}_2$，杆 CD 的重力不计，画出杆 CD 和梁 AB 的受力图。

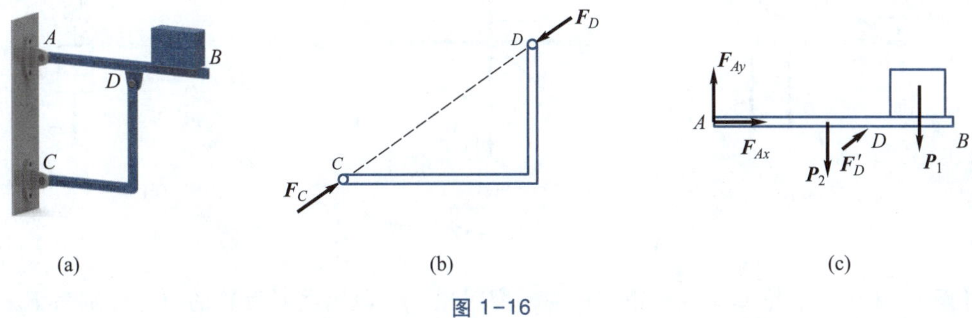

(a) (b) (c)

图 1-16

【解】(1) 先取杆 CD 为研究对象，由于杆的自重不计，因此杆 CD 只在铰链 C、D 处受有两个约束力 $\boldsymbol{F}_C$ 和 $\boldsymbol{F}_D$。根据光滑铰链的特性，这两个约束力必定通过铰链 C、D 的中心，方向暂不确定。考虑到杆 CD 只在 $\boldsymbol{F}_C$ 和 $\boldsymbol{F}_D$ 二力作用下平衡，根据二力平衡条件，这两个力必定沿同一直线，且等值、反向。由此可确定 $\boldsymbol{F}_C$ 和 $\boldsymbol{F}_D$ 的作用线应沿铰链中心 C 与 D 的连线，由经验判断，此处杆 CD 受压力，其受力图如图 1-16b 所示。这种只在两个力作用下平衡的构件，称为二力构件，或称**二力杆**。它所受的两个力必定沿两力作用点的连线，且等值、反向。

一般情况下，$\boldsymbol{F}_C$ 和 $\boldsymbol{F}_D$ 的指向不能预先判定，可先任意假设杆受拉力或压力。若根据平衡方程求得的力为正值，说明原假设力的指向正确；若为负值，则说明杆实际受力与原假设指向相反。

(2) 取梁 AB（包括重物）为研究对象。它受 $\boldsymbol{P}_1$、$\boldsymbol{P}_2$ 两个主动力的作用。梁在铰链 D 处受二力杆 CD 给它的约束力 $\boldsymbol{F}_D'$的作用。根据作用和反作用定律，$\boldsymbol{F}_D'=\boldsymbol{F}_D$。梁在 A 处受固定铰支给它的约束力的作用，由于方向未知，可用两个大小未定的正交分力 $\boldsymbol{F}_{Ax}$和 $\boldsymbol{F}_{Ay}$表示。梁 AB 的受力图如图 1-16c 所示。

【例 1-3】某构架如图 1-17a 所示，A 和 B 为固定铰链，C 为中间铰链，钢绳一端拴在点 D，另一端绕过滑轮 C 和 H 拴在销 C 上，重物 E 的重力为 $\boldsymbol{P}$。各杆及滑轮自重不计，各接触处光滑，试画出滑轮 C、销 C 及整个系统的受力图。

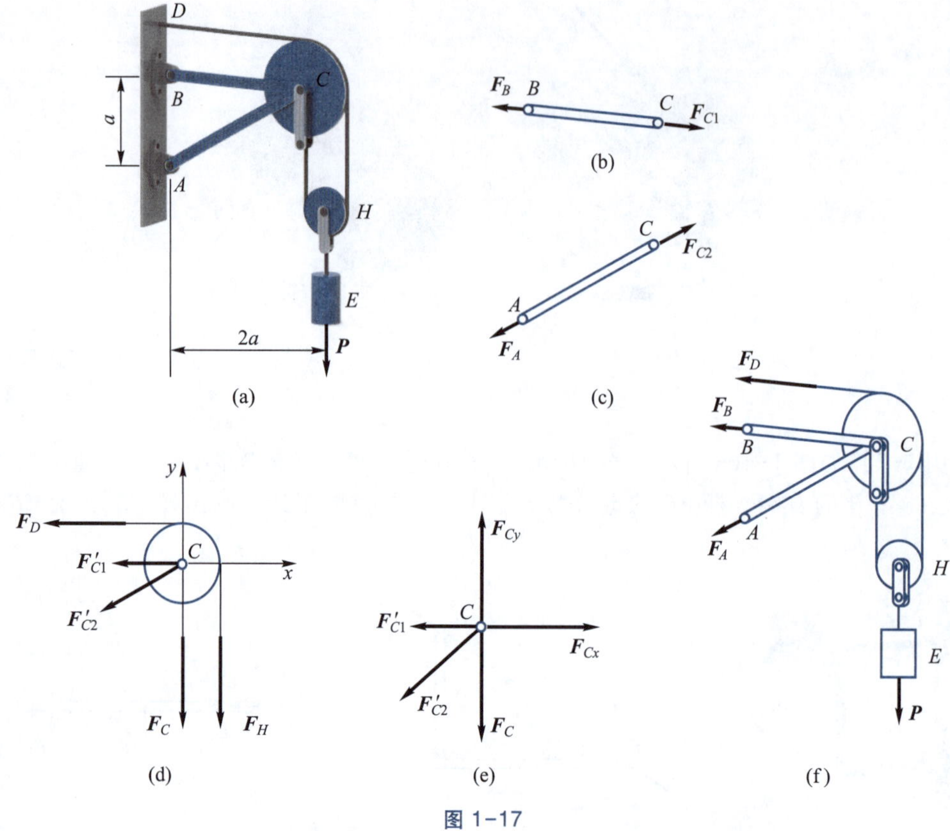

图 1-17

【解】（1）取滑轮 C（包括销 C）为研究对象。三段钢绳对滑轮的拉力分别为 $\boldsymbol{F}_D$、$\boldsymbol{F}_H$ 和 $\boldsymbol{F}_C$。容易看出，杆 BC 和杆 AC 均为二力杆，其受力图分别如图 1-17b、c 所示，则在铰链 C 处，杆 BC 对销 C 的约束力为 $\boldsymbol{F}'_{C1}$，杆 AC 对销 C 的约束力为 $\boldsymbol{F}'_{C2}$。其中，$\boldsymbol{F}'_{C1}$ 与 $\boldsymbol{F}_{C1}$、$\boldsymbol{F}'_{C2}$ 与 $\boldsymbol{F}_{C2}$ 分别是作用力和反作用力的关系。滑轮 C（包括销 C）的受力图如图 1-17d 所示。

（2）再选销 C 为研究对象。销 C 连接 4 个物体，则作用于销 C 上的力有：绳的拉力 $\boldsymbol{F}_C$，杆 BC、AC 对销的反作用力 $\boldsymbol{F}'_{C1}$ 和 $\boldsymbol{F}'_{C2}$，以及滑轮 C 对销的力 $\boldsymbol{F}_{Cx}$、$\boldsymbol{F}_{Cy}$。销 C 的受力图如图 1-17e 所示。

（3）最后取整个系统为研究对象。当对整个系统做受力分析时，可把受力平衡的整个结构刚化为刚体。由于铰链 C 处所受的力互为作用力与反作用力关系，如 $\boldsymbol{F}_{C1}=\boldsymbol{F}'_{C1}$，$\boldsymbol{F}_{C2}=\boldsymbol{F}'_{C2}$ 等，这些力都成对地作用在整个系统内，称为**内力**。内力对系统的作用效应相互抵消，可以忽略而不影响整个系统的平衡。因此，内力在受力图上不必画出，只须画出系统以外的物体给系统的作用力，这种力称为**外力**。这里，载荷的重力 $\boldsymbol{P}$、约束力 $\boldsymbol{F}_A$、$\boldsymbol{F}_B$ 和 $\boldsymbol{F}_D$ 都是作用于整个系统的外力。整个系统的受力图如图 1-17f 所示。

应该指出，内力与外力的区分不是绝对的。例如，当我们把滑轮部分作为研究对象时，$\boldsymbol{F}'_{C1}$ 和 $\boldsymbol{F}'_{C2}$ 均属外力，但取整体为研究对象时，$\boldsymbol{F}'_{C1}$ 和 $\boldsymbol{F}'_{C2}$ 又成为内力。可见，内力与外力的区分，只有相对于某一确定的研究对象才有意义。

正确地画出物体的受力图，是分析、解决力学问题的基础。受力分析错误，据此所做的进一步分析计算也必将出现错误的结果。因此，画受力图时必须注意如下几点：

（1）**明确研究对象**。根据求解需要，可以取单个物体为研究对象，也可以取由几个物体组成的系统为研究对象。不同的研究对象的受力图是不同的。

（2）**分析研究对象的受力情况**。力是物体之间相互的机械作用，因此研究对象与其他物体接触的地方均可能受力。对于每一个力，应明确它是哪一个物体施加给研究对象的，不能凭空产生；同时，也不能漏画任一个力。一般可先画已知的主动力，再画约束力。画约束力时，应根据约束本身的特性来确定其约束力的方向，不能主观臆测。

（3）分析物体受力时，**应先找出二力构件**，这样有助于未知力作用线和方向的判断。同时应适当地应用三力平衡汇交定理。

（4）**注意作用力与反作用力的关系**。作用力的方向一经确定，则反作用力的方向必与之相反。当画某个系统的受力图时，由于内力成对出现、相互抵消，因此不必画出，只须画出全部外力。

小结

1. 静力学是研究物体在力系作用下平衡条件的科学。

2. 静力学公理

（1）二力平衡条件

（2）力的平行四边形法则

（3）加减平衡力系原理

（4）作用和反作用定律

（5）刚化原理

3. 约束与约束力

（1）约束

（2）几种常见类型约束的约束力：光滑接触约束、柔索约束、光滑铰链约束等

4. 物体的受力分析与受力图

明确研究对象；正确分析研究对象的受力情况；确定二力构件并适当地应用三力平衡汇交定理；注意作用力与反作用力的关系。

思考题

1-1 “分力一定小于合力”，对不对？为什么？试举例说明。

1-2 已知一力 $\boldsymbol{F}$ 的大小和方向，能否确定其分力的大小和方向？为什么？

1-3 二力平衡条件和作用与反作用定律中的两个力都是等值、反向、共线，二者有何区别？

1-4 当求图 1-18 中铰链 C 的约束力时，可否将作用于杆 AC 上点 D 的力 $\boldsymbol{F}$ 沿其作用线移动至点 E，变成力 $\boldsymbol{F}'$？

1-5 图 1-19 中力 $\boldsymbol{F}$ 作用在销 C 上，销 C 对杆 AC 的力与销 C 对杆 BC 的力是否等值、反向、共线？为什么？

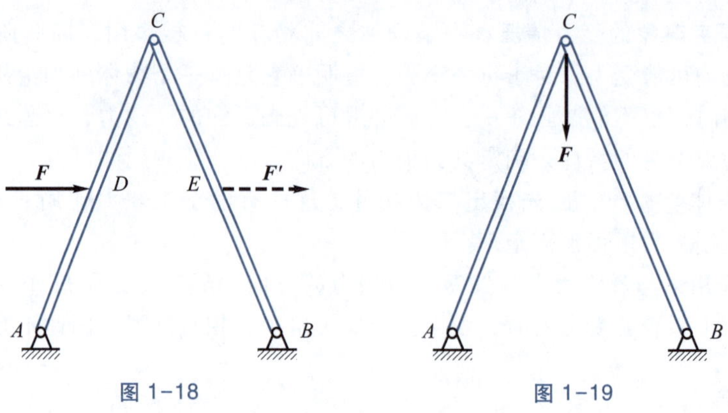

图 1-18　　　　图 1-19

习　题

1-1　分别画出下列各物体或构件的受力图。除图中标明外，物体自重不计。

习题：第一章

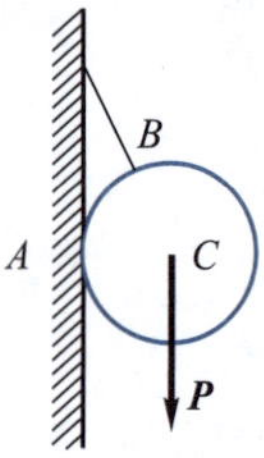

(a) 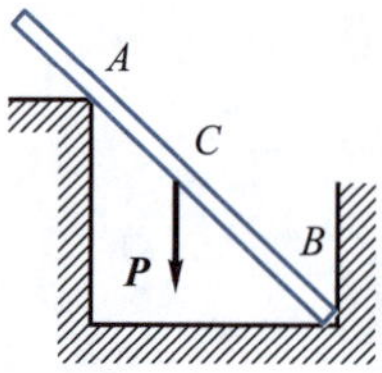　(b) 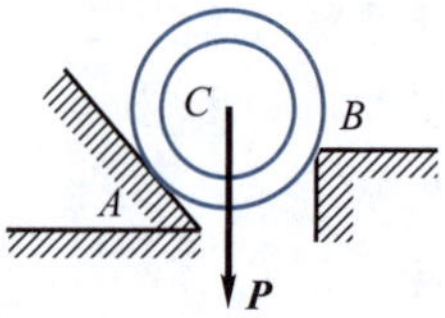　(c)

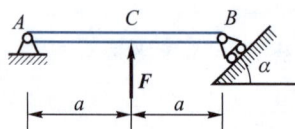

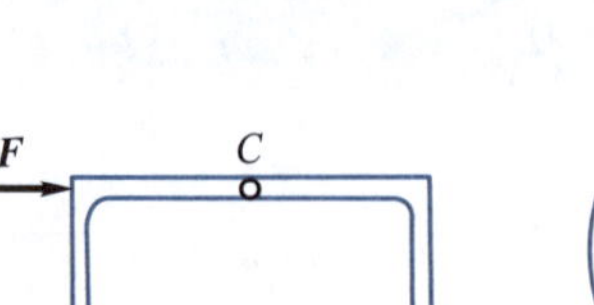

(d)　(e)

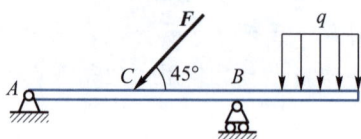

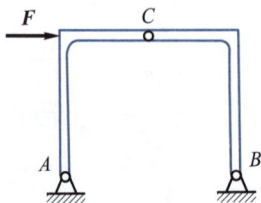

(f) 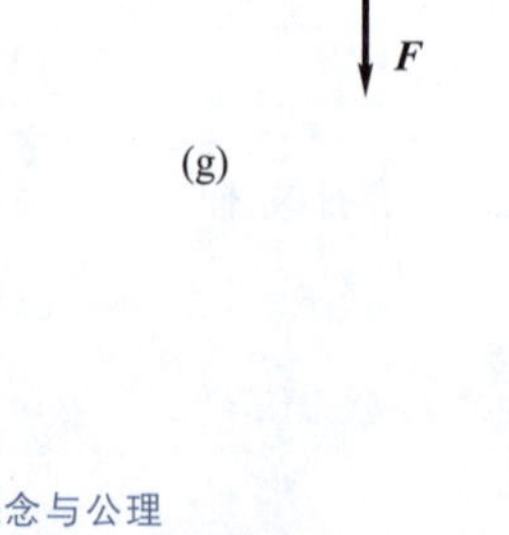　(g) 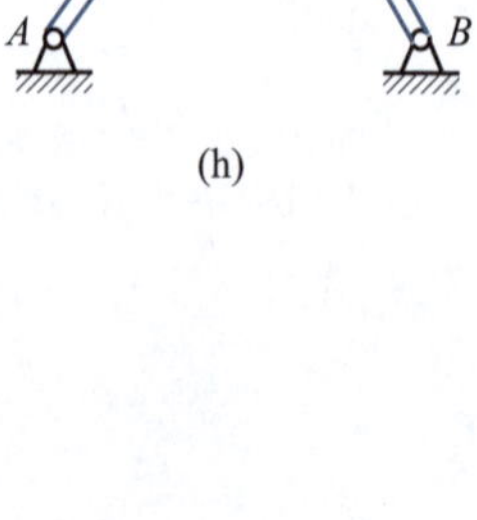　(h)

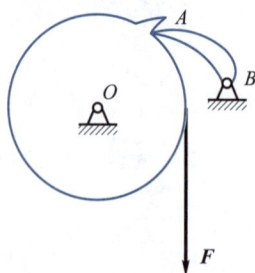

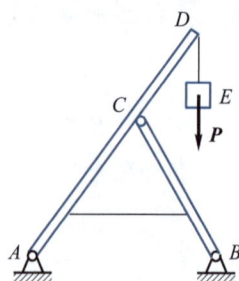

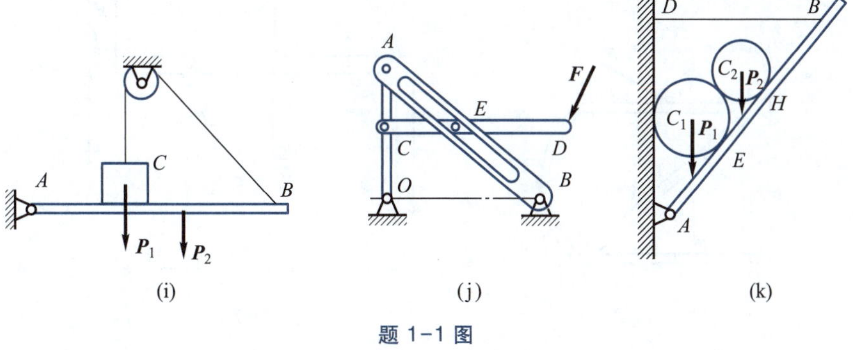

题 1-1 图

1-2 分别画出刚架 AC、CB 以及整个系统的受力图。

1-3 分别画出杆 BD、AD、AB（含滑轮 C、重物 E 和一段绳子）以及整个平面系统的受力图。

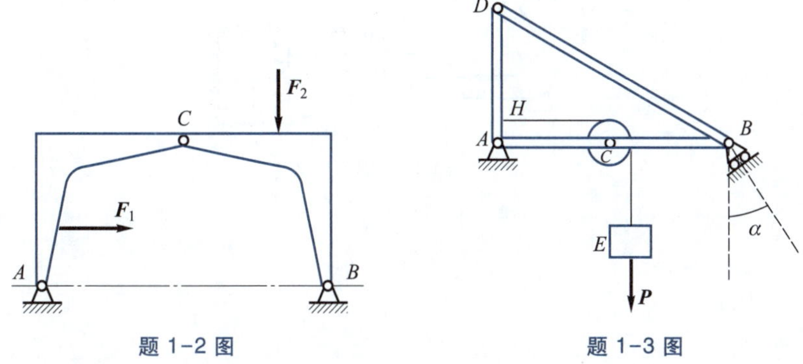

题 1-2 图　　题 1-3 图

1-4 构架如图所示，分别画出杆 HED、杆 AEB 及整个系统的受力图。

1-5 构架如图所示，分别画出杆 BDH、杆 AB、销 A 及整个系统的受力图。

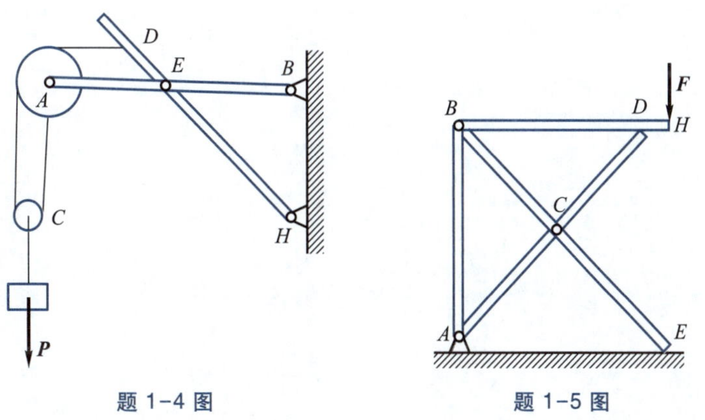

题 1-4 图　　题 1-5 图

1-6 构架如图所示，分别画出杆 AEB、销 C、销 A 及整个系统的受力图。

1-7 结构如图所示，力 $\boldsymbol{F}_1$ 作用在销 C 上，力 $\boldsymbol{F}_2$ 作用在杆 DEH 的 H 端，分别画出拱段 AC、拱段 BCE、拱段 DEH 及整个系统的受力图。

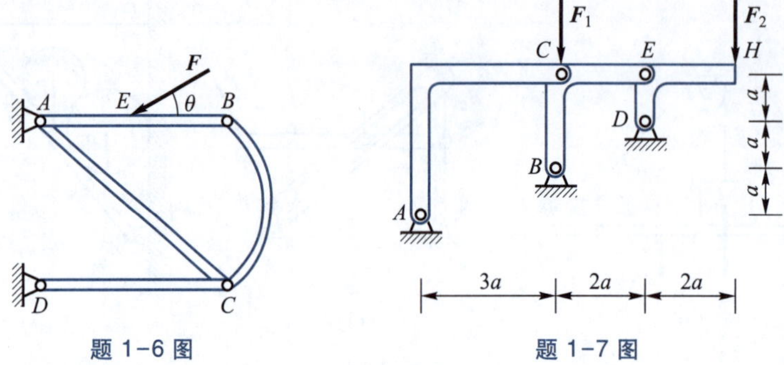

题 1-6 图　　题 1-7 图

1-8 画出图示机构中各部件及整个系统的受力图。

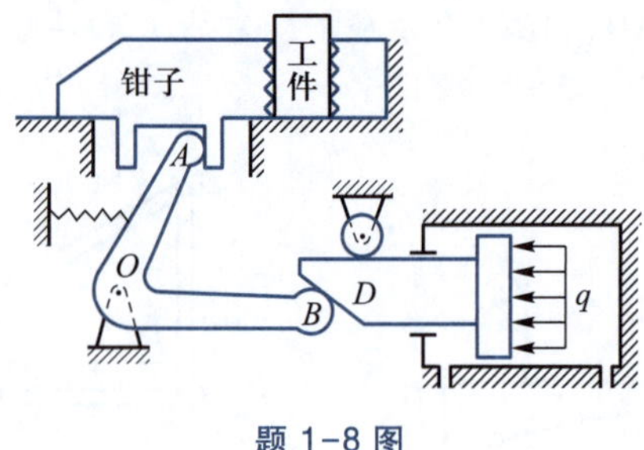

题 1-8 图

第二章

力系的简化

工程中的构件和零件往往受到多个力的同时作用。如果作用在刚体上各个力的作用线都在同一平面内，则这种力系称为**平面力系**，否则称为**空间力系**。

将复杂的力系进行等效及简化，是分析平衡问题的重要步骤。本章将从汇交力系和力偶系这两种基本力系入手，研究空间一般力系的简化问题。

§2-1 汇交力系的简化

汇交力系是指各力的作用线汇交于一点的力系。工程中经常遇到汇交力系问题。例如，图 2-1 所示的吊车吊起重为 P 的集装箱时，集装箱受到 4 条钢索对它的约束力，约束力的作用线分别沿各条钢索并交汇于吊钩的中心位置 O。

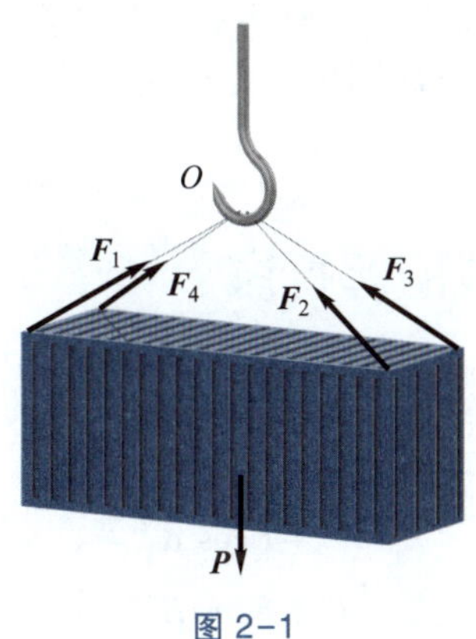

图 2-1

2.1.1 汇交力系合成的几何法

设一刚体受到汇交力系 $\boldsymbol{F}_1$，$\boldsymbol{F}_2$，$\boldsymbol{F}_3$的作用，各力作用线交汇于点 O。根据力的可传性，

将各力沿作用线平移至点 O，如图 2-2a 所示。

为求此力系的合力，根据力的三角形法则，将这些力依次两两相加，最后即可求得一个通过汇交点 O 的合力 $\boldsymbol{F}_R$；也可以任取一点 A，以 A 为起点，将各分力的矢量依次首尾相连，由此组成一个不封闭的多边形 $ABCD$，如图 2-2b 所示。多边形 $ABCD$ 称为此平面汇交力系的力多边形，封闭边矢量$\overrightarrow{AD}$即表示此平面汇交力系合力 $\boldsymbol{F}_R$的大小与方向（即合力矢），而合力的作用线仍应通过原汇交点 A，如图 2-2b 所示的 $\boldsymbol{F}_R$。根据矢量加法的交换律，任意变换各分力矢的作图次序，可得形状不同的力多边形，但其合力矢$\overrightarrow{AD}$仍然不变，如图 2-2c 所示。

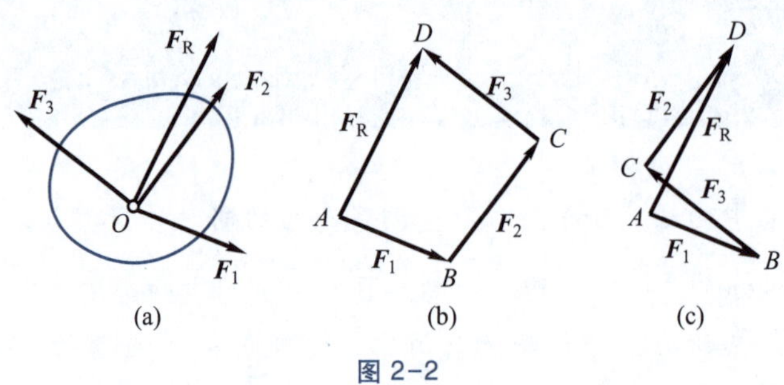

图 2-2

总之，汇交力系可简化为一合力，其合力的大小与方向等于各分力的矢量和（几何和），合力的作用线通过汇交点。这种用力多边形求汇交力系合力的方法称为**力多边形法则**。当作用于刚体的汇交力系有 n 个分力 $\boldsymbol{F}_1$、$\boldsymbol{F}_2$、…、$\boldsymbol{F}_n$时，此力系的合力 $\boldsymbol{F}_R$为

$$\boldsymbol{F}_R=\boldsymbol{F}_1+\boldsymbol{F}_2+\cdots+\boldsymbol{F}_n=\sum_{i=1}^{n}\boldsymbol{F}_i \tag{2-1}$$

合力 $\boldsymbol{F}_R$对刚体的作用与原力系对该刚体的作用等效。如果一个力与某一力系等效，则此力称为该力系的合力。

在工程实际中，若汇交力系中各力的作用线在同一平面内（即为平面汇交力系）时，可用力多边形法则求汇交力系的合力；但对于各力作用线不在同一平面内的汇交力系（即空间汇交力系），由于力多边形是空间图形，此时用几何法求合力则变得很麻烦。空间汇交力系往往采用解析法来求解。

2.1.2 汇交力系合成的解析法

设空间中的已知力 $\boldsymbol{F}$ 与正交坐标系 $Oxyz$ 三个轴之间的夹角分别为 α、β、γ，如图 2-3 所示。则可用**直接投影法**求力在三个坐标轴上的投影

$$\left.\begin{aligned}F_x&=F\cos\alpha\\F_y&=F\cos\beta\\F_z&=F\cos\gamma\end{aligned}\right\} \tag{2-2}$$

当力 $\boldsymbol{F}$ 与坐标轴 Ox、Oy 间的夹角不易确定时，可先求出力在平面 Oxy 上的投影 F_{xy}，再把这个投影投影到轴 x、y 上。这种方法叫作**间接投影法**。在图 2-4 中，已知角 γ 和 φ，则力 $\boldsymbol{F}$ 在三个坐标轴上的投影分别为

$$\left.\begin{aligned}F_x&=F\sin\gamma\cos\varphi\\F_y&=F\sin\gamma\sin\varphi\\F_z&=F\cos\gamma\end{aligned}\right\}\qquad(2-3)$$

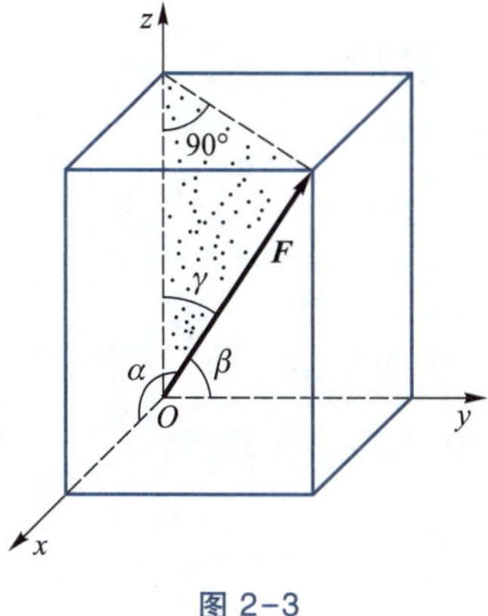

图 2-3

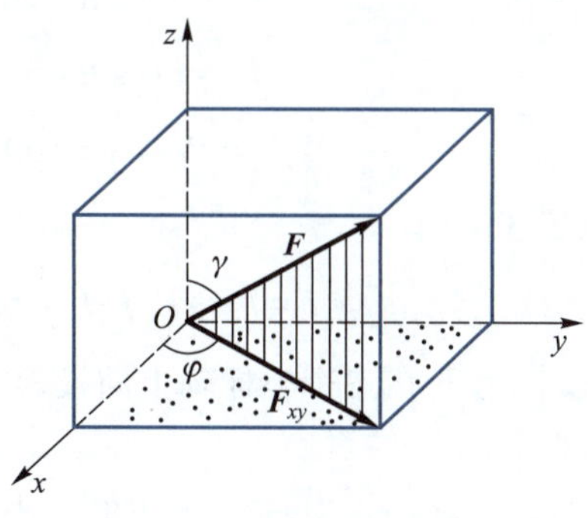

图 2-4

当力 $\boldsymbol{F}$ 在直角坐标系各轴上的投影 F_x、F_y、F_z 已知时，力 $\boldsymbol{F}$ 的大小和方向余弦分别为

$$\left.\begin{aligned}&F=\sqrt{F_x^2+F_y^2+F_z^2}\\&\cos\alpha=\frac{F_x}{F},\ \cos\beta=\frac{F_y}{F},\ \cos\gamma=\frac{F_z}{F}\end{aligned}\right\}\qquad(2-4)$$

其中，α、β、γ 分别为力 $\boldsymbol{F}$ 与轴 x、y、z 之间的夹角。

如果沿坐标轴 x、y、z 的单位矢量分别为 $\boldsymbol{i}$、$\boldsymbol{j}$、$\boldsymbol{k}$，则力 $\boldsymbol{F}$ 可表示为

$$\boldsymbol{F}=F_x\boldsymbol{i}+F_y\boldsymbol{j}+F_z\boldsymbol{k}\qquad(2-5)$$

式（2-5）称为**力的解析表达式**。

对于由 n 个力组成的汇交力系，其合力 $\boldsymbol{F}_{\mathrm{R}}$ 的解析表达式为

$$\boldsymbol{F}_{\mathrm{R}}=\sum_{i=1}^{n}\boldsymbol{F}_i=\left(\sum_{i=1}^{n}\boldsymbol{F}_{ix}\right)\boldsymbol{i}+\left(\sum_{i=1}^{n}\boldsymbol{F}_{iy}\right)\boldsymbol{j}+\left(\sum_{i=1}^{n}\boldsymbol{F}_{iz}\right)\boldsymbol{k}\qquad(2-6)$$

显然，式中 $\boldsymbol{i}$、$\boldsymbol{j}$、$\boldsymbol{k}$ 前面的系数分别表示合力 $\boldsymbol{F}_{\mathrm{R}}$ 在坐标轴 x、y、z 上的投影 $F_{\mathrm{R}x}$、$F_{\mathrm{R}y}$、$F_{\mathrm{R}z}$，即

$$\left.\begin{aligned}F_{\mathrm{R}x}&=\sum_{i=1}^{n}F_{ix}\\F_{\mathrm{R}y}&=\sum_{i=1}^{n}F_{iy}\\F_{\mathrm{R}z}&=\sum_{i=1}^{n}F_{iz}\end{aligned}\right\}\qquad(2-7)$$

上述结果表明：合力在坐标轴上的投影，等于各分力在同一坐标轴上投影的代数和。故合力 $\boldsymbol{F}_{\mathrm{R}}$ 的大小和方向余弦为

$$\left.\begin{aligned}&F_{\mathrm{R}}=\sqrt{F_{\mathrm{R}x}^2+F_{\mathrm{R}y}^2+F_{\mathrm{R}z}^2}=\sqrt{(\sum F_{ix})^2+(\sum F_{iy})^2+(\sum F_{iz})^2}\\&\cos(\boldsymbol{F}_{\mathrm{R}},\ \boldsymbol{i})=\frac{F_{\mathrm{R}x}}{F_{\mathrm{R}}},\ \cos(\boldsymbol{F}_{\mathrm{R}},\ \boldsymbol{j})=\frac{F_{\mathrm{R}y}}{F_{\mathrm{R}}},\ \cos(\boldsymbol{F}_{\mathrm{R}},\ \boldsymbol{k})=\frac{F_{\mathrm{R}z}}{F_{\mathrm{R}}}\end{aligned}\right\}\qquad(2-8)$$

合力 $\boldsymbol{F}_R$ 的作用线通过汇交点 O。

【例 2-1】 力 $\boldsymbol{F}$ 为 500 N，与轴 x、y、z 的夹角分别为 60°、45°和 120°。试用三个坐标轴方向的分解公式表示此力。

【解】 先求力在三个坐标轴上的投影。根据式（2-2），有

$$F_x = F\cos\alpha = 500\ \text{N}\times\cos 60° = 250\ \text{N}$$

$$F_y = F\cos\beta = 500\ \text{N}\times\cos 45° = 354\ \text{N}$$

$$F_z = F\cos\gamma = 500\ \text{N}\times\cos 120° = -250\ \text{N}$$

再根据式（2-5），得

$$\boldsymbol{F} = F_x\boldsymbol{i}+F_y\boldsymbol{j}+F_z\boldsymbol{k} = 250\ \text{N}\boldsymbol{i}+354\ \text{N}\boldsymbol{j}-250\ \text{N}\boldsymbol{k}$$

【例 2-2】 力 $\boldsymbol{F}$ 在三个坐标轴上的投影分别为 $F_x=20$ N，$F_y=-30$ N，$F_z=60$ N。求该力的大小及方向。

【解】 根据式（2-4），求出该力的大小为

$$F=\sqrt{F_x^2+F_y^2+F_z^2}=\sqrt{(20\ \text{N})^2+(-30\ \text{N})^2+(60\ \text{N})^2}=70\ \text{N}$$

方向余弦为

$$\cos\alpha=\frac{F_x}{F}=\frac{2}{7}$$

$$\cos\beta=\frac{F_y}{F}=-\frac{3}{7}$$

$$\cos\gamma=\frac{F_z}{F}=\frac{6}{7}$$

于是可得

$$\alpha=73.4°,\ \beta=115.4°,\ \gamma=31.0°$$

§2-2 力对点之矩与力对轴之矩

力有使物体移动和转动的效应。力的移动效应取决于力的大小和方向，本节将研究力的转动效应的度量问题。

2.2.1 力对点的矩

力对点的矩是力使物体绕某点转动效应的度量。如图 2-5 所示，用扳手转动螺母时，作用于扳手一端的力 $\boldsymbol{F}$ 使扳手绕点 O 产生转动的效应。

现以点 O 为坐标原点，建立如图 2-6 所示的空间坐标系 $Oxyz$，设力 $\boldsymbol{F}$ 作用于点 A，$\boldsymbol{r}$ 表示从点 O 到点 A 的径矢。则力 $\boldsymbol{F}$ 对点 O 的矩定义为径矢 $\boldsymbol{r}$ 与力 $\boldsymbol{F}$ 的矢积，记作 $\boldsymbol{M}_O(\boldsymbol{F})$，即

$$\boldsymbol{M}_O(\boldsymbol{F})=\boldsymbol{r}\times\boldsymbol{F} \tag{2-9}$$

力矩 $\boldsymbol{M}_O(\boldsymbol{F})$ 的大小为

$$|\boldsymbol{M}_O(\boldsymbol{F})|=|\boldsymbol{r}\times\boldsymbol{F}|=Fh=2A_{\triangle OAB} \tag{2-10}$$

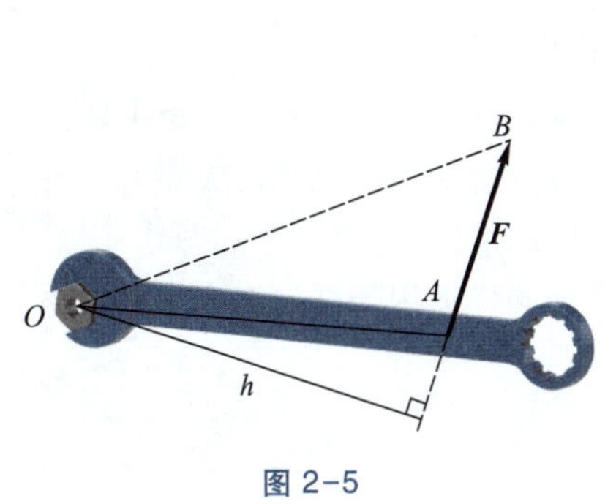

图 2-5

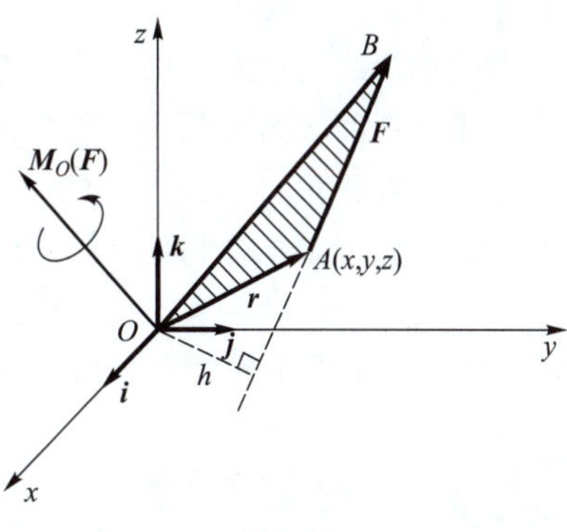

图 2-6

其中，点 O 称为力矩中心，简称矩心；点 O 到力 $\boldsymbol{F}$ 的作用线的垂直距离 h 称为力臂；$A_{\triangle OAB}$ 为图 2-6 中三角形 OAB 的面积。

力矩 $\boldsymbol{M}_O(\boldsymbol{F})$ 的方向可由右手螺旋法则来确定，如图 2-7 所示。力矩 $\boldsymbol{M}_O(\boldsymbol{F})$ 的始端在矩心且不可任意移动。

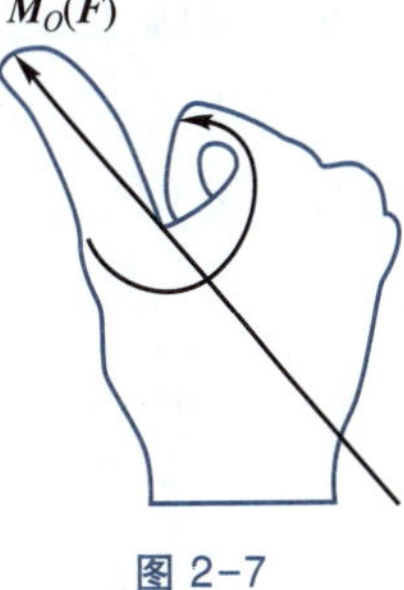

图 2-7

设力 $\boldsymbol{F}$ 作用点 A 的坐标为 $A(x,\ y,\ z)$，力在三个坐标轴上的投影分别为 F_x、F_y、F_z，则力 $\boldsymbol{F}$ 和径矢 $\boldsymbol{r}$ 的解析表达式可写为

$$\left.\begin{aligned}\boldsymbol{F}&=F_x\boldsymbol{i}+F_y\boldsymbol{j}+F_z\boldsymbol{k}\\ \boldsymbol{r}&=x\boldsymbol{i}+y\boldsymbol{j}+z\boldsymbol{k}\end{aligned}\right\} \tag{2-11}$$

代入式（2-9），得

$$\begin{aligned}\boldsymbol{M}_O(\boldsymbol{F})=\boldsymbol{r}\times\boldsymbol{F}&=\begin{vmatrix}\boldsymbol{i}&\boldsymbol{j}&\boldsymbol{k}\\ x&y&z\\ F_x&F_y&F_z\end{vmatrix}\\ &=(yF_z-zF_y)\boldsymbol{i}+(zF_x-xF_z)\boldsymbol{j}+(xF_y-yF_x)\boldsymbol{k}\end{aligned} \tag{2-12}$$

由式（2-12）可知，$\boldsymbol{i}$、$\boldsymbol{j}$、$\boldsymbol{k}$ 前面的三个系数分别表示力矩 $\boldsymbol{M}_O(\boldsymbol{F})$ 在三个坐标轴上的投影，即

$$\left.\begin{aligned}[\boldsymbol{M}_O(\boldsymbol{F})]_x&=yF_z-zF_y\\ [\boldsymbol{M}_O(\boldsymbol{F})]_y&=zF_x-xF_z\\ [\boldsymbol{M}_O(\boldsymbol{F})]_z&=xF_y-yF_x\end{aligned}\right\} \tag{2-13}$$

如果力 $\boldsymbol{F}$ 与点 O 处于同一平面 Oxy 内，则点 A 的坐标 z 为零，力 $\boldsymbol{F}$ 在轴 z 上的投影 F_z 为零，由式（2-12）可知

$$\boldsymbol{M}_O(\boldsymbol{F})=\boldsymbol{r}\times\boldsymbol{F}=(xF_y-yF_x)\boldsymbol{k} \tag{2-14}$$

此时，力 $\boldsymbol{F}$ 对点 O 的矩总是沿轴 z 正方向或者负方向。因此，可将平面问题中力对点的矩定义为一个代数量，它的绝对值等于力的大小与力臂的乘积；当力使物体绕矩心逆时针方向转动时，力矩为正，反之为负，以 $M_O(\boldsymbol{F})$ 表示，即

$$M_O(\boldsymbol{F})=\pm Fh \tag{2-15}$$

力对点的矩的单位是牛顿米（N · m）或千牛米（kN · m）。

综上所述，可知：

（1）力 $\boldsymbol{F}$ 对点 O 的矩不仅取决于力 $\boldsymbol{F}$ 的大小，同时还与所选取的矩心的位置有关；

（2）力 $\boldsymbol{F}$ 对任一点的矩，不会因该力沿其作用线移动而改变，因为此时力和力臂的大小均未改变；

(3) 力的作用线通过矩心时，力矩等于零；

(4) 互成平衡的二力对同一点的矩的代数和等于零。

不难证明，如果 $\boldsymbol{F}_R$ 为某汇交力系的合力，$\boldsymbol{F}_i$ 为各分力，则有如下**合力矩定理**：

空间汇交力系的合力对平面内任一点之矩等于所有分力对该点之矩的矢量和，即

$$\boldsymbol{M}_O(\boldsymbol{F}_R)=\sum \boldsymbol{M}_O(\boldsymbol{F}_i)$$

该定理适用于平面汇交力系，后续将会证明该定理同样适用于任何有合力的力系。

2.2.2 力对轴的矩

工程中经常遇到刚体绕定轴转动的情况，如图 2-8 所示用力 $\boldsymbol{F}$ 将门打开，力 $\boldsymbol{F}$ 对门就产生了使其绕铰链转动的运动。为了度量力对绕定轴转动刚体的作用效果，引入力对轴的矩的概念。

建立如图 2-9 所示的空间坐标系 $Oxyz$，使轴 z 通过铰链的轴线，且力 $\boldsymbol{F}$ 的作用点 A 位于平面 Oxy 内。将力 $\boldsymbol{F}$ 分解为与轴 z 平行和垂直的两个分力 $\boldsymbol{F}_z$ 和 $\boldsymbol{F}_{xy}$，其中 $\boldsymbol{F}_z$ 由于和轴 z 平行，不能使刚体绕轴 z 转动，只有位于平面 Oxy 内的分力 $\boldsymbol{F}_{xy}$ 对轴 z 有矩。因此，问题可以转化成力 $\boldsymbol{F}$ 在平面 Oxy 内的分力 $\boldsymbol{F}_{xy}$ 对点 O 的矩。设 h 为点 O 到分力 $\boldsymbol{F}_{xy}$ 的距离，则力 $\boldsymbol{F}$ 对轴 z 的矩 $M_z(\boldsymbol{F})$ 为

$$M_z(\boldsymbol{F})=M_O(\boldsymbol{F}_{xy})=\pm F_{xy}h \tag{2-16}$$

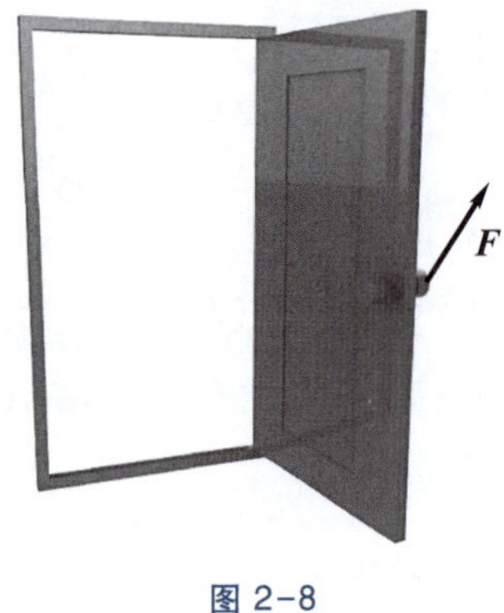

图 2-8

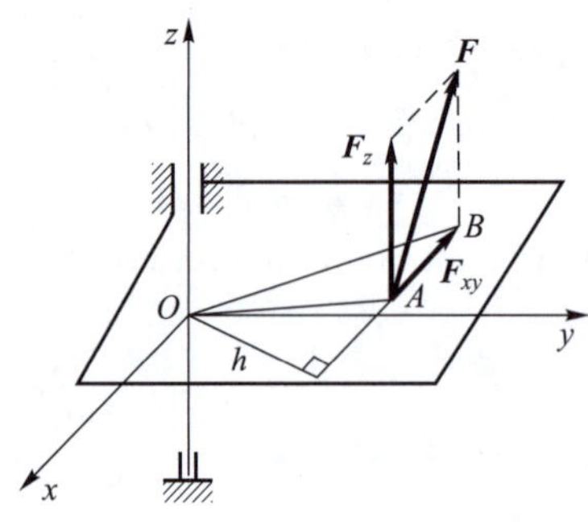

图 2-9

力对轴的矩定义如下：力对轴的矩是力使刚体绕该轴转动效果的度量，是一个代数量，其绝对值等于该力在垂直于该轴的平面上的分力对于这个平面与该轴的交点的矩。其正负号按如图 2-10 所示的右手螺旋法则判断，即将轴 z 握在右手手心，四指指向 $\boldsymbol{F}_{xy}$ 方向，当大拇指的指向与轴 z 正方向相同时力矩为正，反之为负。

由力对轴的矩的概念可知，当力与轴相交时（此时 $h=0$），以及当力与轴平行时（此时 $|\boldsymbol{F}_{xy}|=0$），即力与轴在同一平面时，力对轴的矩为零。

力对轴的矩的单位为牛顿米（N·m）或千牛米（kN·m）。

设力 $\boldsymbol{F}$ 在三个坐标轴上的投影分别为 F_x、F_y、F_z，力作用点 A 的坐标为 $A(x, y, z)$。根据式（2-16），有

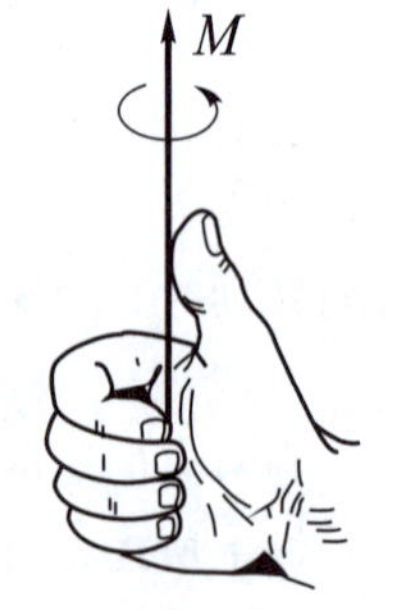

图 2-10

$$M_z(\boldsymbol{F}) = M_O(\boldsymbol{F}_{xy}) = M_O(\boldsymbol{F}_x) + M_O(\boldsymbol{F}_y) \\ = xF_y - yF_x \tag{2-17}$$

同理可得其余二式，将三个等式合写为

$$\left.\begin{aligned} M_x(\boldsymbol{F}) &= yF_z - zF_y \\ M_y(\boldsymbol{F}) &= zF_x - xF_z \\ M_z(\boldsymbol{F}) &= xF_y - yF_x \end{aligned}\right\} \tag{2-18}$$

即力对任一坐标轴之矩的解析表达式。

2.2.3 力对点的矩与力对通过该点的轴的矩的关系

根据式（2-13）和式（2-18），可得

$$\left.\begin{aligned} [\boldsymbol{M}_O(\boldsymbol{F})]_x &= M_x(\boldsymbol{F}) \\ [\boldsymbol{M}_O(\boldsymbol{F})]_y &= M_y(\boldsymbol{F}) \\ [\boldsymbol{M}_O(\boldsymbol{F})]_z &= M_z(\boldsymbol{F}) \end{aligned}\right\} \tag{2-19}$$

上式说明，力对点的矩与力对通过该点的轴的矩的关系是：力对点的矩矢在通过该点的某轴上的投影，等于力对该轴的矩。

【例 2-3】 半径为 r 的斜齿轮，其上作用有力 $\boldsymbol{F}$，如图 2-11a 所示。求力 $\boldsymbol{F}$ 在坐标轴上的投影及力 $\boldsymbol{F}$ 对轴 y 的矩。

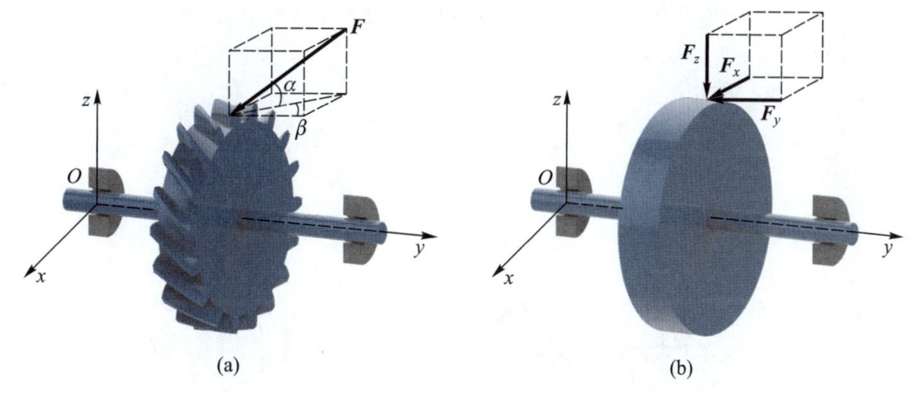

图 2-11

【解】 如图 2-11b 所示，先求力 $\boldsymbol{F}$ 在三个坐标轴上的投影，采用间接投影法：

$$F_x = F\cos\alpha\sin\beta \text{（圆周力）}$$

$$F_y = -F\cos\alpha\cos\beta \text{（轴向力）}$$

$$F_z = -F\sin\alpha \text{（径向力）}$$

因为分力 $\boldsymbol{F}_z$ 通过轴 y，分力 $\boldsymbol{F}_y$ 平行于轴 y，所以它们对轴 y 的矩均等于零，只有分力 $\boldsymbol{F}_x$ 对轴 y 有矩，故力 $\boldsymbol{F}$ 对轴 y 的矩为

$$M_y(\boldsymbol{F}) = M_y(\boldsymbol{F}_x) = Fr\cos\alpha\sin\beta$$

§2-3 力偶理论

2.3.1 力偶与力偶矩

在生活和工程实践中，经常见到某些物体同时受到大小相等、方向相反、作用线互相平行的两个力作用的情况。例如，图 2-12 所示用手旋转方向盘时，两手作用在方向盘上的两个力 $\boldsymbol{F}$ 和 $\boldsymbol{F}'$。在力学上将大小相等、方向相反、作用线互相平行的两个力称为**力偶**，记作 $(\boldsymbol{F},\ \boldsymbol{F}')$。两力作用线之间的垂直距离 d 称为力偶臂，力偶所在的平面称为力偶的作用面。

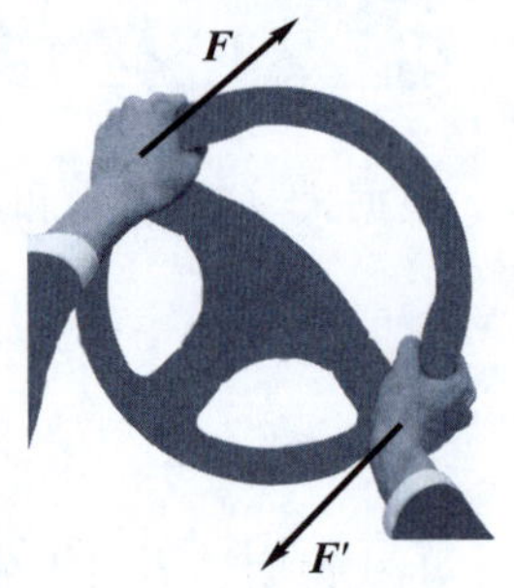

图 2-12

需要注意的是，力偶不能合成为一个力，故不能与一个力等效。力和力偶是静力学的两个基本要素。

力偶对刚体有转动效应，这种转动效应可以用力偶的两个力对空间任一点的力矩的矢量和来度量。设如图 2-13a 所示的力偶 $(\boldsymbol{F},\ \boldsymbol{F}')$，两个力的作用点分别为 A 和 B。在空间任选一点 O 作为矩心，A、B 两点相对于矩心 O 的径矢分别为 $\boldsymbol{r}_A$ 和 $\boldsymbol{r}_B$，由 B 至 A 作径矢 $\boldsymbol{r}_{BA}$。力偶对点 O 的矩 $\boldsymbol{M}_O(\boldsymbol{F},\ \boldsymbol{F}')$ 为

$$
\begin{aligned}
\boldsymbol{M}_O(\boldsymbol{F},\ \boldsymbol{F}') &= \boldsymbol{M}_O(\boldsymbol{F})+\boldsymbol{M}_O(\boldsymbol{F}') \\
&= \boldsymbol{r}_A\times\boldsymbol{F}+\boldsymbol{r}_B\times\boldsymbol{F}' \\
&= \boldsymbol{r}_A\times\boldsymbol{F}-\boldsymbol{r}_B\times\boldsymbol{F} \\
&= (\boldsymbol{r}_A-\boldsymbol{r}_B)\times\boldsymbol{F} \\
&= \boldsymbol{r}_{BA}\times\boldsymbol{F}
\end{aligned}
\tag{2-20}
$$

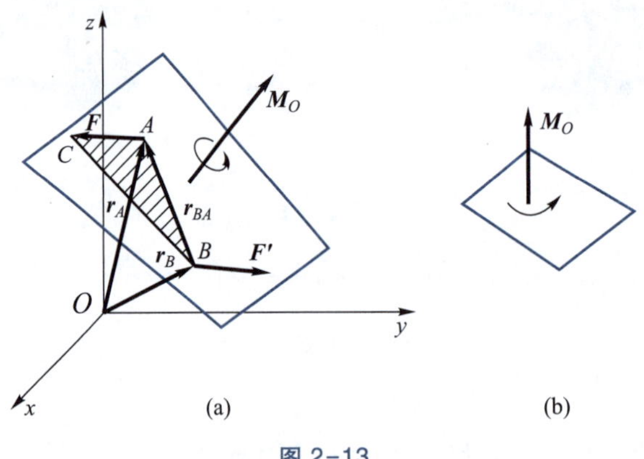

图 2-13

由此可见，力偶对空间任一点的矩只取决于力偶矩的大小和方向，而与矩心的位置无关，因此定义力偶矩 $\boldsymbol{M}_O(\boldsymbol{F},\ \boldsymbol{F}')$（可简记作 $\boldsymbol{M}$）为

$$\boldsymbol{M}_O(\boldsymbol{F},\ \boldsymbol{F}')=\boldsymbol{r}_{BA}\times\boldsymbol{F} \tag{2-21}$$

这种无须确定始端位置的矢量称为**自由矢量**。

力偶矩的大小是力的大小与力偶臂的乘积，或用△*ABC*的面积表示，即

$$|\boldsymbol{M}| = |\boldsymbol{r}_{BA} \times \boldsymbol{F}| = Fd = 2A_{\triangle ABC} \tag{2-22}$$

在表示力偶的时候，可以在其作用面内画一个旋转箭头并在旁边标一字母 M，如图 2-13b 所示。这样，力偶的大小和方向就都被明确表示出来了，其中，力偶矩的方向可由右手螺旋法则确定。

若一个力偶系中各力偶的作用面均在同一平面内，则称这种力偶系为平面力偶系。平面力偶系中，各力偶矩均垂直于作用面，即相互平行。因此，平面力偶系中的力偶矩可以用代数量来表示，其正负号规定为：**以逆时针转向的力偶为正，反之为负**。图 2-14 所示的平面力偶的符号就是正值。力偶矩的单位与力矩相同，也是 N·m。

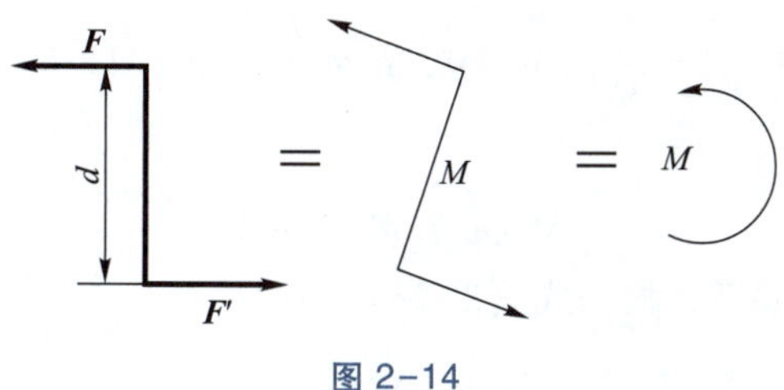

图 2-14

2.3.2 力偶等效定理

作用于同一刚体的两个力偶，若力偶矩相等，则两力偶等效。此结论称为**力偶等效定理**。

事实上，由于力偶对刚体的作用效果仅取决于力偶矩，与力偶矩在空间的位置无关。所以，当两力偶的力偶矩相等时，两力偶彼此等效。对于平面力偶系，两力偶等效的充要条件为两力偶矩相等。

由力偶的等效定理可直接推出力偶的两个性质。

性质 1 只要保持力偶矩不变，力偶可在其作用面内任意移动和转动，或同时改变力偶中力的大小和力偶臂的长短，而不影响其对刚体的作用效果。

性质 2 力偶可平移到与其作用面平行的任意平面上而不改变对刚体的作用效果。

力偶等效定理是力偶合成的理论基础，与力的可传性一样，它们只适用于刚体。

2.3.3 力偶系的合成

设刚体上作用有力偶矩 $\boldsymbol{M}_1$、$\boldsymbol{M}_2$、…、$\boldsymbol{M}_n$。由于力偶矩是自由矢量，可以将其平移至同一点，构成汇交于一点的矢量系，这样各个力偶的合成即为力偶矩的合成。进而可以得到空间力偶系的合成法则：空间分布的任意个力偶可合成为一个合力偶，合力偶矩等于各个分力偶矩的矢量和，即

$$\boldsymbol{M} = \boldsymbol{M}_1 + \boldsymbol{M}_2 + \cdots + \boldsymbol{M}_n = \sum_{i=1}^{n} \boldsymbol{M}_i \tag{2-23}$$

将式（2-23）分别向轴 x、y、z 投影，有

$$\left.\begin{aligned}M_x &= M_{1x} + M_{2x} + \cdots + M_{nx} = \sum_{i=1}^{n} M_{ix} \\ M_y &= M_{1y} + M_{2y} + \cdots + M_{ny} = \sum_{i=1}^{n} M_{iy} \\ M_z &= M_{1z} + M_{2z} + \cdots + M_{nz} = \sum_{i=1}^{n} M_{iz}\end{aligned}\right\} \tag{2-24}$$

即合力偶矩在轴 x、y、z 上的投影等于各个分力偶矩在相应轴上投影的代数和，其大小和方向余弦分别为

$$\left.\begin{aligned}&M=\sqrt{(\sum M_x)^2+(\sum M_y)^2+(\sum M_z)^2} \\ &\cos(\boldsymbol{M},\ \boldsymbol{i})=\frac{M_x}{M},\ \cos(\boldsymbol{M},\ \boldsymbol{j})=\frac{M_y}{M},\ \cos(\boldsymbol{M},\ \boldsymbol{k})=\frac{M_z}{M}\end{aligned}\right\} \tag{2-25}$$

解析表达式为

$$\boldsymbol{M}=M_x\boldsymbol{i}+M_y\boldsymbol{j}+M_z\boldsymbol{k} \tag{2-26}$$

特别地，对于平面力偶系，根据式（2-23），有

$$M=\sum_{i=1}^{n} M_i \tag{2-27}$$

即平面力偶系可合成为一个合力偶，该合力偶等于各个力偶的力偶矩的代数和，方向根据 2.3.1 节中关于合力偶矩的符号规定来确定。

【例 2-4】 已知刚体受到如图 2-15 所示的力偶作用，求合力偶矩。

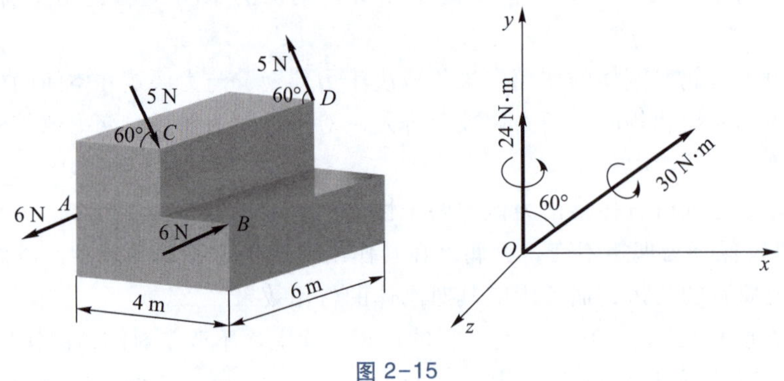

图 2-15

【解】 用垂直于力偶所在平面、大小等于力偶矩的矢量表示每一个已知力偶，为了方便，根据力偶等效定理，把力偶矩画在坐标系原点。则合力偶矩 $\boldsymbol{M}$ 的大小为

$$M=\sqrt{(30\times\sin 60°)^2+(24+30\times\cos 60°)^2}\ \text{N}\cdot\text{m}=46.86\ \text{N}\cdot\text{m}$$

方向余弦为

$$\cos(\boldsymbol{M},\ \boldsymbol{i})=\frac{M_x}{M}=\frac{30\times\sin 60°}{46.86}=0.554$$

$$\cos(\boldsymbol{M},\ \boldsymbol{j})=\frac{M_y}{M}=\frac{24+30\times\cos 60°}{46.86}=0.832$$

$$\cos(\boldsymbol{M},\ \boldsymbol{k})=\frac{M_z}{M}=0$$

即与轴 x、y、z 的夹角分别为 56.36°、33.64°、0°。

§2-4 任意力系向某点的简化

2.4.1 力的平移定理

在§1-2 中曾指出，作用在刚体上的力沿其作用线可移到刚体内任意点，而不改变力对刚体的作用效应。如果力离开其作用线，平行移动到任意一点上，就会改变它对刚体的作用效应。

设力 $\boldsymbol{F}_A$ 作用在刚体上的点 A，如图 2-16a 所示。现在要把它平行移动到刚体上的另一点 B。为此，在点 B 加两个互相平衡的力 $\boldsymbol{F}_B$ 和 $\boldsymbol{F}'_B$，令 $\boldsymbol{F}_A=\boldsymbol{F}_B=-\boldsymbol{F}'_B$。根据加减平衡力系原理，增加一个平衡力系并不改变原力系对刚体的作用效应。三个力 $\boldsymbol{F}_A$、$\boldsymbol{F}_B$ 和 $\boldsymbol{F}'_B$ 对刚体的作用与原力 $\boldsymbol{F}_A$ 的作用等效。但从另一角度看，这三个力中 $\boldsymbol{F}_A$ 与 $\boldsymbol{F}'_B$ 组成一个力偶。因此，可以认为作用于点 A 的力 $\boldsymbol{F}_A$，平行移动到点 B 后为 $\boldsymbol{F}_B$，还要附加一个力偶（$\boldsymbol{F}_A$，$\boldsymbol{F}'_B$），此力偶的力偶矩为

$$\boldsymbol{M}=\boldsymbol{M}_B(\boldsymbol{F}_A)=\boldsymbol{r}_{BA}\times\boldsymbol{F}_A$$

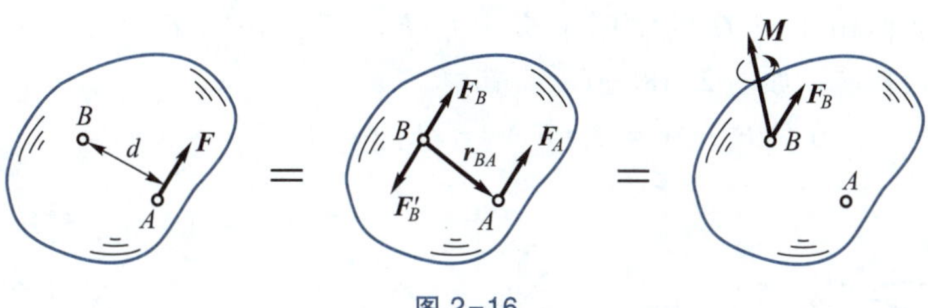

图 2-16

推广到一般情况，可得力的平移定理为：作用在刚体上的力可向任意点平移，平移后附加一个力偶，附加力偶的力偶矩等于原来的力对新作用点的矩。换句话说，平移前的一个力与平移后的一个力和一个附加力偶等效。

当作用在刚体上的力沿其作用线滑动到任意点时，因附加力偶的力偶臂为零，故附加力偶矩为零。因此力沿作用线滑动是力向一点平移的特例。

力的平移定理不仅是力系简化的依据，也是分析力对物体效应的一个重要方法。例如图 2-17a 中，大齿轮受到圆周力 $\boldsymbol{F}$ 的作用。为了分析力 $\boldsymbol{F}$ 对轴的效应，需将力 $\boldsymbol{F}$ 向轴心 O 平移。根据力的平移定理，力 $\boldsymbol{F}$ 平移到点 O 时，要附加一个如图 2-17b 所示的力偶 $\boldsymbol{M}$。设齿轮的节圆半径为 r，则附加力偶矩为

$$M=Fr$$

由此可见，力 $\boldsymbol{F}$ 对轴的作用相当于在轴上作用一个水平力 $\boldsymbol{F}'$ 和一个力偶。此力偶作用在垂直于轴线的平面内，它与轴端输入的力偶使轴产生扭转，而力 $\boldsymbol{F}'$ 则使轴产生弯曲。

2.4.2 任意力系向一点的简化

若力系中各力的作用线在空间任意分布，则称这种力系为**空间任意力系**。空间任意力系

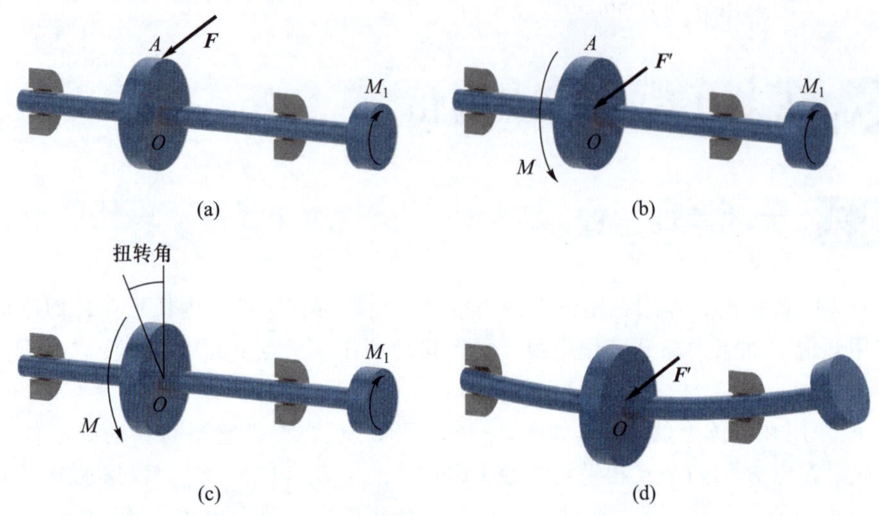

图 2-17

向一点的简化，理论依据是力的平移定理。

设刚体上作用有空间任意力系 $\boldsymbol{F}_1$，$\boldsymbol{F}_2$，…，$\boldsymbol{F}_n$，如图 2-18a 所示。任选一点 O 作为简化中心，应用力的平移定理，依次将各力平移到点 O，同时附加一个相应的力偶。这样，原任意力系被一个作用于点 O 的空间汇交力系 $\boldsymbol{F}'_1$，$\boldsymbol{F}'_2$，…，$\boldsymbol{F}'_n$和一个空间力偶系 $\boldsymbol{M}_1$，$\boldsymbol{M}_2$，…，$\boldsymbol{M}_n$等效替换，如图 2-18b 所示。其中

$$\boldsymbol{F}'_i=\boldsymbol{F}_i,\ \boldsymbol{M}_i=\boldsymbol{M}_O(\boldsymbol{F}_i)=\boldsymbol{r}_i\times\boldsymbol{F}_i\ \ (i=1,\ 2,\ \cdots,\ n)$$

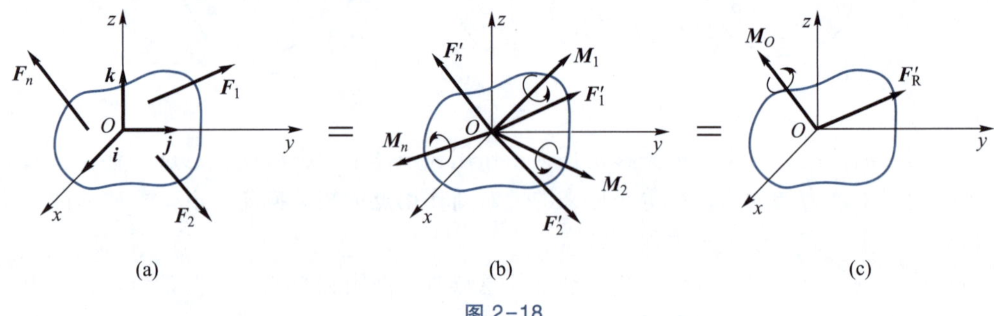

图 2-18

$\boldsymbol{r}_i$表示由点 O 到 $\boldsymbol{F}_i$作用点的径矢。将这两个简单力系进一步合成，空间汇交力系可合成为

$$\boldsymbol{F}'_{\mathrm{R}}=\sum\boldsymbol{F}_i=\sum F_x\boldsymbol{i}+\sum F_y\boldsymbol{j}+\sum F_z\boldsymbol{k} \tag{2-28}$$

原力系中各力的矢量和 $\boldsymbol{F}'_{\mathrm{R}}$称为原空间任意力系的主矢。

对于附加力偶系，可合成为一个力偶，其力偶矩为

$$\boldsymbol{M}_O=\sum\boldsymbol{M}_i=\sum\boldsymbol{M}_O(\boldsymbol{F}_i)=\sum(\boldsymbol{r}_i\times\boldsymbol{F}_i) \tag{2-29}$$

原力系中各力对简化中心之矩的矢量和$\boldsymbol{M}_O$ 称为原空间任意力系对点 O 的主矩。由力矩的解析表达式可得

$$\begin{aligned}\boldsymbol{M}_O&=\sum(y_iF_{iz}-z_iF_{iy})\boldsymbol{i}+\sum(z_iF_{ix}-x_iF_{iz})\boldsymbol{j}+\sum(x_iF_{iy}-y_iF_{ix})\boldsymbol{k}\\&=\sum M_x(\boldsymbol{F})\boldsymbol{i}+\sum M_y(\boldsymbol{F})\boldsymbol{j}+\sum M_z(\boldsymbol{F})\boldsymbol{k}\end{aligned} \tag{2-30}$$

综上所述，空间任意力系向任一点简化可得一个主矢和一个主矩。主矢等于力系中各力的矢量和，其与简化中心的位置无关；主矩等于力系中各力对于简化中心的力矩的矢量和，

一般情况下，其与简化中心的位置有关。

通过空间力系向一点的简化结果，可以了解力系对刚体作用的总效果，在工程中有很多具体的应用。如图 2-19 所示的几种物体，其一端完全固定在另一个物体上，使之不能有任何的移动和转动，这种约束称为**固定端约束**。一般情况下，这些约束力组成的力系是一个空间力系。选取被约束物体在固定面上的中心点作为简化中心，可将约束力向简化中心平移，最后简化为一个力和一个力偶，该力与力偶矩的大小和方向均与被约束物体所受的主动力有关，而不能由约束本身确定。所以，可用三个相互正交的分量来表示固定端约束的约束力和约束力偶，如图 2-20a 所示。

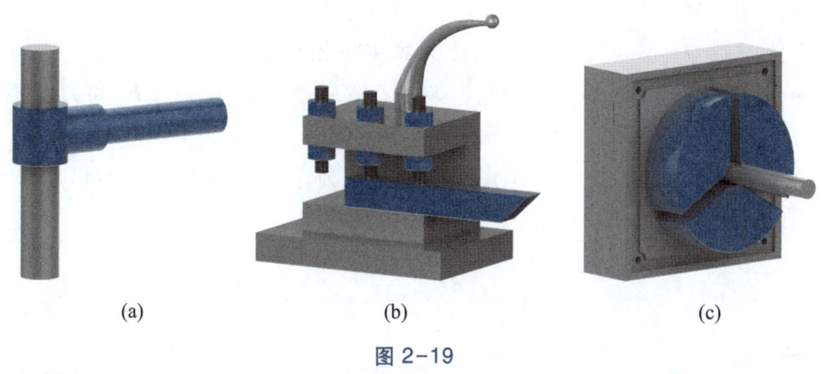

图 2-19

对于平面问题，固定端约束力是一个平面任意力系，固定端 A 处的约束力可简化为两个大小未知的正交分力 $\boldsymbol{F}_{Az}$、$\boldsymbol{F}_{Ay}$ 和一个矩为 $\boldsymbol{M}_A$ 的约束力偶，如图 2-20b 所示。平面固定端约束的力学简图如图 2-20c 所示。

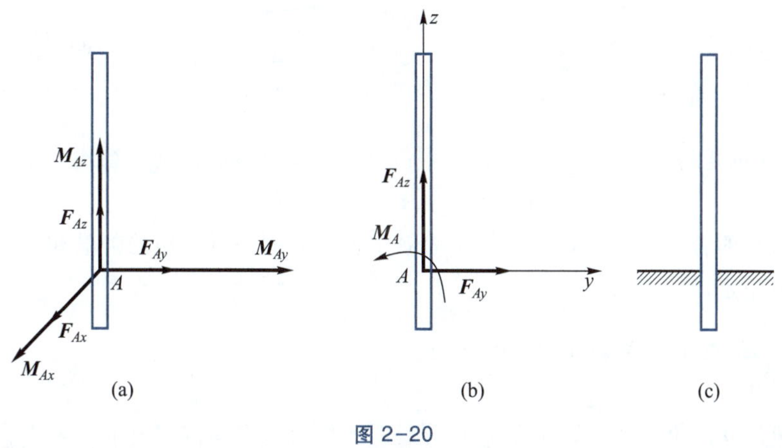

图 2-20

2.4.3 任意力系的简化结果分析

根据以上结论，空间任意力系向一点简化，可得一个主矢 $\boldsymbol{F}'_{\mathrm{R}}$ 和一个主矩 $\boldsymbol{M}_O$。按照主矢和主矩不同的值，将可能出现的结果分为下列四种情况：(1) $\boldsymbol{F}'_{\mathrm{R}}=\boldsymbol{0}$，$\boldsymbol{M}_O\neq\boldsymbol{0}$；(2) $\boldsymbol{F}'_{\mathrm{R}}\neq\boldsymbol{0}$，$\boldsymbol{M}_O=\boldsymbol{0}$；(3) $\boldsymbol{F}'_{\mathrm{R}}\neq\boldsymbol{0}$，$\boldsymbol{M}_O\neq\boldsymbol{0}$；(4) $\boldsymbol{F}'_{\mathrm{R}}=\boldsymbol{0}$，$\boldsymbol{M}_O=\boldsymbol{0}$。现分别加以讨论。

（一）空间任意力系简化为一个合力偶

若 $\boldsymbol{F}'_{\mathrm{R}}=\boldsymbol{0}$，$\boldsymbol{M}_O\neq\boldsymbol{0}$，则原力系简化为一个力偶，力偶矩等于原力系对简化中心的主矩。由于力偶矩与矩心位置无关，所以在这种情况下，简化结果与简化中心的选择无关。也就是说，无论向哪一点简化，结果都是一个力偶，且力偶矩保持不变。

（二）空间任意力系简化为一个合力

有两种情况：

（1）若 $\boldsymbol{F}'_{\mathrm{R}}\neq\boldsymbol{0}$，$\boldsymbol{M}_O=\boldsymbol{0}$，说明原力系与一个力等效，该力称为空间力系的合力。合力的作用线通过简化中心 O，其大小和方向与原力系主矢相同。

（2）若 $\boldsymbol{F}'_{\mathrm{R}}\neq\boldsymbol{0}$，$\boldsymbol{M}_O\neq\boldsymbol{0}$，且 $\boldsymbol{F}'_{\mathrm{R}}\perp\boldsymbol{M}_O$，如图 2-21a 所示。说明力 $\boldsymbol{F}'_{\mathrm{R}}$和力偶矩 $\boldsymbol{M}_O$（假设为（$\boldsymbol{F}''_{\mathrm{R}}$，$\boldsymbol{F}_{\mathrm{R}}$））在同一平面内，如图 2-21b 所示。此时，可将力 $\boldsymbol{F}'_{\mathrm{R}}$和力偶（$\boldsymbol{F}''_{\mathrm{R}}$，$\boldsymbol{F}_{\mathrm{R}}$）进一步合成为一个合力 $\boldsymbol{F}_{\mathrm{R}}$，如图 2-21c 所示。$\boldsymbol{F}_{\mathrm{R}}$就是原力系的合力，其大小和方向与原力系主矢相同，作用线离简化中心 O 的距离为

$$d=\frac{|\boldsymbol{M}_O|}{F_{\mathrm{R}}}$$

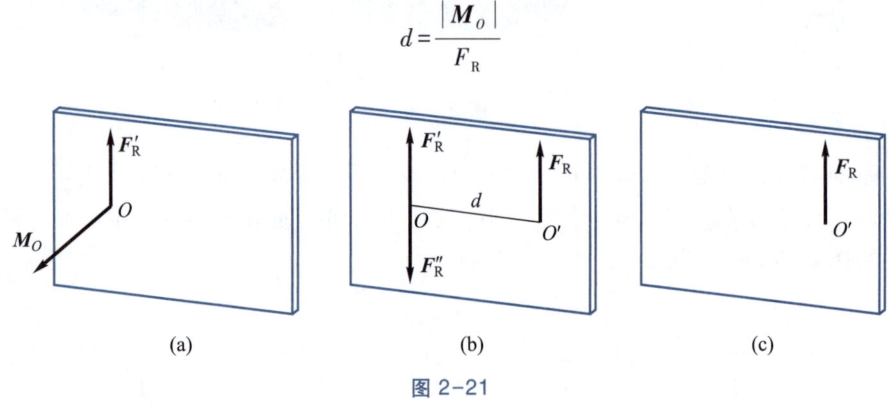

图 2-21

合力 $\boldsymbol{F}_{\mathrm{R}}$对点 O 的矩等于原力系主矩 $\boldsymbol{M}_O$，根据式（2-29），可得到关系式

$$\boldsymbol{M}_O(\boldsymbol{F}_{\mathrm{R}})=\boldsymbol{M}_O=\sum\boldsymbol{M}_O(\boldsymbol{F}_i) \qquad (2-31)$$

即空间任意力系的合力对任一点之矩等于力系中各力对同一点之矩的矢量和。这就是空间任意力系的合力矩定理。

（三）空间任意力系简化为力螺旋

若 $\boldsymbol{F}'_{\mathrm{R}}\neq\boldsymbol{0}$，$\boldsymbol{M}_O\neq\boldsymbol{0}$，且主矢与主矩不垂直而成任意夹角 $\alpha\left(\alpha\neq\frac{\pi}{2}\right)$，这种情况下可简化为力螺旋，如图 2-22a 所示。将主矩$\boldsymbol{M}_O$ 分解为沿主矢作用线方向和垂直于主矢作用线方向的两个分量 $\boldsymbol{M}'_O$、$\boldsymbol{M}''_O$，如图 2-22b 所示。因为 $\boldsymbol{F}'_{\mathrm{R}}\perp\boldsymbol{M}''_O$，所以 $\boldsymbol{F}'_{\mathrm{R}}$和 $\boldsymbol{M}''_O$可以简化为作用线通过另一点 O'的合力 $\boldsymbol{F}_{\mathrm{R}}$，且其作用线离简化中心 O 的距离为

$$d=\frac{|\boldsymbol{M}''_O|}{F'_{\mathrm{R}}}=\frac{|\boldsymbol{M}_O\sin\alpha|}{F'_{\mathrm{R}}}$$

将力系简化为一个力 $\boldsymbol{F}_{\mathrm{R}}$和沿力作用线的力偶 $\boldsymbol{M}'_O$的这种结果称为力螺旋，如图 2-22d 所示。由此看出，力螺旋就是由一个力和一个力偶组成的力系，其中力垂直于力偶的作用面。力和

力偶方向一致的力螺旋称为右力螺旋；力和力偶方向相反的力螺旋称为左力螺旋。力的作用线称为力螺旋的中心轴。

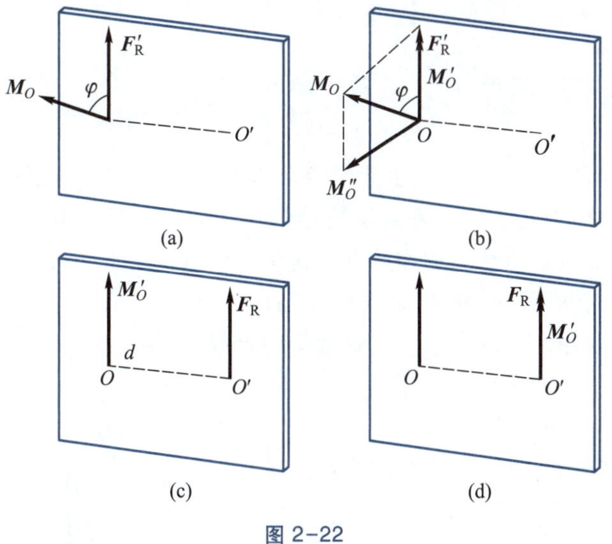

图 2-22

在实际工程中，有些作用在物体上的力系是明显的力螺旋。例如，钻头在钻孔时，钻头上受到的切削阻力系是右力螺旋，如图 2-23a 所示；飞机螺旋桨旋转时，空气作用于螺旋桨上的推进力 $\boldsymbol{F}$ 和阻力矩 $\boldsymbol{M}$ 则构成了左力螺旋，如图 2-23b 所示。

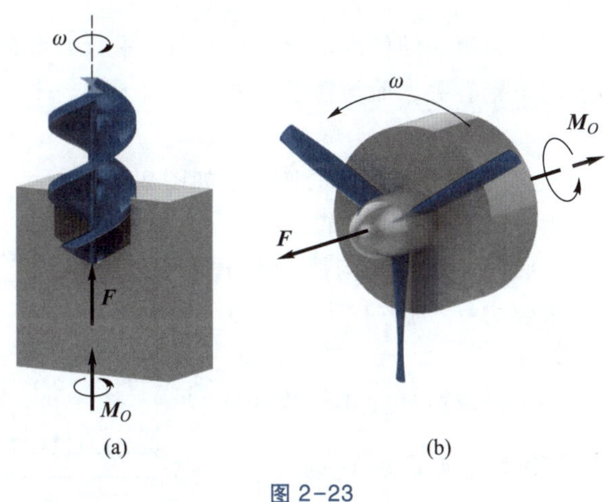

图 2-23

（四）空间任意力系简化为平衡力系

若 $\boldsymbol{F}'_R=\boldsymbol{0}$，$\boldsymbol{M}_O=\boldsymbol{0}$，这是空间任意力系平衡的情形，将在下一章进行讨论。

特别地，平面力系作为空间力系的特例，在简化时也要遵循空间任意力系的方法和法则。需要注意的是，由于平面任意力系的主矩和主矢互相垂直，所以平面力系不可能简化为力螺旋，只可能是除力螺旋以外的其他三种情形。

§2-5 平行力系的中心与重心

2.5.1 平行力系中心

空间分布的平行力系是在工程及生活中经常遇到的情形，例如流体对于固定面的压力及物体所受的重力等。在研究这种力系对于物体的作用时，不但应知道力系合力的大小（设力系有合力），而且还应求出合力的作用点。这个作用点就是平行力系中心。

以两个平行力为例。设 $\boldsymbol{F}_1$ 和 $\boldsymbol{F}_2$ 是作用在刚体上 A、B 两点的两个平行力，如图 2-24 所示。将这两个力合成，得合力为

$$\boldsymbol{F}_{\mathrm{R}}=\boldsymbol{F}_1+\boldsymbol{F}_2$$

由合力矩定理可以确定 $\boldsymbol{F}_{\mathrm{R}}$ 的作用点 C 的位置：

$$\frac{F_1}{BC}=\frac{F_2}{AC}=\frac{F_{\mathrm{R}}}{AB}$$

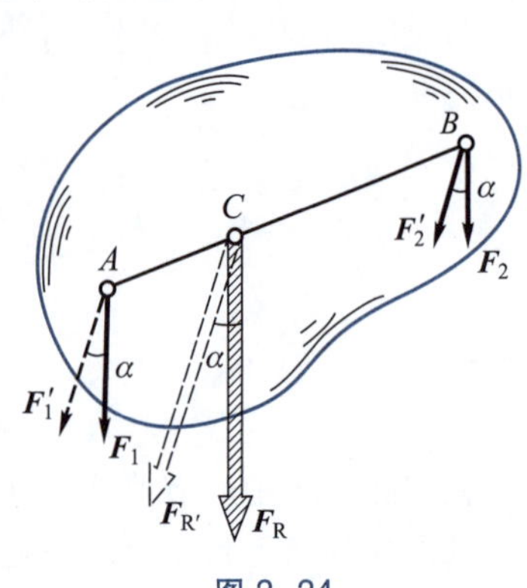

图 2-24

若将 $\boldsymbol{F}_1$ 和 $\boldsymbol{F}_2$ 同时绕各自的作用点转过 α，得到的新平行力的合力 $\boldsymbol{F}_{\mathrm{R}}'$ 的大小和作用点都没有改变，只是绕点 C 也旋转了 α。也就是说，不管两个平行力方向如何，合力的作用线总是通过点 C。

把这一结论推广到由多个力组成的任意平行力系可知，平行力系合力作用点的位置仅与各平行力的大小和作用点的位置有关，而与各平行力的方向无关。平行力系合力的作用点称为此平行力系的中心。

【例 2-5】 水平梁 AB 受三角形分布载荷的作用，如图 2-25 所示。分布载荷的最大值为 q，梁长为 l，试求合力的大小及其作用线位置。

【解】 该问题属于平面平行力系合成问题。由于是同向平行力系，所以其合力 $\boldsymbol{F}$ 的方向与各分力相同。

取梁的 A 端为原点，在 x 处取微分段 $\mathrm{d}x$，作用在此段上的分布力为 $q(x)$。根据几何关系 $q(x)=\dfrac{x}{l}q$，在 $\mathrm{d}x$ 长度上的合力大小为 $q(x)\mathrm{d}x$。故此分布力合力 $\boldsymbol{F}$ 的大小可由以下积分求出：

$$F=\int_0^l q(x)\mathrm{d}x=\int_0^l \frac{q}{l}x\mathrm{d}x=\frac{ql}{2}$$

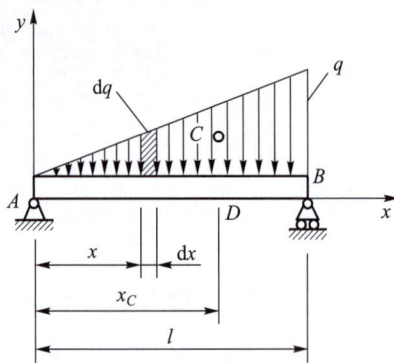

图 2-25

设合力 $\boldsymbol{F}$ 的作用线距 A 端的距离为 x_C，则力 $\boldsymbol{F}$ 对点 A 之矩为

$$M_A(\boldsymbol{F})=Fx_C$$

作用在微段 $\mathrm{d}x$ 上的合力对点 A 的力矩为 $xq(x)\mathrm{d}x$。全部分布力对点 A 之矩的代数和可由以下积分求出：

$$\int_0^l q(x)x\mathrm{d}x=\int_0^l \frac{q}{l}x^2\mathrm{d}x=\frac{1}{3}ql^2$$

根据合力矩定理得

$$Fx_C=\frac{1}{3}ql^2$$

故

$$x_C=\frac{ql^2}{3F}$$

将 $F=\frac{1}{2}ql$ 代入上式，有

$$x_C=\frac{ql^2}{3\times\frac{1}{2}ql}=\frac{2}{3}l$$

由此可知：

（1）合力 $\boldsymbol{F}$ 的方向与分布力相同；

（2）当力与梁 AB 垂直时，合力 $\boldsymbol{F}$ 的大小等于由分布载荷组成的几何图形的面积；

（3）合力 $\boldsymbol{F}$ 的作用线通过由分布载荷组成的几何图形的形状中心（即形心）。

2.5.2 重心

物体的重心就是平行力系中心的一个很重要的特例。重力是地球对于物体的引力，如果将物体视为由无数的质点组成，则重力组成空间汇交力系。由于物体的尺寸比地球小得多，因此可近似地认为重力是个平行力系；此力系的合力大小就是物体的重量。不论物体如何放置，其重力的合力作用线相对于物体总是通过一个确定的点，这个点称为物体的重心。重心的位置在工程中有重要意义，例如，要使起重机保持稳定，其重心的位置应满足一定的条件；飞机、轮船及车辆等的运动稳定性也与重心的位置有密切的关系；此外，如高速运转的飞轮如果重心不在轴线上，将引起激烈的振动而影响机器的寿命。因此，工程中常要确定物体重心的位置。

为求出物体重心，建立如图 2-26 所示的直角坐标系 $Oxyz$。设某重力为 $\boldsymbol{P}$ 的物体其重心 C 的坐标为（x_C，y_C，z_C），某微元的重量为 ΔP_i，作用点坐标为（x_i，y_i，z_i）。对轴 x、y

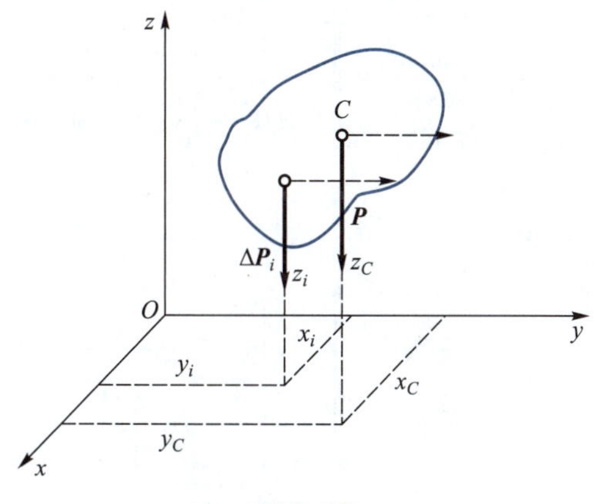

图 2-26

分别应用合力矩定理，有

$$-Py_C=-\sum \Delta P_i y_i,\qquad Px_C=\sum \Delta P_i x_i$$

现将各重力逆时针旋转 90°，使各重力平行于轴 y，如图 2-26 中虚线所示。对轴 x 应用合力矩定理，有

$$-Pz_C=-\sum \Delta P_i z_i$$

通过以上三式即可得出重心 C 的坐标为

$$x_C=\frac{\sum \Delta P_i x_i}{P},\qquad y_C=\frac{\sum \Delta P_i y_i}{P},\qquad z_C=\frac{\sum \Delta P_i z_i}{P}\tag{2-32}$$

对于均质物体，有

$$x_C=\frac{\int_V x\mathrm{d}V}{V},\qquad y_C=\frac{\int_V y\mathrm{d}V}{V},\qquad z_C=\frac{\int_V z\mathrm{d}V}{V}\tag{2-33}$$

其中，V 为物体的体积。显然，均质物体的重心就是几何中心，即形心。

2.5.3 确定物体重心的方法

凡具有对称面、对称轴或对称中心的简单形状的均质物体，其重心一定在对称面、对称轴或对称中心上。工程中常用的简单形体的重心可用式（2-33）计算或者通过表 2-1 直接查到。

表 2-1

图形	重心位置	图形	重心位置
三角形	中线的交点 $y_C=\frac{1}{3}h$	梯形	$y_C=\frac{h(2a+b)}{3(a+b)}$
扇形	$y_C=\frac{2r\sin\alpha}{3\alpha}$	部分圆环	$x_C=\frac{2r^3\sin^3\alpha}{3A}$
抛物线面	$x_C=\frac{5}{8}a$ $y_C=\frac{2}{5}b$	抛物线面	$x_C=\frac{3}{4}a$ $y_C=\frac{3}{10}b$

续表

图形	重心位置	图形	重心位置
正圆锥	$z_C=\frac{1}{4}h$	半球	$z_C=\frac{3}{8}r$

对于复杂物体，工程上往往通过组合法求物体的重心。如果物体可以分割成几个简单物体的组合，则整个物体的重心可由式（2-32）求出。

【例 2-6】 不等边角钢的截面近似为图 2-27 所示，已知 $a=12$ cm，$b=8$ cm，$d=1.2$ cm。求该截面重心的位置。

【解】 将该截面分割为两个矩形，取坐标系 Oxy 如图 2-27 所示。很容易求得两个矩形的重心坐标和面积分别为

$x_1=0.6$ cm，$y_1=6$ cm，$A_1=14.4\ \text{cm}^2$；$x_2=4.6$ cm，$y_2=0.6$ cm，$A_2=8.16\ \text{cm}^2$

按公式求得该组合截面的重心坐标 x_C、y_C 为

$$x_C=\frac{A_1x_1+A_2x_2}{A_1+A_2}=2.05\ \text{cm},\qquad y_C=\frac{A_1y_1+A_2y_2}{A_1+A_2}=4.05\ \text{cm}$$

故所求截面重心 C 的坐标为（2.05 cm，4.05 cm）。

在计算某些物体的重心时，为了便于计算，可以把物体看作由一个较大的物体切去一部分得到。这类物体的重心仍然可以用与组合法相同的公式求得，只是切去部分的体积或面积应取负值，这种方法也称为**负面积法**。

如例 2-6 中的角钢截面，可以看作由如图 2-28 所示的 12 cm×8 cm 的矩形切割掉一个 10.8 cm×6.8 cm 的矩形得到。此时，大、小矩形的重心坐标分别为

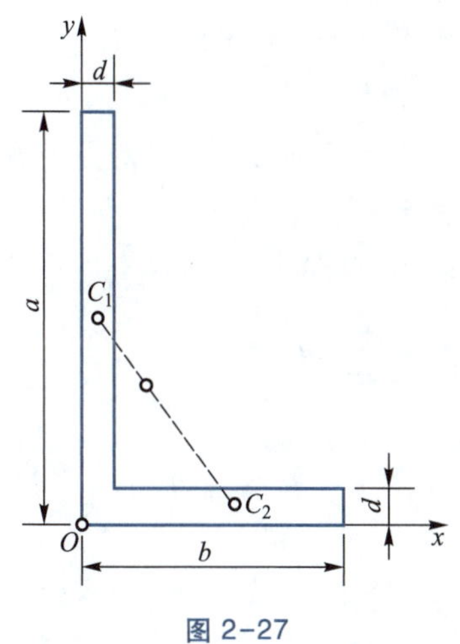

图 2-27

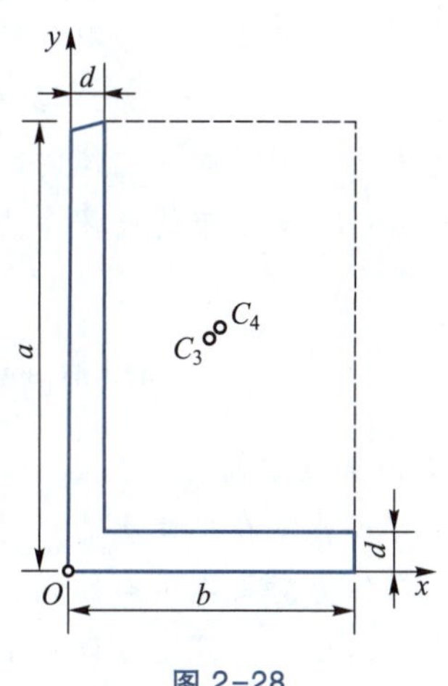

图 2-28

$x_3=4$ cm，$y_3=6$ cm，$A_3=96\ \text{cm}^2$；$x_4=4.6$ cm，$y_4=6.6$ cm，$A_4=73.44\ \text{cm}^2$

于是重心坐标为

$$x_C=\frac{A_3x_3-A_4x_4}{A_3-A_4}=2.05\ \text{cm},\quad y_C=\frac{A_3y_3-A_4y_4}{A_3-A_4}=4.05\ \text{cm}$$

可以看出，用负面积法可以得到同样的结果。在应用组合法求取物体重心时，可根据具体情况灵活选用两种方法。

小　结

1. 汇交力系的简化

几何法：用力多边形求汇交力系合力的方法。

$$\boldsymbol{F}_{\mathrm{R}}=\sum\boldsymbol{F}_i$$

解析法：$\boldsymbol{F}_{\mathrm{R}}=\sum\limits_{i=1}^{n}\boldsymbol{F}_i=\left(\sum\limits_{i=1}^{n}F_{ix}\right)\boldsymbol{i}+\left(\sum\limits_{i=1}^{n}F_{iy}\right)\boldsymbol{j}+\left(\sum\limits_{i=1}^{n}F_{iz}\right)\boldsymbol{k}$

2. 力对点的矩与力对轴的矩

力对点的矩：$\boldsymbol{M}_O(\boldsymbol{F})=\boldsymbol{r}\times\boldsymbol{F}=(yF_z-zF_y)\boldsymbol{i}+(zF_x-xF_z)\boldsymbol{j}+(xF_y-yF_x)\boldsymbol{k}$

力对轴的矩：

$$\left.\begin{aligned}M_x(\boldsymbol{F})&=yF_z-zF_y\\M_y(\boldsymbol{F})&=zF_x-xF_z\\M_z(\boldsymbol{F})&=xF_y-yF_x\end{aligned}\right\}$$

力对点的矩与力对通过该点的轴的矩的关系：

$$\left.\begin{aligned}[\boldsymbol{M}_O(\boldsymbol{F})]_x&=M_x(\boldsymbol{F})\\[\boldsymbol{M}_O(\boldsymbol{F})]_y&=M_y(\boldsymbol{F})\\[\boldsymbol{M}_O(\boldsymbol{F})]_z&=M_z(\boldsymbol{F})\end{aligned}\right\}$$

3. 力偶理论

力偶矩：力偶对空间任一点的矩只取决于力偶矩的大小和方向，即

$$\boldsymbol{M}_O(\boldsymbol{F},\ \boldsymbol{F}')=\boldsymbol{r}_{BA}\times\boldsymbol{F}$$

力偶等效定理：作用于同一刚体的两个力偶，若力偶矩相等，则两力偶等效。

力偶系的合成：空间分布的任意个力偶可合成为一个合力偶，合力偶矩等于各个分力偶矩的矢量和，即

$$\boldsymbol{M}=\boldsymbol{M}_1+\boldsymbol{M}_2+\cdots+\boldsymbol{M}_n=\sum_{i=1}^{n}\boldsymbol{M}_i$$

4. 任意力系向某点的简化

力的平移定理：作用在刚体上的力可向任意点平移，平移后附加一个力偶，附加力偶的力偶矩等于原来的力对新作用点的矩。

空间任意力系向任一点简化可得一个主矢和一个主矩。主矢和主矩分别为

$$\boldsymbol{F}'_{\mathrm{R}}=\sum\boldsymbol{F}_i,\quad \boldsymbol{M}_O=\sum\boldsymbol{M}_i$$

空间任意力系简化的最终结果：(1) 合力偶；(2) 合力；(3) 力螺旋；(4) 平衡。

5. 物体重心坐标公式

$$\left.\begin{aligned} x_C &= \frac{\sum \Delta P_i x_i}{P} \\ y_C &= \frac{\sum \Delta P_i y_i}{P} \\ z_C &= \frac{\sum \Delta P_i z_i}{P} \end{aligned}\right\}$$

思考题

2-1 试分别计算图 2-29 中力 $\boldsymbol{F}$ 在 x、y' 方向或 x、y 方向上的分力和投影，并对比其差别。

2-2 图 2-30 所示带传动，若进包角 α 变化而其他条件均保持不变，则带轮传动的力矩是否改变？为什么？

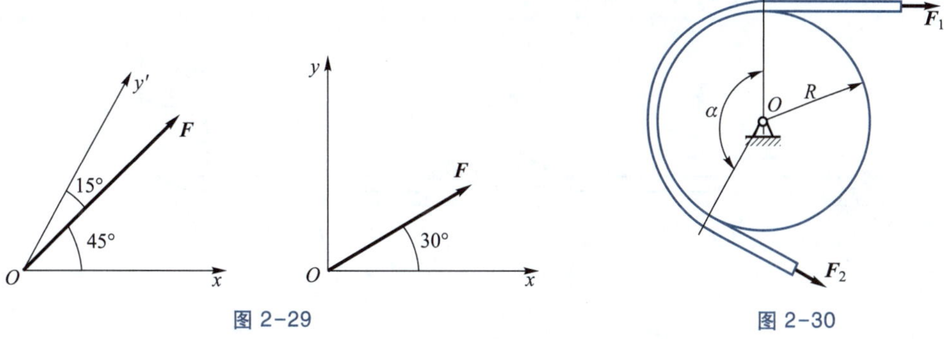

图 2-29　　　　图 2-30

2-3 设有力 $\boldsymbol{F}$，并选取坐标轴 x。力 $\boldsymbol{F}$ 与轴 x 在何种情况下有 $F_x=0$，$M_x(\boldsymbol{F})=0$？在何种情况下有 $F_x=0$，$M_x(\boldsymbol{F})\neq 0$？又在何种情况下有 $F_x\neq 0$，$M_x(\boldsymbol{F})=0$？

2-4 力偶 $(\boldsymbol{F}_1, \boldsymbol{F}_1')$ 作用在 Oxy 平面内，另一力偶 $(\boldsymbol{F}_2, \boldsymbol{F}_2')$ 作用在 Oyz 平面内，力偶矩的绝对值相等，两力偶是否等效？为什么？

2-5 司机操纵方向盘驾驶汽车时，可用双手对方向盘施加一个力偶，也可用单手对方向盘施加一个力，这两种方式能否得到同样的效果？这是否说明一个力与一个力偶等效？为什么？

2-6 将汇交力系向汇交点以外的任一点简化，可能的简化结果是什么？

2-7 空间平行力系的简化结果是什么？可能合成为力螺旋吗？

2-8 计算均质薄板的重心位置时，如果选取的坐标轴不同，重心的坐标是否改变？重心在薄板内的位置是否改变？

习题

2-1 用解析法求如图所示吊环所受平面汇交力系的合力，已知 $F_1=360\ \text{N}$，$\alpha_1=60°$；$F_2=550\ \text{N}$，$\alpha_2=0°$；$F_3=380\ \text{N}$，$\alpha_3=30°$；$F_4=300\ \text{N}$，$\alpha_4=70°$。

习题：第二章

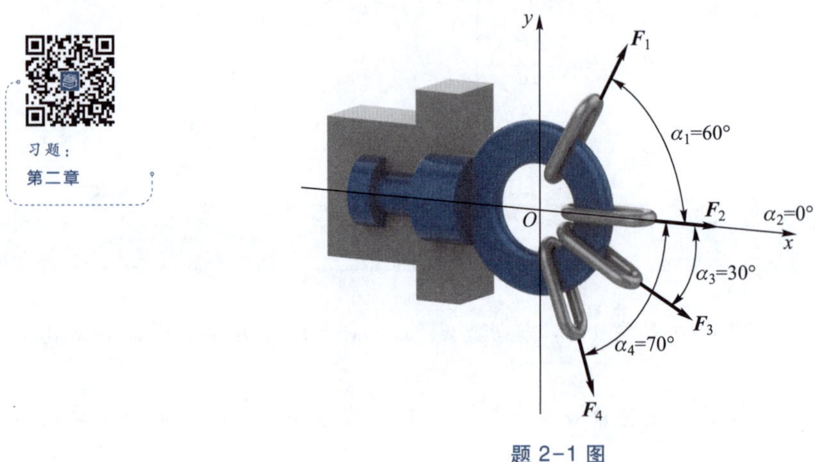

题 2-1 图

2-2 计算各图中力 $\boldsymbol{F}$ 对点 O 的矩。

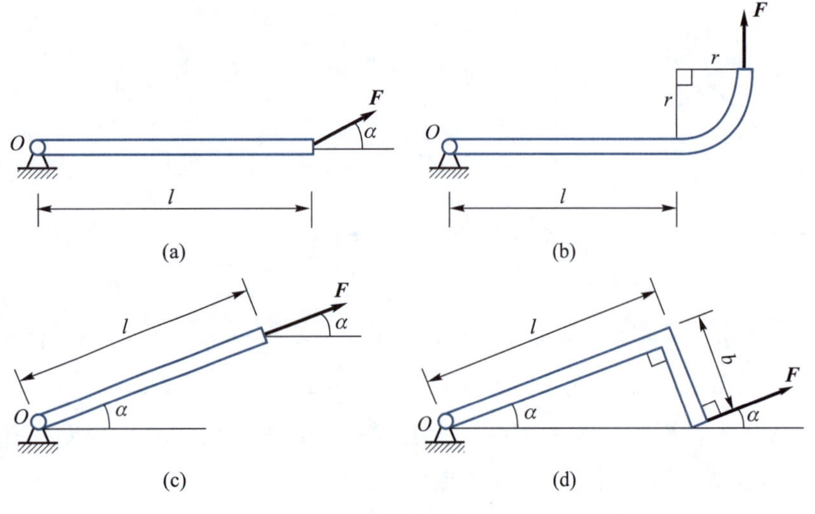

题 2-2 图

2-3 求图示力 $F=1\ 000\ \text{N}$ 对轴 z 的力矩 M_z（图中长度单位为 mm）。

2-4 水平圆盘半径为 r，外缘 C 处作用已知力 $\boldsymbol{F}$。力 $\boldsymbol{F}$ 垂直于 OC 且与 C 处圆盘切线夹角为 60°。其他尺寸如图所示。求力 $\boldsymbol{F}$ 对轴 x、y、z 的矩。

2-5 图示 4 个力和 1 个力偶组成一个平面任意力系。已知 $F_1=50\ \text{N}$，$\theta_1=\arctan\dfrac{3}{4}$，$F_2=30\sqrt{3}\ \text{N}$，$\theta_2=45°$，$F_3=80\ \text{N}$，$F_4=10\ \text{N}$，$M=2\ \text{N}\cdot\text{m}$。求力系向点 O 简化的结果（图中长度单位为 mm）。

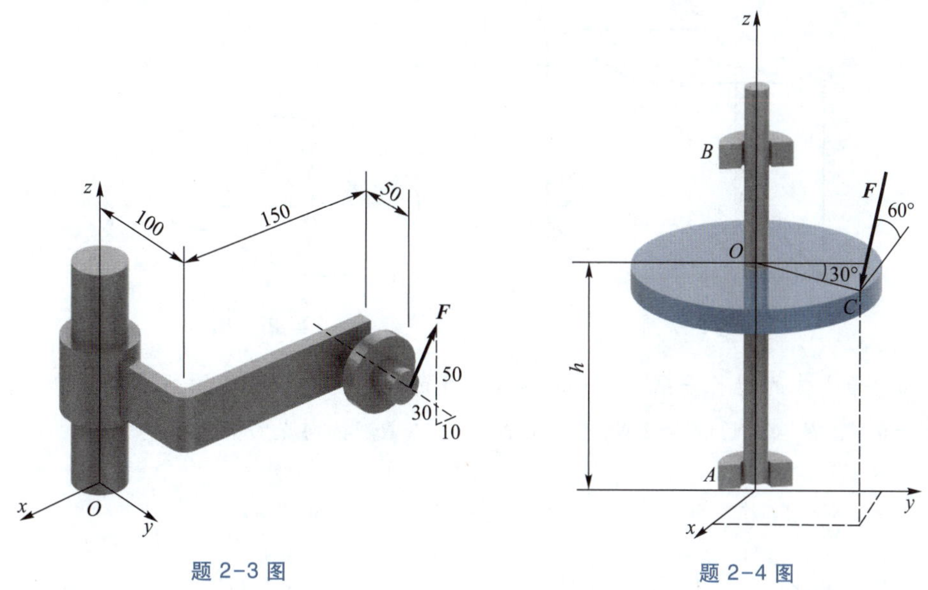

题 2-3 图　　题 2-4 图

2-6　沿长方体的三个既不相交也不平行的棱作用相等的三个力 $\boldsymbol{F}$。棱长 a、b、c 满足什么关系，这些力才能简化为合力？

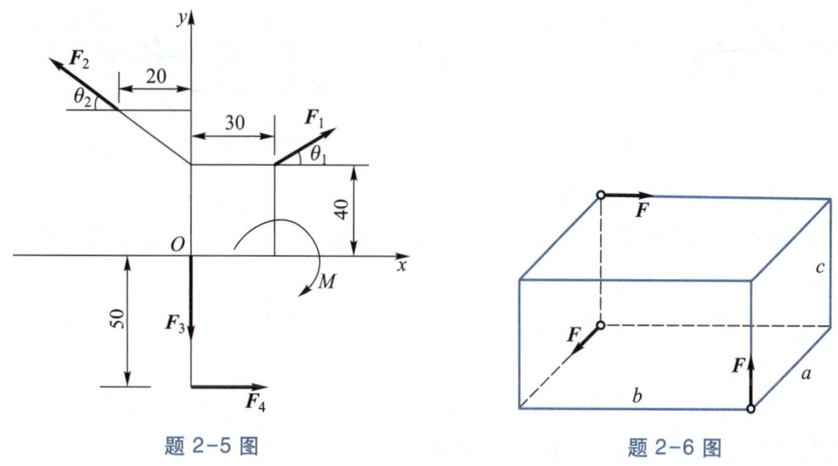

题 2-5 图　　题 2-6 图

2-7　在立方体的顶点 A、H、B、D 上分别作用四个力：$F_1=F_2=F_3=F_4=F$。其中 $\boldsymbol{F}_1$ 沿 AC，$\boldsymbol{F}_2$ 沿 HF，$\boldsymbol{F}_3$ 沿 BE，$\boldsymbol{F}_4$ 沿 DG。该力系向点 A 简化的结果是什么？

2-8　如图所示的平面已知力系，$F=10$ kN，$M=20$ kN·m：

(1) 若选择轴 x 上点 B 为简化中心，其主矩大小为 $M_B=10$ kN·m，转向为顺时针，求点 B 的位置及主矢；

(2) 若选择 CD 上点 E 为简化中心，其主矩大小为 $M_E=30$ kN·m，转向为顺时针，$\alpha=45°$，求位于 CD 上点 E 的位置及主矢。

2-9　三个力 $\boldsymbol{F}_1$、$\boldsymbol{F}_2$、$\boldsymbol{F}_3$ 分别在三个坐标平面内，分别与三个坐标轴平行，方向及与坐标轴的距离如图所示。试求该力系对点 O 的主矢和主矩。

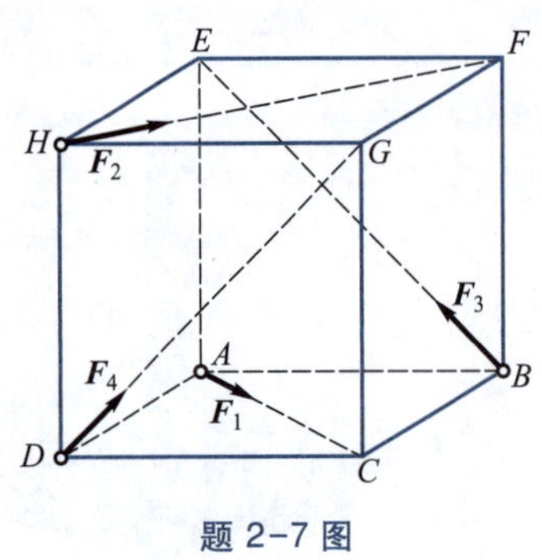

题 2-7 图

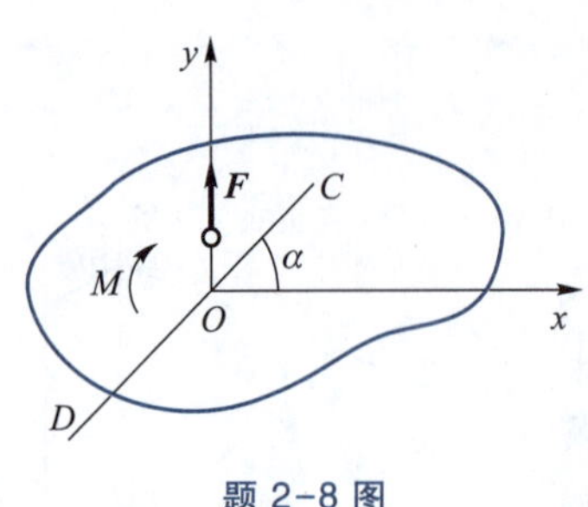

题 2-8 图

2-10 长方体的边长分别是 10 m、4 m、5 m，沿各边作用如图所示的六个力，$F_1=4$ N，$F_2=6$ N，$F_3=3$ N，$F_4=2$ N，$F_5=6$ N，$F_6=8$ N。试向点 O 简化该力系。

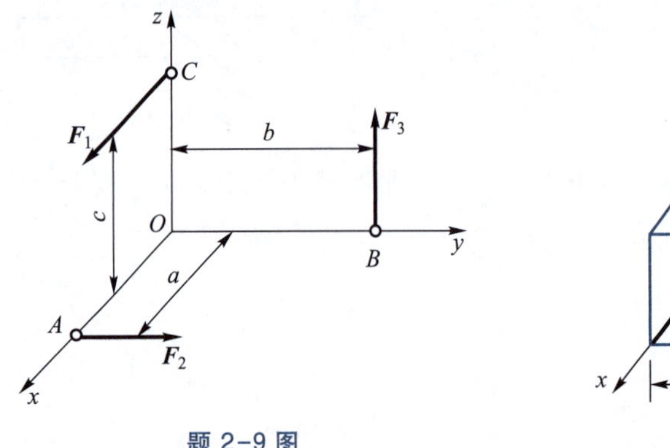

题 2-9 图

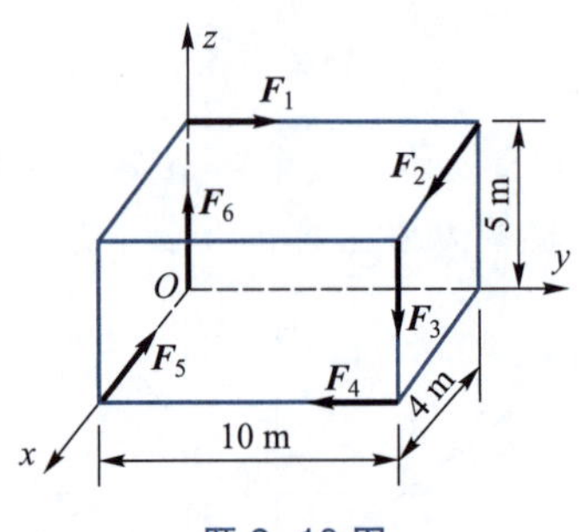

题 2-10 图

2-11 求图示图形的重心坐标。

2-12 已知正方形 $ABDC$ 的边长为 a，试在其中找出一点 E，使此正方形在截去等腰三角形 AEB 之后，点 E 成为剩余面积的重心。

2-13 平面桁架由七根杆构成，杆长如图所示。设杆的单位长度重量相同，求桁架的重心坐标。

2-14 水雷外壳的形状是两端有冠形盖的圆筒，圆筒部分半径 $r=0.4$ m，侧面高 $h=2r$，两端球冠的高度分别为 $f_1=0.5r$，$f_2=0.2r$。求水雷壳的重心。

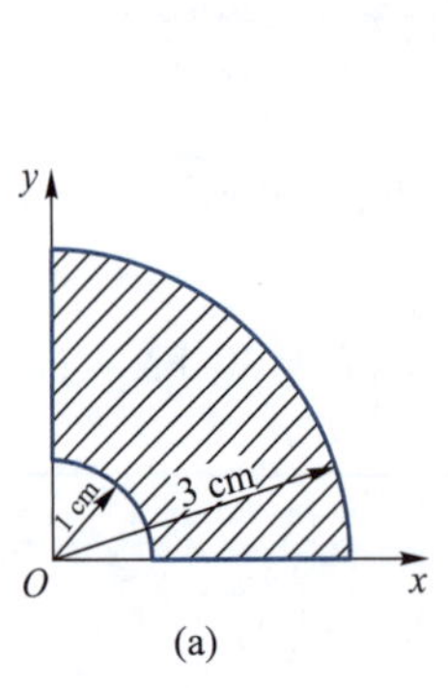

(a)

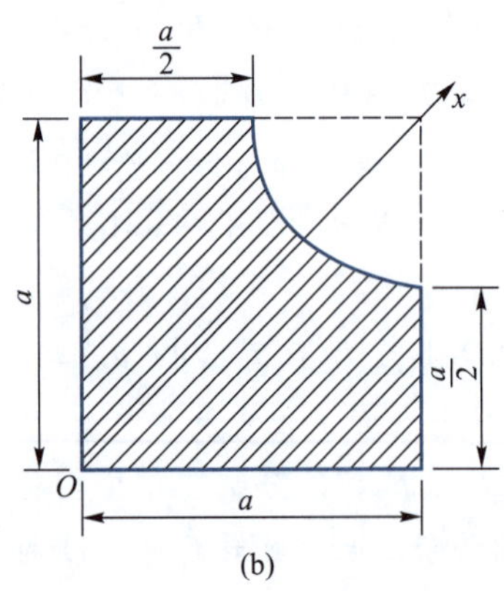

(b)

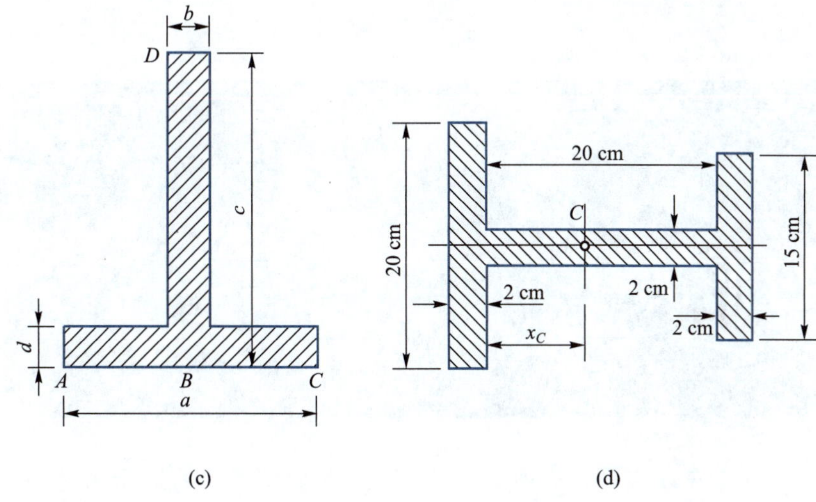

(c)　　　　(d)

题 2-11 图

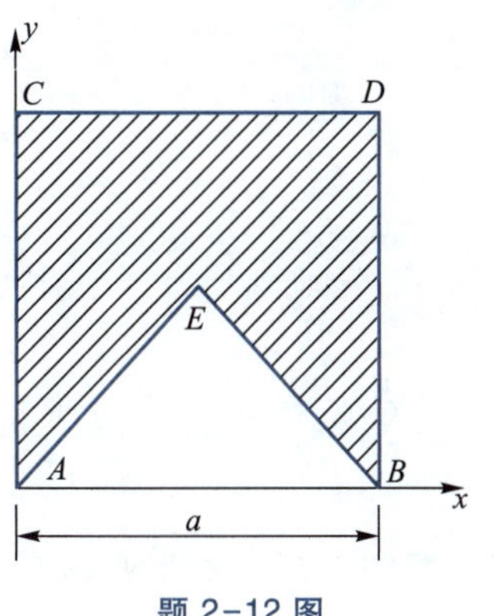

题 2-12 图

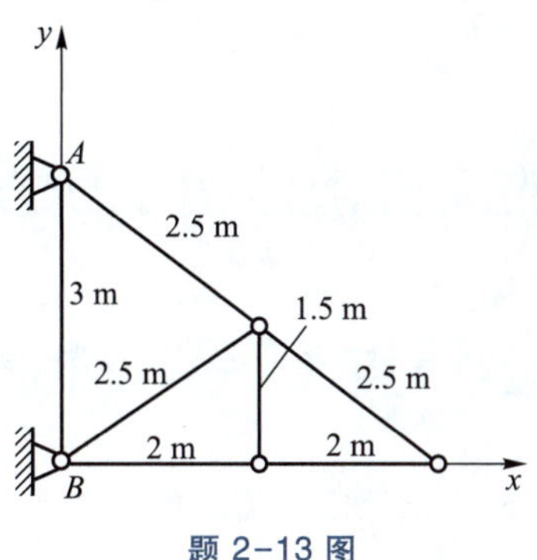

题 2-13 图

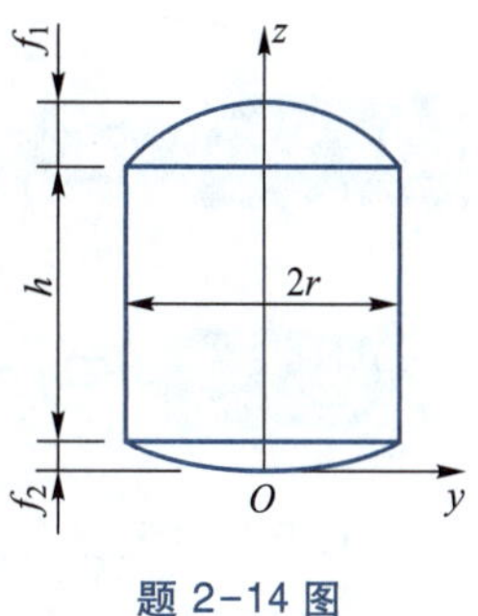

题 2-14 图

第三章

力系的平衡

本章在第二章的基础上研究平面力系、空间力系的平衡及物体系的平衡问题，主要讨论力系平衡的充要条件，并在此基础上导出一般情形下力系的平衡方程。

§3-1 汇交力系的平衡条件和平衡方程

3.1.1 空间汇交力系的平衡条件和平衡方程

由于空间汇交力系可以合成为一个合力 $\boldsymbol{F}_{\mathrm{R}}(\boldsymbol{F}_{\mathrm{R}}=\sum \boldsymbol{F}_i)$，因此，空间汇交力系平衡的必要与充分条件是：该力系的合力等于零，即

$$\boldsymbol{F}_{\mathrm{R}}=\sum \boldsymbol{F}_i=\boldsymbol{0} \tag{3-1}$$

根据空间汇交力系合力的解析表达式，由式（3-1）可得空间汇交力系的平衡方程

$$\sum F_x=0,\ \sum F_y=0,\ \sum F_z=0 \tag{3-2}$$

由此可得，空间汇交力系平衡的必要与充分条件是：力系中所有各力在直角坐标系 $Oxyz$ 各轴上投影的代数和分别等于零。对于受空间汇交力系作用而平衡的刚体，可以建立 3 个独立的平衡方程，求解 3 个未知量。

【例 3-1】 如图 3-1a 所示，固定于相互垂直墙面上的空间支架由分别垂直于两墙的光滑铰接二力杆 OA、OB 和钢绳 OC 组成，且点 C 在两墙的交线上。已知 $\theta=30°$，$\varphi=60°$，球铰链 O 处吊一重 $P=1.2$ kN 的重物，试求两杆和钢绳所受的力。图中 O、A、B、D 四点都在同一水平面上，杆和绳重均略去不计。

【解】（1）取球铰链 O 为研究对象。

（2）受力如图 3-1b 所示，为一空间汇交力系。

（3）取坐标系 $Oxyz$ 如图所示，列平衡方程：

$$\sum F_x=0,\ F_B-F_{\mathrm{T}}\cos\theta\sin\varphi=0$$

$$\sum F_y=0,\ F_A-F_{\mathrm{T}}\cos\theta\cos\varphi=0$$

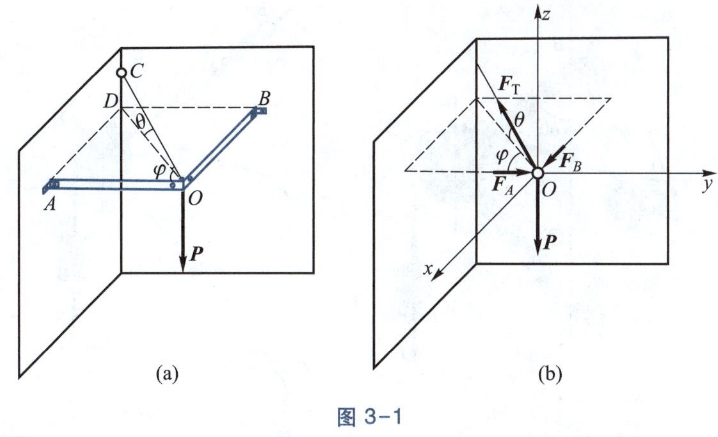

图 3-1

$$\sum F_z=0, \quad F_T \sin\theta - P = 0$$

解得

$$F_A = 1.04\ \text{kN}, \quad F_B = 1.8\ \text{kN}, \quad F_T = 2.4\ \text{kN}$$

3.1.2 平面汇交力系的平衡条件和平衡方程

（一）平面汇交力系平衡的几何条件

在用几何法合成平面汇交力系时，力系的合力 $\boldsymbol{F}_R$ 是由力多边形的封闭边来表示的。当合力 $\boldsymbol{F}_R$ 等于零时，力多边形的封闭边变为一点，即力多边形中第一个力的起点与最后一个力的终点重合，构成一个自行封闭的力多边形，如图 3-2 所示。所以，平面汇交力系平衡的几何条件是：力多边形自行封闭。

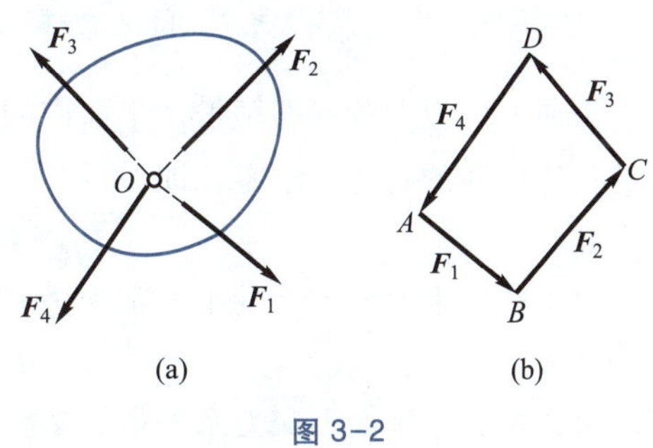

图 3-2

【例 3-2】 如图 3-3a 所示简易绞车，A、B 和 C 为铰链约束，钢丝绳绕过滑轮 A 将 $P=20$ kN 的重物吊起。不计杆件 AB、AC 及滑轮的重量并忽略摩擦和滑轮的大小。试计算两杆 AB、AC 所受的力。

【解】（1）取滑轮 A 为研究对象。

（2）画受力图。重物通过钢丝绳给滑轮 A 以向下的力 $\boldsymbol{P}$，绞车 D 通过钢丝绳给滑轮 A 斜向左下方的力 $\boldsymbol{F}_T$。不计摩擦时有 $F_T=P=20$ kN；另 AB、AC 为二力杆，其对滑轮 A 的约束力 $\boldsymbol{F}_{AB}$、$\boldsymbol{F}_{AC}$ 分别沿 AB、AC 轴线方向，指向如图所示。由于滑轮的大小可忽略不计，上述力可看作一汇交于点 A 的平面汇交力系，滑轮 A 的受力图如图 3-3b 所示。

（3）作力多边形，求未知量。适当选择比例尺，将力 $\boldsymbol{P}$、$\boldsymbol{F}_T$、$\boldsymbol{F}_{AB}$、$\boldsymbol{F}_{AC}$ 按照各自的方向和指向，依据力多边形法则，依次首尾相接构成自行封闭的力多边形 $abcd$。矢量 $\overrightarrow{cd}$ 和 $\overrightarrow{da}$ 的指向分别表示 $\boldsymbol{F}_{AB}$ 和 $\boldsymbol{F}_{AC}$ 的实际指向。按照比例尺量得

$$F_{AB} = 9.3\ \text{kN}, \quad F_{AC} = 35.9\ \text{kN}$$

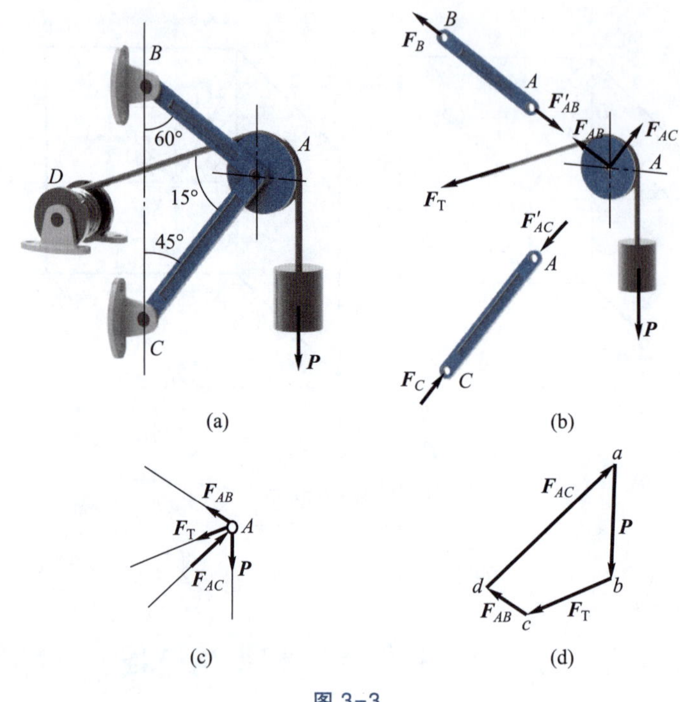

图 3-3

杆 AB、AC 所受的力分别与 $\boldsymbol{F}_{AB}$ 和 $\boldsymbol{F}_{AC}$ 等值反向，其中杆 AB 受拉力，杆 AC 受压力，如图 3-3c所示。

（二）平面汇交力系平衡的解析条件和平衡方程

平面汇交力系合成的结果是平面内的一个合力 $\boldsymbol{F}_{\mathrm{R}}$（$\boldsymbol{F}_{\mathrm{R}}=\sum\boldsymbol{F}_i$），其平衡的必要与充分条件是：该力系的合力等于零，即

$$\boldsymbol{F}_{\mathrm{R}}=\sum\boldsymbol{F}_i=\boldsymbol{0} \tag{3-3}$$

对于处在平面 Oxy 上的平面汇交力系，由式（3-3）可得其平衡方程为

$$\sum F_x=0,\ \sum F_y=0 \tag{3-4}$$

由此可得，平面汇交力系平衡的必要与充分条件是：力系中所有各力在直角坐标系 Oxy 各轴上投影的代数和分别等于零。对于受平面汇交力系作用而平衡的刚体，可以建立 2 个独立的平衡方程，求解 2 个未知量。

【例 3-3】 如图 3-4a 所示简易压榨机。活塞通过水平推杆给销 A 一个水平向左的力 $\boldsymbol{F}_A$。A、B、C 三点为铰链连接，不计托板与连杆的自重。试求当连杆 AB、AC 与铅垂线成角 α 时，托板对被压物体的作用力。

【解】 对于该物体系，由于被压物体和托板上没有已知力，无法求得需求的力，不能先选为研究对象。因此，应先取销 A 为研究对象，求出连杆所受的力，然后取托板为研究对象，求出托板对被压物体的作用力。

销 A 受力如图 3-4b 所示。不计连杆自重，连杆 AB、AC 为二力杆。取图示坐标系，列平衡方程：

$$\sum F_x=0,\ F_{AB}\sin\alpha+F_{AC}\sin\alpha-F_A=0$$

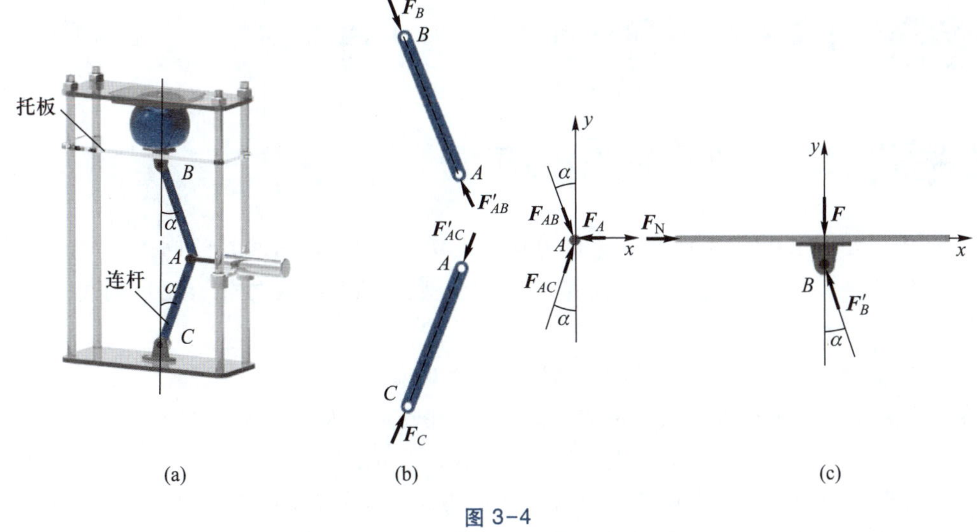

图 3-4

$$\sum F_y=0,\ -F_{AB}\cos\alpha+F_{AC}\cos\alpha=0$$

解得

$$F_{AB}=F_{AC}=\frac{F_A}{2\sin\alpha}$$

托板的受力如图 3-4c 所示。被压物体给托板的力 $\boldsymbol{F}$ 铅垂向下，连杆 AB 给托板的力 $\boldsymbol{F}'_B$是力 $\boldsymbol{F}_B$ 的反作用力，立柱给托板的约束力 $\boldsymbol{F}_{\mathrm{N}}$ 沿水平方向。取图示坐标系，列平衡方程：

$$\sum F_y=0,\ F'_B\cos\alpha-F=0$$

解得

$$F=F'_B\cos\alpha$$

由于 $F'_B=F_B=F_{AB}$，则

$$F=\frac{F_A}{2\sin\alpha}\cos\alpha=\frac{F_A}{2}\cot\alpha$$

托板给被压物体的力与力 $\boldsymbol{F}$ 等值反向。

通过以上例题，可以总结出求解汇交力系平衡问题的步骤如下：

（1）选取研究对象。按照题意确定研究对象。对于复杂物体系的平衡问题，通常应将物体系进行拆分，选取其中两个或更多的研究对象逐步求解问题。

（2）画受力图。在研究对象上，画出其所受的全部主动力和约束力。要根据约束性质分析约束力，并能正确运用三力平衡汇交定理。

（3）根据平衡条件求解未知量。采用几何法时，则应选择适当的长度和力的比例尺，画出研究对象的轮廓图和自行封闭的力多边形，或力三角形；根据力多边形中各力首尾相接的次序，确定未知力的指向，用比例尺和量角器量出或用三角公式计算出未知力。采用解析法时，应在选定的坐标系下进行投影计算（注意投影的正负），并利用平衡方程进行未知力的求解。

§3-2 力偶系的平衡条件和平衡方程

3.2.1 空间力偶系的平衡方程

由于空间力偶系可以合成为一个合力偶 $\boldsymbol{M}(\boldsymbol{M}=\sum \boldsymbol{M}_i)$，因此，空间力偶系平衡的必要与充分条件是：该力偶系的合力偶矩等于零，或空间力偶系各分力偶矩的矢量和等于零，即

$$\boldsymbol{M}=\sum \boldsymbol{M}_i=\boldsymbol{0} \tag{3-5}$$

根据合力偶矩的解析表达式，由式（3-5）可得空间力偶系的平衡方程

$$\sum M_x=0，\sum M_y=0，\sum M_z=0 \tag{3-6}$$

由此可得，空间力偶系平衡的必要与充分条件是：力偶系中所有分力偶矩在直角坐标系 $Oxyz$ 各轴上投影的代数和分别等于零。对于受空间力偶系作用而平衡的刚体，可以建立 3 个独立的平衡方程，求解 3 个未知量。

3.2.2 平面力偶系的平衡方程

平面力偶系的合成结果是一个合力偶，合力偶矩等于各分力偶矩的代数和（$M=\sum M_i$）。要使力偶系平衡，合力偶矩必须等于零，即

$$\sum M_i=0 \tag{3-7}$$

由此可得，平面力偶系平衡的必要与充分条件是：平面力偶系各分力偶矩的代数和等于零。对于受平面力偶系作用而平衡的刚体，只有 1 个独立的平衡方程，可求解 1 个未知量。

【例 3-4】 在汽缸盖上钻四个相同的孔，如图 3-5 所示，假设钻每个孔的切削力偶矩 $M_1=M_2=M_3=M_4=15\ \text{N}\cdot\text{m}$，转向如图所示。当用多轴钻床同时钻这四个孔时，试求汽缸盖受到的总切削力偶矩。

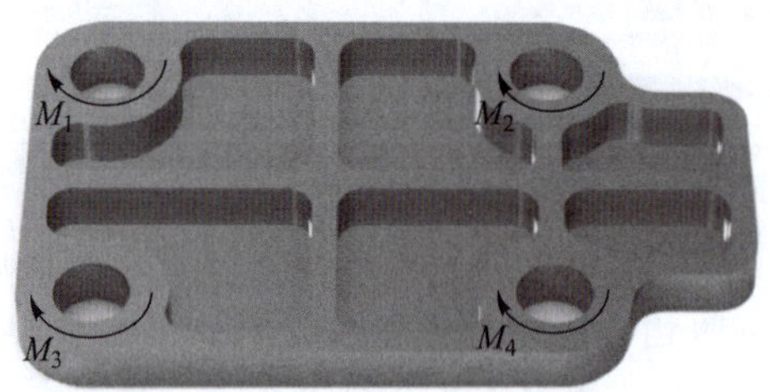

图 3-5

【解】 由题意可知汽缸盖受 4 个大小相等、转向相同，在同一平面的力偶的作用，这些力偶构成一个平面力偶系，力偶的合力偶矩为

$$M=\sum M_i=-M_1-M_2-M_3-M_4=-60\ \text{N}\cdot\text{m}$$

负号表示合力偶矩沿顺时针方向转动。求出总切削力偶矩之后，就可考虑夹紧措施，设计夹具。

【例 3-5】 如图 3-6 所示，电动机轴通过联轴器与工作轴相连，联轴器上四个螺栓 A、

B、C、D 的孔心均匀分布在直径 150 mm 的圆周上，已知电动机轴传给联轴器的力偶矩 $M=2.5\ \text{kN}\cdot\text{m}$，且螺栓受力均匀，试求每个螺栓所受的力。

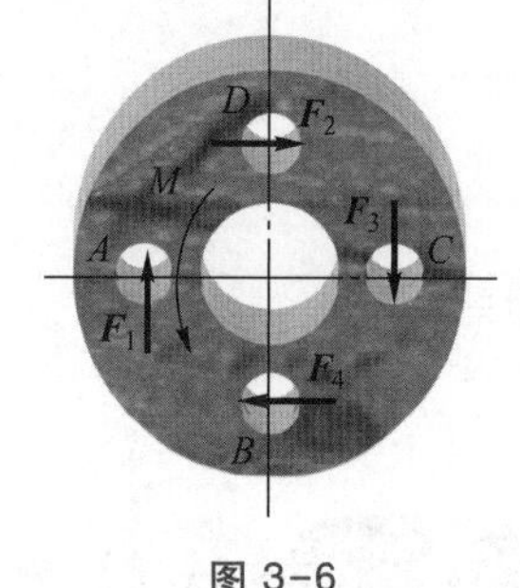

图 3-6

【解】取联轴器为研究对象。联轴器受电动机施予的力偶、螺栓给予的约束力，方向如图所示。由于螺栓受力均匀，即 $F_1=F_2=F_3=F_4=F$，可组成两个力偶，与电动机施予联轴器的力偶构成平衡的平面力偶系，列平衡方程：

$$\sum M_i=0,\ M-F\times AC-F\times BD=0$$

已知 $AC=BD$，解得

$$F=\frac{M}{2AC}=\frac{2.5}{2\times0.15}\ \text{kN}=8.33\ \text{kN}$$

【例 3-6】杆 CD 上作用一个力偶，其力偶矩 $M=40\ \text{N}\cdot\text{m}$，转向如图 3-7a 所示。$A$ 为固定铰链，C、D 和 E 均为中间铰链，B 为光滑面。不计各杆自重，试求平衡时，A、B、C、D 和 E 处的约束力。(图中长度单位为 mm)

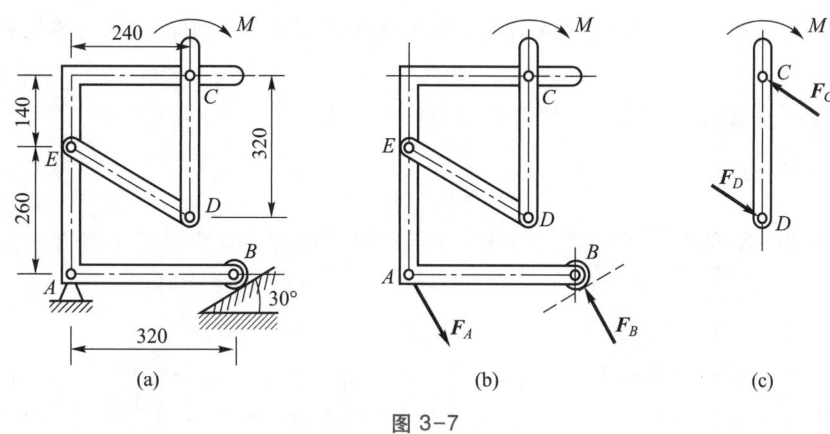

图 3-7

【解】对于该物体系的平衡问题，可先选取整个系统为研究对象，求出 A 和 B 处的约束力，再以杆 CD 为研究对象，求出 C 和 D 处约束力。

以整个系统为研究对象，系统受到力偶、光滑面 B 处约束力 $\boldsymbol{F}_B$ 和铰链 A 的约束力 $\boldsymbol{F}_A$ 的作用，如图 3-7b 所示。由平面力偶系的平衡条件可知，$\boldsymbol{F}_B$ 和 $\boldsymbol{F}_A$ 必构成一个力偶，故 $\boldsymbol{F}_B$ 与 $\boldsymbol{F}_A$ 等值、平行且反向。

列平面力偶系的平衡方程

$$\sum M_i=0,\ -M+F_A\cdot AB\cos 30^\circ=0$$

解得

$$F_A=\frac{M}{AB\cos 30^\circ}=\frac{40}{0.32\times0.866}\ \text{N}=144\ \text{N}$$

因此

$$F_B=F_A=144\ \text{N}$$

再以杆 CD 为研究对象，其受到力偶、C 和 D 处铰链约束力作用，如图 3-7c 所示。由于 DE 为二力杆，其对杆 CD 的约束力沿 ED 方向。由平面力偶系的平衡条件可知，$\boldsymbol{F}_C$ 和 $\boldsymbol{F}_D$ 必构成一个力偶，故 $\boldsymbol{F}_C$ 和 $\boldsymbol{F}_D$ 等值、平行且反向。

列平面力偶系的平衡方程

$$\sum M_i=0,\quad -M+F_C\times\frac{0.24}{\sqrt{(0.18)^2+(0.24)^2}}\times 0.32\ \text{m}=0$$

解得

$$F_C=\frac{5M}{4\times 0.32\ \text{m}}=\frac{5\times 40\ \text{N}\cdot\text{m}}{4\times 0.32\ \text{m}}=156\ \text{N}$$

因此

$$F_E=F_D=F_C=156\ \text{N}$$

§3-3 任意力系的平衡条件和平衡方程

3.3.1 空间任意力系的平衡条件和平衡方程

若空间任意力系向一点简化的结果为主矢和主矩均等于零，则该力系与零力系等效，该力系为平衡力系。

因此，空间任意力系平衡的必要与充分条件是：力系的主矢和对于任一点的主矩均等于零，即

$$\boldsymbol{F}_{\mathrm{R}}=\boldsymbol{0},\quad \boldsymbol{M}_O=\boldsymbol{0} \tag{3-8}$$

根据主矢和主矩的解析表达式，由式（3-8）可得空间任意力系的平衡方程

$$\begin{cases}\sum F_x=0, & \sum F_y=0, & \sum F_z=0\\ \sum M_x(\boldsymbol{F})=0, & \sum M_y(\boldsymbol{F})=0, & \sum M_z(\boldsymbol{F})=0\end{cases} \tag{3-9}$$

即空间任意力系平衡的必要与充分条件是：力系中所有各力在直角坐标系 $Oxyz$ 各轴上投影的代数和分别等于零，以及各力对于每一个坐标轴的矩的代数和分别等于零。对于受空间任意力系作用而平衡的刚体，可以建立 6 个独立的平衡方程，求解 6 个未知量。

【例 3-7】 车床主轴如图 3-8a 所示，齿轮 C 半径为 100 mm，卡盘 D 夹住一半径为 50 mm的工件，A 为向心推力轴承，B 为向心轴承，切削时工件等速转动，车刀给工件的切削力 $F_x=466$ N，$F_y=352$ N，$F_z=1\ 400$ N，齿轮 C 在啮合处受力为 $\boldsymbol{F}_{\mathrm{Q}}$，作用在齿轮 C 的最低点，压力角为 20°。不考虑主轴及其附件的重量，试求力 $\boldsymbol{F}_{\mathrm{Q}}$ 的大小及 A、B 处的约束力。

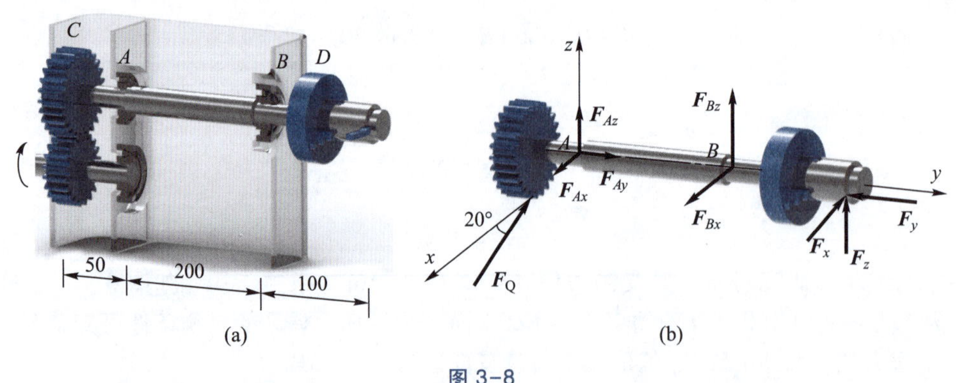

图 3-8

【解】（1）取主轴及工件为研究对象，受力如图 3-8b 所示。向心轴承 B 处的约束力为 $\boldsymbol{F}_{Bx}$、$\boldsymbol{F}_{Bz}$，向心推力轴承 A 处约束力为 $\boldsymbol{F}_{Ax}$、$\boldsymbol{F}_{Ay}$和 $\boldsymbol{F}_{Az}$，其中 $\boldsymbol{F}_{Ay}$起止推作用。主轴所受的力构成一个空间任意力系。

（2）取图示坐标系 $Axyz$，列空间任意力系平衡方程，求解未知量。

$$\sum F_x=0,\ F_{Ax}+F_{Bx}-F_x-F_{Qx}=0$$

$$\sum F_y=0,\ F_{Ay}-F_y=0$$

$$\sum F_z=0,\ F_{Az}+F_{Bz}+F_z+F_{Qz}=0$$

$$\sum M_x(\boldsymbol{F})=0,\ 200F_{Bz}+300F_z-50F_{Qz}=0$$

$$\sum M_y(\boldsymbol{F})=0,\ -50F_z+100F_{Qx}=0$$

$$\sum M_z(\boldsymbol{F})=0,\ -200F_{Bx}+300F_x-50F_y-50F_{Qx}=0$$

其中

$$F_{Qx}=F_Q\cos 20°,\ F_{Qz}=F_Q\sin 20°$$

解得

$$F_{Ax}=729\ \text{N},\ F_{Ay}=352\ \text{N},\ F_{Az}=385\ \text{N}$$

$$F_{Bx}=437\ \text{N},\ F_{Bz}=-2\ 040\ \text{N},\ F_Q=746\ \text{N}$$

【例 3-8】 一转轴 AB 如图 3-9a 所示，已知带张力 $F_{T1}=536$ N，$F_{T2}=64$ N，圆柱齿轮 C 的节圆直径 $D=94.5$ mm，压力角 $\alpha=20°$。试求：（1）圆柱齿轮 C 所受的力 $\boldsymbol{F}$；（2）轴承 A、B 处的约束力。（图中尺寸单位：mm）

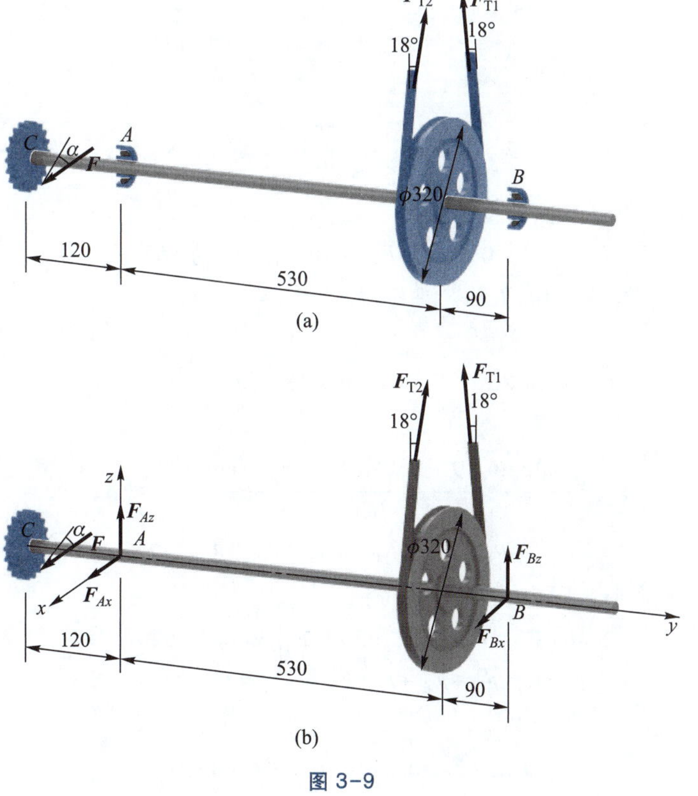

图 3-9

【解】（1）取 AB 轴、齿轮及带轮为研究对象，受力如图 3-9b 所示。研究对象所受带张力 $\boldsymbol{F}_{T1}$、$\boldsymbol{F}_{T2}$，齿轮作用力 $\boldsymbol{F}$，轴承约束力 $\boldsymbol{F}_{Ax}$、$\boldsymbol{F}_{Az}$、$\boldsymbol{F}_{Bx}$、$\boldsymbol{F}_{Bz}$，上述各力构成一个平衡的空间任意力系。

（2）取图示坐标系 $Axyz$，将空间力系投影到三个坐标平面上，转化为平面力系平衡问题进行求解。

在图 3-10a 所示 Axz 平面上：

$$\sum M_A(\boldsymbol{F})=0,\ 160F_{T1}-160F_{T2}-\frac{94.5}{2}F_x=0$$

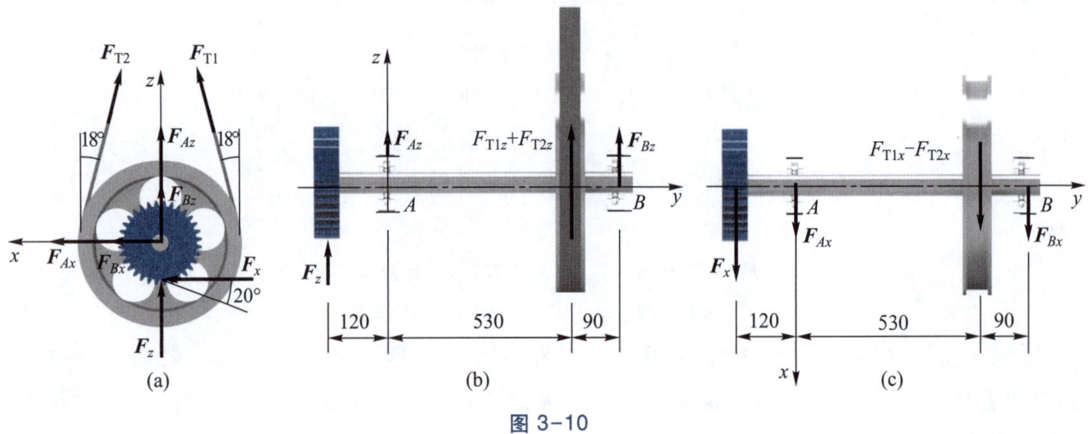

图 3-10

其中

$$F_x=F\cos 20°$$

解得

$$F=\frac{2\times160\times(F_{T1}-F_{T2})}{94.5\times\cos 20°}=1\ 700\ \text{N}$$

在图 3-10b 所示 Ayz 平面上：

$$\sum M_A(\boldsymbol{F})=0,\ -120F_z+530(F_{T1z}+F_{T2z})+620F_{Bz}=0$$

$$\sum F_z=0,\ F_{Az}+F_{Bz}+F_z+F_{T1z}+F_{T2z}=0$$

其中

$$F_z=F\sin 20°,\ F_{T1z}=F_{T1}\cos 18°,\ F_{T2z}=F_{T2}\cos 18°$$

解得

$$F_{Bz}=\frac{120F\sin 20°-530\times(F_{T1z}+F_{T2z})\cos 18°}{620}=-375\ \text{N}$$

$$F_{Az}=-F_{Bz}-F\sin 20°-(F_{T1}+F_{T2})\cos 18°=-777\ \text{N}$$

在图 3-10c 所示 Axy 平面上：

$$\sum M_A(\boldsymbol{F})=0,\ 120F_z-530(F_{T1x}-F_{T2x})-620F_{Bx}=0$$

$$\sum F_x=0,\ F_{Ax}+F_{Bx}+F_x+F_{T1x}-F_{T2x}=0$$

其中

$$F_{T1x}=F_{T1}\sin 18°,\ F_{T2x}=F_{T2}\sin 18°$$

解得

$$F_{Bx}=\frac{120F\cos 20°-530\times(F_{T1x}-F_{T2x})\sin 18°}{620}=186\ \text{N}$$

$$F_{Ax}=-F_{Bx}-F\cos 20°-(F_{T1}-F_{T2})\sin 18°=-1\ 920\ \text{N}$$

所求未知量为负值，说明力的实际方向与图示方向相反。

本题求解时，将空间力系投影到三个坐标平面上，从而转化为平面力系问题，所列三个平面内的力矩方程 $\sum M_A(\boldsymbol{F})=0$，分别对应于空间任意力系的平衡方程 $\sum M_y(\boldsymbol{F})=0$，$\sum M_x(\boldsymbol{F})=0$和$\sum M_z(\boldsymbol{F})=0$。

3.3.2 平面任意力系的平衡条件和平衡方程

对于平面任意力系，其平衡的必要与充分条件是：力系的主矢和对于任一点 O 的主矩都等于零，即

$$\boldsymbol{F}_R=\boldsymbol{0},\ M_O=0 \tag{3-10}$$

若平面任意力系处在平面 Oxy 上，由式（3-10）可得平面任意力系的平衡方程

$$\sum F_x=0,\ \sum F_y=0,\ \sum M_O(\boldsymbol{F})=0 \tag{3-11}$$

即平面任意力系平衡的必要与充分条件是：力系中所有各力在直角坐标系 Oxy 两轴上投影的代数和分别等于零，以及各力对于任意一点之矩的代数和等于零。对于受平面任意力系作用而平衡的刚体，可以建立 3 个独立的平衡方程，求解 3 个未知量。

在应用平衡方程求解平衡问题时，为了使计算简化，通常将矩心选在两个未知力的交点上，而坐标轴则尽可能与该力系中多数未知力的作用线垂直。

【例 3-9】 悬臂吊车如图 3-11a 所示，横梁 AB 长 $l=2.5$ m，自重 $P=1.2$ kN。拉杆 CB 不计自重，$\alpha=30°$，载荷 $F_Q=7.5$ kN。求图示位置 $a=2$ m 时，拉杆的拉力和铰链 A 的约束力。

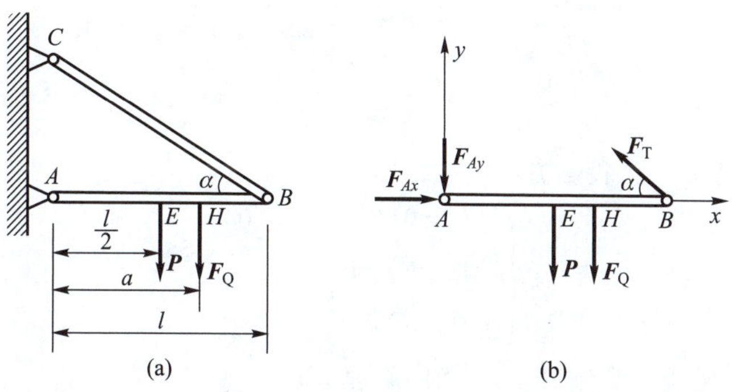

图 3-11

【解】（1）取横梁 AB 为研究对象。

（2）画受力图。作用于横梁上的力有横梁中点处的重力 $\boldsymbol{P}$，载荷 $\boldsymbol{F}_Q$，拉杆拉力 $\boldsymbol{F}_T$ 和铰链 A 的约束力 $\boldsymbol{F}_{Ax}$、$\boldsymbol{F}_{Ay}$。由于 CB 是二力杆，因此 $\boldsymbol{F}_T$ 沿 CB 连线，如图 3-11b 所示。上述各力构成一个平衡的平面任意力系。

（3）取图示坐标系，列平面任意力系平衡方程，求解未知量。

$$\sum F_x=0,\ F_{Ax}-F_T\cos\alpha=0$$

$$\sum F_y=0,\ F_{Ay}-P-F_Q+F_T\sin\alpha=0$$

$$\sum M_A(\boldsymbol{F})=0,\ F_T\sin\alpha\times l-P\times\frac{l}{2}-F_Q a=0$$

解得

$$F_{Ax}=11.43\ \text{kN},\ F_{Ay}=2.1\ \text{kN},\ F_T=13.2\ \text{kN}$$

(4) 分析讨论。由题意可知，杆 CB 所承受的拉力和铰链 A 的约束力均随载荷位置的改变而改变，因此应当根据这些力的最大值进行强度和刚度计算。

在求解未知量时，还可利用对轴 x 的投影方程和对 A、B 两点的力矩方程进行计算，即

$$\sum F_x=0,\ F_{Ax}-F_T\cos\alpha=0$$

$$\sum M_A(\boldsymbol{F})=0,\ F_T\sin\alpha\times l-P\times\frac{l}{2}-F_Q a=0$$

$$\sum M_B(\boldsymbol{F})=0,\ P\times\frac{l}{2}-F_{Ay}l+F_Q(l-a)=0$$

解得

$$F_{Ax}=11.43\ \text{kN},\ F_{Ay}=2.1\ \text{kN},\ F_T=13.2\ \text{kN}$$

对 A、B、C 三点的力矩方程同样也可进行未知量的求解，即

$$\sum M_A(\boldsymbol{F})=0,\ F_T\sin\alpha\times l-P\times\frac{l}{2}-F_Q a=0$$

$$\sum M_B(\boldsymbol{F})=0,\ P\times\frac{l}{2}-F_{Ay}l+F_Q(l-a)=0$$

$$\sum M_C(\boldsymbol{F})=0,\ F_{Ax}\tan\alpha\times l-P\times\frac{l}{2}-F_Q a=0$$

解得

$$F_{Ax}=11.43\ \text{kN},\ F_{Ay}=2.1\ \text{kN},\ F_T=13.2\ \text{kN}$$

由上述例题可见，平面任意力系平衡方程的基本形式并不是唯一形式，下面介绍其他两种形式。

(一) 二力矩式

由两个力矩方程和一个投影方程组成，即

$$\begin{cases}\sum F_x=0\ (\text{或}\sum F_y=0)\\ \sum M_A(\boldsymbol{F})=0\\ \sum M_B(\boldsymbol{F})=0\end{cases}\tag{3-12}$$

其中，A、B 两点的连线不能与轴 x（或轴 y）垂直。

下面证明上述形式的平衡方程也能满足力系平衡的必要和充分条件。

若力系满足 $\sum M_A(\boldsymbol{F})=0$，则力系可能简化为一个过点 A 的合力，而不可能简化为力偶；若力系满足 $\sum M_B(\boldsymbol{F})=0$，则力系可能简化为一个过点 B 的合力。若力系同时满足上述两个力矩方程，则 AB 连线为合力 $\boldsymbol{F}_R$ 的作用线，如图 3-12 所示。

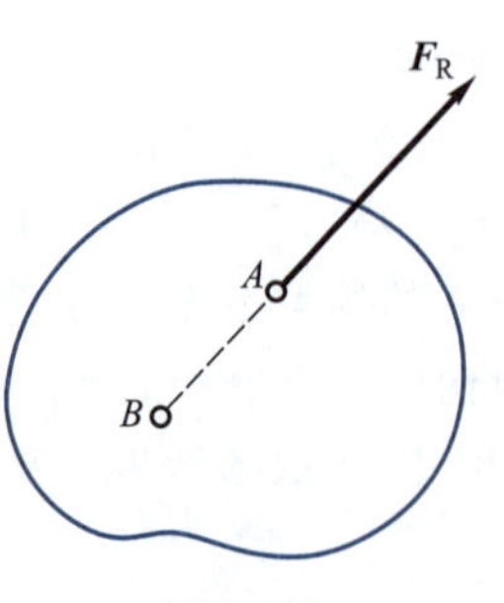

图 3-12

如果力系还满足 $\sum F_x=0$，且连线 AB 与轴 x 不垂直，则力系的合力必然为 0，即力系平衡。

（二）三力矩式

由三个力矩方程组成，即

$$\begin{cases}\sum M_A(\boldsymbol{F})=0\\ \sum M_B(\boldsymbol{F})=0\\ \sum M_C(\boldsymbol{F})=0\end{cases} \tag{3-13}$$

其中，A、B、C 三点不能共线。

读者可自行证明上述形式的平衡方程也能满足力系平衡的必要和充分条件。

注意，不论选用哪种形式的平衡方程，对于同一个平面任意力系，最多只能列出 3 个独立的方程，最多只能求出 3 个未知量。

【例 3-10】 小型井式热处理炉如图 3-13a 所示，已知炉盖 D 重 $P=250$ N，其支承轴装在两个向心轴承 A 和 B 中，轴向力由固定在轴上的推力环 C 承受。求两轴承 A 和 B 及推力环 C 所受的力。

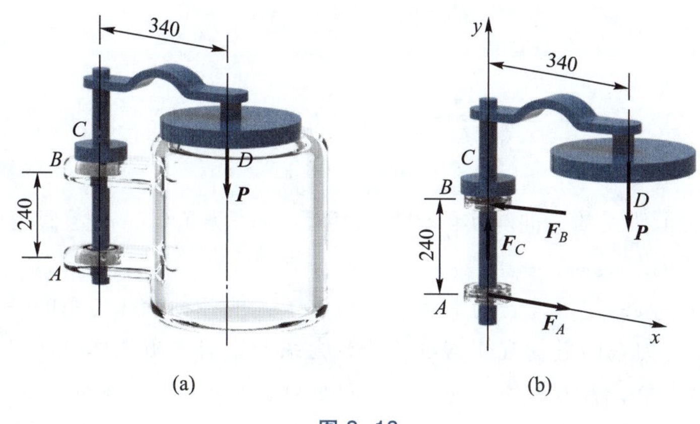

图 3-13

【解】（1）取炉盖 D 为研究对象。

（2）画受力图。作用于炉盖及支承轴上的力有炉盖重力 $\boldsymbol{P}$，向心轴承 A 的约束力 $\boldsymbol{F}_A$，向心轴承 B 的约束力 $\boldsymbol{F}_B$ 及推力环 C 的约束力 $\boldsymbol{F}_C$，如图 3-13b 所示。上述各力构成一个平衡的平面任意力系。

（3）取图示坐标系，列平面任意力系的平衡方程，求解未知量。

$$\sum F_x=0,\ F_A-F_B=0$$

$$\sum F_y=0,\ F_C-P=0$$

$$\sum M_B(\boldsymbol{F})=0,\ 0.24F_A-0.34P=0$$

解得

$$F_A=F_B=354\ \text{N},\ F_C=P=250\ \text{N}$$

【例 3-11】 如图 3-14a 所示，车刀固定在刀架上，已知 $l=60$ mm，刀尖 B 处切削力 $F_x=7.2$ kN，$F_y=-18$ kN，求固定端 A 的约束力。

【解】（1）取车刀为研究对象。

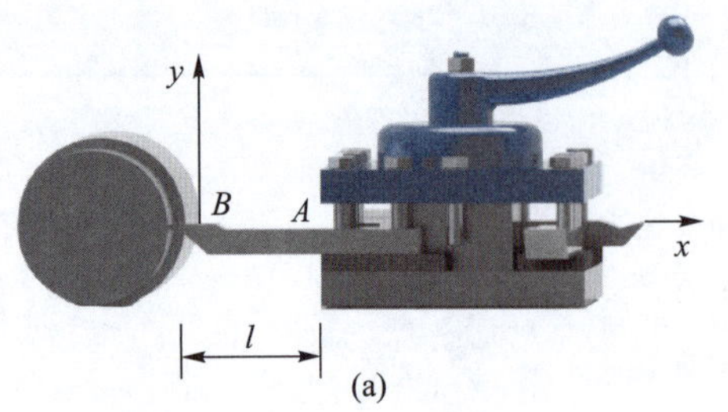

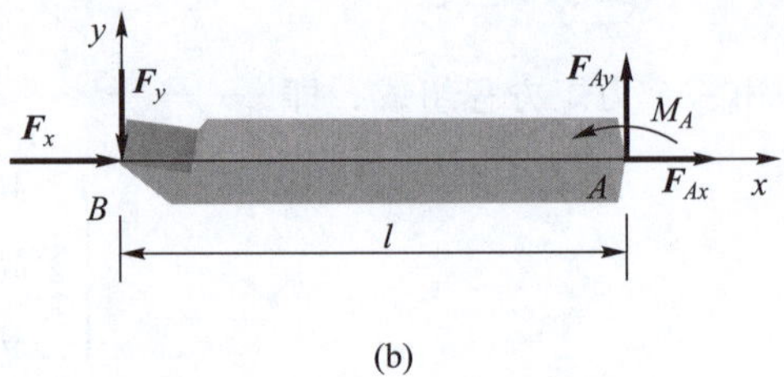

图 3-14

(2) 画受力图。车刀受有切削力 $\boldsymbol{F}_x$、$\boldsymbol{F}_y$，固定端约束力 $\boldsymbol{F}_{Ax}$、$\boldsymbol{F}_{Ay}$ 及约束力偶矩 M_A 的作用，如图 3-14b 所示。上述各力构成一平衡的平面任意力系。

(3) 取图示坐标系，列平面任意力系的平衡方程，求解未知量。

$$\sum F_x=0,\ F_{Ax}+F_x=0$$

$$\sum F_y=0,\ F_{Ay}-F_y=0$$

$$\sum M_A(\boldsymbol{F})=0,\ M_A+F_y l=0$$

解得

$$F_{Ax}=-F_x=-7.2\ \text{kN},\ F_{Ay}=F_y=18\ \text{kN}$$

$$M_A=-F_y l=-1.08\ \text{kN}\cdot\text{m}$$

F_{Ax} 为负值，表示假设的指向与实际的指向相反。M_A 为负值，表示假设的转向与实际的转向相反，M_A 为顺时针转向。

任意力系是最一般的力系，它的平衡条件包含了其他各种特殊力系的平衡条件，如汇交力系、力偶系和平行力系的平衡规律均可从任意力系的普遍平衡规律中导出。

对于空间平行力系，若力系各力与轴 z 方向平行，如图 3-15 所示，由空间任意力系的平衡方程式 (3-9) 可知，$\sum F_x=0$，$\sum F_y=0$ 和 $\sum M_z(\boldsymbol{F})=0$ 一定满足，因此该力系的平衡方程为

$$\sum F_z=0,\ \sum M_x(\boldsymbol{F})=0,\ \sum M_y(\boldsymbol{F})=0 \tag{3-14}$$

对于平面平行力系，若力系处在平面 Oxy 上，且各力与轴 y 方向平行，如图 3-16 所示。根据平面任意力系的平衡方程式 (3-11)，平面平行力系的平衡方程为

$$\sum F_y=0,\ \sum M_O(\boldsymbol{F})=0 \tag{3-15}$$

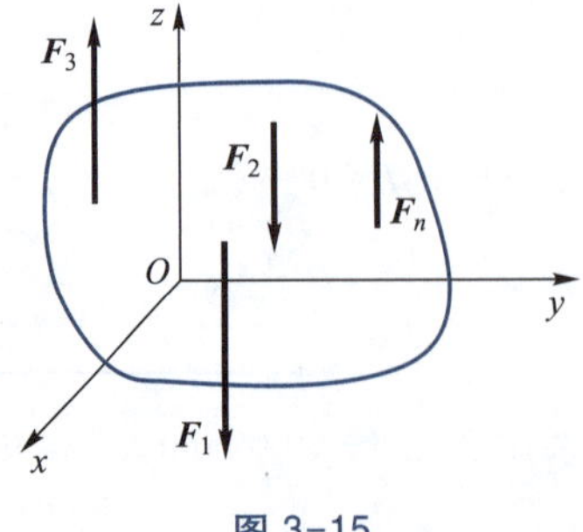

图 3-15

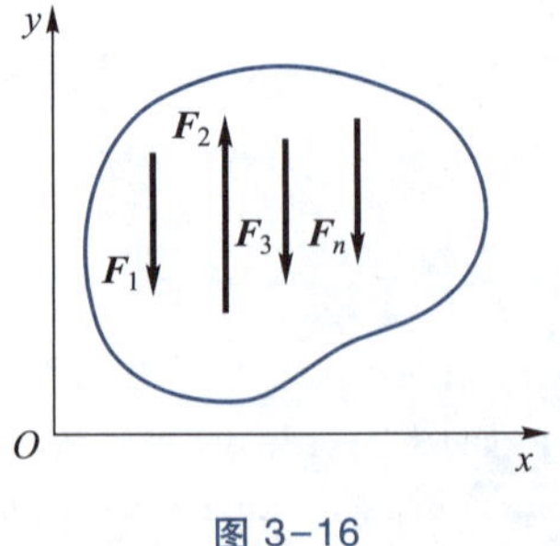

图 3-16

§3-4 物体系的平衡 静定与静不定

3.4.1 物体系的平衡

实际工程结构和机械往往由多个构件或零部件组成，这些由若干物体彼此通过一定的约束连接起来所组成的系统，称为物体系统，简称物体系。

在研究物体系的平衡问题时，不仅要研究物体系以外的物体对系统的作用，同时还要分析系统内各物体之间的相互作用。系统以外的物体对系统的作用力称为系统的**外力**，系统内各物体之间相互作用的力称为系统的**内力**。对于物体系来说，内力总是成对出现的，在研究整体平衡时，不考虑内力的作用。当研究物体系中某物体或某几个物体所形成的局部平衡问题时，物体系中其他物体对它们的作用力就成为外力，必须予以考虑。

当物体系平衡时，组成该系统的每一个物体都处于平衡状态。因此在求解物体系平衡问题时，若能根据问题的具体情况依次选择合适的研究对象，列出恰当的平衡方程，将会使求解过程大大简化。按何种顺序选择研究对象存在多种可能性，一般来说，如整体的未知量不超过 3 个，或虽超过 3 个却可通过选择合适的平衡方程先求出一部分未知量时，应首先选取整体为研究对象；若以整体研究不能求得任何未知量或者还要求解内力时，应考虑取系统中的单个物体或若干物体组成的局部来研究。这时，一般应先取受力较简单、未知力较少且包含已知力的部分为研究对象。

列平衡方程时，为减少每个独立平衡方程的未知量数目，降低求解联立方程的难度，应尽量使坐标轴与未知量平行或垂直，尽量选多个未知量的交点为矩心。

下面通过实例来说明各种物体系平衡问题的解法。

【例 3-12】 静定多跨梁由梁 AB 和梁 BC 用中间铰 B 连接而成，支承和载荷情况如图 3-17a所示。已知 $F=20\ \text{kN}$，$q=5\ \text{kN/m}$，$\alpha=45°$。求支座 A、C 处的约束力和中间铰 B 处的约束力。

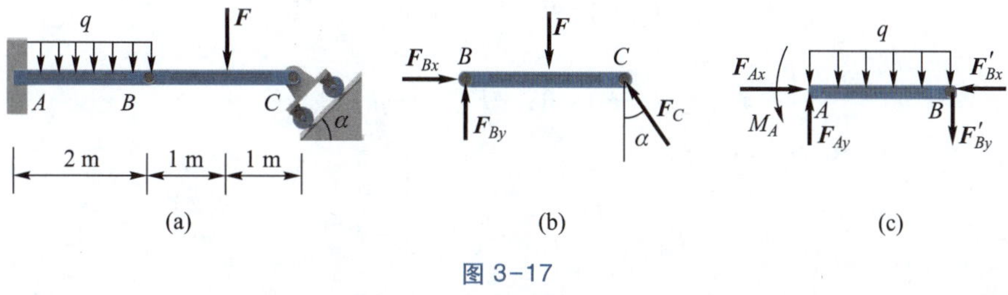

图 3-17

【解】（1）以梁 BC 为研究对象，受力分析如图 3-17b 所示，列平衡方程

$$\sum F_x=0,\ F_{Bx}-F_C\sin\alpha=0$$
$$\sum F_y=0,\ F_{By}-F+F_C\cos\alpha=0$$
$$\sum M_B(\boldsymbol{F})=0,\ -F\cdot\frac{BC}{2}+F_C\cos\alpha\cdot BC=0$$

解得

$$F_{Bx}=10\ \text{kN},\ F_{By}=10\ \text{kN},\ F_C=14.14\ \text{kN}$$

（2）再以梁 AB 为研究对象，受力分析如图 3-17c 所示，其中 B 处作用力由作用与反作用定律确定，列平衡方程

$$\sum F_x=0，\ F_{Ax}-F'_{Bx}=0$$

$$\sum F_y=0，\ F_{Ay}-q\cdot AB-F'_{By}=0$$

$$\sum M_A(\boldsymbol{F})=0，\ M_A-\frac{1}{2}qAB^2-F'_{By}\cdot AB=0$$

解得

$$F_{Ax}=10\ \text{kN}，\ F_{Ay}=20\ \text{kN}，\ M_A=30\ \text{kN}$$

本题第二个研究对象也可在求得 C 处约束力后再以整体 ABC 为研究对象，同样可以得到上述结果。

【例 3-13】 如图 3-18a 所示，在支护矿井巷道的三铰式对称拱上作用着均匀分布于跨度 l 内的铅垂载荷 q，求铰链 A、B、C 的约束力。

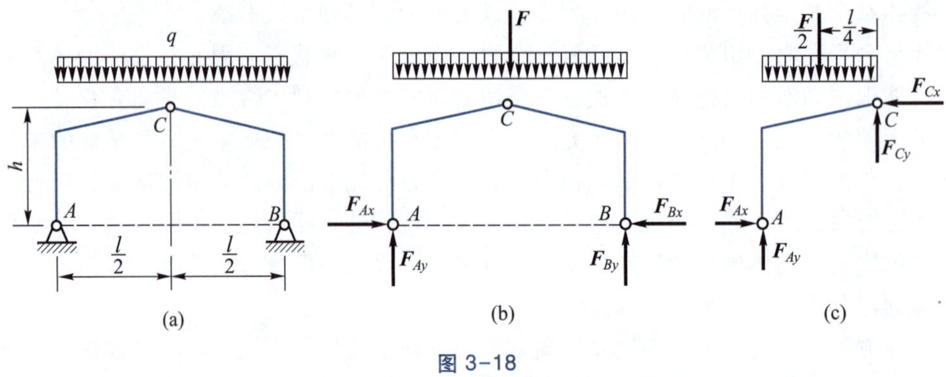

图 3-18

【解】（1）以整个拱为研究对象，受力分析如图 3-18b 所示，均布载荷合力为 $\boldsymbol{F}$。这里共有 4 个未知约束力，独立平衡方程只有 3 个，显然不能将全部未知力解出，但可以求出其中的一部分。

$$\sum F_x=0，\ F_{Ax}-F_{Bx}=0$$

$$\sum M_A(\boldsymbol{F})=0，\ F_{By}\cdot l-ql\cdot\frac{l}{2}=0$$

$$\sum M_B(\boldsymbol{F})=0，\ -F_{Ay}\cdot l+ql\cdot\frac{l}{2}=0$$

解得

$$F_{Ay}=\frac{ql}{2}，\ F_{By}=\frac{ql}{2}，\ F_{Ax}=F_{Bx}$$

（2）取半拱 AC 为研究对象，其受力图如图 3-18c 所示。半拱 AC 顶部均布载荷的合力为 $\boldsymbol{F}/2$。在 A 和 C 处还有 4 个约束力，其中 $\boldsymbol{F}_{Ay}$ 已求出，其余三个约束力 $\boldsymbol{F}_{Ax}$、$\boldsymbol{F}_{Cx}$ 和 F_{Cy} 未知，列平衡方程

$$\sum F_x=0，\ F_{Ax}-F_{Cx}=0$$

$$\sum F_y=0，\ F_{Ay}+F_{Cy}-\frac{1}{2}ql=0$$

$$\sum M_C(\boldsymbol{F})=0，\ F_{Ax}\cdot h-F_{Ay}\cdot\frac{l}{2}+\frac{1}{2}ql\cdot\frac{l}{4}=0$$

解得

$$F_{Ax}=F_{Bx}=F_{Cx}=\frac{ql^2}{8h},\ F_{Cy}=0$$

本例考虑局部平衡时，如果不以半拱 AC 为研究对象，而以半拱 BC 为研究对象，同样可以求解，也可以分别取半拱 AC 和半拱 BC 为研究对象进行求解，读者可自行演算。

【例 3-14】图 3-19a 所示结构中，已知重物自重为 P，结构尺寸如图所示，不计杆和滑轮的自重。求支座 A、B 的约束力。

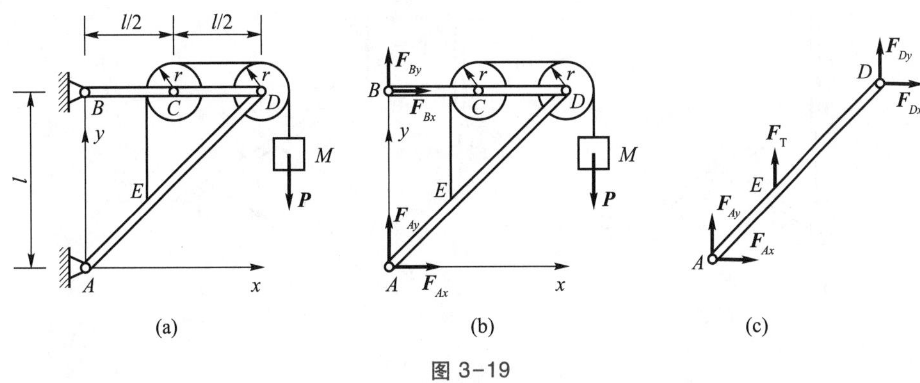

图 3-19

【解】本题只须求 A、B 支座的约束力，故应首先考虑取包含这些待求量的系统（即整体）为研究对象。受力如图 3-19b 所示，其中 F_{Ax}、F_{Ay}、F_{Bx}、F_{By} 为待求的四个未知量。整体受平面任意力系作用，可建立三个独立平衡方程。如果再取包含 F_{Ax}、F_{Ay} 的 AD 杆为研究对象，建立一个只含 F_{Ax}、F_{Ay} 两个未知量的方程，与前面三个方程联立，即可求出全部待求量。杆 AD 的受力如图 3-19c 所示，只须建立一个以点 D 为矩心的力矩方程就可求解。

（1）以系统整体为研究对象，受力分析如图 3-19b 所示，在图示坐标系 Axy 下，列平衡方程

$$\sum F_x=0,\ F_{Ax}+F_{Bx}=0$$

$$\sum F_y=0,\ F_{Ay}+F_{By}-P=0$$

$$\sum M_A(\boldsymbol{F})=0,\ -F_{Bx}\cdot l-P\cdot(l+r)=0$$

（2）取杆 AD 为研究对象，其受力图如图 3-19c 所示，列平衡方程

$$\sum M_D(\boldsymbol{F})=0,\ F_{Ax}\cdot l-F_{Ay}\cdot l-F_{\mathrm{T}}\cdot\left(r+\frac{l}{2}\right)=0$$

考虑到 $F_{\mathrm{T}}=P$，联立上述四个平衡方程可解得

$$F_{Ax}=\frac{l+r}{l}P,\ F_{Bx}=-\frac{l+r}{l}P,\ F_{Ay}=F_{By}=\frac{1}{2}P$$

【例 3-15】如图 3-20a 所示，曲柄连杆式压榨机的曲柄 OA 上作用一个力偶，其力偶矩 $M=500\ \mathrm{N\cdot m}$。已知 $OA=r=0.1\ \mathrm{m}$，$BD=DC=ED=a=0.3\ \mathrm{m}$，机构在水平面内，并在图示位置平衡，此时 $\angle OAB=\angle BEC=90°$，$\theta=30°$，求水平压榨力 $\boldsymbol{F}$。

【解】本题只须求出机构平衡时主动力间的关系，而不必求出所有约束力。这里可以按传动顺序将机构拆开，分别作为研究对象，通过求解连接处的力，逐步求得主动力之间应满

足的关系。

（1）以杆 OA 为研究对象，受力分析如图 3-20b 所示。杆 OA 受一个力偶作用，且杆 AB 为二力杆，销 A 对杆 OA 的力 $\boldsymbol{F}_A$ 沿 BA 方向。根据平面力偶系的平衡条件可知，铰链 O 处约束力 $\boldsymbol{F}_O$ 必与 $\boldsymbol{F}_A$ 等值、反向、平行。

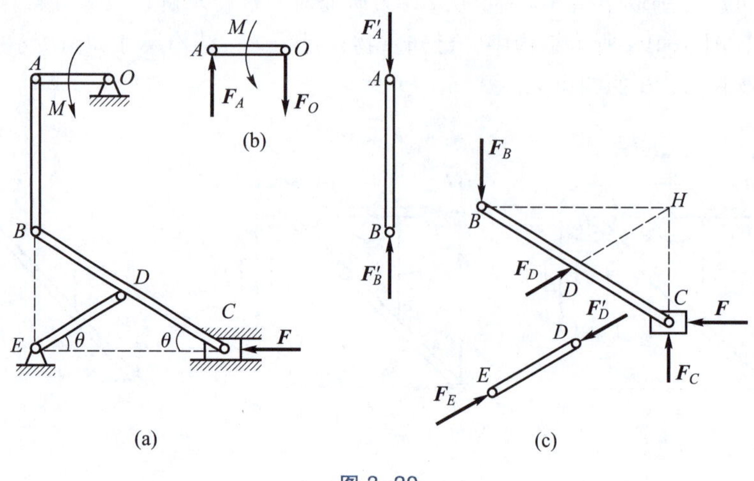

图 3-20

列平面力偶系平衡方程

$$\sum M_i = 0, \quad M - F_A r = 0$$

解得

$$F_A = \frac{M}{r}$$

（2）以杆 BC、滑块 C 为研究对象，受力分析如图 3-20c 所示。研究对象受水平压力 $\boldsymbol{F}$、销 B 的力 $\boldsymbol{F}_B$、光滑面 C 的约束力 $\boldsymbol{F}_C$ 以及销 D 的约束力 $\boldsymbol{F}_D$，BD 是二力直杆，故 $\boldsymbol{F}_D$ 沿 ED 方向。力 $\boldsymbol{F}_D$ 与 $\boldsymbol{F}_C$ 作用线的汇交点为点 H。

列平面任意力系的平衡方程

$$\sum M_H(\boldsymbol{F}) = 0, \quad 2a\cos\theta \cdot F_B - 2a\sin\theta \cdot F = 0$$

这里，$F_A = F_B$，解得

$$F = F_B \cot\theta = F_A \cot\theta = \frac{M}{r}\cot\theta$$

【例 3-16】 卧式刮刀离心机的耙料装置如图 3-21a 所示，耙齿 D 固定在耙杆 OD 上，其对物料的作用力是借助于物块 E 的重量产生的。已知 $OA = 50$ mm，$OD = 200$ mm，$AB = 300$ mm，$BC = CE = 150$ mm，物块 E 自重 $P = 360$ N，不计耙齿 D 的大小，试求图示位置作用在耙齿上的力 $\boldsymbol{F}$ 的大小。

【解】 机构并没有被完全约束，有一个自由度，即可以做一定的运动，因此，主动力之间要满足一定关系才能平衡。

（1）取直角曲杆 BCE 及物块为研究对象，受力如图 3-21b 所示，列平衡方程

$$\sum M_C(\boldsymbol{F}) = 0, F_B \sin 60° \times (150\ \text{mm}) - P \times (150\ \text{mm}) = 0$$

解得

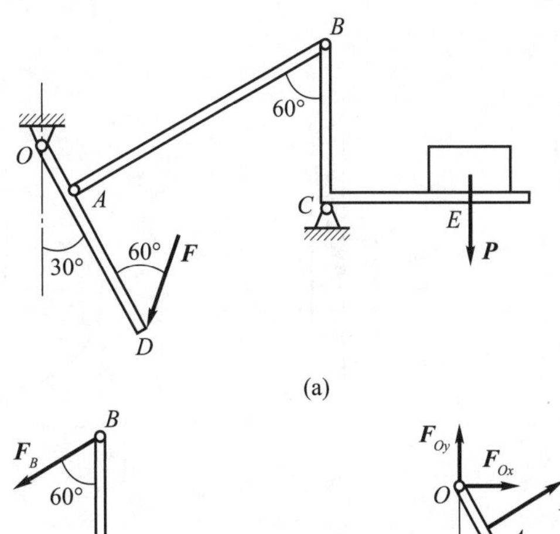

(a)

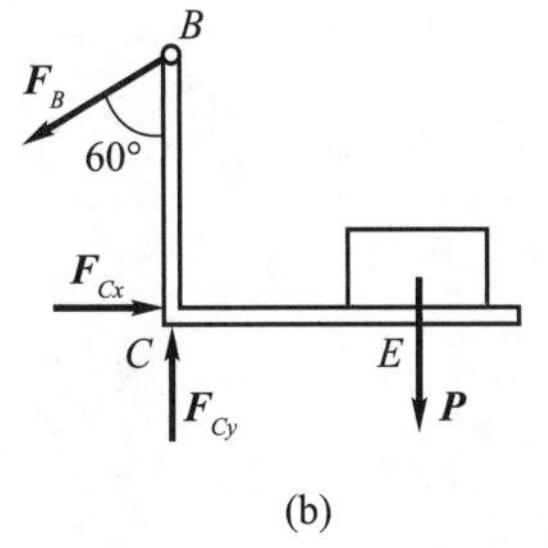

(b)

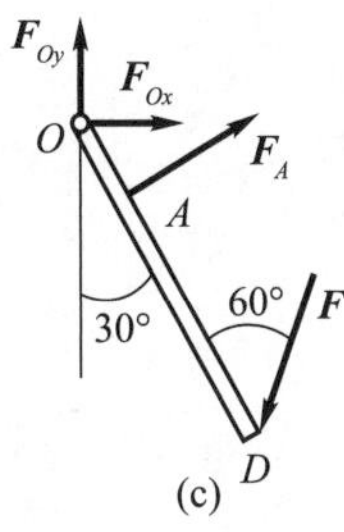

(c)

图 3-21

$$F_B=\frac{P}{\sin 60°}=\frac{2}{\sqrt{3}}P$$

（2）取耙杆 OD 为研究对象，受力如图 3-21c 所示，列平衡方程

$$\sum M_O(\boldsymbol{F})=0, F_A\times(50\ \mathrm{mm})-F\sin 60°\times(200\ \mathrm{mm})=0$$

连杆 AB 为二力杆，$F_A=F_B$，解得

$$F=\frac{F_A}{2\sqrt{3}}=\frac{F_B}{2\sqrt{3}}=\frac{P}{3}=120\ \mathrm{N}$$

【例 3-17】 如图 3-22a 所示，曲轴冲床由轮 Ⅰ、连杆 AB 和冲头 B 组成。A、B 两处为铰链连接。$OA=R$，$AB=l$。如忽略摩擦和物体的自重，当 OA 在水平位置，冲压力为 $\boldsymbol{F}$ 时，求：(1) 作用在轮 Ⅰ 上的力偶矩 M；(2) 轴承 O 处的约束力。

【解】（1）取冲头为研究对象，受力分析如图 3-22b 所示，其上受有冲压阻力 $\boldsymbol{F}$、导轨侧压力 $\boldsymbol{F}_{\mathrm{N}}$ 以及连杆的作用力 $\boldsymbol{F}_{AB}$。在图示坐标系下，列平衡方程

$$\sum F_x=0,\quad F_{\mathrm{N}}-F_{AB}\sin\alpha=0$$

$$\sum F_y=0,\quad F-F_{AB}\cos\alpha=0$$

解得

$$F_{AB}=\frac{F}{\cos\alpha}=\frac{FL}{\sqrt{L^2-R^2}},\quad F_{\mathrm{N}}=F_{AB}\sin\alpha=\frac{FR}{\sqrt{L^2-R^2}}$$

（2）取轮 Ⅰ 为研究对象，其受力图如图 3-22c 所示。在图示坐标系下，列平衡方程

$$\sum F_x=0,\quad F_{Ox}+F_{BA}\sin\alpha=0$$

$$\sum F_y=0,\quad F_{Oy}+F_{BA}\cos\alpha=0$$

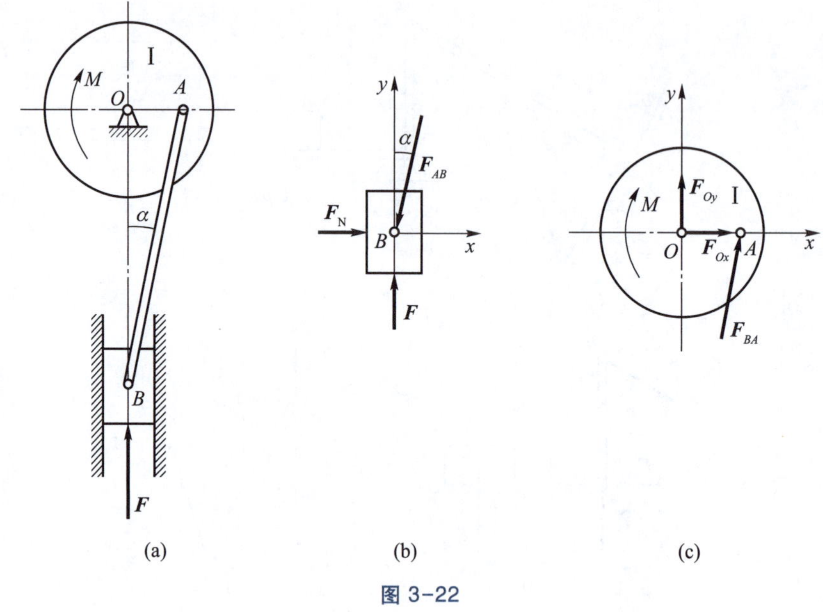

图 3-22

$$\sum M_O(\boldsymbol{F})=0,\ F_{BA}\cos\alpha\cdot R-M=0$$

考虑连杆是二力杆，有 $\boldsymbol{F}_{AB}=\boldsymbol{F}_{BA}$，联立解得

$$F_{Ox}=-F_{BA}\sin\alpha=-\frac{FR}{\sqrt{L^2-R^2}},\ F_{Oy}=-F_{BA}\cos\alpha=-F,\ M=FR$$

负号说明力 $\boldsymbol{F}_{Ox}$、$\boldsymbol{F}_{Oy}$ 的方向与图中假设的方向相反。

3.4.2 静定与静不定问题

在研究物体或物体系统的平衡问题时，根据其受力情况可以判断出独立平衡方程的数目。以平面任意力系为例，由 n 个物体组成的物体系中，每一个物体都能列出 3 个独立的平衡方程，则该物体系一共可列出 $3n$ 个独立的平衡方程，因而可以解 $3n$ 个未知量。如果物体系中的物体受平面汇交力系、平面力偶系或平面平行力系作用，则独立平衡方程的数目以及能求解出的未知量数目也会相应减少。

当物体系中未知量的数目少于或等于独立平衡方程数目时，则全部未知量都可由平衡方程求出，这样的问题称为**静定**问题。工程实际中，基于减小结构或构件的变形或使结构各部分能充分发挥其承载能力等原因，常在静定结构上增加约束，从而使未知力的个数增加。物体系中未知量的数目多于独立平衡方程数目时，未知量不能全部由平衡方程求出，这样的问题称为**静不定**问题或**超静定**问题。

静不定问题或超静定问题中，未知量的总数与独立的平衡方程的总数之差，称为该问题的静不定次数或超静定次数。

如图 3-23a、b 所示，重物分别用绳子悬挂，均受平面汇交力系作用，均可列 2 个独立平衡方程。而图 3-23a 所示重物有 2 个未知约束力，均可由平衡方程求出，是静定结构，求解的问题是静定问题。图 3-23b 所示重物有 3 个未知约束力，不能全部由平衡方程求出，是静不定结构，求解的问题是静不定问题。

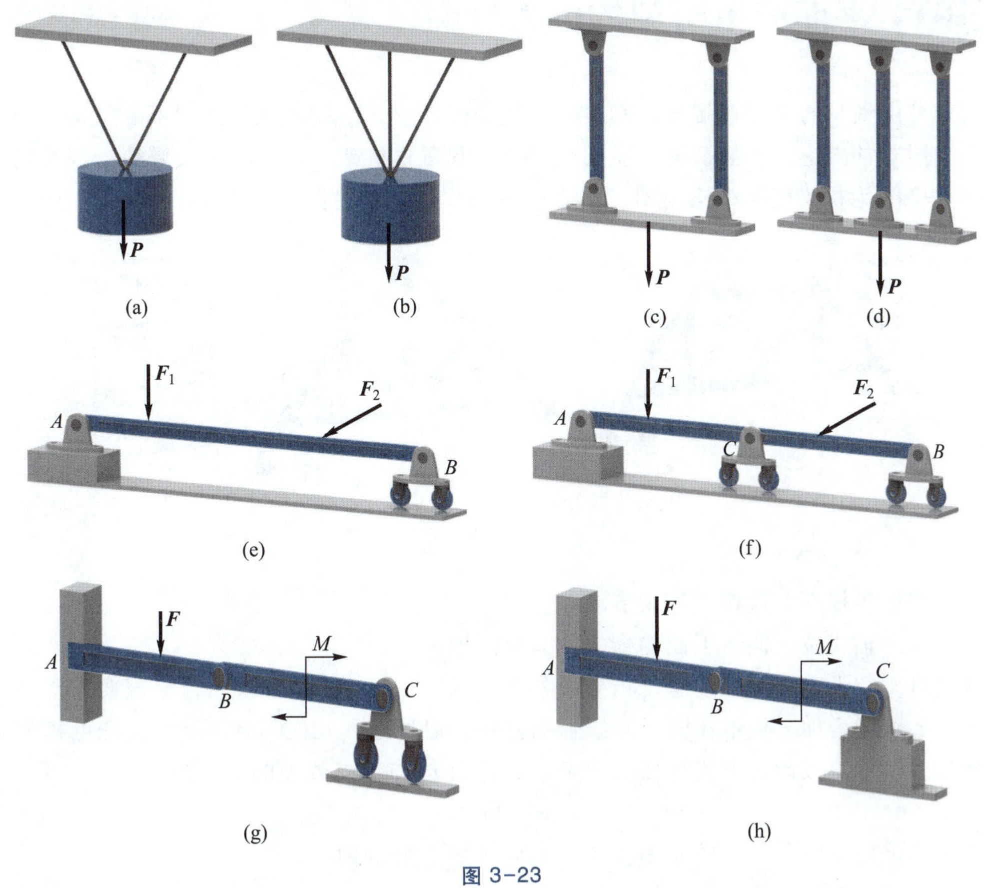

图 3-23

图 3-23c、d 所示结构，梁 *AB* 均受平面平行力系作用，均可列出 2 个平衡方程。在图 3-23c所示梁上有 2 个未知约束力，均可由平衡方程求出，是静定结构，求解的问题是静定问题。而在图 3-23d 所示梁上则有 3 个未知约束力，不能全部由平衡方程求出，是静不定结构，求解的问题是静不定问题。

图 3-23e、f 所示结构，梁 *AB* 均受平面任意力系作用，均可列出 3 个独立平衡方程。图 3-23e 中 3 个未知约束力均可由平衡方程求出，是静定结构，求解的问题是静定问题。而在图 3-23f 中有 4 个未知约束力，不能全部由平衡方程求出，是静不定结构，求解的问题是静不定问题。

如图 3-23g、h 所示，组合梁 *ABC* 由两段梁 *AB* 和 *BC* 铰接而成，均受平面任意力系作用，每段梁均可列出三个独立平衡方程，共有 6 个平衡方程。图 3-23g 中，结构共有 6 个未知约束力（*A* 端 3 个、中间铰链 *B* 处 2 个和 *C* 端 1 个），平衡方程可求出全部未知约束力，是静定结构，求解的问题是静定问题。而在图 3-23h 中，结构共有 7 个未知约束力（*A* 端 3 个、中间铰链 *B* 处和 *C* 端均 2 个），平衡方程不能求出全部未知约束力，是静不定结构，求解的问题是静不定问题。对于静不定问题，必须考虑物体因受力作用而产生的变形，加列某些补充方程后，才能使方程的数目等于未知量的数目。静不定问题已超出刚体静力学的范围，将在材料力学、结构力学等课程中讨论。本书仅仅讨论静定问题。

§3-5 平面简单桁架的内力计算

桁架是由细长的直杆在端部以铆接、焊接或榫接形式组成的几何形状不变结构。桁架在工程中应用非常广泛，例如桥梁、屋架、井架、起重机机架、高压输电线塔等，都是桁架结构。图 3-24a 为桥梁桁架结构简图，图 3-24b 为屋架结构简图，图 3-24c 为井架结构简图。

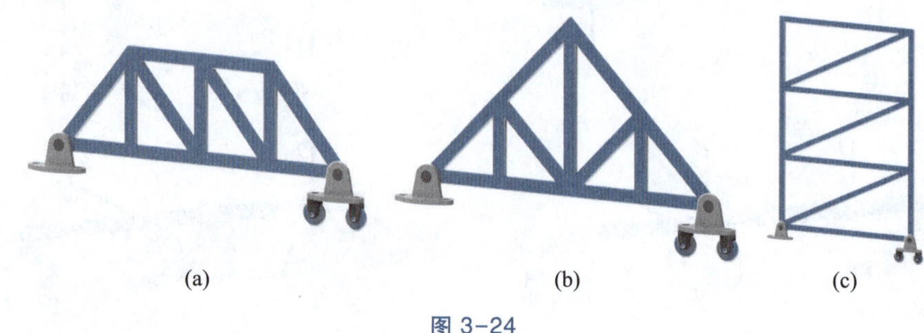

图 3-24

桁架结构各杆件的连接点称为**节点**。

各杆件的轴线位于同一平面的桁架称为**平面桁架**。

这里只研究平面桁架中的静定桁架，如图 3-25 所示。该桁架以三角形框架为基础，每增加 1 个节点就增加 2 根不在同一直线上的杆件，以保证其几何形状不变，这样的桁架又称为**平面简单桁架**。按此种方式构成的桁架，其杆数 m 与节点数 n 的关系为

$$m=2n-3 \tag{3-16}$$

为了确定桁架中各杆件的截面尺寸，需要算出它们的内力。由于实际桁架的构造和受力情况较为复杂，在进行内力计算之前，除了假设桁架各杆件都是刚体外，还要对桁架的实际结构进行简化，以便于计算。在简化时，常采用如下假定：

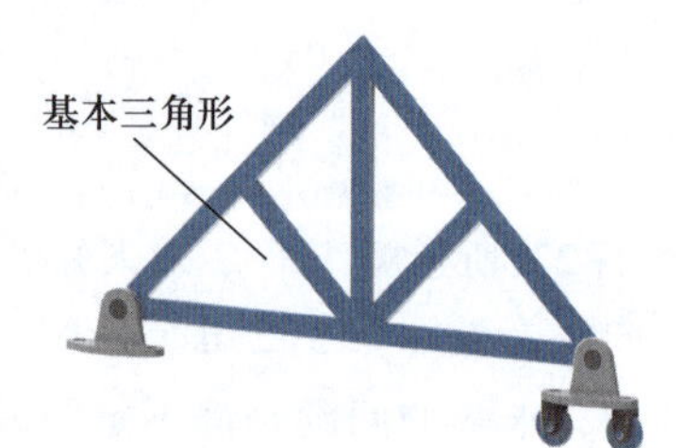

图 3-25

（1）桁架各杆件都是直杆；

（2）杆件两端由光滑铰链连接；

（3）桁架所受外力均作用在桁架平面内的节点上；

（4）不计桁架各杆件的自重或将杆重平均分配到杆件的两端节点上。

根据上述假定，桁架中每根杆都只在两端铰接处受力，故各杆件都可看作二力杆，因此各杆内力均为沿杆轴线方向的拉力或压力。

这些假定与实际情况有一定差别，例如工程中的桁架各杆件的连接形式多为铆接或焊接，杆件轴线也不可能保证绝对的直线，但以上假定依然反映出桁架的主要特点，所产生的计算误差也在工程允许范围内。

下面介绍计算平面简单桁架杆件内力的两种方法：节点法和截面法。

（一）节点法

平面简单桁架在外力作用下，各节点都在平面汇交力系作用下处于平衡状态。所谓**节点**

法，则是依次选取各个节点为研究对象，应用平面汇交力系的平衡条件，在各个节点上分别列出两个独立的平衡方程。通过联立方程即可求出全部杆件的内力。

在求解杆件内力时，通常先假设其受到的力是拉力，最后根据计算出的数值的正负判断其实际受到的力是拉力还是压力。

【**例 3-18**】一铁路桥梁的桁架结构如图 3-26a 所示，已知 $F_A = F_L = F$，$F_B = F_D = F_G = F_H = F_K = 2F$，几何尺寸如图。试用节点法求杆 1~6 的内力。

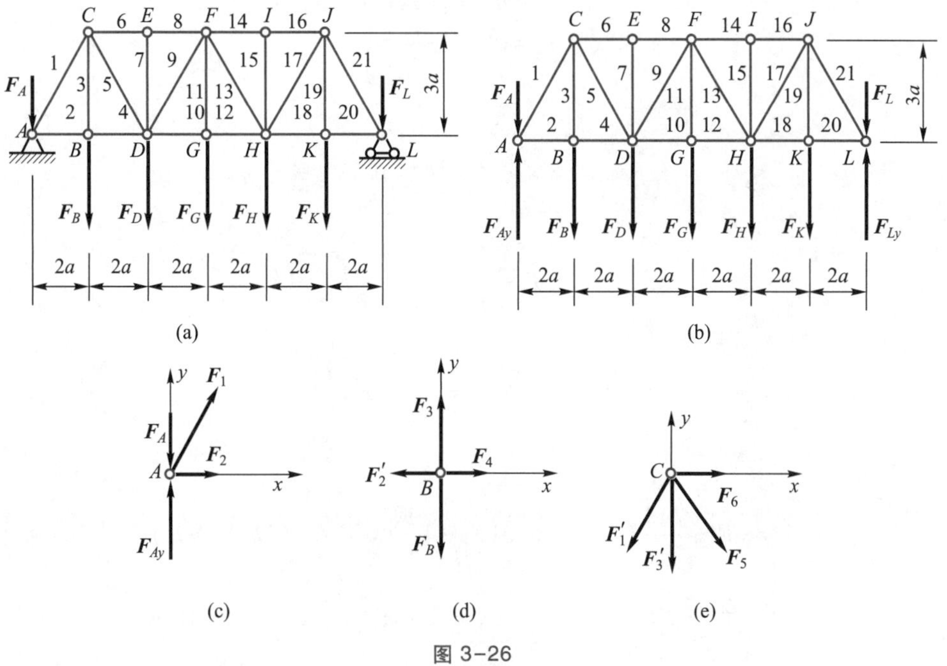

图 3-26

【**解**】求解约束力。以整个桁架为研究对象，作用于桁架上的外力有 $\boldsymbol{F}_A$、$\boldsymbol{F}_B$、$\boldsymbol{F}_D$、$\boldsymbol{F}_G$、$\boldsymbol{F}_H$、$\boldsymbol{F}_K$、$\boldsymbol{F}_L$，约束力 $\boldsymbol{F}_{Ay}$、$\boldsymbol{F}_{Ly}$，如图 3-26b 所示。列平面任意力系平衡方程或根据题中的载荷和结构对称性求得

$$F_{Ay} = F_{Ly} = \frac{1}{2}(F_A + F_B + F_D + P_G + P_H + P_K + P_L) = 6F$$

求解桁架各杆内力。分别选取节点 A、B、C 为研究对象，并在节点处将桁架假想地截开，各节点受力如图 3-26c ~ e 所示。对于每个节点来说，被截开杆件的内力、桁架外力，这些作用在节点上的力组成了平面汇交力系。在图示坐标系下，列平面汇交力系的平衡方程，即可求解各杆内力。

节点 A：

$$\sum F_x = 0,\ F_2 + \frac{2a}{\sqrt{(2a)^2 + (3a)^2}} F_1 = 0$$

$$\sum F_y = 0,\ F_{Ay} - F_A + \frac{3a}{\sqrt{(2a)^2 + (3a)^2}} F_1 = 0$$

解得

$$F_1=\frac{\sqrt{(2a)^2+(3a)^2}}{3a}(F_A-F_{Ay})=\frac{\sqrt{13}}{3}(F-6F)=-6.01F\text{（压力）}$$

$$F_2=-\frac{2a}{\sqrt{(2a)^2+(3a)^2}}F_1=-\frac{2a}{3a}(F_A-F_{Ay})=-\frac{2}{3}(F-6F)=3.33F\text{（拉力）}$$

节点 B：

$$\sum F_x=0,\ F_4-F_2'=0$$
$$\sum F_y=0,\ F_3-F_B=0$$

解得

$$F_3=F_B=2F\text{（拉力）}$$
$$F_4=F_2'=3.33F\text{（拉力）}$$

节点 C：

$$\sum F_x=0,\ F_6+\frac{2}{\sqrt{13}}F_5-\frac{2}{\sqrt{13}}F_1'=0$$

$$\sum F_y=0,\ -F_3'-\frac{3}{\sqrt{13}}F_5-\frac{3}{\sqrt{13}}F_1'=0$$

解得

$$F_5=-F_1'-\frac{\sqrt{13}}{3}F_3'=-(-6.01F)-\frac{\sqrt{13}}{3}\times 2F=3.61F\text{（拉力）}$$

$$F_6=\frac{2}{\sqrt{13}}(F_1'-F_5)=\frac{2}{\sqrt{13}}(-6.01-3.61)F=-5.33F\text{（压力）}$$

计算结果中，内力为正值，表示杆受拉力，内力为负值，表示内力指向与假设指向相反，杆受压力。

由对称性可得

$$F_{21}=F_1=-6.01F\text{（压力）}$$
$$F_{20}=F_2=3.33F\text{（拉力）}$$
$$F_{19}=F_3=2F\text{（拉力）}$$
$$F_{18}=F_4=3.33F\text{（拉力）}$$
$$F_{17}=F_5=3.61F\text{（拉力）}$$
$$F_{16}=F_6=-5.33F\text{（压力）}$$

如果在图 3-26a 的点 J 受水平向右的力 $\boldsymbol{F}_J$ 作用，是否仍符合对称性？

用节点法求内力时，若依次选取点 C、B、A 为研究对象是否合适？

试用最简便的方法求 $\boldsymbol{F}_7$。

（二）截面法

节点法计算桁架杆件内力时，需依次分析节点的平衡，适用于需要计算出桁架中所有杆件内力的情况。若只须求解桁架中某些杆件内力，则采用截面法较为简便。**截面法**是用假想截面将桁架截开，取截面一侧为研究对象，利用平面任意力系的平衡方程求解某些杆件内力的方法。应用截面法时，由于平面任意力系的独立平衡方程只有三个，因此每次截开未知内力的杆数不能超过3根；假想截面可以是平面也可以是曲面。

【例3-19】 试用截面法求图3-26a中第14杆的内力。

【解】 求解约束力，见【例3-18】。

求解桁架第14杆的内力。用截面 $m-n$ 将桁架在杆12、13、14处假想地截开，取截面右侧部分桁架为研究对象，如图3-27所示，被截开杆件的内力、桁架外力组成一个平面任意力系。在图示坐标系下，列平面任意力系的平衡方程

$$\sum M_H(\boldsymbol{F})=0,\ 3aF_{14}-2aF_K-4aF_L+4aF_{Ly}=0$$

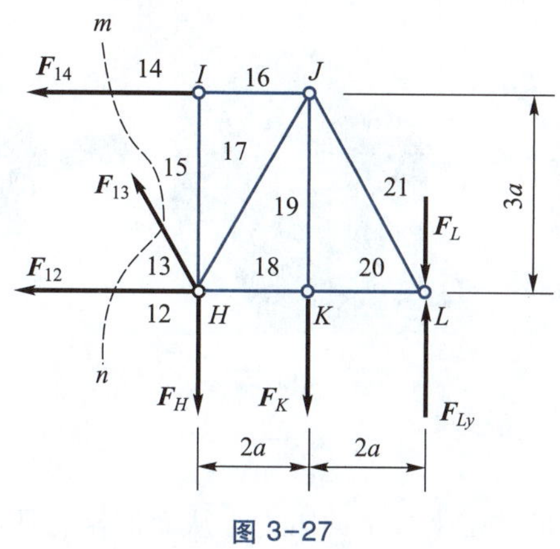

图3-27

解得

$$F_{14}=\frac{a}{3a}(2F_K+4F_L-4F_{Ly})=\frac{1}{3}(2\times2F+4\times F-4\times6F)=-5.33F\ (\text{压力})$$

本例若选截面左侧部分桁架为研究对象，计算结果有无不同？哪种选法较为简便？

试对比节点法与截面法的区别。

在载荷作用下，桁架中内力为零的杆件称为**零杆**。通过计算可以确定桁架中有无零杆，但在下列情况中，零杆可以通过以下方式进行判断：

（1）节点处只有不在同一直线上的两杆，且在该节点上无载荷作用，如图3-28a所示，则两杆均为零杆；若载荷 $\boldsymbol{F}$ 沿其中一根杆作用，如图3-28b所示，则另一根杆为零杆。

（2）节点处有3根杆，其中两根杆在同一直线上，且在该节点上无载荷作用，如图3-28c所示，则第三根杆是零杆。

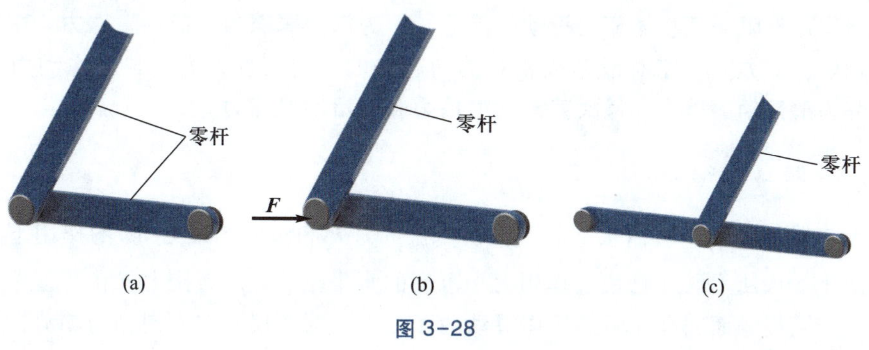

图3-28

§3-6 考虑摩擦时的平衡问题

在前面的问题分析中，我们略去了摩擦的影响，把物体间的接触面视为光滑接触。而事实上，完全光滑的表面并不存在，接触处总会有些摩擦，有时摩擦还起着主要作用。只有当摩擦对研究的问题起次要作用，且摩擦力足够小时才可忽略不计。摩擦对人类的生产、生活具有十分重要的影响，例如，摩擦制动器（图 3-29a）、带传动（图 3-29b）、摩擦轮传动（图 3-29c）等，都是依靠摩擦力来进行工作的，这是摩擦有利的一面。但是摩擦也有不利

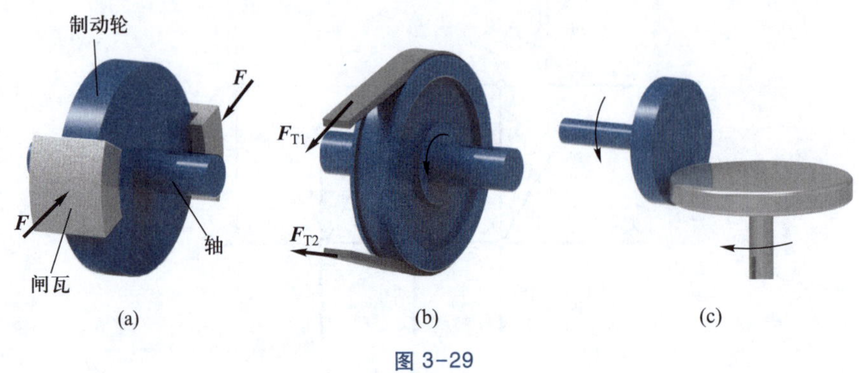

图 3-29

的一面，例如，摩擦给各种机械带来多余的阻力，从而消耗能量、降低效率、磨损构件；在桥梁沉井施工中，井身要克服井壁周围的摩擦才能下沉等。我们研究摩擦的目的就是要掌握摩擦的规律，利用其有利的一面，减少或避免其不利的一面。

摩擦是十分复杂的物理现象，涉及接触面材料的物理性质、化学性质、弹性变形、塑性变形以及润滑理论等，这里只讨论摩擦在工程中常用的近似理论，它是由实验得来的初步规律。

根据物体表面相对运动的形式，摩擦可分为**滑动摩擦**和**滚动摩擦**两种类型。滑动摩擦又可根据相互接触物体间有无相对运动而分为**动滑动摩擦**和**静滑动摩擦**。

本节主要讨论滑动摩擦中的静滑动摩擦，关于滚动摩擦只介绍基本概念。

3.6.1 滑动摩擦

两个表面粗糙的物体，当其接触表面之间有相对滑动或相对滑动趋势时，沿两接触面的公切线方向作用有阻碍两物体相对滑动的阻力，即为**滑动摩擦力**，简称**摩擦力**。摩擦力作用于相互接触处，其方向与相对滑动或相对滑动趋势的方向相反，大小根据主动力作用的不同，可以分为**静滑动摩擦力**、**最大静滑动摩擦力**和**动滑动摩擦力**。

（一）静滑动摩擦力

一重为 P 的物块置于粗糙水平面上，物块在重力 $\boldsymbol{P}$ 和法向约束力 $\boldsymbol{F}_N$ 的作用下处于静止状态，如图 3-30a 所示。在物块上作用大小可变的水平拉力 $\boldsymbol{F}$，当拉力 $\boldsymbol{F}$ 由零逐渐增大且较小时，由于沿两接触面间存在阻碍物体滑动的摩擦力，物块仅有向右滑动的趋势，但仍保持

静止。两接触物体之间，由相对滑动趋势所产生的摩擦力称为**静滑动摩擦力**，简称**静摩擦力**，常用 $\boldsymbol{F}_s$ 表示，方向向左（与两物体间相对滑动趋势方向相反），如图 3-30b 所示。其大小可由平衡方程确定，即

$$\sum F_x = 0,\ F - F_s = 0$$

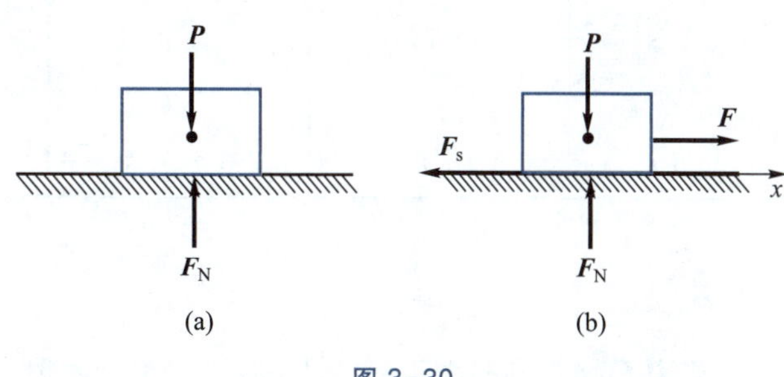

图 3-30

（二）最大静滑动摩擦力

静摩擦力与一般约束力不同，它并不随主动力 $\boldsymbol{F}$ 的增大而无限增大，当主动力 $\boldsymbol{F}$ 的大小达到某一值时，物体处于平衡的临界状态（即将滑动而尚未滑动），而静摩擦力达到最大值，即为**最大静滑动摩擦力**，简称**最大静摩擦力**，常用 $\boldsymbol{F}_{max}$ 表示。因此，静摩擦力的大小介于零与最大值之间，即

$$0 \leqslant F_s \leqslant F_{max} \tag{3-17}$$

实验表明，最大静摩擦力的大小与两接触物体间的正压力（即法向约束力）成正比，方向与相对滑动趋势的方向相反，即

$$F_{max} = f_s F_N \tag{3-18}$$

式（3-18）称为**静摩擦定律**，又称**库仑摩擦定律**。式中比例常数 f_s 称为**静滑动摩擦因数**，简称**静摩擦因数**，其大小与两接触物体的材料和表面情况（粗糙度、湿度和温度等）以及接触时间有关，而与接触面积大小无关，一般可由实验测定。工程中常用材料的静摩擦因数见表 3-1。

表 3-1　常用材料的摩擦因数

材料名称	静摩擦因数		动摩擦因数	
	无润滑	有润滑	无润滑	有润滑
钢-钢	0.15	0.1~0.12	0.15	0.05~0.1
钢-软钢			0.2	0.1~0.2
钢-铸铁	0.3		0.18	0.05~0.15
钢-青铜	0.15	0.1~0.15	0.15	0~0.15
软钢-铸铁	0.2		0.18	0.05~0.15
软钢-青铜	0.2		0.18	0.07~0.15
铸铁-铸铁		0.18	0.15	0.07~0.12
铸铁-青铜			0.15~0.2	0.07~0.15

续表

材料名称	静摩擦因数		动摩擦因数	
	无润滑	有润滑	无润滑	有润滑
青铜-青铜		0.1	0.2	0.07~0.1
皮革-铸铁	0.3~0.5	0.15	0.6	0.15
橡皮-铸铁			0.8	0.5
木材-木材	0.4~0.6	0.1	0.2~0.5	0.07~0.15

（三）动滑动摩擦力

由前面的分析可知，当力 $\boldsymbol{F}$ 增加到略大于 $\boldsymbol{F}_{max}$ 时，最大静滑动摩擦力已不足以阻碍物体向前滑动，物体相对滑动时出现的摩擦力即为**动滑动摩擦力**，简称**动摩擦力**，常用 $\boldsymbol{F}_d$ 表示，方向与两物体间相对运动的方向相反。

通过实验可得到与静滑动摩擦定律相似的**动滑动摩擦定律**，即

$$F_d = fF_N \tag{3-19}$$

式（3-19）中，f 称为**动滑动摩擦因数**，简称**动摩擦因数**，其大小与两接触物体的材料和表面情况（粗糙度、湿度和温度等）以及物体的滑动速度有关。对于大多数材料，动摩擦因数随相对速度的增大而减小，当相对速度不大时，动摩擦因数可近似认为是一常数，用实验方法测定，一般情况下 $f<f_s$。工程中常用材料的动摩擦因数见表 3-1。工程应用中，在精确度要求不高时可近似认为动摩擦因数与静摩擦因数相等。

摩擦定律给我们指出了利用摩擦和减少摩擦的途径。例如，在带传动中，用张紧轮或用三角带代替平带等办法来增加带与带轮之间的摩擦力；在机械制造中，提高接触表面的光洁度或加入润滑剂等，以减小摩擦和磨损。

上述关于摩擦的近似理论，只是由法国科学家库仑于 1781 年建立的实验公式，并未反映出摩擦的复杂性，但对于一般性工程计算，是满足要求的。

3.6.2 摩擦角和自锁现象

（一）摩擦角

支承面对平衡物体的法向约束力 $\boldsymbol{F}_N$ 和切向约束力 $\boldsymbol{F}_s$（即静摩擦力）的合力为全约束力 $\boldsymbol{F}_{RA}$，其作用线与接触面法线成一夹角 φ，如图 3-31a 所示。当静摩擦力达到最大静摩擦力时，全约束力与接触面法线之间的夹角也达到最大值，即为**摩擦角**，常用 φ_f 表示，如图 3-31b 所示。由图可得

$$\tan\varphi_f = \frac{F_{max}}{F_N} = \frac{f_s F_N}{F_N} = f_s \tag{3-20}$$

即摩擦角 φ_f 的正切等于静摩擦因数 f_s。摩擦角与摩擦因数都是表示材料摩擦性质的物理量。

当物体的滑动趋势向不同方位变化时，全约束力作用线的方位也随之改变，在临界状态下，$\boldsymbol{F}_{RA}$ 的作用线将画出一个以接触点为顶点的锥面，如图 3-31c 所示，称为摩擦锥。若接

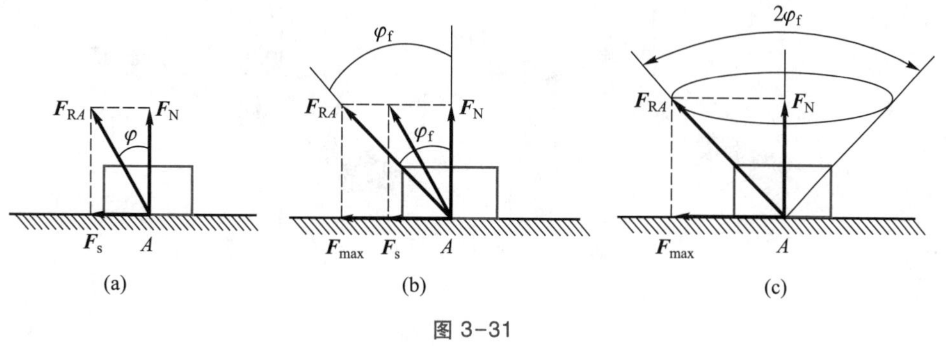

图 3-31

触面间各方位上的静摩擦因数相同，则摩擦锥是以 $2\varphi_f$ 为顶角的圆锥。

（二）自锁现象

由于静摩擦力 $\boldsymbol{F}_s$ 总是小于或等于最大静摩擦力 $\boldsymbol{F}_{max}$，因此全约束力与接触面法线的夹角 φ 也总是小于或等于摩擦角 φ_f，即

$$0 \leqslant \varphi \leqslant \varphi_f \tag{3-21}$$

由式（3-21）可知，全约束力的作用线不可能超出摩擦角或摩擦锥的范围。由此可见，当作用于物体上的所有主动力合力 $\boldsymbol{F}_R$ 的作用线位于摩擦角 φ_f 以内时，无论主动力的合力如何增大，接触面必能产生一个等值反向的全约束力 $\boldsymbol{F}_{RA}$ 与其平衡，以保持物体处于静止状态，如图 3-32a 所示。这种现象称为自锁。在工程实际中，常常利用自锁现象设计一些机构或夹具，例如，螺旋千斤顶顶起重物后不会自行下落；轴上的斜键、机床夹具、传送带输送物料时借助“自锁”以阻止物料相对于传送带的滑动等。反之，如果所有主动力合力的作用线与接触面法线间的夹角在摩擦角之外，则无论该合力有多小，都不会有与此共线的全约束力产生，物体必会滑动，如图 3-32b 所示。应用此原理则可避免自锁现象的发生。

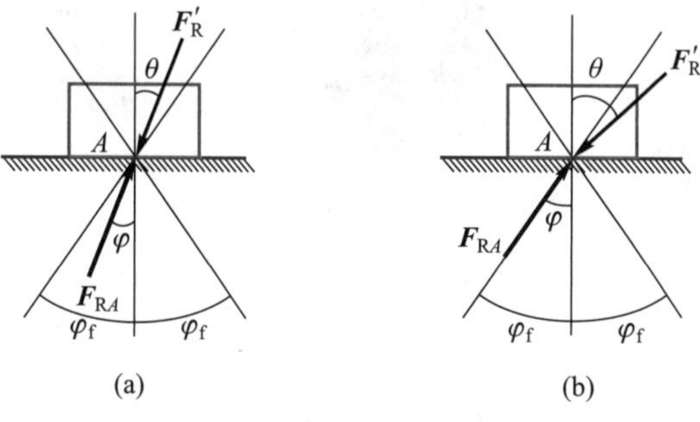

图 3-32

利用摩擦角与摩擦因数的关系，可以很方便地用实验的方法测定两物体间的静滑动摩擦因数。如图 3-33a 所示，把要测定的两种材料分别做成斜面和物块 A，斜面可绕水平轴 O 转动。由零逐渐增大斜面倾角 α，当斜面倾角较小时，由于存在摩擦，物块在斜面上保持静止。此时，物块在重力和全约束力作用下平衡，重力作用线和斜面法线间的夹角与斜面倾角 α 相等。逐渐增大斜面倾角 α，当物块处于即将滑动而尚未滑动的临界状态时，全约束力与斜面法线的夹角也达到摩擦角 φ_f，如图 3-33b 所示。此时的斜面倾角即为要测定的摩擦角 φ_f，其正切值等于两种材料间的静摩擦因数 f_s。

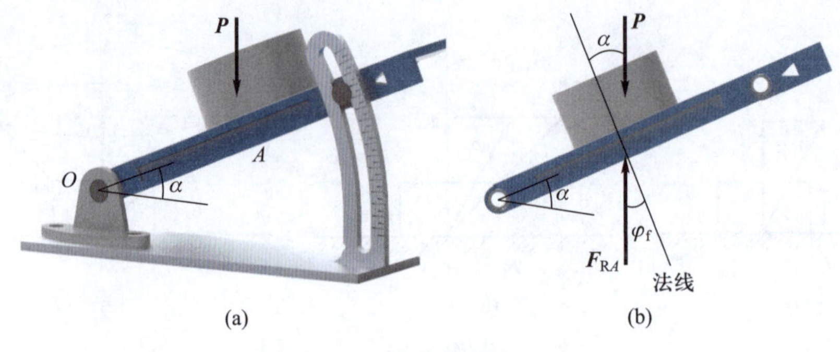

图 3-33

下面分析物块在斜面上的自锁条件。物块在铅垂载荷 $\boldsymbol{P}$ 作用时，若要不沿斜面下滑，必须满足 $\alpha \leqslant \varphi_f$，如图 3-33b 所示。而当 $\alpha > \varphi_f$ 时，物块无论多重，均会下滑，无法处于静止的平衡状态。因此，斜面的自锁条件为：斜面倾角小于或等于摩擦角。

螺旋千斤顶如图 3-34a 所示，千斤顶工作时，螺杆的螺纹和螺母之间产生一定的正压力和静摩擦力。将螺纹看作绕在一圆柱体上的斜面，如图 3-34b 所示，将其展开后，螺杆与螺母的摩擦则可简化为物体在斜面上的摩擦问题，承载的螺杆相当于物体，螺母的螺纹相当于斜面，斜面的倾角就是螺纹的升角 θ，如图 3-34c 所示。螺杆转动一周后沿螺杆轴向运动的距离为 h，水平距离为 $2\pi r_0$。要保证千斤顶的安全使用，重物须在任意位置保持静止，即顶起重物后螺杆与重物不会自动下降，也即螺纹自锁必须满足螺纹升角 $\theta \leqslant \varphi_f$，该条件即为螺旋千斤顶的自锁条件。

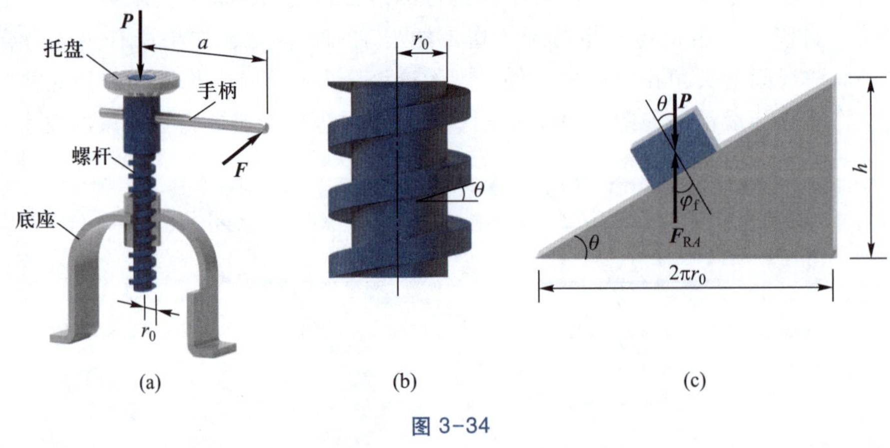

图 3-34

若已知螺旋千斤顶螺杆与螺母之间的静摩擦因数 f_s，则可根据 $f_s = \tan\varphi_f$ 求出摩擦角 φ_f，适当增大摩擦角或减小螺纹升角，使 $\tan\theta \leqslant \tan\varphi_f$，从而保证千斤顶自锁。

3.6.3 考虑滑动摩擦时的平衡问题

求解考虑滑动摩擦的平衡问题时的基本方法和步骤与一般平衡问题的解法基本相同，只是在受力分析和建立平衡方程时需要将摩擦力考虑在内。因此，正确分析摩擦力是解决此类问题的关键。静滑动摩擦力的方向总是与被阻碍物体的运动趋势方向相反，其大小是一个范围值，即 $0 \leqslant F \leqslant F_{\max}$。因此，判断物体接触处的摩擦是否达到平衡的临界状态颇为重要。如未达到临界状态，则滑动摩擦力作为切向约束力，是个未知量，指向可以任意假设，大小由平衡方程求出；若平衡达到临界状态，此时的摩擦力达到其最大值 $F_{\max}$，数值由库仑摩擦定律确定，方向与相对滑动趋势相反，不能任意假设。工程实际中的许多问题需要分析平衡的临界状态，确定物体的平衡范围。

【例 3-20】 如图 3-35 所示，重为 P 的物块置于倾角为 α 的斜面上，物块与斜面间的摩擦因数为 f_s。当物块处于平衡状态时，试求水平力 $\boldsymbol{F}_1$ 的大小。（设 $\alpha > \varphi_f = \arctan f_s$。）

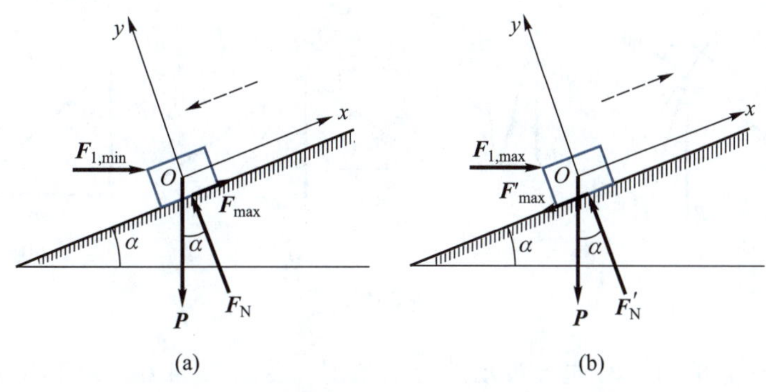

图 3-35

【解】 由题意可知，若力 $\boldsymbol{F}$ 过大，物块将向上运动；若力 $\boldsymbol{F}$ 太小，物块将向下滑动。因此，力 $\boldsymbol{F}$ 在一定范围内时，物块均能保持平衡。

先求解使物体处于不致下滑所需的最小推力 $\boldsymbol{F}_{1,\min}$。当力 $\boldsymbol{F}$ 达到此值时，物体处于将要下滑的临界状态。以物块为研究对象，此时摩擦力达到最大值，方向沿斜面向上，受力如图 3-35a所示。在图示坐标系下，列平衡方程

$$\sum F_x = 0, \quad F_{1,\min}\cos\alpha + F_{\max} - P\sin\alpha = 0$$

$$\sum F_y = 0, \quad -F_{1,\min}\sin\alpha + F_N - P\cos\alpha = 0$$

由静摩擦定律，列补充方程 $F_{\max} = f_s F_N$。

三式联立，可解得水平力的最小值

$$F_{1,\min} = \frac{\sin\alpha - f_s\cos\alpha}{\cos\alpha + f_s\sin\alpha}P = P\tan(\alpha - \varphi_f)$$

下面求解使物体处于不致上滑所需的最大推力 $\boldsymbol{F}_{1,\max}$。设物块达到向上滑动的临界状态，仍以物块为研究对象，此时摩擦力达到最大值，方向沿斜面向下，受力如图 3-35b 所示。在图示坐标系下，列平衡方程

$$\sum F_x = 0, \quad F_{1,\max}\cos\alpha - F'_{\max} - P\sin\alpha = 0$$

$$\sum F_y = 0, \quad -F_{1,\max}\sin\alpha + F'_N - P\cos\alpha = 0$$

由静摩擦定律，列补充方程 $F'_{\max} = f_s F'_N$。

三式联立，可解得水平力的最大值

$$F_{1,\max} = \frac{\sin\alpha + f_s\cos\alpha}{\cos\alpha - f_s\sin\alpha}P = P\tan(\alpha + \varphi_f)$$

所以，要维持物块在斜面上平衡，力 $\boldsymbol{F}$ 的大小应满足

$$P\tan(\alpha-\varphi_f)\leqslant F_1\leqslant P\tan(\alpha+\varphi_f)$$

本题也可利用摩擦角的概念求解。

物块具有向下滑动的趋势，如图 3-36a 所示。在临界状态下，法向约束力 $\boldsymbol{F}_N$ 和最大静摩擦力 $\boldsymbol{F}_{max}$ 的合力为最大全约束 $\boldsymbol{F}_R$，物块在这三个力作用下处于平衡状态。由汇交力系平衡的几何条件，可画出图 3-36b 所示自行封闭的力三角形，根据三角形关系解得

$$F_{1,min}=P\tan(\alpha-\varphi_f)$$

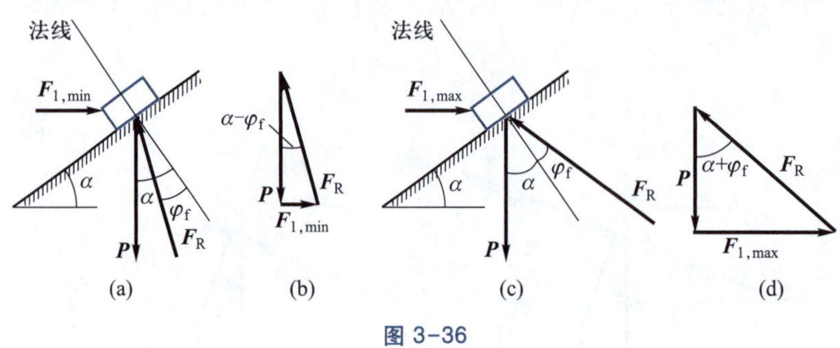

图 3-36

用同样的方法分析物块有向上滑动趋势的情况。受力图和力三角形分别如图3-36c、d 所示。可以求得

$$F_{1,max}=P\tan(\alpha+\varphi_f)$$

由上述分析可见，采用几何法所得物体平衡时水平力的范围与解析法所得结果完全相同。

【例 3-21】 如图 3-37a 所示，变速机构中的滑动齿轮在力 $\boldsymbol{F}$ 推动下，要求齿轮能够沿轴向顺利向左滑动。已知齿轮孔与轴间的摩擦因数为 f_s，齿轮孔与轴接触面的长度为 b。若不计齿轮的重量，作用在齿轮上的力 $\boldsymbol{F}$ 到轴中心的距离 a 为多大时，齿轮才不至于被卡往（即不会自锁）？

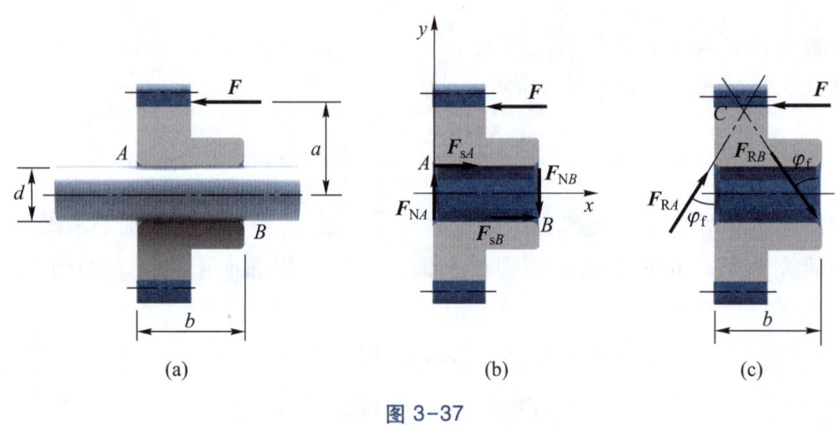

图 3-37

【解】 由题意可知，当力 $\boldsymbol{F}$ 的作用线到轴中心线的距离 a 较小时，齿轮可顺利地向左滑动；当 a 增大到某一数值时，齿轮将处于临界平衡状态；如果距离 a 再增大，齿轮将不会向左滑动。所以要求齿轮不被卡住的距离，只须求出刚刚被卡住时的距离 a 即可。

以齿轮为研究对象，设齿轮处于即将向左滑动的临界平衡状态。在力 $\boldsymbol{F}$ 的作用下，此

时齿轮与轴之间只有 A、B 两点接触，齿轮的受力如图 3-37b 所示。在图示坐标系下，列平衡方程

$$\sum F_x=0,\ F_{sA}+F_{sB}-F=0 \tag{a}$$

$$\sum F_y=0,\ F_{NA}-F_{NB}=0 \tag{b}$$

$$\sum M_A(\boldsymbol{F})=0,\ F\cdot\left(a-\frac{d}{2}\right)-F_{NB}\cdot b+F_{sB}\cdot d=0 \tag{c}$$

由于考虑的是临界平衡状态，故有

$$F_{sA}=f_s F_{NA} \tag{d}$$

$$F_{sB}=f_s F_{NB} \tag{e}$$

联立式（a）~（e），解得

$$a=\frac{b}{2f_s}$$

即当力 $\boldsymbol{F}$ 的作用线到轴中心线的距离 $a<b/2f_s$ 时，齿轮不会被卡住。

本题也可应用几何法求解。当齿轮处于临界平衡状态时，A、B 处的法向约束力和摩擦力可分别合成为全约束力 $\boldsymbol{F}_{RA}$、$\boldsymbol{F}_{RB}$，它们与接触面法线的夹角均为 φ_f。齿轮在三个力作用下平衡，此时力 $\boldsymbol{F}$ 必通过 $\boldsymbol{F}_{RA}$ 和 $\boldsymbol{F}_{RB}$ 作用线的交点 C，如图 3-37c 所示，由图可得

$$(a+d/2)\tan\varphi_f+(a-d/2)\tan\varphi_f=b$$

解得

$$a=\frac{b}{2\tan\varphi_f}=\frac{b}{2f_s}$$

由图 3-37c 可见，若三力作用线的汇交点在点 C 之上的阴影区域内时，$\boldsymbol{F}_{RA}$、$\boldsymbol{F}_{RB}$ 的作用线都不超出其摩擦角 φ_f，说明齿轮处于平衡（自锁）。如力 $\boldsymbol{F}$ 作用线通过点 C 下面的区域时，则由于 $\boldsymbol{F}_{RA}$、$\boldsymbol{F}_{RB}$ 作用线不能超出其摩擦角，三力的作用线没有共同的汇交点，因而不能维持平衡，即齿轮不会被卡住。故距离 a 应满足不等式 $a<b/2f_s$，这与解析法所得结果完全相同。

【例 3-22】 图 3-38a 所示为一个制动装置。已知制动块与滑轮表面的摩擦因数为 f_s，作用在滑轮上力偶的力偶矩为 M，结构尺寸如图所示。试求制动滑轮所需最小的力 $\boldsymbol{F}_{min}$。

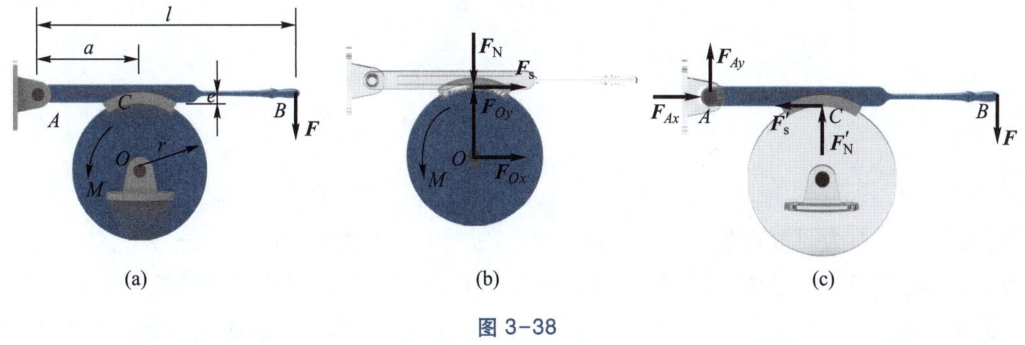

图 3-38

【解】（1）取滑轮为研究对象，受力如图 3-38b 所示。在力偶 M 的作用下，滑轮有逆时针转动的趋势，摩擦块 C 作用于滑轮的力有法向约束力 $\boldsymbol{F}_N$ 和向右的摩擦力 $\boldsymbol{F}_s$。列力矩平衡方程

$$\sum M_O(\boldsymbol{F})=0,\ M-F_s r=0$$

解得

$$F_s=\frac{M}{r}$$

（2）取制动杆 AB 为研究对象，受力如图 3-38c 所示。其中 $\boldsymbol{F}'_N$ 和 $\boldsymbol{F}'_s$ 分别为滑轮对摩擦块 C 的法向约束力和静滑动摩擦力，是 $\boldsymbol{F}_N$ 和 $\boldsymbol{F}_s$ 的反作用力。列力矩平衡方程

$$\sum M_A(\boldsymbol{F})=0,\ F'_N a-F'_s e-Fl=0$$

解得

$$F'_N=\frac{F'_s e+Fl}{a}$$

考虑到 $F_N=F'_N$，$F_s=F'_s\leqslant F_{max}=f_sF_N$，则有

$$\frac{M}{r}\leqslant f_s\frac{\frac{M}{r}e+Fl}{a}\quad 或\quad F\geqslant\frac{M(a-ef_s)}{lrf_s}$$

故

$$F_{min}=\frac{M(a-ef_s)}{lrf_s}$$

【例 3-23】 如图 3-39a 所示，颚式破碎机的两颚板间的夹角为 α（当活动颚板摆动时，α 在一定的范围内变化，但不显著，在近似计算中，略去其变化）。已知矿石与颚板间的摩擦角为 φ_f，不计矿石自重。试求保证矿石能被夹住不致上滑的咬入角 α。

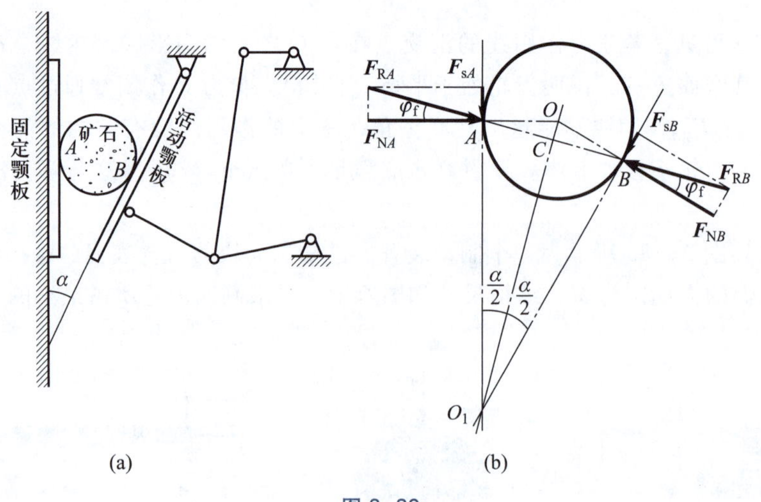

图 3-39

【解】 取矿石为研究对象，受力如图 3-39b 所示。矿石受两颚板的约束力 $\boldsymbol{F}_{NA}$、$\boldsymbol{F}_{NB}$ 和摩擦力 $\boldsymbol{F}_{sA}$、$\boldsymbol{F}_{sB}$ 的作用。因矿石自重相对于夹紧力 $\boldsymbol{F}_{RA}$、$\boldsymbol{F}_{RB}$ 来说很小，可以略去不计。当处于临界平衡状态时，$\boldsymbol{F}_{sA}=\boldsymbol{F}_{sA\max}$，$\boldsymbol{F}_{sB}=\boldsymbol{F}_{sB\max}$，点 A 的全约束力 $\boldsymbol{F}_{RA}$ 和点 B 的全约束力 $\boldsymbol{F}_{RB}$ 分别与其法线间的夹角均为摩擦角 φ_f。

矿石仅受 $\boldsymbol{F}_{RA}$ 和 $\boldsymbol{F}_{RB}$ 二力的作用而平衡，由二力平衡条件可知，这两个力必等值、反向、共线，即 $\boldsymbol{F}_{RA}$ 和 $\boldsymbol{F}_{RB}$ 均在 AB 连线上，即

$$\angle OAB=\angle OBA=\varphi_f$$

由图 3-39b 所示几何关系可得

$$\angle OAB=\angle OBA=\frac{\alpha}{2}$$

故有

$$\alpha=2\varphi_f$$

因为考虑的是临界情况，此时 α 是最大值，若要使矿石能咬入而不致上滑，则必须满足

$$\alpha\leqslant 2\varphi_f$$

此即咬入条件，在设计时是需要考虑的一个参数。

【例 3-24】 图 3-40a 所示为一偏心轮夹具。已知偏心轮的直径 d、偏心距 e、偏心轮与工件间的摩擦角 φ_f、作用于手柄上的主动力 $\boldsymbol{F}$ 和由转轴 O 到力 $\boldsymbol{F}$ 作用线的距离 l。试求：(1) 夹紧工件时的夹紧力 $\boldsymbol{F}_N$（偏心轮此时的升角为 α）；(2) 偏心轮自锁的条件。

【解】 (1) 取偏心轮为研究对象，其受力如图 3-40b 所示。作用于偏心轮上的力有 $\boldsymbol{F}$ 及点 O 约束力 $\boldsymbol{F}_{Ox}$、$\boldsymbol{F}_{Oy}$，摩擦力 $\boldsymbol{F}_{smax}$，法向约束力 $\boldsymbol{F}_N$。设偏心轮处于临界平衡状态，根据平衡条件及摩擦定律，可列出

$$\sum M_O(\boldsymbol{F})=0,\quad F_N\cdot\rho\sin\alpha+F_{smax}\cdot\rho\cos\alpha-Fl=0$$

考虑到偏心轮处于临界状态，则有

$$F_{smax}=f_sF_N=\tan\varphi_fF_N$$

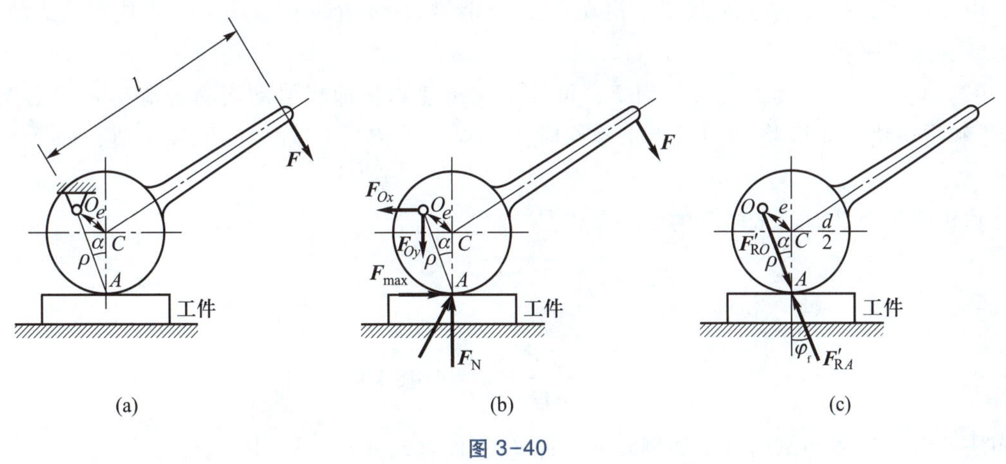

(a) (b) (c)

图 3-40

两式联立可得

$$F_N=\frac{Fl}{\rho\cos\alpha(\tan\varphi_f+\tan\alpha)}$$

(2) 去掉主动力 $\boldsymbol{F}$ 后，偏心轮夹具不松开，则偏心轮夹具自锁。此时作用于偏心轮夹具的力有 O 处约束力 $\boldsymbol{F}'_{RO}$ 及 A 处全约束力 $\boldsymbol{F}'_{RA}$，其受力如图 3-40c 所示。偏心轮在此二力作用下处于临界平衡状态，根据二力平衡条件，此二力必等值、反向、共线。因此，$\boldsymbol{F}'_{RO}$ 和 $\boldsymbol{F}'_{RA}$ 都在 OA 连线上，即

$$\alpha=\varphi_f$$

因为考虑的是临界情况，此时 α 是最大值，故要使偏心轮夹具不致松开，则必须满足

$$\alpha\leqslant\varphi_f$$

此即偏心夹具的自锁条件。

【例 3-25】 如图 3-41 所示，物块重量 $P=10$ kN，它与地面间的静摩擦因数 $f_s=0.5$，已知 $b=1$ m，$h=1.5$ m，$\theta=30°$。

（1）当 B 处拉力 $F=3$ kN 时，物块是否能平衡？

（2）试求能使物块保持平衡的最大拉力。

【解】 要保持物块平衡，必须满足两个条件：一是不发生滑动，即要求静摩擦力 $F_s \leqslant F_{max}=f_s F_N$；二是不绕着点 A 向左翻倒，这时法向约束力 $\boldsymbol{F}_N$ 的作用线应在物块内，即 $d>0$。

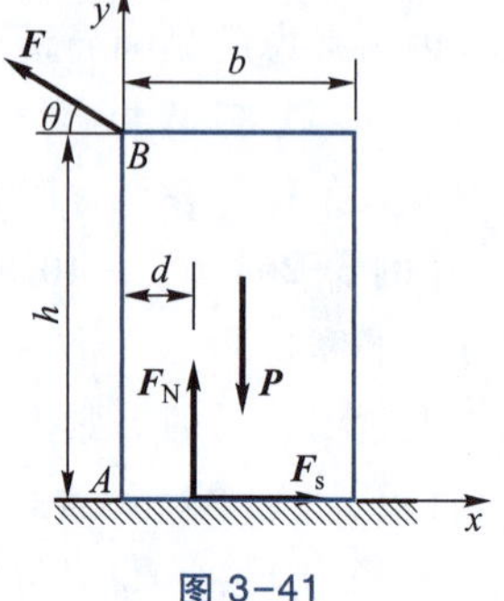

图 3-41

（1）取物块为研究对象，受力如图 3-41 所示。在图示坐标系下，列平衡方程

$$\sum F_x=0,\ F_s-F\cos\theta=0 \tag{a}$$

$$\sum F_y=0,\ F_N-P+F\sin\theta=0 \tag{b}$$

$$\sum M_A(\boldsymbol{F})=0,\ F\cos\theta\cdot h-P\cdot\frac{b}{2}+F_N\cdot d=0 \tag{c}$$

解得

$$F_s=2.6\ \text{kN},\ F_N=8.5\ \text{kN},\ d=0.13\ \text{m}$$

此时物块与地面之间的最大摩擦力为

$$F_{smax}=f_s F_N=4.25\ \text{kN}$$

由此可见，$F_s<F_{smax}$，物块不会滑动；又 $d>0$，物块不会翻倒。因此，物块在拉力 $\boldsymbol{F}$ 作用下能够保持平衡。

（2）为求保持平衡的最大拉力 $\boldsymbol{F}$，可分别求出使物块即将滑动而尚未滑动时的临界拉力 $\boldsymbol{F}_1$ 和物块绕点 A 即将翻倒而尚未翻倒时的临界拉力 $\boldsymbol{F}_2$，二者之间取较小值，即为本题所求。

物块即将滑动而尚未滑动的临界条件是

$$F_s=F_{max}=f_s F_N \tag{d}$$

联立式（a）、（b）和式（d），可得

$$F_1=\frac{f_s P}{\cos\theta+f_s\sin\theta}=4.48\ \text{kN}$$

将物块绕点 A 即将翻倒而尚未翻倒时的条件 $d=0$ 代入式（c），可得

$$F_2=\frac{Pb}{2h\cos\theta}=3.85\ \text{kN}$$

由于 $F_2<F_1$，所以保持物块平衡的最大拉力为

$$F=F_2=3.85\ \text{kN}$$

3.6.4 滚动摩擦

摩擦不仅在物体滑动时存在，当物体滚动时也存在。而由实践经验可知，在一般情况下，滚动比滑动省力。例如，搬运重物时，重物直接放在地面上不易被推动，但若在重物下垫上滚子则变得容易推动；机械中，多采用滚动轴承代替滑动轴承，可以减小摩擦时的阻力。

为什么滚动比滑动省力？物体滚动时存在什么样的阻力？它有什么样的特性？下面通过分析车轮滚动时所受的阻力说明以上问题。

设在不光滑的水平地面上有一静止不动的车轮，已知车轮重为 P，半径为 r。在其轮心处作用一水平拉力 $\boldsymbol{F}$，车轮在接触点 A 处受到法向约束力 $\boldsymbol{F}_N$ 和切向约束力 $\boldsymbol{F}_s$（静摩擦力）的作用，如图 3-42a 所示。若车轮仍保持静止，必须满足 $\boldsymbol{F}_N=-\boldsymbol{P}$，$\boldsymbol{F}=-\boldsymbol{F}_s$，由于水平拉力 $\boldsymbol{F}$ 和静摩擦力 $\boldsymbol{F}_s$ 等值、反向、平行且不共线，从而形成一个顺时针转向的力偶（$\boldsymbol{F}$，$\boldsymbol{F}_s$），此时无论水平力多么小，车轮也无法保持静止。但实际上当水平拉力不大时，车轮并未滚动，因此，水平地面对车轮的约束力之外，还应有一个力偶与（$\boldsymbol{F}$，$\boldsymbol{F}_s$）平衡。这一阻止车轮滚动的力偶称为**滚动摩阻力偶**，简称**滚阻力偶**。

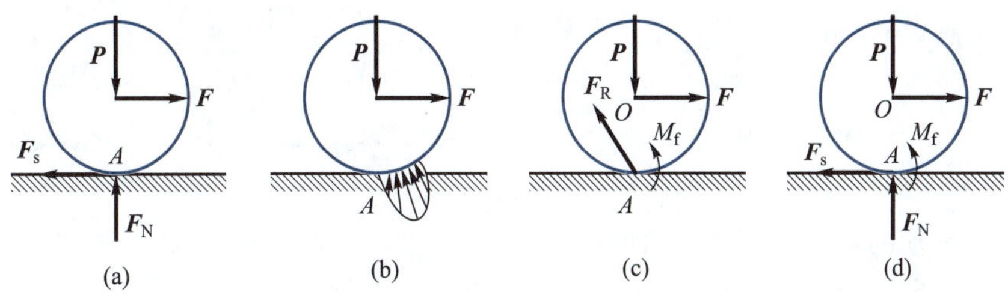

图 3-42

滚阻力偶的产生是由于车轮和地面接触处都会发生局部变形所致，如图 3-42b 所示。车轮在接触面处一定的面积内受到分布的约束力作用，将该分布力向车轮最低点 A 简化，可得一个合力 $\boldsymbol{F}_R$ 和一个力偶矩为 M_f 的合力偶，如图 3-42c 所示。这里，$\boldsymbol{F}_R$ 为法向约束力 $\boldsymbol{F}_N$ 和切向约束力 $\boldsymbol{F}_s$ 的合力；力偶矩为 M_f 的合力偶即为**滚阻力偶**，与力偶（$\boldsymbol{F}$，$\boldsymbol{F}_s$）平衡，转向与滚动趋势相反，如图 3-42d 所示。

滚阻力偶矩 M_f 的大小随水平拉力的增加而增大，当力 $\boldsymbol{F}$ 增加到某一值时，车轮处于即将滚动的临界状态，此时滚阻力偶矩达到极限值 M_{max}，该极限值称为**最大滚阻力偶矩**。若力 $\boldsymbol{F}$ 继续增加，车轮将会开始滚动，滚动过程中，滚阻力偶矩近似等于 M_{max}。

大量实验表明，最大滚阻力偶矩与支承面的法向约束力 $\boldsymbol{F}_N$ 成正比，即

$$M_{max}=\delta F_N \tag{3-22}$$

上式即为**滚动摩阻定律**，式中 δ 称为**滚动摩阻系数**，简称**滚阻系数**，该系数具有长度的量纲，单位一般用 mm。滚阻系数由实验测定，与接触处两种材料的硬度和湿度等因素有关，可从工程手册中查得。常用材料的滚阻系数见表 3-2。

表 3-2 常用材料的滚阻系数

材料名称	δ/mm	材料名称	δ/mm
铸铁与铸铁	0.5	木材与钢	0.3~0.4
软钢与钢	0.5	木材与木材	0.5~0.8
软钢与软钢	0.05	软木与软木	1.5
淬火钢与淬火钢	0.01	轮胎与路面	2~10
钢质车轮与钢轨	0.05	钢质车轮与木面	1.5~2.5

当车轮处于即将滚动的临界状态时，其受力如图 3-43a 所示。利用力的平移定理，将法

向约束力和最大滚阻力偶合成为一个力 $\boldsymbol{F}'_N$，且 $F_N = F'_N$，如图 3-43b 所示。则力 $\boldsymbol{F}_N$ 与力 $\boldsymbol{F}'_N$ 作用线的间距为

$$h = \frac{M_{max}}{F'_N}$$

由式（3-22）可知，滚阻系数 $\delta = h$。滚阻系数的物理意义为：滚子即将滚动时，支承面上法向约束力 $\boldsymbol{F}'_N$ 到接触点 A 的最大距离，也就是最大滚阻力偶（$\boldsymbol{P}$，$\boldsymbol{F}'_N$）的力偶臂。

由图 3-43a 分别计算出使车轮滚动或滑动所需要的水平拉力。

车轮处于即将滚动的临界状态时，列平衡方程

$$\sum F_y = 0,\ F_N - P = 0$$

$$\sum M_A(\boldsymbol{F}) = 0,\ M_{max} - F_{滚} r = 0$$

解得

$$F_{滚} = \frac{M_{max}}{r} = \frac{\delta F_N}{r} = \frac{\delta}{r} P$$

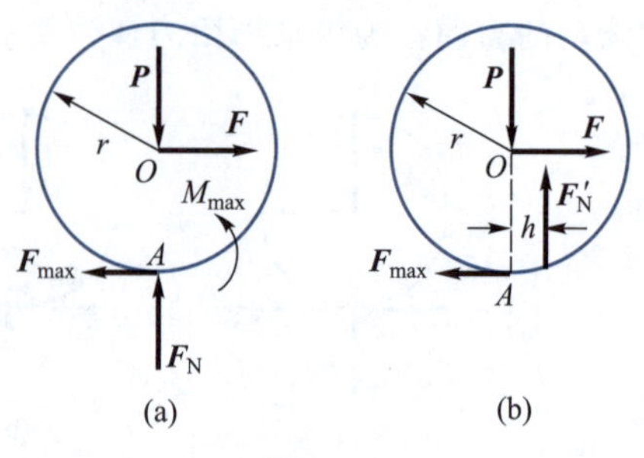

图 3-43

车轮处于滑动的临界状态时，列平衡方程

$$\sum F_x = 0,\ F_{滑} - F_{max} = 0$$

解得

$$F_{滑} = F_{max} = f_s F_N = f_s P$$

一般情况下，$\frac{\delta}{r} \ll f_s$，因此滚动要比滑动容易得多。由于滚阻系数较小，因此在大多数情况下滚动摩阻可以忽略不计。

小 结

1. 力系平衡的必要与充分条件是：力系的主矢和对于任一点的主矩均等于零，即

$$\boldsymbol{F}_R = \boldsymbol{0},\ \boldsymbol{M}_O = \boldsymbol{0}$$

2. 空间任意力系的平衡方程

$$\begin{cases} \sum F_x = 0, & \sum F_y = 0, & \sum F_z = 0 \\ \sum M_x(\boldsymbol{F}) = 0, & \sum M_y(\boldsymbol{F}) = 0, & \sum M_z(\boldsymbol{F}) = 0 \end{cases}$$

3. 特殊力系的平衡方程

（1）空间汇交力系

$$\sum F_x = 0,\ \sum F_y = 0,\ \sum F_z = 0$$

（2）平面汇交力系（力系在平面 Oxy 上）

$$\sum F_x = 0,\ \sum F_y = 0$$

（3）空间力偶系

$$\sum M_x = 0,\ \sum M_y = 0,\ \sum M_z = 0$$

(4) 平面力偶系

$$\sum M_i = 0$$

(5) 空间平行力系（力系各力与轴 z 方向平行）

$$\sum F_z = 0, \ \sum M_x(\boldsymbol{F}) = 0, \ \sum M_y(\boldsymbol{F}) = 0$$

(6) 平面平行力系（力系处在平面 Oxy 内，各力与轴 y 方向平行）

$$\sum F_y = 0, \ \sum M_O(\boldsymbol{F}) = 0$$

(7) 平面任意力系（力系处在平面 Oxy 上）

基本形式：$\sum F_x = 0$，$\sum F_y = 0$，$\sum M_O(\boldsymbol{F}) = 0$

二力矩式：$\sum F_x = 0$（或 $\sum F_y = 0$），$\sum M_A(\boldsymbol{F}) = 0$，$\sum M_B(\boldsymbol{F}) = 0$，其中，$A$、$B$ 两点的连线不能与轴 x（或轴 y）垂直。

三力矩式：$\sum M_A(\boldsymbol{F}) = 0$，$\sum M_B(\boldsymbol{F}) = 0$，$\sum M_C(\boldsymbol{F}) = 0$，其中，$A$、$B$、$C$ 三点不能共线。

4. 求解物体系统的平衡问题，特别是平面任意力系作用下的物体系统的平衡问题是静力学的重点和难点。求解时应根据具体问题和条件，正确灵活地选取研究对象。一般先取包含所求未知量的物体为研究对象，列平衡方程求解。对于不能解出的未知量，再选取与其相连的周围其他物体为研究对象。

5. 桁架杆件内力的计算方法：节点法和截面法。

(1) 节点法。先以桁架整体为研究对象，求出支座约束力（有时也可以不必求出支座约束力）；再以各节点为研究对象，节点均受平面汇交力系作用，只能确定两个未知量，求解应从只有两个未知力的节点开始，然后按照这一原则，依次考虑各个节点的平衡；解题时可先假定各杆都受拉力，所得结果为正，则杆为拉杆；所得结果为负，则杆为压杆。

(2) 截面法。首先以桁架整体为研究对象，求出支座约束力；从需求内力的杆处用一假想截面将桁架分为两部分（被截开的杆数一般不能多于 3 根），任选截面一侧为研究对象，设被截杆均受拉力；所选部分受平面任意力系作用，可列出三个独立平衡方程（通常应用力矩平衡方程求解较方便）；由于截割时，内力都假定为拉力，所以计算结果为正表明杆受拉，为负表明杆受压。

6. 滑动摩擦力是在两个物体相互接触的表面之间有相对滑动或有相对滑动趋势时出现的切向约束力，其方向与相对滑动的速度方向（或相对滑动趋势的方向）相反。

静摩擦力 $\boldsymbol{F}_s$ 的大小满足　　$0 \leqslant F_s \leqslant F_{max}$

静摩擦定律　　$F_{max} = f_s F_N$

动摩擦力 $\boldsymbol{F}_d$ 的大小　　$F_d = f F_N$

7. 摩擦角 φ_f 为全约束力与法线间夹角的最大值，且有

$$\tan \varphi_f = f_s$$

当主动力的合力作用线在摩擦角之内时发生自锁现象。

8. 求解考虑摩擦的物体平衡问题时，应先判断物体在力的作用下所处的状态。对于临界平衡状态的分析，除了列出相应的平衡方程外，还需要以 $F_{max} = f_s F_N$（滑动摩擦）或 $M_{max} = \delta F_N$（滚动摩擦）作为补充方程，进行临界分析，求得结果后再判断取值范围。

思考题

3-1 用解析法求解汇交力系的平衡问题时，坐标原点是否可以任意选取？选取的投影轴是否必须相互垂直？为什么？

3-2 如图 3-44 所示，重量为 P 的钢管 C 搁在斜槽中。平衡时是否有 $F_A=P\cos\theta$，$F_B=P\cos\theta$？为什么？

3-3 如图 3-45 所示，刚体受同平面内两个力偶（$\boldsymbol{F}_1$，$\boldsymbol{F}_1'$）和（$\boldsymbol{F}_2$，$\boldsymbol{F}_2'$）的作用，其力的多边形闭合，此时物体是否平衡？为什么？

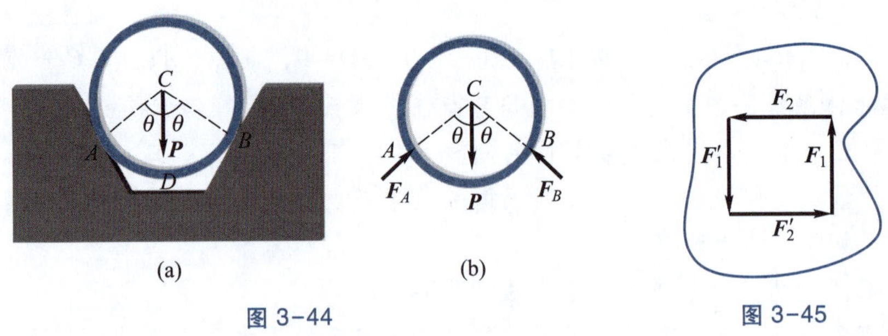

图 3-44　　图 3-45

3-4 从力偶理论可知，一力不能与力偶平衡。但是为什么图 3-46a 所示螺旋压榨机上，力偶却似乎可以用被压榨物体的约束力 $\boldsymbol{F}_{\mathrm{N}}$ 来平衡？为什么图 3-46b 所示的轮子上的力偶 $\boldsymbol{M}$ 似乎与重物的重力 $\boldsymbol{P}$ 相平衡？这些说法错在哪里？

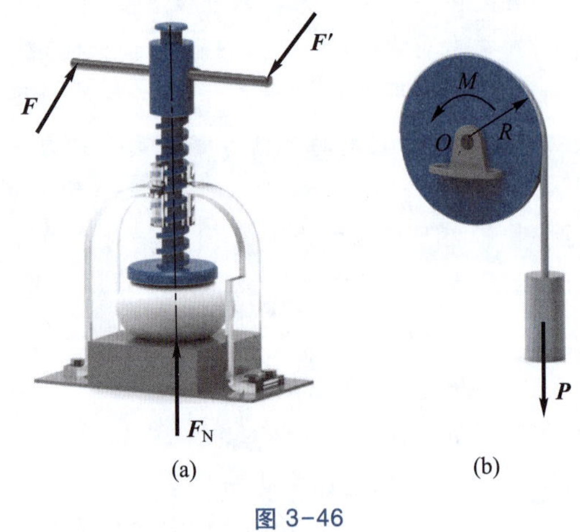

图 3-46

3-5 平面任意力系向其作用平面内任意一点简化，若都有主矩恒等于零，此力系一定平衡吗？

3-6 平面任意力系的三个独立平衡方程能否都用投影方程？为什么？

3-7 空间任意力系向 3 个相互垂直的坐标平面投影，得到 3 个平面任意力系，为什么其独立的平衡方程数只有 6 个？

3-8 传动轴有两个止推轴承支撑，每个支撑上有 3 个未知力，共 6 个未知力。而空间任意力系可列出6个独立的平衡方程，那么6个未知力是否可解？为什么？空间任意力系总可以用2个力来平衡，为什么？

3-9 若（1）空间力系中各力的作用线平行于某一固定平面，（2）空间力系中各力的作用线分别汇交于两个固定点，（3）空间力系各力作用线通过空间某一轴。试分析上述力系最多各有几个独立的平衡方程。

3-10 对于空间汇交力系，其平衡方程为3个投影式：$\sum F_x=0$，$\sum F_y=0$，$\sum F_z=0$。对于空间平行力系（力系各力平行于轴 z），其平衡方程也有3个：$\sum F_z=0$，$\sum M_x(\boldsymbol{F})=0$，$\sum M_y(\boldsymbol{F})=0$。为什么？

3-11 空间平行力系简化的结果是什么？可能合成为力螺旋吗？

3-12 图3-47所示结构中哪些是静定结构，哪些是静不定结构？

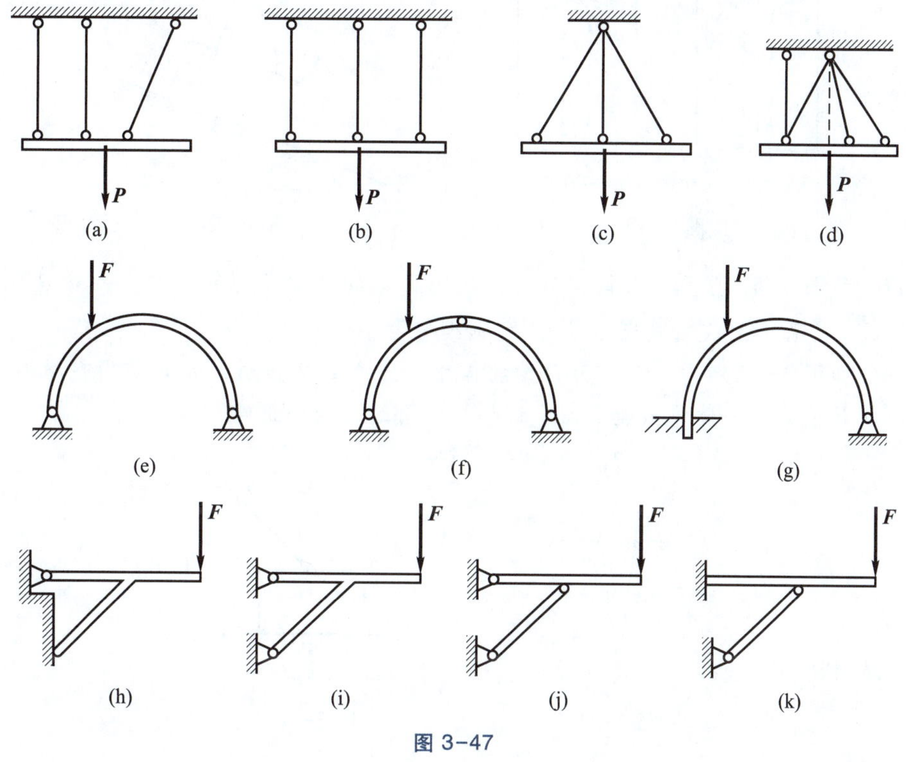

图 3-47

3-13 不经计算，试判断图3-48所示三个简单平面桁架中的零杆。

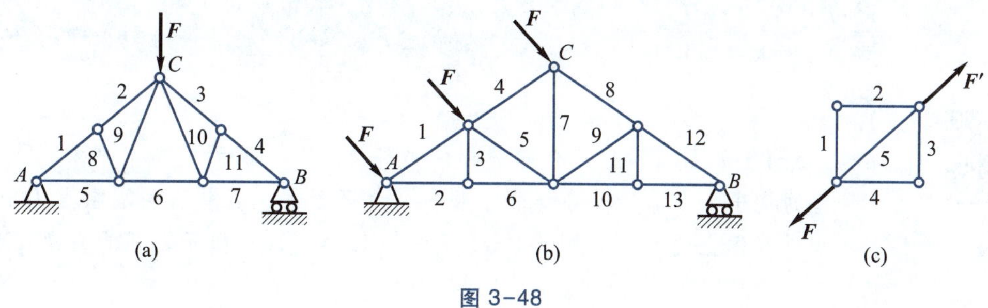

图 3-48

3-14 骑自行车时，自行车后轮受主动力作用而前行，自行车前后两个轮的摩擦力方向是否相同？为什么？

3-15 如图 3-49 所示，试比较在同样材料、具有相同摩擦因数和相同带压力 $\boldsymbol{F}$ 的作用下，平带和三角带的最大摩擦力。

3-16 如图 3-50 所示，重量为 P_1 的物块 A 置于倾角为 α 的斜面上，已知物块 A 与斜面间的摩擦因数为 f_s，且 $\tan\alpha<f_s$，物块 A 能否下滑？如果增大物块 A 的重量，或在其上另加一重量为 P_2 的物块 B，能否使物块 A 下滑？

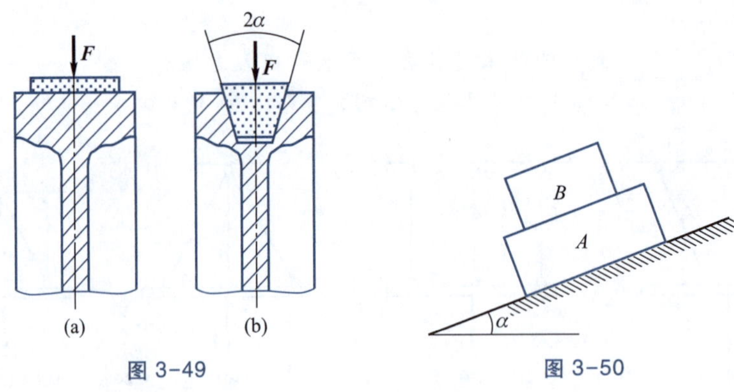

图 3-49

图 3-50

3-17 如图 3-51 所示，用钢楔劈物，接触面间的摩擦角为 φ_f。劈入后欲使钢楔不滑出，钢楔两个平面间的夹角 θ 应为多大？（钢楔重量不计）

3-18 如图 3-52 所示，自重为 P 的物体受一外力 $\boldsymbol{F}$ 的作用，力 $\boldsymbol{F}$ 作用在摩擦角之外，因此不论力 $\boldsymbol{F}$ 有多小，物体不能平衡。这样的分析过程是否正确？

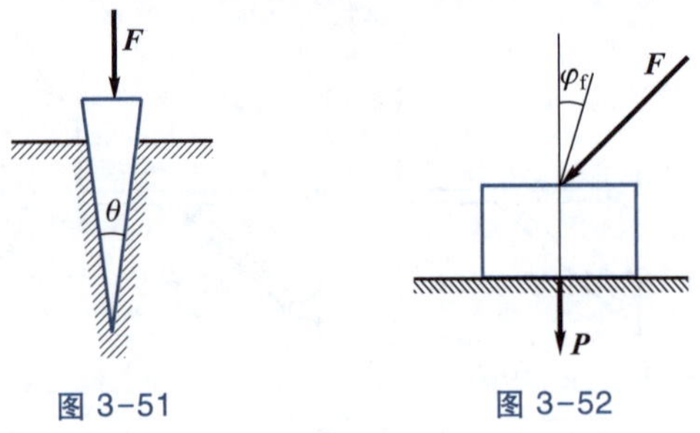

图 3-51

图 3-52

习　题

习题：
第三章

3-1 如图所示，三个弹簧秤的吊环 A、B 和 C 固定在水平木板上。弹簧秤的钩子上各系着一条绳子，将三条绳子拉紧，并将自由端在点 D 连接。已知弹簧秤上的读数分别为 8 N、7 N 和 13 N，试求绳子之间的夹角 α 和 β。

3-2 如图所示，街灯悬挂在绳索 ABC 的中点 B 处，绳索两端挂在同一水平线上的钩子 A、C 上。设灯重为 150 N，绳索 ABC 全长为 20 m，灯的悬挂点到水平线的距离 $BD=0.1$ m，绳索重量可不计。求绳索 AB、BC 部分所受的力。

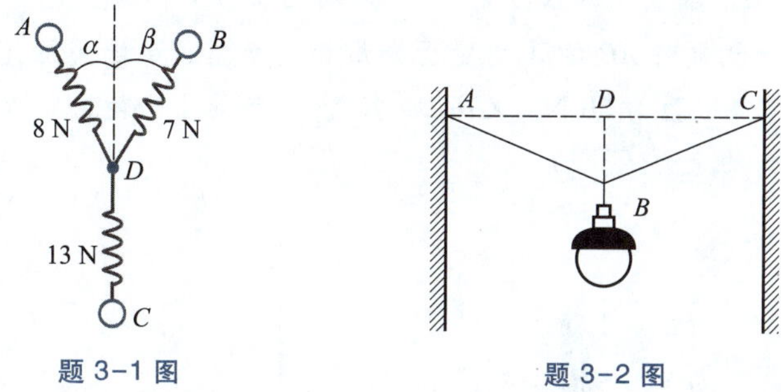

题 3-1 图　　题 3-2 图

3-3　如图所示，重量为 300 N 的路灯悬挂在铅垂灯柱上。已知水平杆 $AC=1.2\ \text{m}$，斜杆 $BC=1.5\ \text{m}$，A、B、C 处均为铰链连接。求杆 AC、BC 所受的力。

3-4　如图所示，绳绕过位于同一水平线上的滑轮 A、B，绳两端 C、D 分别悬挂着重为 P_1 的砝码，点 E 悬挂一重为 P_2 的砝码。已知 $AB=l$，不计滑轮摩擦，忽略滑轮尺寸和绳子重量。求平衡状态下点 E 到直线 AB 的距离 x。

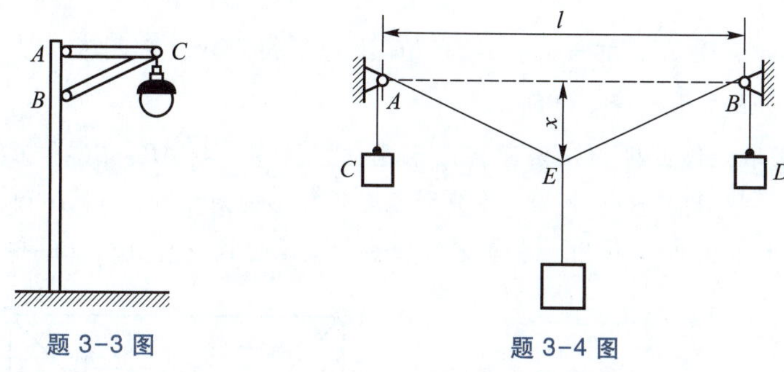

题 3-3 图　　题 3-4 图

3-5　如图所示，两个重量均为 P 的相同圆柱 Ⅰ 分别用绳子悬挂于点 O，重量为 Q 的圆柱 Ⅱ 置于两圆柱 Ⅰ 之间。已知两圆柱 Ⅰ 彼此不接触，绳与铅垂线的夹角均为 α，通过圆柱 Ⅰ、Ⅱ 轴心的直线与铅垂线的夹角为 β。求整个系统处于平衡时，α 与 β 的关系。

3-6　如图所示，重为 60 N 的均质球 O 放置在相互垂直的光滑斜面 AB 和 BC 上。设斜面 BC 与水平线的夹角为 60°，斜面 AB 与水平线的夹角为 30°。求均质球 O 对斜面的压力。

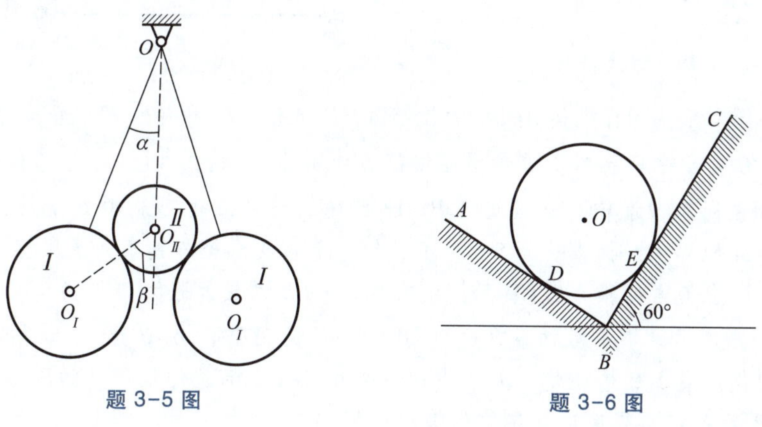

题 3-5 图　　题 3-6 图

3-7 如图所示，重为 P 的均质球 O 悬挂在绳子 AC 上，并靠在光滑的铅垂墙 AB 上。若绳子与墙的夹角为 α，求绳子的张力 $\boldsymbol{F}_{\mathrm{T}}$ 和球对墙的压力 $\boldsymbol{F}_{\mathrm{N}}$。

3-8 如图所示，均质杆 AB 的 A 端置于光滑铅垂墙上，B 端用固定在墙上的绳 BC 吊起。已知杆 AB 长为 2 m、重为 50 N，$\angle BAD=45°$。当杆处于平衡时，求 A、C 之间的距离、绳子的张力 $\boldsymbol{F}_{\mathrm{T}}$ 和墙的约束力 $\boldsymbol{F}_{\mathrm{N}}$。

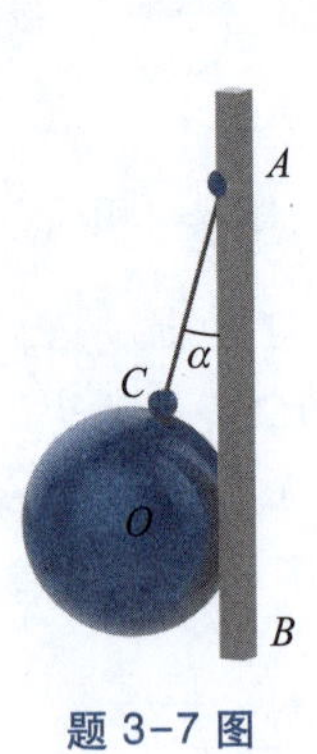

题 3-7 图

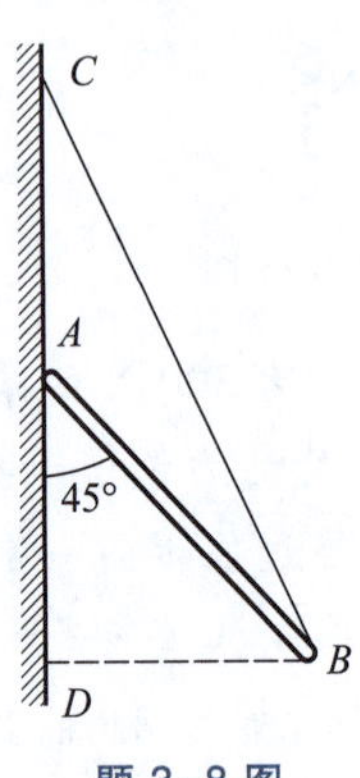

题 3-8 图

3-9 如图所示，重为 P 的气球用绳子 BC 维持平衡。球上作用着升力 $\boldsymbol{F}_2$ 和水平风压力 $\boldsymbol{F}_1$。求绳子在点 B 的张力 $\boldsymbol{F}_{\mathrm{T}}$ 和角 α。

3-10 如图所示，铰链机构从四面挤压水泥立方块 M，杆 AB、BC 和 CD 分别与正方形 $ABCD$ 的三边重合，相同的杆 1、2、3、4 分别沿着正方形的对角线。A、D 两点分别受有大小均为 50 kN、方向相反的力 $\boldsymbol{F}$ 作用。求立方块四面所受压力以及杆 AB、BC 和 CD 的受力。

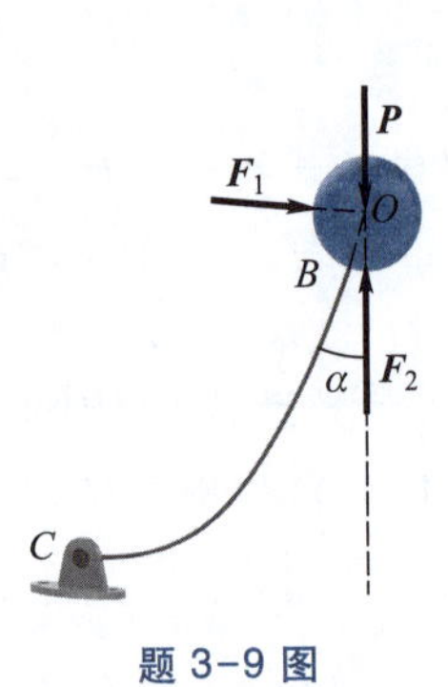

题 3-9 图

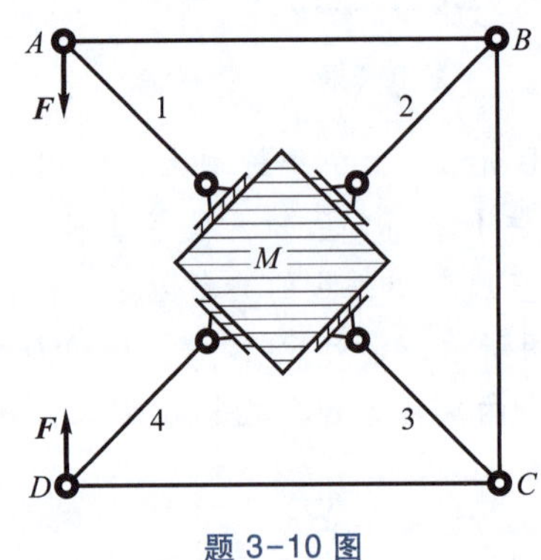

题 3-10 图

3-11 如图所示，连杆机构 $ABDC$ 的铰链 A、B 上分别作用有力 $\boldsymbol{F}_1$、$\boldsymbol{F}_2$。若 $F_1=100$ N，连杆机构 $ABDC$ 处于平衡状态。求作用在铰链 B 上的力 $\boldsymbol{F}_2$ 的大小。

3-12 如图所示，滑轮 C 连同重为 $P=18$ N 的物块可沿软钢索 ACB 滑动，钢索两端固定在间距为 4 m 的墙上，钢索长为 5 m。不计钢索重量及滑轮与钢索间的摩擦，当滑轮与重物处于平衡时，求钢索的张力。（提示：钢索 AC 与 CB 两段的张力相等。）

3-13 如图所示，填土由材料重度为 20 kN/m^3 的铅垂石墙 AB 挡住。设填土对墙的压力沿水平方向作用在 1/3 墙高处，大小为 60 kN/m（每 1 m 长的墙所受的压力）。求墙应有的厚度 a。（提示：按墙绕棱边 A 翻倒的情况计算。）

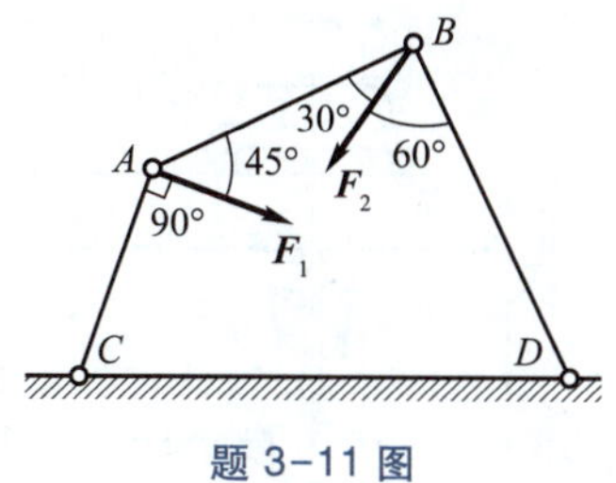

题 3-11 图

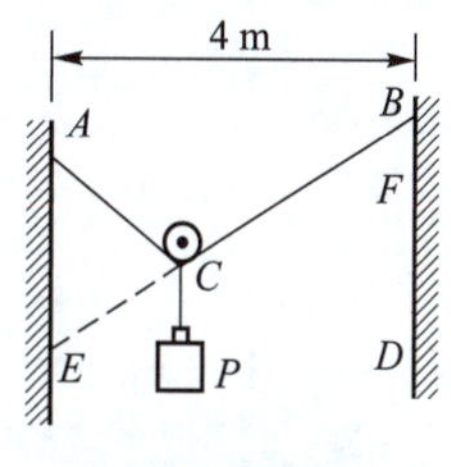

题 3-12 图

3-14 如图所示，均质水平梁长为 4 m、重为 5 kN，插入厚为 0.5 m 的墙内，并在 *A*、*B* 两点抵住。梁的自由端悬挂一个重为 40 kN 的物块。求支点 *A* 和 *B* 的约束力。

题 3-13 图

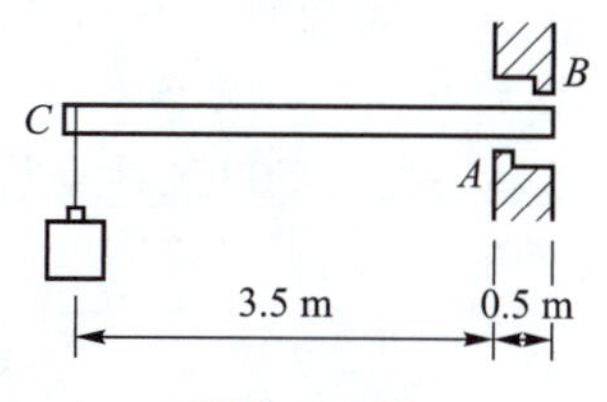

题 3-14 图

3-15 如图所示，灌渠的长方形闸门 *AB* 可绕轴 *O* 转动。水位不高时闸门关闭，当水位达到一定高度 *H* 时，闸门绕轴 *O* 翻转打开水渠。不计摩擦和闸门重量，求闸门打开时的水位高度 *H*。

3-16 如图所示，蒸汽锅炉的安全阀 *A* 用杆 *AB* 连接在均质杠杆 *CD* 上。*CD* 长为 50 cm、重为 10 N，可绕固定点 *C* 转动。阀的直径 $d=6$ cm，臂 $BC=7$ cm。锅炉内气压为 1 100 kPa时汽阀自动开启，求杠杆 *D* 端的配重 *P*。

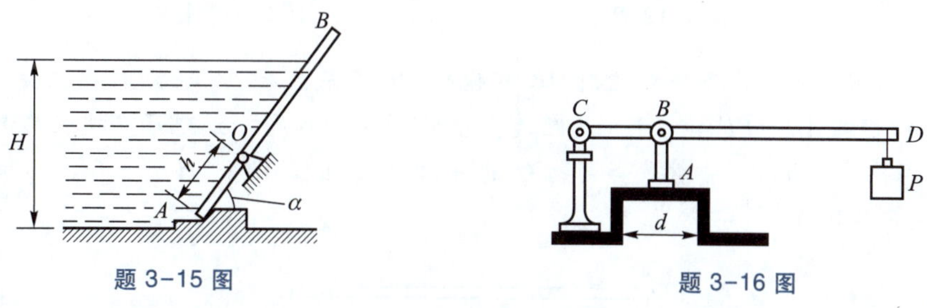

题 3-15 图　　题 3-16 图

3-17 如图所示，相同的均质板彼此堆叠，每块板都比其下面的一块伸出一段。在这些板处于平衡的条件下，求各伸出段的极限长度。(提示：在解题时，从上到下逐一把各板重量相加。)

3-18 如图所示，马丁炉填送矿石的起重机由卷扬机 *A* 和可移动的桥 *B* 构成，卷扬机重心在轴线 *OA* 上，可沿桥 *B* 移动，下部倾覆操纵杆 *D* 装有送料铲 *C*。已知铲中矿石重 $P=15$ kN，与卷扬机铅垂轴线 *OA* 相距 5 m。欲使卷扬机不倾翻，卷扬机连同操纵杆的重量 *G* 应为多少？

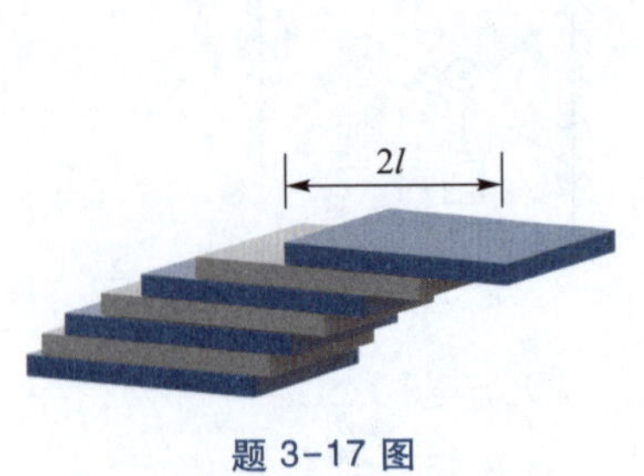

题 3-17 图

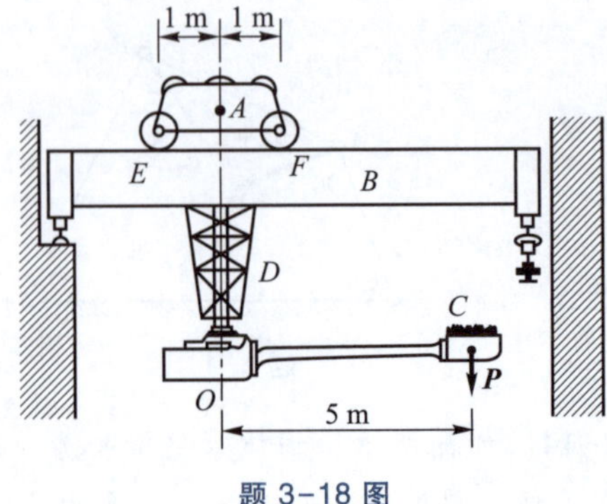

题 3-18 图

3-19 如图所示，折杆 ABC 由截面相同的均质杆 AB 和 BC 固接而成，并与杆 DA 相互铰接。已知 $BC=2AB$，$\angle ABC=60°$。当折杆平衡时，求 BC 段与水平线的夹角 α。（杆的横截面大小略去不计。）

3-20 如图所示，差动滑轮由定滑轮 A、动滑轮 B 和链条组成，定滑轮 A 由两个半径分别为 r 与 R 的滑轮固结在一起。定滑轮 A 中较大滑轮悬垂的链条上作用有铅垂向下的力 $\boldsymbol{F}$，动滑轮 B 轮心处悬挂一重为 500 N 的物块。已知 $R=25$ cm，$r=24$ cm，不计摩擦。求力 $\boldsymbol{F}$ 和被提起重物 P 的关系。

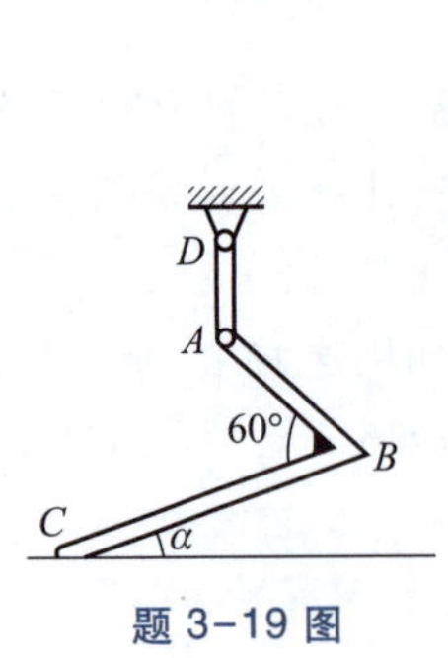

题 3-19 图

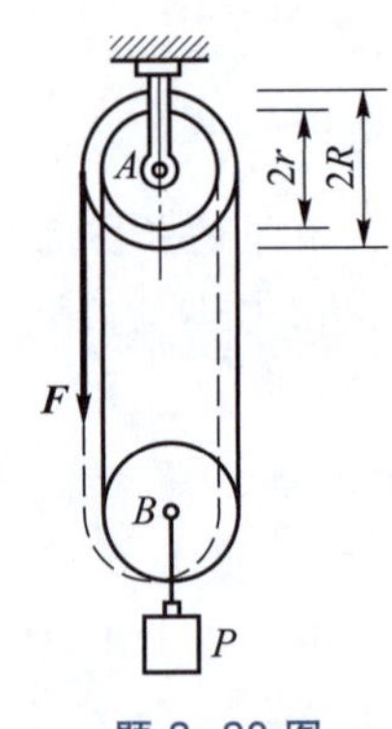

题 3-20 图

3-21 如图所示，微差杠杆由杆 AB 和横杆 DE 组成。杆 AB 在点 C 有固定三棱支座。横杆 DE 用铰接杆 AD、EF 与杠杆 AB 相连。重物 $Q=1$ kN，用三棱刀口挂在横杆的 G 处，C、G 水平距离为 1 mm。用来平衡重物 Q 的秤锤 P 在杠杆 AB 的 H 处，$CH=1$ m。不计摩擦，求秤锤 P 的重量。

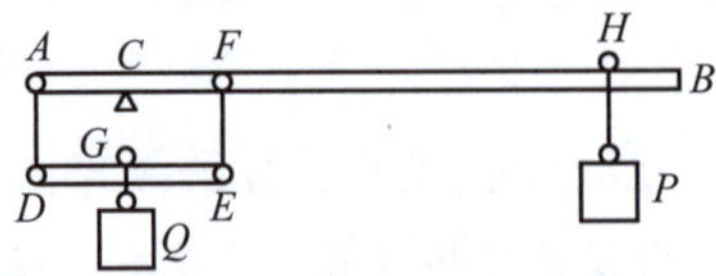

题 3-21 图

3-22 如图所示，起重机的水平梁长为 l，一端以铰链固定，另一端用杆 BC 拉住。杆 BC 与水平梁的夹角为 α。重物 P 可在梁上移动，重物的位置由 $AP=x$ 确定。不计梁的重量，试用 x 表示杆 BC 所受的力。

3-23 如图所示，绞车棘轮 B 的直径 $d_1=420$ mm 并带有棘爪 A。绞车与直径 $d_2=240$ mm

的鼓轮 C 固连，鼓轮 C 上所绕绳子悬挂一物块 D。已知物块 D 重为 50 N，$h=50$ mm，$a=120$ mm。不计棘爪 A 的重量，求棘爪轴 O 所受的压力。

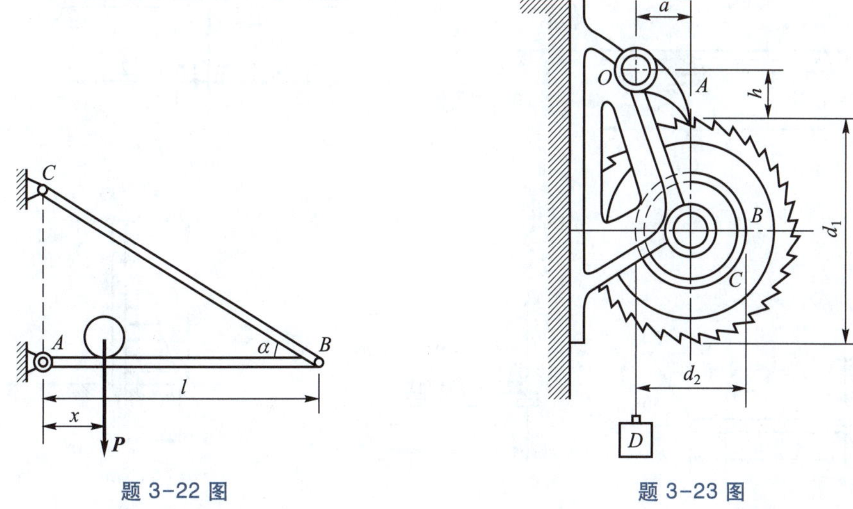

题 3-22 图　　题 3-23 图

3-24　如图所示，重 9.6 kN 的船被挂在吊杆 ABC 上。吊杆 ABC 的末端置于止推轴承 A 处，并在 1.8 m 高处穿过轴承 B。吊杆的悬伸跨度为 2.4 m。不计吊杆重量，求支点 A 和 B 所受的力。

3-25　如图所示，铸造用起重机 ABC 可绕铅垂轴 MN 转动。已知起重机重为 20 kN，重心 D 到转轴的距离为 2 m，$MN=5$ m，$AC=5$ m，C 处所挂货物重为 30 kN。求轴承 M 和止推轴承 N 的约束力。

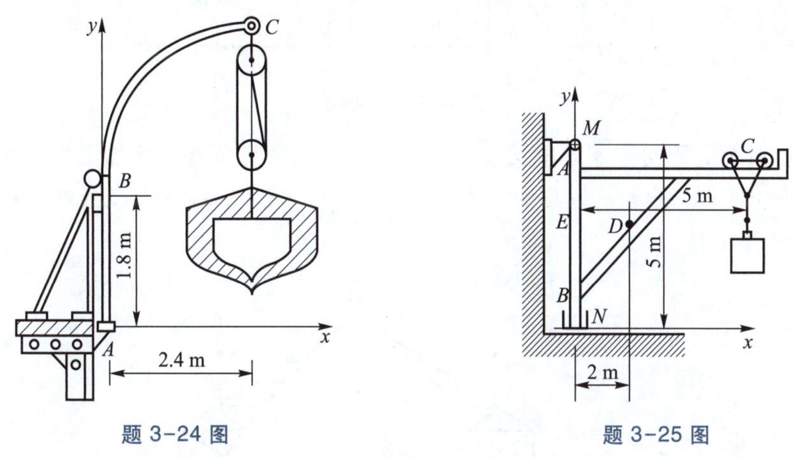

题 3-24 图　　题 3-25 图

3-26　求图示外伸梁支座、悬臂梁固定端的约束力，载荷和尺寸如图所示。

3-27　如图所示，水平组合梁 ACB 上有一重为 50 kN 的起重机，起重机上带有重物 P。已知伸臂跨度 $KL=4$ m，$P=10$ kN，起重机的重心在铅垂线 CD 上，尺寸如图所示。设起重机和梁 AB 位于同一铅垂面内，不计梁的重量，求支座 A、B 的约束力。

3-28　如图所示，厂房高为 12 m、宽为 16 m，由三铰拱架支撑，半个拱架重为 60 kN，重心与支座 A、B 的水平距离均为 2 m。桥式吊车横梁重为 12 kN，吊车重为 8 kN（空载），

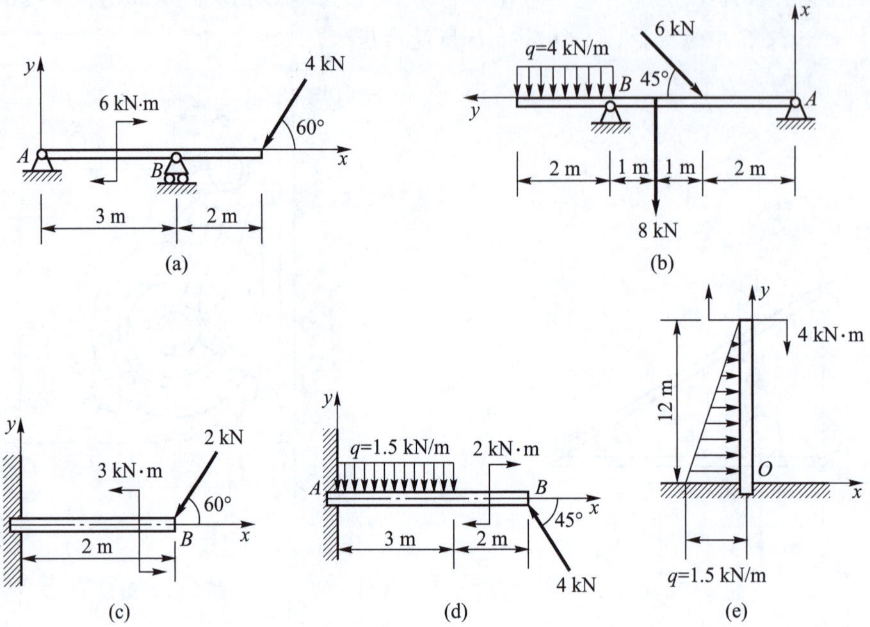

题 3-26 图

题 3-27 图

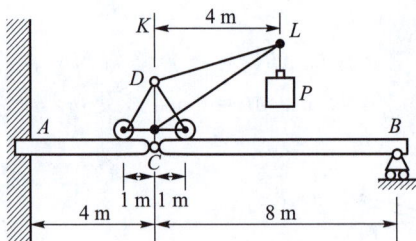

吊车重心与左侧轨道的间距等于横梁长度的四分之一，桥式吊车的轨道支座与支座 A、B 的水平距离均为 1.8 m。若水平风压的合力为 12 kN，作用线与 AB 相距 5 m。求铰链 A、B 和 C 的约束力。

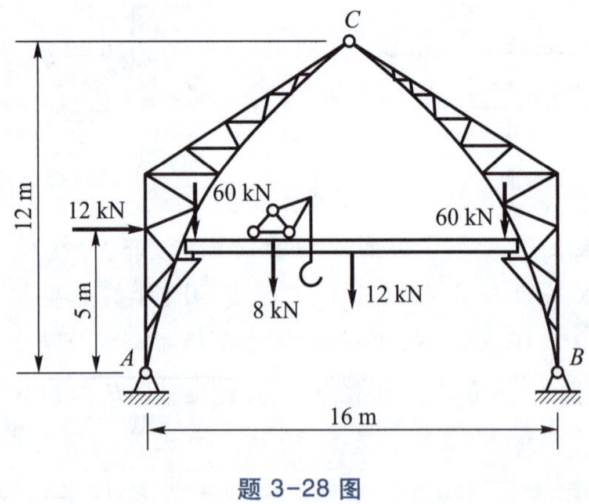

题 3-28 图

3-29 如图所示，自动夹物装置的索链 OO_1 与杆 OC、OD 铰接于 O 处，杆 OC、OD 又分别与弯杆 CAE、DBF 铰接，两弯杆又与连接杆 GH 铰接。利用铰链 E、F 上的闸块，通过摩擦夹持重物。已知 $OC=OD=60$ cm，点 E 到 GH 杆的垂直距离 $EL=50$ cm，点 E 到杆 OC 的垂直距离 $EN=1$ m，三角形 COD 的高 $OK=10$ cm。不计机构各部分的重量，当重物重量 $P=10$ kN 时，求连杆 GH 所受的力。

3-30 如图所示，均质杆 AB 可绕水平轴 A 转动，并靠在半径为 r 的光滑圆柱上。圆柱置于光滑水平面上，由不可伸长的绳子 AC 拉住。已知杆重为 16 N，$AB=3r$，$AC=2r$。求绳子的张力 $\boldsymbol{F}_{\mathrm{T}}$ 和铰链 A 对杆的约束力。

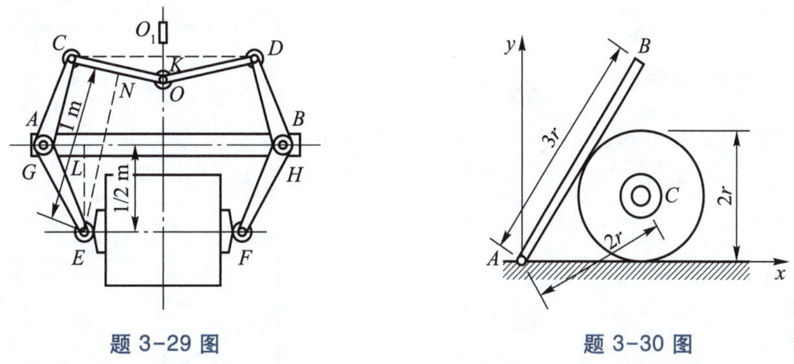

题 3-29 图　　　　题 3-30 图

3-31 如图所示，光滑均质圆柱 C_1、C_2 置于两相互垂直的光滑斜面 OA 和 OB 中。已知圆柱 C_1、C_2 自重分别为 $P_1=10$ N、$P_2=30$ N，$\angle AOx_1=60°$，$\angle BOx=30°$。求：(1) 直线 C_1C_2 与水平线 xOx_1 的夹角 φ；(2) 斜面对两圆柱的约束力 $\boldsymbol{F}_{\mathrm{N1}}$ 和 $\boldsymbol{F}_{\mathrm{N2}}$，以及两圆柱之间的作用力 $\boldsymbol{F}_{\mathrm{N}}$。

3-32 如图所示，不计各杆重量，当起重机承载 8 kN 时，求各支座约束力和各杆内力。

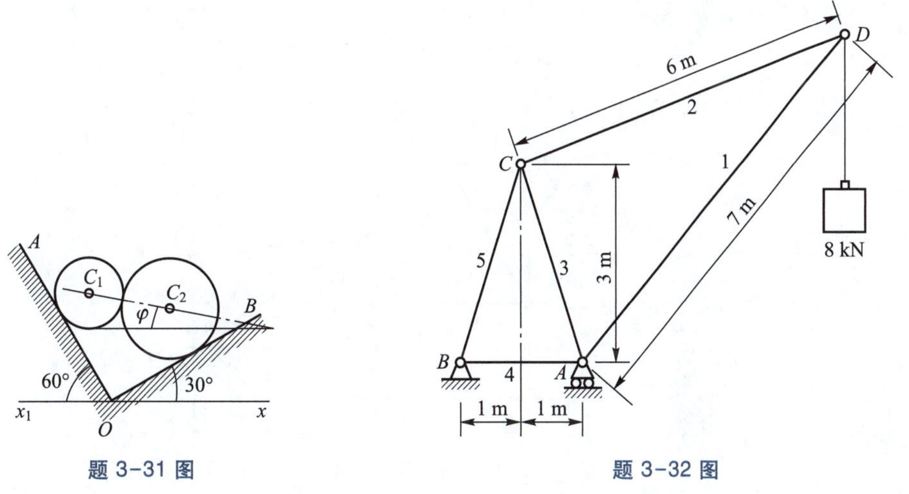

题 3-31 图　　　　题 3-32 图

3-33 如图所示，桥梁桁架的节点 C 和 D 上各作用铅垂载荷 $F=100$ kN。各斜杆与水平线成 45°角。求杆 1、2、3、4、5 和 6 的内力。

3-34 屋架及其受力如图所示，求各支座约束力和各杆内力。

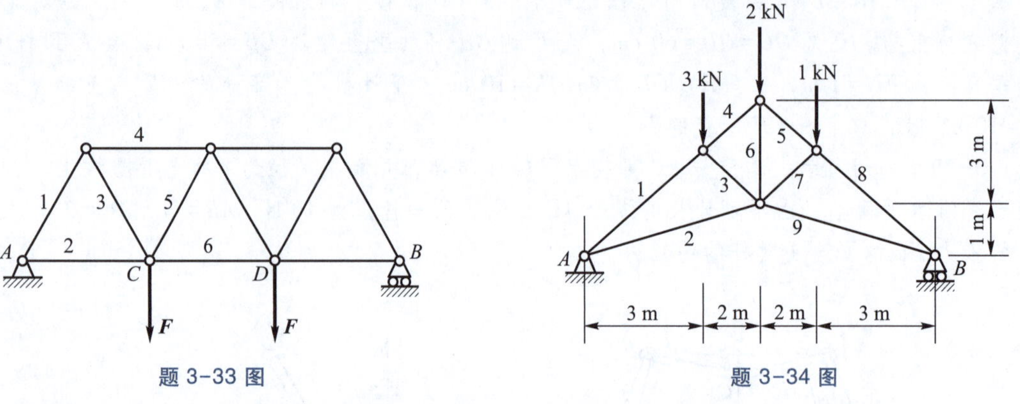

题 3-33 图　　　　题 3-34 图

3-35 桁架及其受力如图所示，求各支座约束力和各杆内力。

3-36 桁架及其受力如图所示，求各支座约束力和各杆内力。

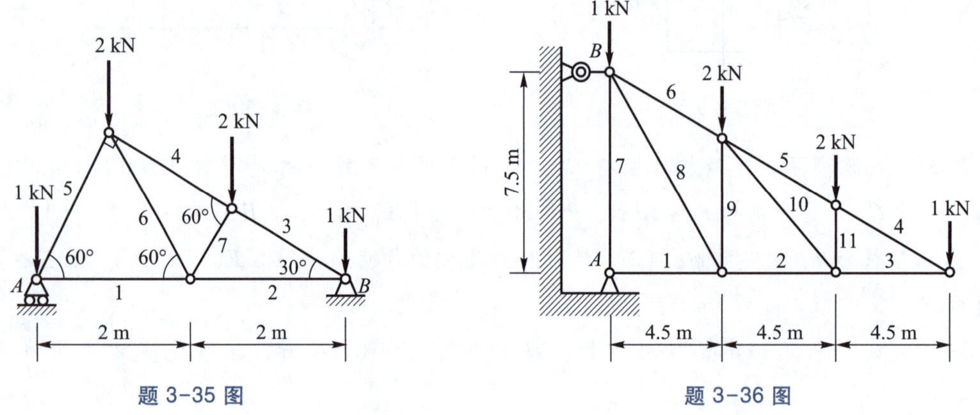

题 3-35 图　　　　题 3-36 图

3-37 如图所示，风压使得等格屋架节点上受到垂直于屋顶的力 $F_1 = F_4 = 312.5$ N，$F_2 = F_3 = 625$ N。桁架尺寸如图所示，求风压引起的各支座约束力和各杆内力。

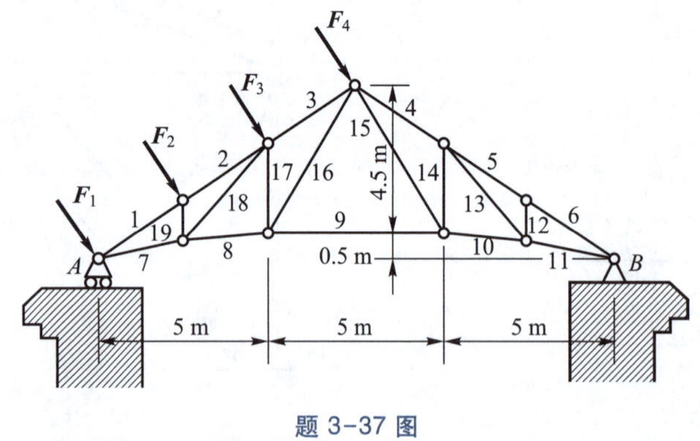

题 3-37 图

3-38 如图所示，物体 A、B 由一根不可伸长的绳相连并置于固定斜面上。已知 A 物体自重 $P_A = 100$ N，各面接触处的静摩擦因数均为 $f_s = 0.2$。不计滑轮阻力，系统平衡时，求 B

物体的自重 P_B。

3-39 如图所示，货车连同货物共重为 P，车轮半径均为 r，车轮与地面间的滚阻系数为 δ。试求拉动货车所需水平力 $\boldsymbol{F}$ 的大小。

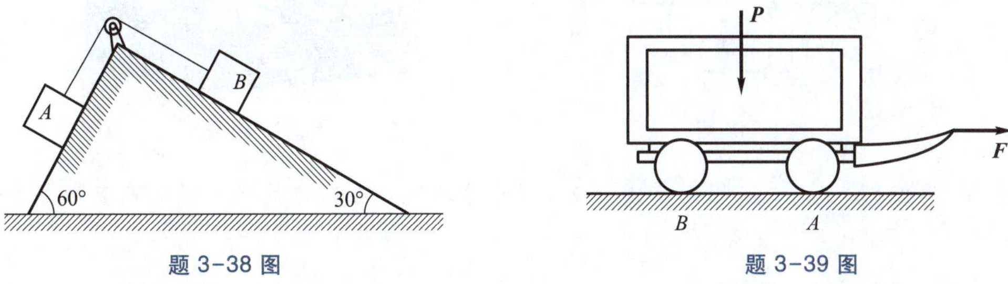

题 3-38 图　　　　题 3-39 图

3-40 如图所示，自重为 P 的直角刚架 OAB 用铰链悬挂于 O 处，并搁置于自重为 P_1 的轮轴 B 处，AB 水平。已知 l_1、l_2、l_3、r_1、r_2，B、D 处的静摩擦因数均为 f_s，且 $l_1>f_sl_2$。不计滚动摩阻，试求机构平衡时水平拉力 $\boldsymbol{F}$ 的最大值。

3-41 如图所示，自重 $P=20$ kN 的均质圆柱置于倾角为 $\alpha=30°$的斜面上，过圆柱重心 O 作用有平行于斜面的力 $\boldsymbol{F}$。已知圆柱半径 $r=0.5$ m，圆柱与斜面之间的滚阻系数 $\delta=5$ mm，静摩擦因数 $f_s=0.65$。若圆柱处于平衡状态，试求力 $\boldsymbol{F}$ 的大小。

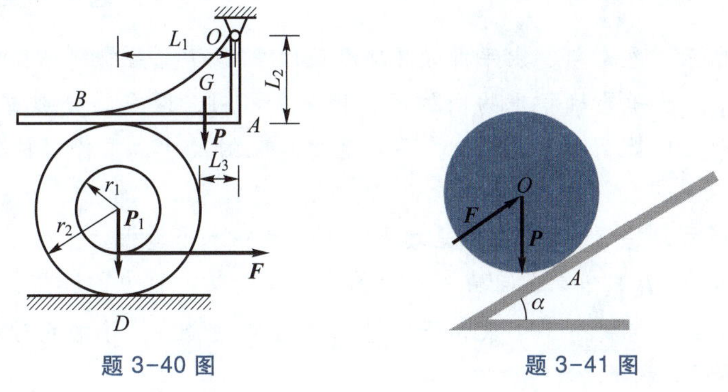

题 3-40 图　　　　题 3-41 图

3-42 如图所示，两钢板由螺栓连接，承受拉力 $F=2$ kN。已知钢板间的摩擦因数是 0.2，螺栓周围有空隙。求螺栓所需的夹紧力。

提示：螺栓周围有空隙，不受剪力作用，因此必须拧紧螺母，使钢板间产生的摩擦力足以防止钢板的相对滑动。待求的夹紧力就是沿螺栓轴线压紧钢板的力。

3-43 将两本书 A、B 的每一页按照图示方法堆叠，每本书均有 100 页，每页书重为 0.06 N，书页与书页之间以及书页与桌面之间的摩擦因数均为 0.2。假设其中一本书是固定的，求拉出另一本书所需的水平力。

3-44 如图所示，自重为 P 的圆柱 A 放在导轨 B 中，导轨横截面关于 OO_1 对称。已知圆柱 A 和导轨 B 之间的摩擦因数为 f。(1) 求圆柱开始水平运动时的力 $\boldsymbol{F}$ 的大小；(2) 当 $F=P$ 时，θ 角应为何值才能使圆柱开始运动？

3-45 如图所示，重为 P 的物体 B 沿不光滑曲面下降过程中，依靠绳索 BAD 保持平衡。已知曲面是四分之一圆柱面，曲面和重物间的摩擦因数 $f=\tan\varphi$，其中 φ 是摩擦角。不

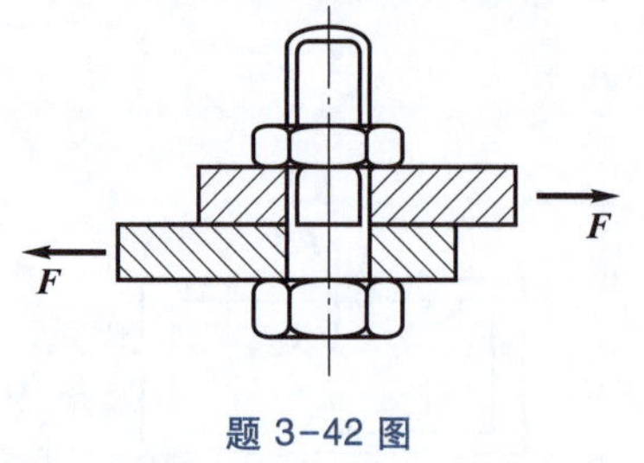

题 3-42 图

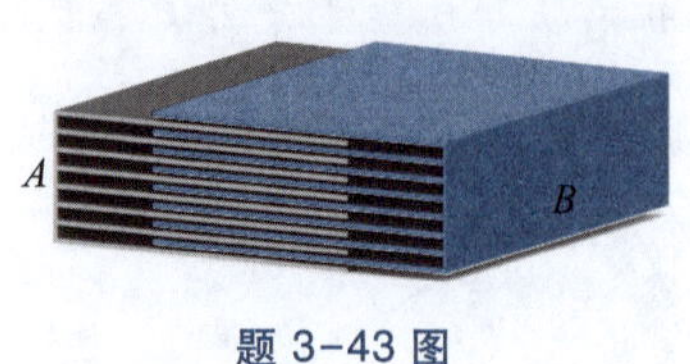

题 3-43 图

计重物和滑轮的尺寸，试写出绳索张力函数 $F(\varphi)$，并求当重物 B 平衡时绳索中张力的变化范围。

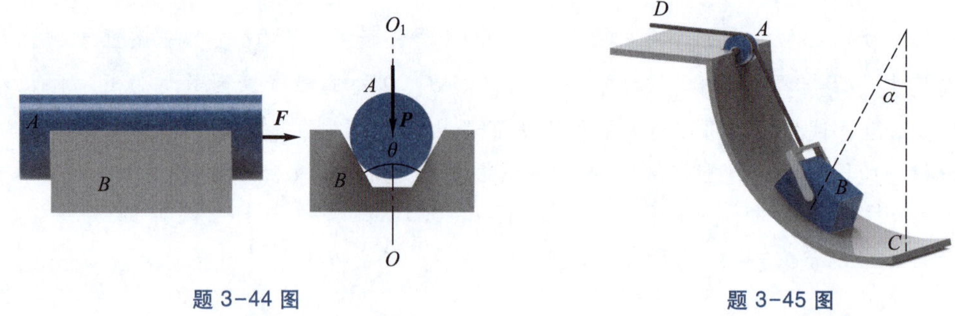

题 3-44 图　　题 3-45 图

3-46　如图所示，在沿粗糙水平导轨 CD 滑动的重物 Q 上系有绳子，绳子穿过光滑小孔 A 悬挂一重物 P。已知导轨和重物间的摩擦因数 $f=0.1$，两重物分别重 $Q=100$ N，$P=50$ N，孔 A 到导轨轴的距离 $OA=15$ cm。不计重物和孔的尺寸，求停滞区的边界（重物平衡时的几何位置）。

3-47　如图所示，梯子 AB 靠在铅垂墙上，下端搁在水平地板上。梯子与墙、地板之间的摩擦因数分别为 f_1、f_2。梯子连同站在上边的人共重为 P，重力的作用点 C 按比值 $m:n$ 两分梯子的长度。在平衡状态下，求梯子与墙间的最大夹角 α，并求此时梯子与墙和地板约束力的法向分量 $\boldsymbol{F}_{NA}$ 和 $\boldsymbol{F}_{NB}$。

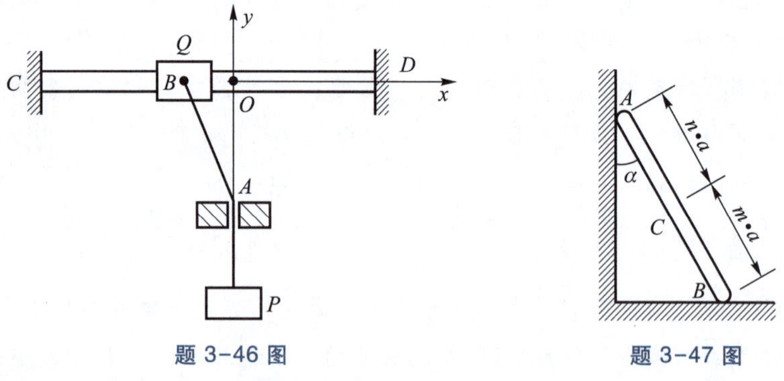

题 3-46 图　　题 3-47 图

3-48　如图所示，重为 P 的梯子 AB 靠在光滑墙上，并搁置在不光滑的水平地板上。已知梯子与地板的摩擦因数为 f。为使重为 Q 的人能沿梯子爬到顶端，求梯子与地板的夹角 α。

3-49　如图所示，杆 AB、AC 以钢索 AD 牵引，各杆在 A、B、C 处为铰接。已知物块 P

重为300 N，A、B、C 在同一水平面上，$\angle CBA=\angle BCA=60°$，$\angle EAD=30°$。求杆 AB、AC 所受的力 $\boldsymbol{F}_1$、$\boldsymbol{F}_2$ 和钢索 AD 的张力 $\boldsymbol{F}_T$。

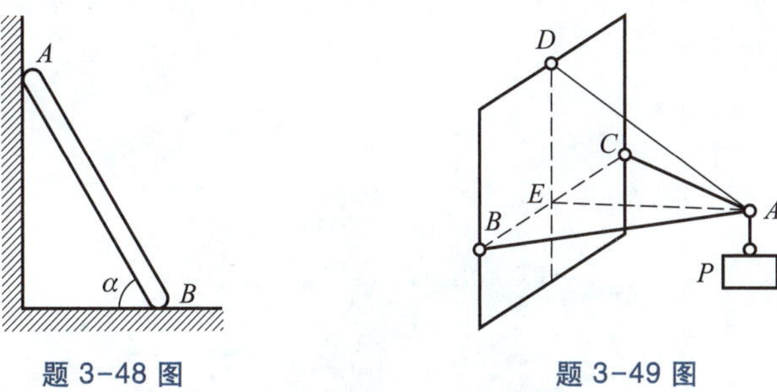

题 3-48 图　　题 3-49 图

3-50　如图所示，桅杆 AB 通过四根对称分布的拉索维持在铅垂位置，相邻的两根拉索夹角均为 60°。若每根拉索的张力均为 1 kN，桅杆重为 2 kN。求桅杆对地面的压力。

3-51　如图所示，临时起重机水平底座为等边三角形 ABC，铅垂侧面 ABD 为等腰三角形。起重机的铅垂轴用铰链安装在 O 和 D 处，悬臂 OE 连带重物 P 可绕该轴转动。底座 ABC 用蝶形铰链 A、B 以及铅垂螺杆 C 固定在基础上。设重物 $P=12$ kN，机身重 $Q=6$ kN，机身重心 S 到轴 OD 的距离 $h=1$ m，$a=4$ m，$b=4$ m。当悬臂处在起重机对称平面内时，求支座的约束力。

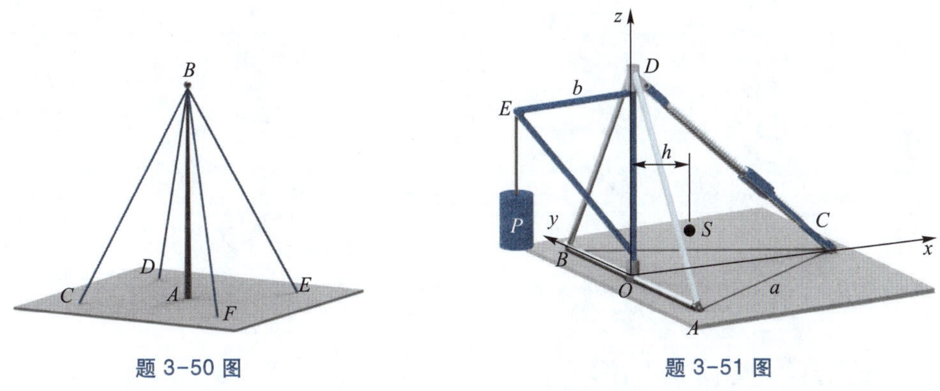

题 3-50 图　　题 3-51 图

3-52　如图所示，桌子三条腿的端点 A、B、C 形成边长为 a 的等边三角形。桌子重力 $\boldsymbol{P}$ 的作用线通过三角形 ABC 的中心 O_1，Oy 平行于 AB。求桌上点 $M(x,\ y)$ 处放有重物 Q 时，每条桌腿对地板的压力。

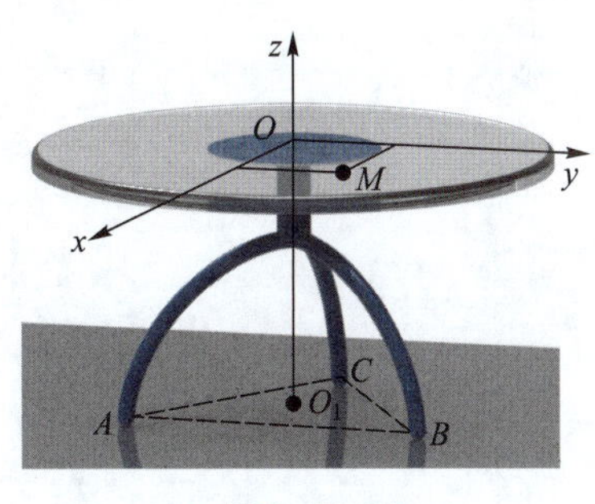

题 3-52 图

3-53 如图所示，车厢的均质搁板 $ABCD$ 可绕轴 AB 转动，撑杆 ED 将搁板支撑在水平位置上，杆 ED 用铰链 E 连接在铅垂墙面上。已知搁板连同其上的重物重 $P=800$ N，$AB=150$ cm，$AD=60$ cm，$AK=BH=25$ cm，$ED=75$ cm。不计杆 ED 的重量，求杆 ED 的受力以及蝶形铰链 K 和 H 的约束力。

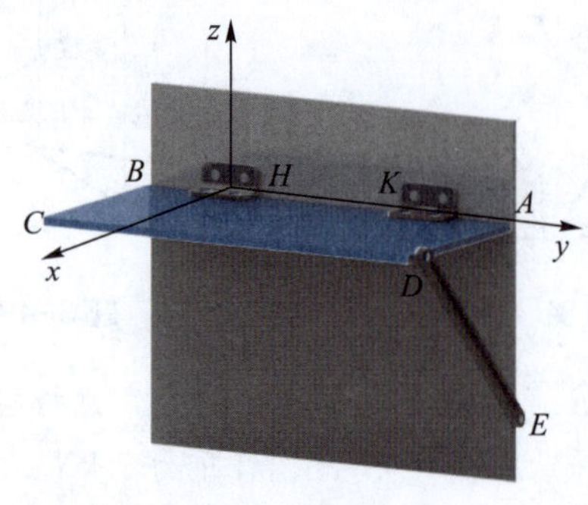

题 3-53 图

第二篇 运动学

引 言

在静力学中我们研究了物体平衡的规律。本篇将研究物体运动变化的规律。由于物体运动变化的规律是一个远比平衡规律更复杂的问题。因此为了便于研究，首先从几何方面来研究物体的运动，即只研究物体运动的几何性质（如轨迹、运动方程、速度和加速度等），暂不考虑运动和作用力的关系。在力学中，把这部分叫作运动学。

研究运动学的目的，首先是为研究动力学打下基础，其次运动学在工程技术中也有重要意义。例如在机器的设计中，首先是要求机器或机构能完成一定的动作，即实现预先规定的各种运动，然后才是强度分析。故在机器或机构设计时，必须进行运动分析。此外，在某些仪器、自动控制机构中，有时不需要对机构的受力进行计算，主要是研究它的运动是否符合需要，这更是运动学的问题。大家知道，在不同的物体上观察同一物体的运动时，将得出不同的结论。例如，在行驶列车里的座椅，相对于车厢是静止的，而相对于地面则是运动的。因此，在描述某一物体的运动时，必须指出是相对于哪一个物体而言的，用力学的术语来说，就是相对于哪一个参考坐标系而言的，这就是运动的相对性。

一切物体的运动都发生在空间和时间之中。空间、时间和物质的运动是不可分割的，它们是物质存在的形式。相对论的研究更进一步说明，时间、空间与物体运动速度是相互联系的。但是这种联系只有在物体的运动速度接近光速时才比较明显。在一般工程技术问题中，物体运动的速度远远小于光速，在这种情况下，时间、空间与物体运动的依赖关系可以忽略不计。因此，在古典力学里认为时间和空间的度量对于所有参考系都是相同的，而且将时间视为连续的自变量。

在国际单位制中，长度的基本单位是 m（米），时间的基本单位是 s（秒）。在度量时间时要区分两个概念：瞬时和时间间隔。瞬时是指某一时刻或某一瞬间，而时间间隔则是指两个瞬时相隔的时间。例如，列车从北京站开出的时间是 8 时整，到达某车站的时间是 11 时整。8 时与 11 时即为列车开出和到达的两个瞬时，由北京站到达某车站所经历的 3 小时就是时间间隔。

在研究物体的运动时，如果物体的形状和大小对所研究的问题不起主要作用，就可以把这个物体的运动抽象为一个点的运动。例如，在研究地球绕太阳运动的轨道时，就可把地球简化为一个点。但是，如果涉及地球自转的问题时，就不能把地球看成点了。因为这时地球的大小、形状对于所要研究的问题而言，是不可忽略的，所以同一个物体，如果研究的问题不同，就要采用不同的模型。可见，点和刚体是运动学中的两种力学模型。因而，在运动学中将研究点的运动和刚体的运动。由于点的运动知识是分析刚体运动的基础，所以首先研究点的运动。

第四章

点的运动学

本章将研究点的运动学。在研究点的运动时，首先要确定点在某坐标系中的位置随时间变化的规律，即点相对于某坐标系运动的运动方程；其次研究点在每一瞬时的运动状态，包括运动轨迹、运动方程、速度和加速度等。

§4-1 描述点运动的矢量法

4.1.1 动点的运动方程

设动点 M，沿任一空间曲线 AB 运动，如图 4-1 所示，选空间任一点 O 为原点，则动点 M 的位置可用径矢 $\boldsymbol{r}=\overrightarrow{OM}$ 表示。当动点 M 运动时，径矢 $\boldsymbol{r}$ 随时间而改变，因而可表示为时间 t 的单值连续函数

$$\boldsymbol{r}=\boldsymbol{r}(t) \tag{4-1}$$

上式称为**以矢量表示的点的运动方程**。

当动点运动时，径矢端点所描绘出的曲线，称为径矢 $\boldsymbol{r}$ 的**矢端曲线**，也就是动点 M 的运动轨迹。

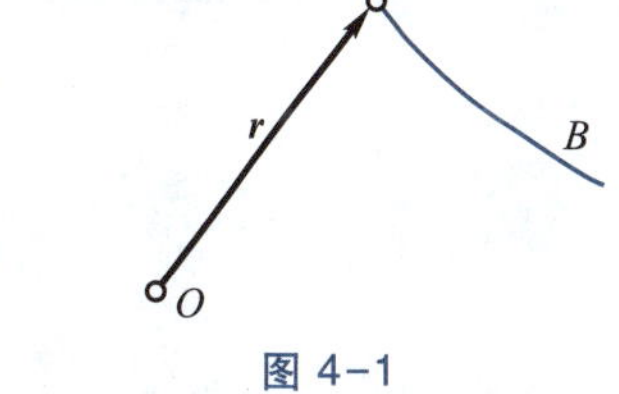

图 4-1

4.1.2 动点的速度

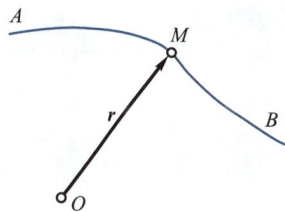

动点的速度是描述动点在某一瞬时运动快慢和运动方向的物理量。设动点 M 沿图 4-2 所示曲线运动，t 瞬时在点 M，用 $\boldsymbol{r}(t)$ 来描述；$t+\Delta t$ 瞬时在点 M'，用 $\boldsymbol{r}(t+\Delta t)$ 来描述。则动点在 Δt 时间间隔内对应的位移为位置 M'和位置 M 的径矢之差，记作 $\Delta \boldsymbol{r}$，即

$$\Delta \boldsymbol{r}=\boldsymbol{r}(t+\Delta t)-\boldsymbol{r}(t) \tag{4-2}$$

则动点在 Δt 时间间隔内的**平均速度**为 $\boldsymbol{v}^{*}=\Delta \boldsymbol{r}/\Delta t$，方向沿 $\Delta \boldsymbol{r}$ 方向。由图 4-2 可知，当 $\Delta t\to 0$ 时，平均速度的极限值定义

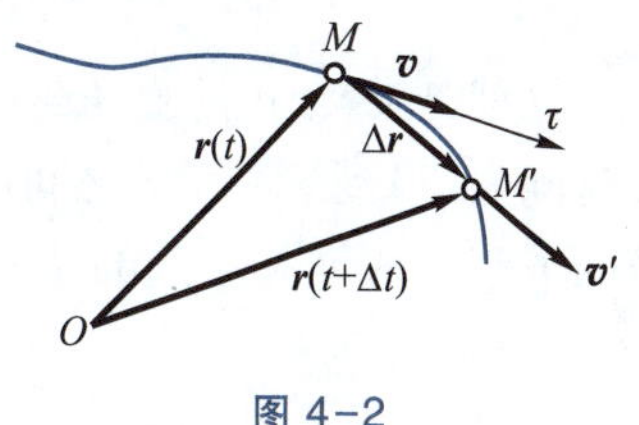

图 4-2

为动点在 t 时刻的**瞬时速度**，简称为动点的**速度**，记为 $\boldsymbol{v}$，即

$$\boldsymbol{v}=\lim_{\Delta t\to 0}\frac{\Delta \boldsymbol{r}}{\Delta t}=\frac{\mathrm{d}\boldsymbol{r}}{\mathrm{d}t} \tag{4-3}$$

因此，**动点的速度 $\boldsymbol{v}$ 等于它的径矢 $\boldsymbol{r}$ 对于时间 t 的一阶导数，其方向沿着动点运动轨迹在该点的切线方向**。

4.1.3 动点的加速度

动点的加速度是描述动点的速度大小变化和方向变化的物理量。将各不同瞬时的速度矢量平行移动到空间任一点 O_1，以光滑曲线连接各速度端点，此曲线称为**速度矢端曲线**，如图 4-3 所示。

在 Δt 时间间隔内，速度由 $\boldsymbol{v}(t)$ 改变为 $\boldsymbol{v}(t+\Delta t)$，所以动点在 Δt 时间间隔内的速度增量为

$$\Delta\boldsymbol{v}=\boldsymbol{v}(t+\Delta t)-\boldsymbol{v}(t) \tag{4-4}$$

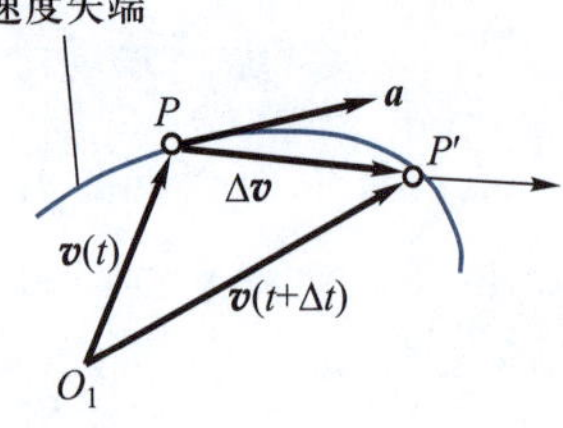

图 4-3

如图 4-3 所示，将速度增量除以 Δt，定义为动点在 Δt 时间间隔内的**平均加速度**，则平均加速度为 $\boldsymbol{a}^*=\Delta\boldsymbol{v}/\Delta t$。当 $\Delta t\to 0$ 时，其极限值定义为动点在 t 时刻的瞬时加速度，简称为动点的**加速度**，记为 $\boldsymbol{a}$，即

$$\boldsymbol{a}=\lim_{\Delta t\to 0}\frac{\Delta \boldsymbol{v}}{\Delta t}=\frac{\mathrm{d}\boldsymbol{v}}{\mathrm{d}t}=\frac{\mathrm{d}^2\boldsymbol{r}}{\mathrm{d}t^2} \tag{4-5}$$

因此，动点的加速度 $\boldsymbol{a}$ 等于动点的速度 $\boldsymbol{v}$ 对于时间 t 的导数，或是径矢 $\boldsymbol{r}$ 对于时间 t 的二阶导数。动点加速度 $\boldsymbol{a}$ 的方向沿着速度矢端曲线的切线方向。

§4-2 描述点运动的直角坐标法

4.2.1 动点的运动方程

取一固定的直角坐标系 $Oxyz$，$\boldsymbol{i}$、$\boldsymbol{j}$、$\boldsymbol{k}$ 是沿各坐标轴的单位矢量，动点 M 在瞬时 t 的坐标为 x、y、z，如图 4-4 所示。式（4-1）可以写成

$$\boldsymbol{r}=x\boldsymbol{i}+y\boldsymbol{j}+z\boldsymbol{k} \tag{4-6}$$

显然，点 M 的坐标是时间的函数：

$$x=f_1(t),\ y=f_2(t),\ z=f_3(t) \tag{4-7}$$

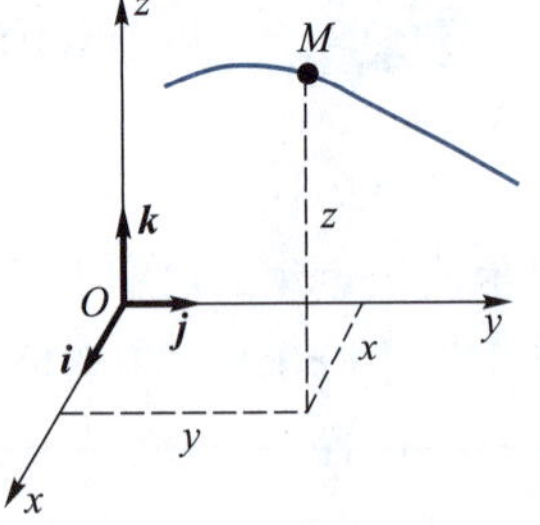

图 4-4

这就是动点 M 的**直角坐标形式的运动方程**。从这些方程中消去时间 t，得到 x、y、z 之间的两个关系式，它们代表一条空间曲线的方程，这就是动点的**轨迹方程**。

4.2.2 动点的速度

将式（4-6）代入速度公式（4-3），考虑到 $\boldsymbol{i}$、$\boldsymbol{j}$、$\boldsymbol{k}$ 是不变的单位矢量，故有

$$\boldsymbol{v}=\frac{\mathrm{d}\boldsymbol{r}}{\mathrm{d}t}=\frac{\mathrm{d}x}{\mathrm{d}t}\boldsymbol{i}+\frac{\mathrm{d}y}{\mathrm{d}t}\boldsymbol{j}+\frac{\mathrm{d}z}{\mathrm{d}t}\boldsymbol{k} \tag{4-8}$$

设动点 M 的速度矢在直角坐标轴上的投影为 v_x、v_y 和 v_z，即

$$\boldsymbol{v}=v_x\boldsymbol{i}+v_y\boldsymbol{j}+v_z\boldsymbol{k} \tag{4-9}$$

可见，**动点 M 的速度矢在直角坐标轴上的投影分别等于对应坐标对时间的一阶导数**：

$$v_x=\frac{\mathrm{d}x}{\mathrm{d}t},\quad v_y=\frac{\mathrm{d}y}{\mathrm{d}t},\quad v_z=\frac{\mathrm{d}z}{\mathrm{d}t} \tag{4-10}$$

速度的大小为

$$v=\sqrt{v_x^2+v_y^2+v_z^2} \tag{4-11}$$

速度的方向余弦分别为

$$\cos(\boldsymbol{v},\ \boldsymbol{i})=\frac{v_x}{v},\quad \cos(\boldsymbol{v},\ \boldsymbol{j})=\frac{v_y}{v},\quad \cos(\boldsymbol{v},\ \boldsymbol{k})=\frac{v_z}{v} \tag{4-12}$$

4.2.3 动点的加速度

将式（4-8）代入加速度公式（4-5），则得

$$\boldsymbol{a}=\frac{\mathrm{d}\boldsymbol{v}}{\mathrm{d}t}=\frac{\mathrm{d}v_x}{\mathrm{d}t}\boldsymbol{i}+\frac{\mathrm{d}v_y}{\mathrm{d}t}\boldsymbol{j}+\frac{\mathrm{d}v_z}{\mathrm{d}t}\boldsymbol{k}=\frac{\mathrm{d}^2x}{\mathrm{d}t^2}\boldsymbol{i}+\frac{\mathrm{d}^2y}{\mathrm{d}t^2}\boldsymbol{j}+\frac{\mathrm{d}^2z}{\mathrm{d}t^2}\boldsymbol{k} \tag{4-13}$$

设动点 M 的加速度矢在直角坐标轴上的投影为 a_x、a_y 和 a_z，即

$$\boldsymbol{a}=a_x\boldsymbol{i}+a_y\boldsymbol{j}+a_z\boldsymbol{k} \tag{4-14}$$

可见，**动点 M 的加速度矢在直角坐标轴上的投影分别等于对应的速度投影对时间的一阶导数或对应的坐标对时间的二阶导数**：

$$a_x=\frac{\mathrm{d}v_x}{\mathrm{d}t}=\frac{\mathrm{d}^2x}{\mathrm{d}t^2},\quad a_y=\frac{\mathrm{d}v_y}{\mathrm{d}t}=\frac{\mathrm{d}^2y}{\mathrm{d}t^2},\quad a_z=\frac{\mathrm{d}v_z}{\mathrm{d}t}=\frac{\mathrm{d}^2z}{\mathrm{d}t^2} \tag{4-15}$$

加速度的大小为

$$a=\sqrt{a_x^2+a_y^2+a_z^2} \tag{4-16}$$

加速度的方向余弦分别为

$$\cos(\boldsymbol{a},\ \boldsymbol{i})=\frac{a_x}{a},\quad \cos(\boldsymbol{a},\ \boldsymbol{j})=\frac{a_y}{a},\quad \cos(\boldsymbol{a},\ \boldsymbol{k})=\frac{a_z}{a} \tag{4-17}$$

【例 4-1】 如图 4-5 所示的曲柄滑块机构。曲柄 OA 绕轴 O 以 $\varphi=\omega t$ 的规律运动，ω 为常量，并通过连杆 AB 带动滑块 B 在水平槽内滑动。设连杆 AB 与曲柄 OA 的长度相等，即 $OA=AB=l$，运动开始时曲柄在水平位置，试求连杆 AB 中点 C 的轨迹、速度和加速度。

【解】以连杆 AB 上的点 C 为动点，选取如图 4-5 所示的坐标系 Oxy，先建立点 C 的运动方程，然后确定点 C 的轨迹方程、速度和加速度。

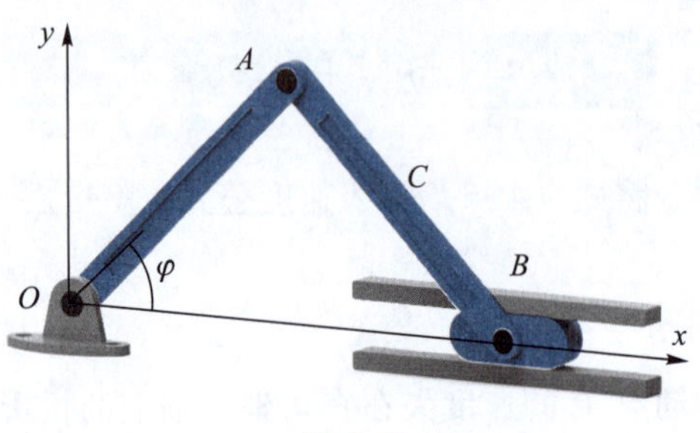

图 4-5

（1）求点 C 的轨迹

取点 C 在任一瞬时 t 的位置来分析，曲柄 OA 与轴 x 夹角为 $\varphi=\omega t$，且 $\triangle OAB$ 为等腰三角形，此时点 C 的坐标为

$$x=(OA+AC)\cos\varphi=\frac{3l}{2}\cos\omega t$$

$$y=BC\sin\varphi=\frac{l}{2}\sin\omega t$$

消去时间 t，得轨迹方程

$$\frac{x^2}{\left(\frac{3l}{2}\right)^2}+\frac{y^2}{\left(\frac{l}{2}\right)^2}=1$$

由此可见，点 C 的轨迹是一个椭圆，长轴与轴 x 重合，短轴与轴 y 重合。

（2）求点 C 的速度

将点 C 的坐标对时间取一阶导数，得到点 C 的速度在各坐标轴上的投影为

$$v_x=\frac{\mathrm{d}x}{\mathrm{d}t}=-\frac{3l}{2}\omega\sin\omega t,\quad v_y=\frac{\mathrm{d}y}{\mathrm{d}t}=\frac{l}{2}\omega\cos\omega t$$

故点 C 的速度大小为

$$v=\sqrt{v_x^2+v_y^2}=\frac{l\omega}{2}\sqrt{8\sin^2\omega t+1}$$

其方向余弦为

$$\cos(\boldsymbol{v},\boldsymbol{i})=\frac{v_x}{v}=\frac{-3\sin\omega t}{\sqrt{8\sin^2\omega t+1}},\quad \cos(\boldsymbol{v},\boldsymbol{j})=\frac{v_y}{v}=\frac{\cos\omega t}{\sqrt{8\sin^2\omega t+1}}$$

（3）求点 C 的加速度

将点 C 的坐标对时间取二阶导数，得到点 C 的加速度在各坐标轴上的投影为

$$a_x=\frac{\mathrm{d}^2x}{\mathrm{d}t^2}=\frac{\mathrm{d}v_x}{\mathrm{d}t}=-\frac{3l}{2}\omega^2\cos\omega t,\quad a_y=\frac{\mathrm{d}^2y}{\mathrm{d}t^2}=\frac{\mathrm{d}v_y}{\mathrm{d}t}=-\frac{l}{2}\omega^2\sin\omega t$$

故点 C 的加速度大小为

$$a=\sqrt{a_x^2+a_y^2}=\frac{l\omega^2}{2}\sqrt{8\cos^2\omega t+1}$$

其方向余弦为

$$\cos(\boldsymbol{a},\boldsymbol{i})=\frac{a_x}{a}=\frac{-3\cos\omega t}{\sqrt{8\cos^2\omega t+1}},\quad \cos(\boldsymbol{a},\boldsymbol{j})=\frac{a_y}{a}=\frac{-\sin\omega t}{\sqrt{8\cos^2\omega t+1}}$$

加速度的方向从点 C 指向点 O。

【例 4-2】 如图 4-6 所示，偏心凸轮半径为 R，绕轴 O 转动，转角 $\varphi=\omega t$（ω 为常量），偏心距 $OC=e$，凸轮带动顶杆 AB 沿竖直线做往复运动。求顶杆上点 A 的运动方程和速度。

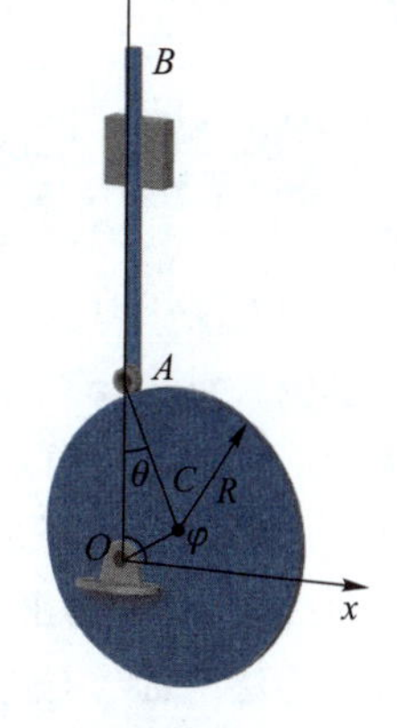

图 4-6

【解】 点 A 做直线运动，选取如图 4-6 所示的坐标系 Oxy。根据几何关系写出点 A 的运动方程，即

$$y=OA=e\sin\varphi+R\cos\theta$$

由图可知

$$\sin\theta=\frac{e}{R}\cos\varphi$$

所以有

$$y=e\sin\omega t+\sqrt{R^2-e^2\cos^2\omega t}$$

点 A 的速度为

$$v=\frac{\mathrm{d}y}{\mathrm{d}t}=e\omega\left(\cos\omega t+\frac{e\sin 2\omega t}{2\sqrt{R^2-e^2\cos^2\omega t}}\right)$$

【例 4-3】 杆 AB 绕点 A 转动时，拨动套在固定圆环上的小环 M 运动，如图 4-7 所示。已知固定圆环的半径为 R，$\varphi=\omega t$，ω 为常量，求小环 M 的运动方程、速度和加速度。

【解】 选取如图 4-7 所示的坐标系 Oxy，点 M 的运动方程为

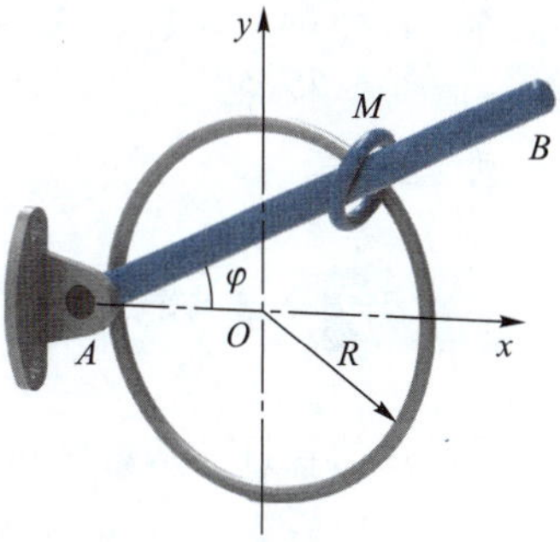

$$x=OM\cos 2\varphi=R\cos 2\omega t$$
$$y=OM\sin 2\varphi=R\sin 2\omega t$$

图 4-7

点 M 的速度在各坐标轴上的投影为

$$v_x=\frac{\mathrm{d}x}{\mathrm{d}t}=-2R\omega\sin 2\omega t,\quad v_y=\frac{\mathrm{d}y}{\mathrm{d}t}=2R\omega\cos 2\omega t$$

点 M 的速度大小为

$$v=\sqrt{v_x^2+v_y^2}=2R\omega$$

其方向余弦为

$$\cos(\boldsymbol{v},\ \boldsymbol{i})=\frac{v_x}{v}=-\sin 2\omega t,\quad \cos(\boldsymbol{v},\ \boldsymbol{j})=\frac{v_y}{v}=\cos 2\omega t$$

点 M 的加速度在各坐标轴上的投影为

$$a_x=\frac{\mathrm{d}^2x}{\mathrm{d}t^2}=\frac{\mathrm{d}v_x}{\mathrm{d}t}=-4R\omega^2\cos 2\omega t=-4\omega^2 x,\quad a_y=\frac{\mathrm{d}^2y}{\mathrm{d}t^2}=\frac{\mathrm{d}v_y}{\mathrm{d}t}=-4R\omega^2\sin 2\omega t=-4\omega^2 y$$

点 M 的加速度大小为

$$a=\sqrt{a_x^2+a_y^2}=4R\omega^2$$

其方向余弦为

$$\cos(\boldsymbol{a},\ \boldsymbol{i})=\frac{a_x}{a}=-\frac{x}{R},\quad \cos(\boldsymbol{a},\ \boldsymbol{j})=\frac{a_y}{a}=-\frac{y}{R}$$

加速度的方向从点 M 指向点 O。

§4-3 描述点运动的自然法

4.3.1 自然轴系

如图 4-8 所示，曲线上点 M 的切线为 MT，其单位矢量为 $\boldsymbol{\tau}$，邻近点 M' 的切线为 $M'T'$，其单位矢量为 $\boldsymbol{\tau}'$。过点 M 作 $M'T'$ 的平行线 MT_1，则 MT 和 MT_1 可以确定一个平面。当点 M' 趋近于点 M 时，此平面趋近于某一极限位置，此极限位置平面称为曲线在点 M 的密切面。过点 M 并与切线垂直的平面称为法平面，法平面与密切面的交线称为主法线。令主法线的单位矢量为 $\boldsymbol{n}$，并指向曲线内凹一侧，即指向曲率中心。过点 M 且垂直于切线及主法线的直线称为副法线，其单位矢量为 $\boldsymbol{b}$，指向由 $\boldsymbol{b}=\boldsymbol{\tau}\times\boldsymbol{n}$ 确定。以点 M 为原点，由切线、主法线和副法线为坐标轴组成的正交坐标系称为曲线在点 M 的自然坐标系，这三个轴称为自然轴。随着点 M 在轨迹上的运动，$\boldsymbol{\tau}$、$\boldsymbol{n}$、$\boldsymbol{b}$ 的方向也在不断变动，自然坐标系是沿曲线而变动的游动坐标系。

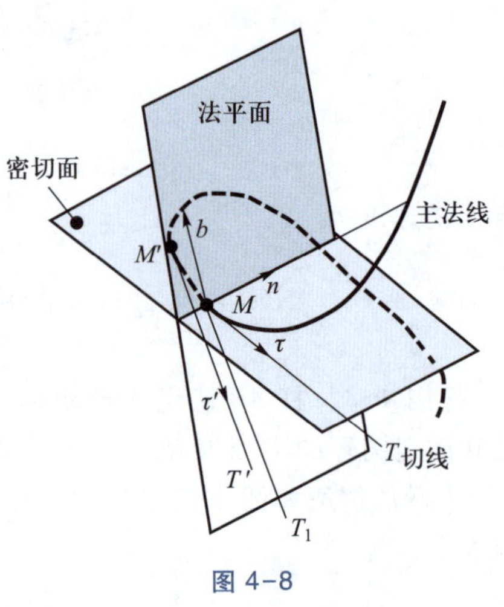

图 4-8

4.3.2 点的运动方程

设动点的轨迹已知，则可在轨迹上任取一点 O_1 为起点，量取它到动点 M 的弧长$\widehat{O_1M}$，如图 4-9 所示，并规定在点 O_1的某一侧弧长为正，在另一侧则为负。弧长 s 称为动点 M 的弧坐标，它确定了动点 M 在轨迹上的位置。当动点 M 运动时，其弧坐标 s 随时间而变化，它是时间的单值连续函数，即

$$s=f(t) \tag{4-18}$$

上式称为点沿轨迹的运动方程，或以弧坐标表示的点的运动方程。

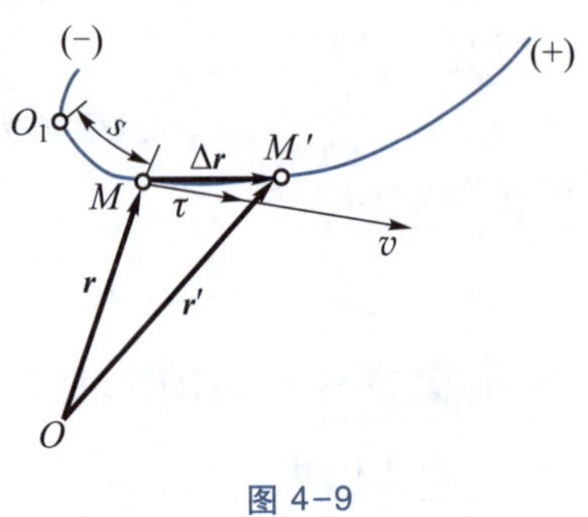

图 4-9

4.3.3 点的速度

设在时间间隔 Δt 内，点由位置 M 运动到位置 M'，如图 4-9 所示。弧坐标的增量为$\Delta s=\widehat{O_1M'}-\widehat{O_1M}=\widehat{MM'}$，径矢的增量则为 $\Delta\boldsymbol{r}=\overrightarrow{MM'}$。根据式（4-3），并注意到当 $\Delta t\to 0$ 时有 $\Delta s\to 0$，则动点的速度为

$$\boldsymbol{v}=\lim_{\Delta t\to 0}\frac{\Delta\boldsymbol{r}}{\Delta t}=\lim_{\Delta t\to 0}\left(\frac{\Delta\boldsymbol{r}}{\Delta s}\cdot\frac{\Delta s}{\Delta t}\right)=\lim_{\Delta t\to 0}\left(\frac{\Delta s}{\Delta t}\right)\cdot\lim_{\Delta s\to 0}\left(\frac{\Delta\boldsymbol{r}}{\Delta s}\right)=\frac{\mathrm{d}s}{\mathrm{d}t}\cdot\lim_{\Delta s\to 0}\left(\frac{\Delta\boldsymbol{r}}{\Delta s}\right) \tag{4-19}$$

当 $\Delta t \to 0$ 时，点 M' 趋近于点 M，$|\Delta \boldsymbol{r}| \to \Delta s$，则 $\lim\limits_{\Delta s \to 0}\left|\dfrac{\Delta \boldsymbol{r}}{\Delta s}\right| = 1$，而 $\Delta \boldsymbol{r}$ 的方向则趋近于轨迹在点 M 的切线方向，则

$$\lim_{\Delta s \to 0}\left(\frac{\Delta \boldsymbol{r}}{\Delta s}\right) = \boldsymbol{\tau} \tag{4-20}$$

于是

$$\boldsymbol{v} = v\boldsymbol{\tau} = \frac{\mathrm{d}s}{\mathrm{d}t}\boldsymbol{\tau} \tag{4-21}$$

$\mathrm{d}s/\mathrm{d}t>0$ 时，$\boldsymbol{v}$ 和 $\boldsymbol{\tau}$ 同向；$\mathrm{d}s/\mathrm{d}t<0$，$\boldsymbol{v}$ 和 $\boldsymbol{\tau}$ 反向。

4.3.4 点的加速度

将式（4-21）代入式（4-5）中，得到动点 M 的加速度为

$$\boldsymbol{a} = \frac{\mathrm{d}\boldsymbol{v}}{\mathrm{d}t} = \frac{\mathrm{d}}{\mathrm{d}t}(v\boldsymbol{\tau}) = \frac{\mathrm{d}v}{\mathrm{d}t}\boldsymbol{\tau} + v\frac{\mathrm{d}\boldsymbol{\tau}}{\mathrm{d}t} \tag{4-22}$$

加速度矢的变化率包含反映速度大小变化的加速度 $\boldsymbol{a}_{\mathrm{t}}$ 和速度方向变化的加速度 $\boldsymbol{a}_{\mathrm{n}}$ 两个部分。

（一）反映速度大小变化的加速度 $\boldsymbol{a}_{\mathrm{t}}$

$$\boldsymbol{a}_{\mathrm{t}} = \frac{\mathrm{d}v}{\mathrm{d}t}\boldsymbol{\tau} \tag{4-23}$$

因为 $\boldsymbol{a}_{\mathrm{t}}$ 是一个沿轨迹切线的矢量，所以称为**切向加速度**。当 $\mathrm{d}v/\mathrm{d}t>0$ 时，$\boldsymbol{a}_{\mathrm{t}}$ 指向轨迹的正向；当 $\mathrm{d}v/\mathrm{d}t<0$ 时，$\boldsymbol{a}_{\mathrm{t}}$ 指向轨迹的负向。令

$$a_{\mathrm{t}} = \frac{\mathrm{d}v}{\mathrm{d}t} = \frac{\mathrm{d}^2 s}{\mathrm{d}t^2} \tag{4-24}$$

a_{t} 是一个代数量，是加速度 $\boldsymbol{a}$ 沿轨迹切线的投影。因此，**切向加速度反映动点的速度值对时间的变化率，它的代数值等于速度的代数值对时间的一阶导数，或弧坐标对时间的二阶导数，它的方向沿轨迹切线。**

当速度 $\boldsymbol{v}$ 与切向加速度 $\boldsymbol{a}_{\mathrm{t}}$ 的指向相同时，即 v 与 a_{t} 的符号相同时，速度的绝对值不断增加，点做加速运动；当速度 $\boldsymbol{v}$ 与切向加速度 $\boldsymbol{a}_{\mathrm{t}}$ 的指向相反时，即 v 与 a_{t} 的符号相反时，速度的绝对值不断减小，点做减速运动。

（二）反映速度方向变化的加速度 $\boldsymbol{a}_{\mathrm{n}}$

$$\boldsymbol{a}_{\mathrm{n}} = v\frac{\mathrm{d}\boldsymbol{\tau}}{\mathrm{d}t} \tag{4-25}$$

它是反映速度方向变化的物理量。在瞬时 t，点 M 的切向单位矢为 $\boldsymbol{\tau}$；经过时间间隔，动点运动到点 M'，该点的切向单位矢为 $\boldsymbol{\tau}'$，如图 4-10a 所示，切线方向转动了 $\Delta\varphi$。

$$\frac{\mathrm{d}\boldsymbol{\tau}}{\mathrm{d}t} = \frac{\mathrm{d}\boldsymbol{\tau}}{\mathrm{d}s}\cdot\frac{\mathrm{d}s}{\mathrm{d}t} = v\cdot\lim_{\Delta t \to 0}\frac{\Delta\boldsymbol{\tau}}{\Delta s} \tag{4-26}$$

由图 4-10b 可知，$\Delta\boldsymbol{\tau}$ 的模为

$$|\Delta\boldsymbol{\tau}|=2|\boldsymbol{\tau}|\sin\frac{\Delta\varphi}{2} \tag{4-27}$$

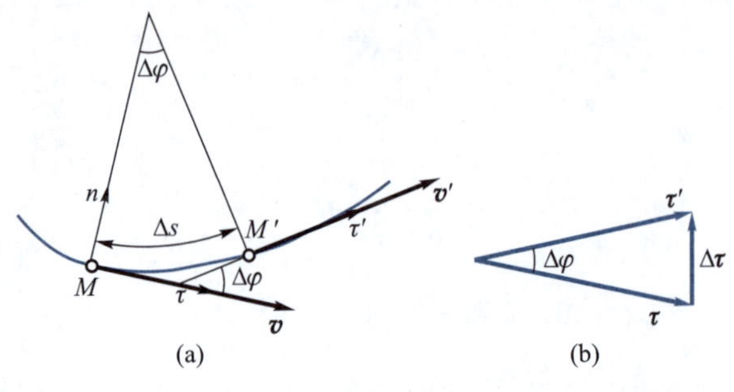

图 4-10

当 $\Delta t\to0$ 时，$\Delta s\to0$，$\Delta\varphi\to0$，且 $|\boldsymbol{\tau}|=1$，则式（4-27）变为

$$|\Delta\boldsymbol{\tau}|\approx\Delta\varphi \tag{4-28}$$

于是

$$\left|\frac{\mathrm{d}\boldsymbol{\tau}}{\mathrm{d}s}\right|=\lim_{\Delta t\to0}\left|\frac{\Delta\boldsymbol{\tau}}{\Delta s}\right|=\lim_{\Delta t\to0}\left|\frac{\Delta\varphi}{\Delta s}\right|=\frac{1}{\rho} \tag{4-29}$$

式中 ρ 为曲率半径。又因当 $\Delta t\to0$ 时，$\Delta\boldsymbol{\tau}$ 与 $\boldsymbol{\tau}$ 的夹角趋近于直角，即 $\Delta\boldsymbol{\tau}$ 趋近于轨迹在点 M 的主法线方向，指向曲率中心。若记主法线方向的单位矢量为 $\boldsymbol{n}$，且指向曲率中心，则

$$\frac{\mathrm{d}\boldsymbol{\tau}}{\mathrm{d}t}=\frac{v}{\rho}\boldsymbol{n} \tag{4-30}$$

将上式代入式（4-25）中，得

$$\boldsymbol{a}_{\mathrm{n}}=\frac{v^2}{\rho}\boldsymbol{n} \tag{4-31}$$

因为 $\boldsymbol{a}_{\mathrm{n}}$ 的方向与法线的正向一致，称为**法向加速度。法向加速度反映动点的速度方向的变化率，它的大小等于动点的速度平方除以曲率半径，它的方向沿着主法线，指向曲率中心。**

将式（4-23）、（4-25）和式（4-31）代入式（4-22）中，有

$$\boldsymbol{a}=\boldsymbol{a}_{\mathrm{t}}+\boldsymbol{a}_{\mathrm{n}}=a_{\mathrm{t}}\boldsymbol{\tau}+a_{\mathrm{n}}\boldsymbol{n} \tag{4-32}$$

式中 $a_{\mathrm{t}}=\mathrm{d}v/\mathrm{d}t$，$a_{\mathrm{n}}=v^2/\rho$，由于 $\boldsymbol{a}_{\mathrm{t}}$ 和 $\boldsymbol{a}_{\mathrm{n}}$ 均在密切面内，因此全加速度 $\boldsymbol{a}$ 也必在密切面内。这表明，全加速度沿副法线上的分量为零，即

$$\boldsymbol{a}_{\mathrm{b}}=\boldsymbol{0} \tag{4-33}$$

加速度 $\boldsymbol{a}$ 称为**全加速度**，如图 4-11 所示，其大小和方向由下式确定：

$$a=\sqrt{a_{\mathrm{t}}^2+a_{\mathrm{n}}^2},\ \tan\theta=a_{\mathrm{t}}/a_{\mathrm{n}} \tag{4-34}$$

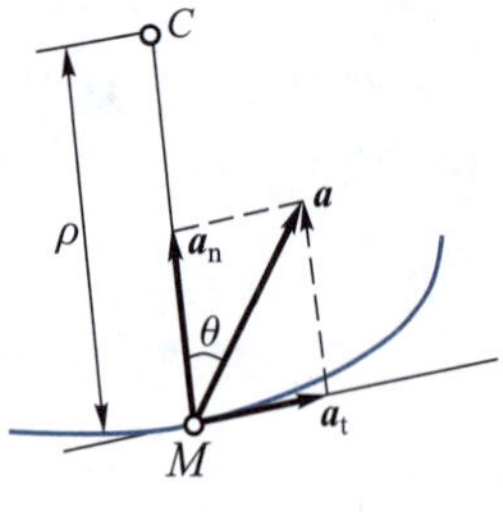

图 4-11

当点做直线运动时，轨迹的曲率 ρ 为无穷大，速度方向沿轨迹直线不变，其法向加速度恒等于零。

【例 4-4】 用自然法求解例 4-3 中小环 M 的运动方程、速度和加速度。

【解】 由于小环 M 的轨迹是半径为 R 的圆，取圆上的点 C 为起点，量取弧坐标 s，并规定沿轨迹逆时针方向为正，如图 4-12 所示，则小环 M 沿轨迹的运动方程为

$$s=2R\varphi=2R\omega t$$

小环 M 的速度为

$$v=\frac{\mathrm{d}s}{\mathrm{d}t}=2R\omega$$

小环 M 的加速度为

$$a_{\mathrm{t}}=\frac{\mathrm{d}v}{\mathrm{d}t}=0,\quad a_{\mathrm{n}}=\frac{v^{2}}{\rho}=\frac{(2R\omega)^{2}}{R}=4R\omega^{2}$$

由此例可知，在运动轨迹已知时，应用自然轴系法更方便。

【例 4-5】 如图 4-13 所示的曲柄摇杆机构，曲柄 OA 绕轴 O 逆时针方向转动，其转角 φ 与时间 t 的关系为 $\varphi=\pi t/4$（φ 的单位为 rad，t 的单位为 s）。若 $OA=10$ cm，$OO_1=10$ cm，$O_1B=24$ cm。试求点 B 的运动方程、速度和加速度。

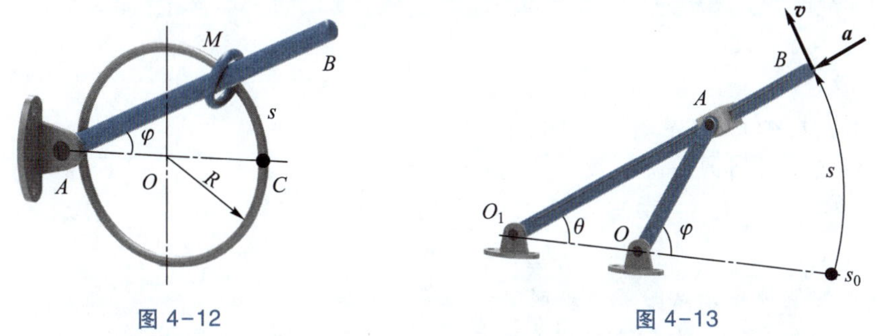

图 4-12　　图 4-13

【解】 由于点 B 的运动轨迹是以点 O_1 为圆心，以 O_1B 为半径的圆，取 s_0 为弧坐标的原点，则点 B 的弧坐标为

$$s=O_1B\cdot\theta=12\varphi=3\pi t$$

点 B 的速度和加速度为

$$v=\frac{\mathrm{d}s}{\mathrm{d}t}=3\pi\ \mathrm{cm/s}=9.42\ \mathrm{cm/s}$$

$$a_{\mathrm{t}}=\frac{\mathrm{d}v}{\mathrm{d}t}=0,\quad a_{\mathrm{n}}=\frac{v^{2}}{\rho}=\frac{(3\pi)^{2}}{24}\ \mathrm{cm/s^2}=3.70\ \mathrm{cm/s^2}$$

$$a=\sqrt{a_{\mathrm{t}}^{2}+a_{\mathrm{n}}^{2}}=a_{\mathrm{n}}=3.70\ \mathrm{cm/s^2}$$

速度 $\boldsymbol{v}$ 和加速度 $\boldsymbol{a}$ 的方向如图 4-13 所示。

【例 4-6】 已知点做平面曲线运动，其运动方程为

$$x=f_1(t),\quad y=f_2(t)$$

试求在任一瞬时该点的切向加速度和法向加速度的大小及轨迹曲线的曲率半径。

【解】 已知运动方程时，可求出该点在任一瞬时的速度和加速度，即

$$v=\sqrt{\left(\frac{\mathrm{d}x}{\mathrm{d}t}\right)^{2}+\left(\frac{\mathrm{d}y}{\mathrm{d}t}\right)^{2}},\quad a=\sqrt{\left(\frac{\mathrm{d}^{2}x}{\mathrm{d}t^{2}}\right)^{2}+\left(\frac{\mathrm{d}^{2}y}{\mathrm{d}t^{2}}\right)^{2}}$$

由 $a_{\mathrm{t}}=\dfrac{\mathrm{d}v}{\mathrm{d}t}$，可求出切向加速度为

$$a_t=\frac{\mathrm{d}v}{\mathrm{d}t}=\frac{\frac{\mathrm{d}x}{\mathrm{d}t}\frac{\mathrm{d}^2x}{\mathrm{d}t^2}+\frac{\mathrm{d}y}{\mathrm{d}t}\frac{\mathrm{d}^2y}{\mathrm{d}t^2}}{\sqrt{\left(\frac{\mathrm{d}x}{\mathrm{d}t}\right)^2+\left(\frac{\mathrm{d}y}{\mathrm{d}t}\right)^2}}$$

则法向加速度为

$$a_n=\sqrt{a^2-a_t^2}$$

再由 $a_n=\frac{v^2}{\rho}$，可求出曲率半径为 $\rho=\frac{v^2}{a_n}$。

小 结

1. 矢量法

运动方程：$\boldsymbol{r}=\boldsymbol{r}(t)$

速度：径矢对时间的一阶导数，即

$$\boldsymbol{v}=\frac{\mathrm{d}\boldsymbol{r}}{\mathrm{d}t}$$

其方向沿动点的轨迹在该点的切线方向。

加速度：径矢对时间的二阶导数或动点的速度对时间的一阶导数，即

$$\boldsymbol{a}=\frac{\mathrm{d}\boldsymbol{v}}{\mathrm{d}t}=\frac{\mathrm{d}^2\boldsymbol{r}}{\mathrm{d}t^2}$$

其方向沿速度矢端曲线的切线方向，恒指向轨迹曲线凹的一侧。

2. 直角坐标法

运动方程：$x=f_1(t)$，$y=f_2(t)$，$z=f_3(t)$

速度：$\boldsymbol{v}=v_x\boldsymbol{i}+v_y\boldsymbol{j}+v_z\boldsymbol{k}$

动点的速度矢在直角坐标轴上的投影分别等于对应坐标对时间的一阶导数，即

$$v_x=\frac{\mathrm{d}x}{\mathrm{d}t},\ v_y=\frac{\mathrm{d}y}{\mathrm{d}t},\ v_z=\frac{\mathrm{d}z}{\mathrm{d}t}$$

加速度：$\boldsymbol{a}=a_x\boldsymbol{i}+a_y\boldsymbol{j}+a_z\boldsymbol{k}$

动点的加速度矢在直角坐标轴上的投影分别等于对应速度投影对时间的一阶导数或对应坐标对时间的二阶导数。

$$a_x=\frac{\mathrm{d}v_x}{\mathrm{d}t}=\frac{\mathrm{d}^2x}{\mathrm{d}t^2},\ a_y=\frac{\mathrm{d}v_y}{\mathrm{d}t}=\frac{\mathrm{d}^2y}{\mathrm{d}t^2},\ a_z=\frac{\mathrm{d}v_z}{\mathrm{d}t}=\frac{\mathrm{d}^2z}{\mathrm{d}t^2}$$

3. 自然法

运动方程：$s=f(t)$

速度：$\boldsymbol{v}=v\boldsymbol{\tau}=\frac{\mathrm{d}s}{\mathrm{d}t}\boldsymbol{\tau}$

加速度：$\boldsymbol{a}=\dfrac{\mathrm{d}v}{\mathrm{d}t}\boldsymbol{\tau}+\dfrac{v^2}{\rho}\boldsymbol{n}=a_{\mathrm{t}}\boldsymbol{\tau}+a_{\mathrm{n}}\boldsymbol{n}$

切向加速度：$a_{\mathrm{t}}=\dfrac{\mathrm{d}v}{\mathrm{d}t}=\dfrac{\mathrm{d}^2s}{\mathrm{d}t^2}$

切向加速度反映动点速度值对时间的变化率，它的代数值等于速度的代数值对时间的一阶导数，或弧坐标对时间的二阶导数，它的方向沿轨迹切线方向。

法向加速度：$a_{\mathrm{n}}=v^2/\rho$

法向加速度反映动点速度方向的变化率，它的大小等于动点的速度平方除以曲率半径，它的方向沿着主法线，指向曲率中心。

思考题

4-1 汽车开动的瞬时，初速度等于零。汽车的初加速度是否也等于零？

4-2 加速度 $\boldsymbol{a}$ 的方向是否表示点的运动方向？加速度的大小是否表示点的运动快慢程度？

4-3 点做匀速圆周运动，说它的加速度为零，对否？

4-4 试指出点在怎样的运动时，出现下述各情况：

（1）切向加速度等于零；

（2）法向加速度等于零；

（3）全加速度等于零。

4-5 $\dfrac{\mathrm{d}\boldsymbol{v}}{\mathrm{d}t}$和$\dfrac{\mathrm{d}v}{\mathrm{d}t}$，$\dfrac{\mathrm{d}\boldsymbol{r}}{\mathrm{d}t}$和$\dfrac{\mathrm{d}r}{\mathrm{d}t}$是否相同？

4-6 点做曲线运动，图 4-14 中所给出的各点的速度和加速度哪些是可能出现的？哪些是不可能出现的？

4-7 点沿螺线自外向内运动，如图 4-15 所示。它走过的弧长与时间的一次方成正比，点的加速度是越来越大，还是越来越小？点越跑越快，还是越跑越慢？

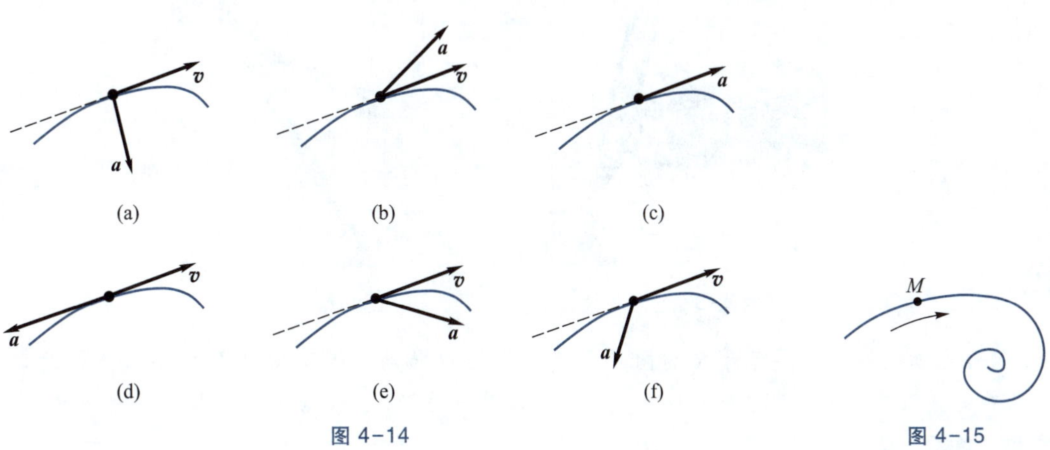

图 4-14

图 4-15

习 题

4-1 图示机构中，曲柄 OB 的转动规律 $\varphi=2t$，已知 $AB=OB=BC=CD=12$ cm，求当 $\varphi=45°$时，杆上点 D 的速度及点 D 的轨迹方程。

4-2 套管 A 由绕过定滑轮 B 的绳索牵引而沿导轨上升，滑轮中心到导轨的距离为 l。设绳以等速 v_0 拉下，忽略滑轮尺寸，求套管 A 的速度和加速度与距离 x 的关系式。

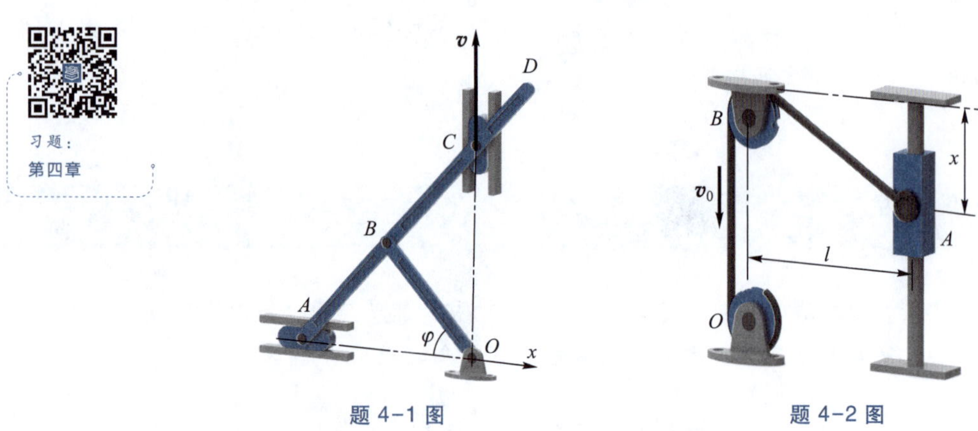

题 4-1 图　　题 4-2 图

4-3 图示送料机构中，摇杆 OA 做摆动，摆动规律为 $\varphi=\dfrac{\pi}{3}\sin t$（$t$ 单位为 s）。通过滑块 A 使送料杆 AB 做水平往复运动，$L=18\sqrt{3}$ cm。试求送料杆的运动方程和 $\varphi=\dfrac{\pi}{6}$时的速度。

4-4 如图所示，摆杆机构由摆杆 AB、OC 以及滑块 C 组成。由于杆 AB 绕轴 A 摆动，通过滑块 C 带动杆 OC 绕轴 O 摆动。$OA=OC=20$ cm。设在开始一段时间内 φ 的变化规律为 $\varphi=2t^3$，其中 t 的单位以 s 计，φ 的单位以 rad 计。试求杆 OC 上点 C 的运动方程，并确定 $t=0.5$ s时点 C 的速度和加速度。

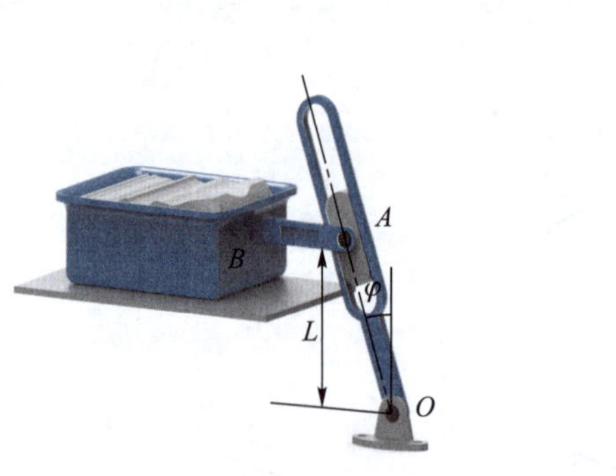

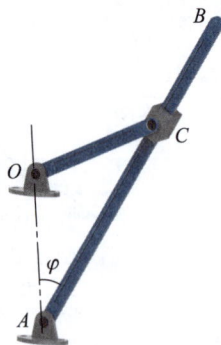

题 4-3 图　　题 4-4 图

4-5 如图所示，半径为 R 的圆形凸轮可绕轴 O 转动，带动物块 M 做铅垂直线运动。设凸轮的圆心在点 A，偏心距 $OA=e$，$\varphi=\omega t$（ω 为常量）。试求物块上点 B 的运动方程、速度和加速度。

4-6 靠在直角墙上的杆 AB 长为 l，由铅垂位置在铅垂面 Oxy 内滑下，如图所示。已知 A 端沿水平线做匀速运动，速度为 $\boldsymbol{v}_A$，求 $\theta=45°$时点 B 的速度和加速度。

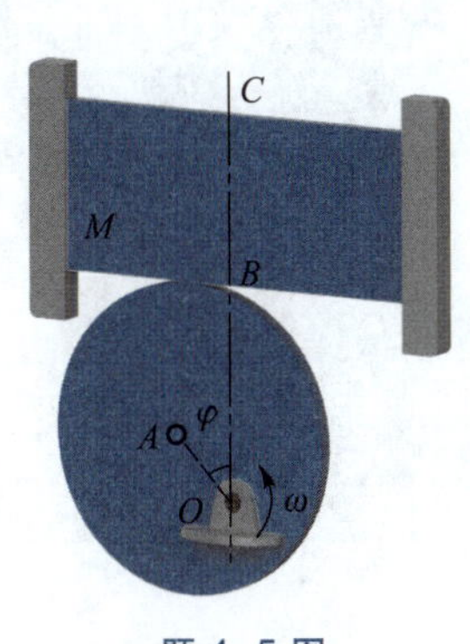

题 4-5 图

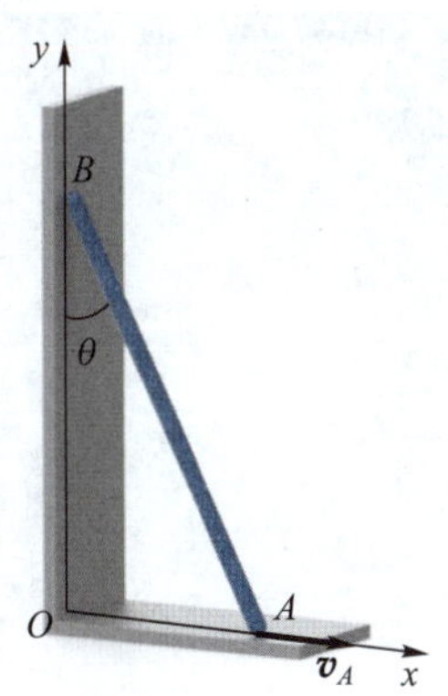

题 4-6 图

4-7 点的运动方程用直角坐标表示为 $x=5\sin 5t^2$，$y=5\cos 5t^2$，如改用弧坐标描述点的运动方程，以开始时的位置为弧坐标原点，求点的弧坐标形式的运动方程。

4-8 点的曲线运动由 $v_x=50-16t$ 和 $y=100-4t^2$ 所确定（长度单位以 m 计，时间单位以 s 计），并且其轨迹当 $t=0$ 时，$x=0$。求 $y=0$ 时，点的速度和加速度。

4-9 点 M 的运动方程为 $x=t^2$，$y=t^3$（x、y 的单位以 cm 计，t 的单位以 s 计），试求轨迹在（1，1）处的曲率半径。

4-10 铅垂槽以不变的速度 v_0（单位为 m/s）向右运动，并推动销 P 沿抛物线槽运动，该抛物线方程为 $x=\dfrac{y^2}{3}$，式中 x、y 的单位为 m。试计算 $y=2$ m 时，销 P 轨迹的曲率半径，并计算此瞬时的切向加速度 a_t。

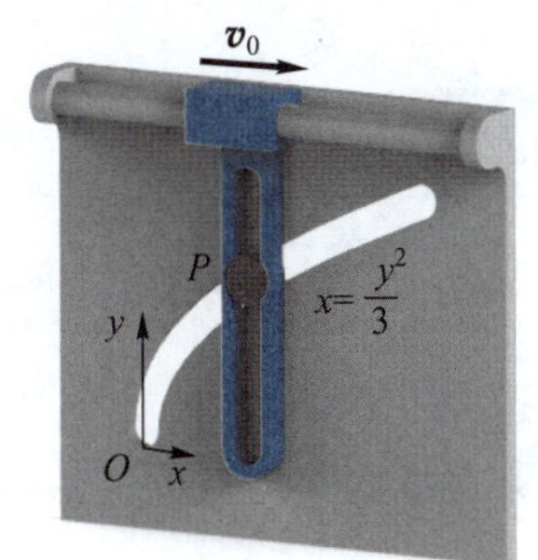

题 4-10 图

4-11 如图所示，液压减振器工作时，活塞在套筒内做直线运动。若活塞的加速度 $a=-kv$，式中 k 为比例常数，v 为活塞速度。活塞的初速度为 v_0，试求活塞相对于套筒的运动方程。

4-12 杆 AB 在半径为 r 的固定圆环平面内以匀速 v 沿垂直于杆本身的方向运动，求套在杆和圆环上的小圈 M 在自然法中的运动方程。设初瞬时小圈在圆环的最高点，此后则向右边运动。

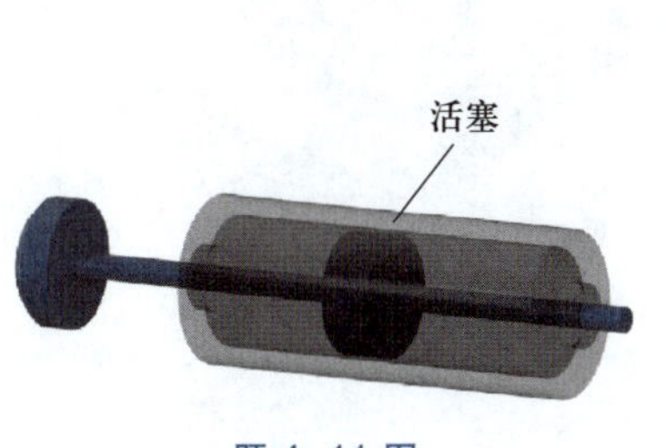

题 4-11 图

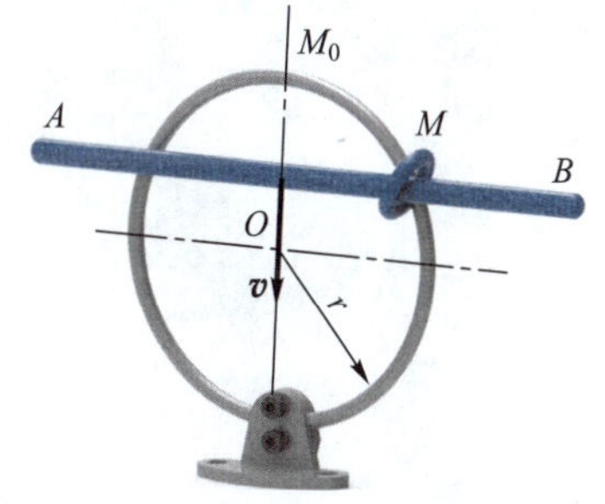

题 4-12 图

第五章
刚体的简单运动

本章将研究刚体运动的两种基本形式：刚体的平行移动和定轴转动。它们不但是刚体最简单的运动，而且刚体的某些复杂运动总可以看作这两种运动的组合。

研究刚体的简单运动，一方面是因为刚体的基本运动在工程实际中有广泛的应用，另一方面也是因为它是研究刚体复杂运动的基础。

§5-1 刚体的平行移动

工程中某些物体的运动，例如气缸内活塞的运动（图 5-1a）、机车车轮平行于连杆 AB 的运动（图 5-1b）等，都有一个共同的特点，即**如果在物体内任取一直线，在运动过程中这条直线始终与它的初始位置平行，这种运动称为平行移动，简称平移**。

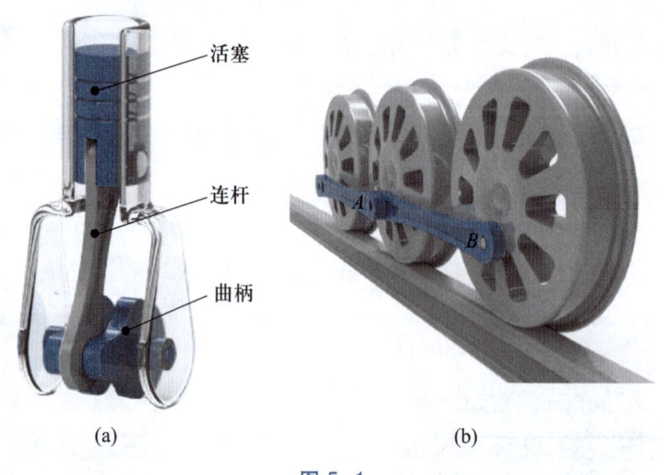

图 5-1

设刚体做平移，如图 5-2 所示，在刚体上任选两点 A 和 B，令两点的径矢分别为 $\boldsymbol{r}_A$ 和

$\boldsymbol{r}_B$，则

$$\boldsymbol{r}_A=\boldsymbol{r}_B+\boldsymbol{r}_{BA} \tag{5-1}$$

根据刚体平移的特征，在运动过程中，$\boldsymbol{r}_{BA}$的大小和方向均保持不变。因此，只要将点 B 的轨迹沿 $\boldsymbol{r}_{BA}$ 的方向平行移动一段距离，就能与点 A 的轨迹完全重合。刚体平移时，其上各点的轨迹不一定是直线，但是它们的形状是完全相同的。

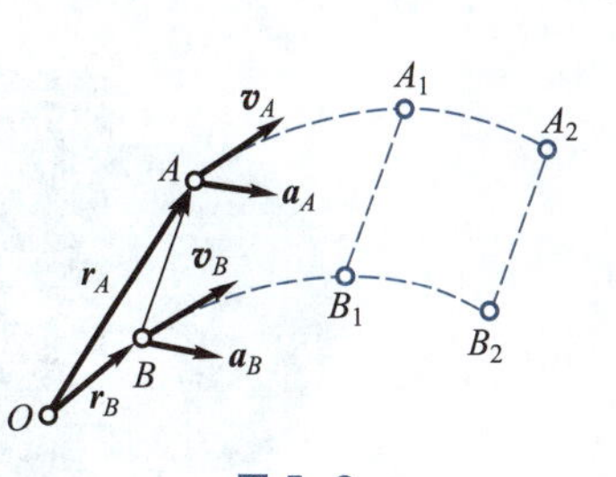

图 5-2

将式（5-1）对时间求导，因为 $\boldsymbol{r}_{BA}$ 的大小和方向均不随时间而改变，是一恒矢量，则 $\mathrm{d}\boldsymbol{r}_{BA}/\mathrm{d}t=\boldsymbol{0}$，$\mathrm{d}^2\boldsymbol{r}_{BA}/\mathrm{d}t^2=\boldsymbol{0}$。于是得

$$\boldsymbol{v}_A=\boldsymbol{v}_B,\ \boldsymbol{a}_A=\boldsymbol{a}_B \tag{5-2}$$

由于点 A 和 B 是任意选择的，式（5-2）表明：刚体平移时，其上各点在任一瞬时具有相同的速度和加速度。因此，研究刚体的平移，可用其上任意一点的运动特征来代表，即可归结为点的运动学问题。

【例 5-1】 杆 AB 用两根等长的轻杆平行连接。轻杆长为 l，如图 5-3 所示。杆 O_1A 的摆动规律为 $\varphi=\varphi_0\sin\omega t$，$\omega$ 为常量。试求杆 AB 中点 C 的速度和加速度。

【解】 因为杆 O_1A 和 O_2B 平行且等长，所以杆 AB 在运动过程中始终与 O_1O_2平行，即杆 AB 做平移，杆 AB 上任意一点的速度、加速度均相同。点 C 的速度和加速度可由点 A 计算。

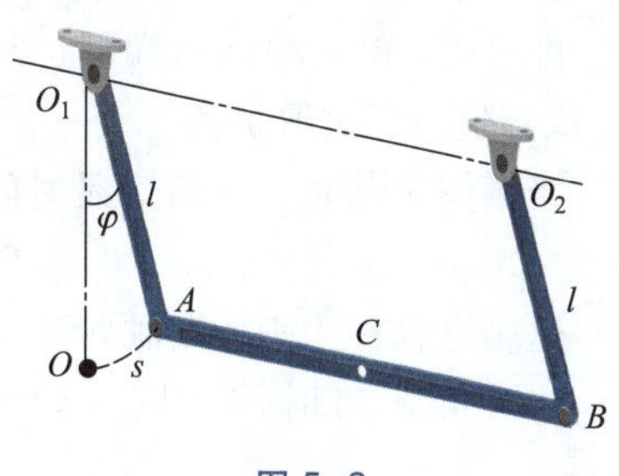

图 5-3

点 A 做圆周运动，以其运动的最低点 O 为弧坐标的原点，则点 A 的运动方程为

$$s=l\varphi=l\varphi_0\sin\omega t$$

将上式对时间求导，得点 A 的速度

$$v=\frac{\mathrm{d}s}{\mathrm{d}t}=l\varphi_0\omega\cos\omega t$$

点 A 的切向加速度为

$$a_{\mathrm{t}}=\frac{\mathrm{d}v}{\mathrm{d}t}=-l\varphi_0\omega^2\sin\omega t$$

点 A 的法向加速度为

$$a_{\mathrm{n}}=\frac{v^2}{\rho}=\frac{(l\varphi_0\omega\cos\omega t)^2}{l}=l\varphi_0^2\omega^2\cos^2\omega t$$

§5-2 刚体的定轴转动

5.2.1 转动刚体的运动描述

刚体的定轴转动是工程中极为常见的运动，电机转子（图 5-4a）、齿轮（图 5-4b）等的运动均为定轴转动。这类运动的共同特点是，刚体内或其外延部分有两点始终保持不动，

此类运动称为刚体的**定轴转动**。通过这两个固定点的一条不动的直线，称为刚体的**转轴**或轴线，简称**轴**。

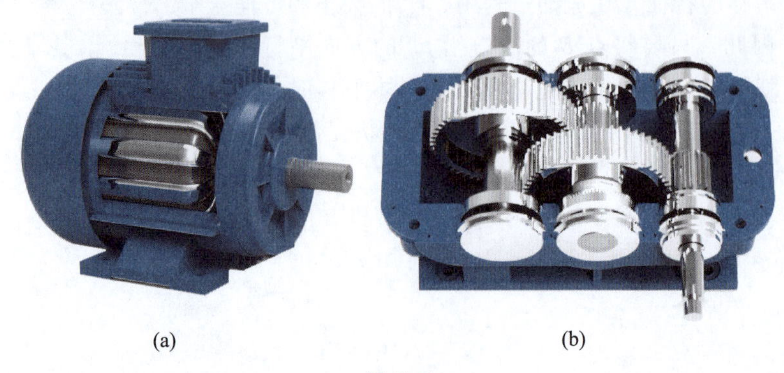
(a) (b)

图 5-4

为了描述转动刚体的位置，取其转轴为轴 z，如图 5-5 所示。通过轴线作一固定平面 A，此外，通过转轴再作一动平面 B，平面 B 与刚体固接，一起转动。当刚体转动时，两个平面之间的夹角记为 φ，称为刚体的**转角**。

转角 φ 是一个代数量，通常根据右手螺旋法则确定其正负号。即自轴 z 的正端向负端看，从固定面起按逆时针转向计算角 φ，取正值；反之取负值。

当刚体转动时，转角 φ 是时间 t 的单值连续函数，即

$$\varphi=f(t) \tag{5-3}$$

这个方程称为刚体定轴转动的运动方程。

将转角 φ 对时间 t 取一阶导数，称为刚体的瞬时角速度 ω，即

$$\omega=\frac{\mathrm{d}\varphi}{\mathrm{d}t} \tag{5-4}$$

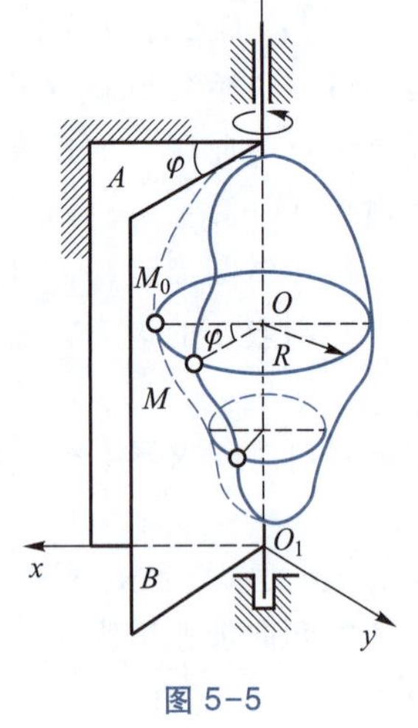

图 5-5

角速度 ω 描述了刚体转动的快慢程度，其单位为 rad/s。角速度是代数量，其正负号判定与转角的正负判定相同，即自轴 z 的正端向负端看，沿逆时针转动，角速度为正值；反之为负值。

将角速度 ω 对时间 t 取一阶导数，称为刚体的瞬时角加速度 α，即

$$\alpha=\frac{\mathrm{d}\omega}{\mathrm{d}t}=\frac{\mathrm{d}^2\varphi}{\mathrm{d}t^2} \tag{5-5}$$

角加速度 α 描述了角速度变化快慢的程度，其单位为 $\mathrm{rad/s^2}$。角加速度也是代数量，正负号判定与角速度正负号判定相同，如 α 与 ω 同号，则加速转动；反之则减速转动。

现在讨论两种特殊情形。

（1）匀速转动

如果角加速度 $\alpha=0$，角速度 ω 为常量，这种转动称为匀速转动。任意时刻的转角为

$$\varphi=\varphi_0+\omega t \tag{5-6}$$

式中 φ_0 为 $t=0$ 时的转角。

在工程中，匀速转动刚体的转动快慢经常用转速 n 来表示，其单位为 r/min（转/分），

角速度与转速的关系为

$$\{\omega\}_{\mathrm{rad/s}}=\frac{2\pi\{n\}_{\mathrm{r/min}}}{60}=\frac{\pi\{n\}_{\mathrm{r/min}}}{30} \tag{5-7}$$

(2) 匀变速转动

如果角加速度 α 为常量，这种转动称为匀变速转动。任意时刻的角速度和转角为

$$\omega=\omega_0+\alpha t \tag{5-8}$$

$$\varphi=\varphi_0+\omega_0 t+\frac{1}{2}\alpha t^2 \tag{5-9}$$

式中 ω_0和 φ_0为 $t=0$ 时的角速度和转角。

5.2.2 转动刚体上各点的速度和加速度

刚体做定轴转动时，其上各点都在垂直于转轴的平面内做圆周运动，圆心在轴线上，圆周的半径等于该点到转轴的垂直距离，如图 5-6a 所示。对此，宜采用自然法研究各点的运动。

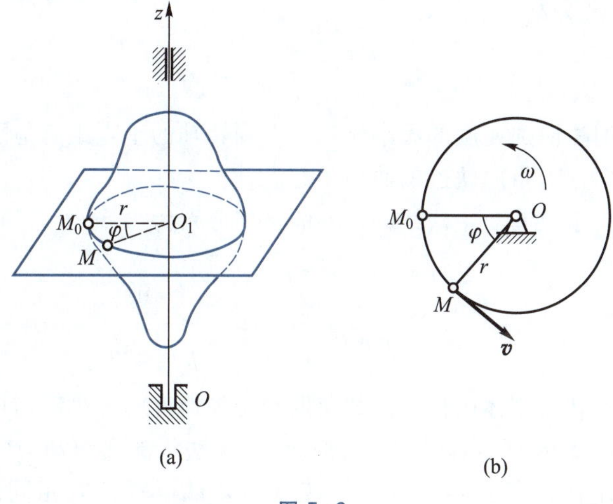

图 5-6

如图 5-6a 所示，在定轴转动刚体上任取一点 M，设点 M 至转轴 z 的垂直距离为 r，若以点 M_0为弧坐标的原点，则当刚体转动 φ 角时，点 M 的弧坐标为

$$s=\overset{\frown}{M_0M}=r\varphi \tag{5-10}$$

将上式对时间取一阶导数，即可得动点 M 的速度大小为

$$v=\frac{\mathrm{d}s}{\mathrm{d}t}=r\frac{\mathrm{d}\varphi}{\mathrm{d}t}=r\omega \tag{5-11}$$

这就表明：**转动刚体内任一点速度的大小等于该点至转轴的垂直距离与刚体角速度的乘积**。速度的方向沿圆周的切线方向，其指向可由转动的方向（即角速度方向）来确定，如图 5-6b 所示。

动点 M 的切向加速度为

$$a_t=\frac{dv}{dt}=r\frac{d\omega}{dt}=r\alpha \tag{5-12}$$

即转动刚体内任一点的切向加速度的大小等于该点到转轴的垂直距离与刚体角加速度的乘积。切向加速度的方向沿圆周的切线方向，其指向可由角加速度 α 来确定。当 ω 与 α 符号相同时，切向加速度 a_t与速度 v 的指向相同（图 5-7a）；当 ω 与 α 符号不同时，切向加速度 a_t与速度 v 的指向相反（图 5-7b）。

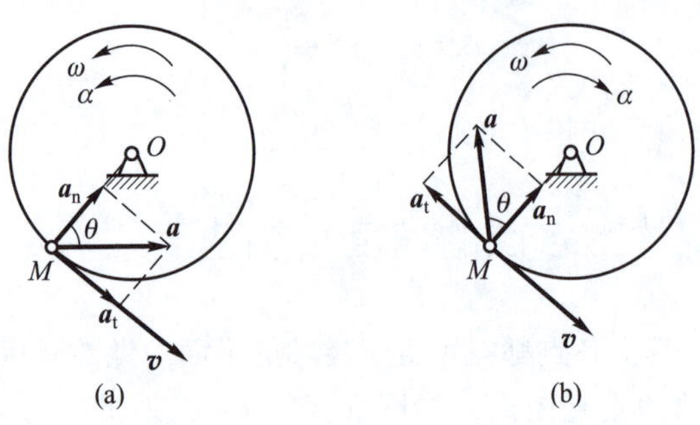

图 5-7

动点 M 的法向加速度为

$$a_n=\frac{v^2}{\rho}=\frac{(r\omega)^2}{r}=r\omega^2 \tag{5-13}$$

即转动刚体内任一点的法向加速度的大小等于该点到转轴的垂直距离与刚体角速度平方的乘积。法向加速度的方向永远指向轨迹的曲率中心。

动点的全加速度大小及其与主法线夹角 θ 的正切分别为

$$a=\sqrt{a_t^2+a_n^2}=r\sqrt{\alpha^2+\omega^4} \tag{5-14}$$

$$\tan\theta=\frac{a_t}{a_n}=\frac{\alpha}{\omega^2} \tag{5-15}$$

由以上所述可知：转动刚体内任一点的速度和全加速度的大小都与该点到转轴的垂直距离成正比，如图 5-8a、5-8b 所示。但是全加速度与主法线的夹角却与转动半径无关，也就是说，在同一瞬时，刚体内所有各点的全加速度与转动半径都有相同的夹角，如图 5-8c 所示。

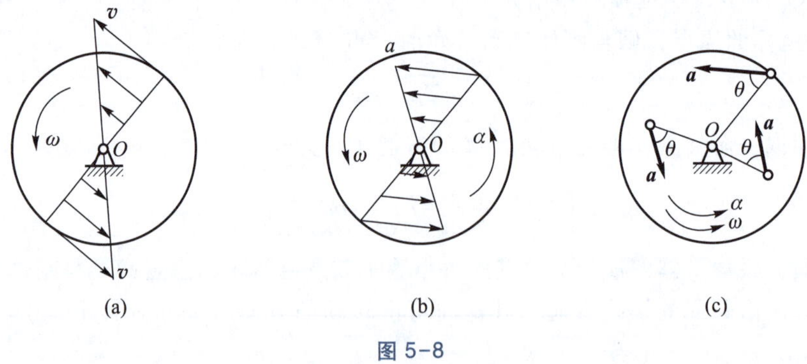

图 5-8

【例 5-2】如图 5-9 所示机构，滑块 B 以 $x=0.2+0.05t^2$ 的规律向右运动（x 的单位为

m，t 的单位为 s）。已知 $h=0.3$ m，$b=0.1$ m。试求当 $t=2$ s 时，杆 OA 的角速度和角加速度。

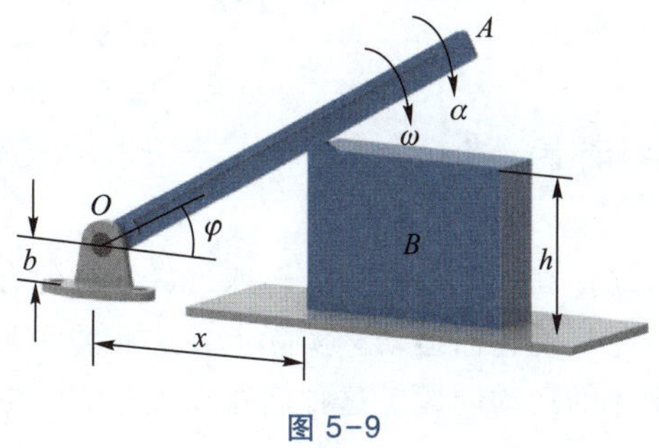

图 5-9

【解】杆 OA 的转角为

$$\varphi=\arctan\frac{h-b}{x}$$

将上式对时间取导数，可得杆 OA 的角速度和角加速度

$$\omega=\frac{\mathrm{d}\varphi}{\mathrm{d}t}=-\frac{h-b}{(h-b)^2+x^2}\frac{\mathrm{d}x}{\mathrm{d}t}=-\frac{0.02t}{0.2^2+(0.2+0.05t^2)^2}$$

$$\alpha=\frac{\mathrm{d}\omega}{\mathrm{d}t}=-\frac{h-b}{[(h-b)^2+x^2]^2}\left\{[(h-b)^2+x^2]\frac{\mathrm{d}^2x}{\mathrm{d}t^2}-2x\frac{\mathrm{d}x}{\mathrm{d}t}\right\}$$

$$=-\frac{0.2\times0.1}{[0.04+(0.2+0.05t^2)^2]^2}[0.04+(0.2+0.05t^2)(0.2-0.2t+0.05t^2)]$$

将时间 $t=2$ s 代入可得 $\omega=-0.2$ rad/s，$\alpha=0.7$ rad/s^2。

【例 5-3】电影胶片以恒速 v 从卷盘中拉出，从而带动卷盘和尚未拉出的胶片一起做绕固定轴的转动。若胶片的厚度为 δ，正滚动着的胶片的半径为 r，如图 5-10 所示。试求卷盘的角加速度。

【解】卷盘中边缘胶片的速度为

$$v=r\omega$$

对此式求导，且考虑到 v 为常量，有

$$0=\frac{\mathrm{d}r}{\mathrm{d}t}\omega+r\frac{\mathrm{d}\omega}{\mathrm{d}t}$$

所以卷盘的角加速度

$$\alpha=\frac{\mathrm{d}\omega}{\mathrm{d}t}=-\frac{\omega}{r}\frac{\mathrm{d}r}{\mathrm{d}t}=-\frac{v}{r^2}\frac{\mathrm{d}r}{\mathrm{d}t}$$

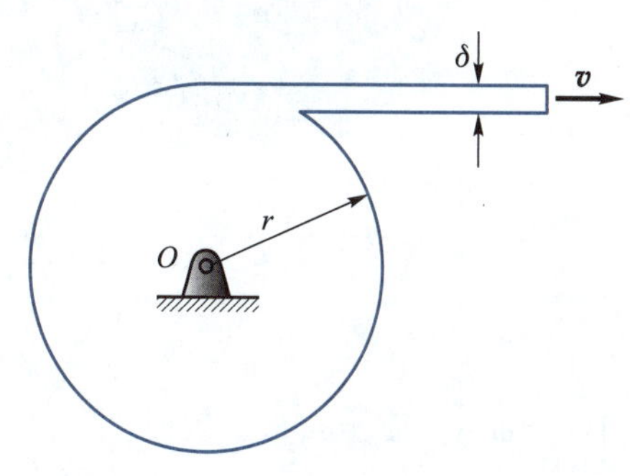

图 5-10

设卷盘中胶片的初始半径为 r_0，显然卷盘每转一周，卷盘中胶片的半径 r 就减少一个胶片的厚度，当卷盘旋转了 φ 时，半径 r 的表达式为

$$r=r_0-\frac{\varphi}{2\pi}\delta$$

将上式对时间求导，可得

$$\frac{\mathrm{d}r}{\mathrm{d}t}=-\frac{\delta}{2\pi}\frac{\mathrm{d}\varphi}{\mathrm{d}t}=-\frac{\delta}{2\pi}\omega=-\frac{\delta v}{2\pi r}$$

从而可得卷盘的角加速度

$$\alpha = -\frac{v}{r^2}\frac{\mathrm{d}r}{\mathrm{d}t} = \frac{\delta v^2}{2\pi r^3}$$

§5-3 定轴轮系的传动比

工程中，常利用轮系传动提高或降低机械的转速，最常见的有齿轮系和带轮系，传动的方式通常是由主动轮带动若干从动轮而运动。实际上，这一类问题可看作已知一个刚体的运动，通过转动刚体求其他刚体的运动问题。这种问题在工程实际中应用广泛。

5.3.1 齿轮传动

机械中常用齿轮作为传动部件，例如为了将电动机的转动传到机床的主轴，通常用变速箱降低转速，变速箱多由齿轮系组成。

图 5-11 所示分别为外啮合和内啮合两类齿轮系传动的简图。设齿轮 Ⅰ 和齿轮 Ⅱ 各绕轴 O_1 和 O_2 转动，角速度各为 ω_1 和 ω_2，两轮齿数分别为 z_1 和 z_2，齿轮半径分别为 R_1 和 R_2。点 A 和 B 分别为两个齿轮啮合圆的接触点，因两轮之间没有相对滑动，故

$$v_A = v_B$$

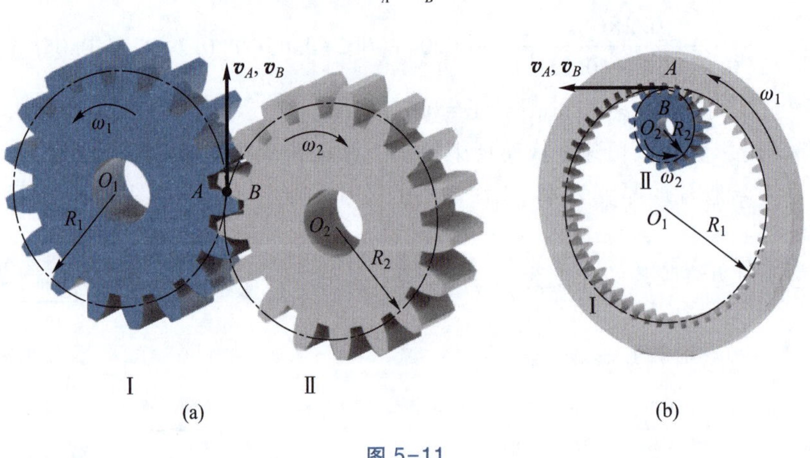

图 5-11

由于 $v_A = \omega_1 R_1$，$v_B = \omega_2 R_2$，因此

$$\omega_1 R_1 = \omega_2 R_2$$

即

$$\frac{\omega_1}{\omega_2} = \frac{R_2}{R_1}$$

由于齿轮的齿数与其半径成正比，则

$$\frac{\omega_1}{\omega_2} = \frac{R_2}{R_1} = \frac{z_2}{z_1} \tag{5-16}$$

设轮 Ⅰ 是主动轮，轮 Ⅱ 是从动轮。在工程中，常将主动轮和从动轮的角速度比值称为**传动**

比，即

$$i_{12}=\frac{\omega_1}{\omega_2}$$

将式（5-16）代入，可得传动比的基本计算公式

$$i_{12}=\frac{\omega_1}{\omega_2}=\frac{R_2}{R_1}=\frac{z_2}{z_1} \tag{5-17}$$

上式中并未考虑齿轮的转动方向，齿轮外啮合时，两轮的转向相反；内啮合时，两轮转向相同。因此，传动比定义为

$$i_{12}=\pm\frac{\omega_1}{\omega_2}=\pm\frac{R_2}{R_1}=\pm\frac{z_2}{z_1} \tag{5-18}$$

上式中取正号时表示两轮转向相同，如图 5-11b 所示；取负号时表示两轮转向相反，如图 5-11a所示。

5.3.2 带轮传动

在机床中，常用电动机通过传动带使变速器的轴转动。如图 5-12 所示的带轮装置中，设主动轮和从动轮的半径分别为 r_1 和 r_2，转动角速度分别为 ω_1 和 ω_2，不考虑带厚度并假定带轮与带间无相对滑动。

由于带上各点的速度大小相等，且轮与带在接触点位置上具有大小相等的速度，由此可以得到

$$r_1\omega_1=r_2\omega_2$$

于是带轮的传动比为

$$i_{12}=\frac{\omega_1}{\omega_2}=\frac{r_2}{r_1} \tag{5-19}$$

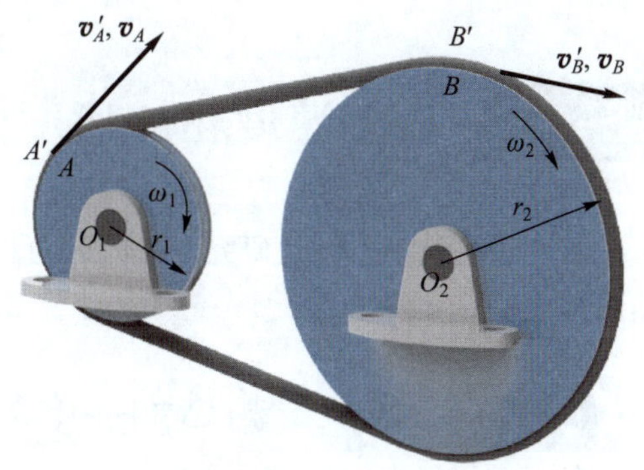

图 5-12

即两轮的角速度与其半径成反比。

【例 5-4】减速箱由四个齿轮构成，如图 5-13 所示。齿轮Ⅱ和齿轮Ⅲ安装在同一轴上，与轴一起转动。各齿轮的齿数分别为 $z_1=10$，$z_2=60$，$z_3=12$ 和 $z_4=70$。（1）求减速箱的总传动比；（2）若主动轮Ⅰ的转速 $n_1=3\ 500$ r/min，试求从动轮Ⅳ的转速 n_4。

【解】（1）设 n_1、n_2、n_3 和 n_4 分别表示各齿轮的转速，且 $n_2=n_3$。应用齿轮的传动比公式，得

$$i_{12}=-\frac{n_1}{n_2}=-\frac{z_2}{z_1},\quad i_{34}=-\frac{n_3}{n_4}=-\frac{z_4}{z_3}$$

则

$$i_{12}\cdot i_{34}=\left(-\frac{n_1}{n_2}\right)\left(-\frac{n_3}{n_4}\right)=\left(-\frac{z_2}{z_1}\right)\left(-\frac{z_4}{z_3}\right)=\frac{z_2}{z_1}\ \frac{z_4}{z_3}$$

因为 $n_2=n_3$，且从动轮Ⅳ和主动轮Ⅰ的转向相同，于是从齿轮Ⅰ到齿轮Ⅳ的总传动比为

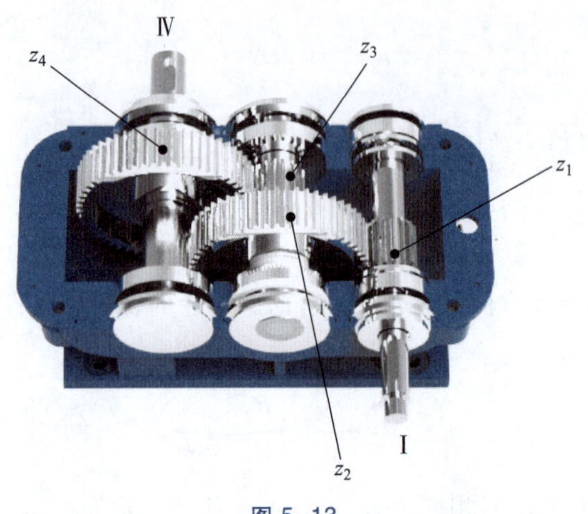

图 5-13

$$i_{14}=\frac{n_1}{n_4}=i_{12}\cdot i_{34}=\frac{z_2}{z_1}\ \frac{z_4}{z_3}=\frac{60}{10}\ \frac{70}{12}=35$$

（2）从动轮Ⅳ的转速为

$$n_4=\frac{n_1}{i_{14}}=\frac{3\ 500}{35}\ \text{r/min}=100\ \text{r/min}$$

§5-4 点的速度和加速度的矢积表示

为了用矢量分析方法研究刚体的运动和刚体内各点的运动，有必要用矢量表示角速度和角加速度。

5.4.1 角速度和角加速度的矢量表示

角速度矢 $\boldsymbol{\omega}$ 可用一有向线段表示，其模等于角速度的绝对值，即

$$|\boldsymbol{\omega}|=|\omega|=\left|\frac{\mathrm{d}\varphi}{\mathrm{d}t}\right| \tag{5-20}$$

指向由右手螺旋法则确定，即以右手的四指表示刚体绕轴的转向，大拇指的指向表示 $\boldsymbol{\omega}$ 的指向，如图 5-14a 所示。

角速度矢 $\boldsymbol{\omega}$ 在轴上的起点可以是任意位置，如取转轴为轴 z，轴 z 的正向用单位矢量 $\boldsymbol{k}$ 的方向表示（图5-14a），于是绕定轴转动的角速度矢可写为

$$\boldsymbol{\omega}=\omega\boldsymbol{k} \tag{5-21}$$

式中 ω 是代数量，$\omega=\mathrm{d}\varphi/\mathrm{d}t$。

同理，角加速度矢 $\boldsymbol{\alpha}$ 也可以用一个沿轴线的滑动矢量表示为

$$\boldsymbol{\alpha}=\alpha\boldsymbol{k} \tag{5-22}$$

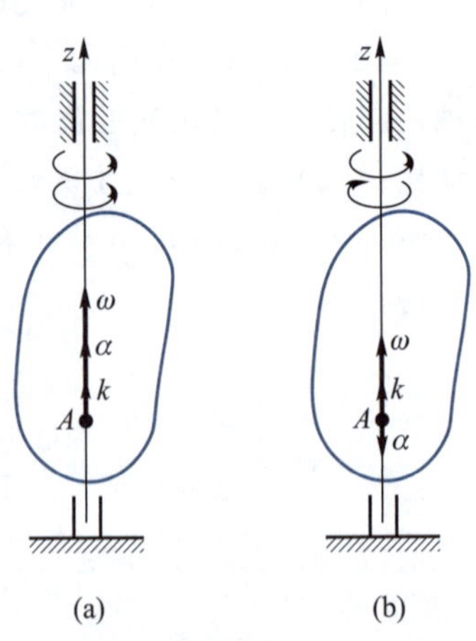

图 5-14

式中 α 是代数量，$\alpha=\mathrm{d}\omega/\mathrm{d}t=\mathrm{d}^2\varphi/\mathrm{d}t^2$。于是

$$\boldsymbol{\alpha}=\frac{\mathrm{d}\omega}{\mathrm{d}t}\boldsymbol{k}=\frac{\mathrm{d}(\omega\boldsymbol{k})}{\mathrm{d}t}=\frac{\mathrm{d}\boldsymbol{\omega}}{\mathrm{d}t} \tag{5-23}$$

即角加速度矢 $\boldsymbol{\alpha}$ 等于角速度矢 $\boldsymbol{\omega}$ 对时间的一阶导数。当 $\boldsymbol{\omega}$ 和 $\boldsymbol{\alpha}$ 方向一致时，物体加速转动，如图 5-14a 所示；当 $\boldsymbol{\omega}$ 和 $\boldsymbol{\alpha}$ 方向相反时，物体减速转动，如图 5-14b 所示。

5.4.2 速度和加速度的矢积表示

由转轴 z 上任一点 A 作点 M 的径矢 $\boldsymbol{r}$，并用 θ 表示矢量 $\boldsymbol{\omega}$ 与 $\boldsymbol{r}$ 之间的夹角，如图 5-15 所示。由图示的几何关系可知，点 M 的速度大小为

$$|\boldsymbol{v}|=|\boldsymbol{\omega}|R=|\boldsymbol{\omega}|r\sin\theta=|\boldsymbol{\omega}\times\boldsymbol{r}|$$

其方向与矢积 $\boldsymbol{\omega}\times\boldsymbol{r}$ 的方向相同，因此点 M 的速度可写为

$$\boldsymbol{v}=\boldsymbol{\omega}\times\boldsymbol{r} \tag{5-24}$$

即**定轴转动刚体上任一点的速度矢等于刚体的角加速度矢与该点径矢的矢积**。

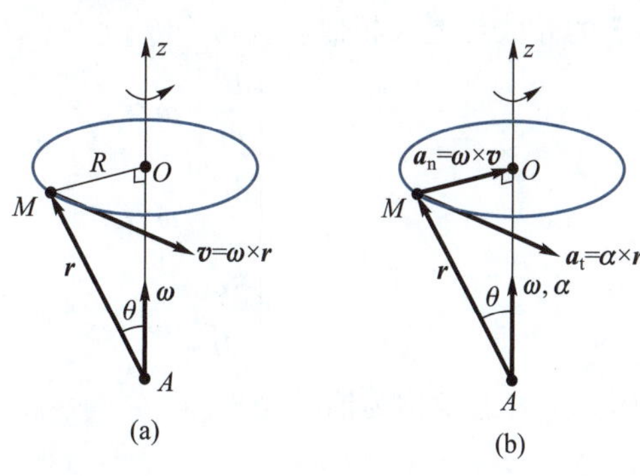

图 5-15

因为点的加速度矢为

$$\boldsymbol{a}=\frac{\mathrm{d}\boldsymbol{v}}{\mathrm{d}t}$$

将式（5-24）代入

$$\boldsymbol{a}=\frac{\mathrm{d}}{\mathrm{d}t}(\boldsymbol{\omega}\times\boldsymbol{r})=\frac{\mathrm{d}\boldsymbol{\omega}}{\mathrm{d}t}\times\boldsymbol{r}+\boldsymbol{\omega}\times\frac{\mathrm{d}\boldsymbol{r}}{\mathrm{d}t}$$

由于 $\frac{\mathrm{d}\boldsymbol{\omega}}{\mathrm{d}t}=\boldsymbol{\alpha}$，$\frac{\mathrm{d}\boldsymbol{r}}{\mathrm{d}t}=\boldsymbol{v}$，于是

$$\boldsymbol{a}=\boldsymbol{\alpha}\times\boldsymbol{r}+\boldsymbol{\omega}\times\boldsymbol{v} \tag{5-25}$$

上式中，右端两项的大小分别为

$$|\boldsymbol{\alpha}\times\boldsymbol{r}|=|\boldsymbol{\alpha}|\cdot|\boldsymbol{r}|\sin\theta=|\boldsymbol{\alpha}|\cdot R$$

$$|\boldsymbol{\omega}\times\boldsymbol{v}|=|\boldsymbol{\omega}|\cdot|\boldsymbol{v}|\sin\theta=R\omega^2$$

它们的方向分别与切向加速度和法向加速度一致，因此

$$\boldsymbol{a}_\mathrm{t}=\boldsymbol{\alpha}\times\boldsymbol{r},\ \boldsymbol{a}_\mathrm{n}=\boldsymbol{\omega}\times\boldsymbol{v} \tag{5-26}$$

即定轴转动刚体上任一点的切向加速度等于刚体的角加速度矢与该点径矢的矢积；法向加速度矢等于刚体的角加速度矢与该点速度矢的矢积。

【例 5-5】 如图 5-16 所示，在绕定轴转动的刚体上固结一个坐标系，三个轴 x'、y'、z' 随刚体一起转动，单位矢量为 $\boldsymbol{i}'$、$\boldsymbol{j}'$、$\boldsymbol{k}'$，刚体的角速度矢为 $\boldsymbol{\omega}$，试证下列关系式：

$$\left\{\begin{aligned}\frac{\mathrm{d}\boldsymbol{i}'}{\mathrm{d}t}&=\boldsymbol{\omega}\times\boldsymbol{i}'\\ \frac{\mathrm{d}\boldsymbol{j}'}{\mathrm{d}t}&=\boldsymbol{\omega}\times\boldsymbol{j}'\\ \frac{\mathrm{d}\boldsymbol{k}'}{\mathrm{d}t}&=\boldsymbol{\omega}\times\boldsymbol{k}'\end{aligned}\right. \tag{5-27}$$

【证明】 先分析$\frac{\mathrm{d}\boldsymbol{k}'}{\mathrm{d}t}$。设$\boldsymbol{k}'$的矢端点$A$的径矢为$\boldsymbol{r}_A$，动系原点$O'$的径矢为$\boldsymbol{r}_{O'}$，点$A$和点$O'$均绕轴$z$做圆周运动，其速度分别为

$$\boldsymbol{v}_A=\frac{\mathrm{d}\boldsymbol{r}_A}{\mathrm{d}t}=\boldsymbol{\omega}\times\boldsymbol{r}_A,\quad \boldsymbol{v}_{O'}=\frac{\mathrm{d}\boldsymbol{r}_{O'}}{\mathrm{d}t}=\boldsymbol{\omega}\times\boldsymbol{r}_{O'}$$

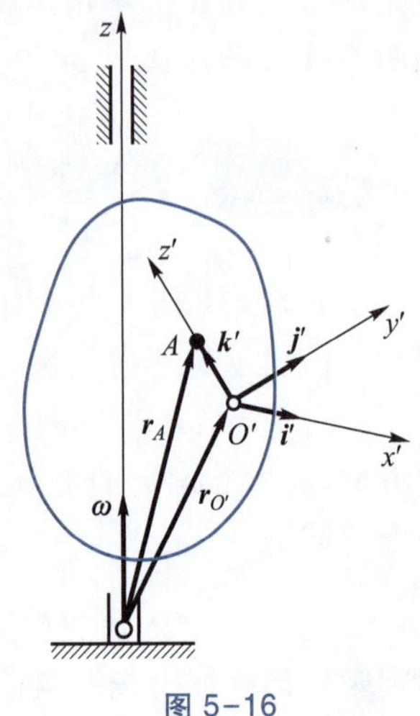

图 5-16

由图 5-16 可知

$$\boldsymbol{k}'=\boldsymbol{r}_A-\boldsymbol{r}_{O'}$$

对上式求导，得

$$\frac{\mathrm{d}\boldsymbol{k}'}{\mathrm{d}t}=\frac{\mathrm{d}(\boldsymbol{r}_A-\boldsymbol{r}_{O'})}{\mathrm{d}t}=\boldsymbol{\omega}\times\boldsymbol{r}_A-\boldsymbol{\omega}\times\boldsymbol{r}_{O'}=\boldsymbol{\omega}\times\boldsymbol{k}'$$

$\boldsymbol{i}'$、$\boldsymbol{j}'$的导数与上式相似。合写为

$$\begin{cases}\dfrac{\mathrm{d}\boldsymbol{i}'}{\mathrm{d}t}=\boldsymbol{\omega}\times\boldsymbol{i}'\\[2ex]\dfrac{\mathrm{d}\boldsymbol{j}'}{\mathrm{d}t}=\boldsymbol{\omega}\times\boldsymbol{j}'\\[2ex]\dfrac{\mathrm{d}\boldsymbol{k}'}{\mathrm{d}t}=\boldsymbol{\omega}\times\boldsymbol{k}'\end{cases}$$

证毕。上式通常称为**泊松公式**。

小　结

1. 本章研究刚体的两种简单运动：平移和定轴转动。
2. 平移刚体上各点的轨迹形状、同一瞬时各点的速度和加速度都相同。
3. 定轴转动刚体的转动方程、角速度和角加速度分别为

$$\varphi=f(t),\quad \omega=\frac{\mathrm{d}\varphi}{\mathrm{d}t},\quad \alpha=\frac{\mathrm{d}\omega}{\mathrm{d}t}=\frac{\mathrm{d}^2\varphi}{\mathrm{d}t^2}$$

定轴转动刚体上各点的速度、切向加速度、法向加速度以及全加速度的大小，都与各点的转动半径成正比，即

$$v=r\omega,\quad a_t=r\alpha,\quad a_n=r\omega^2,\quad a=r\sqrt{\alpha^2+\omega^4}$$

而各点的全加速度与转动半径的夹角都相同，夹角与各点的转动半径无关，即

$$\theta=\arctan\frac{|\alpha|}{\omega^2}$$

4. 传动比

$$i_{12}=\pm\frac{\omega_1}{\omega_2}=\pm\frac{R_2}{R_1}=\pm\frac{z_2}{z_1}$$

5. 定轴转动刚体上任一点的速度矢等于刚体的角速度矢与该点径矢的矢积

$$\boldsymbol{v}=\boldsymbol{\omega}\times\boldsymbol{r}$$

6. 定轴转动刚体上任一点的切向加速度等于刚体的角加速度矢与该点径矢的矢积，法向加速度矢等于刚体的角速度矢与该点速度矢的矢积

$$\boldsymbol{a}_{\mathrm{t}}=\boldsymbol{\alpha}\times\boldsymbol{r},\ \boldsymbol{a}_{\mathrm{n}}=\boldsymbol{\omega}\times\boldsymbol{v}$$

思考题

5-1 平移刚体有何特征？刚体做平移时各点的轨迹一定是直线吗？直线平移与曲线平移有何不同？

5-2 定轴转动刚体内一定有转动轴吗？

5-3 “刚体做平移时，各点的轨迹一定是直线或平面曲线；刚体绕定轴转动时，各点的轨迹一定是圆。”这种说法对吗？

5-4 “刚体绕定轴转动时，角加速度为正，表示加速转动；角加速度为负，表示减速转动。”对吗？为什么？

5-5 定轴转动刚体内各点的速度与点到轴线的距离关系是什么？各点的加速度有什么关系？

习　题

5-1 如图所示，曲柄 CB 以匀角速度 ω 绕轴 C 转动，其转动方程为 $\varphi=\omega t$，通过滑块 B 带动摇杆 OA 绕轴 O 转动，设 $OC=h$，$CB=r$。求摇杆的转动方程。

5-2 一木板放在两个半径 $r=0.25$ m 的传输鼓轮上面。在图示瞬时，木板具有不变的加速度 $a=0.5\ \mathrm{m/s^2}$，方向向右。同时，鼓轮边缘上的点具有大小为 $3\ \mathrm{m/s^2}$ 的全加速度。假设木板在鼓轮上无滑动，试求此木板的速度。

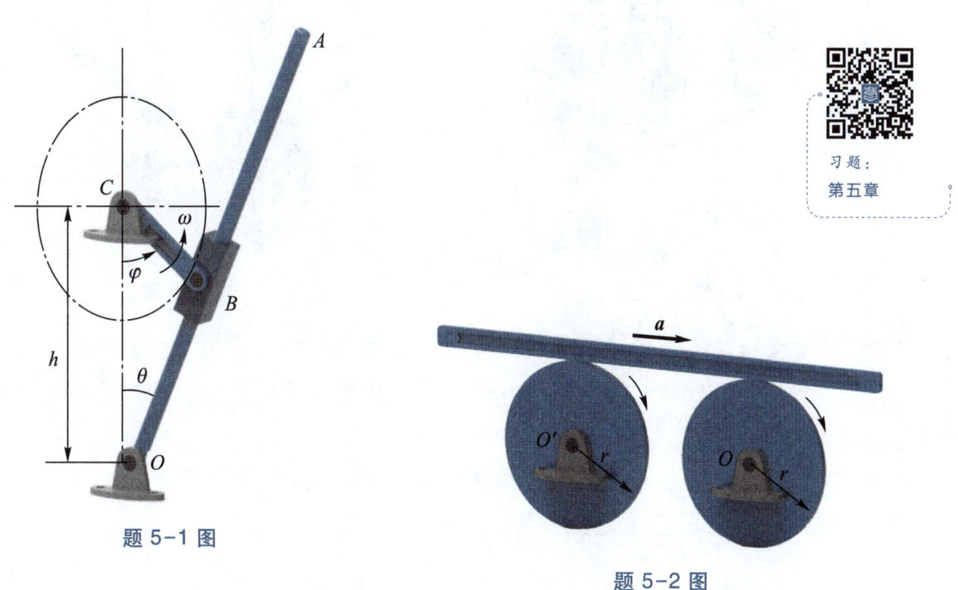

题 5-1 图

题 5-2 图

5-3 升降装置由半径为 $R=0.5\ \mathrm{m}$ 的鼓轮带动，被升降物体的运动方程为 $x=5t^2$，其中 t 的单位以 s 计，x 的单位以 m 计。求鼓轮的角速度和角加速度，并求在任意瞬时，鼓轮轮缘上一点的全加速度。

5-4 半径为 100 mm 的圆盘绕其中心 O 转动，某瞬时 $v_A=0.8\ \mathrm{m/s}$，方向如图所示。在同一瞬时，任一点 B 的全加速度与半径 OB 的夹角的正切 $\tan\theta=0.6$。求此瞬时圆盘的角加速度。

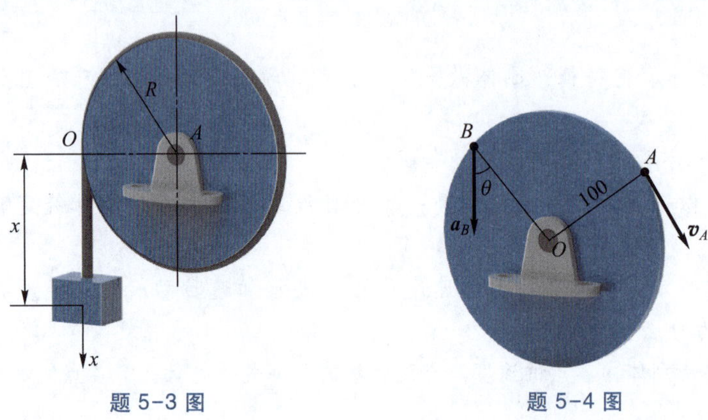

题 5-3 图　　题 5-4 图

5-5 图示电动绞车由带轮Ⅰ、Ⅱ和鼓轮Ⅲ组成，鼓轮Ⅲ和带轮Ⅱ固连在同一轴上。各轮半径分别为 $r_1=30\ \mathrm{cm}$，$r_2=75\ \mathrm{cm}$ 和 $r_3=40\ \mathrm{cm}$。求当轮Ⅰ的转速 $n_1=100\ \mathrm{r/min}$ 时，重物 Q 上升的速度。

5-6 在图示仪表结构中，齿轮 1、2、3、4 的齿数分别为 $z_1=6$，$z_2=24$，$z_3=8$，$z_4=32$；齿轮 5 的半径为 5 cm。如齿条 B 移动 1 cm，求指针 A 所转过的角度 φ。

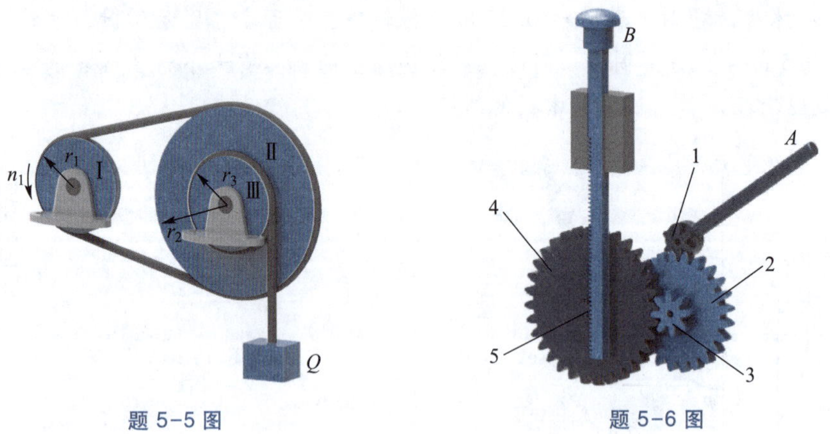

题 5-5 图　　题 5-6 图

5-7 V 带减速装置如图所示，其中带轮 A 驱动两个轮组成的带轮 B，带轮 B 驱动带轮 C，带轮的半径 r_1 和 r_2 已知。如果在 $t=0$ 时，轮 A 由静止开始转动，已知角加速度为 α_1，且为常数。求瞬时 t，轮 C 的角速度和点 P 的加速度。

5-8 某电机转子由静止开始做匀加速转动，5 s 后转速增加到 1 450 r/min。求电机的角加速度以及在这 5 s 内转过的圈数 N。

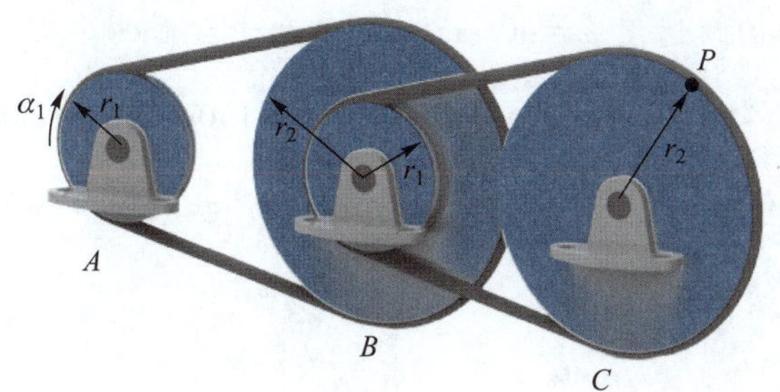

题 5-7 图

5-9 如图所示，提升重物的绞车是通过主动轴Ⅰ上的小齿轮和从动轴Ⅱ上的大齿轮相啮合，使鼓轮转动而提升重物。设小齿轮的齿数为 z_1，大齿轮的齿数为 z_2，鼓轮半径为 R，并已知主动轴Ⅰ的转动方程 $\varphi_1=2\pi t^2$（φ_1 的单位为 rad，t 的单位为 s）。试求重物的运动方程、速度和加速度。

5-10 图示为搅拌器传动机构简图。已知蜗轮齿数 $z_2=45$，蜗杆齿数 $z_1=2$，锥齿轮的齿数 $z_3=16$，$z_4=40$。如果搅拌器所需的转速为 $n_4=25$ r/min。试确定蜗杆转速 n_1。

题 5-9 图

题 5-10 图

5-11 半径都是 $2r$ 的一对平行曲柄 O_1A 和 O_2B 以匀角速度 ω_0 分别绕轴 O_1 和 O_2 转动，固连于连杆 AB 的中间齿轮Ⅱ带动同样大小的定轴齿轮Ⅰ。试求齿轮Ⅰ上点 M 的加速度大小。

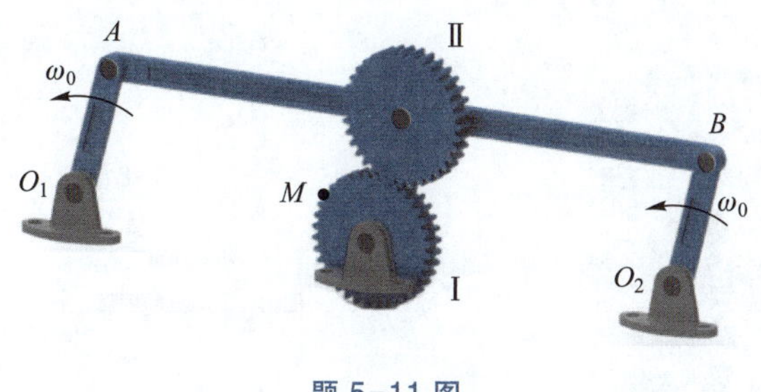

题 5-11 图

5-12 圆盘以恒定的角速度 $\omega=40$ rad/s 绕垂直于盘面的中心轴转动，该轴在 Oyz 面内，倾斜角 $\theta=\arctan\frac{3}{4}$。点 A 的径矢在图示瞬时为 $\boldsymbol{r}=150\boldsymbol{i}+160\boldsymbol{j}-120\boldsymbol{k}$（单位为 mm）。求点 A 的速度和加速度的矢量表达式，并用 $v=R\omega$ 和 $a_n=R\omega^2$ 检验所得结果是否正确。

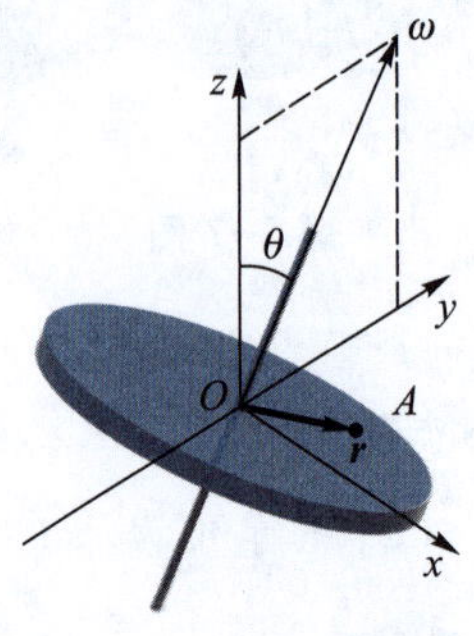

题 5-12 图

第六章

点的合成运动

同一物体相对于不同的参考系表现出不同的运动。本章将研究同一动点相对于两个不同参考系而表现出的不同运动学特征之间的关系，主要是速度之间的关系（表述为速度合成定理）和加速度之间的关系（表述为加速度合成定理）。本章内容是研究点和刚体复杂运动的基础。

§6-1 点的合成运动概念

6.1.1 两种参考系

描述一个点或一个刚体的运动，必须选取一个参考体，因为同一点相对于不同参考体的运动一般是不同的。如图 6-1 所示的桥式起重机，当起吊重物时，若桥架在水平位置保持静止，而卷扬小车沿桥架做直线平移，同时将吊钩上的重物铅垂向上提升。对于地面上的观察者来说，重物 A 在铅垂平面内做平面曲线运动；但对于卷扬小车上的观察者，重物 A 做直线运动。显然，重物 A 相对于地面和卷扬小车的速度和加速度也不相同。

通过观察可以发现，物体对某一参考体的运动可以由几个运动组合而成。例如，在上述例子中，重物 A 相对于地面是做平面曲线运动，但如果以卷扬小车为参考体，则重物 A 相对于卷扬小车是简单的直线运动，卷扬小车相对于地面的运动是简单的平移。这样，重物 A 的运动就可以看作两个简单运动的合成。若物体相对于某一参考体的运动可由相对于其他参考体的几个简单运动组合而成，则称这种运动为**合成运动**。

工程中，把固结在某一相对于地球做运动的参考体上的坐标系称为**动参考系**，简称动系，以 $O'x'y'z'$ 表示。习惯上，将固结于地球的坐标系称为**定参考系**，简称定系，以 $Oxyz$ 表示。

研究点的合成运动的任务，就是研究同一点对于不同坐标系运动之间的关系。

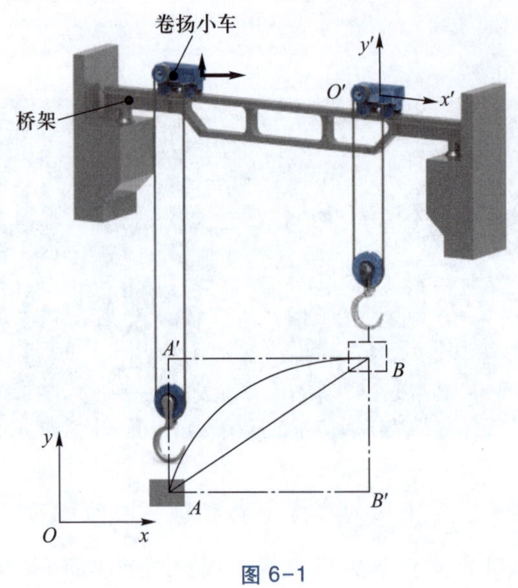

图 6-1

6.1.2 三种运动的概念

用点的合成运动理论分析点的运动时，必须选取两个参考系，区分三种运动。

（1）**绝对运动**：动点相对于定系的运动。动点在绝对运动中的轨迹称为绝对轨迹。

（2）**相对运动**：动点相对于动系的运动。动点在相对运动中的轨迹称为相对轨迹。

（3）**牵连运动**：动系相对于定系的运动。由于动系是固结于某一运动的参考体上，故牵连运动为运动的参考体相对于定系的运动。

以上述桥式起重机为例，取重物 A 为动点，固结于卷扬小车的坐标系为动系，则当桥架静止时，卷扬小车相对于地面的平移是牵连运动；在卷扬小车上看到动点做铅垂直线运动，这是相对运动；在地面上看到动点做平面曲线运动，这是绝对运动。

相对运动和绝对运动都是指动点本身的运动，它可能做直线或曲线运动；牵连运动指的却是动系的运动，而动系是固结在"物体"上的，因而牵连运动是指物体的运动，它可能做平移、定轴转动或其他较复杂的运动。

动点对动系有相对运动，而动系又牵连着动点对定系做牵连运动，这就构成了动点的绝对运动（即合成运动）。这三种运动之间的关系可用图 6-2 表示。

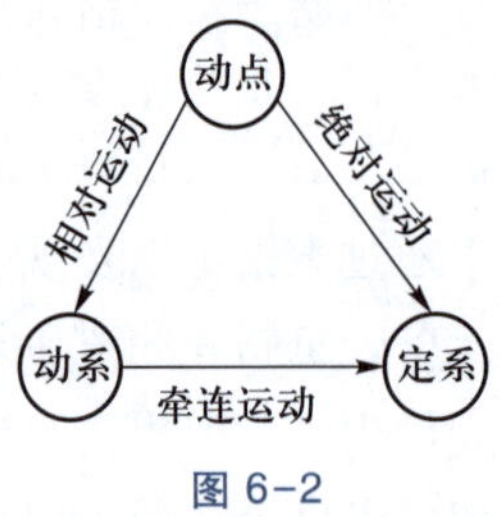

图 6-2

6.1.3 三种速度和加速度的概念

（1）绝对速度和绝对加速度

动点相对于定系的速度和加速度，称为动点的绝对速度和绝对加速度，分别用 $\boldsymbol{v}_a$ 和 $\boldsymbol{a}_a$ 表示。

（2）相对速度和相对加速度

动点相对于动系的速度和加速度，称为动点的相对速度和相对加速度，分别用 $\boldsymbol{v}_r$ 和 $\boldsymbol{a}_r$ 表示。

（3）牵连速度和牵连加速度

由于动系的运动是物体的运动而不是一个点的运动，所以除非动系做平移，否则其上各点的运动都不完全相同。因为动系与动点直接相关的是在该瞬时动系上与动点相重合的那一点，这个点定义为动点在该瞬时的**牵连点**。**牵连点具有瞬时性**，牵连点相对于定系的速度和加速度称为动点在该瞬时的牵连速度和牵连加速度，分别用 $\boldsymbol{v}_e$ 和 $\boldsymbol{a}_e$ 表示。

当动系做平移时，动系中各点具有相同的速度和加速度，因此可取动系中任一点的速度和加速度作为动点的牵连速度和牵连加速度。当动系的运动不是平移时，动系中各点的速度和加速度各不相同。在此情形下，应以在该瞬时牵连点的速度和加速度作为动点的牵连速度和牵连加速度。

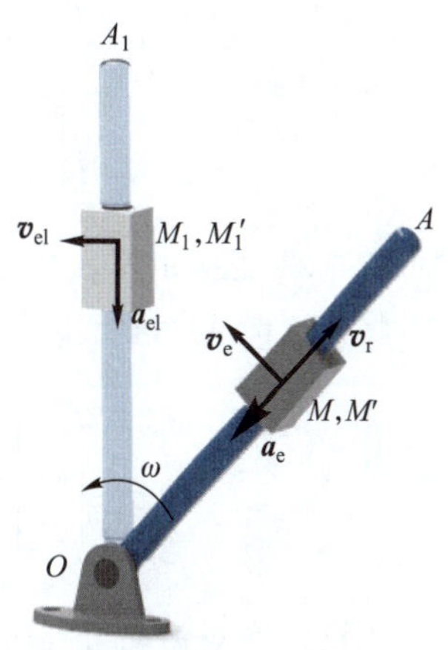

图 6-3

图 6-3 所示的杆 OA 以匀角速度 ω 绕轴 O 转动，滑块可沿杆 OA 以相对速度 $\boldsymbol{v}_r$ 滑动。在瞬时 t，滑块位于位置 M；瞬时 t_1，滑块位于位置 M_1。若将动系固结于杆 OA，滑块作为动点，则在动系杆 OA 上与动点相重合的点（牵连点）是变化的，在瞬时 t，牵连点为杆 OA 上的点 M'；在瞬时 t_1，为杆 OA 上的点 M'_1。由于牵连点是变化的，所以不同时刻时，动点的牵连速度和牵连加速度的大小和方向均不相同。

瞬时 t：$v_e = v_{M'} = OM\omega$，$a_e = a_{M'} = OM\omega^2$。

瞬时 t_1：$v_{e1} = v_{M'_1} = OM_1\omega$，$a_{e1} = a_{M'_1} = OM_1\omega^2$。

6.1.4 三种运动之间的关系

动系和定系是两个不同的参考系，可以利用图 6-4 来建立动点的绝对运动、相对运动和牵连运动之间的关系。

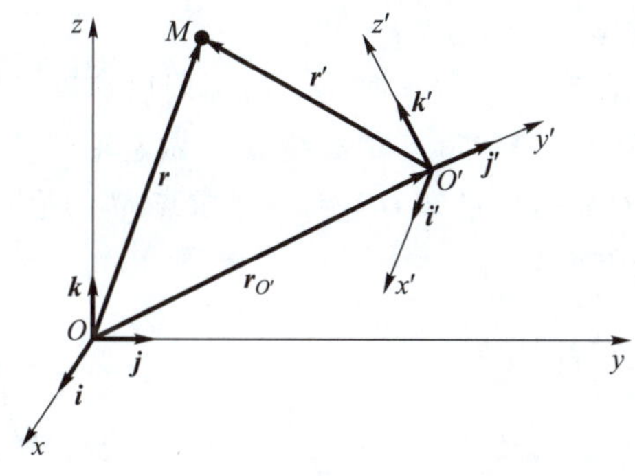

图 6-4

设 $Oxyz$ 为定系，$O'x'y'z'$ 为动系，动系坐标原点 O' 在定系中的径矢为 $\boldsymbol{r}_{O'}$，沿动系坐标轴的三个单位矢量分别为 $\boldsymbol{i}'$、$\boldsymbol{j}'$、$\boldsymbol{k}'$，沿定系坐标轴的三个单位矢量分别为 $\boldsymbol{i}$、$\boldsymbol{j}$、$\boldsymbol{k}$。动点 M

在定系中的径矢为 $\boldsymbol{r}$，在动系中的径矢为 $\boldsymbol{r}'$。由图 6-4 中的几何关系有

$$\boldsymbol{r}=\boldsymbol{r}_{O'}+\boldsymbol{r}' \tag{6-1}$$

由于

$$\begin{cases}\boldsymbol{r}=x\boldsymbol{i}+y\boldsymbol{j}+z\boldsymbol{k}\\ \boldsymbol{r}'=x'\boldsymbol{i}'+y'\boldsymbol{j}'+z'\boldsymbol{k}'\\ \boldsymbol{r}_{O'}=x_{O'}\boldsymbol{i}+y_{O'}\boldsymbol{j}+z_{O'}\boldsymbol{k}\end{cases} \tag{6-2}$$

则

$$(x-x_{O'})\boldsymbol{i}+(y-y_{O'})\boldsymbol{j}+(z-z_{O'})\boldsymbol{k}=x'\boldsymbol{i}'+y'\boldsymbol{j}'+z'\boldsymbol{k}' \tag{6-3}$$

由式（6-3）可得

$$\begin{pmatrix}x-x_{O'}\\ y-y_{O'}\\ z-z_{O'}\end{pmatrix}=\begin{pmatrix}\boldsymbol{i}'\cdot\boldsymbol{i} & \boldsymbol{j}'\cdot\boldsymbol{i} & \boldsymbol{k}'\cdot\boldsymbol{i}\\ \boldsymbol{i}'\cdot\boldsymbol{j} & \boldsymbol{j}'\cdot\boldsymbol{j} & \boldsymbol{k}'\cdot\boldsymbol{j}\\ \boldsymbol{i}'\cdot\boldsymbol{k} & \boldsymbol{j}'\cdot\boldsymbol{k} & \boldsymbol{k}'\cdot\boldsymbol{k}\end{pmatrix}\begin{pmatrix}x'\\ y'\\ z'\end{pmatrix}=\boldsymbol{C}'\begin{pmatrix}x'\\ y'\\ z'\end{pmatrix} \tag{6-4}$$

式中 $\boldsymbol{C}'$称为变换矩阵。当已知相对运动方程时，由式（6-4）就可以求出绝对运动方程。

将式（6-4）进行变换可以得到

$$\begin{pmatrix}x'\\ y'\\ z'\end{pmatrix}=\begin{pmatrix}\boldsymbol{i}'\cdot\boldsymbol{i} & \boldsymbol{i}'\cdot\boldsymbol{j} & \boldsymbol{i}'\cdot\boldsymbol{k}\\ \boldsymbol{j}'\cdot\boldsymbol{i} & \boldsymbol{j}'\cdot\boldsymbol{j} & \boldsymbol{j}'\cdot\boldsymbol{k}\\ \boldsymbol{k}'\cdot\boldsymbol{i} & \boldsymbol{k}'\cdot\boldsymbol{j} & \boldsymbol{k}'\cdot\boldsymbol{k}\end{pmatrix}\begin{pmatrix}x-x_{O'}\\ y-y_{O'}\\ z-z_{O'}\end{pmatrix}=\boldsymbol{C}\begin{pmatrix}x-x_{O'}\\ y-y_{O'}\\ z-z_{O'}\end{pmatrix} \tag{6-5}$$

当已知绝对运动方程时，由式（6-5）就可以求出相对运动方程。

当点做平面曲线运动时，动系和定系的关系如图 6-5 所示，φ 为动系的轴 x'与定系的轴 x 间的夹角。式（6-5）可以简化为

$$\begin{aligned}\begin{pmatrix}x'\\ y'\end{pmatrix}&=\begin{pmatrix}\boldsymbol{i}'\cdot\boldsymbol{i} & \boldsymbol{i}'\cdot\boldsymbol{j}\\ \boldsymbol{j}'\cdot\boldsymbol{i} & \boldsymbol{j}'\cdot\boldsymbol{j}\end{pmatrix}\begin{pmatrix}x-x_{O'}\\ y-y_{O'}\end{pmatrix}\\ &=\begin{pmatrix}\cos\varphi & \sin\varphi\\ -\sin\varphi & \cos\varphi\end{pmatrix}\begin{pmatrix}x-x_{O'}\\ y-y_{O'}\end{pmatrix}\end{aligned} \tag{6-6}$$

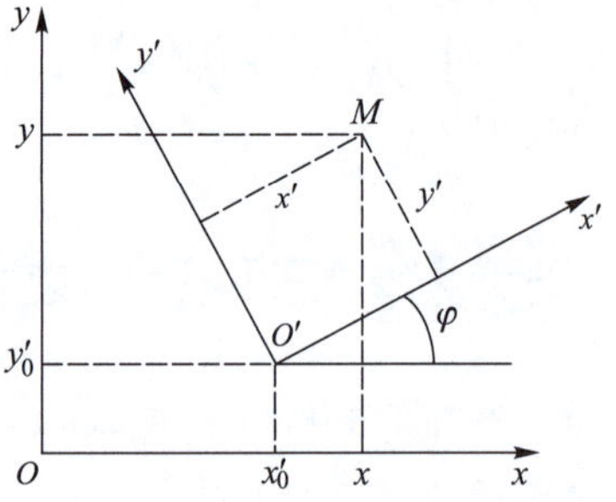

图 6-5

【例 6-1】 点 M 相对于动系 $Ox'y'$沿半径为 r 的圆周以速度 v 做匀速圆周运动（圆心为 O_1），动系 $Ox'y'$相对于定系 Oxy 以匀角速度 ω 绕点 O 做定轴转动，如图 6-6 所示。初始时 $Ox'y'$与 Oxy 重合，点 M 与 O 重合。已知 $OO_1=r$，试求点 M 的绝对运动方程。

【解】 点 M 的相对运动方程为

$$x'=OO_1-O_1M\cos\psi=r\left(1-\cos\frac{vt}{r}\right)$$

$$y'=O_1M\sin\psi=r\sin\frac{vt}{r}$$

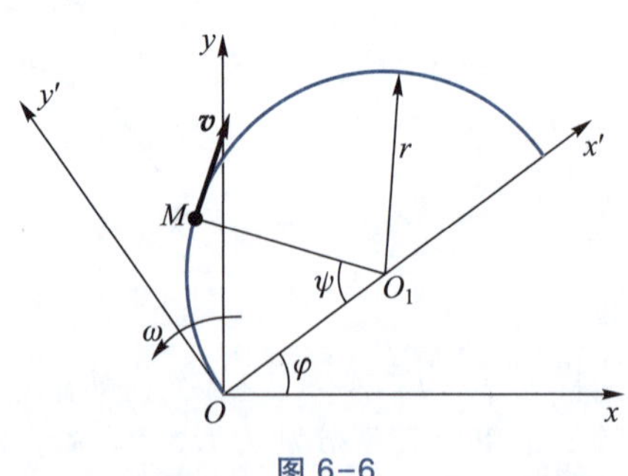

图 6-6

动系原点坐标为

$$x_{O'}=x_O=0,\quad y_{O'}=y_O=0$$

由于点 M 的绝对运动轨迹为平面曲线，由式（6-4）

可得

$$\begin{pmatrix} x-x_{O'} \\ y-y_{O'} \end{pmatrix}=\begin{pmatrix} \boldsymbol{i}'\cdot\boldsymbol{i} & \boldsymbol{j}'\cdot\boldsymbol{i} \\ \boldsymbol{i}'\cdot\boldsymbol{j} & \boldsymbol{j}'\cdot\boldsymbol{j} \end{pmatrix}\begin{pmatrix} x' \\ y' \end{pmatrix}=\begin{pmatrix} \cos\varphi & -\sin\varphi \\ \sin\varphi & \cos\varphi \end{pmatrix}\begin{pmatrix} x' \\ y' \end{pmatrix}$$

则点 M 的绝对运动方程为

$$x=x_{O'}+x'\cos\varphi-y'\sin\varphi=r\left(1-\cos\frac{vt}{r}\right)\cos\omega t-r\sin\left(\frac{vt}{r}\right)\sin\omega t$$

$$y=y_{O'}+x'\sin\varphi+y'\cos\varphi=r\left(1-\cos\frac{vt}{r}\right)\sin\omega t+r\sin\left(\frac{vt}{r}\right)\cos\omega t$$

设 $\Omega=v/r$、$n=\Omega/\omega$，当 $n=1$、3、5、7 时，点 M 的绝对运动轨迹如图 6-7 所示。

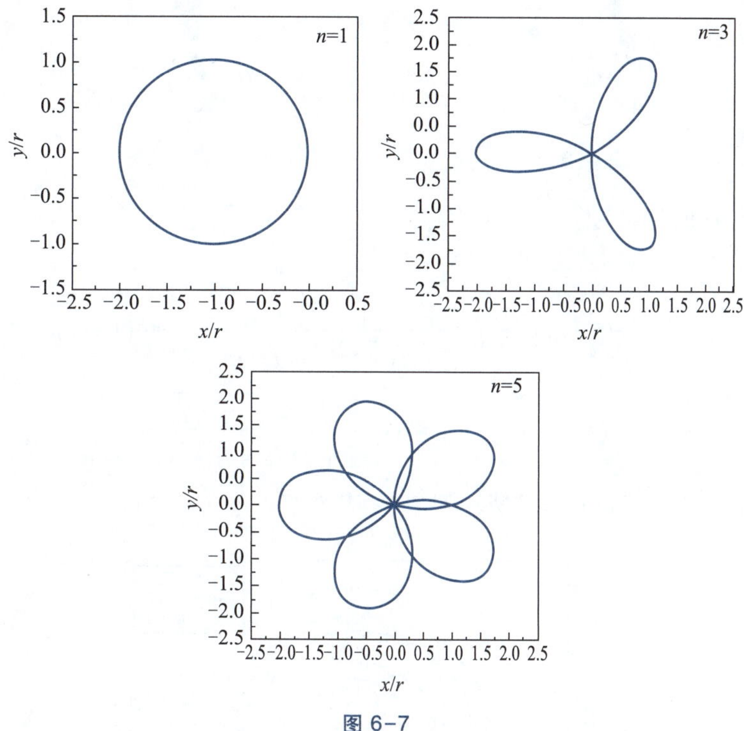

图 6-7

【例 6-2】 牛头刨床的急回机构如图 6-8 所示。曲柄 OA 的一端 A 与滑块用铰链连接。当曲柄 OA 以匀角速度 ω 绕固定轴 O 转动时，滑块在摇杆 O_1B 上滑动，并带动摇杆 O_1B 绕固定轴 O_1 摆动。设曲柄长 $OA=r$，两轴间距离 $OO_1=l$。图示瞬时，曲柄 OA 处于水平位置，摇杆 O_1B 与滑块的重合点为 A_1。如以点 A_1 为动点，动系固结在曲柄 OA 上，求动点 A_1 的相对运动方程。

【解】 设动系为 $Ox'y'$，原点为 O；定系为 O_1xy，原点为 O_1。在时刻 t，杆 OA 运动到位置 OA'，杆 OB 运动到位置 OB'，动点 A_1 运动到位置 A'_1，如图 6-9 所示。杆 OA 的转角 $\varphi=\omega t$。杆 OB' 与轴 x 的夹角为 β。在瞬时 t，动点的绝对运动方程为

$$x=O_1A'_1\cos\beta=\frac{r\cos\varphi\sqrt{r^2+l^2}}{\sqrt{(r\cos\varphi)^2+(l+r\sin\varphi)^2}}=\frac{r\cos\omega t\sqrt{r^2+l^2}}{\sqrt{(r\cos\omega t)^2+(l+r\sin\omega t)^2}}$$

$$y=O_1A'_1\sin\beta=\frac{(l+r\sin\varphi)\ \sqrt{r^2+l^2}}{\sqrt{(r\cos\varphi)^2+(l+r\sin\varphi)^2}}=\frac{(l+r\sin\omega t)\sqrt{r^2+l^2}}{\sqrt{(r\cos\omega t)^2+(l+r\sin\omega t)^2}}$$

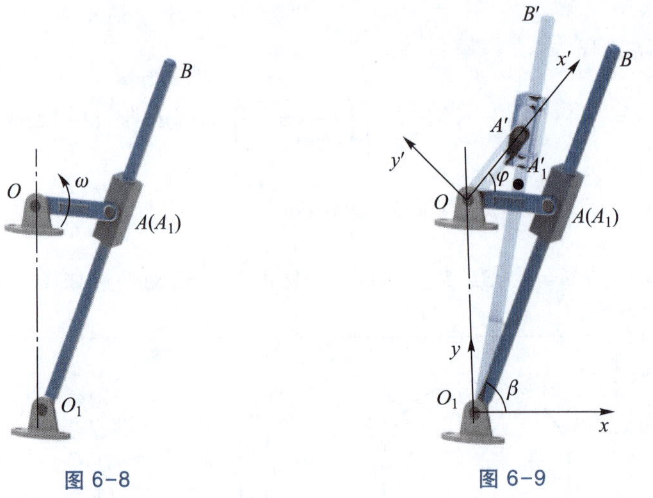

图 6-8　　图 6-9

动系的坐标原点 O 的位置为 $x_O=0$，$y_O=l$。

由式（6-6）可得动点的相对运动方程为

$$x'=(x-x_O)\cos\varphi+(y-y_O)\sin\varphi=\frac{\sqrt{r^2+l^2}}{\sqrt{(r\cos\omega t)^2+(l+r\sin\omega t)^2}}(r+l\sin\omega t)-l\sin\omega t$$

$$y'=(y-y_O)\cos\varphi-(x-x_O)\sin\varphi=l\cos\omega t\left[\frac{\sqrt{r^2+l^2}}{\sqrt{(r\cos\omega t)^2+(l+r\sin\omega t)^2}}-1\right]$$

不同结构参数下，动点的相对运动轨迹如图 6-10 所示。

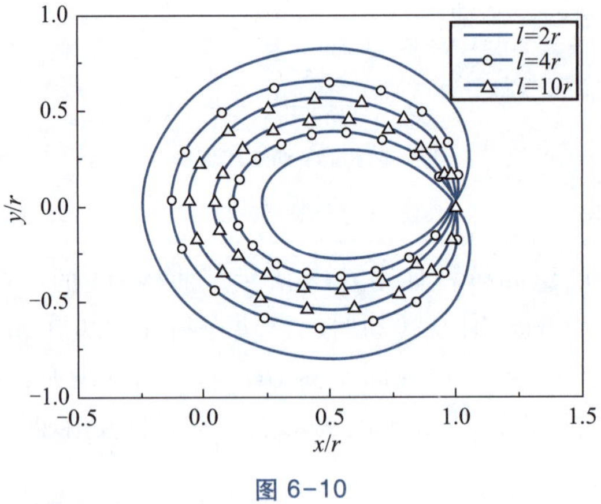

图 6-10

【例 6-3】 如图 6-11 所示，半径为 R、偏心距为 e 的凸轮，以角速度 ω 绕轴 O 匀速转动，杆 AB 能在滑槽中上下平移，杆的端点 A 始终与凸轮接触，且 OAB 成一直线。图示位置，OC 位于水平，凸轮与杆 AB 的重合点为 A_1。若以 A_1 为动点，动系固结在杆 AB 上，求动点 A_1 的相对运动方程。

【解】 设经过时间间隔 t 后，凸轮绕轴 O 顺时针转过 θ，杆 AB 运动到位置 $A'B'$，动点 A_1

运动到位置 A'_1，如图 6-12 所示。动系 $A'x'y'$ 固结在杆 $A'B'$ 上，原点为 A'；定系为 Oxy，原点为 O。

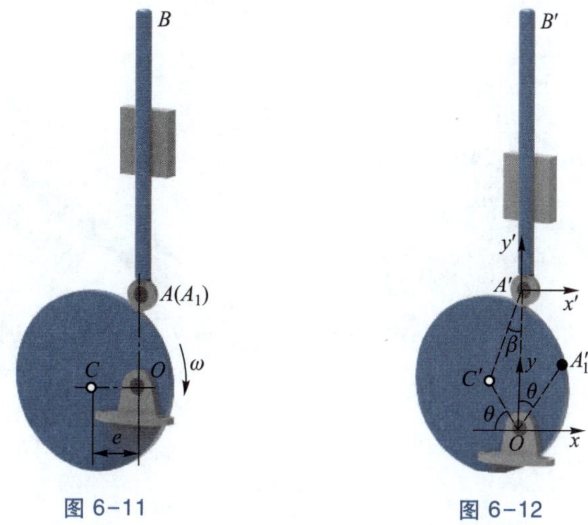

图 6-11　　　　图 6-12

由于凸轮绕轴 O 匀速转动，则 $\theta=\omega t$。动点的绝对运动方程为

$$x=OA'_1\sin\theta=OA_1\sin\theta=\sqrt{R^2-e^2}\sin\omega t$$

$$y=OA'_1\cos\theta=OA_1\cos\theta=\sqrt{R^2-e^2}\cos\omega t$$

动系的坐标原点 A' 的位置为

$$x_{A'}=0,\ y_{A'}=e\sin\theta+\sqrt{R^2-e^2\cos^2\theta}=e\sin\omega t+\sqrt{R^2-e^2\cos^2\omega t}$$

由于动系坐标轴始终与定系坐标轴平行，所以由式（6-6）可得动点的相对运动方程

$$x'=x-x_{A'}=\sqrt{R^2-e^2}\sin\omega t$$

$$y'=y-y_{A'}=\sqrt{R^2-e^2}\cos\omega t-e\sin\omega t-\sqrt{R^2-e^2\cos^2\omega t}$$

设 $\gamma=e/r$，不同结构参数下，动点的相对运动轨迹如图 6-13 所示。

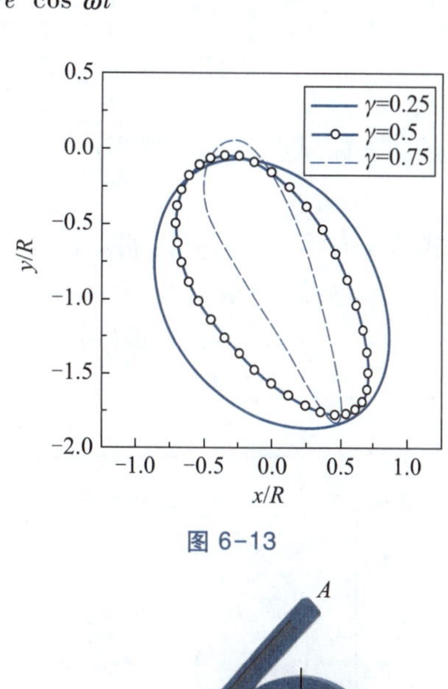

图 6-13

【例 6-4】半径为 r 的圆轮以匀角速度 ω 绕轴 O 转动，从而带动靠在轮上的杆 O_1A 绕轴 O_1 摆动，OO_1 处在水平位置，距离为 $OO_1=l$，圆轮的圆心为点 C，如图 6-14所示。图示瞬时，OC 处于铅垂位置，杆 O_1A 与圆轮的重合点分别为 B_1 和 B。试求：(1) 如以杆 O_1A 上的点 B_1 为动点，动系固结在圆轮 C 上，求动点 B_1 的相对运动方程；(2) 如以圆轮 C 上的点 B 为动点，动系固结在杆 O_1A 上，求动点 B 的相对运动方程。

图 6-14

【解】(1) 设经过时间间隔 t 后，圆轮绕轴 O 顺时针转过 φ，杆 O_1A 运动到位置 O_1A'，动点 B_1 运动到位置 B'_1，如图 6-15a 所示。动系 $Ox'y'$ 固结在圆轮 C 上，原点为 O；定系为 Oxy。圆轮 C 的转角 $\varphi=\omega t$。O_1A' 与

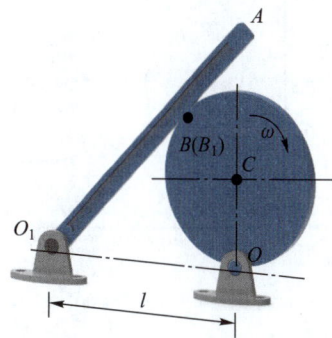

轴 x 的夹角为 θ。在瞬时 t，动点 B_1 的绝对运动方程为

$$x=OB_1'\cos\theta-l=l(\cos\theta-1)$$
$$y=OB_1'\sin\theta=l\sin\theta$$

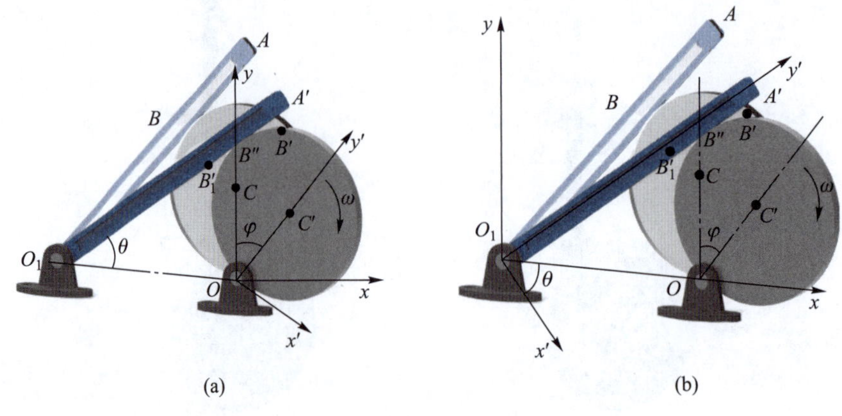

图 6-15

式中 θ 可由此瞬时圆轮 C 和杆 O_1A' 的切点 B'' 的坐标确定：

$$\theta=\arctan\left(\frac{y_{B''}}{l+x_{B''}}\right)$$

而 $x_{B''}$、$y_{B''}$ 可由如下方程解出：

$$(x_{B''}-r\sin\omega t)^2+(y_{B''}-r\cos\omega t)^2=r^2$$
$$(r\sin\omega t+l)^2+(r\cos\omega t)^2-r^2=(x_{B''}+l)^2+y_{B''}^2$$

动系的坐标原点 O 的位置为

$$x_O=0,\ y_O=0$$

由式（6-6）可得动点的相对运动方程

$$x'=(x-x_O)\cos(-\varphi)+(y-y_O)\sin(-\varphi)=l(\cos\theta-1)\cos\omega t-l\sin\theta\sin\omega t$$
$$y'=(y-y_O)\cos(-\varphi)-(x-x_O)\sin(-\varphi)=l\sin\theta\cos\omega t+l(\cos\theta-1)\sin\omega t$$

当 $l/r=3$ 时，动点的相对运动轨迹如图 6-16a 所示。

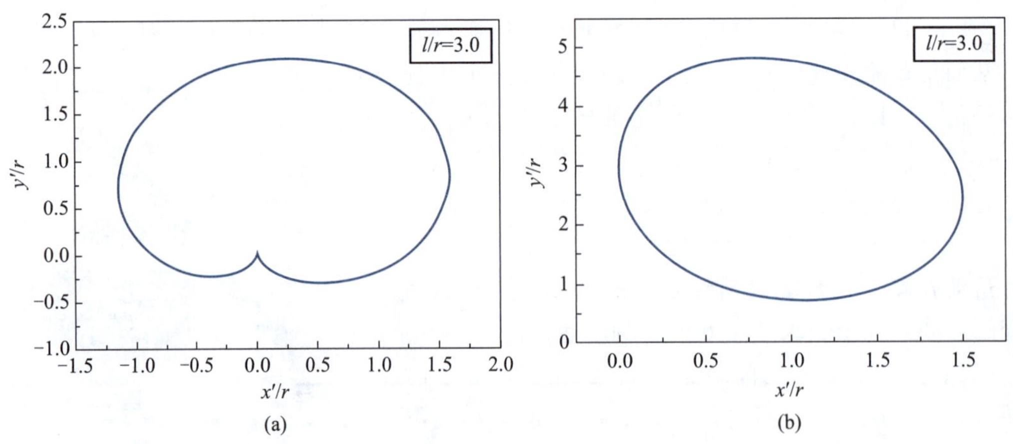

图 6-16

（2）动系 $O_1x'y'$固结在杆 O_1A 上，原点为 O_1；定系为 O_1xy，瞬时 t，轴 x'和 x 的夹角为 θ，如图 6-15b 所示。由图 6-15b 可知

$$OB'=OB=2r\cos\left(\arctan\frac{r}{l}\right)=\frac{2lr}{\sqrt{l^2+r^2}}$$

在瞬时 t，动点 B 的绝对运动方程为

$$x=l+OB'\sin\left(\varphi-\arctan\frac{r}{l}\right)=l+\frac{2lr}{\sqrt{l^2+r^2}}\sin\left(\omega t-\arctan\frac{r}{l}\right)$$

$$y=OB'\cos\left(\varphi-\arctan\frac{r}{l}\right)=\frac{2lr}{\sqrt{l^2+r^2}}\cos\left(\omega t-\arctan\frac{r}{l}\right)$$

动系的坐标原点 O_1的位置为

$$x_{O_1}=0,\ \ y_{O_1}=0$$

由式（6-6）可得动点的相对运动方程

$$\begin{aligned}x'&=(x-x_{O_1})\cos(-\theta)+(y-y_{O_1})\sin(-\theta)\\&=\left[l+\frac{2lr}{\sqrt{l^2+r^2}}\sin\left(\omega t-\arctan\frac{r}{l}\right)\right]\cos\theta-\frac{2lr}{\sqrt{l^2+r^2}}\cos\left(\omega t-\arctan\frac{r}{l}\right)\sin\theta\\y'&=(y-y_{O_1})\cos(-\theta)-(x-x_{O_1})\sin(-\theta)\\&=\frac{2lr}{\sqrt{l^2+r^2}}\cos\left(\omega t-\arctan\frac{r}{l}\right)\cos\theta+\left[l+\frac{2lr}{\sqrt{l^2+r^2}}\sin\left(\omega t-\arctan\frac{r}{l}\right)\right]\sin\theta\end{aligned}$$

当 $l/r=3$ 时，动点的相对运动轨迹如图 6-16b 所示。

§6-2 点的速度合成定理

现在来讨论动点的绝对速度、相对速度和牵连速度之间的关系。如图 6-17 所示，取 $Oxyz$ 为定系，$O'x'y'z'$为动系。动系坐标原点 O'在定系中的径矢为 $\boldsymbol{r}_{O'}$，其三个坐标轴上的单位矢量分别为 $\boldsymbol{i}'$、$\boldsymbol{j}'$和 $\boldsymbol{k}'$，动点 M 在定系中的径矢为 $\boldsymbol{r}_M$，在动系中的径矢为 $\boldsymbol{r}'$。在图示瞬时，动系上与动点重合的点（牵连点）记为 M'，它在定系中的径矢为 $\boldsymbol{r}_{M'}$。由图中几何关系有

$$\boldsymbol{r}_M=\boldsymbol{r}_{O'}+\boldsymbol{r}'$$

$$\boldsymbol{r}'=x'\boldsymbol{i}'+y'\boldsymbol{j}'+z'\boldsymbol{k}'$$

$$\boldsymbol{r}_M=\boldsymbol{r}_{M'}$$

动点的相对速度 $\boldsymbol{v}_r$ 为

$$\boldsymbol{v}_r=\frac{\tilde{\mathrm{d}}\boldsymbol{r}'}{\mathrm{d}t}=\frac{\mathrm{d}x'}{\mathrm{d}t}\boldsymbol{i}'+\frac{\mathrm{d}y'}{\mathrm{d}t}\boldsymbol{j}'+\frac{\mathrm{d}z'}{\mathrm{d}t}\boldsymbol{k}' \tag{6-7}$$

相对速度 $\boldsymbol{v}_r$ 是动点相对于动系的速度，在求导时 $\boldsymbol{i}'$、$\boldsymbol{j}'$和 $\boldsymbol{k}'$可视为常矢量。这种导数称为相对导数，在求导符号上加上了“~”符号，以示区别。

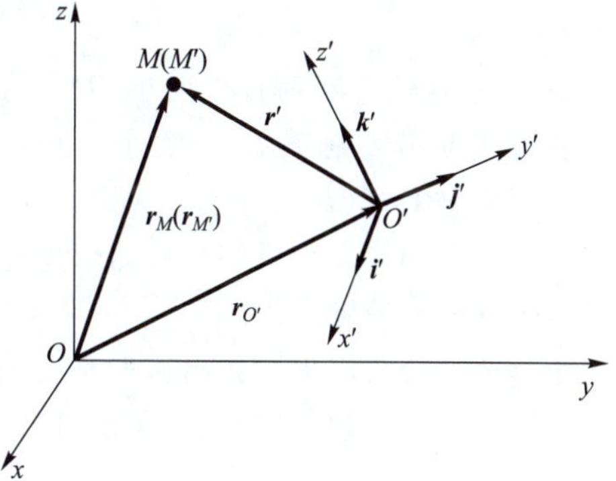

图 6-17

动点的牵连速度 $\boldsymbol{v}_e$ 为

$$\boldsymbol{v}_e=\frac{\mathrm{d}\boldsymbol{r}_{M'}}{\mathrm{d}t}=\frac{\mathrm{d}\boldsymbol{r}_{O'}}{\mathrm{d}t}+x'\frac{\mathrm{d}\boldsymbol{i}'}{\mathrm{d}t}+y'\frac{\mathrm{d}\boldsymbol{j}'}{\mathrm{d}t}+z'\frac{\mathrm{d}\boldsymbol{k}'}{\mathrm{d}t} \tag{6-8}$$

牵连速度 $\boldsymbol{v}_e$ 为牵连点 M' 相对于定系的速度，牵连点是动系上的点，它在动系中的坐标 x'、y' 和 z' 是常数。

动点的绝对速度为

$$\boldsymbol{v}_a=\frac{\mathrm{d}\boldsymbol{r}_M}{\mathrm{d}t}=\frac{\mathrm{d}\boldsymbol{r}_{O'}}{\mathrm{d}t}+x'\frac{\mathrm{d}\boldsymbol{i}'}{\mathrm{d}t}+y'\frac{\mathrm{d}\boldsymbol{j}'}{\mathrm{d}t}+z'\frac{\mathrm{d}\boldsymbol{k}'}{\mathrm{d}t}+\frac{\mathrm{d}x'}{\mathrm{d}t}\boldsymbol{i}'+\frac{\mathrm{d}y'}{\mathrm{d}t}\boldsymbol{j}'+\frac{\mathrm{d}z'}{\mathrm{d}t}\boldsymbol{k}' \tag{6-9}$$

在求绝对速度时，x'、y'、z'、$\boldsymbol{i}'$、$\boldsymbol{j}'$ 和 $\boldsymbol{k}'$ 都是时间 t 的函数。由以上推导可以看出，$\boldsymbol{r}_M$ 和 $\boldsymbol{r}_{M'}$ 对时间的求导结果是不一样的。将式（6-7）、（6-8）带入式（6-9）可得

$$\boldsymbol{v}_a=\boldsymbol{v}_e+\boldsymbol{v}_r \tag{6-10}$$

由此得到**点的速度合成定理：动点在某一瞬时的绝对速度等于它在该瞬时的牵连速度与相对速度的矢量和**，或者**动点的绝对速度可由牵连速度与相对速度所构成的平行四边形的对角线来确定**。这个平行四边形称为**速度平行四边形**。

在上述推导过程中并未限制动系做什么样的运动，因此点的速度合成定理适用于牵连运动是任何运动的情况，即动系可做平移、转动或其他任何较复杂的运动。

在应用点的速度合成定理解题时，建议按以下步骤进行：

（1）恰当地选择动点和动系，定系一般固结于地面。动点和动系的选取原则为：动点和动系不能选在同一个物体上，一般应使相对运动轨迹简单。

（2）分析三种运动和三种速度。各种运动的速度都有大小和方向两个要素，只有知道四个要素才能画出速度平行四边形。

（3）应用速度合成定理，作出速度平行四边形，利用几何关系或矢量投影定理求解。作图时要使绝对速度成为速度平行四边形的对角线。

【例 6-5】 正弦机构如图 6-18 所示。曲柄 OA 可绕固定轴 O 转动，滑块用销 A 与曲柄相连，并可在滑道 BC 中滑动。曲柄转动时通过滑块带动滑道连杆 BCD 沿导槽上下运动。如曲柄长 $OA=r$，角速度为 ω。试求曲柄与铅垂线成角 φ 时，滑道连杆 BCD 的速度。

【解】 取曲柄端点 A 为动点，动系固结于滑道连杆 BCD。

点 A 的绝对运动是绕轴 O 的圆周运动，相对运动为沿滑道 BC 的直线运动，牵连运动是滑道连杆 BCD 的平移。

点 A 的绝对速度垂直于曲柄 OA，大小为 $v_a=r\omega$；相对速度沿着滑道 BC，大小未知；由于牵连运动为滑道连杆 BCD 的平移，所以动点的牵连速度沿铅垂线方向，大小未知，显然牵连速度就是待求的滑道连杆的速度。

根据速度合成定理，作出速度平行四边形，如图 6-18 所示，由其中的直角三角形可求得

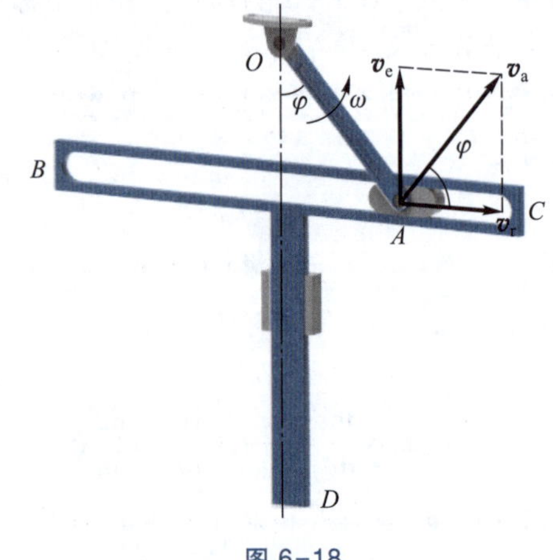

图 6-18

$$v_e=v_a\sin\varphi=r\omega\sin\varphi$$

【例 6-6】求例 6-2 中摇杆 O_1B 在图 6-19 所示位置时的角速度 ω_1。

【解】本题中动点、动系的选取有两种方案。

方案一：选取摇杆 O_1B 与滑块的重合点 A_1 为动点，动系固结在曲柄 OA 上。绝对运动是以 O_1 为圆心、O_1A_1 为半径的圆周运动；相对运动是如图 6-10 所示的复杂的平面曲线运动，牵连运动是曲柄绕轴 O 的定轴转动。

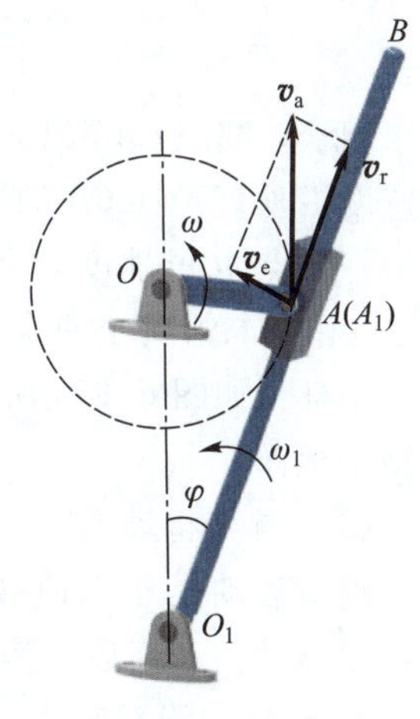

图 6-19

方案二：选取曲柄端点 A 为动点，动系固结在摇杆 O_1B 上。绝对运动是以 O 为圆心、OA 为半径的圆周运动；相对运动是沿杆 O_1B 方向的直线运动，牵连运动是摇杆绕轴 O_1 的转动。

由上述分析可知，方案二的相对运动轨迹较简单，此方案较优，故在本题求解时选取方案二。

点 A 的绝对速度垂直于曲柄 OA，大小为 $v_a = r\omega$；相对速度沿着摇杆 O_1B，大小未知；在图示瞬时，动点 A 的牵连点为摇杆 O_1B 上的点 A_1，牵连速度垂直于 O_1B，大小未知。

根据速度合成定理，作出速度平行四边形，如图 6-19 所示，由其中的直角三角形可求得

$$v_e = v_a \sin\varphi = \frac{r^2\omega}{\sqrt{l^2+r^2}}$$

设摇杆在此瞬时的角速度为 ω_1，则

$$\omega_1 = \frac{v_e}{O_1A} = \frac{r^2\omega}{l^2+r^2}$$

【例 6-7】半径为 r 的圆轮以匀角速度 ω 绕轴 O 转动，从而带动靠在轮上的杆 O_1A 绕轴 O_1 摆动，如图 6-20 所示。已知图示瞬时 $\theta = 60°$，$OC \perp OO_1$，试求在该瞬时杆 O_1A 的角速度 ω_1。

【解】本题属于杆和盘相接触的例题，该题与前述几个例题不同，虽然圆轮和杆始终接触，但两个物体上的接触点随时间变化，在某一个物体上并不是一个固定的接触点。由例 6-4 可知，如分别以杆 O_1A 与圆轮的重合点为动点，则相对运动轨迹为复杂的平面曲线运动。由图 6-20 可以观察到轮心 C 与杆之间的距离始终等于圆轮半径 r，即轮心 C 相对于杆的轨迹是与杆平行的直线段。因此本题选轮心 C 为动点，动系固结在杆上，随杆绕轴 O_1 转动。绝对运动是以 O 为圆心、OC 为半径的圆周运动；相对运动是平行于杆 O_1A 的直线运动；牵连运动是杆 O_1A 绕轴 O_1 的转动。

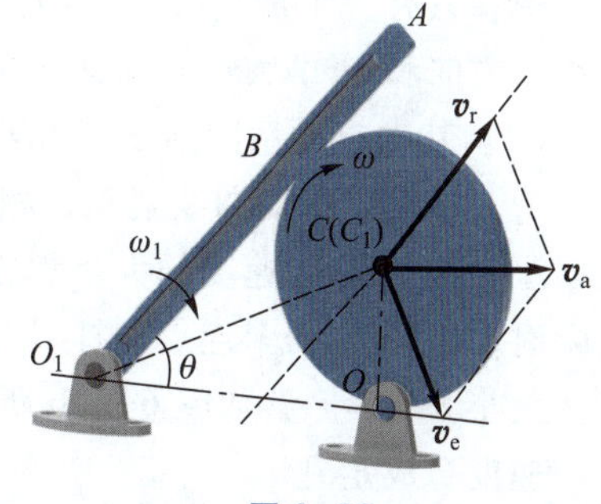

图 6-20

轮心 C 的绝对速度垂直于 OC，沿水平方向，大小 $v_a = r\omega$；相对速度平行于杆 O_1A，大小未知；在图示瞬时，动点 C 的牵连点为杆 O_1A 上与轮心 C 重合的点 C_1，牵连速度垂直于 O_1C，大小未知。

根据速度合成定理，作出速度平行四边形，如图 6-20 所示，其中三角形为等边三角形，可求得

$$v_e = v_a = r\omega$$

则杆 O_1A 的角速度为

$$\omega_1=\frac{v_e}{O_1C}=\frac{r\omega}{2r}=\frac{\omega}{2}$$

【例 6-8】 杆 AB 以大小为 v_1 的速度沿垂直于杆 AB 的方向向上运动，杆 CD 以大小为 v_2 的速度沿垂直于杆 CD 的方向向左上方移动，如图 6-21 所示。设两杆之间的夹角为 φ，试求两杆交点 M 的速度大小。

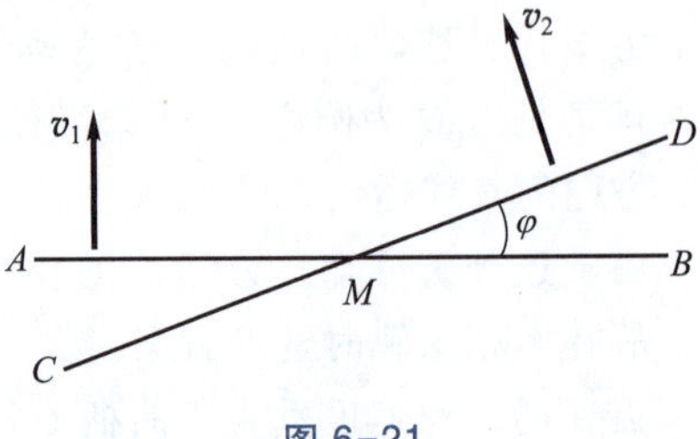

图 6-21

【解】 本题属于两次选取动系的问题。假设点 M 为一小环，如图 6-22a 所示。取小环 M 为动点。定系固结于地面。

(1) 首先将动系固结于杆 AB。

绝对运动是平面曲线运动，相对运动是沿杆 AB 的直线运动，牵连运动是杆 AB 的平移。

小环 M 的绝对速度的大小和方向未知；相对速度 $\boldsymbol{v}_{r1}$ 沿杆 AB 的方向，大小未知；在图示瞬时，小环 M 的牵连点为杆 AB 上的点 M，牵连速度即为杆 AB 平移的速度，作用线沿铅垂方向，大小为 $v_{e1}=v_1$，如图 6-22a 所示。

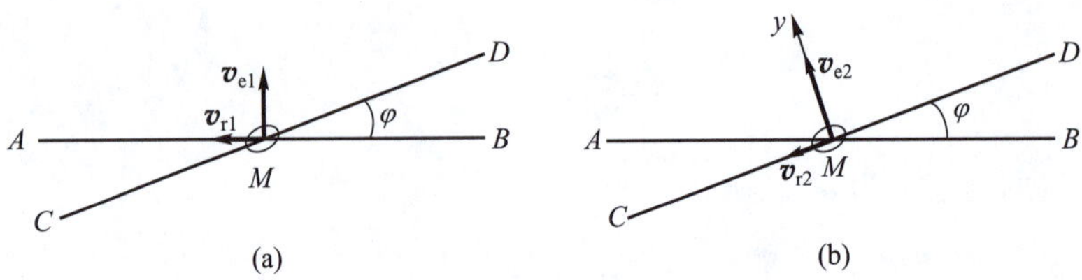

图 6-22

速度合成定理

$$\boldsymbol{v}_a=\boldsymbol{v}_{r1}+\boldsymbol{v}_{e1} \tag{6-11}$$

上式中，只有三个量（即 $\boldsymbol{v}_{e1}$ 的大小、方向和 $\boldsymbol{v}_{r1}$ 的方向）是已知的，其余三个量（即 $\boldsymbol{v}_a$ 的大小、方向和 $\boldsymbol{v}_{r1}$ 的大小）是未知的，由式（6-11）不能求出小环 M 的绝对速度。

(2) 其次将动系固结于杆 CD。

绝对运动是平面曲线运动，相对运动是沿杆 CD 的直线运动，牵连运动是杆 CD 的平移。

小环 M 的绝对速度的大小和方向未知；相对速度 $\boldsymbol{v}_{r2}$ 沿杆 CD 的方向，大小未知；在图示瞬时，小环 M 的牵连点为杆 CD 上的点 M，牵连速度即为杆 CD 平移的速度，方向沿左上方，大小为 $v_{e2}=v_2$，如图 6-22b 所示。

速度合成定理

$$\boldsymbol{v}_a=\boldsymbol{v}_{r2}+\boldsymbol{v}_{e2} \tag{6-12}$$

上式中，只有三个量（即 $\boldsymbol{v}_{e2}$ 的大小、方向和 $\boldsymbol{v}_{r2}$ 的方向）是已知的，其余三个量（即 $\boldsymbol{v}_a$ 的大小、方向和 $\boldsymbol{v}_{r2}$ 的大小）是未知的，只由式（6-12）也不能求出小环 M 的绝对速度。

由于上面的分析中，动点是相同的，皆为小环 M，将式（6-11）和式（6-12）联立，得

$$\boldsymbol{v}_{r1}+\boldsymbol{v}_{e1}=\boldsymbol{v}_{r2}+\boldsymbol{v}_{e2} \tag{6-13}$$

上式中只有 $\boldsymbol{v}_{r1}$ 和 $\boldsymbol{v}_{r2}$ 的大小是未知的，其余量皆已知。

将式（6-13）向图 6-22b 上的轴 y 投影：

$$v_{r1}\sin\varphi+v_{e1}\cos\varphi=v_{e2}$$

可得

$$v_{r1}=\frac{v_2-v_1\cos\varphi}{\sin\varphi} \tag{a}$$

由式（a）可得小环 M 的绝对速度大小为

$$v_a=\sqrt{v_{r1}^2+v_{e1}^2}=\sqrt{\left(\frac{v_2-v_1\cos\varphi}{\sin\varphi}\right)^2+v_1^2}=\frac{\sqrt{v_1^2+v_2^2-2v_1v_2\cos\varphi}}{\sin\varphi}$$

§6-3 点的加速度合成定理

由§6-2节可知，研究动点的相对运动时，图6-17中的 $\boldsymbol{i}'$、$\boldsymbol{j}'$ 和 $\boldsymbol{k}'$ 为常矢量，而 x'、y' 和 z' 是变量；研究动点的牵连运动时，由于是研究牵连点相对于定系的运动，牵连点在动系中的坐标 x'、y' 和 z' 是常量，但 $\boldsymbol{i}'$、$\boldsymbol{j}'$ 和 $\boldsymbol{k}'$ 却是变量；研究动点的绝对运动时，x'、y'、z'、$\boldsymbol{i}'$、$\boldsymbol{j}'$ 和 $\boldsymbol{k}'$ 都是时间 t 的函数。

动点的相对加速度 $\boldsymbol{a}_r$ 为

$$\boldsymbol{a}_r=\frac{\tilde{\mathrm{d}}^2\boldsymbol{r}'}{\mathrm{d}t^2}=\frac{\mathrm{d}^2x'}{\mathrm{d}t^2}\boldsymbol{i}'+\frac{\mathrm{d}^2y'}{\mathrm{d}t^2}\boldsymbol{j}'+\frac{\mathrm{d}^2z'}{\mathrm{d}t^2}\boldsymbol{k}' \tag{6-14}$$

动点的牵连加速度 $\boldsymbol{a}_e$ 为

$$\boldsymbol{a}_e=\frac{\mathrm{d}^2\boldsymbol{r}_{M'}}{\mathrm{d}t^2}=\frac{\mathrm{d}^2\boldsymbol{r}_{O'}}{\mathrm{d}t^2}+x'\frac{\mathrm{d}^2\boldsymbol{i}'}{\mathrm{d}t^2}+y'\frac{\mathrm{d}^2\boldsymbol{j}'}{\mathrm{d}t^2}+z'\frac{\mathrm{d}^2\boldsymbol{k}'}{\mathrm{d}t^2} \tag{6-15}$$

动点的绝对加速度 $\boldsymbol{a}_a$ 为

$$\boldsymbol{a}_a=\frac{\mathrm{d}^2\boldsymbol{r}_M}{\mathrm{d}t^2}=\frac{\mathrm{d}^2\boldsymbol{r}_{O'}}{\mathrm{d}t^2}+x'\frac{\mathrm{d}^2\boldsymbol{i}'}{\mathrm{d}t^2}+y'\frac{\mathrm{d}^2\boldsymbol{j}'}{\mathrm{d}t^2}+z'\frac{\mathrm{d}^2\boldsymbol{k}'}{\mathrm{d}t^2}+\frac{\mathrm{d}^2x'}{\mathrm{d}t^2}\boldsymbol{i}'+\frac{\mathrm{d}^2y'}{\mathrm{d}t^2}\boldsymbol{j}'+\frac{\mathrm{d}^2z'}{\mathrm{d}t^2}\boldsymbol{k}'+$$

$$2\left(\frac{\mathrm{d}x'}{\mathrm{d}t}\frac{\mathrm{d}\boldsymbol{i}'}{\mathrm{d}t}+\frac{\mathrm{d}y'}{\mathrm{d}t}\frac{\mathrm{d}\boldsymbol{j}'}{\mathrm{d}t}+\frac{\mathrm{d}z'}{\mathrm{d}t}\frac{\mathrm{d}\boldsymbol{k}'}{\mathrm{d}t}\right) \tag{6-16}$$

在例5-5中已推导出泊松公式

$$\frac{\mathrm{d}\boldsymbol{i}'}{\mathrm{d}t}=\boldsymbol{\omega}_e\times\boldsymbol{i}',\quad \frac{\mathrm{d}\boldsymbol{j}'}{\mathrm{d}t}=\boldsymbol{\omega}_e\times\boldsymbol{j}',\quad \frac{\mathrm{d}\boldsymbol{k}'}{\mathrm{d}t}=\boldsymbol{\omega}_e\times\boldsymbol{k}' \tag{6-17}$$

由式（6-7）和式（6-17）可知

$$\frac{\mathrm{d}x'}{\mathrm{d}t}\frac{\mathrm{d}\boldsymbol{i}'}{\mathrm{d}t}+\frac{\mathrm{d}y'}{\mathrm{d}t}\frac{\mathrm{d}\boldsymbol{j}'}{\mathrm{d}t}+\frac{\mathrm{d}z'}{\mathrm{d}t}\frac{\mathrm{d}\boldsymbol{k}'}{\mathrm{d}t}=\boldsymbol{\omega}_e\times\left(\frac{\mathrm{d}x'}{\mathrm{d}t}\boldsymbol{i}'+\frac{\mathrm{d}y'}{\mathrm{d}t}\boldsymbol{j}'+\frac{\mathrm{d}z'}{\mathrm{d}t}\boldsymbol{k}'\right)=\boldsymbol{\omega}_e\times\boldsymbol{v}_r \tag{6-18}$$

将式（6-15）、（6-16）和式（6-18）代入式（6-16）中，有

$$\boldsymbol{a}_a=\boldsymbol{a}_e+\boldsymbol{a}_r+2\boldsymbol{\omega}_e\times\boldsymbol{v}_r$$

令

$$\boldsymbol{a}_C=2\boldsymbol{\omega}_e\times\boldsymbol{v}_r \tag{6-19}$$

称为科氏加速度（科里奥利加速度），它等于动系的角速度矢与点的相对速度矢矢积的2

倍。于是有

$$\boldsymbol{a}_a=\boldsymbol{a}_e+\boldsymbol{a}_r+\boldsymbol{a}_C \tag{6-20}$$

上式为点的加速度合成定理：**动点在某瞬时的绝对加速度等于该瞬时的牵连加速度、相对加速度和科氏加速度的矢量和。**

当牵连运动为任意运动时，式（6-20）都成立，它是点的加速度合成定理的普遍形式。

根据矢积运算法则，科氏加速度 $\boldsymbol{a}_C$ 的大小为

$$a_C=2\omega_e v_r \sin\theta$$

式中 θ 是矢量 $\boldsymbol{\omega}_e$ 和 $\boldsymbol{v}_r$ 的最小夹角。$\boldsymbol{a}_C$ 的方向由右手螺旋法则确定，如图 6-23 所示。如果 $\boldsymbol{\omega}_e \perp \boldsymbol{v}_r$，可将相对速度矢 $\boldsymbol{v}_r$ 顺着牵连运动角速度矢 $\boldsymbol{\omega}_e$ 的转向转过 90°角，$\boldsymbol{v}_r$ 的指向即为 $\boldsymbol{a}_C$ 的指向，此时其大小为

$$a_C=2\omega_e v_r$$

如果 $\boldsymbol{\omega}_e \parallel \boldsymbol{v}_r$，$\theta=0$，则 $a_C=0$。

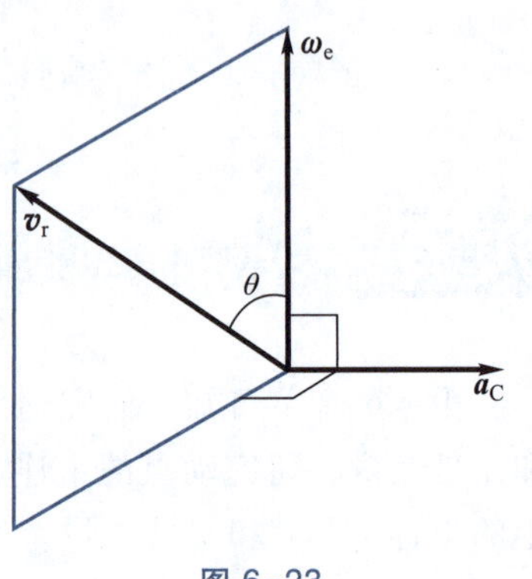

图 6-23

当牵连运动为平移时，$\omega_e=0$，因此 $a_C=0$，此时有

$$\boldsymbol{a}_a=\boldsymbol{a}_e+\boldsymbol{a}_r \tag{6-21}$$

这表明，当牵连运动为平移时，**动点在某瞬时的绝对加速度等于该瞬时的牵连加速度与相对加速度的矢量和**。式（6-21）称为**牵连运动为平移时点的加速度合成定理**。

【例 6-9】 求例 6-5 中曲柄 OA 以角速度 ω 做匀速转动时，在图 6-24 所示位置时滑道连杆 BCD 的加速度。

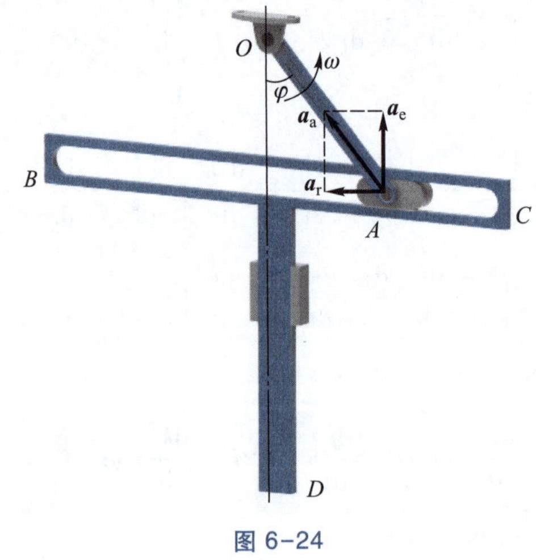

图 6-24

【解】 动点和动系的选择同例 6-5。因为牵连运动为平移，因此加速度合成定理为

$$\boldsymbol{a}_a=\boldsymbol{a}_e+\boldsymbol{a}_r$$

动点的绝对加速度大小为 $a_a=r\omega^2$，方向由点 A 指向 O。加速度平行四边形如图 6-24 所示，由图中三角关系可得滑道连杆 BCD 的加速度

$$a_e=a_a\cos\varphi=r\omega^2\cos\varphi$$

【例 6-10】 求例 6-6 中摇杆 O_1B 在图 6-25 所示位置时的角加速度 α_1。

【解】 动点和动系的选择同例 6-6，动点的绝对加速度大小为 $a_a=r\omega^2$，方向由点 A 指向

O。由例 6-6 已求出摇杆 O_1B 的角速度 ω_1，故动点的牵连法向加速度的大小为 $a_e^n=O_1A\cdot\omega_1^2$，方向由点 A 指向 O_1。设摇杆 O_1B 的角加速度 α_1 的方向与 ω_1 相同，则牵连切向加速度 $\boldsymbol{a}_e^t$ 的方向垂直于摇杆 O_1B。动点的相对加速度 $\boldsymbol{a}_r$ 沿摇杆 O_1B，大小未知。由科氏加速度的定义可知，$\boldsymbol{a}_C$ 的方向垂直于摇杆 O_1B，大小为

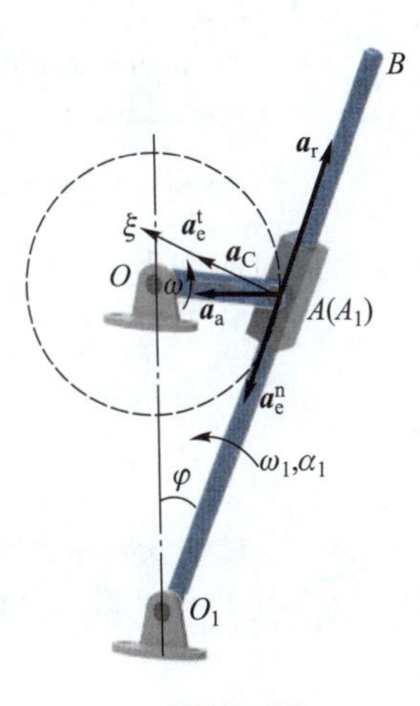

图 6-25

$$a_C=2\omega_1 v_r$$

由例 6-6 可知

$$v_r=v_a\cos\varphi=r\omega\frac{l}{\sqrt{l^2+r^2}}$$

则

$$a_C=2\frac{r^3l\omega^2}{(l^2+r^2)^{3/2}}$$

将加速度合成定理

$$\boldsymbol{a}_a=\boldsymbol{a}_e^t+\boldsymbol{a}_e^n+\boldsymbol{a}_r+\boldsymbol{a}_C$$

向 $\boldsymbol{a}_e^t$ 和 $\boldsymbol{a}_C$ 所在的轴 ξ 投影，可得

$$a_a\cos\varphi=a_e^t+a_C$$

则

$$a_e^t=a_a\cos\varphi-a_C=r\omega^2\frac{l}{\sqrt{l^2+r^2}}-2\frac{r^3l\omega^2}{(l^2+r^2)^{3/2}}=\frac{rl\omega^2(l^2-r^2)}{(l^2+r^2)^{3/2}}$$

摇杆 O_1B 的角加速度为

$$\alpha_1=\frac{a_e^t}{O_1A}=\frac{rl\omega^2(l^2-r^2)}{(l^2+r^2)^2}$$

【例 6-11】 求例 6-7 中杆 O_1A 在图 6-26 所示位置时的角加速度 α_1。

【解】 动点和动系的选择同例 6-7，动点的绝对加速度大小为 $a_a=r\omega^2$，方向由点 C 指向 O。由例 6-7 已求出杆 O_1A 的角速度 ω_1，故动点的牵连法向加速度的大小为 $a_e^n=O_1C\cdot\omega_1^2$，方向由点 C 指向 O_1。设杆 O_1A 的角加速度 α_1 的方向与 ω_1 相同，则牵连切向加速度 $\boldsymbol{a}_e^t$ 的方向垂直于 O_1C。由于动点的相对运动轨迹平行于杆 O_1A，故动点的相对加速度 $\boldsymbol{a}_r$ 平行于杆 O_1A，大小未知。由科氏加速度的定义可知，$\boldsymbol{a}_C$ 的方向垂直于杆 O_1A，大小为

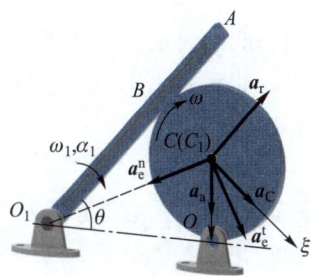

图 6-26

$$a_C=2\omega_1 v_r=2\times\frac{\omega}{2}r\omega=r\omega^2$$

将加速度合成定理

$$\boldsymbol{a}_a=\boldsymbol{a}_e^t+\boldsymbol{a}_e^n+\boldsymbol{a}_r+\boldsymbol{a}_C$$

向 $\boldsymbol{a}_C$ 所在的轴 ξ 投影，可得

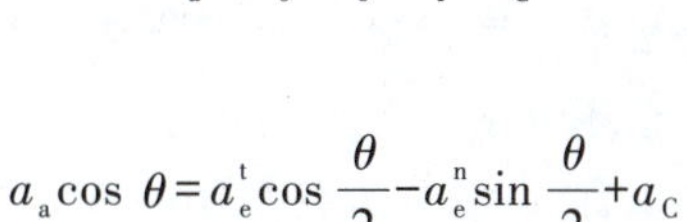

$$a_a\cos\theta=a_e^t\cos\frac{\theta}{2}-a_e^n\sin\frac{\theta}{2}+a_C$$

则

$$a_e^t=\frac{a_a\cos\theta+a_e^n\sin\dfrac{\theta}{2}-a_C}{\cos\dfrac{\theta}{2}}=\frac{r\omega^2\cos 60°+2r\left(\dfrac{\omega}{2}\right)^2\sin 30°-r\omega^2}{\cos 30°}=-\frac{\sqrt{3}}{6}r\omega^2$$

杆 O_1A 的角加速度为

$$\alpha_1=\frac{a_e^t}{O_1C}=-\frac{\sqrt{3}}{12}\omega^2$$

小结

1. 本章研究了动点对于不同坐标系运动之间的关系，动点相对于定系的运动为绝对运动；动点相对于动系的运动为相对运动；动系相对于定系的运动为牵连运动。点的绝对运动为点的牵连运动和相对运动的合成结果。

2. 点的速度合成定理

$$\boldsymbol{v}_a=\boldsymbol{v}_e+\boldsymbol{v}_r$$

动点在某一瞬时的绝对速度等于它在该瞬时的牵连速度与相对速度的矢量和，或者动点的绝对速度可以由牵连速度与相对速度所构成的平行四边形的对角线来确定。

绝对速度 $\boldsymbol{v}_a$ 是指动点相对于定系运动的速度；相对速度 $\boldsymbol{v}_r$ 是指动点相对于动系运动的速度；牵连速度 $\boldsymbol{v}_e$ 是指在该瞬时动系上与动点重合的那一点（牵连点）相对于定系运动的速度。

3. 点的加速度合成定理

$$\boldsymbol{a}_a=\boldsymbol{a}_e+\boldsymbol{a}_r+\boldsymbol{a}_C$$

动点在某瞬时的绝对加速度等于该瞬时的牵连加速度、相对加速度和科氏加速度的矢量和。当牵连运动为任意运动时，上式都成立，它是点的加速度合成定理的普遍形式。式中

$$\boldsymbol{a}_C=2\boldsymbol{\omega}_e\times\boldsymbol{v}_r$$

称为科氏加速度，它等于动系的角速度矢与点的相对速度矢矢积的 2 倍。当牵连运动为平移时，由于 $\boldsymbol{\omega}_e=0$，故 $a_C=0$。

思考题

6-1 点的速度合成定理 $\boldsymbol{v}_a=\boldsymbol{v}_e+\boldsymbol{v}_r$，如果写成 $v_a=v_e+v_r$，行不行，为什么？

6-2 如何选择动点和动系？

6-3 相对加速度是否等于相对速度对时间的一阶导数？为什么？

6-4 牵连加速度是否等于牵连速度对时间的一阶导数？为什么？

6-5 如果考虑地球自转，则在地球上的任何地方运动的物体（视为质点）是否都有科氏加速度？

习 题

6-1 转式起重机的悬臂梁 AB 以匀角速度 ω 绕轴 O_1O_2 转动。小车以匀速 v_0 沿水平臂由 A 向 B 运动。初始时刻小车在 O_1O_2 上，求小车的绝对运动轨迹。

6-2 在某些测量仪器中，应用微分螺杆来移动指针。在螺杆 AB 的 A 段上刻有螺距为 h_1 的螺纹，在 B 段上刻有螺距为 h_2 的螺纹，且 $h_2<h_1$。A 段在固定螺母 C 中移动，B 段被构件 D 扣住，而构件 D 连同指针可沿固定的直尺平移。

（1）设 $h_1=0.5$ mm，$h_2=0.4$ mm，两段螺纹同为右螺纹或左螺纹，求手轮转过 1/200 转时（相应的刻度表示在圆盘 E 上）指针的位移。

（2）A 段为左螺纹，B 段为右螺纹，仪器的读数将如何改变？

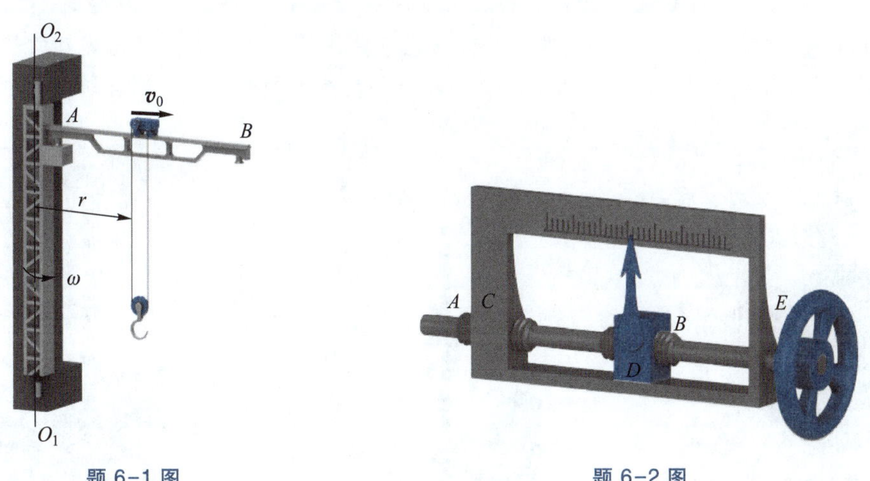

题 6-1 图　　题 6-2 图

6-3 如图所示，摇杆机构的滑杆 AB 以等速 v 向上运动，初瞬时摇杆 OC 水平。摇杆长 $OC=a$，距离 $OD=l$。若以摇杆 OC 上的点 A 为动点，动系固结在滑杆 AB 上，求动点 A 的相对运动方程。

6-4 一个铁环在自身平面内以匀角速度 ω 绕固定铰链 O 转动，另一个具有同样半径 R 的铁环也通过铰链 O，该铁环固定不动。两个铁环的圆心分别为 O_1 和 O_2，在图示瞬时 O_1O_2 连线位于水平位置，OM 位于铅垂位置，且 $O_1O_2=OM=\sqrt{2}R$，$\angle MO_1O_2=\angle MO_2O_1=45°$。求图示瞬时两个铁环交点 M 的速度。

6-5 点 M 以匀速 v_r 从圆盘中心沿半径向边缘运动，此半径在圆盘平面内以匀角速度 ω_1 转动，圆盘平面以匀角速度 ω_2 绕一直径转动。当 $t=0$ 时，点 M 处在圆盘中心。求该瞬时点 M 的绝对速度。

6-6 杆沿铅垂导轨滑动，下端搁在三角形斜面上，此斜面以匀加速度 a_0 水平向右运动。求此杆的加速度。

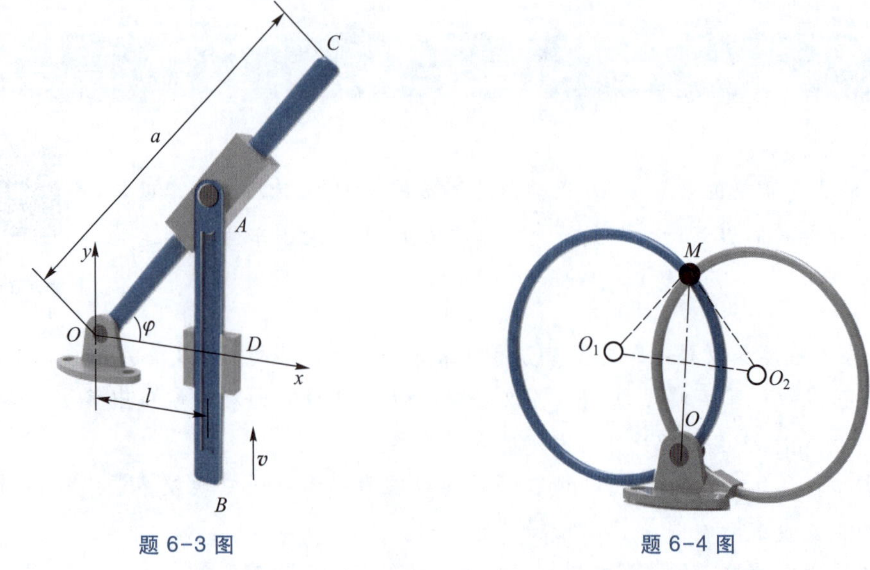

题 6-3 图　　题 6-4 图

6-7　图示为自动冲螺帽的切料机构。切刀 A 的端部 C 和沿凸轮斜槽滑动的滑块铰接。凸轮 B 沿水平方向做往复移动，使推杆沿铅垂轨道做往复运动，从而实现切刀的切料动作。设凸轮的移动速度大小是 v，加速度大小为 a，凸轮斜槽的倾角为 φ。试求切刀 A 的速度。

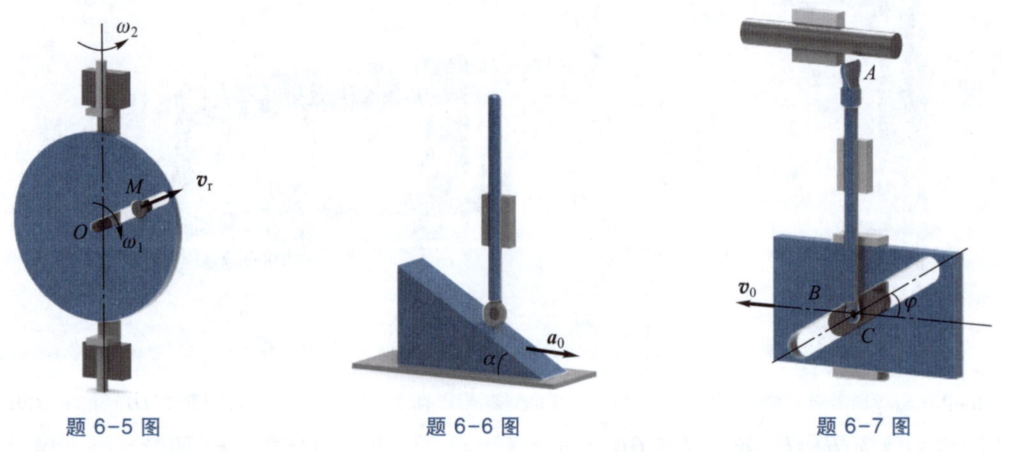

题 6-5 图　　题 6-6 图　　题 6-7 图

6-8　曲柄滑道机构中，曲柄 $OA=10\text{ cm}$，以角速度 $\omega=20\text{ rad/s}$ 绕轴 O 转动。通过滑块 A 使杆 BCE（BC 水平，$BC\perp DE$）做往复运动。求当曲柄与水平线的交角 φ 分别为 0°、30°、90°时，杆 BCE 的速度。

6-9　如图所示，半径为 R、偏心距为 e 的凸轮，以角速度 ω 绕轴 O 匀速转动，杆 AB 能在滑槽中上下平移，杆的端点 A 始终与凸轮接触，且 OAB 成一直线。图示瞬时，OC 位于水平位置。求杆 AB 在图示位置时的速度和加速度。

6-10　圆盘以匀角速度 ω 绕通过其中心且垂直于盘面的轴转动，点 M 以不变的相对速度 u 从弦 AB 的中点 D 沿着弦运动，从圆盘中心到弦的距离为 c。图示瞬时 $DM=x$，求此瞬时点 M 的速度和加速度。

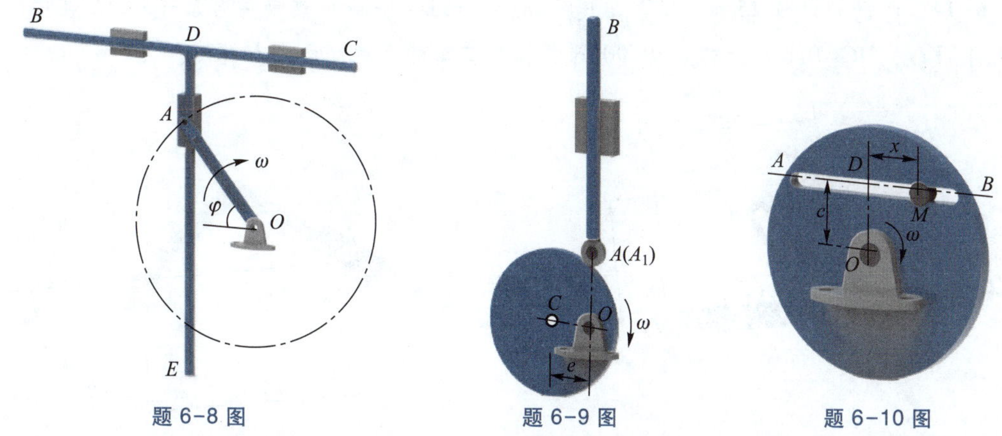

题 6-8 图　　题 6-9 图　　题 6-10 图

6-11　平底顶杆凸轮机构如图所示，顶杆 AB 可沿导槽上下移动，偏心圆盘绕轴 O 以角速度 ω 匀速转动，轴 O 位于顶杆轴线上。工作时顶杆的平底始终与凸轮表面接触。该凸轮半径为 R，偏心距 $OC=e$，OC 与水平线的夹角为 φ。求当 $\varphi=0°$ 时，顶杆的速度和加速度。

6-12　如图所示，杆 AB 的销 E 可在杆 CD 的槽内滑动。在图示位置，物块 A 具有向左的速度 0.4 m/s 和向右的加速度 1.4 m/s^2。求杆 CD 的角速度和角加速度。

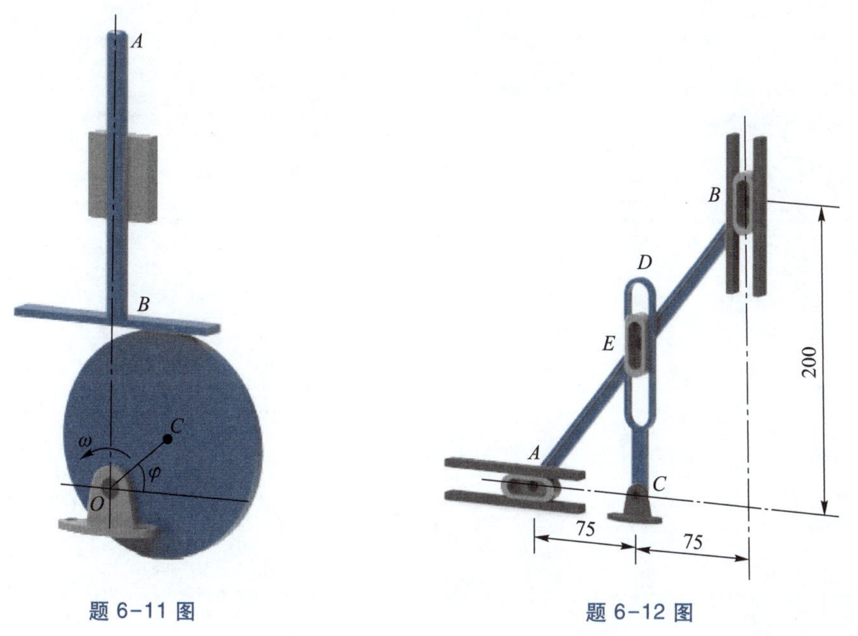

题 6-11 图　　题 6-12 图

6-13　两转动刚体组成的传动机构中，杆 DC 绕轴 C 做匀速转动，其上的销 A 在构件 EBO 中的 EB 滑道内滑动，从而带动构件 EBO 绕轴 O 转动。已知杆 DC 的角速度 $\omega=2$ rad/s，求图示位置构件 EBO 的角速度和角加速度。

6-14 曲柄 $OA=0.25$ m，以匀角速度 $\omega_O=5$ rad/s 绕轴 O 转动并带动连杆 AB 在摆动套筒 C 中滑动，$OC=0.6$ m。求当 $\theta=90°$ 时，摆动套筒的角速度和角加速度。

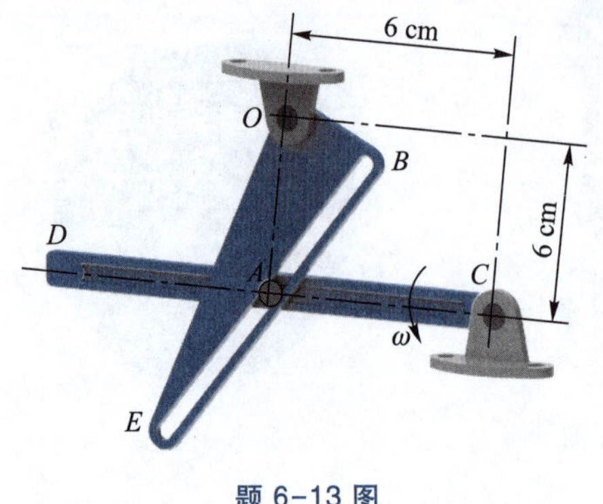

题 6-13 图

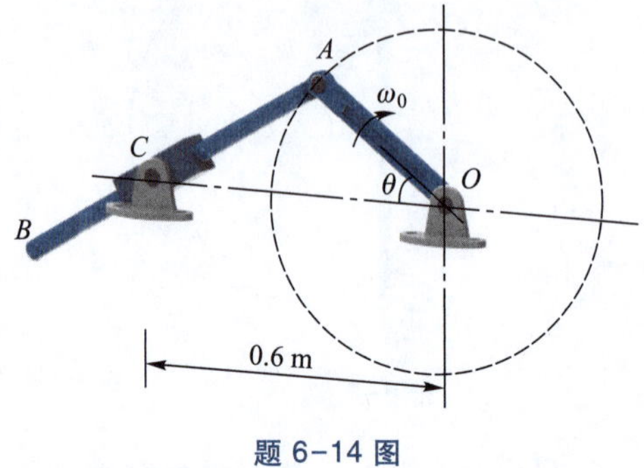

题 6-14 图

第七章

刚体的平面运动

在第五章中，我们已讨论了刚体的两种简单运动：平移和定轴转动。本章将研究刚体的一种较复杂运动——平面运动，主要分析刚体内各点的速度与加速度。

§7-1 刚体平面运动概述

7.1.1 平面运动的定义

刚体的平面运动是工程上最常见的一种运动，例如沿直线行驶的自行车车轮（图 7-1a）、曲柄连杆机构中连杆 AB 的运动（图 7-1b）等，都是刚体的平面运动实例。这些刚体的运动既不是平移，也不是定轴转动，但它们有一个共同的特点：在运动的过程中，刚体内任意一点到某一固定平面的距离始终保持不变。刚体的这种运动称为**平面运动**。做平面运动的刚体上各点都在平行于某一固定平面的平面内运动。

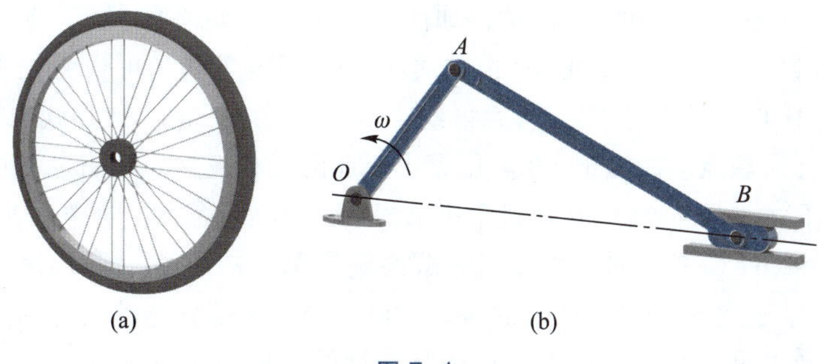

图 7-1

在研究刚体平面运动时，根据平面运动的上述特点，可把问题加以简化。设平面 Ⅰ（图 7-2）为某一固定平面。作平行于平面 Ⅰ 的平面 Ⅱ，此平面横截做平面运动的物体而得一平面图形 S，由平面运动定义可知，此平面图形必在平面 Ⅱ 内运动。

在刚体内取任一垂直于截面 S 的直线 A_1A_2，它与截面 S 的交点为 A。显然，刚体运动时，直线 A_1A_2 始终垂直于平面Ⅱ，而做平行于自身的运动，即平移。由刚体平移性质可知，直线 A_1A_2 上各点的运动（轨迹、速度及加速度等）完全相同。因此，点 A 的运动即可代表直线 A_1A_2 上所有各点的运动。同理，作垂直线 B_1B_2，则 B_1B_2 上各点的运动完全可由点 B（直线 B_1B_2 与平面Ⅱ的交点）代表。由此可见，刚体的平面运动可简化为平面图形 S 在其自身平面内的运动。

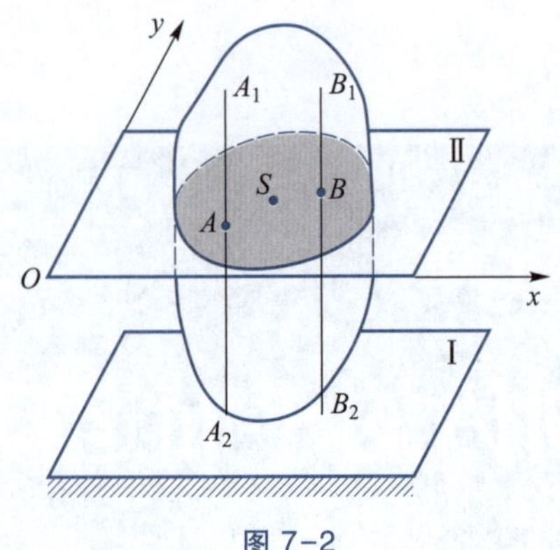

图 7-2

7.1.2 平面运动的方程

设平面图形 S 在其自身平面内运动，在此平面内作定坐标系 Oxy，如图 7-3 所示。要确定图形 S 在坐标系中的位置，显然，只须确定平面图形上任一直线段 AB 的位置即可。而线段 AB 的位置可由点 A 的两个坐标 x_A、y_A 及此线段与轴 x 的夹角 φ 来确定。当图形 S 运动时，坐标 x_A、y_A 和角 φ 都是时间 t 的单值连续函数，即

$$x_A=f_1(t),\quad y_A=f_2(t),\quad \varphi=f_3(t) \tag{7-1}$$

上式称为**刚体的平面运动方程**。如已知平面运动方程，则图形 S 的运动，亦即刚体的运动，即可完全确定。

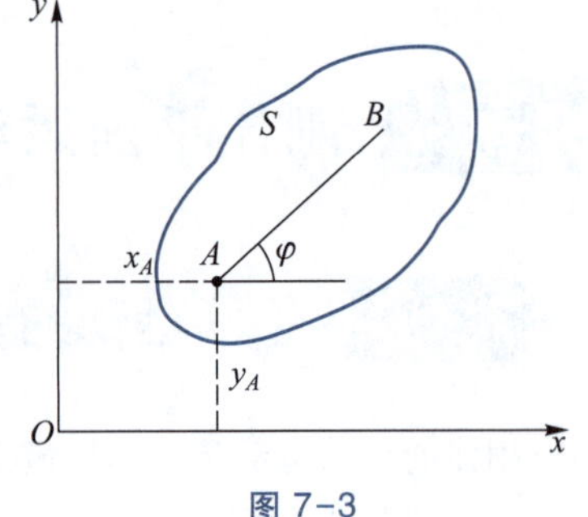

图 7-3

如果图形中的点 A 固定不动，则平面图形的运动为刚体绕定轴转动；如果线段 AB 的方位不变，即 φ 不变，则平面图形做平移。由此可见，刚体的平面运动包含着刚体简单运动的两种形式：平移和转动。

7.1.3 平面运动的分解

现在进一步说明平面图形的运动可以分解为平移和转动。为了说明这个问题，在图形上任取两点 A 及 B，并作这两点的连线 AB，如图 7-4 所示。设在瞬时 t，直线 AB 在位置Ⅰ，经时间间隔 Δt 后到达位置Ⅱ。直线 AB 由位置Ⅰ运动至位置Ⅱ，可视为先随固定在点 A 的平移动坐标系 $Ax'y'$ 平移至位置Ⅰ′，然后再绕点 A 转过角度 $\Delta\varphi$，则直线 AB 最后到达位置Ⅱ。我们把点 A 称为**基点**。或者把 AB 由位置Ⅰ至Ⅱ的运动视为先随固定在点 B 的平移动坐标系平移至位置Ⅰ″，然后再绕点 B 转过角度 $\Delta\varphi'$（以 B 为基点），同样，直线 AB 最后到达位置Ⅱ。综上所述，**平面图形的运动可以分解为随同基点的平移（牵连运动）和绕基点的转动（相对运动）**。或者说，平面图形的运动可以看作这两部分运动的合成。

应该注意的是，图形内基点的选取是完全任意的。从图 7-4 中可以看出，选取不同的基点 A 或 B，平移的位移 AA' 和 BB' 是不同的，当然，图形随点 A 或点 B 平移的速度和加速度也不相同。因此，**图形的平移与基点的选取有关**。但对于绕不同的基点转过的转角 $\Delta\varphi$ 和 $\Delta\varphi'$ 的大小及转向总是相同的，即 $\Delta\varphi=\Delta\varphi'$。根据

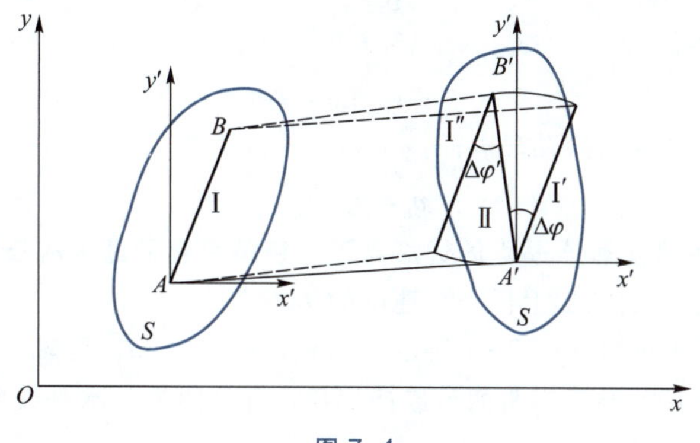

图 7-4

$$\omega=\frac{\mathrm{d}\varphi}{\mathrm{d}t},\quad \omega'=\frac{\mathrm{d}\varphi'}{\mathrm{d}t}$$

及

$$\alpha=\frac{\mathrm{d}\omega}{\mathrm{d}t}=\frac{\mathrm{d}^2\varphi}{\mathrm{d}t^2},\quad \alpha'=\frac{\mathrm{d}\omega'}{\mathrm{d}t}=\frac{\mathrm{d}^2\varphi'}{\mathrm{d}t^2}$$

可知

$$\omega=\omega',\quad \alpha=\alpha'$$

即在任一瞬时，**图形绕其平面内任何点转动的角速度和角加速度都是相同的**。因此，**图形的转动与基点的选取无关**。

由以上分析可以得出结论：平面运动可取任意基点而分解为平移和转动，其中平移的速度和加速度与基点的选择有关，而平面图形绕基点转动的角速度和角加速度与基点的选择无关。角速度及角加速度可直接称为平面图形的角速度和角加速度。尽管基点是可以任意选取的，但在解决具体问题时，往往选取运动情况已知的点作为基点。

§7-2 平面图形内各点速度的求解

现在讨论平面图形上各点速度的求解。

7.2.1 基点法

在某一瞬时，平面图形 S 内某一点的速度 $\boldsymbol{v}_A$ 和图形的角速度 ω 已知，如图 7-5 所示。现求平面图形上任一点 B 的速度 $\boldsymbol{v}_B$。为此，取点 A 为基点。由前节可知，平面图形 S 的运动可以看作随同基点 A 的平移（牵连运动）和绕基点 A 的转动（相对运动）的合成。因此，可用速度合成定理求点 B 的速度，即

$$\boldsymbol{v}_B=\boldsymbol{v}_e+\boldsymbol{v}_r$$

因为点 B 的牵连运动是随基点 A 的平移，所以 $\boldsymbol{v}_e=\boldsymbol{v}_A$。点 B 的相对运动是以 A 为圆心、AB 为半径的圆周运动，相对速度就是点 B 绕基点 A 转动的速度，以 $\boldsymbol{v}_{BA}$ 表示，即

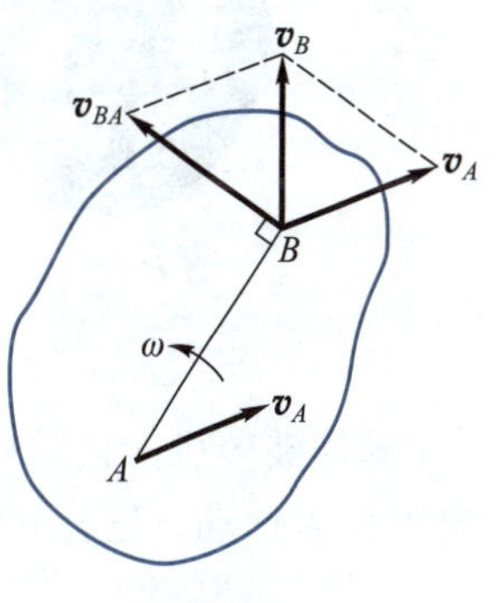

图 7-5

$$\boldsymbol{v}_r = \boldsymbol{v}_{BA}$$

其大小为

$$v_r = v_{BA} = \omega \cdot AB$$

方向与半径 AB 垂直，并指向转动的方向。于是

$$\boldsymbol{v}_B = \boldsymbol{v}_A + \boldsymbol{v}_{BA} \tag{7-2}$$

即**平面图形上任一点的速度等于基点的速度与该点绕基点转动速度的矢量和**，这就是**平面运动的速度基点法**，是求平面图形上任一点速度的基本方法。

【例 7-1】 曲柄滑块机构如图 7-6 所示。曲柄 $OA = 20$ cm，绕轴 O 以匀角速度 $\omega_O = 10$ rad/s 转动，连杆 $AB = 100$ cm。当曲柄与连杆相互垂直且曲柄与水平线间成 $\alpha = 45°$时，求滑块 B 的速度和杆 AB 的角速度。

【解】 曲柄 OA 做定轴转动，连杆 AB 做平面运动。以点 A 为基点，可得点 B 的速度

$$\boldsymbol{v}_B = \boldsymbol{v}_A + \boldsymbol{v}_{BA}$$

其中，基点 A 的速度已知，大小为 $v_A = \omega_O \cdot OA = 2$ m/s，方向垂直于 OA；$\boldsymbol{v}_B$ 和 $\boldsymbol{v}_{BA}$ 的方向均可分析得出，大小待求。作出点 B 的速度平行四边形，由图中几何关系可得

$$v_B = \frac{v_A}{\cos\alpha} = 2\sqrt{2}\ \text{m/s}, \qquad v_{BA} = v_A = 2\ \text{m/s}$$

所以

$$\omega_{AB} = \frac{v_{BA}}{AB} = 2\ \text{rad/s}$$

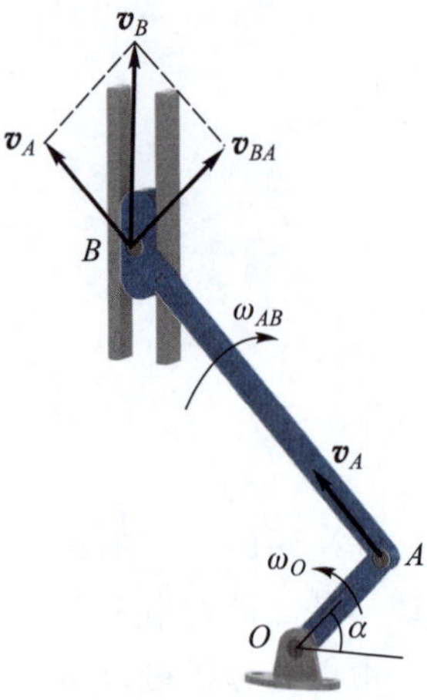

图 7-6

由相对速度 $\boldsymbol{v}_{BA}$ 的指向可以判明角速度 ω_{AB} 的转向为顺时针方向。

【例 7-2】 破碎机构如图 7-7a 所示。设曲柄的长度 $OA = r = 0.5$ m，连杆 AB 长为1 m。曲柄 OA 以匀角速度 $\omega = 4$ rad/s 做顺时针方向转动。试求在图示位置时（$\angle ABC = 90°$，$\angle OCB = 60°$），点 B 的速度和杆 BC 的角速度。

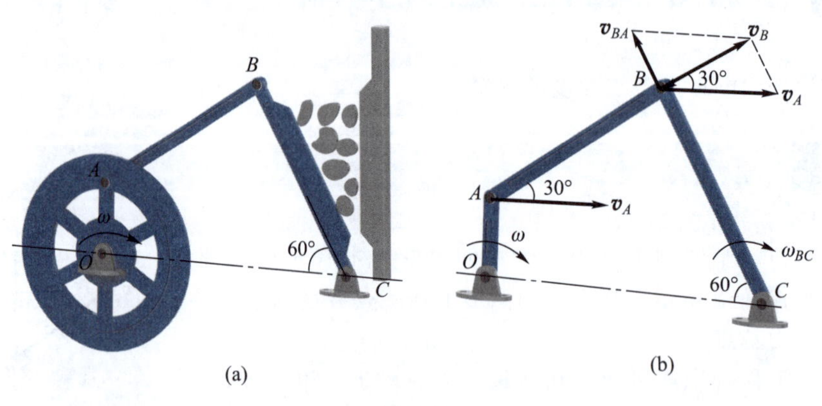

图 7-7

【解】 破碎机简化后如图 7-7b 所示，是一个四连杆机构，曲柄 OA 做定轴转动，杆 BC 绕定轴 C 做摆动，连杆 AB 做平面运动。以点 A 为基点，可得点 B 的速度

$$\boldsymbol{v}_B = \boldsymbol{v}_A + \boldsymbol{v}_{BA}$$

其中，基点 A 的速度已知，大小为 $v_A=r\omega=0.5\times4\ \text{m/s}=2\ \text{m/s}$，方向垂直于 OA 杆；$\boldsymbol{v}_{BA}$ 方向与 AB 杆垂直，大小未知；$\boldsymbol{v}_B$ 的方向垂直于 BC 杆，大小未知。作出点 B 的速度平行四边形，由图中几何关系可得

$$v_B=v_A\cos 30°=2\times\frac{\sqrt{3}}{2}\ \text{m/s}=\sqrt{3}\ \text{m/s}$$

杆 BC 在此瞬时的角速度为

$$\omega_{BC}=\frac{v_B}{BC}=\frac{\sqrt{3}}{2/\sqrt{3}}\ \text{rad/s}=1.5\ \text{rad/s}$$

ω_{BC}的转向为顺时针方向。

7.2.2 速度投影定理

根据速度基点法可知，如图 7-8 所示的平面图形上任意两点的速度间总存在着如下关系：

$$\boldsymbol{v}_B=\boldsymbol{v}_A+\boldsymbol{v}_{BA}$$

按照矢量投影定理，将上式投影到直线 AB 上，得

$$(\boldsymbol{v}_B)_{AB}=(\boldsymbol{v}_A)_{AB}+(\boldsymbol{v}_{BA})_{AB}$$

因为 $\boldsymbol{v}_{BA}$垂直于 AB，故$(\boldsymbol{v}_{BA})_{AB}=0$，因而

$$(\boldsymbol{v}_B)_{AB}=(\boldsymbol{v}_A)_{AB} \tag{7-3}$$

这就是速度投影定理：**同一平面图形上任意两点的速度在其连线上的投影相等**。它反映了刚体上任意两点间距离不变的特征。

【例 7-3】 用速度投影定理求解例 7-1 中滑块 B 的速度。

【解】 如图 7-9 所示，因为点 A 的速度 $\boldsymbol{v}_A$ 大小及方向已知，而点 B 的速度方向已知，沿铅垂方向。根据速度投影定理

$$(\boldsymbol{v}_B)_{AB}=(\boldsymbol{v}_A)_{AB}$$

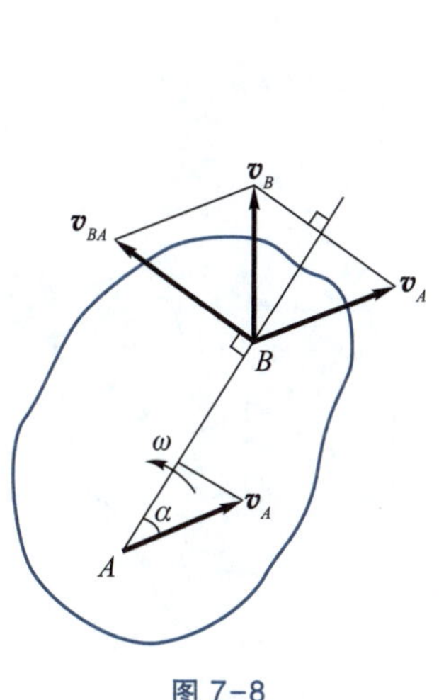

图 7-8

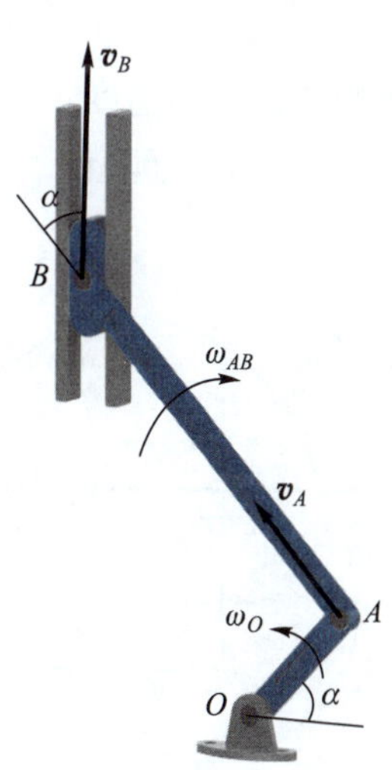

图 7-9

得

$$v_B \cos\alpha = v_A$$

将 $\alpha=45°$ 和 $v_A=\omega_O\cdot OA=2\ \mathrm{m/s}$ 代入上式，可得

$$v_B=\frac{v_A}{\cos\alpha}=2\sqrt{2}\ \mathrm{m/s}$$

7.2.3 速度瞬心法

（一）速度瞬心的概念

利用速度基点法求平面图形上各点的速度，对每一点都要进行平行四边形合成，计算较烦琐。如果选取速度为零的点作为基点，问题就简单得多。在某瞬时速度为零的点，称为平面图形在该瞬时的瞬时速度中心，或称为**速度瞬心**。在平面图形内选取速度瞬心为基点，分析图形内各点速度的方法称为瞬心法。

（二）速度瞬心的存在性和唯一性

下面，就一般情况来证明平面图形内速度瞬心的存在性和唯一性。

设在某一瞬时，已知图形上点 A 的速度为 $\boldsymbol{v}_A$，图形的角速度为 ω，如图 7-10 所示。过点 A 作垂直于速度 $\boldsymbol{v}_A$ 的半直线 AL，在 AL 上取 $AC=\dfrac{v_A}{\omega}$，则可定出点 C 的位置。以点 A 为基点，点 C 相对于基点 A 的速度 $\boldsymbol{v}_{CA}$ 方向与 $\boldsymbol{v}_A$ 相反，大小为

$$v_{CA}=AC\cdot\omega=v_A$$

则点 C 的大小为

$$v_C=v_A-v_{CA}=v_A-v_A=0$$

即点 C 的速度大小为零。**在一般情况下，每一瞬时，平面图形上总是唯一存在着速度为零的点。**

如果取速度瞬心 C 为基点，由于基点速度 $v_C=0$，如图 7-11 所示，图中 A、B 两点的速度等于各点绕速度瞬心转动的速度，大小为

$$v_A=v_{AC}=CA\cdot\omega,\quad v_B=v_{BC}=CB\cdot\omega$$

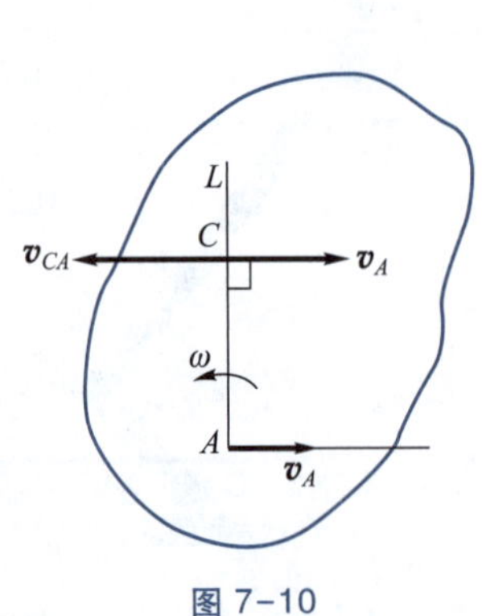

图 7-10

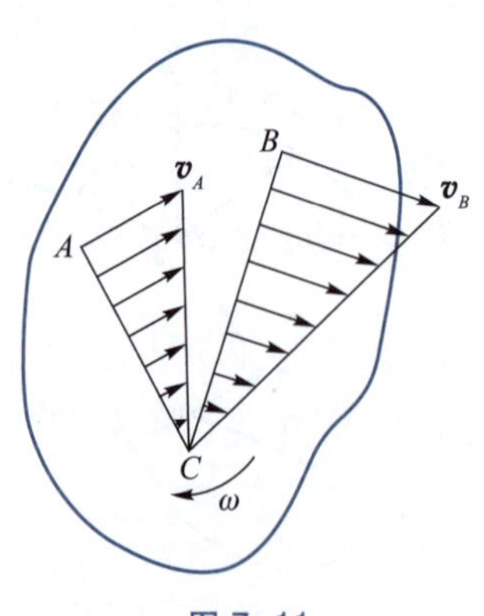

图 7-11

其方向垂直于该点到速度瞬心的连线，即 $\boldsymbol{v}_A \perp CA$，$\boldsymbol{v}_B \perp CB$，指向图形转动的一方。应用速度瞬心求平面图形上各点速度的方法称为**速度瞬心法**。

从图 7-11 中可以清楚地看到，在某瞬时，平面图形上各点速度的分布情况与图形绕定轴转动时各点速度的分布相同。因此，平面图形的运动可以看作绕瞬心的瞬时转动。

必须说明，尽管平面图形上各点速度在某瞬时绕速度瞬心的分布与绕定轴转动时的分布相同，但它们之间有着本质的区别。绕定轴转动时，转动中心是一个固定不动的点，而速度瞬心的位置是随时间而变化的，不同的瞬时，平面图形具有不同的速度瞬心。**速度瞬心只是在此瞬时的速度等于零，而此瞬时它的加速度并不等于零**。故速度瞬心又称为平面图形的**瞬时转动中心**。因此，平面运动刚体绕速度瞬心的转动和刚体绕定轴转动有本质的不同。

（三）速度瞬心位置的确定

应用速度瞬心法计算平面图形上各点速度的关键是确定速度瞬心的位置，确定速度瞬心位置的方法有以下几种。

（1）**纯滚动**。当平面图形沿固定平面做无滑动的滚动时，图形与固定面的接触点就是图形的速度瞬心。例如，车轮在地面上做无滑动的滚动就是这种情况（图 7-12）。因为车轮不滑动，所以车轮上与地面接触点 C 具有与地面相同的速度，但因地面上的点总是不动的，其速度为零，故车轮上与地面接触点 C 的速度也必为零，即 $v_C=0$。由此可得，车轮滚动的角速度与轮心速度之间的关系为

$$v_O=r\omega$$

（2）**已知平面图形上两点的速度方向，且速度方向不平行**。如图 7-13 所示，通过 A、B 两点分别作速度的垂线，得到的垂线交点就是速度瞬心 C。

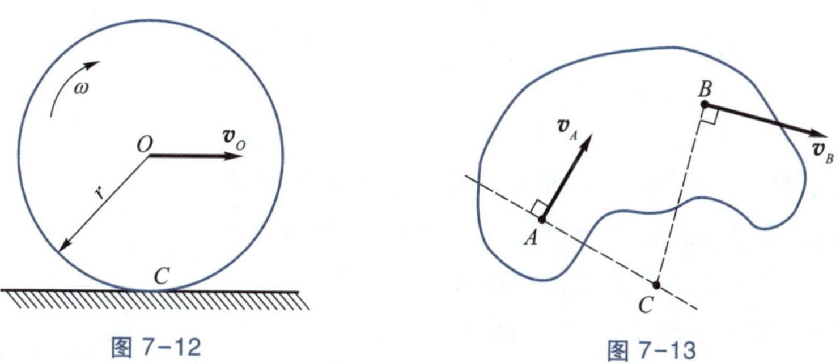

图 7-12　　图 7-13

（3）**已知平面图形上 A、B 两点的速度方向平行，且垂直于两点的连线 AB**。此瞬时，平面图形的速度瞬心位置必在 A、B 两点连线与 $\boldsymbol{v}_A$ 和 $\boldsymbol{v}_B$ 两矢量终点连线的交点 C 上，如图 7-14a、b 所示。此时还须知道 $\boldsymbol{v}_A$ 和 $\boldsymbol{v}_B$ 的大小。

（4）**瞬时平移**。若某瞬时，已知平面图形上两点的速度相互平行，但与两点连线不垂直，则该瞬时平面图形的速度瞬心在无穷远处，即无速度瞬心。因此，物体在该瞬时的角速度等于零，物体上各点速度相同，此现象称为瞬时平移，如图 7-15 所示。须注意，此瞬时物体的角速度等于零，但角加速度并不等于零；物体上各点速度虽相同，但加速度不同。

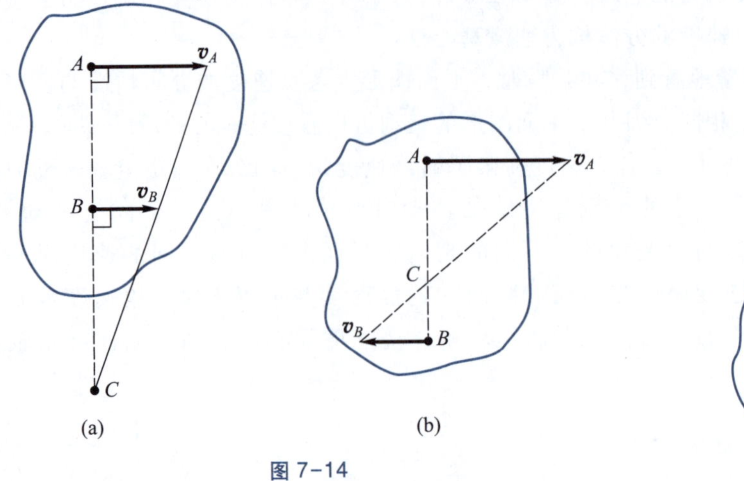

图 7-14

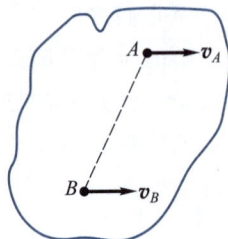

图 7-15

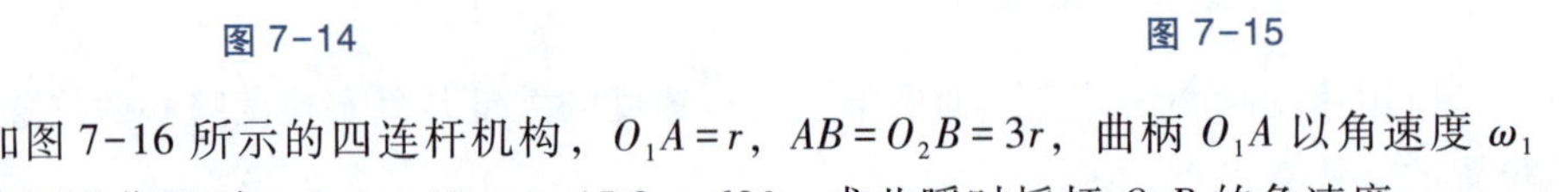

【例 7-4】如图 7-16 所示的四连杆机构，$O_1A=r$，$AB=O_2B=3r$，曲柄 O_1A 以角速度 ω_1 绕轴 O_1 转动。在图示位置时，$O_1A\perp AB$，$\angle ABO_2=60°$。求此瞬时摇杆 O_2B 的角速度 ω_2。

【解】在此四连杆机构中，曲柄 O_1A 和摇杆 O_2B 为定轴转动，连杆 AB 做平面运动。连杆 AB 上点 A 的速度大小已知，$v_A=r\omega_1$，方向与曲柄 O_1A 垂直；连杆 AB 上点 B 的速度方向已知，与摇杆 O_2B 垂直。通过 A、B 两点分别作各自速度的垂直线，其交点 C 就是连杆 AB 的速度瞬心，如图 7-16 所示。根据速度瞬心法可知

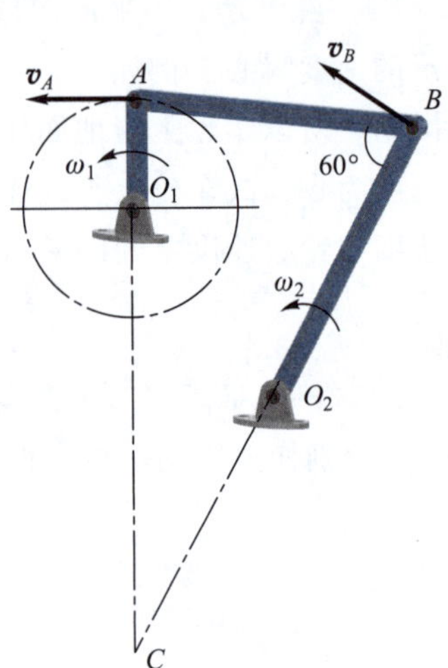

图 7-16

$$v_B=v_A\frac{BC}{AC}=\frac{v_A}{\sin 60°}=\frac{r\omega_1}{\sin 60°}$$

则

$$\omega_2=\frac{v_B}{O_2B}=\frac{r\omega_1}{3r\sin 60°}=\frac{2\sqrt{3}}{9}\omega_1$$

【例 7-5】液压机构如图 7-17 所示，已知长为 r 的曲柄 OA 以匀角速度 ω 转动，半径为 R 的滚子沿水平面做无滑动滚动。求当曲柄与水平线的夹角为 60°，且曲柄与连杆 AB 垂直时，滚子中心 B 的速度和滚子的角速度大小。

【解】曲柄 OA 做定轴转动，连杆 AB 和滚子做平面运动。滚子做纯滚动，滚子与地面的接触点 C 为滚子的速度瞬心，滚子中心点 B 的速度方向沿水平方向，大小未知；连杆 AB 上点 A 的速度大小已知，$v_A=r\omega$，方向与曲柄 OA 垂直。通过 A、B 两点分别作各自速度的垂直线，其交点 P 就是连杆 AB 的速度瞬心，如图 7-17 所示。根据速度瞬心法可求得杆 AB 的角速度

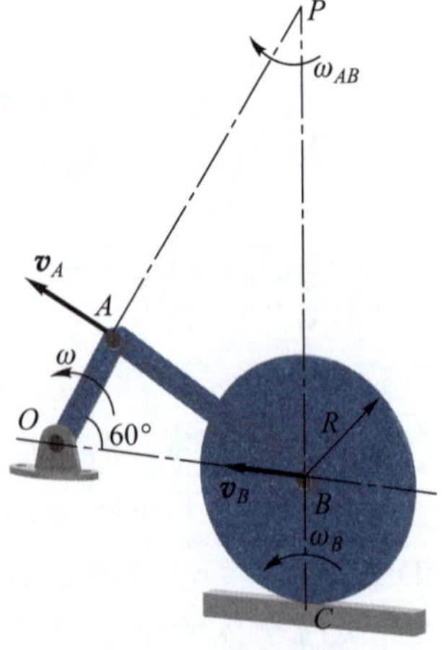

图 7-17

$$\omega_{AB}=\frac{v_A}{AP}=\frac{r\omega}{3r}=\frac{\omega}{3}$$

则点 B 的速度为

$$v_B = BP \cdot \omega_{AB} = 2\sqrt{3}r \times \frac{\omega}{3} = \frac{2\sqrt{3}}{3}r\omega$$

滚子的角速度为

$$\omega_B = \frac{v_B}{R} = \frac{2\sqrt{3}}{3R}r\omega$$

§7-3 用基点法求平面图形内各点的加速度

根据前面所述，平面图形的运动可分解为随基点的平移和绕基点的转动，因此，平面图形内任一点的加速度可用合成运动中点的加速度合成定理求出。由于牵连运动为平移，任一点的绝对加速度等于它的牵连加速度与相对加速度的矢量和：

$$\boldsymbol{a}_{\mathrm{a}} = \boldsymbol{a}_{\mathrm{e}} + \boldsymbol{a}_{\mathrm{r}}$$

设已知某瞬时平面图形内点 A 的加速度为 $\boldsymbol{a}_A$，平面图形的角速度为 ω，角加速度为 α，如图 7-18 所示。以点 A 为基点，求平面图形上任一点 B 的加速度。因为牵连运动是随基点 A 的平移，所以 $\boldsymbol{a}_{\mathrm{e}} = \boldsymbol{a}_A$。点 B 的相对运动是以点 A 为圆心、AB 为半径的圆周运动，所以点 B 相对于点 A 的相对加速度可由相对切向加速度和相对法向加速度组成，即

$$\boldsymbol{a}_{\mathrm{r}} = \boldsymbol{a}_{BA} = \boldsymbol{a}_{BA}^{\mathrm{t}} + \boldsymbol{a}_{BA}^{\mathrm{n}}$$

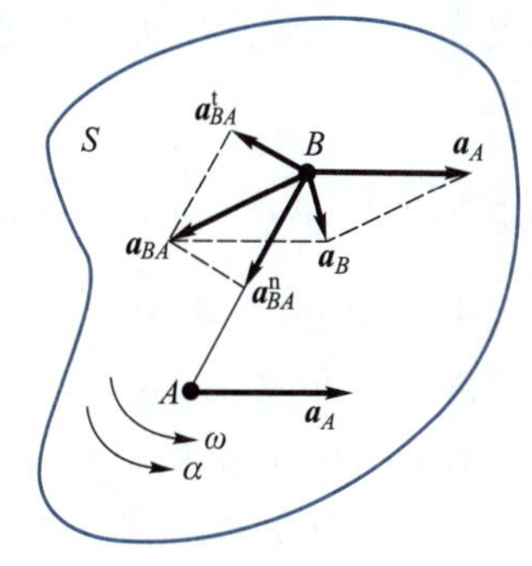

图 7-18

于是，点 B 的加速度可由加速度合成定理表达为

$$\boldsymbol{a}_B = \boldsymbol{a}_A + \boldsymbol{a}_{BA}^{\mathrm{t}} + \boldsymbol{a}_{BA}^{\mathrm{n}} \tag{7-4}$$

即平面图形内任一点的加速度等于基点的加速度与该点绕基点转动的切向加速度和法向加速度的矢量和。这就是平面运动的**加速度基点法**，是求平面图形上任一点加速度的基本方法。

式（7-4）中 $\boldsymbol{a}_{BA}^{\mathrm{t}}$ 的大小为

$$a_{BA}^{\mathrm{t}} = AB \cdot \alpha$$

方向与连线 AB 垂直，指向与 α 方向一致；$\boldsymbol{a}_{BA}^{\mathrm{n}}$ 的大小为

$$a_{BA}^{\mathrm{n}} = AB \cdot \omega^2$$

方向沿连线 AB 并指向基点 A。因此，相对加速度的大小为

$$a_{BA} = \sqrt{(a_{BA}^{\mathrm{t}})^2 + (a_{BA}^{\mathrm{n}})^2} = AB \cdot \sqrt{\alpha^2 + \omega^4}$$

【例 7-6】 半径为 R 的车轮沿直线轨道做纯滚动。已知某瞬时轮心速度为 $\boldsymbol{v}_O$，轮心加速度为 $\boldsymbol{a}_O$，方向如图 7-19a 所示。求此瞬时轮上速度瞬心点 C 的加速度。

【解】 点 C 为车轮的速度瞬心，车轮的角速度为

$$\omega = \frac{v_O}{R}$$

车轮的角加速度为

$$\alpha = \frac{\mathrm{d}\omega}{\mathrm{d}t} = \frac{1}{R}\frac{\mathrm{d}v_O}{\mathrm{d}t}$$

由于轮心的运动轨迹为直线，即 $\frac{\mathrm{d}v_O}{\mathrm{d}t} = a_O$，则

$$\alpha=\frac{a_O}{R}$$

求车轮上点 C 的加速度时，以轮心 O 为基点，由加速度基点法可得

$$\boldsymbol{a}_C=\boldsymbol{a}_O+\boldsymbol{a}_{CO}^{\mathrm{t}}+\boldsymbol{a}_{CO}^{\mathrm{n}}$$

其中，$a_{CO}^{\mathrm{t}}=R\alpha=a_O$，$a_{CO}^{\mathrm{n}}=R\omega^2=\dfrac{v_O^2}{R}$。

由于 $\boldsymbol{a}_O=-\boldsymbol{a}_{CO}^{\mathrm{t}}$，则

$$\boldsymbol{a}_C=\boldsymbol{a}_{CO}^{\mathrm{n}}$$

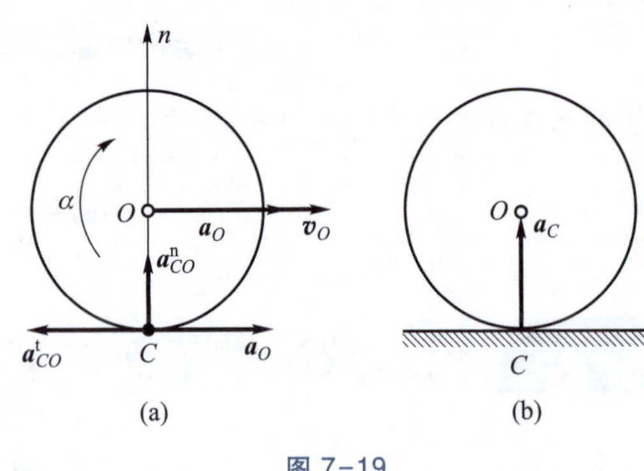

图 7-19

由此可知，当车轮在地面上做纯滚动时，速度瞬心 C 的速度等于零，但加速度不为零，大小为 $a_C=\dfrac{v_O^2}{R}$，方向指向轮心 O，如图 7-19b 所示。

【例 7-7】求例 7-5 中连杆 AB 的角加速度、滚子中心 B 的加速度和滚子的角加速度大小。

【解】由于连杆 AB 做平面运动，点 A 的加速度已知，点 B 做水平直线运动。以点 A 为基点，点 B 的加速度可由加速度基点法得到

$$\boldsymbol{a}_B=\boldsymbol{a}_A+\boldsymbol{a}_{BA}^{\mathrm{t}}+\boldsymbol{a}_{BA}^{\mathrm{n}}$$

其中 $a_A=OA\cdot\omega^2=r\omega^2$，方向沿曲柄 OA 由点 A 指向轴 O；$a_{BA}^{\mathrm{n}}=AB\cdot\omega_{AB}^2=\sqrt{3}\,r\left(\dfrac{\omega}{3}\right)^2=\dfrac{\sqrt{3}}{9}r\omega^2$，方向沿杆 AB 由点 B 指向点 A；$\boldsymbol{a}_{BA}^{\mathrm{t}}$ 大小未知，作用线垂直于杆 AB，方向暂设如图 7-20 所示；因为点 B 做直线运动，可设 $\boldsymbol{a}_B$ 的方向如图 7-20 所示，其大小未知。

现在求两个未知量 $\boldsymbol{a}_B$ 和 $\boldsymbol{a}_{BA}^{\mathrm{t}}$ 的大小。取轴 ξ 垂直于 $\boldsymbol{a}_B$，轴 η 垂直于 $\boldsymbol{a}_{BA}^{\mathrm{t}}$，轴 ξ 和 η 的正向如图 7-20 所示，将 $\boldsymbol{a}_B$ 的矢量合成式分别在轴 ξ 和 η 上投影，得

$$0=-a_A\cos 30^\circ+a_{BA}^{\mathrm{t}}\cos 30^\circ+a_{BA}^{\mathrm{n}}\cos 60^\circ$$

$$a_B\cos 30^\circ=a_{BA}^{\mathrm{n}}$$

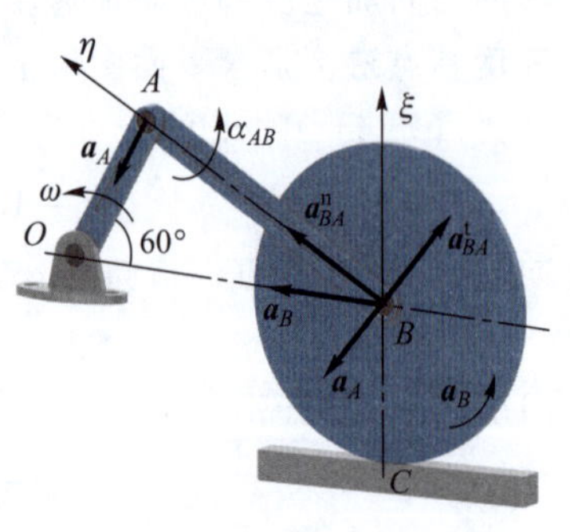

图 7-20

解得

$$a_B=\frac{a_{BA}^{\mathrm{n}}}{\cos 30^\circ}=\frac{2}{9}r\omega^2,\qquad a_{BA}^{\mathrm{t}}=a_A-a_{BA}^{\mathrm{n}}\frac{\cos 60^\circ}{\cos 30^\circ}=\frac{8}{9}r\omega^2$$

于是，连杆 AB 的角加速度大小为

$$\alpha_{AB}=\frac{a_{BA}^{\mathrm{t}}}{AB}=\frac{8}{9}\,\frac{r\omega^2}{\sqrt{3}\,r}=\frac{8\sqrt{3}}{27}\omega^2$$

方向为逆时针方向。滚子的角加速度大小为

$$\alpha_B=\frac{a_B}{R}=\frac{2r}{9R}\omega^2$$

方向为逆时针方向。

§7-4 运动学综合问题分析

在运动学这一部分，已经研究了点的运动、刚体的简单运动、点的合成运动和刚体的平面运动。在同一工程问题中，往往既涉及点的运动又涉及刚体的运动，既包含点的合成运动，又包含刚体的平面运动等。对于这类综合应用问题，还是应该从最基本的概念、原理出发，对其进行分析，寻找适当的方法进行求解。下面通过几个例子说明运动学问题的综合应用。

【例 7-8】 如图 7-21a 所示的机构中，长为 r 的曲柄 OA 以匀角速度 ω 绕轴 O 逆时针转动，连杆 AB 长度为 $l(l>r)$，其上有一套筒 C 与杆 CD 相连，并通过套筒 C 带动杆 CD 上下运动，轴 O 与滑块 B 位于水平线上。图示瞬时，曲柄 OA 位于铅垂位置，套筒 C 位于连杆 AB 的中点，求此瞬时杆 CD 的速度和加速度。

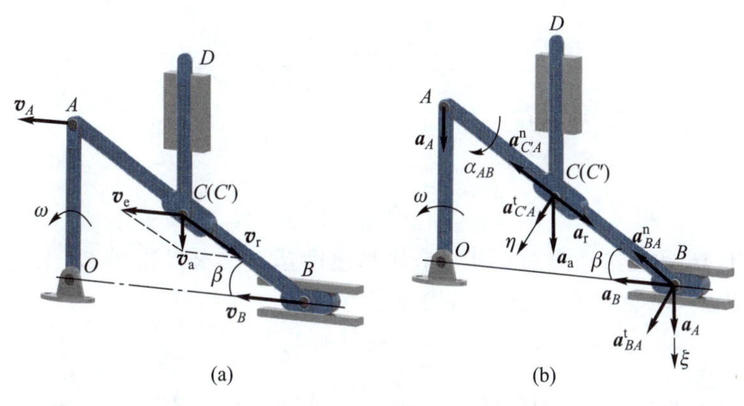

图 7-21

【解】（1）求杆 CD 的速度

杆 OA 做匀速定轴转动，杆 AB 做平面运动，杆 CD 做平移，图示瞬时杆 AB 上与套筒 C 重合的点为 C'。杆 AB 上点 A 的速度大小已知，$v_A=r\omega$，图示瞬时其方向水平向左。由于滑块 B 做水平直线运动，其速度作用线位于水平方向，连杆 AB 上 A、B 两点的速度相互平行，且与 AB 两点连线不垂直，故在图示瞬时连杆 AB 做瞬时平移，即 $\omega_{AB}=0$，所以

$$v_A=v_B=v_{C'}$$

以杆 CD 上的点 C 为动点，动系固结于连杆 AB 上。由于杆 CD 做平移，则动点 C 的绝对运动为铅垂方向的直线运动，相对运动为沿杆 AB 的直线运动，牵连运动为杆 AB 的平面运动，在图示瞬时为瞬时平移，点 C' 为牵连点，所以牵连速度 $\boldsymbol{v}_e=\boldsymbol{v}_{C'}$，根据速度合成定理有

$$\boldsymbol{v}_a=\boldsymbol{v}_e+\boldsymbol{v}_r$$

速度平行四边形如图 7-21a 所示，由图中几何关系知

$$v_a=v_e\tan\beta=\frac{r^2\omega}{\sqrt{l^2-r^2}}$$

杆 CD 做平移，故其速度等于点 C 的绝对速度，即

$$v_{CD}=v_{a}=\frac{r^{2}\omega}{\sqrt{l^{2}-r^{2}}}$$

（2）求杆 CD 的加速度

由于杆 AB 瞬时平移，且点 A 的加速度已知，以点 A 为基点，点 B 的加速度可由加速度基点法得到

$$\boldsymbol{a}_{B}=\boldsymbol{a}_{A}+\boldsymbol{a}_{BA}^{t}+\boldsymbol{a}_{BA}^{n}$$

其中 $a_{A}=OA\cdot\omega^{2}=r\omega^{2}$，方向沿曲柄 OA 由点 A 指向轴 O；$a_{BA}^{n}=AB\cdot\omega_{AB}^{2}=0$，方向沿杆 AB 由点 B 指向点 A；$\boldsymbol{a}_{BA}^{t}$大小未知，方向垂直于杆 AB，方向暂设如图 7-21b 所示；因为点 B 做直线运动，可设 $\boldsymbol{a}_{B}$ 的方向如图 7-21b 所示，其大小未知。取轴 ξ 垂直于 $\boldsymbol{a}_{B}$，轴 ξ 的正向如图 7-21b 所示，将 $\boldsymbol{a}_{B}$ 的矢量合成式在轴 ξ 上投影，得

$$0=a_{A}+a_{BA}^{t}\cos\beta$$

其中 $\cos\beta=\dfrac{\sqrt{l^{2}-r^{2}}}{l}$，解得

$$a_{BA}^{t}=-\frac{a_{A}}{\cos\beta}=-\frac{rl\omega^{2}}{\sqrt{l^{2}-r^{2}}}$$

于是，连杆 AB 的角加速度大小为

$$\alpha_{AB}=\frac{a_{BA}^{t}}{AB}=-\frac{r\omega^{2}}{\sqrt{l^{2}-r^{2}}}$$

当求出连杆 AB 的角加速度后，就可应用加速度基点法求得连杆 AB 上与套筒 C 重合点 C'的加速度，即以点 A 为基点，点 C'的加速度为

$$\boldsymbol{a}_{C'}=\boldsymbol{a}_{A}+\boldsymbol{a}_{C'A}^{t}+\boldsymbol{a}_{C'A}^{n}$$

其中 $a_{C'A}^{n}=AC'\cdot\omega_{AB}^{2}=0$，方向沿杆 AB 由点 C'指向点 A；$\boldsymbol{a}_{C'A}^{t}=AC'\cdot\alpha_{AB}=-\dfrac{rl\omega^{2}}{2\sqrt{l^{2}-r^{2}}}$，作用线垂直于杆 AB，如图 7-21b 所示。

以杆 CD 上的点 C 为动点，动系固结于连杆 AB 上。根据加速度合成定理有

$$\boldsymbol{a}_{a}=\boldsymbol{a}_{e}+\boldsymbol{a}_{r}+\boldsymbol{a}_{C}$$

由于杆 CD 做平移，则动点 C 的绝对加速度沿铅垂方向，大小未知；相对运动为沿杆 AB 的直线运动，则相对加速度沿杆 AB 方向，大小未知；牵连运动为杆 AB 的瞬时平移，科氏加速度 $\boldsymbol{a}_{C}=\boldsymbol{0}$，牵连点为 C'，牵连加速度 $\boldsymbol{a}_{e}=\boldsymbol{a}_{C'}$。则加速度合成定理可以写为

$$\boldsymbol{a}_{a}=\boldsymbol{a}_{A}+\boldsymbol{a}_{C'A}^{t}+\boldsymbol{a}_{C'A}^{n}+\boldsymbol{a}_{r}$$

取轴 η 垂直于 $\boldsymbol{a}_{r}$，其正向如图 7-21b 所示，将上式在轴 η 上投影，得

$$a_{a}\cos\beta=a_{A}\cos\beta+a_{C'A}^{t}$$

即

$$a_{a}=a_{A}+\frac{a_{C'A}^{t}}{\cos\beta}=r\omega^{2}-\frac{rl\omega^{2}}{2\sqrt{l^{2}-r^{2}}}\cdot\frac{l}{\sqrt{l^{2}-r^{2}}}=\frac{r(l^{2}-2r^{2})}{2(l^{2}-r^{2})}\omega^{2}$$

杆 CD 的加速度为

$$a_{CD}=a_{a}=\frac{r(l^{2}-2r^{2})}{2(l^{2}-r^{2})}\omega^{2}$$

【例 7-9】如图 7-22a 所示机构中，已知滑块 A 的速度为常量 v，杆 AB 的长度为 $2l$。求当 C 位于杆 AB 的中点且 $\theta=30°$时，杆 CD 的速度和加速度。

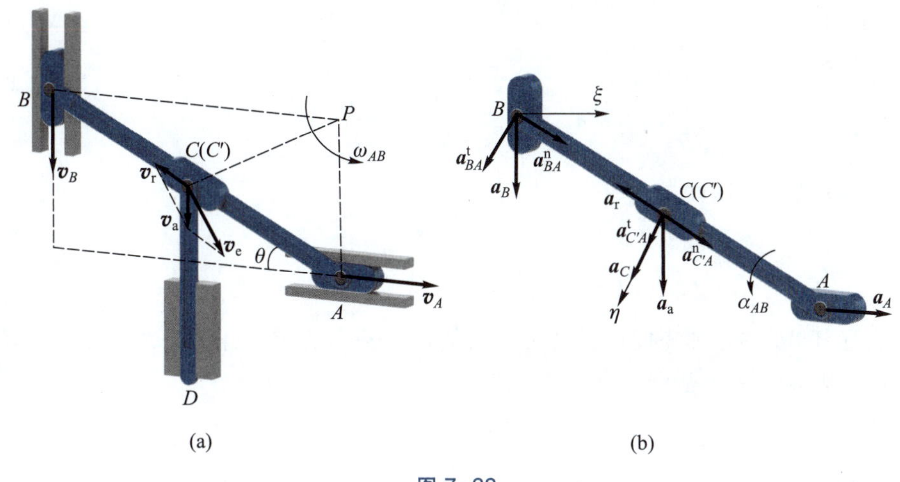

图 7-22

【解】(1) 求杆 CD 的速度。

杆 AB 做平面运动，杆 CD 做平移，图示瞬时杆 AB 上与套筒 C 重合的点为 C'。杆 AB 上点 A 的速度大小已知，其方向水平向右。由于滑块 B 做铅垂直线运动，其速度沿铅垂方向，作 A、B 两点的速度的垂线，相交于点 P，点 P 为 AB 杆在图示瞬时的速度瞬心，则

$$\omega_{AB}=\frac{v}{l},\quad v_{C'}=PC'\cdot\omega_{AB}=v$$

以杆 CD 上的点 C（即套筒 C）为动点，动系固结于连杆 AB 上。由于杆 CD 做平移，则动点 C 的绝对运动为铅垂直线运动，相对运动为沿杆 AB 的直线运动，牵连运动为杆 AB 的平面运动，点 C'为牵连点，牵连速度 $\boldsymbol{v}_e=\boldsymbol{v}_{C'}$，可作出如图 7-22a 所示的速度平行四边形，根据速度合成定理有

$$\boldsymbol{v}_a=\boldsymbol{v}_e+\boldsymbol{v}_r$$

由速度平行四边形的几何关系知

$$v_a=v_e\frac{\sin 30°}{\sin 120°}=\frac{\sqrt{3}}{3}v,\quad v_r=v_a=\frac{\sqrt{3}}{3}v$$

杆 CD 做平移，故其速度等于点 C 的绝对速度

$$v_{CD}=v_a=\frac{\sqrt{3}}{3}v$$

(2) 求杆 CD 的加速度

由于杆 AB 做平面运动，且点 A 的加速度已知。以点 A 为基点，点 B 的加速度可由加速度基点法得到

$$\boldsymbol{a}_B=\boldsymbol{a}_A+\boldsymbol{a}_{BA}^t+\boldsymbol{a}_{BA}^n$$

其中 $a_A=0$；$a_{BA}^n=AB\cdot\omega_{AB}^2=\dfrac{2v^2}{l}$，方向沿杆 AB 由点 B 指向点 A；$\boldsymbol{a}_{BA}^t$大小未知，其方向垂直于杆 AB，方向暂设如图 7-22b 所示；因为点 B 做直线运动，可设 $\boldsymbol{a}_B$ 的方向如图 7-22b 所示，

其大小未知。取轴 ξ 垂直于 $\boldsymbol{a}_B$，轴 ξ 的正向如图 7-22b 所示，将 $\boldsymbol{a}_B$ 的矢量合成式在轴 ξ 上投影，得

$$0=-a_{BA}^{\mathrm{t}}\cos 60°+a_{BA}^{\mathrm{n}}\cos 30°$$

解得

$$a_{BA}^{\mathrm{t}}=a_{BA}^{\mathrm{n}}\frac{\cos 30°}{\cos 60°}=\frac{2\sqrt{3}v^2}{l}$$

于是，连杆 AB 的角加速度大小为

$$\alpha_{AB}=\frac{a_{BA}^{\mathrm{t}}}{AB}=\sqrt{3}\left(\frac{v}{l}\right)^2$$

当求出连杆 AB 的角加速度后，就可应用加速度基点法求得连杆 AB 上与套筒 C 重合点 C'的加速度，即以点 A 为基点，点 C'的加速度为

$$\boldsymbol{a}_{C'}=\boldsymbol{a}_A+\boldsymbol{a}_{C'A}^{\mathrm{t}}+\boldsymbol{a}_{C'A}^{\mathrm{n}}$$

其中 $a_{C'A}^{\mathrm{n}}=AC'\cdot\omega_{AB}^2=\dfrac{v^2}{l}$，方向沿 AB 杆由点 C'指向点 A；$a_{C'A}^{\mathrm{t}}=AC'\cdot\alpha_{AB}=\sqrt{3}\dfrac{v^2}{l}$，作用线垂直于杆 AB，如图 7-22b 所示。

以杆 CD 上的点 C 为动点，动系固结于连杆 AB 上。根据加速度合成定理，有

$$\boldsymbol{a}_{\mathrm{a}}=\boldsymbol{a}_{\mathrm{e}}+\boldsymbol{a}_{\mathrm{r}}+\boldsymbol{a}_{\mathrm{C}}$$

由于杆 CD 做平移，则动点 C 的绝对加速度沿铅垂方向，大小未知；相对运动为沿杆 AB 的直线运动，则相对加速度沿 AB 杆方向，大小未知；牵连运动为杆 AB 的平面运动，科氏加速度 $\boldsymbol{a}_{\mathrm{C}}=2\boldsymbol{\omega}_{\mathrm{e}}\times\boldsymbol{v}_{\mathrm{r}}$，由于 $\boldsymbol{\omega}_{\mathrm{e}}\perp\boldsymbol{v}_{\mathrm{r}}$，且 $\omega_{\mathrm{e}}=\omega_{AB}$，则 $a_{\mathrm{C}}=2\omega_{\mathrm{e}}v_{\mathrm{r}}=2\omega_{AB}v_{\mathrm{r}}=\dfrac{2\sqrt{3}v^2}{3l}$；牵连点为 C'，牵连加速度 $\boldsymbol{a}_{\mathrm{e}}=\boldsymbol{a}_{C'}$。则加速度合成定理可以写为

$$\boldsymbol{a}_{\mathrm{a}}=\boldsymbol{a}_A+\boldsymbol{a}_{C'A}^{\mathrm{t}}+\boldsymbol{a}_{C'A}^{\mathrm{n}}+\boldsymbol{a}_{\mathrm{r}}+\boldsymbol{a}_{\mathrm{C}}$$

取轴 η 垂直于 $\boldsymbol{a}_{\mathrm{r}}$，其正向沿 $\boldsymbol{a}_{\mathrm{C}}$ 方向，如图 7-22b 所示，将上式在轴 η 上投影，得

$$a_{\mathrm{a}}\cos 30°=a_{C'A}^{\mathrm{t}}+a_{\mathrm{C}}$$

即

$$a_{\mathrm{a}}=\frac{a_{C'A}^{\mathrm{t}}+a_{\mathrm{C}}}{\cos 30°}=\frac{10v^2}{3l}$$

【例 7-10】 半径为 r 的圆轮，沿水平轨道做纯滚动，借助于铰接在轮缘点 A 的套筒，带动杆 O_1B 绕轴 O_1 转动，如图 7-23a 所示。在图示瞬时，轮心 O 的速度和加速度为 v_O、a_O，且 $a_O=\dfrac{v_O^2}{r}$，试求杆 O_1B 在此瞬时的角速度和角加速度。

【解】（1）求杆 O_1B 的角速度

由于圆轮做纯滚动，它与地面的接触点 P 为速度瞬心，且已知轮心 O 的速度，则圆轮的角速度可由速度瞬心法求得

$$\omega=\frac{v_O}{OP}=\frac{v_O}{r}$$

由速度瞬心法也可得到轮缘点 A 的速度为

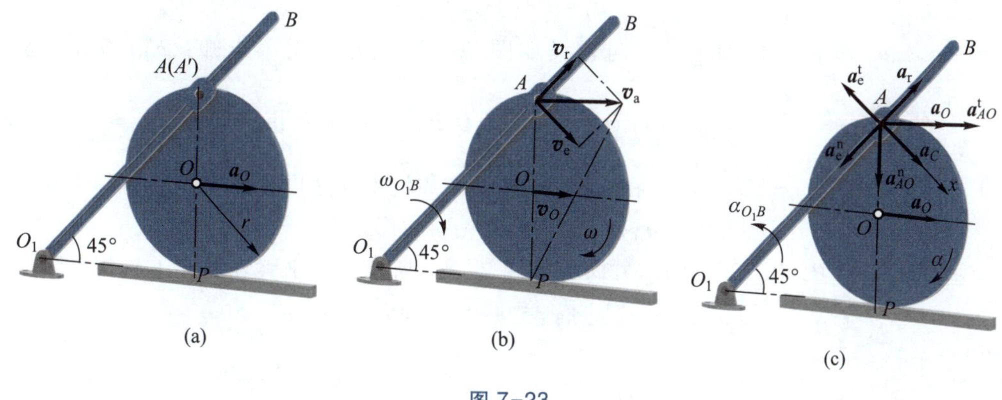

图 7-23

$$v_A = AP \cdot \omega = 2r \cdot \frac{v_O}{r} = 2v_O$$

方向为水平向右。以套筒 A 为动点，动系固结于杆 O_1B 上。动点 A 的绝对运动为旋轮线运动，绝对速度 $\boldsymbol{v}_a = \boldsymbol{v}_A$，方向为水平向右；相对运动为沿 O_1B 杆的直线运动，相对速度 $\boldsymbol{v}_r$ 沿杆 O_1B，大小未知；牵连运动为杆 O_1B 的定轴转动，在图示瞬时，杆 O_1B 上与套筒 A 重合的点为 A'，则点 A' 为牵连点，动点 A 的牵连速度 $\boldsymbol{v}_e = \boldsymbol{v}_{A'}$，牵连速度垂直于杆 O_1B，大小未知。根据速度合成定理，有

$$\boldsymbol{v}_a = \boldsymbol{v}_e + \boldsymbol{v}_r$$

可作出如图 7-23b 所示的速度平行四边形，由速度平行四边形的几何关系知

$$v_e = v_r = v_a \cos 45° = \sqrt{2} v_O$$

则杆 O_1B 的角速度为

$$\omega_{O_1B} = \frac{v_e}{O_1A} = \frac{v_O}{2r}$$

方向为顺时针方向。

（2）求杆 O_1B 的角加速度

先求轮缘上点 A 的加速度。由于圆轮做纯滚动，且已知轮心 O 做直线运动，则 $a_O = \dfrac{\mathrm{d}v_O}{\mathrm{d}t}$。在速度求解时已得到圆轮在任意时刻的角速度 $\omega = \dfrac{v_O}{r}$，则圆轮的角加速度为

$$\alpha = \frac{\mathrm{d}\omega}{\mathrm{d}t} = \frac{\mathrm{d}}{\mathrm{d}t}\left(\frac{v_O}{r}\right) = \frac{1}{r}\frac{\mathrm{d}v_O}{\mathrm{d}t} = \frac{a_O}{r}$$

以轮心 O 为基点，轮缘点 A 的加速度可由加速度基点法得到

$$\boldsymbol{a}_A = \boldsymbol{a}_O + \boldsymbol{a}_{AO}^t + \boldsymbol{a}_{AO}^n$$

其中 $a_{AO}^n = AO \cdot \omega^2 = \dfrac{v_O^2}{r}$，方向由点 A 指向轮心 O；$a_{AO}^t = AO \cdot \alpha = a_O$，作用线垂直于 AO，水平向右，如图 7-23c 所示。

当求出轮缘上点 A 的加速度后，就可应用加速度基点法求杆 O_1B 的角加速度。以轮缘上的点 A 为动点，动系固结于杆 O_1B。根据加速度合成定理，有

$$\boldsymbol{a}_a=\boldsymbol{a}_e^t+\boldsymbol{a}_e^n+\boldsymbol{a}_r+\boldsymbol{a}_C$$

其中 $a_a=a_A$；$\boldsymbol{a}_e^t$ 垂直于杆 O_1B，方向暂设如图 7-23c 所示，大小未知；$a_e^n=O_1A\cdot\omega_{O_1B}^2=2\sqrt{2}r\cdot\left(\dfrac{v_O}{2r}\right)^2=\dfrac{\sqrt{2}v_O^2}{2r}$，方向由 A 指向 O_1；$\boldsymbol{a}_r$ 沿杆 O_1B，大小未知；$a_C=2\omega_{O_1B}v_r=\dfrac{\sqrt{2}v_O^2}{r}$，方向垂直于杆 O_1B，如图 7-23c 所示。将 $\boldsymbol{a}_A$ 的矢量表达式代入加速度合成定理，可得

$$\boldsymbol{a}_O+\boldsymbol{a}_{AO}^t+\boldsymbol{a}_{AO}^n=\boldsymbol{a}_e^t+\boldsymbol{a}_e^n+\boldsymbol{a}_r+\boldsymbol{a}_C$$

取轴 x 垂直于杆 O_1B，其正向沿 $\boldsymbol{a}_C$ 方向，如图 7-23c 所示，将上式在轴 x 上投影，得

$$a_O\cos 45°+a_{AO}^t\cos 45°+a_{AO}^n\cos 45°=-a_e^t+a_C$$

即

$$a_e^t=a_C-(a_O+a_{AO}^t+a_{AO}^n)\cos 45°=\sqrt{2}\left(\frac{v_O^2}{2r}-a_O\right)=-\frac{\sqrt{2}v_O^2}{2r}$$

于是，杆 O_1B 的角加速度大小为

$$\alpha_{O_1B}=\frac{a_e^t}{O_1A}=-\frac{v_O^2}{4r^2}$$

方向如图 7-23c 所示。

小 结

1. 平面运动

在刚体运动的过程中，刚体内任意一点到某一固定平面的距离始终保持不变。刚体的这种运动称为平面运动。刚体的平面运动可简化为平面图形在其自身所在平面内的运动。平面图形的运动又可看成随基点的平移和相对于基点的定轴转动的合成。

2. 平面图形上各点速度的分析方法

基点法：**平面图形上任一点 B 的速度等于基点 A 的速度与该点绕基点转动速度 $\boldsymbol{v}_{BA}$ 的矢量和**，即

$$\boldsymbol{v}_B=\boldsymbol{v}_A+\boldsymbol{v}_{BA}$$

速度投影法：**同一平面图形上任意两点的速度在其连线上的投影相等**，即

$$(\boldsymbol{v}_B)_{AB}=(\boldsymbol{v}_A)_{AB}$$

速度瞬心法：**在一般情况下，每一瞬时，平面图形上总是唯一存在着速度为零的点**，这个点称为平面图形在该瞬时的**瞬时速度中心**，或称**速度瞬心**。平面图形上各点的速度等于各点绕速度瞬心转动的速度，大小为

$$v_A=CA\cdot\omega$$

其方向垂直于该点到速度瞬心的连线。

3. 平面图形上各点加速度的基点法

平面图形内任一点 B 的加速度等于基点 A 的加速度与该点绕基点转动的切向加速度和法向加速度的矢量和：

$$\boldsymbol{a}_B=\boldsymbol{a}_A+\boldsymbol{a}_{BA}^t+\boldsymbol{a}_{BA}^n$$

思考题

7-1 刚体平面运动通常分解为哪两个运动？它们与基点的选择有无关系？用基点法求平面图形内各点的加速度时，要不要考虑科氏加速度？

7-2 试判别图 7-24 所示平面机构的各构件做什么运动。

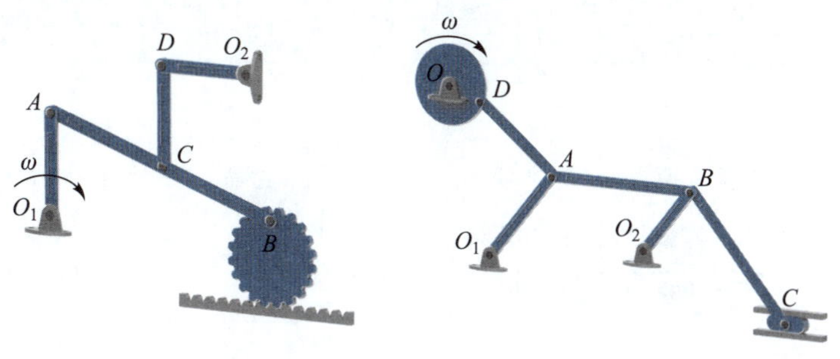

图 7-24

7-3 平面图形上 A、B 两点的速度 $\boldsymbol{v}_A$ 和 $\boldsymbol{v}_B$ 间有什么关系？若 $\boldsymbol{v}_A$ 垂直于 AB 连线，则 $\boldsymbol{v}_B$ 的方位如何？

7-4 求图 7-25 中做平面运动的刚体在图示瞬时的速度瞬心。

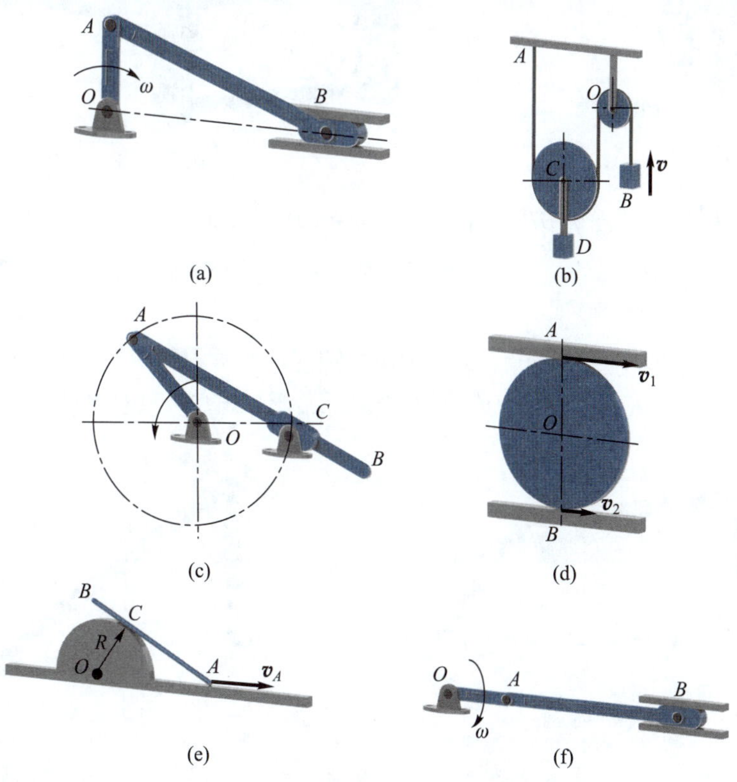

图 7-25

7-5 设平面图形上任意两点 A 和 B 的速度和加速度分别为 $\boldsymbol{v}_A$、$\boldsymbol{v}_B$、$\boldsymbol{a}_A$ 和 $\boldsymbol{a}_B$，M 为 AB 连线的中点，求证：

$$\boldsymbol{v}_M=\frac{1}{2}(\boldsymbol{v}_A+\boldsymbol{v}_B)，\ \boldsymbol{a}_M=\frac{1}{2}(\boldsymbol{a}_A+\boldsymbol{a}_B)$$

习 题

习题：第七章

7-1 两齿条以速度 $\boldsymbol{v}_1$、$\boldsymbol{v}_2$ 做同向运动。在两齿条间夹一齿轮，其半径为 r，求齿轮的角速度及其轮心的速度。

7-2 锯床机构如图所示，曲柄 AB 以角速度 ω 绕轴 A 转动，连杆 BC 带动锯子 D 沿轴架 EF 做往复运动。已知 $\omega=0.5$ rad/s，$\varphi=30°$，$\beta=60°$，$AB=10$ cm。求图示瞬时锯子 D 的速度。

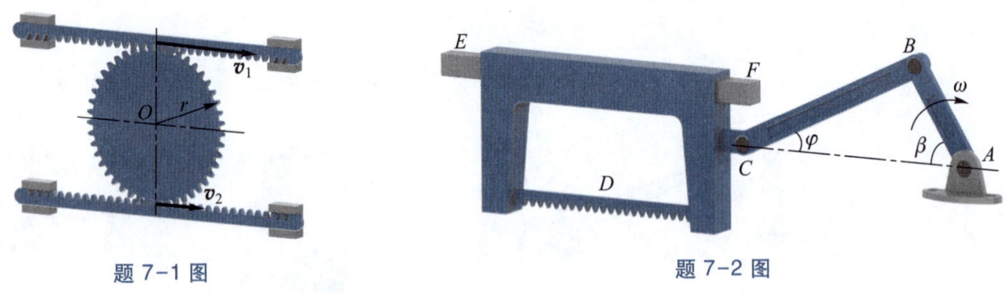

题 7-1 图　　题 7-2 图

7-3 图示机构中，曲柄 OB 以等角速度 $\omega=10$ rad/s 绕轴 O 转动，在图示位置时 $\theta=45°$，$\angle OO_1A=90°$，$OO_1/\!/AB$。$OB=150\sqrt{2}$ mm，$O_1A=150$ mm。求此瞬时点 A、D 的速度和连杆 AB 的角速度。

7-4 在四连杆机构 $OABO_1$ 中，$OA=O_1B=AB/2$，曲柄 OA 的角速度 $\omega=3$ rad/s。求当 OA 位于图示铅垂位置且杆 O_1B 与 OO_1 的延长线重合时，杆 AB 和 O_1B 的角速度。

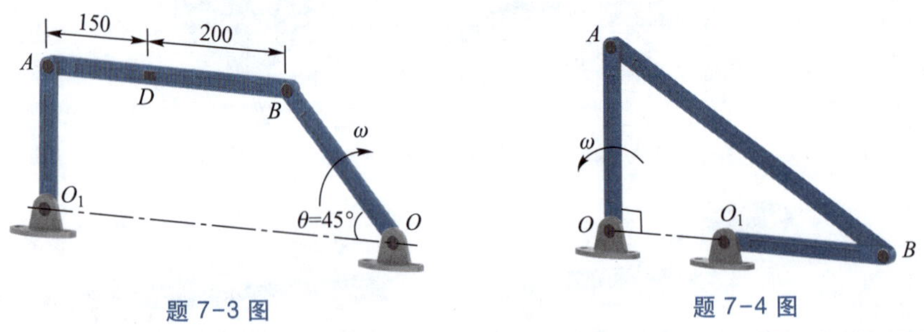

题 7-3 图　　题 7-4 图

7-5 半径为 r 的两轮在水平轨道上做纯滚动。两轮之间用一长为 l 的杆铰接。已知轮 O_1 轮心速度为 v_{O1}，求当 $\alpha=0°$和 $90°$时，轮 O_2 的角速度。

7-6 半径 $r=30\sqrt{3}$ mm 的轮子在水平轨道上滚动，杆 AB 的一端与轮子铰接，另一端与

滑块 B 铰接。在图示瞬时，杆 AB 水平，$\omega=12\ \text{rad/s}$，$\alpha=30°$，$\beta=60°$，$AB=0.27\ \text{m}$。试求图示瞬时杆 AB 的角速度及点 B 的速度。

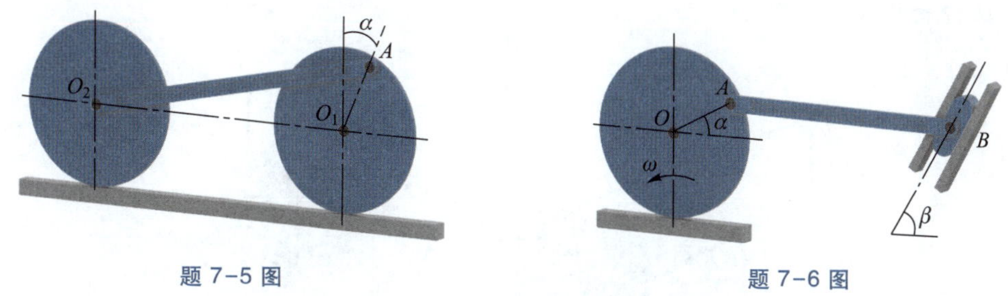

题 7-5 图　　题 7-6 图

7-7　图示机构中，$OA=0.2\ \text{m}$，$DB=0.15\ \text{m}$，$AB=0.4\ \text{m}$，曲柄 OA 以等角速度 $\omega=4\ \text{rad/s}$逆时针转动，当 $\theta=45°$时连杆 AB 处于水平位置，BD 铅垂，求此瞬时杆 AB 和 BD 的角速度。

7-8　电话线的钢丝滚筒如图所示，在水平面上向右做纯滚动，如果钢丝绳上点 A 的速度为 $v_A=0.8\ \text{m/s}$，求中心 O 的速度和轮的角速度。

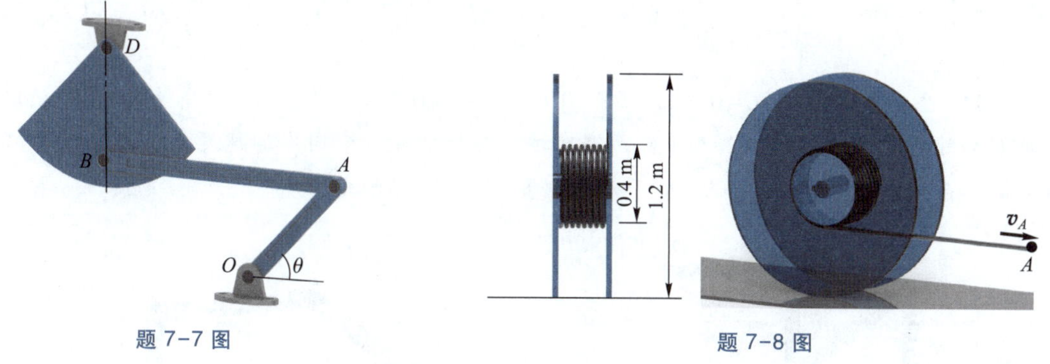

题 7-7 图　　题 7-8 图

7-9　图示平面机构中，曲柄 $OA=R$ 以角速度 ω_0 绕轴 O 转动。齿条 AB 与半径为 $r=R/2$的齿轮相啮合。求当齿条与曲柄的夹角 $\theta=60°$时，齿轮的角速度 ω_1。

7-10　两种材料 A 和 B 的抗磨损实验装置如图所示，$DC=0.3\ \text{m}$，$OD=0.125\ \text{m}$，$r=0.15\ \text{m}$，当 $\theta=45°$时，连杆 EO 有一个向右的速度 $v=1.2\ \text{m/s}$，求摩擦速度 v_A。

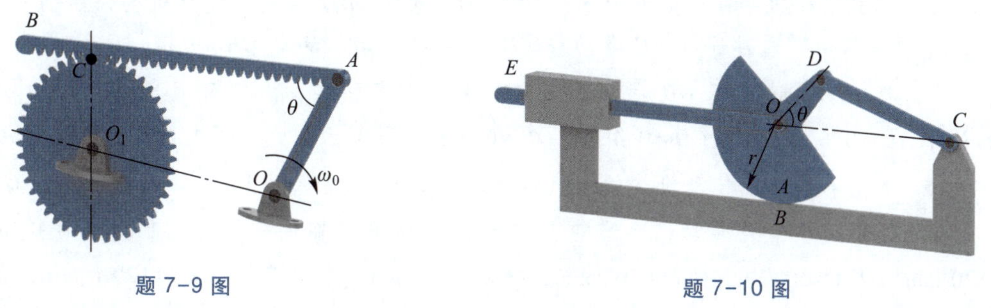

题 7-9 图　　题 7-10 图

7-11　当鼓轮 A 转动时，通过绳索使管 ED 上升，已知鼓轮的转速 $n=10\ \text{r/min}$，$R=0.15\ \text{m}$，$r=0.050\ \text{m}$，求管子中心 O 的速度。

7-12 两个滑轮被固定在一起，并用两个钢丝绳分别缠在每一个滑轮上，滑轮半径分别为 $r=0.15\ \text{m}$，$R=0.3\ \text{m}$。如果钢丝绳上的点 A 的速度 $v_A=1.5\ \text{m/s}$，求图示位置时大滑轮轮心点 O 和最高点 B 的速度。

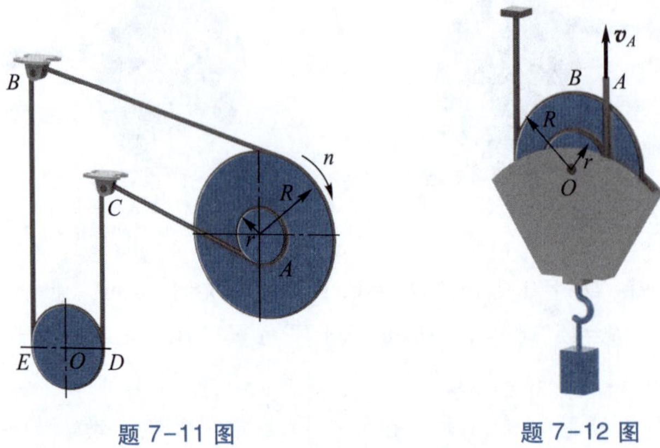

题 7-11 图　　题 7-12 图

7-13 图示平面机构中，曲柄长 $OA=r$，以角速度 ω_O 绕 O 轴转动，某瞬时，摇杆 O_1N 处于水平位置，而连杆 NK 处于铅垂位置。连杆 NK 上有一点 D，其位置为 $DK=NK/3$。求点 D 的速度。

7-14 图示机构中，$OC=0.3\ \text{m}$，$BC=0.4\ \text{m}$，$AB=0.5\ \text{m}$，曲柄 OC 以角速度 $\omega=2\ \text{rad/s}$ 绕轴 O 匀速转动，方向如图。液压缸活塞在运动时给销 A 一个向右的速度 $v_A=1.2\ \text{m/s}$，当曲柄 OC 在铅垂位置时，连杆 BC 处于水平位置，求杆 BC 的角速度。

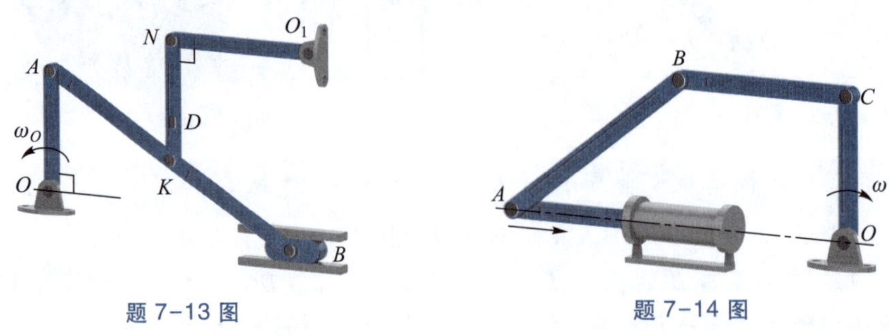

题 7-13 图　　题 7-14 图

7-15 颚式破碎机的简图如图所示。OE、EC、CD、DO 组成四连杆机构，曲柄 OE 绕轴 O 以 ω_O 匀速转动，通过连杆 EC 带动杆 CD 绕轴 D 摆动。DC、CB、BA、AD 组成另一四连杆机构，杆 CD 通过连杆 CB 带动颚板 AB 绕轴 A 来回摆动，把矿石压碎。已知 $\omega_O=10\ \text{rad/s}$，$AB=0.6\ \text{m}$，$BC=CD=0.4\ \text{m}$，$OE=0.1\ \text{m}$。求图示位置时颚板摆动的角速度 ω_{AB}。

7-16 人力打稻机的传动机构如图所示。踏板 O_3C 通过连杆 AB 带动大齿轮绕轴 O_2 转动，大齿轮又带动小齿轮转动，小齿轮与打稻机滚筒安装在同一轴上。已知 $r_1=40\ \text{mm}$，$r_2=120\ \text{mm}$，$O_2A=60\ \text{mm}$，$O_3B=200\ \text{mm}$，$O_3C=300\ \text{mm}$。若滚筒转速 $n_1=120\ \text{r/min}$，试求图示位置（$O_3C\perp AB$，$O_2A\perp O_1O_2$，O_2A 水平，A 与 O_3 在同一铅垂线上，$\theta=30°$）踏板上点 C 的速度。

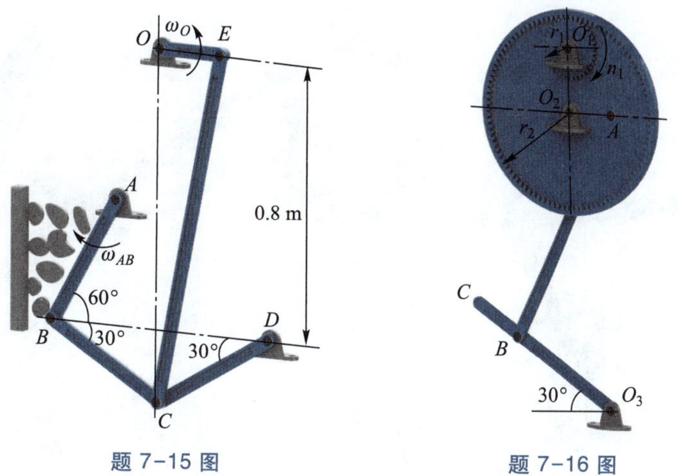

题 7-15 图　　　　题 7-16 图

7-17　纸带穿孔机构如图所示，已知曲柄 O_1A 的转速 $n=800\ \mathrm{r/min}$，$O_1A=0.1\ \mathrm{m}$，$O_2B=BC$，$\angle O_1AB=45°$，$\angle O_2BA=60°$。求图示瞬时（O_2B 水平并垂直于 CD）穿针 CD 的速度。

7-18　在牛头刨床的滑道摆杆机构中，曲柄 OA 以匀角速度 ω_O 做逆时针转动，滑块 C 的导轨水平，且当曲柄 OA 水平时，摇杆 O_1B 水平，如图所示。求此瞬时滑块 C 的速度和摇杆 O_1B 的角速度。已知 $OA=R$，$O_1B=r$，$BC=\dfrac{4\sqrt{3}}{3}b$。

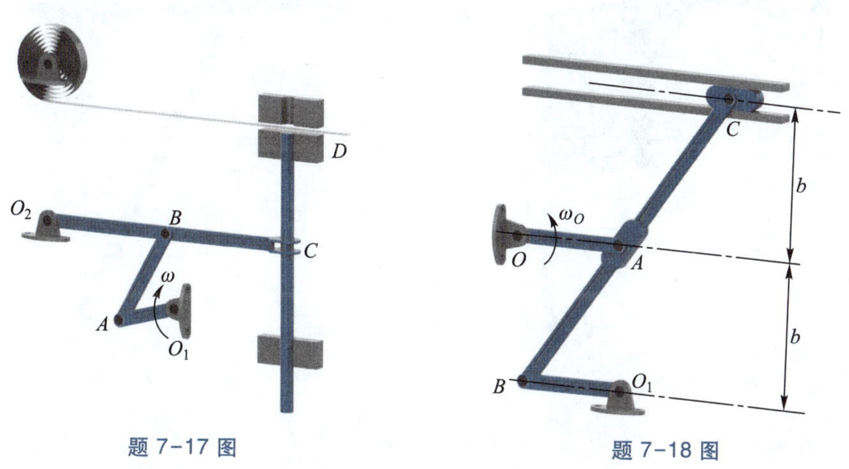

题 7-17 图　　　　题 7-18 图

7-19　冲床的曲柄四连杆机构如图所示，当曲柄 OA 以等角速度 ω_O 绕轴 O 转动时，连杆 AB 使杆 BO_1 绕轴 O_1 摆动，又通过连杆 BC 带动滑块 C 上下运动。已知 $OA=r$，$AB=BO_1=BC=l$，试求图示位置时滑块 C 的速度。

7-20　由曲柄连杆机构 OAB 带动滑道绕轴 O_1 做定轴转动。$OA=r=50\ \mathrm{mm}$，$O_1D=70\ \mathrm{mm}$，$\omega_O=10\ \mathrm{rad/s}$。当曲柄在铅垂位置时，滑道与水平成 60°的夹角，$\angle OAB=60°$。求此瞬时摆杆 O_1D 的角速度及角加速度。

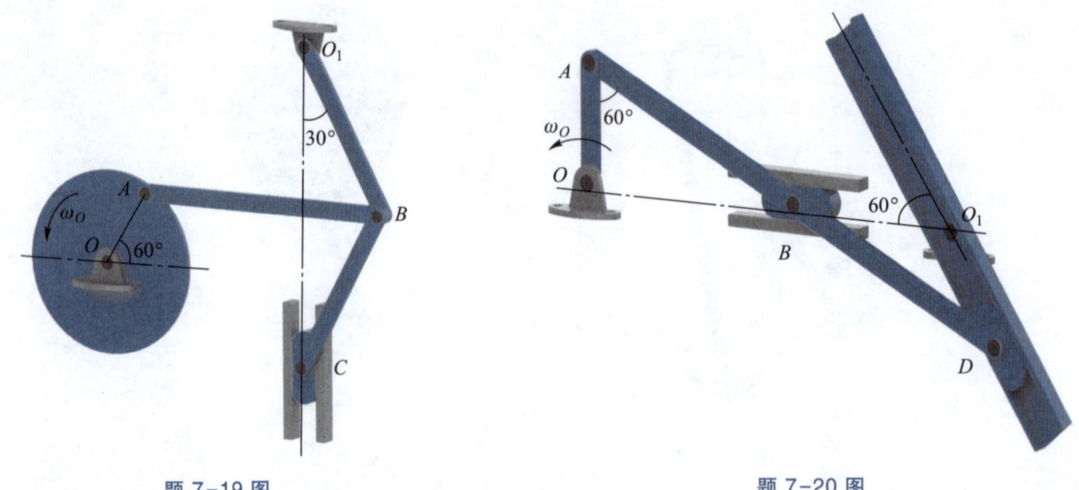

题 7-19 图　　　　题 7-20 图

7-21　正方形板 $ABCD$ 与 OA、$O'C$ 铰接如图所示。在图示瞬时 $\omega_{OA}=\omega$，$\alpha_{OA}=0$。求此瞬时正方形板上点 B 的加速度。

7-22　在图示机构中，曲柄 OA 以匀角速度 $\omega=8$ rad/s 转动，点 C 为连杆 AB 的中点。已知 $OA=0.25$ m，$AB=1$ m，$CD=0.116$ m，$DE=1.2$ m。求机构在图示瞬时，杆 DE 的角速度和角加速度。

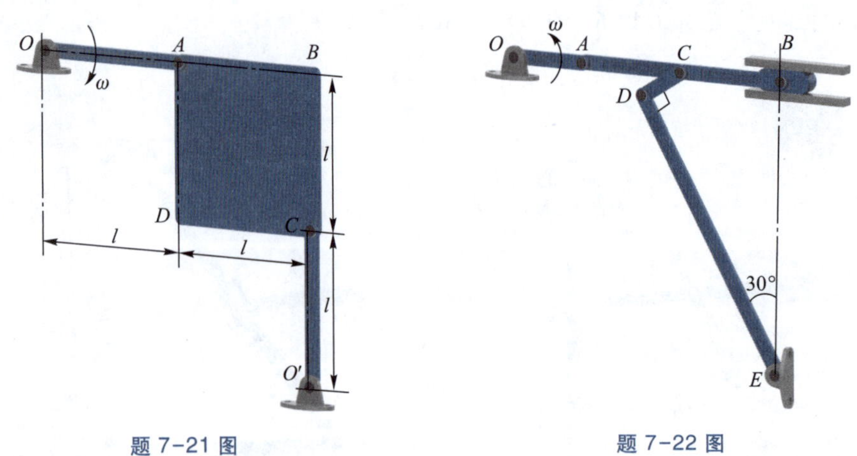

题 7-21 图　　　　题 7-22 图

7-23　刨床机构如图所示，曲柄 $OA=r$，以匀角速度 ω 转动。当 $\varphi=90°$，$\beta=90°$，$DC:BC=1:2$，且 $OC/\!/BE$，连杆 $AC=2r$，$CD=r$ 时，求刨杆 BE 的速度和加速度。

7-24　在图示机构中，曲柄 $OA=0.1$ m，连杆 $AB=0.3$ m，套筒 C 可在连杆 AB 上滑动，并用铰链与杆 CD 连接。当 $\varphi=45°$ 时，曲柄 OA 的角速度 $\omega=10$ rad/s，角加速度 $\alpha=0$，$\angle OBA=\dfrac{\varphi}{2}$，试求此瞬时杆 CD 的加速度和连杆 AB 的角加速度。

7-25　轮 O 在水平面上做纯滚动，轮缘上固连销 B，此销在摇杆 O_1A 的槽内滑动，并带动摇杆绕轴 O_1 转动。已知轮的半径 $R=0.5$ m，在图示位置时，直线 AO_1 是轮的切线，轮心的速度 $v_O=20$ cm/s，摇杆与水平的夹角为 $\theta=60°$。求摇杆的角速度和角加速度。

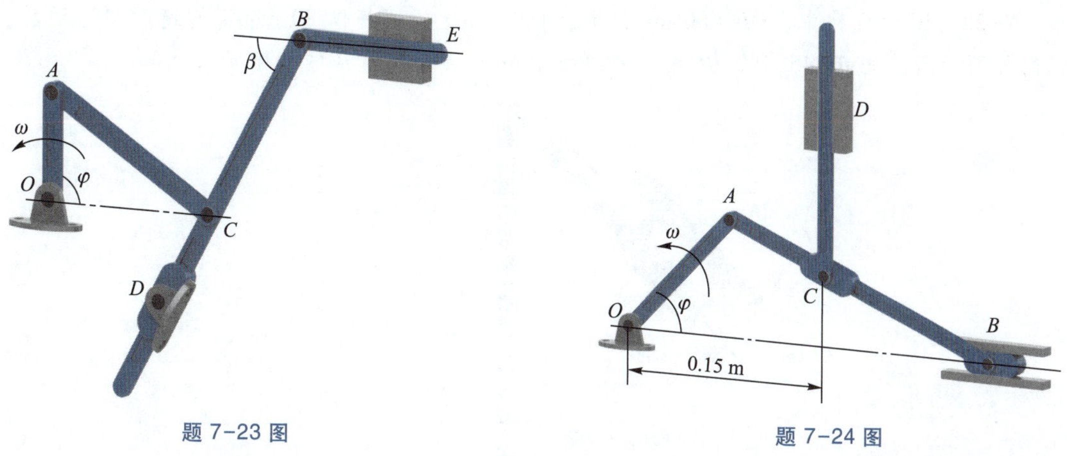

题 7-23 图　　题 7-24 图

7-26　图示滚压机的滚子由曲柄带动沿水平滚动而不滑动。曲柄的半径 $r=100$ mm，以等转速 $n=30$ r/min 绕轴 O 转动。如滚子半径 $R=100$ mm，连杆 AB 长 $l=173$ mm。求当曲柄与水平面夹角为 60°时，滚子的角速度与角加速度。

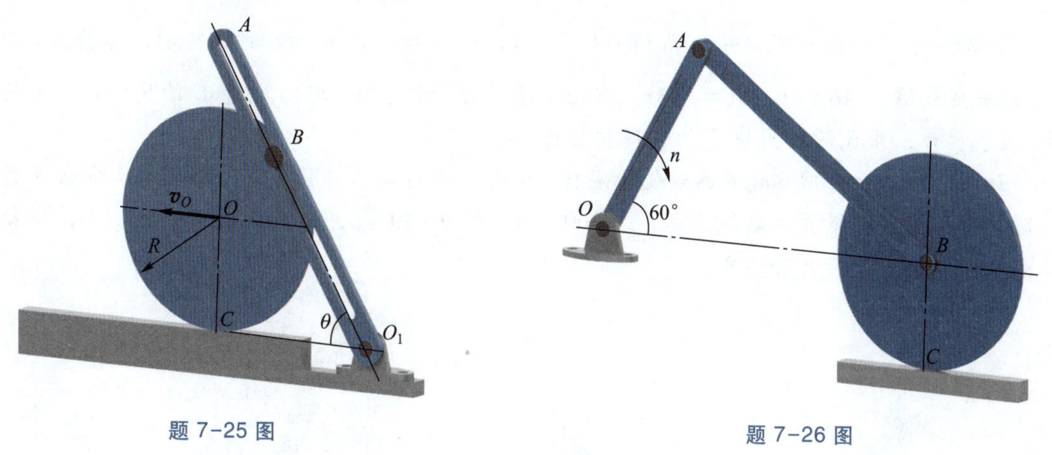

题 7-25 图　　题 7-26 图

7-27　假设倾卸装置的活塞杆具有速度 $v=300$ mm/s，方向如图所示。点 A 的加速度为 $a=40$ mm/s^2，与速度方向相同，求车厢的角加速度。

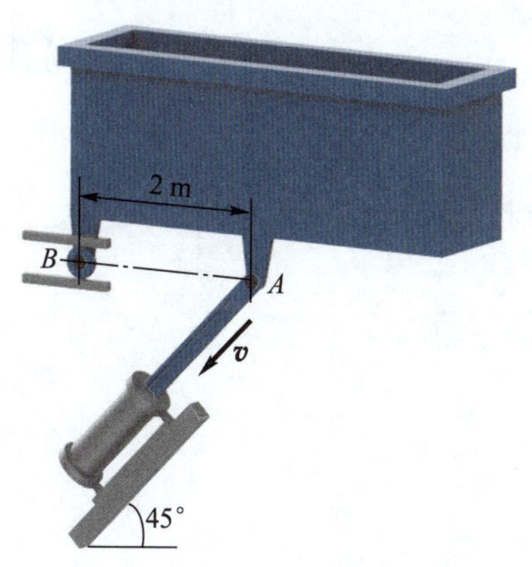

题 7-27 图

7-28 图示机构中，$OB=80$ mm，$BA=150$ mm，活塞杆以 80 mm/s 的速度匀速运动，方向如图所示。当 $\theta=45°$时，BO 在水平位置，求此位置时点 B 的加速度。

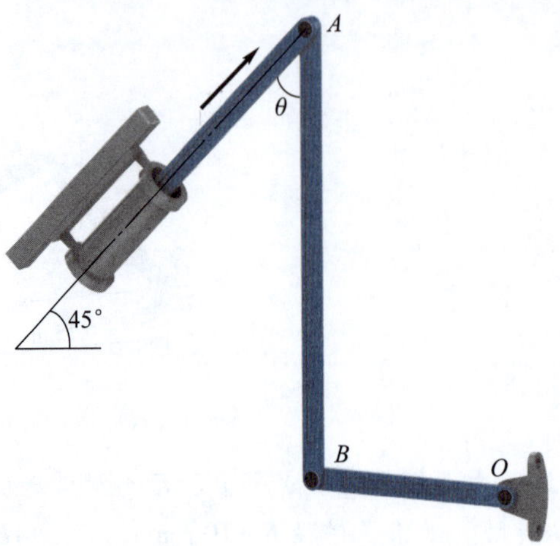

题 7-28 图

7-29 在图示配气机构中，曲柄 OA 长为 r，以等角速度 ω_O 绕轴 O 转动，连杆 AB 和 BC 的长度分别为 $AB=6r$，$BC=3\sqrt{3}r$。在图示瞬时 $\varphi=60°$，$\gamma=90°$，滑块 C 的运动轨迹与杆 BC 轴线重合，求此瞬时滑块 C 的速度和加速度。

7-30 半径为 100 mm 的圆轮轮心沿杆 AB 的导槽运动，如图所示。当杆 AB 绕轴 A 摆动时，带动圆轮在平面上做纯滚动，$l=300$ mm。当 $\theta=30°$时，$\omega_{AB}=3$ rad/s，$\alpha_{AB}=0$，求此瞬时圆轮的角速度和角加速度。

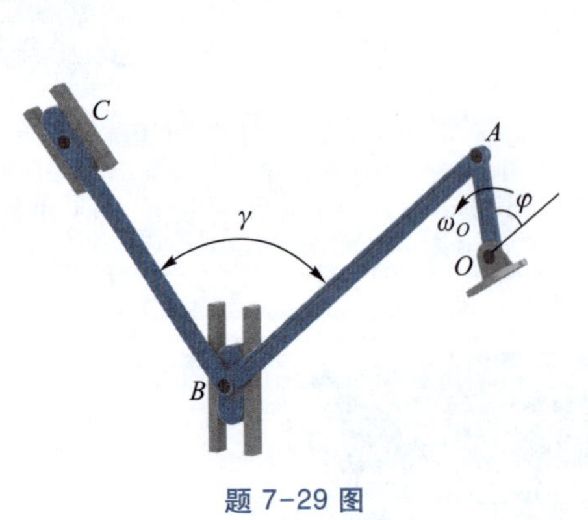

题 7-29 图

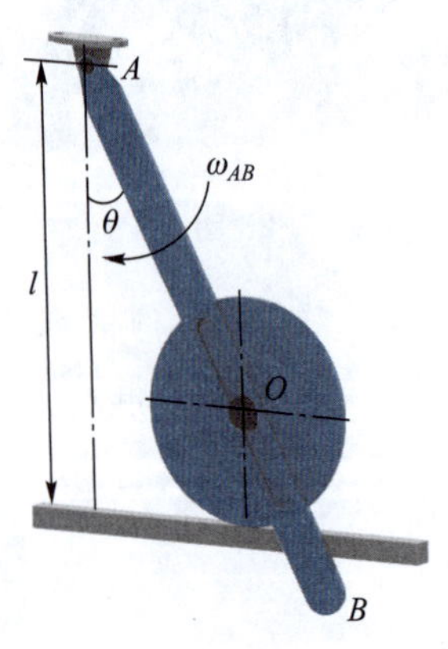

题 7-30 图

第三篇　动力学

引　言

静力学着重研究作用于物体上的力的性质及其力系的简化和平衡问题，而未讨论物体在力系作用下将如何运动。运动学则从几何方面分析物体的运动，而不涉及作用于物体上的力。关于物体运动的变化与其作用力之间的内在联系，以及揭示物体机械运动的普遍规律，则是动力学中所要解决的问题。因此，动力学是研究物体的机械运动与作用力之间关系的科学。

动力学研究的问题比较广泛，根据所研究问题的性质，可将研究对象分为质点和质点系。质点是具有一定质量而忽略其几何形状及尺寸的物体。质点系则是由有限个彼此联系的质点所组成的系统。我们常说的刚体则是质点系的一种特殊情况。

动力学可分为质点动力学和质点系动力学，前者是后者的基础。

第八章

质点动力学基本方程

本章首先给出了动力学基本定律，并建立了质点动力学基本方程，最后讨论了质点动力学的两类基本问题及其解法。

§8-1 动力学基本定律

动力学基本定律是在对机械运动进行大量的观察及实验的基础上建立起来的，是研究动力学的理论基础。这些定律是牛顿总结了前人、特别是伽利略研究成果的基础上，于 1687 年在他的名著《自然哲学的数学原理》中明确提出的，所以通常称为牛顿三定律，它描述了动力学最基本的规律，是古典力学体系的核心。

第一定律（惯性定律）

任何质点如不受力的作用，则将始终保持静止或匀速直线运动。

此定律表明，任何质点都具有保持静止或匀速直线运动状态的属性，这种属性称为**惯性**，质点的匀速直线运动也称为**惯性运动**，所以这一定律又称为**惯性定律**。同时这个定律也指出，力是改变物体运动状态的原因。要使物体的运动状态发生改变，必须有力的作用。

第二定律（力与加速度的关系定律）

质点受力作用时所获得的加速度的大小与作用力的大小成正比，而与质点的质量成反比，其方向与力的方向相同，其数学表达式为

$$\boldsymbol{a}=\frac{\boldsymbol{F}}{m} \quad 或 \quad m\boldsymbol{a}=\boldsymbol{F} \tag{8-1}$$

也可以表示为

$$\frac{\mathrm{d}}{\mathrm{d}t}(m\boldsymbol{v})=\boldsymbol{F} \tag{8-2}$$

式（8-1）、（8-2）中，m 和 $\boldsymbol{a}$ 分别表示质点的质量和加速度；$\boldsymbol{F}$ 表示作用于质点上的外力；$\boldsymbol{v}$ 表示质点的速度。

式（8-1）给出了作用于质点的力、质点的质量和质点的加速度三者之间的关系，称为

质点动力学基本方程。

如果质点同时受几个力作用，则此质点的加速度，等于各力单独作用于该质点时，所产生的加速度的矢量和，称为**力的独立作用性原理**。根据此原理，牛顿运动第二定律又可表示为

$$m\boldsymbol{a}=\sum \boldsymbol{F}_i \tag{8-3}$$

即质点的质量与加速度的乘积等于作用在质点上各力的矢量和。

牛顿第二定律反映了质点运动的加速度与其所受力之间的瞬时关系。质点的加速度不仅取决于作用力，而且与质点的质量有关。这说明质点的质量越大，其运动状态越不容易改变，也就是质点的惯性越大。由此可知，质量是质点惯性大小的度量。

第二定律还给出了物体的质量 m 与其重力 $\boldsymbol{P}$ 的关系。

在经典力学中，所研究物体的速度远小于光速，因而可将物体的质量看成常量。由式（8-1）可得

$$\boldsymbol{P}=m\boldsymbol{g} \quad 或 \quad m=\frac{\boldsymbol{P}}{\boldsymbol{g}}$$

式中，$\boldsymbol{g}$ 是重力加速度。质量和重量是两个不同的概念。在古典力学中，质量是物体惯性的度量，是不变的；重量则是物体所受重力的大小。地面各处的重力加速度在数值上略有差异，因此物体的重量在地面各处也略有不同，但在工程实际中，通常将重力加速度取为 $g=9.8\ \mathrm{m/s^2}$。

在国际单位制中，以质量、长度和时间的单位作为基本单位，分别为千克（kg）、米（m）和秒（s），力的单位是导出单位。规定质量为 1 kg 的质点，获得 1 $\mathrm{m/s^2}$ 的加速度时，作用于该质点的力为 1 N（牛［顿］），即

$$1\ \mathrm{N}=1\ \mathrm{kg}\cdot 1\ \mathrm{m/s^2}=1\ \mathrm{kg}\cdot\mathrm{m/s^2}$$

第三定律（作用与反作用定律）

两个物体之间相互的作用力，总是大小相等、方向相反，并且沿着同一条直线，分别作用在这两个物体上。这一定律就是静力学公理 4，即作用与反作用定律。它不仅适用于平衡物体，对于运动着的物体同样适用。

这一定律给出了质点系中各质点间相互作用力的关系，是由质点动力学过渡到质点系动力学的桥梁，对于研究质点系动力学问题具有特别重要的意义。

按照牛顿的论述，基本定律是相对于一个“绝对静止”的参考系而言的。但是，宇宙中的任何物体都是运动的，根本不存在绝对静止的空间，因而我们所能选取的参考系只能在一定的范围内近似地看成是静止的。大量实践表明，在一般工程技术问题中，动力学基本定律对于与地球固连的参考系是适用的，人们将基本定律适用的这种参考系称为**惯性参考系**（或**基础参考系**）。相对于某惯性参考系静止或做匀速直线平移的参考系都是惯性参考系。相对于某惯性参考系做加速运动或转动的参考系称为**非惯性参考系**。

需要注意的是，如果需考虑地球自转的影响，可取地球中心为坐标系的原点、三个坐标轴分别指向三颗所谓不动的恒星的参考系作为惯性参考系。例如，研究洲际导弹的运动、人造地球卫星的运行轨道、河流冲刷等问题时，就必须选择这种参考系。而在研究太阳系的行星运动时，由于必须考虑地球自转和绕太阳公转的影响，可取以太阳中心为坐标原点、三个坐标轴分别指向三颗不动恒星的参考系作为惯性参考系。

本书中的惯性参考系如无特别说明，都是指固连在地球上的参考系。

§8-2 质点的运动微分方程

一质量为 m 的质点，在力 $\boldsymbol{F}_1$、$\boldsymbol{F}_2$、…、$\boldsymbol{F}_n$的作用下沿某一空间曲线运动，所有力的合力 $\boldsymbol{F}=\sum\boldsymbol{F}_i$。当质点在点 M 时，设其径矢为 $\boldsymbol{r}$，速度为 $\boldsymbol{v}$、加速度为 $\boldsymbol{a}$，如图 8-1 所示。

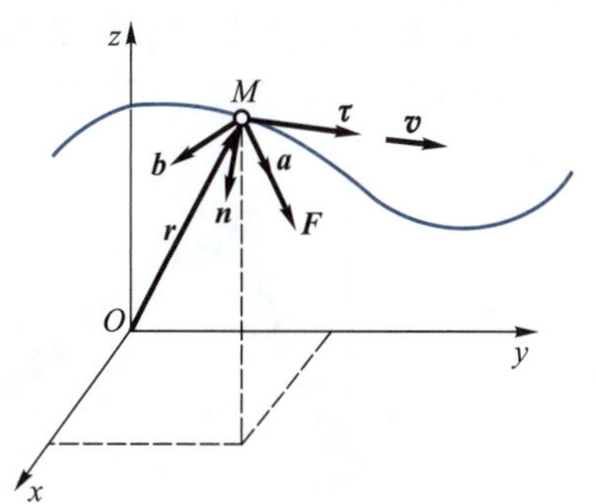

图 8-1

由运动学知识可知，质点的加速度为

$$\boldsymbol{a}=\frac{\mathrm{d}^2\boldsymbol{r}}{\mathrm{d}t^2}$$

将上式代入式（8-3）可得

$$m\frac{\mathrm{d}^2\boldsymbol{r}}{\mathrm{d}t^2}=\sum\boldsymbol{F}_i \tag{8-4}$$

这就是**矢量形式的质点运动微分方程**。

将式（8-4）投影到直角坐标系 $Oxyz$ 各轴上，可得

$$m\frac{\mathrm{d}^2x}{\mathrm{d}t^2}=\sum F_{ix},\quad m\frac{\mathrm{d}^2y}{\mathrm{d}t^2}=\sum F_{iy},\quad m\frac{\mathrm{d}^2z}{\mathrm{d}t^2}=\sum F_{iz} \tag{8-5}$$

此即**直角坐标形式的质点运动微分方程**。式（8-5）中，x、y、z 为质点径矢 $\boldsymbol{r}$ 在直角坐标轴上的投影，亦为质点的坐标；$\sum F_{ix}$、$\sum F_{iy}$、$\sum F_{iz}$为作用在质点上的各力在直角坐标轴上投影的代数和。

将式（8-4）投影到自然坐标系 $M\tau nb$ 上，可得

$$m\frac{\mathrm{d}^2s}{\mathrm{d}t^2}=\sum F_{i\tau},\quad m\frac{v^2}{\rho}=\sum F_{in},\quad 0=\sum F_{ib} \tag{8-6}$$

此即**自然坐标形式的质点运动微分方程**。式（8-6）中，s 为质点沿已知轨迹的弧坐标；ρ 为运动轨迹在该点处的曲率半径；v 为质点的速度；$\sum F_{i\tau}$、$\sum F_{in}$和$\sum F_{ib}$为作用在质点上的各力分别在质点运动轨迹的切线、主法线和副法线上投影的代数和。$\sum F_{ib}=0$ 表明作用在质点上的各力均在动点轨迹的密切面内。

除了直角坐标和自然坐标的两种形式以外，矢量形式的质点运动微分方程还可写为球坐标、柱坐标、极坐标等形式。对于不同的动力学问题，可选用不同形式的质点运动微分方程进行研究。

§8-3 质点动力学的基本问题

应用质点运动微分方程可以求解质点动力学的两类基本问题。

第一类问题：已知质点的运动规律，即已知质点的运动方程或质点在任意瞬时的速度或加速度，求作用于质点上的未知力。这一类问题可归结为数学中的微分问题，求解起来比较简单。求解这类动力学问题的步骤，可大致归纳如下：

（1）选研究对象，画受力图。一般选择联系已知量和待求量的质点作为研究对象，并在一般位置上进行受力分析。

（2）分析运动。根据给定的条件，分析某瞬时的运动情况。

（3）根据研究对象的运动情况，确定采用何种形式的运动微分方程（如自然坐标形式或直角坐标形式）。

（4）列运动微分方程，求解未知量。

【例 8-1】 曲柄连杆机构如图 8-2a 所示，曲柄 OA 以匀角速度 ω 绕轴 O 转动，滑块 B 沿轴 x 做往复直线运动。已知 $OA=r$，$AB=l$，滑块 B 质量为 m，不计摩擦及连杆 AB 的质量。当 $\lambda=r/l$ 较小时，以 O 为坐标原点，滑块 B 的运动方程近似为 $x=l(1-\lambda^2/4)+r[\cos\omega t+(\lambda/4)\cos 2\omega t]$，试求当 $\alpha=\omega t=0°$和 90°时，连杆 AB 所受的力。

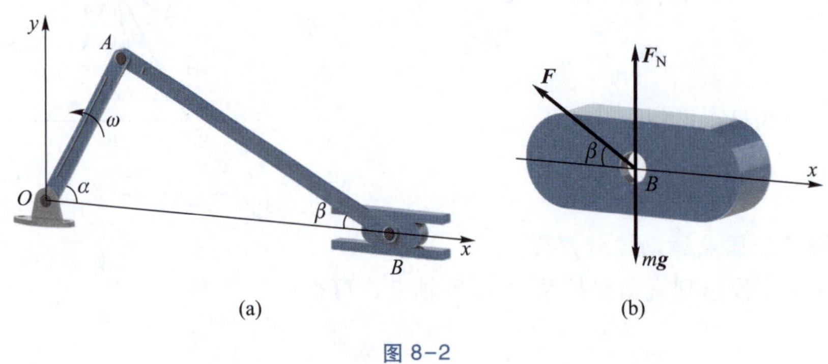

图 8-2

【解】 取滑块 B 为研究对象。由题意可知滑块平移，故可视为质点。作用于滑块上的力有连杆 AB（二力杆）的拉力 $\boldsymbol{F}$、滑块的重力 $m\boldsymbol{g}$ 和滑道对滑块的约束力 $\boldsymbol{F}_{\mathrm{N}}$，如图 8-2b 所示。

由质点运动微分方程可得

$$ma_x=-F\cos\beta$$

由滑块 B 的运动方程可得

$$a_x=\ddot{x}=-r\omega^2(\cos\omega t+\lambda\cos 2\omega t)$$

则当 $\alpha=\omega t=0°$时，有 $a_x=-r\omega^2(1+\lambda)$，且此时 $\beta=0$，故有

$$F=mr\omega^2(1+\lambda)$$

即，连杆 AB 受拉力。

而当 $\alpha=\omega t=90°$时，$a_x=r\omega^2\lambda$，$\cos\beta=\sqrt{l^2-r^2}/l$，故有

$$F=-\frac{mr^2\omega^2}{\sqrt{l^2-r^2}}$$

负号说明连杆 AB 作用于滑块的力与图 8-2b 所示的方向相反，即此时连杆 AB 受压力。

【例 8-2】 振动输送台如图 8-3a 所示，输送台面在铅垂方向的运动方程为 $y=b\sin\omega t$（暂不研究轴 x 方向的运动），式中，$\omega=2\pi f$，f 为频率，即每秒振动的次数。物料随台面一起运动，在某频率时，物料开始与台面分离而向上抛起，求此频率的最小值。

【解】 取物料为研究对象。当物料尚未与台面分开时，物料受到重力 $\boldsymbol{P}$（$P=mg$）、台面约束力 $\boldsymbol{F}_{\mathrm{N}}$的作用，如图 8-3b 所示。由质点运动微分方程可得

$$ma_y=F_{\mathrm{N}}-P \tag{a}$$

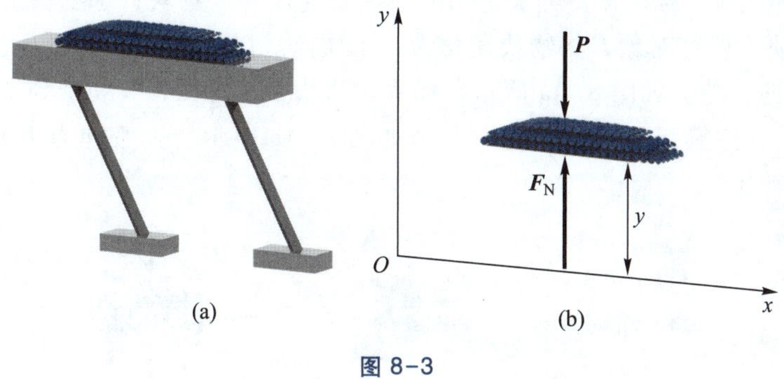

图 8-3

当物料与台面尚未分开时，物料的运动与台面相同，可得物料的运动方程

$$y=b\sin\omega t \tag{b}$$

由式（b）可得

$$v_y=b\omega\cos\omega t$$

$$a_y=-b\omega^2\sin\omega t=-b(2\pi f)^2\sin\omega t=-(2\pi f)^2 y \tag{c}$$

将式（c）代入式（a）可得

$$F_N=mg-m(2\pi f)^2 y$$

当物料开始与台面分离时，物料与台面之间的作用力为零，即 $F_N=0$。由此可得

$$0=m[g-(2\pi f)^2 y]$$

由于 $m\neq 0$，故有

$$0=g-(2\pi f)^2 y$$

即

$$f=\frac{1}{2\pi}\sqrt{\frac{g}{y}}$$

由上式可知，当 y 取最大值 $y=b$ 时，使物料与台面分离的频率最小，即

$$f_{\min}=\frac{1}{2\pi}\sqrt{\frac{g}{b}}$$

第二类问题：已知作用于质点上的力，求质点的运动规律。这一类问题可归结为数学中的积分问题，求解起来较为复杂。解这类问题的方法和步骤，基本上与第一类基本问题相同。即首先分析作用在所研究质点上的力，列出质点运动微分方程，然后求微分方程的解。在解微分方程时，还会遇到积分常数问题，因此还需要知道运动的初始条件，即 $t=0$ 时质点的位置和速度。

力是多种多样的，可能是恒力（即大小、方向不变的力），也可能是随时间而变、随位置而变或随速度而变的力等。我们这里仅研究一些简单情况。

【例 8-3】 如图 8-4a 所示，置于光滑水平面上的物块与一弹簧相连。已知物块质量为

m，弹簧刚度系数为 k。若在弹簧伸长量为 a 时无初速度释放物块，求物块的运动规律。

【解】 取物块为研究对象，将物块简化为一个质点。以弹簧未变形处 O 为坐标原点，水平向右为轴 x 正向，建立如图 8-4a 所示坐标系。物块在任意位置 x 处受到重力 $m\boldsymbol{g}$、水平面的法向约束力 $\boldsymbol{F}_N$ 和弹簧弹力 $\boldsymbol{F}$ 的作用，受力如图 8-4b 所示。弹簧弹力 $\boldsymbol{F}$ 的大小为 $k|x|$，方向沿轴 x，指向点 O。

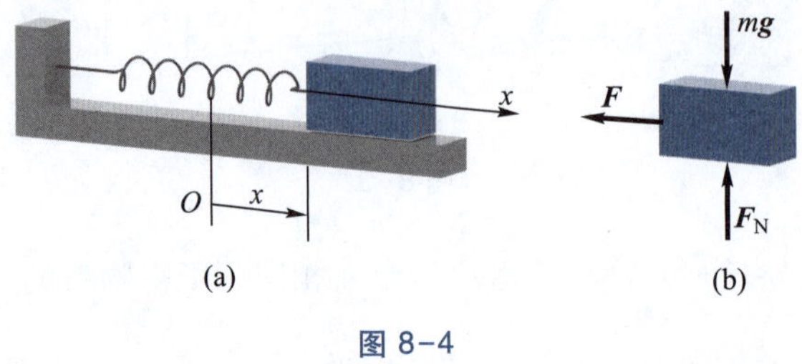

图 8-4

物块沿轴 x 的运动微分方程为

$$m\frac{\mathrm{d}^2x}{\mathrm{d}t^2}=-kx \quad \text{或} \quad \frac{\mathrm{d}^2x}{\mathrm{d}t^2}+\frac{k}{m}x=0$$

令 $\omega_n^2=\dfrac{k}{m}$，将物块沿轴 x 的运动微分方程化为标准形式

$$\frac{\mathrm{d}^2x}{\mathrm{d}t^2}+\omega_n^2x=0$$

上式为一个二阶常系数线性齐次微分方程，其通解为

$$x=A\cos(\omega_n t+\theta)$$

式中，A、θ 为任意常数，由运动的初始条件决定。

当 $t=0$ 时，有 $x=a$ 和 $\dfrac{\mathrm{d}x}{\mathrm{d}t}=0$，故有

$$a=A\cos\theta,\ 0=-\omega_n A\sin\theta$$

可解得

$$A=a,\ \theta=0$$

物块的运动方程为

$$x=a\cos\omega_n t$$

由此可知，物块以平衡位置点 O 为振动中心做简谐振动。

该质量-弹簧系统中，重物所受合力总是指向平衡位置 O（使物块有返回平衡位置的趋势），该力称为**恢复力**。物块只在恢复力作用下进行的绕平衡位置的往复运动，称为**自由振动**。物块运动方程中，A 为**振幅**，θ 为振动的**初位相**。显然，自由振动的振幅和初位相取决于初始条件。

简谐振动为周期运动，周期为

$$T=\frac{2\pi}{\omega_n}=2\pi\sqrt{\frac{m}{k}}$$

ω_n 为系统的固有频率，单位为 rad/s。

周期的倒数为频率 f，即

$$f=\frac{1}{T}=\frac{\omega_n}{2\pi}=\frac{1}{2\pi}\sqrt{\frac{k}{m}}$$

频率表示单位时间内振动的次数，单位为 Hz（赫兹）。

自由振动的周期和频率完全取决于系统本身的参数（质量 m、弹簧刚度系数 k），而与系统的初始条件无关。

【例 8-4】图 8-5 表示物体在阻尼介质中自由降落的情况。设物体所受到的介质阻力 $F=cA\rho v^2$，其中 c 为阻力系数，ρ 是介质密度，A 是物体垂直于速度方向的最大截面面积，v 是物体降落的速度大小。

【解】取物体为研究对象，物体可看作质点。物体在任意位置处受到重力 $\boldsymbol{P}$、介质阻力 $\boldsymbol{F}$ 的作用，受力如图 8-5 所示。由题意可知，F 是速度的函数。

物体在阻尼介质中自由降落，即物体竖直向下做直线运动。以点 O 为坐标原点，坐标轴 x 沿铅垂线向下为正向，物体沿轴 x 的运动微分方程为

$$m\frac{\mathrm{d}^2x}{\mathrm{d}t^2}=P-cA\rho v^2$$

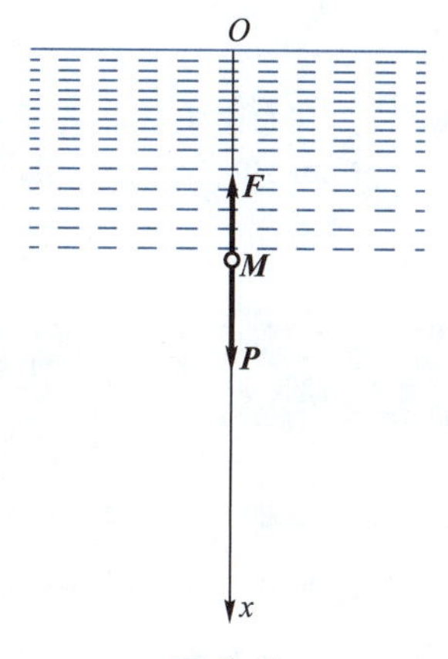

图 8-5

上式表明，在运动开始不久的一段时间内，由于速度 v 较小，则阻力 $F=cA\rho v^2$ 也较小，故 $P-cA\rho v^2>0$，因此物体加速降落。但随着物体速度的逐渐增加，介质阻力按速度平方迅速增大，于是重力与介质阻力的合力所引起的加速度逐渐减小。当速度达到某一数值时，加速度为零，这时的速度称为极限速度，以 $v_{极限}$ 表示。此时

$$0=P-cA\rho v_{极限}^2$$

故有

$$v_{极限}=\sqrt{\frac{P}{cA\rho}}$$

由此可见，当物体达到极限速度后，将匀速下降。由于阻力随着物体的大小、形状不同而不同，因此极限速度与物体的重量、体积和形状有关。在选矿工业的生产过程中，就经常利用液体来分离大小不同的混合物。

由工程实际可知，有很多问题是第一类问题和第二类问题的综合，即已知质点的一部分受力和运动，要求另一部分力和运动，这类问题称为**混合问题**。下面举例说明这类问题的求解方法。

【例 8-5】如图 8-6 所示圆锥摆，不可伸长的绳一端系有小球，另一端系在固定点 O 处。已知摆锤质量 $m=0.1$ kg，绳长 $l=0.3$ m，绳与铅垂线夹角 $\theta=60°$。若摆锤在水平面内做匀速圆周运动，求摆锤的速度 $\boldsymbol{v}$ 与绳张力 $\boldsymbol{F}$ 的大小。

【解】取摆锤为研究对象，摆锤可视为质点。作用在摆锤上的力有重力 $m\boldsymbol{g}$ 和绳的拉力 $\boldsymbol{F}$。由于摆锤的运动轨迹为半径已知的圆，因此选用自然坐标形式的质点运动微分方程求解。

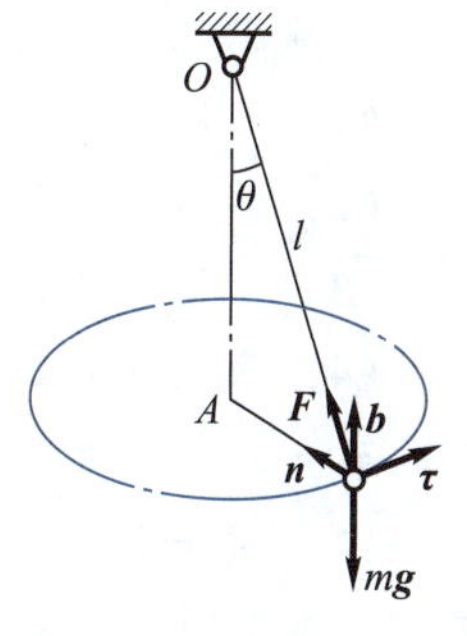

图 8-6

摆锤的运动微分方程为

$$\begin{cases} m\dfrac{v^2}{\rho}=\sum F_{in}=F\sin\theta \\ 0=\sum F_{ib}=F\cos\theta-mg \end{cases}$$

考虑到 $\rho=l\sin\theta$，联立上式可解得

$$F=\frac{mg}{\cos\theta}=1.96\ \mathrm{N},\ v=\sqrt{\frac{Fl\sin^2\theta}{m}}=2.1\ \mathrm{m/s}$$

绳的张力与拉力 $\boldsymbol{F}$ 的大小相等。

对某些混合问题，向自然坐标系投影，可使质点动力学两类基本问题分开求解。

小结

1. 牛顿三定律是质点动力学的基础，适用于惯性参考系。

2. 质点动力学的基本方程为 $m\boldsymbol{a}=\sum\boldsymbol{F}_i$，将其投影于不同坐标系，可建立不同形式的质点运动微分方程。

矢量形式：$m\dfrac{\mathrm{d}^2\boldsymbol{r}}{\mathrm{d}t^2}=\sum\boldsymbol{F}_i$

直角坐标形式：$m\dfrac{\mathrm{d}^2x}{\mathrm{d}t^2}=\sum F_{ix}$，$m\dfrac{\mathrm{d}^2y}{\mathrm{d}t^2}=\sum F_{iy}$，$m\dfrac{\mathrm{d}^2z}{\mathrm{d}t^2}=\sum F_{iz}$

自然坐标形式：$m\dfrac{\mathrm{d}^2s}{\mathrm{d}t^2}=\sum F_{i\tau}$，$m\dfrac{v^2}{\rho}=\sum F_{in}$，$0=\sum F_{ib}$

3. 质点动力学的两类基本问题

第一类问题：已知质点的运动规律，即已知质点的运动方程或质点在任意瞬时的速度或加速度，求作用于质点上的未知力。这类问题可归结为数学中的微分问题。

第二类问题：已知作用于质点上的力，求质点的运动规律。这类问题可归结为数学中的积分问题。

混合问题：第一类问题和第二类问题的综合，即已知质点的一部分受力和运动，要求另一部分力和运动。

4. 求解质点动力学问题的方法和步骤：

(1) 选研究对象，通常选择含有已知量和待求量的质点为研究对象。

(2) 按照静力学方法进行受力分析，并画受力图。

(3) 运动分析，这是解决动力学问题的关键步骤。

(4) 根据质点的运动情况，确定质点运动微分方程的使用形式，并画出坐标轴。注明轴的正向，力和加速度在坐标轴上的投影与轴正向一致为正，反之为负。

(5) 第一类基本问题通常是求导数的过程；第二类基本问题一般是积分的过程。求解第二类基本问题，要注意利用运动初始条件确定积分常数，使问题得到确定的解。

思考题

8-1 已知质点的质量和质点所受的力，能否知道它的运动规律？

8-2 质点的运动方向是否一定与质点受力（指合力）方向相同？某一瞬时，质点的速度大，是否说明该瞬时质点所受的作用力也一定大？

8-3 当质点 M 受到力 $\boldsymbol{F}$ 作用沿轨迹 AB 运动时，能否出现图 8-7 中所示的各种情况？

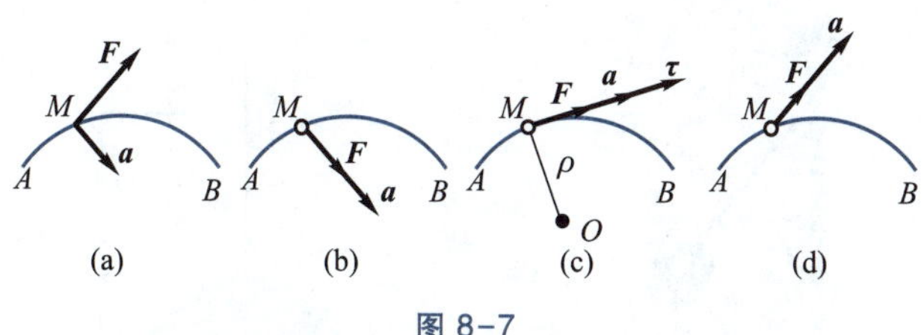

图 8-7

8-4 在封闭的船舱内，能否判断船是否静止，是否做匀速直线运动、加速直线运动、减速直线运动或是转弯？若能，怎么判断？

8-5 当作用在质点上的力 $\boldsymbol{F}$ 为恒矢量时，质点能否做匀速曲线运动？

8-6 汽车匀速通过如图 8-8 所示路面上的三点 A、B、C 时，给路面的压力是否相同？

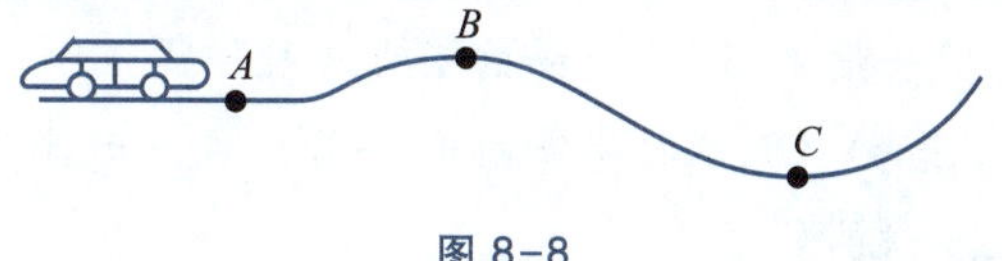

图 8-8

习　题

8-1 列车先沿直线轨道行驶，后改为沿圆形轨道行驶，行驶速度均为 20 m/s。在车厢内用弹簧秤称量某一重物，沿直线轨道行驶时弹簧秤的读数为 50 N，在圆形轨道段行驶时弹簧秤的读数为51 N。求该圆形轨道的曲率半径。

8-2 筛分矿砂碎片时，矿砂筛做振幅为 $a=5$ cm 的简谐运动。筛振动时，矿砂碎片开始与筛分开并向上跳起，求筛振动的最小频率 k。

8-3 质量为 6 000 kg 的货车以 6 m/s 的速度驶入渡船。若汽车刚驶入时就开始制动，移动 10 m 后才停止。设汽车加速度为常量，渡船用两根绳索系在岸上，求绳索的张力。(解题时略去渡船的质量和加速度)

8-4 如图所示，质量为 m 的小球 M 由两根长均为 l 的杆支承。球和两杆一起以匀角速度 ω 绕铅垂轴 AB 转动，若 $AB=2b$，杆的两端均为铰接，不计杆重，求两杆所受的力。

8-5 质量为10^7 kg的轮船以16 m/s的速度航行。水的阻力与船速的平方成正比，当船速为1 m/s时，阻力为3×10^5 N。求当船速降到4 m/s时，轮船航行的路程以及相应时间。

8-6 如图所示，一垂直向上发射的火箭在离地面高度h处发动机熄火。设火箭此时的质量为m，垂直向上的速度为$\boldsymbol{v}_0$。若不计空气阻力，不考虑地球转动，求在地球引力作用下火箭的运动速度和达到的最大高度。

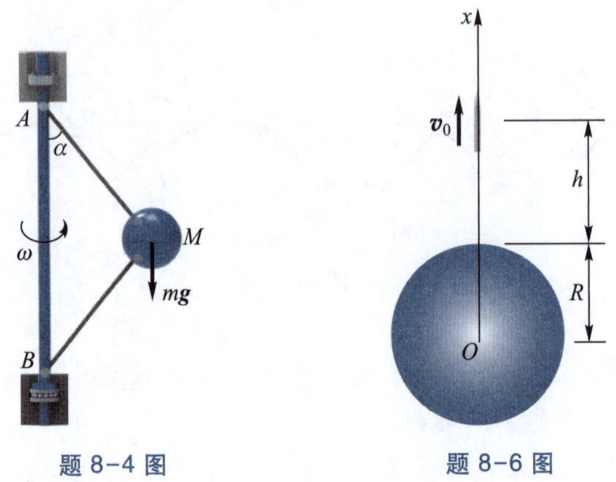

题8-4图　　题8-6图

8-7 如图所示，弹性绳系在点A并穿过固定光滑小环O，质量为m的小球系在绳的自由端。已知绳未被拉伸时的长度$l=AO$。设绳的张力与拉伸成正比，将绳拉长1 m所需的力为mk^2（m的单位为kg）。若沿AB方向将绳拉长一倍，且此时小球的速度$\boldsymbol{v}_0$与AB垂直。不考虑重力的作用，试求小球的轨迹。

8-8 如图所示，质量为m的质点在力$F=H\cos\omega t$的作用下，沿光滑水平面上的轴x运动，其中H与ω均为常量。设$t=0$时，$x=x_0$、$v=v_0$。求此质点的运动规律。

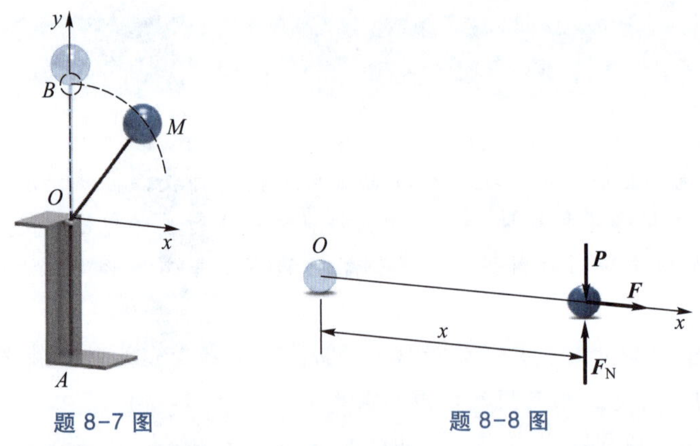

题8-7图　　题8-8图

8-9 如图所示，质量为m的质点带有电荷，以垂直于电场强度方向的速度$\boldsymbol{v}_0$进入均匀电场，电场强度变化规律为$E=A\cos kt$，A、k为已知常量。设质点在电场中受力$F=-eE$作用，忽略质点的重力。试求质点的运动轨迹。

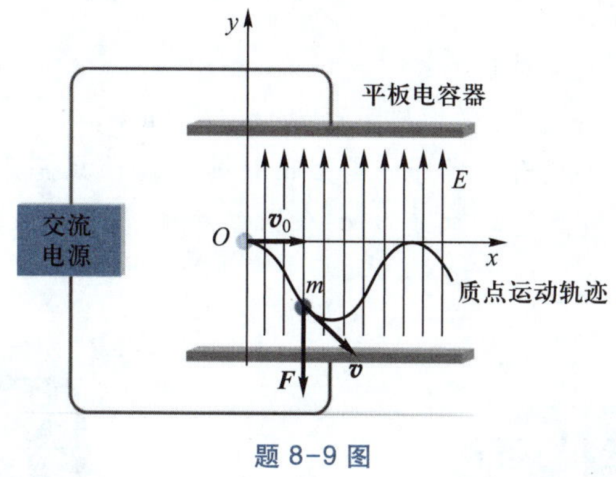

题 8-9 图

8-10 如图所示，一人在岸上拉动小船。已知河岸高 $h=2$ m，小船质量 $m=40$ kg，拉力 $F=150$ N 保持不变。设小船开始运动时位于点 B，且初速度为零，$b=7$ m，$c=3$ m，不计水的阻力。求小船运动到点 C 时的速度。

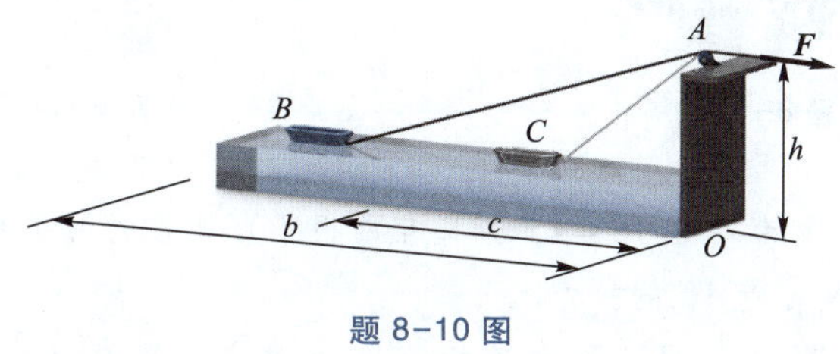

题 8-10 图

8-11 如图所示，弹性杆自由端固定一个质量为 m 的物块。若在偏离原位置 a 处，无初速地释放物块，物块在杆的弹性恢复力下开始振动。不计杆的质量。求物块的运动规律。

8-12 如图所示，重为 P 的物体 A 由吊索拖着沿竖直杆上升。吊索跨过小滑轮 B 绕在匀速转动的鼓轮上，其线速度为 $\boldsymbol{v}_0$，求吊索张力大小 F_T 与物体 A 的位置坐标 x 之间的关系。不计滑轮的质量和各处摩擦。

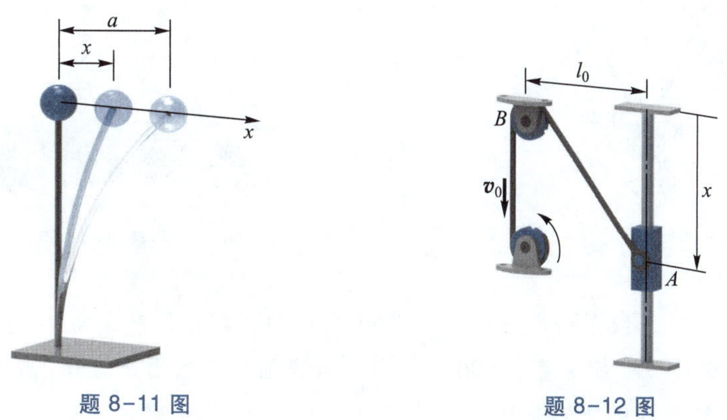

题 8-11 图　　题 8-12 图

8-13 如图所示，假想有一条穿过地心的直线隧道，已知质点处在地球内部时受到的引力大小与它到地心的距离成正比，方向朝向地心。若将一个小球从地球表面无初速地放入该隧道，求：

(1) 小球的运动方程；

(2) 小球到达地心所需要的时间；

(3) 小球到达地心时的速度。(地球半径 $R = 6\ 370$ km)

8-14 如图所示，矿井提升机提升质量为 m 的重物。已知提升机钢丝绳单位体积的质量为 γ，截面面积为 A，钢丝绳以加速度 $\boldsymbol{a}$ 沿铅垂线上升。求钢丝绳任意截面面积上的拉力。

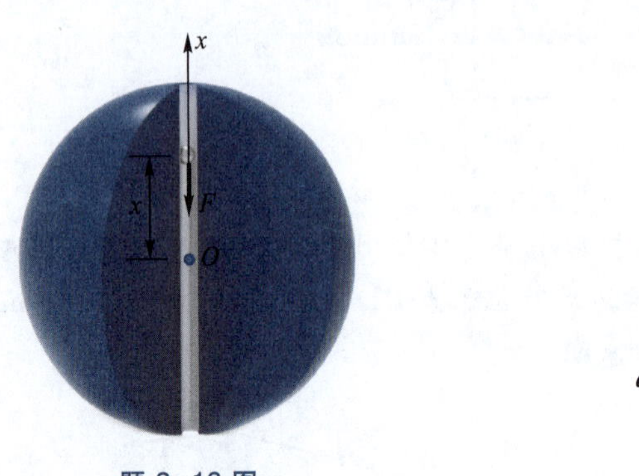

题 8-13 图　　　　题 8-14 图

8-15 如图所示，重为 P 的小球 A，悬挂在两根不可伸长的细绳 AB、AC 末端。现将绳 AB 突然剪断，试求此瞬时绳 AC 的拉力。

8-16 如图所示，重物 A、B 用弹簧相连。A、B 自重分别为 20 N、40 N，重物 A 沿铅垂线自由振动，振幅为 1 cm，周期为 0.25 s。求重物 A、B 对支承面 CD 的最大与最小压力。

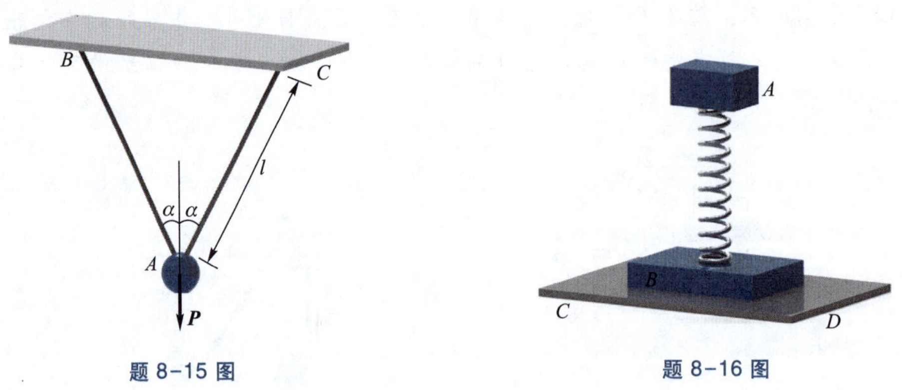

题 8-15 图　　　　题 8-16 图

8-17 如图所示，绞车沿着与水平面成60°角的倾斜矿井提升重物。绞车半径是0.2 m，按规律$\varphi = 0.4t^3$ 旋转。重物质量为 600 kg，与矿井表面的摩擦因数为 0.2。求：

(1) 钢索的拉力和时间的关系；

(2) 上升 2 s 时，钢索拉力的大小。

8-18 自行车竞赛跑道转弯部分为倾斜路面，其与水平面成 α 角。已知弯道半径 R，轮胎与路面的摩擦因数为 f，求自行车转弯时的最大与最小速度。

8-19 如图所示，置于水平面上的调速器绕与图面垂直的轴 O 转动。调速器内重物 A、B 质量均为 30 kg，用弹簧连接在 M、N 两点，A、B 重心分别与弹簧末端重合。A、B 可沿水平线 MN 滑动。弹簧为原长时，轴 O 距弹簧末端为 5 cm，弹簧改变 1 cm 长度需要 200 N 的力。当调速器以 120 r/min 的速度绕轴 O 转动时，求重物 A 的重心到轴 O 的距离。

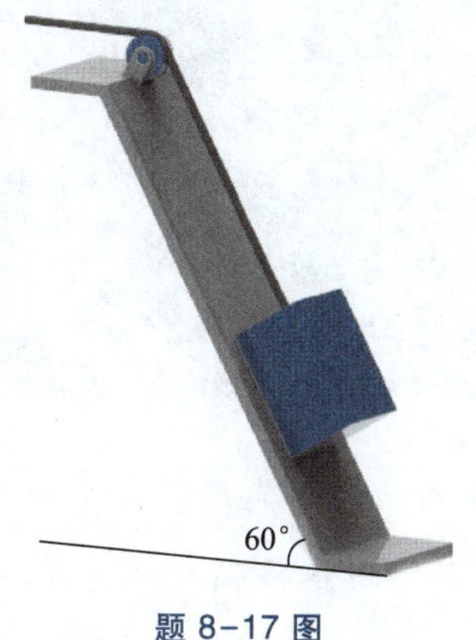

题 8-17 图

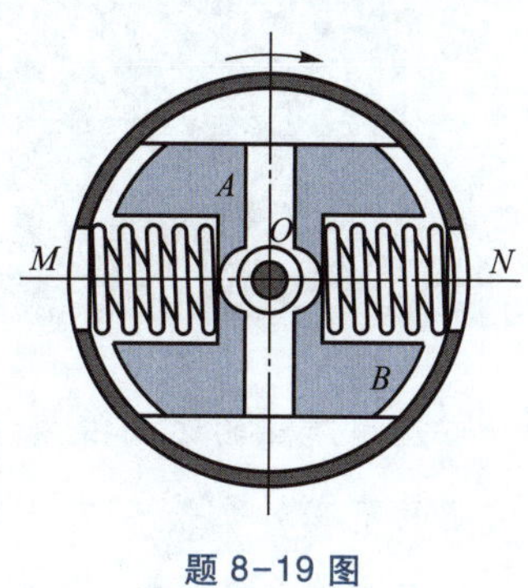

题 8-19 图

第九章 动量定理

应用质点的运动微分方程可以求解质点的动力学问题，但是许多实际工程问题的研究对象并不能全部抽象为单个质点，而是被简化为质点系。众所周知，由微分方程求积分有时较为困难，而对于质点系的动力学问题，往往需要根据各质点间的相互作用及约束情况列出各质点的运动微分方程，再对这些联立的微分方程求积分，其难度更大。在工程应用中，很多动力学问题并不需要研究质点系中每一个质点的运动，只须知道质点系整体的运动情况及规律。因此，人们基于动力学基本定律推出若干定理——动力学普遍定理。在一定条件下，运用这些定理能较为简便地求解质点系动力学问题，而且这些定理还给出了明确的物理概念，便于深入了解机械运动的性质，以及机械运动与其他形式运动的关系。

动力学普遍定理包括动量定理、动量矩定理和动能定理。本章将介绍动量定理及其另一形式——质心运动定理。动量定理建立了质点系的动量与作用于质点系上的力之间的关系，质心运动定理则阐明了质心运动与质点系所受外力之间的关系。

§9-1 动量与冲量

动量作为度量机械运动强弱的物理量，不仅与物体的运动速度有关，而且与它们的质量有关。例如，高速运行的子弹能够击穿钢板、钢针能够穿透玻璃板；轮船靠岸时的速度虽小，但船体质量很大，稍有疏忽就会撞坏船体和船坞。因此，可用质点的质量与速度的乘积来表征物体的这种运动量，即**动量**。

（一）质点和质点系的动量

设质点的质量为 m，速度为 $\boldsymbol{v}$，则质点的质量与速度的乘积 $m\boldsymbol{v}$ 称为该质点的动量。在国际单位制中，动量的单位为 kg · m/s。动量是矢量，它与速度 $\boldsymbol{v}$ 的方向相同。

设质点系由 n 个质点组成，第 i 个质点的质量为 m_i，速度为 $\boldsymbol{v}_i$。对于质点系来说，所有质点动量的矢量和称为质点系的动量主矢，简称质点系的动量，以 $\boldsymbol{p}$ 表示，即

$$\boldsymbol{p}=\sum m_i\boldsymbol{v}_i \tag{9-1a}$$

质点系的动量也是矢量，它是度量质点系整体运动的一个基本特征量。设质点系中第 i 个质点的径矢为 $\boldsymbol{r}_i$，由点的运动学知识可知质点的速度为 $\boldsymbol{v}_i=\dfrac{\mathrm{d}\boldsymbol{r}_i}{\mathrm{d}t}$，且古典力学认为质量是不变的量，则式（9-1a）可写为

$$\boldsymbol{p}=\sum m_i\boldsymbol{v}_i=\sum m_i\frac{\mathrm{d}\boldsymbol{r}_i}{\mathrm{d}t}=\frac{\mathrm{d}}{\mathrm{d}t}\sum m_i\boldsymbol{r}_i \tag{9-1b}$$

【例 9-1】 如图 9-1a 所示，物块 A、B、C 由不可伸长的软绳通过轮 O_1、O_2 相连，两轮的质量不计。已知物块质量 $m_A=m$，$m_B=2m$，$m_C=4m$，物块 B 的速度为 $\boldsymbol{v}$，$\theta=45°$。求此系统的动量。

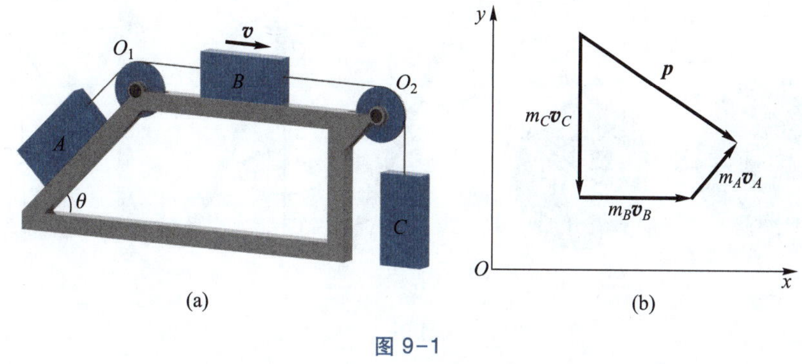

图 9-1

【解】 把物块 A、B、C 分别视为质点，由于软绳不可伸长，则物块 A、C 的速度 $\boldsymbol{v}_A$、$\boldsymbol{v}_C$ 的大小均为 v，物块 A 的速度沿斜面向上，物块 C 的速度铅垂向下。

系统的动量在轴 x、y 上的投影分别为

$$p_x=m_Av_A\cos\theta+m_Bv_B=2.707mv$$

$$p_y=m_Av_A\sin\theta-m_Cv_C=-3.293mv$$

系统的动量大小为

$$p=\sqrt{p_x^2+p_y^2}=4.263mv$$

系统的动量方向由方向余弦来确定

$$(\boldsymbol{p},\boldsymbol{i})=\arccos\frac{p_x}{p}=-50.58°,\ (\boldsymbol{p},\boldsymbol{j})=\arccos\frac{p_y}{p}=-140.58°$$

设质点系的总质量为 $m=\sum m_i$，引入质点系的质量中心（简称质心）的概念，则质心的径矢为

$$\boldsymbol{r}_C=\frac{\sum m_i\boldsymbol{r}_i}{m} \tag{9-2}$$

将式（9-2）代入式（9-1b）可得

$$\boldsymbol{p}=\frac{\mathrm{d}}{\mathrm{d}t}\sum m_i\boldsymbol{r}_i=\frac{\mathrm{d}}{\mathrm{d}t}(m\boldsymbol{r}_C)=m\frac{\mathrm{d}\boldsymbol{r}_C}{\mathrm{d}t}=m\boldsymbol{v}_C \tag{9-3}$$

即质点系的动量等于质点系总质量与质心速度的乘积，式（9-3）中 $\boldsymbol{v}_C=\dfrac{\mathrm{d}\boldsymbol{r}_C}{\mathrm{d}t}$为质心 C 的速度。计算质点系的动量并不一定需要知道质点系中每个质点的速度，而只需要知道质心的速度就够了。用式（9-3）计算刚体的动量非常方便，为质点系动量的计算提供了一种简便方法。

【例 9-2】 求图 9-2 中所示各刚体的动量。

（a）均质薄壁圆盘，质量为 m，质心处速度为 $\boldsymbol{v}_C$，在地面上做纯滚动。

（b）均质圆盘，质量为 m，绕其质心 C 做定轴转动，角速度为 ω。

（c）均质细长杆件，长为 l，质量为 m，O 为圆柱铰链，杆在铅垂面内以等角速度 ω 绕杆端 O 转动。

（d）均质细长杆件，长为 l，质量为 m，O 为球铰链，杆在空间内以等角速度 ω 绕铅垂线转动，杆与铅垂线夹角为 θ。

（e）均质细长杆件，长为 l，质量为 m，A 端靠在墙面上，在图示位置 $v_A=v$。

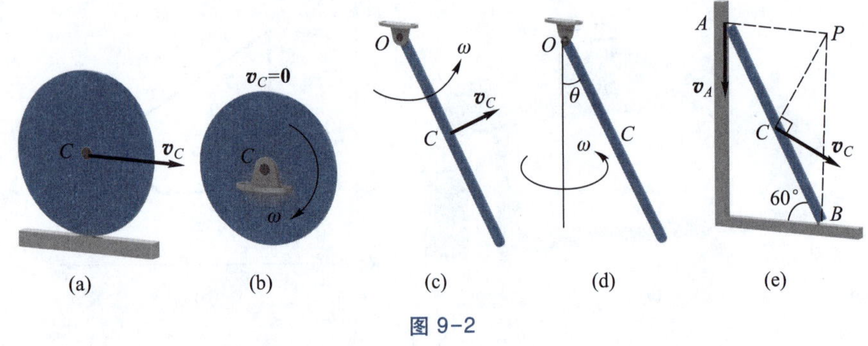

图 9-2

【解】（a）薄壁圆盘动量大小 $p=mv_C$，方向与质心速度 $\boldsymbol{v}_C$ 相同。

（b）圆盘质心 C 与转轴重合，质心速度为 0，故圆盘动量为 0。

（c）杆质心速度 $v_C=\dfrac{1}{2}l\omega$，故杆的动量大小 $p=mv_C=\dfrac{1}{2}ml\omega$，方向与 $\boldsymbol{v}_C$ 相同。

（d）杆质心速度大小 $v_C=\left(\dfrac{1}{2}l\sin\theta\right)\cdot\omega$，方向沿点 C 轨迹的切线方向，与 ω 的转向一致。

故杆的动量大小 $p=mv_C=\dfrac{1}{2}ml\omega\sin\theta$，方向与质心速度 $\boldsymbol{v}_C$ 相同。

（e）杆 AB 做平面运动，点 P 为杆 AB 的速度瞬心，由运动学知识可得杆质心速度大小为 $v_C=PC\cdot\omega_{AB}=PC\cdot\dfrac{v_A}{PA}=v_A=v$，方向如图 9-2e 所示。

故杆的动量大小 $p=mv_C=mv$，方向与质心速度 $\boldsymbol{v}_C$ 相同。

（二）力的冲量

物体受力作用后所引起的运动状态变化的程度，不仅取决于作用力的大小和方向，而且与力的作用时间有关，因此，可将力在一段时间间隔内的累积效应称为**冲量**，以 $\boldsymbol{I}$ 表示。

当作用力 $\boldsymbol{F}$ 是常量时，设力的作用时间为 t，则常力的冲量为作用力与作用时间的乘

积，即

$$I=Ft \tag{9-4}$$

冲量是矢量，常力冲量的方向与 $\boldsymbol{F}$ 的方向一致。

当作用力 $\boldsymbol{F}$ 是变量时，在无穷小的时间间隔 $\mathrm{d}t$ 内，力 $\boldsymbol{F}$ 仍可看作常量，其产生的元冲量为

$$\mathrm{d}\boldsymbol{I}=\boldsymbol{F}\mathrm{d}t$$

则力 $\boldsymbol{F}$ 从 t_1 到 t_2 的时间间隔内的冲量为

$$\boldsymbol{I}=\int_{t_1}^{t_2}\boldsymbol{F}\mathrm{d}t \tag{9-5}$$

冲量的单位为 N · s，在国际单位制中，可化为 kg · m/s，与动量的单位一致。

§9-2 动量定理

9.2.1 质点动量定理

设质点的质量为 m，在力 $\boldsymbol{F}$ 的作用下运动时，其速度为 $\boldsymbol{v}$。由牛顿第二定律 $\frac{\mathrm{d}}{\mathrm{d}t}(m\boldsymbol{v})=\boldsymbol{F}$ 可知，质点的动量对于时间的导数等于作用在质点上的力，这就是**质点的动量定理**。

式（8-2）也可写为

$$\mathrm{d}(m\boldsymbol{v})=\boldsymbol{F}\mathrm{d}t \tag{9-6}$$

即质点动量的增量等于作用于质点上力的元冲量，这就是质点动量定理的微分形式。

将上式两边积分，时间从 t_1 到 t_2，速度从 $\boldsymbol{v}_1$ 到 $\boldsymbol{v}_2$，可得

$$m\boldsymbol{v}_2-m\boldsymbol{v}_1=\int_{t_1}^{t_2}\boldsymbol{F}\mathrm{d}t=\boldsymbol{I} \tag{9-7}$$

即质点的动量在某一时间段内的改变，等于作用在质点上的力在同一时间段内的冲量，这就是质点动量定理的积分形式，也称为**质点冲量定理**。

9.2.2 质点系动量定理

设质点系由 n 个质点组成，第 i 个质点的质量为 m_i，速度为 $\boldsymbol{v}_i$。作用于该质点上的外力的合力为 $\boldsymbol{F}_i^{(e)}$，作用于该质点上的内力的合力为 $\boldsymbol{F}_i^{(i)}$，则第 i 个质点所受的合力为 $\boldsymbol{F}_i=\boldsymbol{F}_i^{(e)}+\boldsymbol{F}_i^{(i)}$。对于该质点，由质点动量定理可得

$$\frac{\mathrm{d}(m_i\boldsymbol{v}_i)}{\mathrm{d}t}=\boldsymbol{F}_i=\boldsymbol{F}_i^{(e)}+\boldsymbol{F}_i^{(i)}\qquad(i=1,\ 2,\ \cdots,\ n)$$

将 n 个形如上式的方程两端分别对应相加，可得

$$\sum\frac{\mathrm{d}(m_i\boldsymbol{v}_i)}{\mathrm{d}t}=\sum\boldsymbol{F}_i^{(e)}+\sum\boldsymbol{F}_i^{(i)}$$

改变求和与求导的次序，可得

$$\frac{\mathrm{d}}{\mathrm{d}t}\sum(m_i\boldsymbol{v}_i)=\sum\boldsymbol{F}_i^{(\mathrm{e})}+\sum\boldsymbol{F}_i^{(\mathrm{i})}$$

由于作用于质点系上的所有内力都是成对出现的，即大小相等、方向相反、共线，故内力的矢量和等于零，因此，上式变为

$$\frac{\mathrm{d}\boldsymbol{p}}{\mathrm{d}t}=\frac{\mathrm{d}}{\mathrm{d}t}\sum(m_i\boldsymbol{v}_i)=\sum\boldsymbol{F}_i^{(\mathrm{e})} \tag{9-8}$$

即质点系的动量对于时间的导数等于作用于质点系的所有外力的矢量和，这就是**质点系的动量定理**。

式（9-8）也可写为

$$\mathrm{d}\boldsymbol{p}=\sum\boldsymbol{F}_i^{(\mathrm{e})}\mathrm{d}t=\sum\mathrm{d}\boldsymbol{I}_i^{(\mathrm{e})} \tag{9-9}$$

即质点系动量的增量等于质点系外力元冲量的矢量和，这就是质点系动量定理的微分形式。

将上式两边积分，时间从 t_1 到 t_2，动量从 $\boldsymbol{p}_1$ 到 $\boldsymbol{p}_2$，可得

$$\boldsymbol{p}_2-\boldsymbol{p}_1=\sum\int_{t_1}^{t_2}\boldsymbol{F}_i^{(\mathrm{e})}\mathrm{d}t=\sum\boldsymbol{I}_i^{(\mathrm{e})} \tag{9-10}$$

即质点系的动量在任一时间段内的改变，等于作用在质点系上的外力在同一时间段内的冲量的矢量和，这就是质点系动量定理的积分形式，也称为**质点系冲量定理**。

上述动量定理为矢量形式，应用时也可根据需要将其写成投影形式

$$\begin{cases}\dfrac{\mathrm{d}p_x}{\mathrm{d}t}=\sum F_{ix}^{(\mathrm{e})}\\[2mm]\dfrac{\mathrm{d}p_y}{\mathrm{d}t}=\sum F_{iy}^{(\mathrm{e})}\\[2mm]\dfrac{\mathrm{d}p_z}{\mathrm{d}t}=\sum F_{iz}^{(\mathrm{e})}\end{cases} \tag{9-11}$$

或

$$\begin{cases}p_{2x}-p_{1x}=\sum I_{ix}^{(\mathrm{e})}\\p_{2y}-p_{1y}=\sum I_{iy}^{(\mathrm{e})}\\p_{2z}-p_{1z}=\sum I_{iz}^{(\mathrm{e})}\end{cases} \tag{9-12}$$

9.2.3 质点系动量守恒定律

若作用于质点系上的外力的矢量和恒等于零，则由式（9-8）或式（9-10）可知，质点系的动量保持不变，即

$$\boldsymbol{p}_2=\boldsymbol{p}_1=\text{恒矢量}$$

若作用于质点系上的外力主矢在某坐标轴上的投影恒等于零，或作用于质点系的外力在某坐标轴上的投影代数和等于零，则由式（9-11）或式（9-12）可知，质点系的动量在同一坐标轴上的投影保持不变，即

$$p_{2x}=p_{1x}=\text{恒量}$$

上述结论称为**质点系的动量守恒定律**。

由质点系动量定理可知，只有外力才能改变质点系的动量，内力不能改变整个质点系的动量。虽然内力不能改变整个质点系的动量，但可以引起质点系内各质点动量的传递，例如枪支发射子弹、炮筒发射炮弹时的后坐现象。

喷气式飞机、火箭等现代飞行器依靠喷射高速气体而获得前进的动力；飞机螺旋桨推进器使空气沿螺旋桨轴向向后运动，从而使飞机前进，这些均是动量守恒定律在工程实际中的应用。

【例 9-3】 如图 9-3 所示，锻锤的质量为 3 000 kg，从高度 $H=1.5$ m 处自由落到受锻压的工件上。设使工件发生变形所需的时间为 $\tau=0.01$ s，试求锻锤对工件的平均压力。

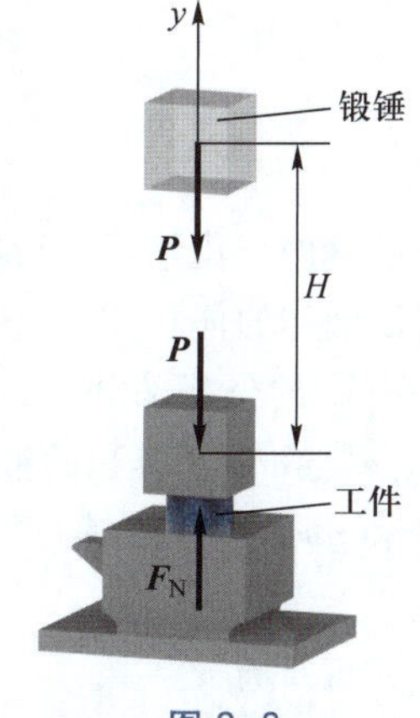

图 9-3

【解】 取锻锤为研究对象。锻锤由静止开始下落，当碰到工件后经过很短时间间隔 τ 又达到静止，在这段过程的始、末瞬时，锻锤的动量均为零，因此其动量的变化为零。

作用在锻锤上的力由重力 $\boldsymbol{P}$、工件对其的约束力 $\boldsymbol{F}_N$ 两部分组成。

锻锤由静止到与工件开始接触所经历的时间可由自由落体公式求得，即

$$t=\sqrt{\frac{2H}{g}}$$

重力 $\boldsymbol{P}$ 的冲量方向向下，冲量的大小为

$$I_1=P(\tau+t)=P\left(\tau+\sqrt{\frac{2H}{g}}\right)$$

由于工件的约束力在很短时间间隔 τ 内迅速变化，这里计算的约束力 $\boldsymbol{F}_N$ 为平均约束力，其冲量方向向上，冲量的大小为

$$I_2=F_N\tau$$

由动量定理的投影形式 $p_{2y}-p_{1y}=\sum I_{iy}^{(e)}$ 可得

$$0-0=F_N\tau-P\left(\tau+\sqrt{\frac{2H}{g}}\right)$$

解得

$$F_N=P\left(1+\frac{1}{\tau}\sqrt{\frac{2H}{g}}\right)=3\ 000\times9.8\times\left(1+\frac{1}{0.01}\sqrt{\frac{2\times1.5}{9.8}}\right)\ \text{N}=1\ 656\ \text{kN}$$

锻锤对工件的压力与工件的约束力 $\boldsymbol{F}_N$ 大小相等、方向相反，互为作用力与反作用力。此例中，锻锤自 1.5 m 高处自由下落，对锻件产生的压力为锤自重的 56 倍，远远大于其自重。

【例 9-4】 如图 9-4 所示，截面面积为 A 的液柱以速度 $\boldsymbol{v}_1$ 喷射于与液柱方向成 α 角的固定叶板上。设单位体积液体的重量为 γ，流量（即单位时间内流过某截面的液体体积）为 Q，并假定 $v_2=v_1=v$。试求液柱对叶板的水平及铅垂方向的附加动压力。

【解】 取一段液柱 $abcd$ 构成的质点系为研究对象。分析在极短时间间隔 dt 内，该质点

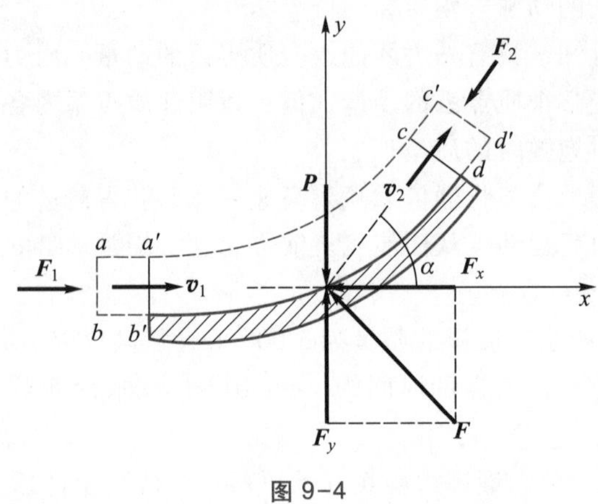

图 9-4

系动量的变化情况。设在时间间隔 dt 内，液柱 $abcd$ 流至 $a'b'c'd'$，由于单位时间内流入任意截面液体的体积 Q 为常量，因此液柱内各处流速的分布不随时间而变，液柱 $abcd$ 和液柱 $a'b'c'd'$的公共部分 $a'b'cd$ 的动量不变，因此，在时间间隔 dt 内，液柱 $abcd$ 动量的变化等于 $cdc'd'$与 $aba'b'$容积的液柱动量之差，这两部分液柱的容积都等于 $Q\mathrm{d}t$。设以 v_2和 v_1代表截面 cd 和 ab 处的液柱速度，则在 dt 时间内动量的变化为

$$\mathrm{d}\boldsymbol{p}=\gamma Q\mathrm{d}t\cdot\boldsymbol{v}_2-\gamma Q\mathrm{d}t\cdot\boldsymbol{v}_1$$

上式可写为

$$\frac{\mathrm{d}\boldsymbol{p}}{\mathrm{d}t}=\gamma Q\boldsymbol{v}_2-\gamma Q\boldsymbol{v}_1$$

作用于液柱上的外力有液柱的重力 $\boldsymbol{P}$、截面 ab 和 cd 处液体的压力 $\boldsymbol{F}_1$和 $\boldsymbol{F}_2$、叶板对液柱的反作用力 $\boldsymbol{F}$。其中叶板的约束力由两部分组成：由液柱的重力和截面 ab、cd 处液体的压力所引起的静约束力 $\boldsymbol{F}'$；由液柱动量的变化而引起的附加动约束力 $\boldsymbol{F}''$。根据质点系动量定理可得

$$\frac{\mathrm{d}\boldsymbol{p}}{\mathrm{d}t}=\boldsymbol{P}+\boldsymbol{F}_1+\boldsymbol{F}_2+\boldsymbol{F}'+\boldsymbol{F}''$$

且有 $\boldsymbol{P}+\boldsymbol{F}_1+\boldsymbol{F}_2+\boldsymbol{F}'=\boldsymbol{0}$，由此可得附加动约束力为

$$\boldsymbol{F}''=\gamma Q\boldsymbol{v}_2-\gamma Q\boldsymbol{v}_1$$

将上式投影到轴 x 及轴 y 上，可得

$$\begin{cases}-F''_x=\gamma Q(v_2\cos\alpha-v_1)\\F''_y=\gamma Q(v_2\sin\alpha-0)\end{cases}$$

已知 $v_2=v_1=v$，$Q=Av$，上式可写为

$$\begin{cases}F''_x=\gamma Av^2(1-\cos\alpha)\\F''_y=\gamma Av^2\sin\alpha\end{cases}$$

题中所求液柱对叶板的水平及铅垂方向的附加动压力与 $\boldsymbol{F}''_x$、$\boldsymbol{F}''_y$大小相等、方向相反，互为作用力与反作用力。

由上例可以看出，液柱对叶板的压力与流速的平方成正比。因此，当液体流速很高或液柱截面很粗时，在水管的弯头处必须安装支座，以防止管道被拉开。

该例同时表明，在利用质点系动量定理求解时，是以质点系作为一个整体来考虑其所受

到的总的外力，而不是求每个质点的受力和运动之间的关系。

【例 9-5】 如图 9-5 所示，机车质量为 m_1，以速度 $\boldsymbol{v}_1$ 与静止在水平轨道上的车厢对接，车厢的质量为 m_2，对接时不计摩擦。试求对接后列车的速度以及机车动量的损失。

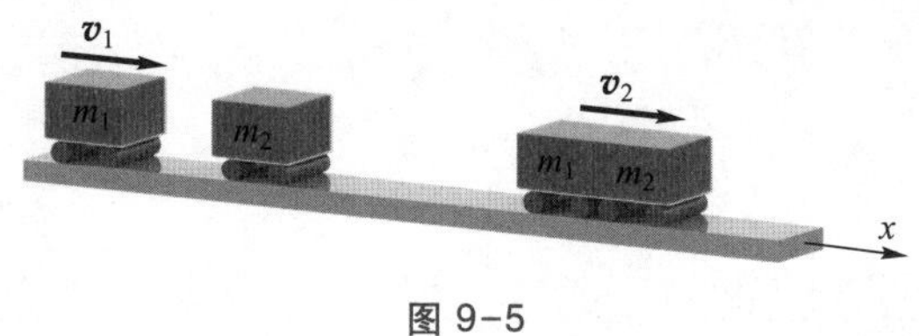

图 9-5

【解】 以机车和车厢构成的质点系为研究对象。由于对接时不计摩擦，质点系水平方向不受力，则质点系在水平方向动量守恒，即

$$m_1v_1=(m_1+m_2)v_2$$

对接后列车的速度为

$$v_2=\frac{m_1}{m_1+m_2}v_1$$

机车动量的损失为

$$\Delta p=m_1v_1-m_1v_2=m_1\left(v_1-\frac{m_1}{m_1+m_2}v_1\right)=\frac{m_1m_2}{m_1+m_2}v_1=m_2v_2$$

由此可见，不计摩擦时，机车动量的损失等于车厢获得的动量，机车、车厢组成的质点系的动量保持不变。

【例 9-6】 如图 9-6 所示，载人小车在光滑地面上以 $v_0=2$ m/s 的速度向右匀速运动，小车的质量 $m_1=100$ kg，人的质量 $m_2=50$ kg。若人相对小车以 $v=1$ m/s 的速度跳离小车，$\theta=30°$，试求人跳离小车后小车的速度。

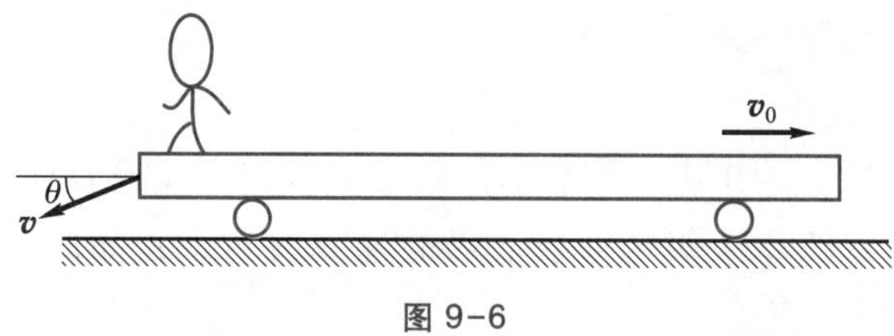

图 9-6

【解】 以人和车为研究对象，该系统在水平方向上所受的外力为零，则水平方向动量守恒，即 $p_{2x}=p_{1x}=$恒量。

初始时刻，小车与人相对于地面的速度均为 $v_0=2$ m/s，跳离瞬时，设小车的速度为 v_1，则人的速度在水平方向上的投影为

$$v_{2x}=v_1-v\cos\theta \tag{a}$$

由质点系动量守恒定律可得

$$m_1v_1+m_2v_{2x}=(m_1+m_2)v_0 \tag{b}$$

将式（a）代入式（b），可得

$$m_1v_1+m_2(v_1-v\cos\theta)=(m_1+m_2)v_0$$

解得

$$v_1=\frac{(m_1+m_2)v_0+m_2 v\cos\theta}{m_1+m_2}=v_0+\frac{\sqrt{3}m_2}{2(m_1+m_2)}v=2.289\ \text{m/s}$$

§9-3 质心运动定理

9.3.1 质心运动定理

将 $\sum m_i\boldsymbol{v}_i=m\boldsymbol{v}_C$ 代入质点系的动量定理，即式（9-8），对于质量不变的质点系可得

$$\frac{\mathrm{d}}{\mathrm{d}t}(m\boldsymbol{v}_C)=m\frac{\mathrm{d}}{\mathrm{d}t}\boldsymbol{v}_C=m\boldsymbol{a}_C=\sum\boldsymbol{F}_i^{(e)} \tag{9-13}$$

即质点系的质量与质心加速度 $\boldsymbol{a}_C$ 的乘积等于该质点系所受外力的矢量和，这就是**质心运动定理**。

质心运动定理是质点系动量定理的另一种形式，应用该定理，可将质点系的运动看作将整个质点系的质量集中于质心的一个质点的运动，且作用于此质点上的力等于作用于整个质点系的外力的主矢。质心运动定理使得某些复杂质点系动力学问题可简化为简单质点动力学问题来解决。

将式（9-13）向直角坐标轴上投影，可得

$$\begin{cases}ma_{Cx}=\sum F_{ix}^{(e)}\\ ma_{Cy}=\sum F_{iy}^{(e)}\\ ma_{Cz}=\sum F_{iz}^{(e)}\end{cases} \tag{9-14}$$

9.3.2 质心运动守恒定律

由质心运动定理可知，若作用于质点系的外力主矢恒等于零，即 $\sum\boldsymbol{F}_i^{(e)}\equiv\boldsymbol{0}$，则质心加速度 $\boldsymbol{a}_C=\boldsymbol{0}$，质心速度 $\boldsymbol{v}_C$ 为常矢量，即质心做匀速直线运动；如质点系由静止开始运动，$\boldsymbol{v}_{C0}=\boldsymbol{0}$，则质心位置保持不变。

若外力主矢在某轴上的投影恒等于零，如 $\sum F_{ix}^{(e)}\equiv 0$，则质心加速度在该轴上的投影 $a_{Cx}=0$，质心在该轴上的速度投影 v_{Cx}=常量；如开始时质心在 x 方向的初速度 $v_{Cx0}=0$，则质心在该轴上的坐标保持不变。

以上两种情况，称为**质心运动守恒定律**。

由质心运动定理不难看出，内力不能改变质心的运动，质心加速度完全取决于外力主矢的大小和方向，与质点系的内力无关，也与外力作用位置无关。

例如，对于静止站立于完全光滑水平面上的人（质点系）来说，外力只有人的自重和水平面的法向约束力，两力均沿铅垂方向，因此外力只能使人的质心沿铅垂方向运动（向上跳起），而不会使人的质心产生水平方向的运动，人要想行走，只有依靠水平面给予人脚部的摩擦力才能实现。

同样的情形，停在光滑冰面上的汽车，加大油门虽然增大了气缸内的燃气压力，但这个

压力对汽车来说只是内力，并不能改变汽车质心的运动，因此无论如何加大油门，都不能使汽车前进，只有增大轮胎与地面间的摩擦力才能使汽车前进，雨雪天气时汽车打滑，正是由于摩擦力很小造成的。

又如，炮弹发射后在空中飞行时，不考虑空气阻力的情况下，作用于其上的力只有重力，因此炮弹质心的运动与只在重力作用下的自由质点的运动一样，其轨迹为抛物线。而当炮弹在空中爆炸时，爆炸的作用力为炮弹内力，这些力并不能改变炮弹质心的运动。因此，虽然爆炸后炮弹碎片的运动方向可能各不相同，但它们的质心仍沿原抛物线运动，直到有碎片落地，受到了地面约束力，炮弹其余碎片的质心才离开原抛物线轨迹。同理，跳水运动员自跳板起跳后，无论他在空中做何种动作，在入水前，他的质心将沿抛物线轨迹运动。

【例 9-7】 如图 9-7 所示，压实土壤用的振动器由两个相同的偏心锤及机座组成。已知两个偏心锤的质量均为 m_1，机座的质量为 m_2，偏心距为 e，两偏心锤以相同的匀角速度 $\boldsymbol{\omega}$ 朝相反方向转动，且转动时两偏心锤始终保持对称。求振动器对土壤的压力。

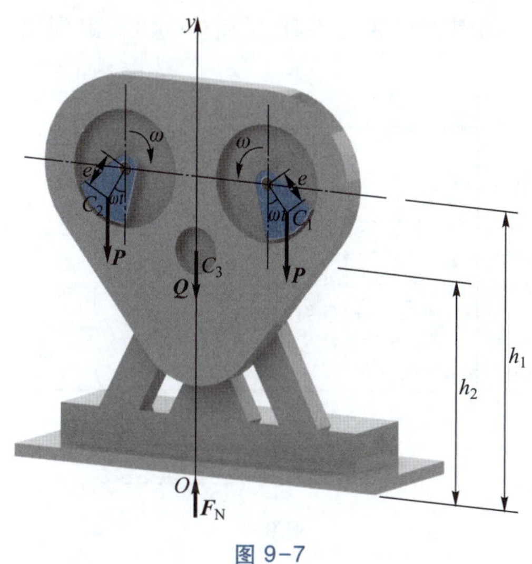

图 9-7

【解】 取机座和两个偏心锤组成的质点系为研究对象。作用于该质点系上的外力有两个偏心锤的重力 $\boldsymbol{P}$、机座的重力 $\boldsymbol{Q}$ 和土壤的约束力 $\boldsymbol{F}_{\mathrm{N}}$。

由质心运动定理 $ma_{Cy}=F_{iy}^{(e)}$ 可得

$$m\frac{\mathrm{d}^2y_C}{\mathrm{d}t^2}=F_{\mathrm{N}}-2P-Q \tag{a}$$

其中 $m=2m_1+m_2$，a_{Cy} 为质点系质心加速度，y_C 为质点系质心坐标。

设偏心锤的轴心离地面的高度为 h_1，机座重心离地面的高度为 h_2，则在图示坐标系中，质点系的质心坐标为

$$y_C=\frac{\sum m_iy_i}{m}=\frac{2m_1(h_1-e\cos\ \omega t)+m_2h_2}{m} \tag{b}$$

将式（b）代入式（a），可得

$$F_N-2P-Q=m\frac{d^2}{dt^2}\left[\frac{2m_1(h_1-e\cos\omega t)+m_2h_2}{m}\right]=2m_1e\omega^2\cos\omega t$$

解得

$$F_N=2P+Q+2m_1e\omega^2\cos\omega t=(2m_1+m_2)g+2m_1e\omega^2\cos\omega t$$

其中 $(2m_1+m_2)g=F_N^{静}$ 为静约束力，$2m_1e\omega^2\cos\omega t=F_N^{附动}$ 为附加动约束力，F_N 为动约束力。

当 $\omega t=0$ 时，动约束力最大，其值为

$$F_{N,max}=(2m_1+m_2)g+2m_1e\omega^2$$

当 $\omega t=\pi$ 时，动约束力最小，其值为

$$F_{N,min}=(2m_1+m_2)g-2m_1e\omega^2$$

【例 9-8】 如图 9-8 所示，人站立在静止于水面上的小船船头，设船的质量为 m_1，人质量为 m_2，船的长度为 l，水的阻力可忽略不计。求人自船头走到船尾时，船的位移。

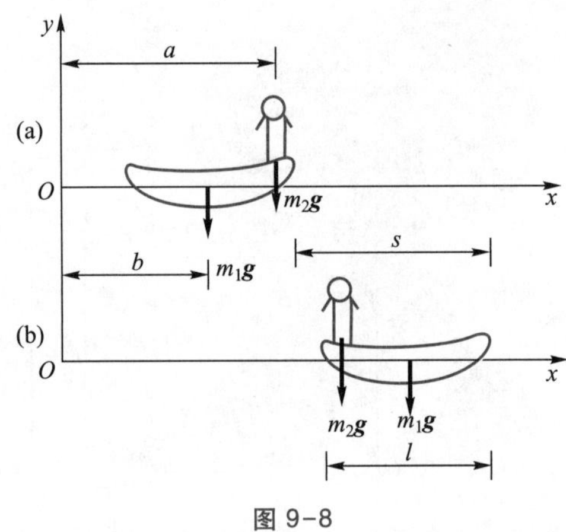

图 9-8

【解】 取人和船组成的质点系为研究对象。当忽略水的阻力时，系统所受外力的主矢在 x 方向的投影为零，同时系统在初始时静止，故由质心运动守恒定律可知，质点系的质心在 x 方向的位置保持不变。

初始时，设人和船的位置如图 9-8a 所示，则质点系的质心坐标为

$$x_{C0}=\frac{m_1b+m_2a}{m_1+m_2}$$

人走到船尾时，设船移动的距离为 s，则质点系此时的质心坐标为

$$x_C=\frac{m_1(b+s)+m_2(a+s-l)}{m_1+m_2}$$

由质心在 x 方向的位置不变，可得 $x_{C0}=x_C$，即

$$\frac{m_1b+m_2a}{m_1+m_2}=\frac{m_1(b+s)+m_2(a-l+s)}{m_1+m_2}$$

解得

$$s=\frac{m_2 l}{m_2+m_1}$$

小结

1. 动量

质点的动量：质点的质量与速度的乘积 $m\boldsymbol{v}$。

质点系的动量：质点系中所有各质点动量的矢量和 $\boldsymbol{p}=\sum m_i\boldsymbol{v}_i$；

或质点系总质量与质点系质心速度的乘积 $\boldsymbol{p}=m\boldsymbol{v}_C$。

2. 冲量

常力的冲量：作用力 $\boldsymbol{F}$ 与作用时间的乘积 $\boldsymbol{I}=\boldsymbol{F}t$。

变力的冲量：变力 $\boldsymbol{F}$ 从 t_1 到 t_2 的时间间隔内的冲量 $\boldsymbol{I}=\int_{t_1}^{t_2}\boldsymbol{F}\mathrm{d}t$。

3. 动量定理

(1) 质点的动量定理：$\dfrac{\mathrm{d}}{\mathrm{d}t}(m\boldsymbol{v})=\boldsymbol{F}$

微分形式的质点动量定理：$\mathrm{d}(m\boldsymbol{v})=\boldsymbol{F}\mathrm{d}t$

积分形式的质点动量定理（质点冲量定理）：$m\boldsymbol{v}_2-m\boldsymbol{v}_1=\int_{t_1}^{t_2}\boldsymbol{F}\mathrm{d}t=\boldsymbol{I}$

(2) 质点系的动量定理：$\dfrac{\mathrm{d}\boldsymbol{p}}{\mathrm{d}t}=\dfrac{\mathrm{d}}{\mathrm{d}t}\sum(m_i\boldsymbol{v}_i)=\sum\boldsymbol{F}_i^{(\mathrm{e})}$

微分形式的质点系动量定理：$\mathrm{d}\boldsymbol{p}=\sum\boldsymbol{F}_i^{(\mathrm{e})}\mathrm{d}t=\sum\mathrm{d}\boldsymbol{I}_i^{(\mathrm{e})}$

积分形式的质点系动量定理（质点系冲量定理）：$\boldsymbol{p}_2-\boldsymbol{p}_1=\sum\int_{t_1}^{t_2}\boldsymbol{F}_i^{(\mathrm{e})}\mathrm{d}t=\sum\boldsymbol{I}_i^{(\mathrm{e})}$

(3) 质点系动量守恒定律

若作用于质点系上的外力的矢量和恒等于零，则质点系的动量保持不变；若作用于质点系上的外力主矢在某坐标轴上的投影恒等于零，或作用于质点系的外力在某坐标轴上的投影代数和等于零，则质点系的动量在同一坐标轴上的投影保持不变。

4. 质心运动定理

$$m\boldsymbol{a}_C=\sum\boldsymbol{F}_i^{(\mathrm{e})}$$

质点系的运动可看作将整个质点系的质量集中于质心的一个质点的运动，且作用于此质点上的力等于作用于整个质点系的外力的主矢。

质心运动守恒定律：若作用于质点系的外力主矢恒等于零，则质心做匀速直线运动或静止；若外力系主矢在某坐标轴上的投影恒等于零，则质心沿该轴做匀速直线运动或在该轴上的坐标保持不变。

思考题

9-1 动量和冲量都是瞬时量吗？

9-2 质点系的总动量为零，该质点系是否处于静止状态？

9-3 当质点做匀速直线运动、变速直线运动或匀速曲线运动时，它们的动量是否改变？

9-4 两个相同的均质圆盘置于光滑水平面上，在两个圆盘的不同位置各作用一个大小、方向相同的水平力 $\boldsymbol{F}$，如图 9-9 所示。使两圆盘同时由停止开始运动，试说明两圆盘的运动情况。

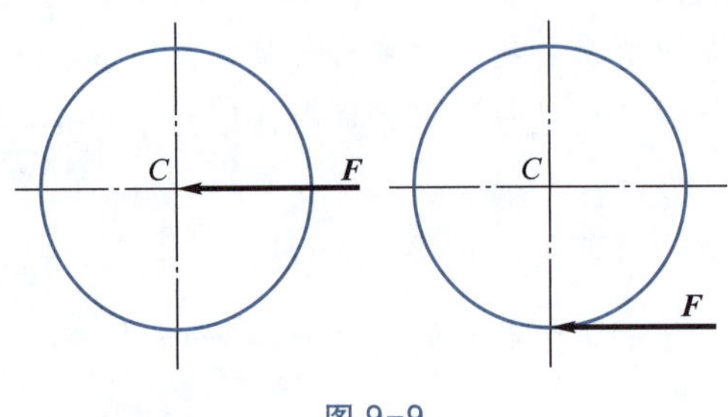

图 9-9

9-5 站在无摩擦的光滑地面上，空气阻力也忽略不计，怎样才能在水平方向离开原地？

9-6 质点系的质心位置保持不变的条件是什么？

习 题

习题：
第九章

9-1 如图所示椭圆规尺，已知均质杆 AB 的质量为 $2m_1$，均质曲柄 OC 的质量为 m_1，滑块 A、B 的质量均为 m_2。$OC=AC=CB=l$，曲柄 OC 以匀角速度 ω 绕轴 O 转动，初始时，曲柄 OC 处于水平向右位置。试求质点系质心的运动方程、轨迹以及质点系的动量。

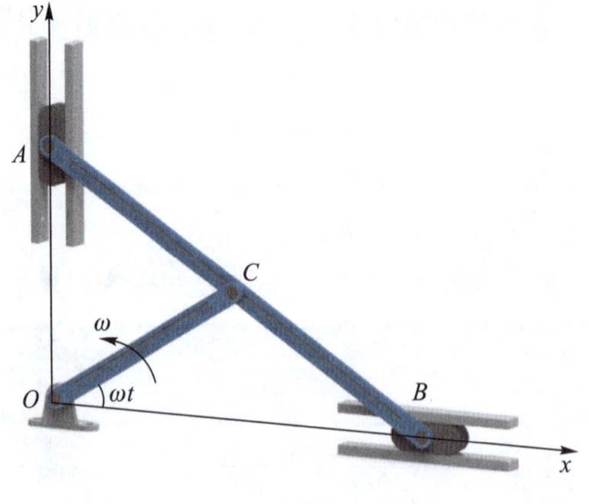

题 9-1 图

9-2 已知均质圆轮 A 质量为 m_1，沿水平方向做纯滚动，均质杆 AB 长为 l，质量为 m_2，杆端 B 始终与墙面相接触，图示位置轮心 A 速度为 $\boldsymbol{v}$，杆 AB 倾角为 45°。求此时系统的总动量。

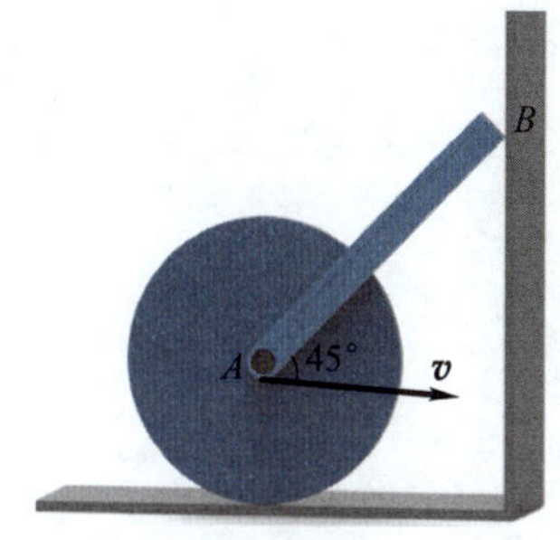

题 9-2 图

9-3 列车沿水平直线轨道行驶，制动时的阻力等于车重的 0.1 倍，开始制动时列车速度为20 m/s。求制动的时间和制动距离。

9-4 质量为 4×10^5 kg 的列车以 15 m/s 的速度驶上斜坡，已知斜坡倾角 $\alpha=\arctan 0.006$。列车运动中的摩擦因数为 0.005。经过 50 s，列车的速度降到 12.5 m/s。求机车的牵引力。

9-5 质量为 40 kg 的小孩站在雪橇上，雪橇质量为 20 kg。小孩以 20 N·s 的冲量作用于雪橇。设摩擦因数 $f=0.01$，求经过 15 s 雪橇获得的速度。

9-6 如图所示，两个重物 M_1 和 M_2 的质量分别为 m_1 和 m_2，系在两根质量不计的绳子上，两根绳子分别缠绕在半径为 r_1 和 r_2 的鼓轮上。两鼓轮固结在一起，总质量为 m_3，其质心为轮心 O。若鼓轮以角加速度 α 绕轮心 O 逆时针转动，试求轮心 O 处的约束力。

9-7 如图所示，矿车车身连同所载矿石 A 的质量为 $m_1=10$ t，车架与车轮 B 的质量为 $m_2=1$ t。已知车身在弹簧上按 $x=2\sin 10t$（x 单位为 cm，t 单位为 s）的规律作铅垂简谐运动。不考虑车轮的弹性，试求矿车对地面的最大和最小铅垂总压力。

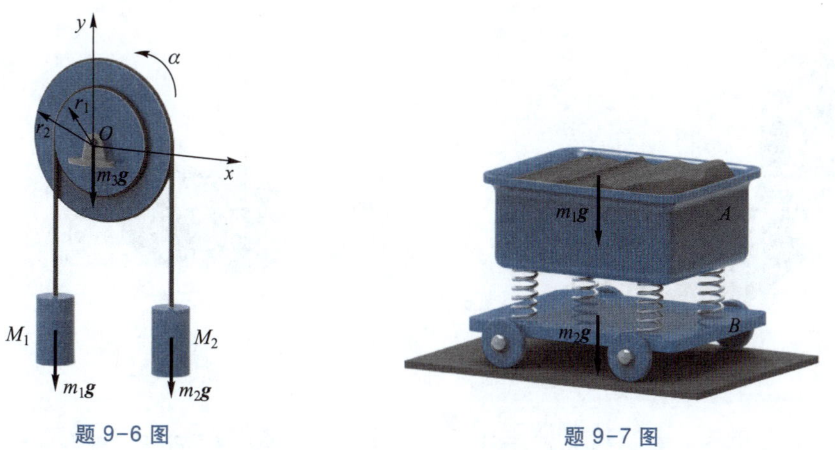

题 9-6 图　　题 9-7 图

9-8 如图所示，水平面上有一堆链条，用手将链条一端以恒速 $\boldsymbol{v}$ 竖直向上提起，已知链条总长度为 l，线密度为 ρ。当提起长度为 x 时，求手的提力。

9-9 如图所示，空气锤锤头（包括全部下落部分）的质量 $m=300$ kg，打击速度（即与工件碰撞前瞬间的速度）$v=8$ m/s，回跳速度（即打击工件后锤头弹回速度）$u=2$ m/s。求碰撞冲量。

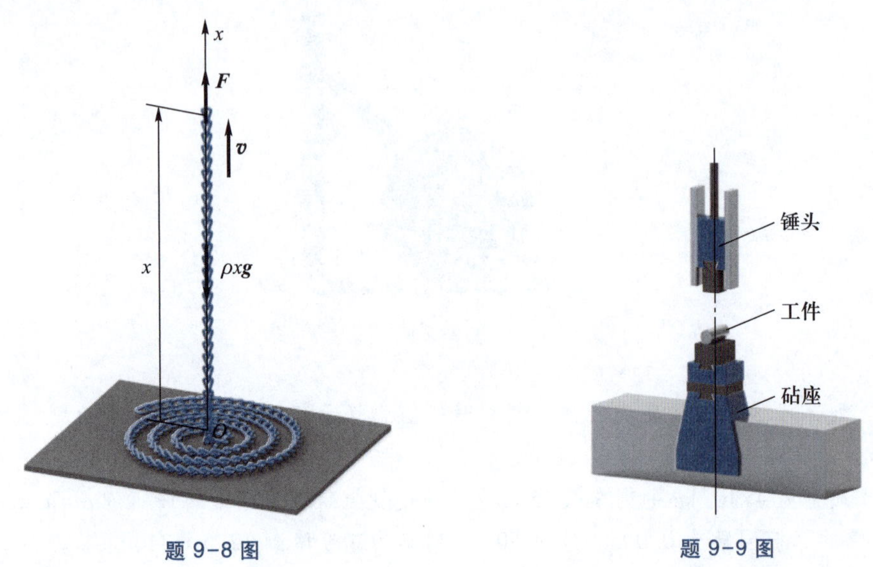

题 9-8 图　　题 9-9 图

9-10 如图所示，管子的弯头一端铅垂，另一端水平。今有一已知液体从其中流过，该已知液体每单位体积重量为 γ，管子截面面积为 A，该液体的流量（即在单位时间内流过某截面的流体体积）为 q_V。设液体不可压缩且流动稳定，求液体对管壁的附加动压力。

9-11 如图所示，质量为 m 的炮车静止地置于光滑水平地面上，以仰角 α 发射炮弹，炮弹的质量为 εm，相对于炮身的出口速度为 $\boldsymbol{v}_r$。若不计空气阻力，求炮弹的最大射程。

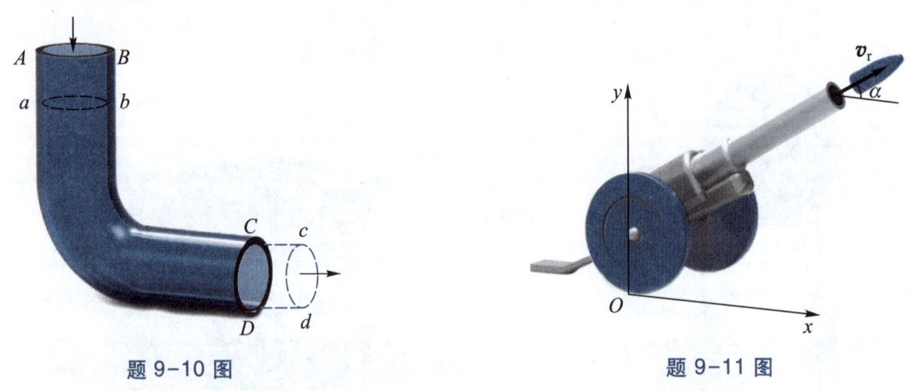

题 9-10 图　　题 9-11 图

9-12 如图所示，重为 P_1 的小车 A 下悬挂一个摆，摆按 $\varphi=\varphi_0\cos kt$ 的规律在铅垂面内摆动，其中 φ_0 和 k 为常量。设摆锤重为 P_2，摆长为 l，摆杆重量及各处摩擦均不计。若系统初始静止，试求小车的运动规律。

9-13 如图所示，小车放在光滑轨道上，其上固定铅垂支架 ABC，小车、支架的总质量为 m_1。支架 A 端悬挂一个线长为 l 的单摆，小球 M 的质量为 m_2。初始时刻，小车与小球都静止不动，在摆线与铅垂线成 α 角处释放小球。求当小球摆到铅垂位置时小车的位移。

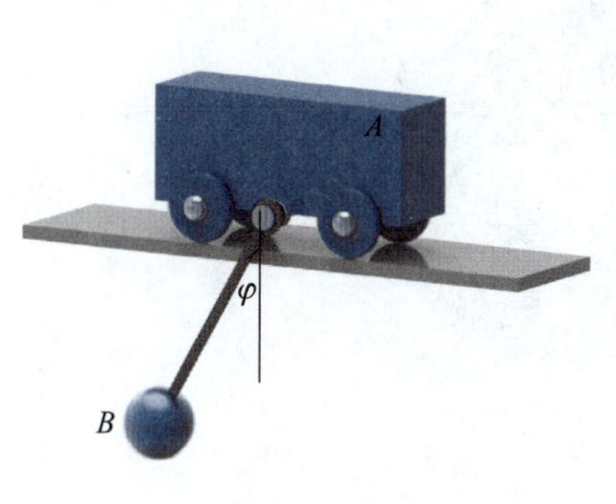

题 9-12 图

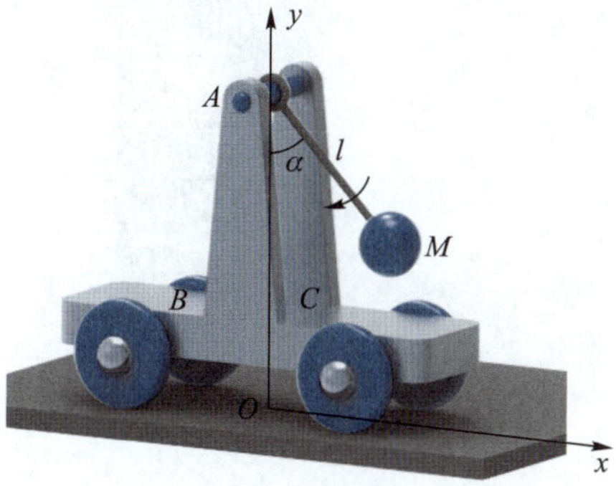

题 9-13 图

9-14 用质心运动定理解题 9-8。

9-15 如图所示，均质杆 AB 长为 $2l$，A 端置于光滑的水平地面上。杆初始时与地面成 θ 角，由静止释放后杆在重力作用下运动。已知在运动过程中 A 端始终与地面接触，求杆 B 端的轨迹。

9-16 如图所示，滑轮质量块系统整体悬挂在天花板上，已知物块 A、滑轮 B、滑轮 C 和物块 D 的质量分别为 m_1、m_2、m_3、m_4，物块 A 以加速度 $\boldsymbol{a}$ 下降，求天花板对系统铅垂方向的约束力。

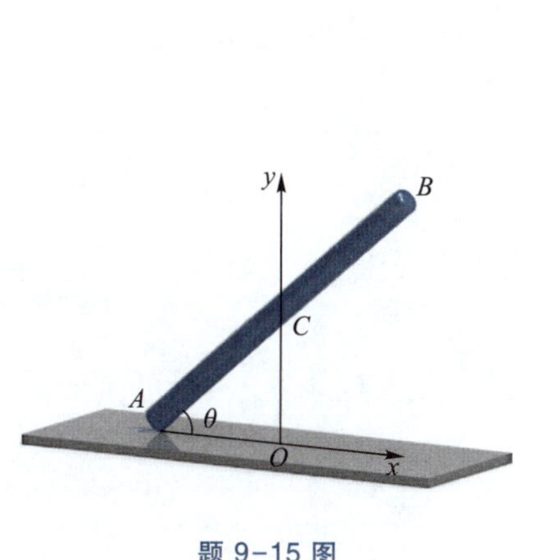

题 9-15 图

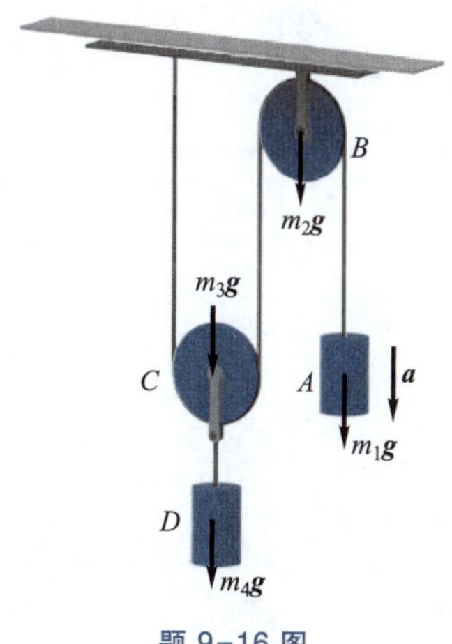

题 9-16 图

9-17 如图 a 所示，混凝土振捣器由圆形外壳 A、可绕铅垂轴 z（过点 C_1）转动的偏心块 B 组成。设振捣器沿铅垂轴 z 支撑，已知外壳质量为 m，偏心块质量为 m_1，偏心距为 e，并以匀角速度 $\boldsymbol{\omega}$ 绕轴 z 转动，如图 b 所示。试求外壳在水平面内的运动。

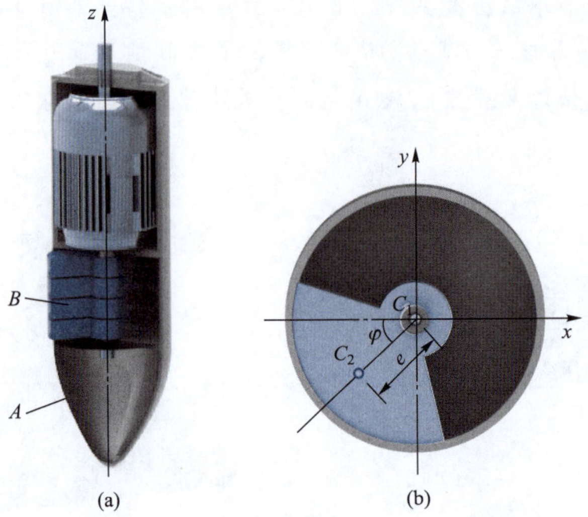

题 9-17 图

第十章 动量矩定理

飞轮绕通过质心的定轴转动，无论它运动状态如何变化，动量总为零，由此可见动量定理只反映了质点系运动的一个侧面，因此，本章引入质点系机械运动的另一个物理量——动量矩，它可以表征质点系转动系统的运动强度。动量矩定理建立了质点系的动量对某点（或某轴）之矩与作用于质点系上的外力对此点（或此轴）之矩间的关系。它从另一个侧面把质点系的转动运动与其所受的外力建立起了联系。应用动量矩定理建立的刚体绕定轴转动的微分方程，以及相对质心动量矩定理建立的平面运动微分方程是解决刚体动力学问题的有效工具。

§10-1 动量矩

10.1.1 质点的动量矩

质点的动量矩是表征质点绕某点（或某轴）的运动强弱的一种物理量，它不仅与质点的动量 $m\boldsymbol{v}$ 有关，而且与质点的速度至某点 O 的距离有关。设质量为 m 的质点 M 绕固定点 O 运动，在某瞬时的动量为 $m\boldsymbol{v}$，质点 M 相对于点 O 的位置用径矢 $\boldsymbol{r}$ 表示，如图 10-1 所示。在该瞬时，质点 M 的动量对于点 O 的矩，定义为质点对于点 O 的动量矩，即

$$\boldsymbol{M}_O(m\boldsymbol{v})=\boldsymbol{r}\times m\boldsymbol{v} \tag{10-1}$$

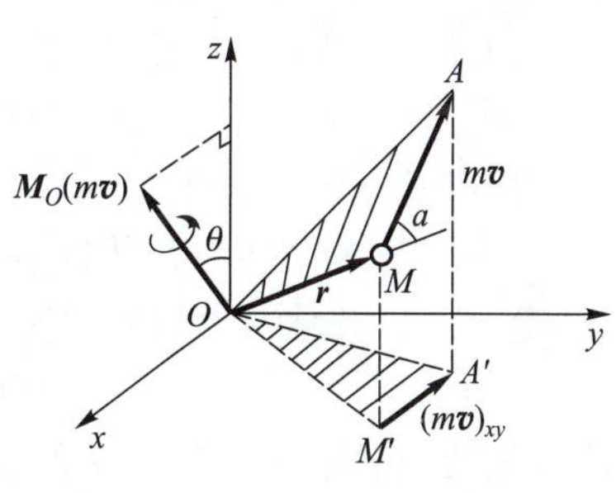

图 10-1

质点对于点 O 的动量矩是矢量，该矢量从矩心 O 画出，其方位垂直于由径矢 $\boldsymbol{r}$ 与动量 $m\boldsymbol{v}$ 所形成的平面，指向按照右手螺旋法则确定，如图 10-1 所示。其大

小为

$$|\boldsymbol{M}_O(m\boldsymbol{v})| = mvr\sin(\boldsymbol{r},m\boldsymbol{v}) = 2A_{\triangle OMA} \tag{10-2}$$

质点动量 $m\boldsymbol{v}$ 在平面 Oxy 内的投影 $(m\boldsymbol{v})_{xy}$ 对于点 O 的矩，定义为质点动量对轴 z 的矩，简称对于轴 z 的动量矩。质点对于轴的动量矩是代数量，质点对点 O 的动量矩在轴 z 上的投影，等于对轴 z 的动量矩，即

$$[\boldsymbol{M}_O(m\boldsymbol{v})]_z = M_z(m\boldsymbol{v}) \tag{10-3}$$

在国际单位制中动量矩的单位为 $\mathrm{kg\cdot m^2/s}$（千克·米²/秒）。

10.1.2 质点系的动量矩

质点系对某点 O 的动量矩等于质点系中各质点对同一点 O 的动量矩的矢量和，用 $\boldsymbol{L}_O$ 表示，有

$$\boldsymbol{L}_O = \sum \boldsymbol{M}_O(m_i\boldsymbol{v}_i) \tag{10-4}$$

质点系对某轴 z 的动量矩等于质点系中各质点对同一轴 z 动量矩的代数和，用 L_z 表示，有

$$L_z = \sum M_z(m_i\boldsymbol{v}_i) \tag{10-5}$$

显然，质点系对某点的动量矩在过该点的轴上的投影等于质点系对此轴的动量矩，即

$$L_z = [\boldsymbol{L}_O]_z \tag{10-6}$$

下面讨论刚体做不同运动时动量矩的计算。

（一）平移刚体的动量矩

设平移刚体的质量为 m，质心 C 的速度为 $\boldsymbol{v}_C$，其上任一点的质量为 m_i，速度为 $\boldsymbol{v}_i$，则 $\boldsymbol{v}_i = \boldsymbol{v}_C$。任选一固定点 O，则有

$$\boldsymbol{L}_O = \sum \boldsymbol{M}_O(m_i\boldsymbol{v}_i) = \sum \boldsymbol{r}_i \times m_i\boldsymbol{v}_i = \sum m_i\boldsymbol{r}_i \times \boldsymbol{v}_C$$

由 $\sum m_i\boldsymbol{r}_i = m\boldsymbol{r}_C$，则

$$\boldsymbol{L}_O = \boldsymbol{r}_C \times m\boldsymbol{v}_C \tag{10-7}$$

平移刚体对任一固定点的动量矩等于将刚体全部质量集中于质心的质点对该固定点的动量矩。

（二）定轴转动刚体的动量矩

如图 10-2 所示，设刚体绕定轴 z 转动的角速度为 ω，刚体上任一质点 M_i 的质量为 m_i，到转轴的距离为 r_i，其速度的大小为 $v_i = \omega r_i$。质点 M_i 对轴 z 的动量矩为

$$M_z(m_i\boldsymbol{v}_i) = m_i v_i r_i = m_i r_i^2 \omega$$

整个刚体对轴 z 的动量矩为

$$L_z = \sum M_z(m_i\boldsymbol{v}_i) = \sum m_i r_i^2 \omega$$

令 $J_z = \sum m_i r_i^2$，并称其为刚体对轴 z 的**转动惯量**，则

$$L_z = J_z\omega \tag{10-8}$$

即绕定轴转动的刚体对其转轴的动量矩等于刚体对转轴的转动惯量与其角速度的乘积。

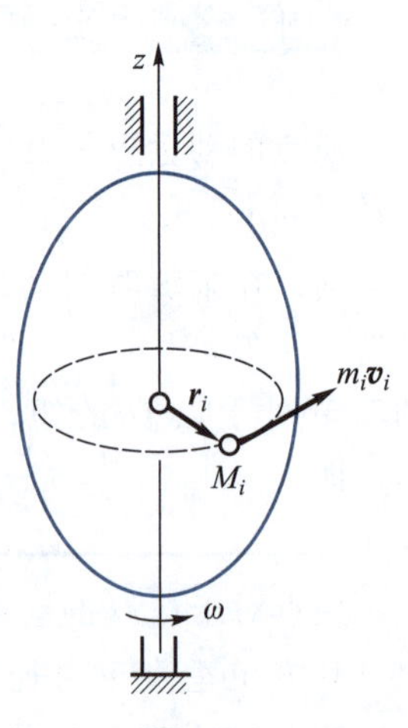

图 10-2

§10-2 动量矩定理

10.2.1 质点的动量矩定理

设质量为 m 的质点相对惯性系中定点 O 的径矢为 $\boldsymbol{r}$，动量为 $m\boldsymbol{v}$，作用在质点上的力为 $\boldsymbol{F}$，对定点 O 的动量矩为 $\boldsymbol{M}_O(m\boldsymbol{v})=\boldsymbol{r}\times m\boldsymbol{v}$，将该式对时间 t 求导数，得

$$\frac{\mathrm{d}}{\mathrm{d}t}\boldsymbol{M}_O(m\boldsymbol{v})=\frac{\mathrm{d}}{\mathrm{d}t}(\boldsymbol{r}\times m\boldsymbol{v})=\frac{\mathrm{d}\boldsymbol{r}}{\mathrm{d}t}\times m\boldsymbol{v}+\boldsymbol{r}\times\frac{\mathrm{d}}{\mathrm{d}t}(m\boldsymbol{v})$$

由质点动量定理，$\frac{\mathrm{d}}{\mathrm{d}t}(m\boldsymbol{v})=\boldsymbol{F}$，且点 O 为固定点，有$\frac{\mathrm{d}\boldsymbol{r}}{\mathrm{d}t}=\boldsymbol{v}$，而 $\boldsymbol{v}\times m\boldsymbol{v}=\boldsymbol{0}$，得

$$\frac{\mathrm{d}}{\mathrm{d}t}\boldsymbol{M}_O(m\boldsymbol{v})=\boldsymbol{r}\times\boldsymbol{F}=\boldsymbol{M}_O(\boldsymbol{F}) \tag{10-9}$$

式（10-9）为**质点的动量矩定理**，即质点对某固定点的动量矩对时间的一阶导数，等于作用在质点上的力对该点之矩。

将式（10-9）向过固定点 O 的直角坐标系投影，则

$$\begin{cases}\frac{\mathrm{d}}{\mathrm{d}t}M_x(m\boldsymbol{v})=M_x(\boldsymbol{F})\\ \frac{\mathrm{d}}{\mathrm{d}t}M_y(m\boldsymbol{v})=M_y(\boldsymbol{F})\\ \frac{\mathrm{d}}{\mathrm{d}t}M_z(m\boldsymbol{v})=M_z(\boldsymbol{F})\end{cases} \tag{10-10}$$

式（10-10）为质点动量矩定理的投影形式，即质点对任一固定轴的动量矩对时间的一阶导数，等于作用在质点上的力对该轴之矩。

由式（10-9）知，若作用于质点的力对某定点之矩恒等于零，则质点对该点的动量矩保持不变，即当 $\boldsymbol{M}_O(\boldsymbol{F})\equiv\boldsymbol{0}$ 时，有

$$\boldsymbol{M}_O(m\boldsymbol{v})=\boldsymbol{r}\times m\boldsymbol{v}=\text{常矢量}$$

由式（10-10）知，若作用于质点的力对某定轴之矩恒等于零，则质点对该轴的动量矩保持不变，例如，当 $M_x(\boldsymbol{F})\equiv 0$ 时，有

$$M_x(m\boldsymbol{v})=\text{常量}$$

以上两个结论称为**质点动量矩守恒定理**。

【例 10-1】 图 10-3 所示单摆在平面内小幅度摆动，摆绳长为 l，摆锤质量为 m，求摆锤微小摆动的运动方程。

【解】 取摆锤为研究对象，其受力有重力 $m\boldsymbol{g}$ 和绳索拉力 $\boldsymbol{F}$，用 φ 表示摆线与铅垂线的夹角，则摆锤的速度大小及对轴 O 的动量矩分别为

$$v=l\dot{\varphi}$$

$$M_O(m\boldsymbol{v})=ml^2\dot{\varphi}$$

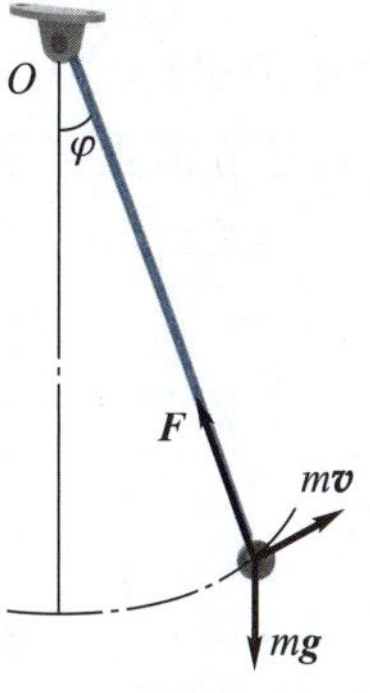

图 10-3

摆锤重力对轴 O 的矩为

$$\sum M_O(\boldsymbol{F})=-mgl\sin\varphi$$

由质点的动量矩定理得

$$ml^2\ddot{\varphi}=-mgl\sin\varphi$$

因为是微幅摆动，$\sin\varphi\approx\varphi$，从而可得单摆运动微分方程

$$\ddot{\varphi}+\frac{g}{l}\varphi=0$$

解此运动微分方程，可得单摆的运动规律

$$\varphi=\varphi_0\sin(\omega_n t+\theta)$$

式中，$\omega_n=\sqrt{\frac{g}{l}}$ 为单摆的角频率；φ_0 为单摆的角振幅；θ 称为单摆的初相位；φ_0 和 θ 均由运动的初始条件确定。

单摆的周期为

$$T=\frac{2\pi}{\omega_n}=2\pi\sqrt{\frac{l}{g}}$$

10.2.2 质点系的动量矩定理

设质点系由 n 个质点组成，作用于质点 m_i 的力分为内力 $\boldsymbol{F}_i^{(i)}$ 和外力 $\boldsymbol{F}_i^{(e)}$。根据质点动量矩定理有

$$\frac{\mathrm{d}}{\mathrm{d}t}\boldsymbol{M}_O(m_i\boldsymbol{v}_i)=\boldsymbol{M}_O(\boldsymbol{F}_i^{(e)})+\boldsymbol{M}_O(\boldsymbol{F}_i^{(i)})$$

式中，$\boldsymbol{M}_O(\boldsymbol{F}_i^{(e)})$ 为外力矩，$\boldsymbol{M}_O(\boldsymbol{F}_i^{(i)})$ 为内力矩。

对于整个质点系可写出 n 个这样的方程，将 n 个方程求矢量和，得

$$\sum\frac{\mathrm{d}}{\mathrm{d}t}\boldsymbol{M}_O(m_i\boldsymbol{v}_i)=\sum\boldsymbol{M}_O(\boldsymbol{F}_i^{(e)})+\sum\boldsymbol{M}_O(\boldsymbol{F}_i^{(i)})$$

交换左端求和及求导的次序，并考虑内力矩之和为零，得

$$\frac{\mathrm{d}}{\mathrm{d}t}\sum\boldsymbol{M}_O(m_i\boldsymbol{v}_i)=\sum\boldsymbol{M}_O(\boldsymbol{F}_i^{(e)})$$

$$\frac{\mathrm{d}}{\mathrm{d}t}\boldsymbol{L}_O=\sum\boldsymbol{M}_O(\boldsymbol{F}_i^{(e)}) \tag{10-11}$$

式（10-11）为**质点系的动量矩定理**，即质点系对某固定点的动量矩对时间的一阶导数，等于作用在质点系上的外力对该点之矩的矢量和。

将式（10-11）向过固定点 O 的直角坐标系投影，则

$$\begin{cases}\dfrac{\mathrm{d}L_x}{\mathrm{d}t}=\sum M_x(\boldsymbol{F}_i^{(e)})\\[2ex]\dfrac{\mathrm{d}L_y}{\mathrm{d}t}=\sum M_y(\boldsymbol{F}_i^{(e)})\\[2ex]\dfrac{\mathrm{d}L_z}{\mathrm{d}t}=\sum M_z(\boldsymbol{F}_i^{(e)})\end{cases} \tag{10-12}$$

式（10-12）为质点系动量矩定理的投影形式，即质点系对任一固定轴的动量矩对时间的一阶导数，等于作用在质点系上的外力对该轴之矩的代数和。

由式（10-11）知，若作用在质点系上的所有外力对某固定点之矩的矢量和恒等于零，则质点系对该点的动量矩保持不变，即当$\sum \boldsymbol{M}_O(\boldsymbol{F}_i^{(e)}) \equiv \boldsymbol{0}$时，有

$$\boldsymbol{L}_O = \text{常矢量}$$

由式（10-12）知，若作用在质点系上的所有外力对某定轴之矩的代数和恒等于零，则质点系对该轴的动量矩保持不变，即当$\sum M_x(\boldsymbol{F}_i^{(e)}) \equiv 0$时，有

$$L_x = \text{常量}$$

这两个结论称为**质点系动量矩守恒定理**。

由此可见，质点系的内力不能改变质点系的动量矩，只有作用于质点系的外力才能改变质点系的动量矩。

【例 10-2】 矿井提升设备如图 10-4 所示。已知两个鼓轮固连在一起，总质量为 m，对转轴 O 的转动惯量为 J_O，作用在鼓轮上的力偶矩为 M，在半径为 R 的鼓轮上悬挂质量为 m_1 的重物，而在半径为 r 的鼓轮上用绳索牵引小车沿倾角为 θ 的斜面运动，小车质量为 m_2。设绳索的质量和各处摩擦均忽略不计，绳索与斜面平行，试求小车的加速度。

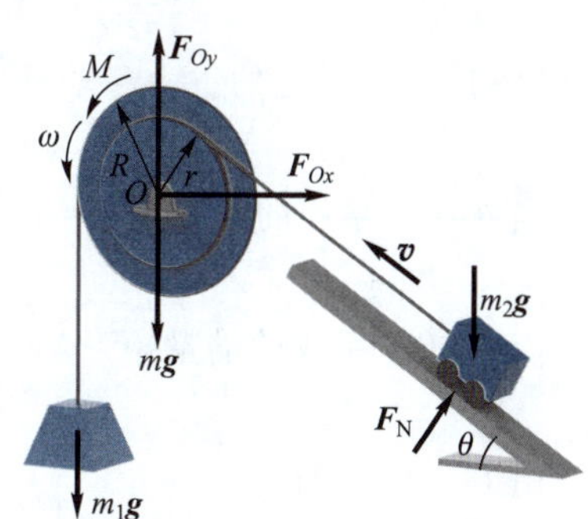

图 10-4

【解】 取整个系统为质点系，作用在质点系上的外力有外力偶 M，重力 $m\boldsymbol{g}$、$m_1\boldsymbol{g}$、$m_2\boldsymbol{g}$，作用在轴 O 处的约束力 $\boldsymbol{F}_{Ox}$、$\boldsymbol{F}_{Oy}$ 和轨道对小车的约束力 $\boldsymbol{F}_\mathrm{N}$。

设小车沿轨道斜面上升的速度大小为 v，则鼓轮转动的角速度为 $\omega = \dfrac{v}{r}$，重物下降的速度大小为 $v_1 = \dfrac{R}{r}v$。质点系对轴 O 的动量矩为

$$L_O = m_2vr + J_O\omega + m_1v_1R = \left(m_2r + \frac{J_O}{r} + m_1\frac{R^2}{r}\right)v$$

作用在质点系上的外力对轴 O 的矩为

$$\sum M_O(\boldsymbol{F}_i^{(e)}) = M + m_1gR - m_2g\sin\theta \cdot r$$

由质点系对轴 O 的动量矩定理得

$$\left(m_2r + \frac{J_O}{r} + m_1\frac{R^2}{r}\right)\frac{\mathrm{d}v}{\mathrm{d}t} = M + m_1gR - m_2g\sin\theta \cdot r$$

因$\dfrac{\mathrm{d}v}{\mathrm{d}t} = a$，于是解得小车上升的加速度大小为

$$a = \frac{(M + m_1gR - m_2g\sin\theta \cdot r)r}{m_2r^2 + J_O + m_1R^2}$$

【例 10-3】 图 10-5a 中，小球 C、D 以细绳相连，质量均为 m，其余构件质量不计。忽略摩擦，系统绕铅垂轴 z 转动，初始时系统的角速度为 ω_0。当细线拉断后，各杆与铅垂线成

角 θ，如图 10-5b 所示，求此时系统的角速度。

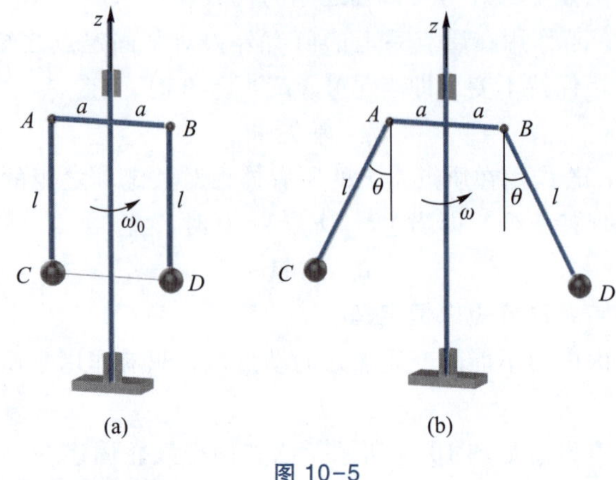

图 10-5

【解】系统所受的重力和轴承的约束力对于转轴 z 的矩都等于零，系统对轴 z 的动量矩守恒。

当 $\theta=0$，系统的动量矩

$$L_{z1}=2ma\omega_0\cdot a=2ma^2\omega_0$$

当 $\theta\neq 0$，系统的动量矩

$$L_{z2}=2m(a+l\sin\theta)^2\omega$$

由 $L_{z1}=L_{z2}$，得

$$\omega=\frac{a^2\omega_0}{(a+l\sin\theta)^2}$$

§10-3 刚体的定轴转动微分方程

刚体的定轴转动是工程中常见的一种运动形式。现在根据质点系动量矩定理导出刚体定轴转动微分方程。设刚体上作用有主动力 $\boldsymbol{F}_1$、$\boldsymbol{F}_2$、…、$\boldsymbol{F}_n$ 和轴承约束力 $\boldsymbol{F}_{Ax}$、$\boldsymbol{F}_{Ay}$、$\boldsymbol{F}_{Bx}$、$\boldsymbol{F}_{By}$、$\boldsymbol{F}_{Bz}$，如图 10-6 所示。已知刚体对轴 z 的转动惯量为 J_z，角速度为 ω，则刚体对轴 z 的动量矩为 $J_z\omega$。

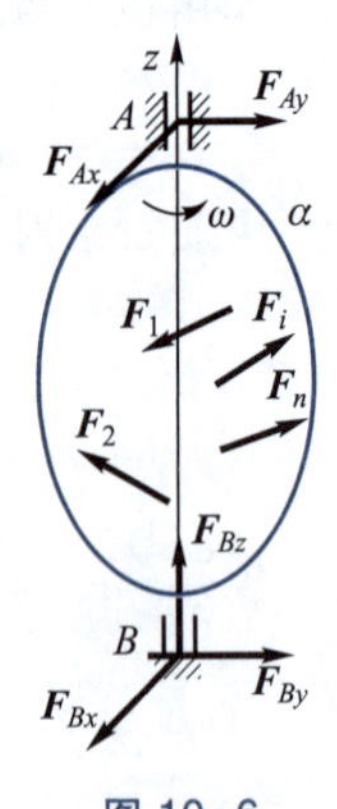

图 10-6

如果不计轴承中的摩擦，轴承约束力对于轴 z 的力矩等于零，根据质点系对于轴 z 的动量矩定理有

$$\frac{\mathrm{d}(J_z\omega)}{\mathrm{d}t}=\sum M_z(\boldsymbol{F}_i)$$

其中 J_z 是常量，故有

$$J_z\frac{\mathrm{d}\omega}{\mathrm{d}t}=\sum M_z(\boldsymbol{F}_i) \tag{10-13a}$$

考虑到 $\alpha=\frac{\mathrm{d}\omega}{\mathrm{d}t}=\frac{\mathrm{d}^2\varphi}{\mathrm{d}t^2}$，则式（10-13a）可以写为

$$J_z\alpha=\sum M_z(\boldsymbol{F}_i) \tag{10-13b}$$

或

$$J_z \frac{\mathrm{d}^2\varphi}{\mathrm{d}t^2} = \sum M_z(\boldsymbol{F}_i) \tag{10-13c}$$

以上各式均称为**刚体的定轴转动微分方程**，即定轴转动刚体对其转轴的转动惯量与角加速度的乘积，等于作用在刚体上的所有主动力对该轴的矩的代数和。

由上可知，作用于刚体的主动力对转轴的矩使刚体的转动状态发生变化。当主动力对转轴之矩不变时，刚体的转动惯量越大，角加速度越小，刚体保持原来的转动状态的能力强，即转动惯性大；反之，转动惯量越小，角加速度越大，刚体保持原来的转动状态的能力弱，即转动惯性小。因此，**转动惯量是刚体转动惯性的度量**。

刚体定轴转动微分方程 $J_z\alpha = \sum M_z(\boldsymbol{F}_i)$ 与质点运动微分方程 $m\boldsymbol{a} = \sum \boldsymbol{F}_i$ 类似，因而，有相似的求解方法。

当 $\sum M_z(\boldsymbol{F}_i) = 0$ 时，转动刚体对转轴 z 的动量矩 $L_z = J_z\omega =$ 常量，对转轴 z 的动量矩守恒，刚体做匀速转动或保持静止；当 $\sum M_z(\boldsymbol{F}_i) =$ 常量时，刚体做匀变速转动。

利用刚体定轴转动微分方程可以求解动力学的两类问题：

（1）已知作用于刚体的主动力矩，求刚体的转动规律；

（2）已知刚体的转动规律，求作用于刚体的主动力（矩）。

但不能求解轴承处的约束力，需用质心运动定理求解。

【例 10-4】 飞轮对轴 O 的转动惯量为 J_O，以角速度 ω_0 绕轴 O 转动，如图 10-7 所示。制动时，闸瓦给轮以正压力 $\boldsymbol{F}_{\mathrm{N}}$。已知闸瓦与飞轮之间的动滑动摩擦因数为 f，轮的半径为 r，轴承的摩擦忽略不计。试求：（1）制动时飞轮的角加速度；（2）从开始制动到飞轮停止转动所需的时间 t。

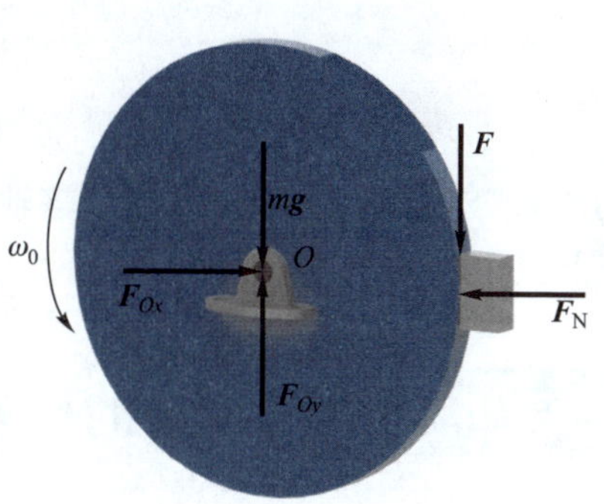

图 10-7

【解】 取飞轮为研究对象，作用在飞轮上的外力有：正压力 $\boldsymbol{F}_{\mathrm{N}}$，重力 $m\boldsymbol{g}$，轴承约束力 $\boldsymbol{F}_{Ox}$、$\boldsymbol{F}_{Oy}$，摩擦力 $\boldsymbol{F}$。取逆时针方向为正，则飞轮的转动微分方程为

$$J_O\alpha = -Fr = -fF_{\mathrm{N}}r$$

由此得飞轮的角加速度为

$$\alpha = -\frac{fF_{\mathrm{N}}r}{J_O}$$

由匀变速转动公式 $\omega = \omega_0 + \alpha t$，可求出从开始制动到飞轮停止转动的时间为

$$t = \frac{\omega - \omega_0}{\alpha} = \frac{0 - \omega_0}{\alpha} = \frac{J_O\omega_0}{fF_{\mathrm{N}}r}$$

【例 10-5】 在重力作用下能绕固定轴摆动的物体称为复摆或物理摆，如图 10-8 所示，设摆的质量为 m，质心为 C，摆对悬挂轴 O 的转动惯量为 J_O，质心到悬挂轴的距离为 l。试求复摆做微小摆动时的周期。

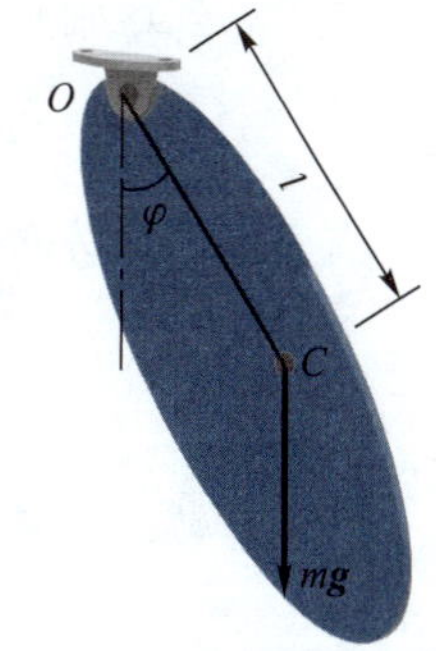

图 10-8

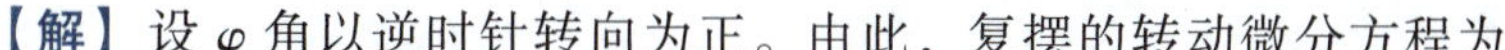

【解】 设 φ 角以逆时针转向为正。由此，复摆的转动微分方程为

$$J_O \frac{\mathrm{d}^2\varphi}{\mathrm{d}t^2} = -mgl\sin\varphi$$

根据题意，刚体做微幅摆动，有 $\sin\varphi\approx\varphi$，于是转动微分方程为

$$J_O\frac{\mathrm{d}^2\varphi}{\mathrm{d}t^2}=-mgl\varphi$$

或

$$\frac{\mathrm{d}^2\varphi}{\mathrm{d}t^2}+\frac{mgl}{J_O}\varphi=0$$

此方程的通解为

$$\varphi=\varphi_0\sin\left(\sqrt{\frac{mgl}{J_O}}t+\theta\right)$$

式中 φ_0 称为角振幅，θ 是初相位，它们都由运动初始条件确定。可见，复摆的微小摆动是简谐运动，摆动周期为

$$T=2\pi\sqrt{\frac{J_O}{mgl}}$$

由此可得

$$J_O=\frac{T^2mgl}{4\pi^2}$$

上式表明，若已知某物体的重量 mg 和重心到转轴的距离 l，测出物体绕转轴做微小摆动的周期 T，就可求出物体对于该轴的转动惯量。工程实际中常常利用这种办法来测定一些形状复杂的零件（如曲柄、连杆等）的摆动周期，以计算其转动惯量。

§10-4 刚体对轴的转动惯量

10.4.1 转动惯量的一般公式

刚体的转动惯量是刚体转动惯性的度量。刚体对轴 z 的转动惯量等于刚体内各质点的质量与各质点到该轴垂直距离平方的乘积之和，即

$$J_z=\sum m_ir_i^2 \tag{10-14}$$

当质量连续分布时，刚体对轴 z 的动转惯量可写为

$$J_z=\int_M r^2\mathrm{d}m \tag{10-15}$$

可见，转动惯量恒为正标量，它不仅与刚体质量的大小有关，还与其质量的分布情况有关。

转动惯量的量纲为 $\dim J=\mathrm{ML}^2$，在国际单位制中，转动惯量的单位为 $\mathrm{kg\cdot m^2}$。

10.4.2 简单形状物体转动惯量的计算

（一）均质细直杆对于中心轴的转动惯量

如图 10-9 所示，设均质细杆长为 l，质量为 m，取杆上一微段 dx，其质量为 $dm=\frac{m}{l}dx$，则此杆对轴 z 的转动惯量为

$$J_z=\int_M x^2 dm=\int_{-\frac{l}{2}}^{\frac{l}{2}} x^2 \frac{m}{l}dx=\frac{1}{12}ml^2 \tag{10-16}$$

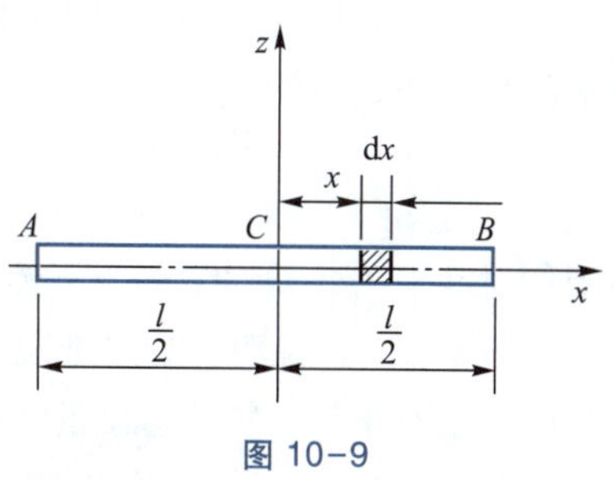

图 10-9

（二）均质薄圆环对于中心轴的转动惯量

如图 10-10 所示，设均质薄圆环质量为 m，半径为 R，将均质薄圆环沿圆周分成许多微段，设每个微段的质量为 m_i，则均质薄圆环对于通过圆心并且垂直圆环平面中心轴 z 的转动惯量为

$$J_z=\sum m_i R^2=R^2\sum m_i=mR^2 \tag{10-17}$$

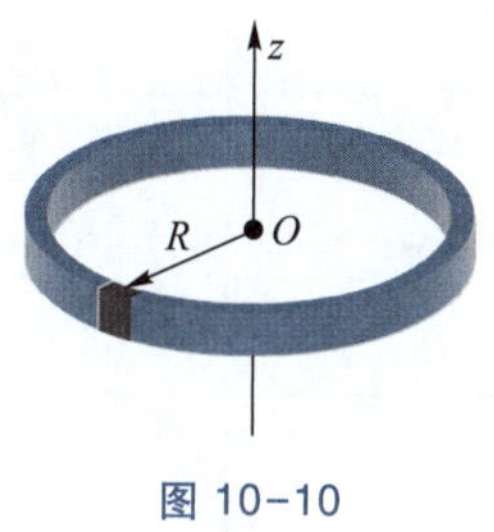

图 10-10

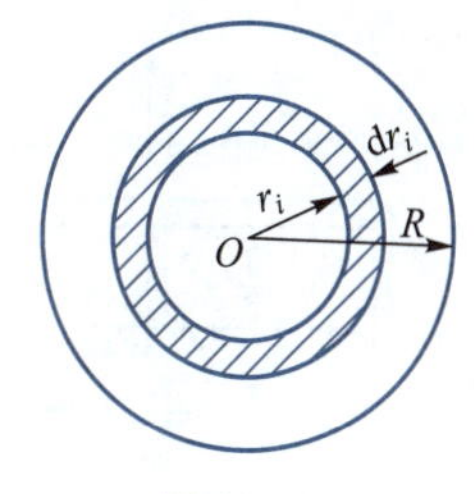

图 10-11

（三）均质薄圆板对于中心轴的转动惯量

如图 10-11 所示，设均质薄圆板的质量为 m，半径为 R，将均质薄圆板分成无数同心的均质薄圆环，任一圆环的半径为 r_i，宽度为 dr_i，则均质薄圆环的质量为

$$m_i=2\pi r_i dr_i\cdot\rho_A$$

式中 $\rho_A=\frac{m}{\pi R^2}$为均质薄圆板单位面积的质量。因此，均质薄圆板对于中心轴的转动惯量为

$$J_O=\int_0^R 2\pi r\rho_A dr\cdot r^2=2\pi\rho_A\frac{R^4}{4}$$

即

$$J_O=\frac{1}{2}mR^2$$

10.4.3 回转半径（或惯性半径）

工程上常用到回转半径的概念。设刚体的质量为 m，对轴 z 的转动惯量为 J_z，则该刚体

对轴 z 的回转半径 ρ_z 定义为

$$\rho_z=\sqrt{\frac{J_z}{m}} \tag{10-18}$$

如果知道刚体的质量 m 和它对轴 z 的回转半径，则由式（10-18）可得计算对轴 z 转动惯量的另一公式

$$J_z=m\rho_z^2 \tag{10-19}$$

即刚体对某轴的转动惯量等于刚体的质量与其对该轴回转半径平方的乘积。

式（10-19）说明，如果把刚体的质量全部集中于与转轴垂直距离为 ρ_z 的一点处，则这一集中质量对于轴 z 的转动惯量，就正好等于原刚体的转动惯量。

几何形状相同的均质刚体的回转半径是相同的。在国际单位制中，回转半径的单位为m。在机械工程手册中，列出了简单几何形状或几何形状已标准化的零件的回转半径，以供工程技术人员查阅，见表 10-1。

表 10-1 常见均质物体的转动惯量

物体的形状	简图	转动惯量	惯性半径
细直杆	z, z_C, O, $\frac{l}{2}$, $\frac{l}{2}$	$J_{z_C}=\frac{1}{12}ml^2$ $J_z=\frac{1}{3}ml^2$	$\rho_{z_C}=\frac{1}{2\sqrt{3}}l$ $\rho_z=\frac{\sqrt{3}}{3}l$
薄圆盘	z, R	$J_z=\frac{1}{2}mR^2$	$\rho_z=\frac{\sqrt{2}}{2}R$
薄壁圆筒	R, z, O, l	$J_z=mR^2$	$\rho_z=R$
圆柱	z, $\frac{l}{2}$, $\frac{l}{2}$, C, O, R, y, x	$J_y=\frac{1}{2}mR^2$ $J_x=J_z=\frac{m}{12}(3R^2+l^2)$	$\rho_y=\frac{\sqrt{2}}{2}R$ $\rho_x=\rho_z=\sqrt{\frac{1}{12}(3R^2+l^2)}$

续表

物体的形状	简图	转动惯量	惯性半径
长方体		$J_z=\frac{m}{12}(a^2+b^2)$ $J_y=\frac{m}{12}(a^2+c^2)$ $J_x=\frac{m}{12}(b^2+c^2)$	$\rho_z=\sqrt{\frac{1}{12}(a^2+b^2)}$ $\rho_y=\sqrt{\frac{1}{12}(a^2+c^2)}$ $\rho_x=\sqrt{\frac{1}{12}(b^2+c^2)}$
薄壁空心壳		$J_x=J_y=J_z=\frac{2}{3}mr^2$	$\rho_x=\rho_y=\rho_z=\sqrt{\frac{2}{3}}r$
球		$J_x=J_y=J_z=\frac{2}{5}mr^2$	$\rho_x=\rho_y=\rho_z=\sqrt{\frac{2}{5}}r$

10.4.4 平行移轴定理

定理 刚体对于任一轴的转动惯量，等于刚体对于通过质心并与该轴平行的轴的转动惯量 J_{zC}，加上刚体的质量 m 与两轴间距离 d 平方的乘积，即

$$J_{z'}=J_{zC}+md^2 \tag{10-20}$$

证明 如图 10-12 所示，设点 C 为刚体的质心，刚体对通过质心的轴 z 的转动惯量为 J_{zC}，刚体对于平行于该轴的另一轴 z' 的转动惯量为 $J_{z'}$，两轴间距为 d。根据转动惯量的定义

$$J_{zC}=\sum m_i r_i^2=\sum m_i(y_i^2+x_i^2)$$

$$J_{z'}=\sum m_i r_i'^2=\sum m_i[(y_i+d)^2+x_i^2]=\sum m_i(y_i^2+x_i^2+2y_id+d^2)$$

则

$$J_{z'}=\sum m_i(y_i^2+x_i^2)+\sum 2m_iy_id+md^2$$

又

$$\sum 2m_iy_id=2dmy_C=0$$

故

$$J_{z'}=\sum m_ir_i^2+md^2$$

即

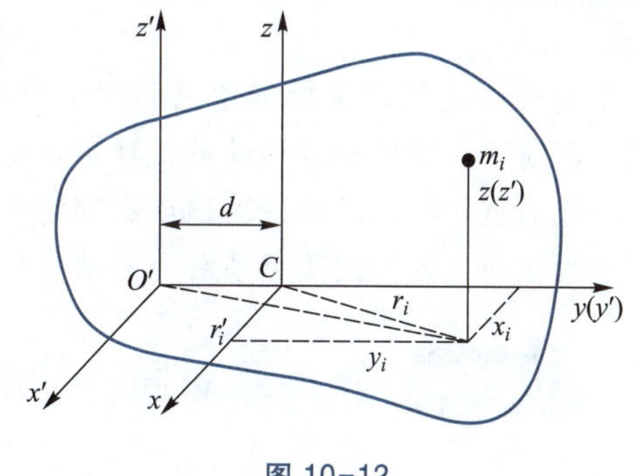

图 10-12

$$J_{z'}=J_{zC}+md^2$$

定理证毕。

由平行移轴定理可知，刚体对通过质心的轴的转动惯量为最小。

若刚体由 n 个具有简单几何形状的部分所组成，则可先求出各简单部分对转轴的转动惯量 J_{zi}，再将各部分的转动惯量相加，从而得到刚体对该轴的转动惯量，即

$$J_z=\sum J_{zi} \tag{10-21}$$

该方法称为组合法。若组成刚体的某部分无质量（空的），计算时可将这部分质量取为负值。

【例 10-6】 如图 10-13 所示，求质量为 m、长度为 l 的均质细直杆对通过杆端 A 并与杆垂直的轴 z' 的转动惯量。

图 10-13

【解】 杆对通过质心 C 并与杆垂直的轴 z 的转动惯量为

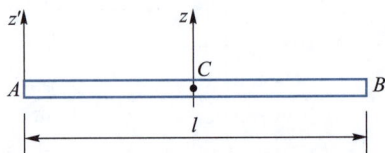

$$J_z=\frac{1}{12}ml^2$$

因质心 C 与 A 端的距离 $AC=\frac{l}{2}$，根据平行移轴定理，有

$$J_{z'}=J_z+m\left(\frac{l}{2}\right)^2=\frac{1}{12}ml^2+\frac{1}{4}ml^2=\frac{1}{3}ml^2$$

【例 10-7】 设均质偏心圆盘的半径为 R，如图 10-14 所示，质量为 m，试求其对于垂直于盘面且通过离盘心 $\frac{2}{3}R$ 之偏心轴 z' 的转动惯量。

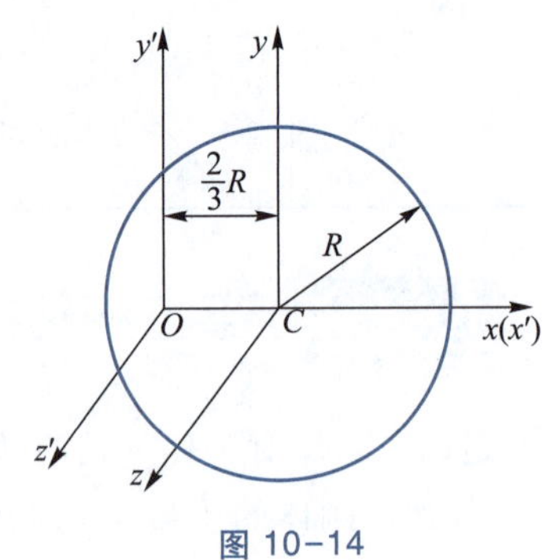

图 10-14

【解】 圆盘对其中心轴 z 的转动惯量为

$$J_z=\frac{1}{2}mR^2$$

根据平行移轴定理，有

$$J_{z'}=J_z+m\left(\frac{2}{3}R\right)^2=\frac{17}{18}mR^2$$

§10-5 质点系相对于质心的动量矩定理

前面所述的动量矩定理只适用于惯性参考系中的定点和定轴，它们具有比较简单的形式；而对于一般的动点和动轴，动量矩定理则具有比较复杂的形式。但是，相对于质点系的质心或通过质心的动轴，动量矩定理仍保持其简单的形式。在介绍质点系相对于质心的动量矩定理之前，先给出质点系对质心动量矩的定义。

10.5.1 质点系对质心的动量矩

设有一做任意运动的质点系，以质心 C 为原点取随质心平移的参考系 $Cx'y'z'$，如

图 10-15 所示。任取质点 m_i，其相对平移参考系 $Cx'y'z'$ 的径矢为 $\boldsymbol{r}_i'$，相对平移参考系的速度为 $\boldsymbol{v}_{ir}$，质心 C 相对平移参考系 $Cx'y'z'$ 是一个固定点，质点系相对于质心 C 的动量矩为

$$\boldsymbol{L}_C=\sum \boldsymbol{M}_C(m_i\boldsymbol{v}_{ir})=\sum \boldsymbol{r}_i'\times m_i\boldsymbol{v}_{ir}$$

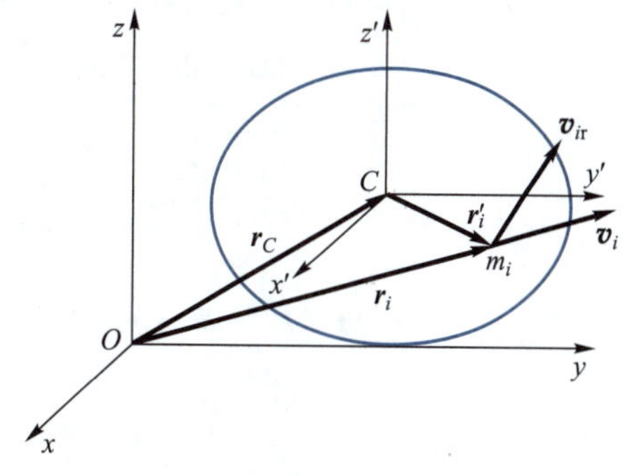

图 10-15

质点 m_i 对固定点 O 的径矢为 $\boldsymbol{r}_i$，绝对速度为 $\boldsymbol{v}_i$，则质点系对于定点 O 的动量矩为

$$\boldsymbol{L}_O=\sum \boldsymbol{M}_O(m_i\boldsymbol{v}_i)=\sum \boldsymbol{r}_i\times m_i\boldsymbol{v}_i$$

由于动系随质心做平移，故任一点的牵连速度均等于质心 C 的速度 $\boldsymbol{v}_C$，则根据速度合成定理，有

$$\boldsymbol{v}_i=\boldsymbol{v}_C+\boldsymbol{v}_{ir}$$

又

$$\boldsymbol{r}_i=\boldsymbol{r}_C+\boldsymbol{r}_i'$$

由质点系动量表达式，有

$$\sum m_i\boldsymbol{v}_i=m\boldsymbol{v}_C$$

则

$$\begin{aligned}\boldsymbol{L}_O=\sum(\boldsymbol{r}_C+\boldsymbol{r}_i')\times m_i\boldsymbol{v}_i&=\boldsymbol{r}_C\times\sum m_i\boldsymbol{v}_i+\sum \boldsymbol{r}_i'\times m_i\boldsymbol{v}_i\\&=\boldsymbol{r}_C\times m\boldsymbol{v}_C+\sum \boldsymbol{r}_i'\times m_i(\boldsymbol{v}_C+\boldsymbol{v}_{ir})\\&=\boldsymbol{r}_C\times m\boldsymbol{v}_C+\sum \boldsymbol{r}_i'\times m_i\boldsymbol{v}_C+\sum \boldsymbol{r}_i'\times m_i\boldsymbol{v}_{ir}\end{aligned}$$

上式最后一项就是 $\boldsymbol{L}_C$，由质心坐标公式有

$$\sum m_i\boldsymbol{r}_i'=m\boldsymbol{r}_C'$$

其中 $\boldsymbol{r}_C'$ 为质心 C 相对于动系 $Cx'y'z'$ 的径矢，此处 C 为此动系的原点，显然 $\boldsymbol{r}_C'=\boldsymbol{0}$，于是质点系对于定点 O 的动量矩可简化为

$$\boldsymbol{L}_O=\boldsymbol{r}_C\times m\boldsymbol{v}_C+\boldsymbol{L}_C \tag{10-22}$$

式（10-22）表明，**质点系对任一定点 O 的动量矩，等于质点系随质心平移时对点 O 的动量矩（$\boldsymbol{r}_C\times m\boldsymbol{v}_C$）与质点系相对于质心动量矩（$\boldsymbol{L}_C$）的矢量和。**

【例 10-8】 如图 10-16 所示，已知滑轮 A 的质量、半径、绕质心的转动惯量分别为 m_1、r_1、J_1；滑轮 B 的质量、半径、绕质心的转动惯量分别为 m_2、r_2、J_2，且 $r_1=2r_2$；物块 C 的质量为 m_3，速度为 v_3。求系统对轴 O 的动量矩。

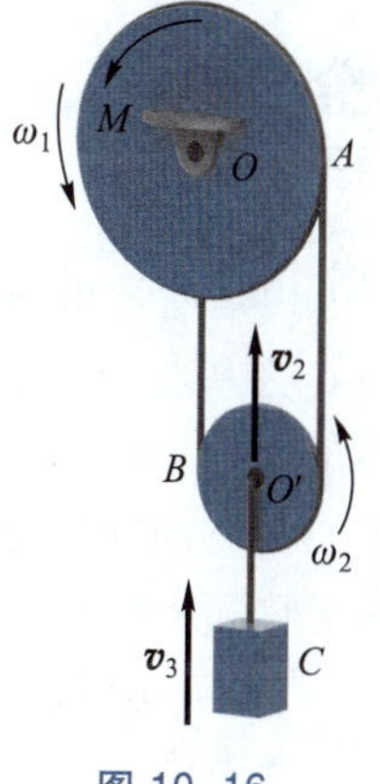

图 10-16

【解】 设滑轮 A 的角速度为 ω_1，滑轮 B 的角速度、质心速度分别为 ω_2、v_2，则系统对轴 O 的动量矩为

$$L_O=L_{OA}+L_{OB}+L_{OC}=J_1\omega_1+(J_2\omega_2+m_2v_2r_2)+m_3v_3r_2$$

式中 $v_3=v_2=r_2\omega_2=\dfrac{1}{2}r_1\omega_1$，代入上式得

$$L_O=\left(\frac{J_1}{r_2^2}+\frac{J_2}{r_2^2}+m_2+m_3\right)r_2v_3$$

10.5.2 质点系相对于质心的动量矩定理

质点系对固定点 O 的动量矩定理为

$$\frac{\mathrm{d}\boldsymbol{L}_O}{\mathrm{d}t}=\sum \boldsymbol{M}_O(\boldsymbol{F}_i^{(\mathrm{e})})$$

将式（10-22）和 $\boldsymbol{r}_i=\boldsymbol{r}_C+\boldsymbol{r}_i'$ 代入上式，有

$$\frac{\mathrm{d}\boldsymbol{L}_O}{\mathrm{d}t}=\frac{\mathrm{d}\boldsymbol{L}_C}{\mathrm{d}t}+\frac{\mathrm{d}\boldsymbol{r}_C}{\mathrm{d}t}\times m\boldsymbol{v}_C+\boldsymbol{r}_C\times m\frac{\mathrm{d}\boldsymbol{v}_C}{\mathrm{d}t}=\frac{\mathrm{d}\boldsymbol{L}_C}{\mathrm{d}t}+\boldsymbol{v}_C\times m\boldsymbol{v}_C+\boldsymbol{r}_C\times m\boldsymbol{a}_C$$

$$=\frac{\mathrm{d}\boldsymbol{L}_C}{\mathrm{d}t}+\boldsymbol{r}_C\times m\boldsymbol{a}_C$$

$$\sum \boldsymbol{M}_O(\boldsymbol{F}_i^{(\mathrm{e})})=\sum \boldsymbol{r}_i\times\boldsymbol{F}_i^{(\mathrm{e})}=\sum(\boldsymbol{r}_C+\boldsymbol{r}_i')\times\boldsymbol{F}_i^{(\mathrm{e})}=\boldsymbol{r}_C\times\sum\boldsymbol{F}_i^{(\mathrm{e})}+\sum\boldsymbol{r}_i'\times\boldsymbol{F}_i^{(\mathrm{e})}$$

即

$$\frac{\mathrm{d}\boldsymbol{L}_C}{\mathrm{d}t}+\boldsymbol{r}_C\times m\boldsymbol{a}_C=\boldsymbol{r}_C\times\sum\boldsymbol{F}_i^{(\mathrm{e})}+\sum\boldsymbol{r}_i'\times\boldsymbol{F}_i^{(\mathrm{e})}$$

根据质心运动定理 $m\boldsymbol{a}_C=\sum\boldsymbol{F}_i^{(\mathrm{e})}$，上式可简化为

$$\frac{\mathrm{d}\boldsymbol{L}_C}{\mathrm{d}t}=\sum\boldsymbol{r}_i'\times\boldsymbol{F}_i^{(\mathrm{e})}$$

而 $\sum\boldsymbol{r}_i'\times\boldsymbol{F}_i^{(\mathrm{e})}=\sum\boldsymbol{M}_C(\boldsymbol{F}_i^{(\mathrm{e})})$ 为质点系外力对质心之矩的矢量和，即外力对质心 C 的主矩。于是，得

$$\frac{\mathrm{d}\boldsymbol{L}_C}{\mathrm{d}t}=\sum\boldsymbol{M}_C(\boldsymbol{F}_i^{(\mathrm{e})}) \tag{10-23}$$

式（10-23）表明，**质点系相对于质心的动量矩对时间的一阶导数，等于作用于质点系的外力系对质心的主矩**。这个结论称为**质点系相对于质心的动量矩定理**。

由式（10-23）可知，质点系相对于质心的运动只与外力系对质心的主矩有关，而与内力无关。当外力系对质心的主矩为零时，质点系相对于质心的动量矩守恒，即当 $\sum\boldsymbol{M}_C(\boldsymbol{F}_i^{(\mathrm{e})})\equiv\boldsymbol{0}$ 时，$\boldsymbol{L}_C$ = 常矢量。

§10-6 刚体平面运动微分方程

由运动学可知，平面运动刚体的位置，可由基点的位置与刚体绕基点的转角确定。取质心 C 为基点，如图 10-17 所示，其坐标为(x_C, y_C)，设 D 为刚体上的任一点，CD 与轴 x 的夹角为 φ，则刚体的位置可由 x_C、y_C 和 φ 确定。取随质心 C 平移的动参考系$Cx'y'$，将刚体的运动分解为随质心的平移和绕质心的转动两部分，设刚体转动的角速度为 ω，则平面运动刚体对质心的动量矩为

$$L_C=J_C\omega \tag{10-24}$$

式中 J_C 为刚体对通过质心 C 且与运动平面垂直的轴的转动惯量。

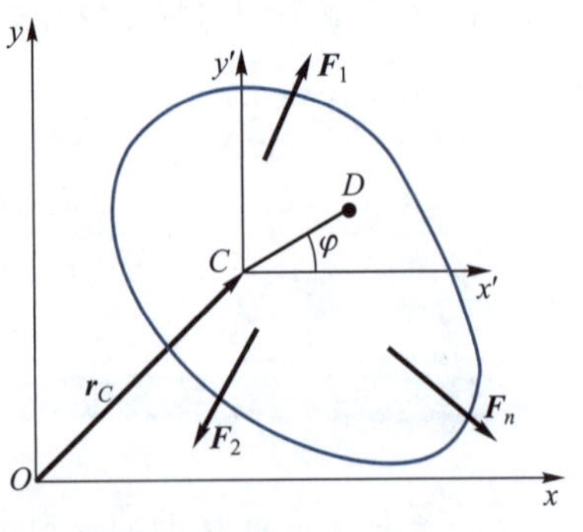

图 10-17

设作用在刚体上的外力可向质心所在的运动平面简化为一个平面力系，则应用质心运动定理和相对质心的动量矩定理得

$$ma_C=\sum F_i^{(e)},\ \frac{d(J_C\omega)}{dt}=J_C\alpha=\sum M_C(F_i^{(e)}) \tag{10-25}$$

式中 m 为刚体质量，a_C 为质心加速度，$\alpha=\frac{d\omega}{dt}$为刚体角加速度。式（10-25）也可以写成

$$m\frac{d^2 r_C}{dt^2}=\sum F_i^{(e)},\ J_C\frac{d^2\varphi}{dt^2}=\sum M_C(F_i^{(e)}) \tag{10-26}$$

即平面运动刚体质量与质心加速度的乘积等于外力的主矢，对质心轴的转动惯量与角加速度的乘积等于外力对质心轴的主矩。

式（10-25）或式（10-26）称为刚体的平面运动微分方程，应用时常利用它们在直角坐标系或自然坐标系上的投影式

$$\begin{cases} ma_{Cx}=m\ddot{x}_C=\sum F_{ix}^{(e)} \\ ma_{Cy}=m\ddot{y}_C=\sum F_{iy}^{(e)} \\ J_C\alpha=J_C\ddot{\varphi}=\sum M_C(F_i^{(e)}) \end{cases} \tag{10-27}$$

$$\begin{cases} ma_C^{t}=\sum F_{it}^{(e)} \\ ma_C^{n}=\sum F_{in}^{(e)} \\ J_C\alpha=\sum M_C(F_i^{(e)}) \end{cases} \tag{10-28}$$

式（10-27）、式（10-28）的三个方程是彼此独立的，可求解三个未知量。

【例 10-9】 如图 10-18 所示，均质鼓轮半径为 R，质量为 m，对中心轴的回转半径为 ρ，在半径为 r 的轴处沿水平方向作用有力 F_1 和 F_2，使鼓轮沿水平轨道向右做纯滚动，试求轮心 C 的加速度及使鼓轮做纯滚动时的摩擦力。（不考虑滚动摩擦力。）

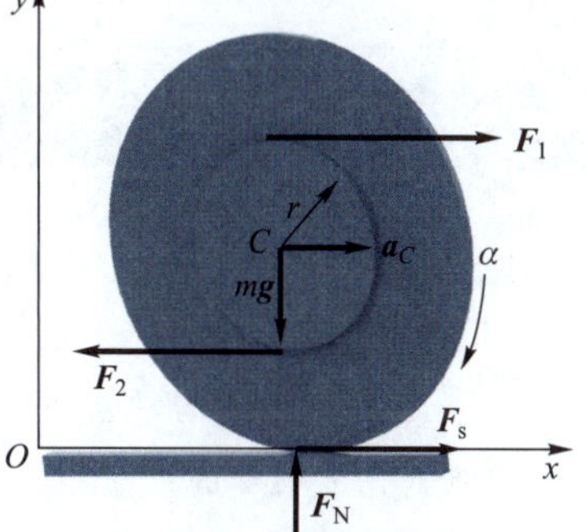

图 10-18

【解】 取鼓轮为研究对象，其受力如图 10-18 所示，由于鼓轮做平面运动，列鼓轮平面运动微分方程为

$$ma_{Cx}=F_1-F_2+F_s \tag{a}$$

$$ma_{Cy}=F_N-mg \tag{b}$$

$$J_O\alpha=F_1r+F_2r-F_sR \tag{c}$$

因 $a_{Cy}=0$，故 $a_{Cx}=a_C$。

由于鼓轮沿水平轨道做纯滚动，则 $a_C=R\alpha$。联立式（a）、（b）、（c）求解，得

$$a_C=\frac{(F_1+F_2)Rr+(F_1-F_2)R^2}{m(R^2+\rho^2)}$$

$$F_s=\frac{(F_1+F_2)Rr-(F_1-F_2)\rho^2}{R^2+\rho^2}$$

【例 10-10】 如图 10-19a 所示，细绳的一端与水平桌面上的重物 B 相连，另一端通过不计质量的定滑轮绕在均质圆柱 A 上。已知重物质量为 m_1，圆柱的半径为 r，质量为 m_2，重物 B 与水平桌面间的动摩擦因数为 f，试求圆柱质心 C 的加速度及绳的张力。

【解】 取物块 B 为研究对象，其受力如图 10-19b 所示，由质心运动定理有

$$m_1 a_B = F_{T1} - F \tag{a}$$

$$0 = F_N - m_1 g \tag{b}$$

由式（b）得 $F_N = m_1 g$，则重物 B 与水平面间的摩擦力为 $F = m_1 gf$。

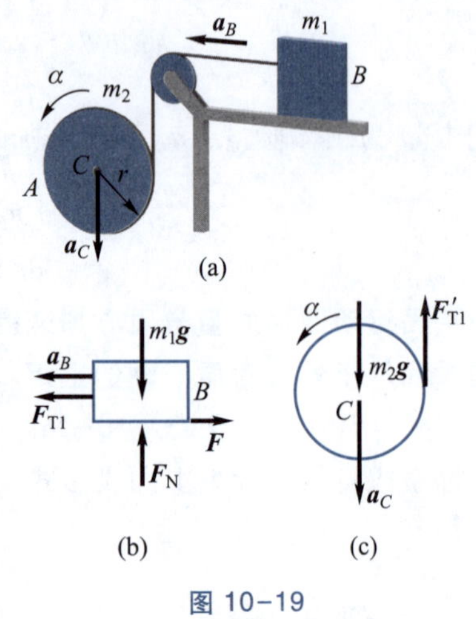

图 10-19

取圆柱 A 为研究对象，其受力如图 10-19c 所示，由刚体平面运动微分方程有

$$m_2 a_C = m_2 g - F_{T1} \tag{c}$$

$$J_C \alpha = F_{T1} r \tag{d}$$

由于圆柱沿绳向下做纯滚动，则由运动学关系得

$$a_C = a_B + \alpha r \tag{e}$$

由于定滑轮质量不计，则 $F_{T1} = F'_{T1}$，又 $J_C = \frac{1}{2} m_2 r^2$，联立式（a）、（b）、（c）、（d）、（e）求解，得

$$a_C = \frac{m_1 g(2-f) + m_2 g}{3m_1 + m_2}$$

$$F_{T1} = \frac{m_1 m_2 g(1+f)}{3m_1 + m_2}$$

小结

1. 动量矩

（1）质点动量矩

质点对固定点 O 的动量矩　$\boldsymbol{M}_O(m\boldsymbol{v}) = \boldsymbol{r} \times m\boldsymbol{v}$

质点对固定轴 z 的动量矩　$M_z(m\boldsymbol{v})$

质点对固定点 O 的动量矩与对固定轴 z 的动量矩两者之间的关系

$$[\boldsymbol{M}_O(m\boldsymbol{v})]_z = M_z(m\boldsymbol{v})$$

（2）质点系动量矩

质点系对固定点 O 的动量矩　$\boldsymbol{L}_O = \sum \boldsymbol{M}_O(m_i \boldsymbol{v}_i)$

质点系对固定轴 z 的动量矩　$L_z = \sum M_z(m_i \boldsymbol{v}_i)$

质点系对固定点 O 的动量矩与对固定轴 z 的动量矩两者之间的关系

$$[\boldsymbol{L}_O]_z = L_z$$

刚体做平移时动量矩的计算：将刚体的质量集中在刚体的质心上，按质点的动量矩计算。

刚体做定轴转动时动量矩的计算：$L_z = J_z \omega$。

2. 动量矩定理

(1) 质点的动量矩定理：质点对某固定点的动量矩对时间的一阶导数，等于作用在质点上的力对该点之矩。

$$\frac{\mathrm{d}}{\mathrm{d}t}\boldsymbol{M}_O(m\boldsymbol{v})=\boldsymbol{M}_O(\boldsymbol{F})$$

投影形式

$$\begin{cases}\dfrac{\mathrm{d}}{\mathrm{d}t}M_x(m\boldsymbol{v})=M_x(\boldsymbol{F})\\[2ex]\dfrac{\mathrm{d}}{\mathrm{d}t}M_y(m\boldsymbol{v})=M_y(\boldsymbol{F})\\[2ex]\dfrac{\mathrm{d}}{\mathrm{d}t}M_z(m\boldsymbol{v})=M_z(\boldsymbol{F})\end{cases}$$

(2) 质点系的动量矩定理：质点系对某固定点的动量矩对时间的一阶导数，等于作用在质点系上的外力对该点之矩的矢量和。

$$\frac{\mathrm{d}}{\mathrm{d}t}\boldsymbol{L}_O=\sum\boldsymbol{M}_O(\boldsymbol{F}_i^{(\mathrm{e})})$$

投影形式

$$\begin{cases}\dfrac{\mathrm{d}L_x}{\mathrm{d}t}=\sum M_x(\boldsymbol{F}_i^{(\mathrm{e})})\\[2ex]\dfrac{\mathrm{d}L_y}{\mathrm{d}t}=\sum M_y(\boldsymbol{F}_i^{(\mathrm{e})})\\[2ex]\dfrac{\mathrm{d}L_z}{\mathrm{d}t}=\sum M_z(\boldsymbol{F}_i^{(\mathrm{e})})\end{cases}$$

(3) 质点系动量矩守恒定律：若作用在质点系上的所有外力对某定点之矩的矢量和恒等于零，则质点系对该点的动量矩守恒；若作用在质点系上的所有外力对某定轴之矩的代数和恒等于零，则质点系对该轴的动量矩守恒。

(4) 质点系相对质心的动量矩定理：质点系相对于质心的动量矩对时间的一阶导数，等于作用于质点系的外力系对质心的主矩

$$\frac{\mathrm{d}\boldsymbol{L}_C}{\mathrm{d}t}=\sum\boldsymbol{M}_C(\boldsymbol{F}_i^{(\mathrm{e})})$$

3. 刚体定轴转动微分方程：定轴转动刚体对其转轴的转动惯量与角加速度的乘积，等于作用在刚体上的所有主动力对该轴的矩的代数和。

$$J_z\alpha=\sum M_z(\boldsymbol{F}_i)$$

4. 转动惯量

(1) 刚体对某轴 z 的转动惯量

$$J_z=\sum m_i r_i^2$$

(2) 回转半径

$$\rho_z=\sqrt{\frac{J_z}{m}}$$

(3) 转动惯量的平行移轴定理

$$J_{z'}=J_{zC}+md^2$$

5. 刚体平面运动微分方程：平面运动刚体的质量与质心加速度的乘积等于外力的主矢，对质心轴的转动惯量与角加速度的乘积等于外力对质心轴的主矩。

$$m\boldsymbol{a}_C=\sum \boldsymbol{F}_i^{(e)},\ J_C\alpha=\sum M_C(\boldsymbol{F}_i^{(e)})$$

思考题

10-1 在什么情况下质点系的动量矩守恒？当质点系的动量矩守恒时，其中各质点的动量矩也守恒吗？

10-2 在应用动量矩定理、刚体定轴转动微分方程时，应怎样确定动量矩和力矩的正负号？

10-3 一物体做定轴转动，若保持其质量不变，如何增加或减小该物体对转轴的转动惯量？

10-4 图 10-20 所示两定滑轮的半径和对转轴的转动惯量均相同。图（a）中绳的一端作用有拉力 $\boldsymbol{F}$，图（b）中绳的一端挂一重物，重物的重量为 P，且 $F=P$。不计绳重和轴承处的摩擦，两轮的角加速度是否相同？

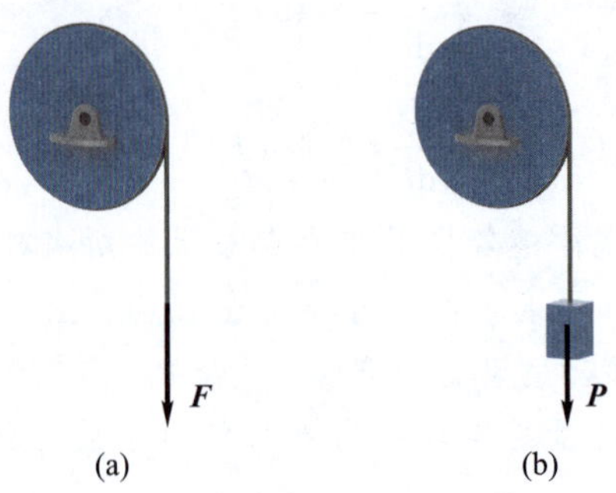

图 10-20

10-5 图 10-21 所示均质细杆 AB 的质量为 m，长度为 l，对轴 z 的转动惯量为 $J_z=\frac{1}{3}ml^2$，则对轴 z_1 的转动惯量为 $J_{z_1}=\frac{1}{3}ml^2+m\left(\frac{l}{4}\right)^2=\frac{19}{48}ml^2$，对不对？为什么？

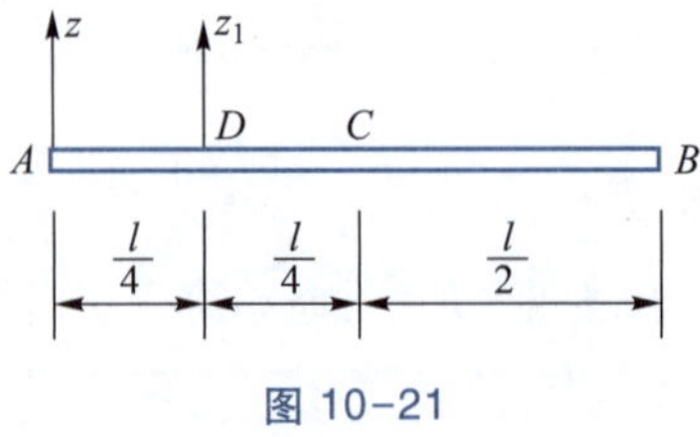

图 10-21

10-6 花样滑冰运动员利用手臂伸展和收拢来改变旋转速度，试说明原因。

习 题

10-1 图示均质圆盘，质量 $m=50$ kg、半径 $r=30$ cm，沿地面做纯滚动，角速度 $\omega=60$ rad/s。求：(1) 圆盘对通过质心垂直于运动平面之轴的动量矩；(2) 圆盘对瞬时转动轴的动量矩。

习题：
第十章

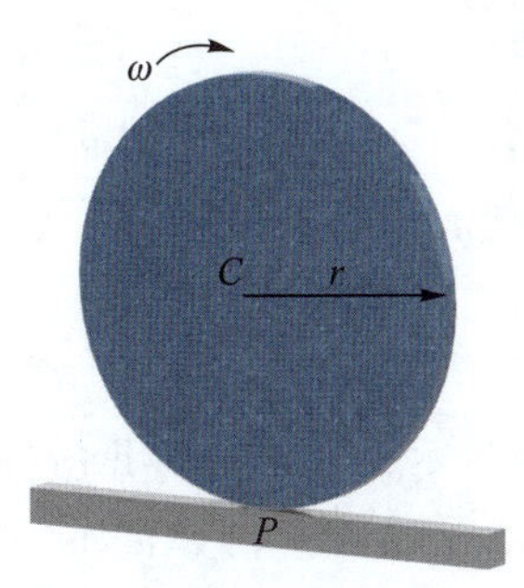

题 10-1 图

10-2 图示系统中，已知鼓轮质量为 m，以角速度 ω 绕轴 O 转动，其大小半径分别为 R、r，鼓轮对轴 O 的回转半径为 ρ；物块 A、B 的质量分别为 m_1、m_2；试求系统对轴 O 的动量矩。

10-3 图示卷扬机，已知轮 B、C 半径分别为 R、r，对转轴的转动惯量分别为 J_1、J_2，重物 A 质量为 m，轮 C 上作用不变力矩 M。试求重物 A 上升的加速度。

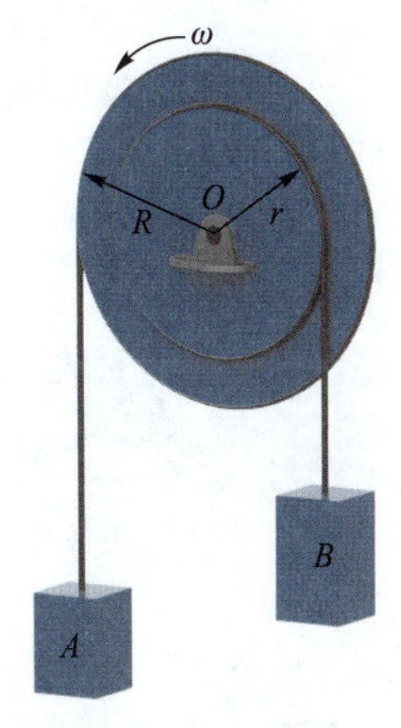

题 10-2 图

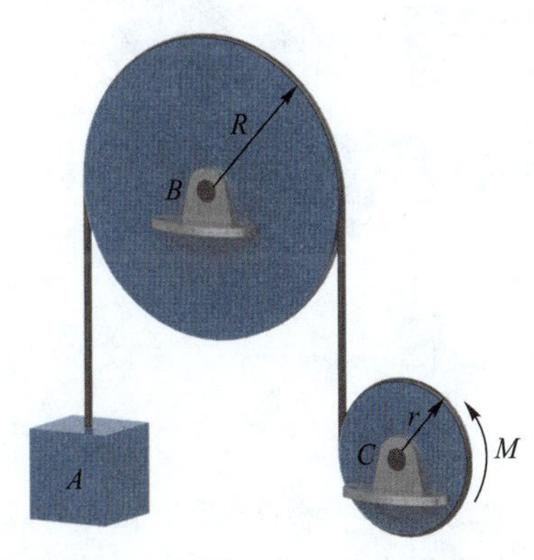

题 10-3 图

10-4 质量为 m 的物块 A 下降时，借助于跨过滑轮 D 的绳子，使轮子 B 在水平轨道上做纯滚动，如图所示。已知轮 B 与轮 C 固结在一起，总质量为 m_1，对通过轮心 O 的水平轴的回转半径为 ρ，试求物块 A 的加速度。

10-5 如图所示，质量为 m 的均质圆盘半径为 r，以角速度 ω 绕轴 O 转动。若在水平制动杆的 A 端作用大小不变的铅垂力 $\boldsymbol{F}$，试求圆盘需再转多少转才能停止。设制动杆与圆盘间的动摩擦因数为 f，图中的长度 l、b 均为已知。

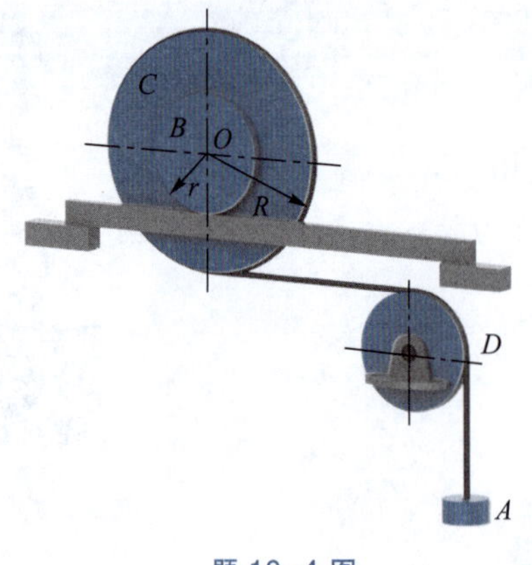

题 10-4 图

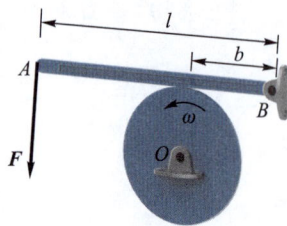

题 10-5 图

10-6 卷扬机的传动轮系如图所示，设轴Ⅰ和Ⅱ的转动部分对其轴的转动惯量分别为 J_1、J_2，已知主动力矩 M，提升重物质量为 m，齿轮 A、B 节圆半径分别为 r_1、r_2，且轮系的传动比为 $i_{12}=r_2:r_1$，卷筒半径为 R，不计摩擦及绳质量，试求重物的加速度。

10-7 图中连杆的质量为 m，质心在点 C。若 $AC=a$，$BC=b$，连杆对轴 B 的转动惯量为 J_B。试求连杆对轴 A 的转动惯量。

10-8 如图所示，已知扭摆 A 对扭转轴的转动惯量为 J_1，扭振周期为 T_1。若将另一物体 B 加于扭摆上，测得扭振周期为 T_2。试求所加物体对扭转轴的转动惯量。

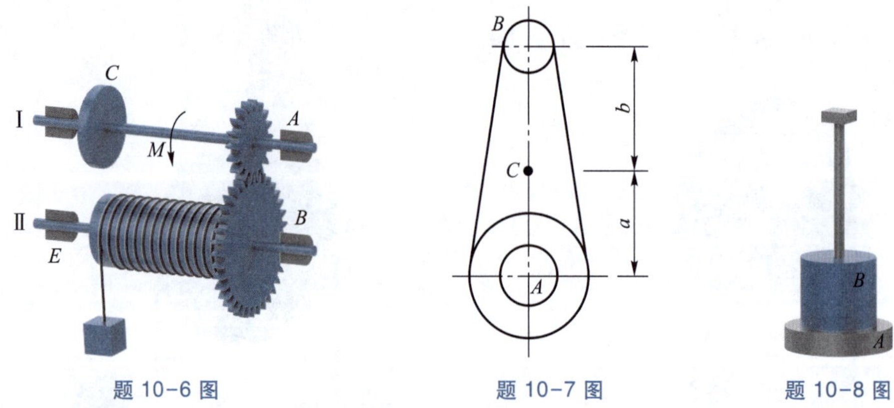

题 10-6 图　　题 10-7 图　　题 10-8 图

10-9 均质水平槽 OB 固定在铅垂轴上，槽 OB 的质量为 m，长度为 $2l$。在光滑槽内的中点有一个质量为 m_1 的小球 A，用细绳将它与槽的 O 端相连。假设槽连同小球以匀角速度 ω_0 绕铅垂轴在水平面内转动。某瞬时绳被割断，试求小球运动到 B 端时槽 OB 的角速度。

10-10 均质圆柱质量为 m，半径为 r，置于墙角并使其同时与地面和墙接触，如图所示。当给圆柱一个初始角速度 ω_0 后，让其自由旋转，由于墙面和地面接触处的摩擦力，转动减速。如果圆柱与墙角和地面间的摩擦因数皆为 f。求使圆柱停止所需的时间。

10-11 均质圆柱质量为 m，半径为 r，在重力作用下沿倾角为 θ 的斜面向下做纯滚动，求其角加速度。

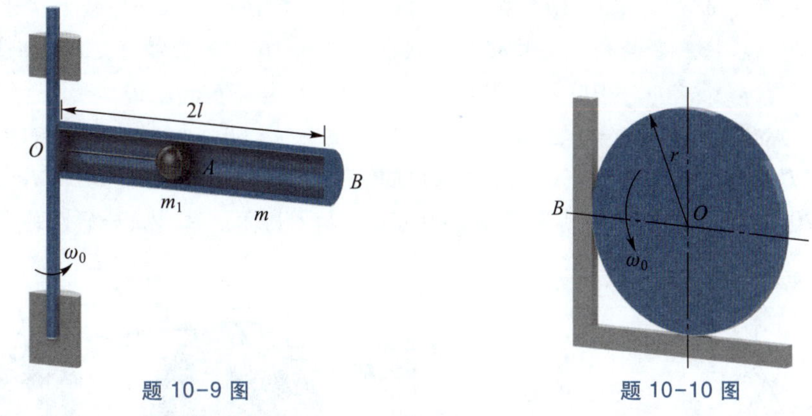

题 10-9 图　　题 10-10 图

10-12　质量为 M 的均质圆盘，半径为 r，放在粗糙的水平面上，柱的外围绕有绳子，绳子又绕过一个质量可忽略不计的定滑轮，在绳的下端悬挂质量为 m 的物体。且圆盘与定滑轮间绳子处于水平。设圆盘只滚不滑，试求圆盘质心 C 的加速度、物体的加速度及绳子的张力。

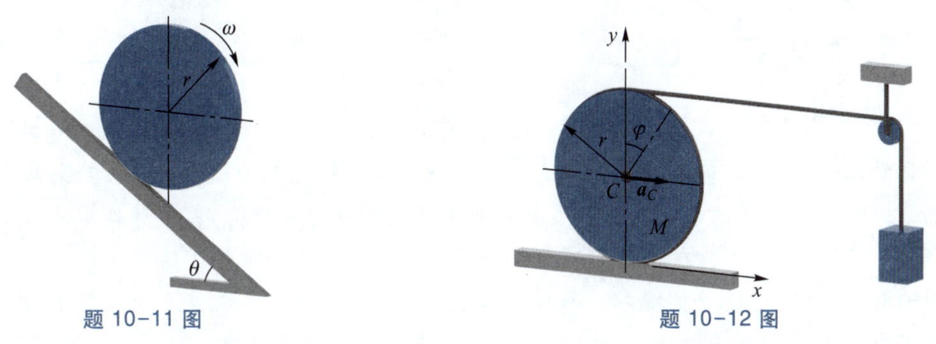

题 10-11 图　　题 10-12 图

10-13　图中均质圆盘质量为 m_1，半径为 R，可绕轴 z 转动。质量为 m_2 的人在圆盘上由点 B 按规律 $s=\dfrac{1}{2}at^2$ 沿半径为 r 的圆周行走，开始时，圆盘和人静止，不计轴承摩擦。试求圆盘的角速度和角加速度。

10-14　质量为 m、长为 l 的均质杆 CD，其两端分别用细绳悬挂在铅垂面内，杆在如图所示位置被无初速度地释放，试求此瞬时杆的角加速度以及绳 AC、BD 的张力。

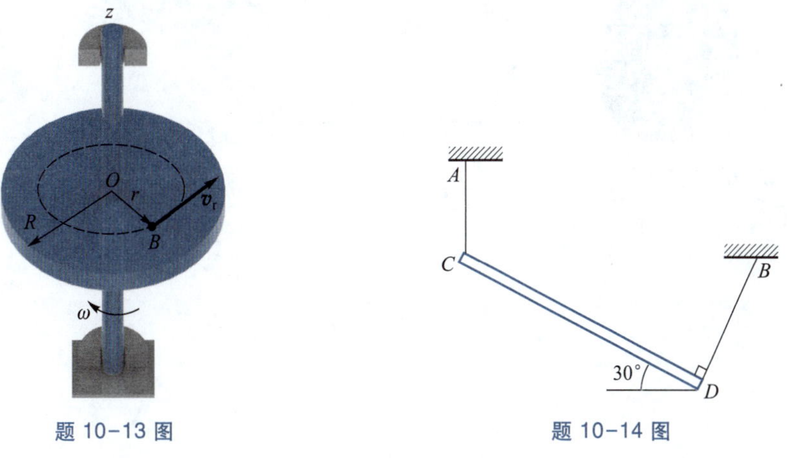

题 10-13 图　　题 10-14 图

10-15 质量为 m 的均质杆 AB，在点 B 用绳固定，在点 A 与水平面接触。水平面与杆间摩擦因数为 f，若将点 B 处的绳突然切断。试求均质杆 AB 的质心加速度及点 A 的约束力。

10-16 鼓轮的质量 $m_1=100$ kg，半径 $R=0.5$ m，$r=0.2$ m，可在水平面上做纯滚动，鼓轮对中心轴的回转半径为 $\rho=0.25$ m，弹簧的刚度系数 $k=60$ N/m，开始时弹簧为自然长度，弹簧和 EH 段绳与水平面平行，定滑轮的质量不计。在轮上作用常力偶 $M=20$ N·m，当质量 $m_2=20$ kg 的物体 D 无初速度下降 $s=0.4$ m，如图所示。试求鼓轮转动的角速度。

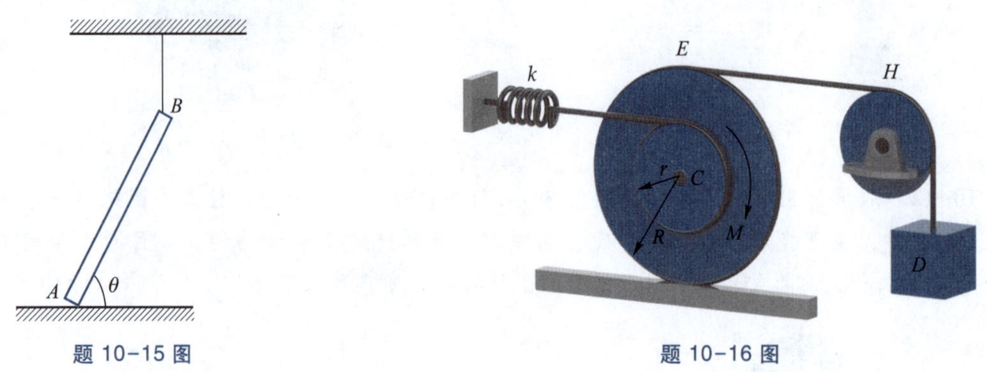

题 10-15 图　　　　题 10-16 图

10-17 如图所示，圆轮 A 质量为 m_1，半径为 r_1，以角速度 ω 绕杆 OA 的 A 端转动，此时将轮放置在质量为 m_2 的另一圆轮 B 上，其半径为 r_2，轮 B 原为静止，但可绕其几何轴自由转动。放置后，轮 A 的重量由轮 B 支持。设两轮间的摩擦因数为 f，不计轴承的摩擦与杆 OA 的重量。试求自轮 A 放在轮 B 上直至两轮间没有滑动为止，需经过的时间。

10-18 跨过定滑轮 B 的绳索，两端分别系在滚轮 A 的中心和物块 C 上，如图所示。滚轮 A 和定滑轮 B 都是质量为 m_1、半径为 r 的均质圆盘，物块 C 质量为 m_2，滚轮沿倾角为 θ 的斜面向下做纯滚动。绳的倾斜段与斜面平行，绳与轮 B 不打滑，不计绳重和轴承摩擦。试求：(1) 滚轮 A 质心的加速度；(2) 绳索 AB 段的拉力；(3) 轴承 O 处的约束力。

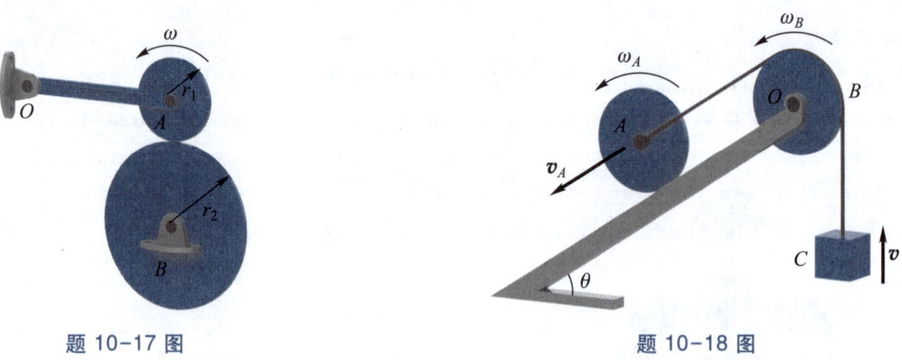

题 10-17 图　　　　题 10-18 图

第十一章 动能定理

动量定理和动量矩定理描述了质点系所受外力与其运动变化的关系，但没有反映内力的作用效果，也没有考虑作用力的空间累积效应。动能定理揭示了质点系动能的改变量与其所受作用力（包括内力和外力）的功之间的数量关系。

本章将讨论力的功、动能和势能等重要概念，推导动能定理和机械能守恒定理，并将综合运用动量定理、动量矩定理和动能定理分析复杂的动力学问题。

§11-1 力的功

一个物体受力的作用而引起的运动状态的变化，不仅取决于力的大小和方向，而且与物体在力作用下经过的路径有关。作用在物体上的力的功是力在一段路程上对物体的积累效应，其结果将导致物体能量的变化。

11.1.1 常力的功

设质点 M 在大小和方向都不变的力 $\boldsymbol{F}$ 作用下沿直线运动，如图 11-1 所示。若质点由点 M_1 运动到点 M_2 的路程为 s，则此常力 $\boldsymbol{F}$ 在位移方向的投影与其路程 s 的乘积，称为此力在这一路程中所做的功，以 W 表示，即

$$W=F\cos\theta\cdot s \tag{11-1}$$

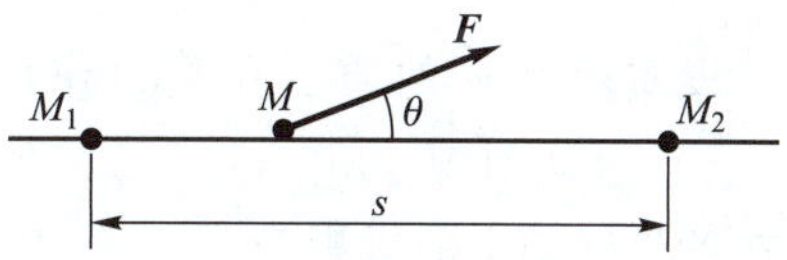

式中 θ 为力 $\boldsymbol{F}$ 与直线位移方向之间的夹角。

图 11-1

由矢量点积的定义，式（11-1）又可写为

$$W=\boldsymbol{F}\cdot\boldsymbol{s} \tag{11-2}$$

即**常力在直线位移上所做的功等于力矢与位移矢的数量积。**

由式（11-1）可知，当 $\theta<90°$ 时功为正；$\theta>90°$ 时功为负；$\theta=90°$ 时，功等于零。可见，功是只有大小，而没有方向的量，所以功是一个代数量，正功使物体的运动由弱变强，负功使物体的运动由强变弱。

在国际单位制中，功的单位为 N · m，或 J（焦耳），有

$$1\ \mathrm{J}=1\ \mathrm{N}\cdot\mathrm{m}=1\ \mathrm{kg}\cdot\mathrm{m}^2/\mathrm{s}^2$$

11.1.2 变力的功

设质点 M 在变力 $\boldsymbol{F}$ 作用下沿曲线由点 M_1 运动到点 M_2，如图 11-2 所示。为了计算变力 $\boldsymbol{F}$ 在这段路程中的功，将这段路程分成无限多个微段，每一微段的弧长为 $\mathrm{d}s$，与它相对应的无限小位移为 $\mathrm{d}\boldsymbol{r}$，方向与切向单位矢量 $\boldsymbol{\tau}$ 同向。在每一微段上，变力 $\boldsymbol{F}$ 可视为常力，于是力 $\boldsymbol{F}$ 在无限小位移 $\mathrm{d}\boldsymbol{r}$ 上的元功为

$$\delta W=\boldsymbol{F}\cdot\mathrm{d}\boldsymbol{r}=F\cos\theta\cdot\mathrm{d}s \tag{11-3}$$

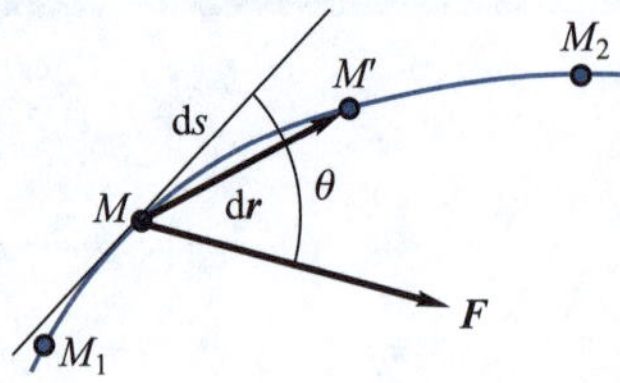

图 11-2

式中 θ 为力 $\boldsymbol{F}$ 与 M 点的微元路程 $\mathrm{d}s$ 的夹角。

把路程 M_1M_2 中所有的元功相加，可得变力 $\boldsymbol{F}$ 在 M_1M_2 这段路程中的总功，即

$$W=\int_{M_1}^{M_2}\boldsymbol{F}\cdot\mathrm{d}\boldsymbol{r}=\int_0^s F\cos\theta\cdot\mathrm{d}s \tag{11-4}$$

如果取固结于地面的直角坐标系作为质点运动的参考系，将 $\boldsymbol{F}$ 与 $\mathrm{d}\boldsymbol{r}$ 投影到各直角坐标轴上，则力 $\boldsymbol{F}$ 与 $\mathrm{d}\boldsymbol{r}$ 可表示成如下解析形式：

$$\boldsymbol{F}=F_x\boldsymbol{i}+F_y\boldsymbol{j}+F_z\boldsymbol{k},\quad \mathrm{d}\boldsymbol{r}=\mathrm{d}x\boldsymbol{i}+\mathrm{d}y\boldsymbol{j}+\mathrm{d}z\boldsymbol{k}$$

将上面两式代入式（11-3）中，可得元功的解析表达式

$$\delta W=F_x\mathrm{d}x+F_y\mathrm{d}y+F_z\mathrm{d}z$$

变力 $\boldsymbol{F}$ 在 M_1M_2 这段路程中的总功为

$$W=\int_{M_1}^{M_2}\boldsymbol{F}\cdot\mathrm{d}\boldsymbol{r}=\int_{M_1}^{M_2}(F_x\mathrm{d}x+F_y\mathrm{d}y+F_z\mathrm{d}z) \tag{11-5}$$

11.1.3 几种常见力的功

（一）重力的功

设质量为 m 的质点在重力作用下沿曲线由 $M_1(x_1, y_1, z_1)$ 运动到 $M_2(x_2, y_2, z_2)$，如图 11-3 所示，则重力在各坐标轴上的投影为

$$F_x=0,\ F_y=0,\ F_z=-mg$$

代入功的解析表达式（11-5），得

$$W_{12}=\int_{z_1}^{z_2}(-mg\mathrm{d}z)=mg(z_1-z_2) \tag{11-6}$$

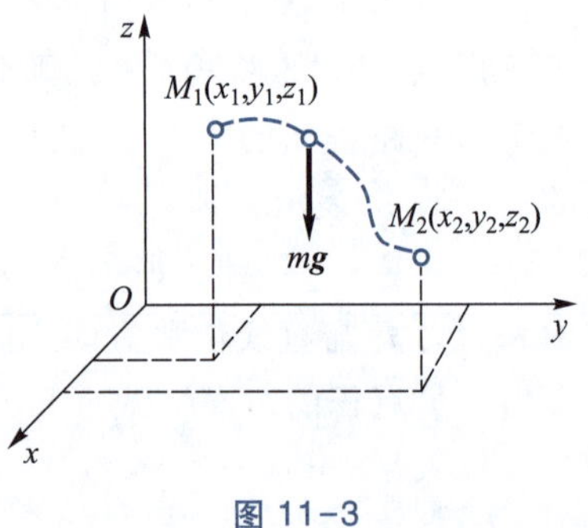

图 11-3

由此可见，重力的功仅与质点运动开始和末了位置的高度差有关，而与运动轨迹的形状无关。

对于质量为 m 的质点系由 M_1 运动到 M_2，其重力所做的功为

$$W_{12}=\sum m_i g(z_{i1}-z_{i2})$$

由质心坐标公式 $mz_C=\sum m_i z_i$，可得

$$W_{12}=mg(z_{C1}-z_{C2}) \tag{11-7}$$

式中 $z_{C1}-z_{C2}$ 为运动始末位置其质心的高度差。

质点系重力做功仍与质心的运动轨迹的形状无关。

（二）弹性力的功

如图 11-4 所示，弹簧的一端固定于点 O，质点 M 与弹簧另一端连接，沿曲线 $\widehat{M_1M_2}$ 运动，质点 M 相对点 O 的径矢为 $\boldsymbol{r}$，受到弹性力的作用，设弹簧的刚度系数为 k，原长为 l_0。在弹簧的弹性极限内，弹性力的大小与弹簧的变形 $\delta=r-l_0$ 成正比，力的方向总是指向未变形时的自然位置。以 $\boldsymbol{r}_0=\dfrac{\boldsymbol{r}}{r}$ 表示质点 M 径矢方向的单位矢量，则弹性力 $\boldsymbol{F}$ 可表示为

$$\boldsymbol{F}=-k(r-l_0)\boldsymbol{r}_0$$

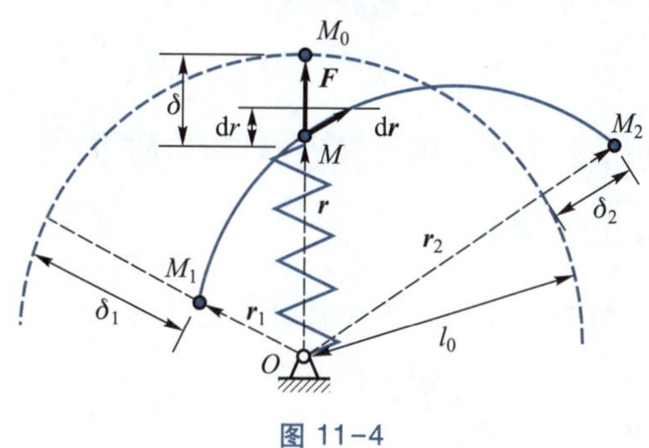

图 11-4

弹性力的元功为

$$\delta W=-k(r-l_0)\boldsymbol{r}_0\cdot \mathrm{d}\boldsymbol{r}$$

考虑到

$$\boldsymbol{r}_0\cdot \mathrm{d}\boldsymbol{r}=\frac{\boldsymbol{r}}{r}\cdot \mathrm{d}\boldsymbol{r}=\frac{1}{2r}\mathrm{d}(\boldsymbol{r}\cdot\boldsymbol{r})=\frac{1}{2r}\mathrm{d}(r^2)=\mathrm{d}r$$

当质点从位置 M_1 运动到 M_2 时，弹性力的功为

$$W_{12}=\int_{M_1}^{M_2}\delta W=\int_{r_1}^{r_2}-k(r-l_0)\,\mathrm{d}r=\frac{k}{2}[(r_1-l_0)^2-(r_2-l_0)^2]$$

即

$$W_{12}=\frac{k}{2}(\delta_1^2-\delta_2^2) \tag{11-8}$$

式中，$\delta_1=r_1-l_0$，$\delta_2=r_2-l_0$ 分别为弹簧在初始位置和末了位置的变形量。

由此可见，弹性力的功只与弹簧在初始和末了位置的变形量有关，与力作用点 M 的轨

迹形状无关。当 $\delta_1>\delta_2$ 时，弹性力做正功，当 $\delta_1<\delta_2$ 时，弹性力做负功。

（三）定轴转动刚体上作用力的功

设刚体绕定轴 z 转动，力 $\boldsymbol{F}$ 作用在刚体上点 A，力 $\boldsymbol{F}$ 的作用点 A 到转轴的距离为 r，如图 11-5 所示。若刚体转动微小转角 $\mathrm{d}\varphi$，则点 A 有一微小位移 $\mathrm{d}s=r\mathrm{d}\varphi$。将力 $\boldsymbol{F}$ 分解为沿轴向和圆周切向、径向的分力 $\boldsymbol{F}_{\mathrm{b}}$ 和 $\boldsymbol{F}_{\mathrm{t}}$、$\boldsymbol{F}_{\mathrm{n}}$，由于力 $\boldsymbol{F}_{\mathrm{b}}$ 和 $\boldsymbol{F}_{\mathrm{n}}$ 都垂直于点 A 的运动路径而不做功，则作用在刚体上力 $\boldsymbol{F}$ 的元功为

$$\delta W=F_{\mathrm{t}}\mathrm{d}s=F_{\mathrm{t}}r\mathrm{d}\varphi=M_z\mathrm{d}\varphi \tag{11-9}$$

式中，M_z 为力 $\boldsymbol{F}$ 对转轴的力矩。故**作用在绕定轴转动刚体上的力的元功，等于力对转轴的力矩与刚体微元转角的乘积。**

在刚体从角 φ_1 转到 φ_2 的过程中，力 $\boldsymbol{F}$ 所做的功为

$$W_{12}=\int_{\varphi_1}^{\varphi_2}M_z\mathrm{d}\varphi \tag{11-10}$$

即**作用在绕定轴转动刚体上的力的功，等于力对转轴的力矩与刚体转角的乘积。**

若刚体从角 φ_1 转到 φ_2 的过程中力 $\boldsymbol{F}$ 对转轴的力矩不变，则

$$W_{12}=\int_{\varphi_1}^{\varphi_2}M_z\mathrm{d}\varphi=M_z(\varphi_2-\varphi_1) \tag{11-11}$$

图 11-5

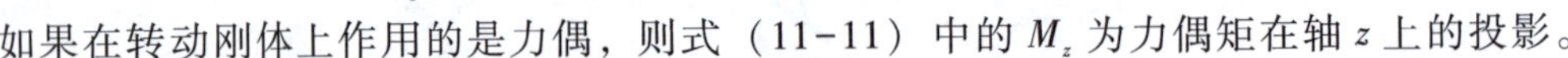

如果在转动刚体上作用的是力偶，则式（11-11）中的 M_z 为力偶矩在轴 z 上的投影。

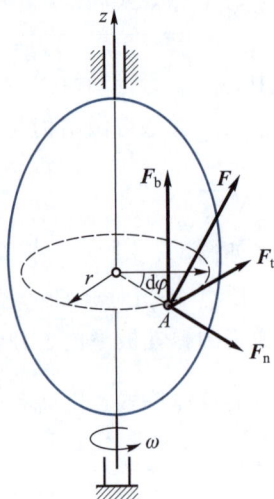

（四）平面运动刚体上力系的功

设平面运动刚体上受有多个力作用。取刚体的质心 C 为基点，当刚体有无限小位移时，任一力 $\boldsymbol{F}_i$ 作用点 M_i 的位移为

$$\mathrm{d}\boldsymbol{r}_i=\mathrm{d}\boldsymbol{r}_C+\mathrm{d}\boldsymbol{r}_{iC}$$

式中，$\mathrm{d}\boldsymbol{r}_C$ 为质心的无限小位移，$\mathrm{d}\boldsymbol{r}_{iC}$ 为点 M_i 绕质心 C 的微小转动位移，如图 11-6 所示。力 $\boldsymbol{F}_i$ 在点 M_i 的位移上所做的元功为

$$\delta W_i=\boldsymbol{F}_i\cdot\mathrm{d}\boldsymbol{r}_i=\boldsymbol{F}_i\cdot\mathrm{d}\boldsymbol{r}_C+\boldsymbol{F}_i\cdot\mathrm{d}\boldsymbol{r}_{iC}$$

若刚体无限小转角为 $\mathrm{d}\varphi$，则上式最后一项可简化为

$$\boldsymbol{F}_i\cdot\mathrm{d}\boldsymbol{r}_{iC}=F_i\cos\theta\cdot r_{iC}\mathrm{d}\varphi=M_C(\boldsymbol{F}_i)\mathrm{d}\varphi$$

式中，θ 为力 $\boldsymbol{F}_i$ 与转动位移 $\mathrm{d}\boldsymbol{r}_{iC}$ 间的夹角，$M_C(\boldsymbol{F}_i)$ 为力 $\boldsymbol{F}_i$ 对质心 C 的矩。

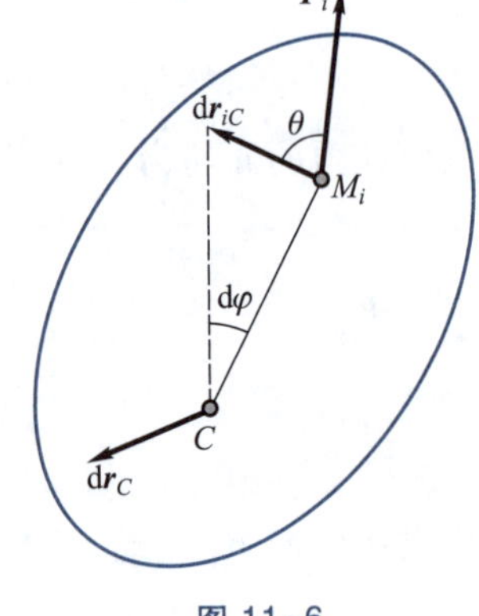

图 11-6

作用在平面运动刚体上所有力所做的元功之和为

$$\delta W=\sum\delta W_i=\sum\boldsymbol{F}_i\cdot\mathrm{d}\boldsymbol{r}_C+\sum M_C(\boldsymbol{F}_i)\mathrm{d}\varphi=\boldsymbol{F}_{\mathrm{R}}\cdot\mathrm{d}\boldsymbol{r}_C+M_C\mathrm{d}\varphi \tag{11-12}$$

式中，$\boldsymbol{F}_{\mathrm{R}}$ 为力系的主矢，M_C 为力系对质心的主矩。

刚体质心 C 由 C_1 移到 C_2，同时刚体又由 φ_1 转到 φ_2 角度时，力系所做的功为

$$W_{12}=\int_{C_1}^{C_2}\boldsymbol{F}_{\mathrm{R}}\cdot\mathrm{d}\boldsymbol{r}_C+\int_{\varphi_1}^{\varphi_2}M_C\mathrm{d}\varphi \tag{11-13}$$

上式表明：平面运动刚体上力系的功等于刚体上各力做功的代数和，也等于力系向质心简化所得主矢和主矩做功之和。

（五）滑动摩擦力的功

设物体沿粗糙轨道由位置 M_1 运动到 M_2，如图 11-7a 所示。运动过程中物体受到的动滑动摩擦力 $\boldsymbol{F}$ 方向始终与物体滑动方向相反，故动滑动摩擦力的功为负值，且与物体的运动路径有关。

当物体在固定面上做纯滚动时，图 11-7b 所示纯滚动的轮与固定面之间没有相对滑动，其滑动摩擦力属于静滑动摩擦力。轮纯滚动时，轮与固定面的接触点 P 是轮在此瞬时的速度瞬心，即 $v_P=0$，则

$$\delta W=\boldsymbol{F}\cdot \mathrm{d}\boldsymbol{r}_P=0 \tag{11-14}$$

即轮沿固定轨道滚动而无滑动时，静滑动摩擦力不做功。

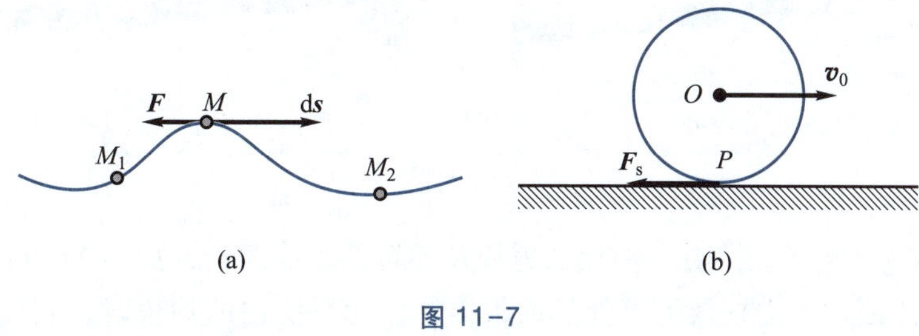

图 11-7

（六）质点系内力的功

作用于质点系的力不仅有外力，还有内力，在某些情况下，内力虽然等值、反向，但做功之和并非为零。如图 11-8 所示，质点系中任意两质点 A、B 间有相互作用的内力 $\boldsymbol{F}_A$ 和 $\boldsymbol{F}_B$，由作用与反作用定律知 $\boldsymbol{F}_A=-\boldsymbol{F}_B$，两点对于固定点 O 的径矢分别为 $\boldsymbol{r}_A$ 和 $\boldsymbol{r}_B$，$\boldsymbol{F}_A$ 和 $\boldsymbol{F}_B$ 的元功之和为

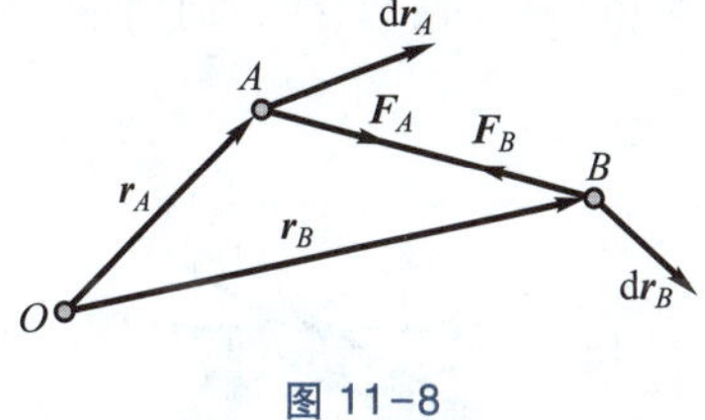

图 11-8

$$\delta W=\boldsymbol{F}_A\cdot \mathrm{d}\boldsymbol{r}_A+\boldsymbol{F}_B\cdot \mathrm{d}\boldsymbol{r}_B=\boldsymbol{F}_A\cdot \mathrm{d}\boldsymbol{r}_A-\boldsymbol{F}_A\cdot \mathrm{d}\boldsymbol{r}_B=\boldsymbol{F}_A\cdot \mathrm{d}(\boldsymbol{r}_A-\boldsymbol{r}_B)$$

由 $\boldsymbol{r}_A+\boldsymbol{r}_{AB}=\boldsymbol{r}_B$，上式可简化为

$$\delta W=-\boldsymbol{F}_A\cdot \mathrm{d}\boldsymbol{r}_{AB} \tag{11-15}$$

式（11-15）表明：当质点系内两质点间距离 AB 可变化时，内力的元功之和不为零。而刚体内任意两质点间距离保持不变，即 $\delta W=0$，故刚体所有内力做功之和等于零。

（七）理想约束力的功

作用于质点系的力既可以分为内力和外力，也可以分为主动力和约束力，并且在许多情况下约束力不做功，或做功之和等于零。约束力不做功或做功之和等于零的约束称为理想约束。常见的理想约束有：

（1）光滑接触面、可动铰链支座约束，如图 11-9 所示。其约束力垂直于作用点的位移，约束力不做功。

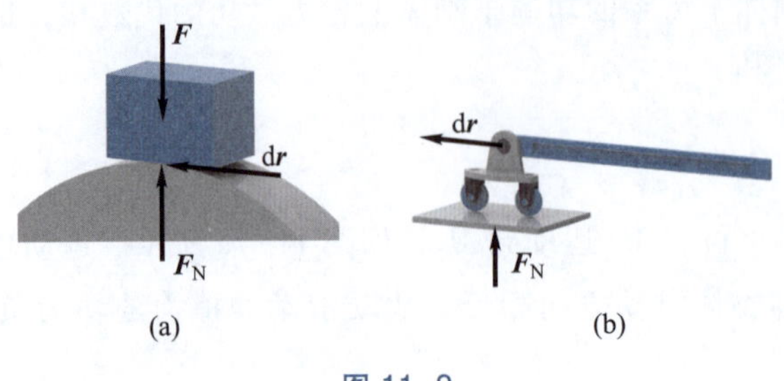

图 11-9

（2）光滑固定铰链支座、固定端约束，如图 11-10 所示。其约束力作用点或作用面位移为零，约束力不做功。

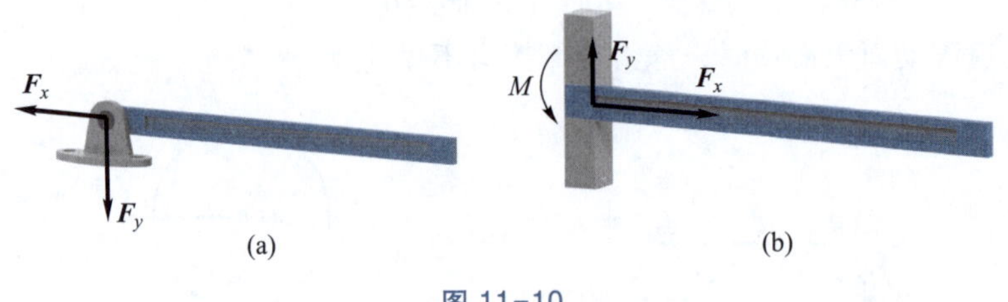

图 11-10

（3）光滑铰链（中间铰链）、刚性二力杆及不可伸长的柔索，如图 11-11 所示。光滑铰链（中间铰链）、刚性二力杆及不可伸长的柔索等作为系统内的约束时，其中单个约束力不一定不做功，但一对约束力做功之和等于零。图 11-11a 所示的光滑铰链，铰链处相互作用的约束力是等值反向的，两约束力在铰链中心的任何位移上做功之和等于零。图 11-11b 所示的柔索对系统中的两质点的约束力大小相等，如柔索不可伸长，则两端的位移沿柔索的投影必定相等，故两约束力做功之和等于零。图 11-11c 所示的刚性二力杆，A、B 两点的约束力等值、反向、共线，而两端位移沿 AB 连线的投影相等，故两约束力做功之和等于零。

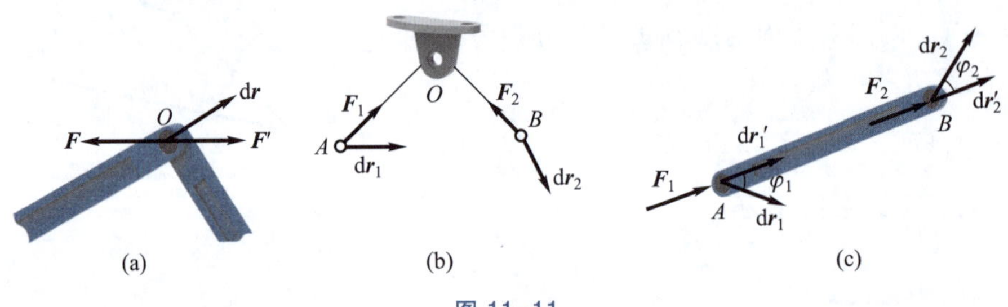

图 11-11

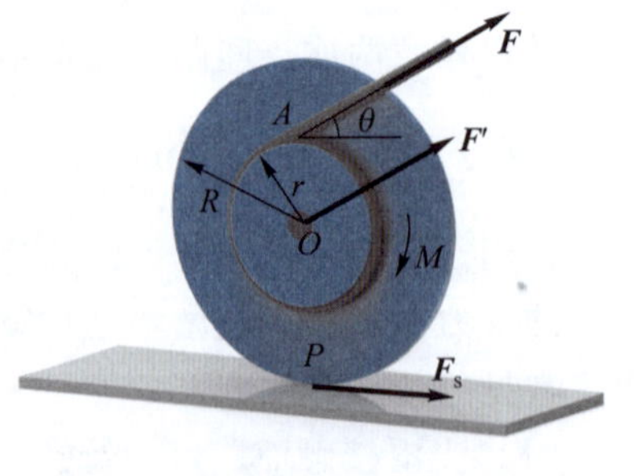

图 11-12

【例 11-1】图 11-12 中滚子由半径分别为 R 和 r 的两圆盘固结而成，滚子沿粗糙平面做纯滚动。在滚子的鼓轮上绕有绳子，在绳上作用有常力 $\boldsymbol{F}$，方向与水平面成 θ 角，计算滚子中心沿水平直线移动距离 s 时，作用在滚子上的常力 $\boldsymbol{F}$ 和摩擦力的功。

【解】（1）计算常力 $\boldsymbol{F}$ 做的功

滚子做平面运动，可将力 $\boldsymbol{F}$ 平移至滚子中心 O，得力 $\boldsymbol{F}'$ 和附加力偶矩 $M=Fr$。当中心 O 移动距离 s 时，滚

子转过的角度为 $\varphi=s/R$，则力 $\boldsymbol{F}$ 在这段路程上做的功为

$$W=F's\cos\theta+M\varphi=Fs\left(\cos\theta+\frac{r}{R}\right)$$

（2）计算摩擦力做的功

由于滚子做纯滚动，故作用在瞬心处的摩擦力为静滑动摩擦力 $\boldsymbol{F}_s$，因此摩擦力做功为零。

§11-2 动能

11.2.1 质点的动能

质量为 m、速度为 v 的质点的动能为$\frac{1}{2}mv^2$。动能是标量，且恒为正值或零，其量纲为

$$\dim mv^2=\mathrm{ML^2T^{-2}}$$

可见，动能与功的量纲相同。在国际单位制中，动能的单位也是 J。

11.2.2 质点系的动能

质点系的动能等于质点系内各质点动能的代数和，用 T 表示，即

$$T=\sum\frac{1}{2}m_iv_i^2$$

质点系的动能也是一个恒正的标量。

刚体是由无数质点组成的质点系，刚体的运动形式不同，刚体内各质点的速度分布也不同，其动能计算的公式也不同。

（一）平移刚体的动能

刚体做平移时，刚体上各点的速度都相等。设刚体的质量为 m，质心的速度为 $\boldsymbol{v}_C$，则刚体的动能为

$$T=\sum\frac{1}{2}m_iv_i^2=\sum\frac{1}{2}m_iv_C^2=\frac{1}{2}mv_C^2 \tag{11-16}$$

即**平移刚体的动能等于刚体的质量与质心速度平方乘积的一半。**

（二）定轴转动刚体的动能

设定轴转动刚体对转轴 z 的转动惯量为 J_z，转动角速度为 ω，则刚体的动能为

$$T=\sum\frac{1}{2}m_iv_i^2=\sum\frac{1}{2}m_i(r_i\omega)^2=\sum\frac{1}{2}m_ir_i^2\omega^2=\frac{1}{2}J_z\omega^2 \tag{11-17}$$

即**定轴转动刚体的动能等于刚体对转轴的转动惯量与角速度平方乘积的一半。**

（三）平面运动刚体的动能

设质量为 m 的刚体做平面运动，如图 11-13 所示，其质心的速度为 $\boldsymbol{v}_C$，刚体转动角速度为 ω，点 P 为刚体的瞬时速度中心，则刚体上任意一点 M_i 的速度为 $v_i=r_i\omega$，刚体的动能为

$$T=\sum\frac{1}{2}m_iv_i^2=\sum\frac{1}{2}m_i(r_i\omega)^2=\sum\frac{1}{2}m_ir_i^2\omega^2=\frac{1}{2}J_P\omega^2 \tag{11-18}$$

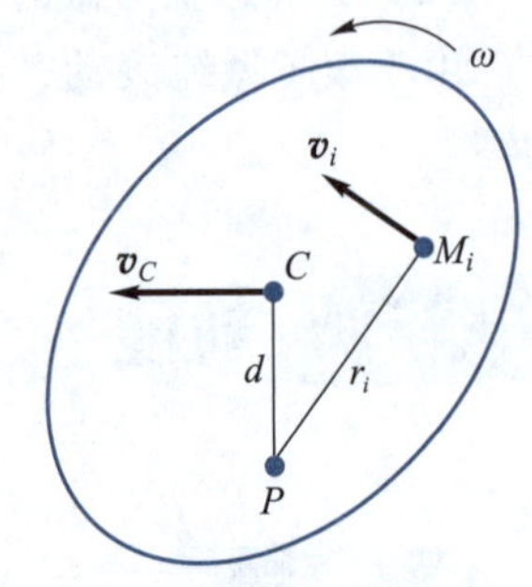

图 11-13

由转动惯量的平行轴定理知，$J_P=J_C+md^2$，代入上式得

$$T=\frac{1}{2}(J_C+md^2)\omega^2=\frac{1}{2}J_C\omega^2+\frac{1}{2}mv_C^2 \tag{11-19}$$

即**平面运动刚体的动能等于随质心平移的动能与绕质心转动的动能之和**。

【例 11-2】 如图 11-14 所示，重物 A 的质量为 m_1，均质轮 B 的质量为 m_2、半径为 r；均质轮 C 的质量为 m_3、半径为 R，在地面上做纯滚动。某瞬时重物 A 下降的速度为 $\boldsymbol{v}$，试求此瞬时系统的动能。

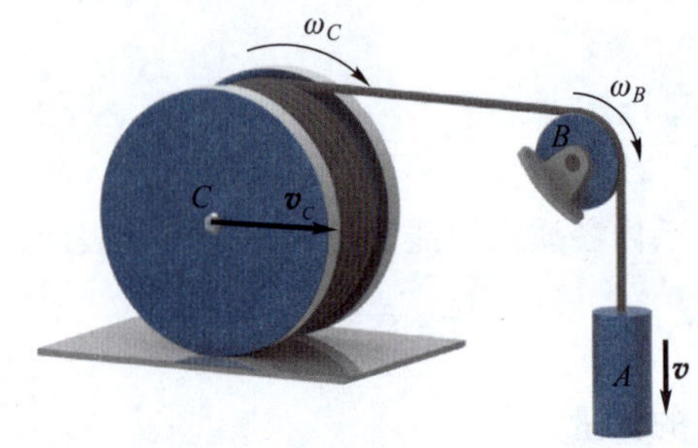

图 11-14

【解】 系统的动能等于重物 A 的动能、轮 B 的动能与轮 C 的动能之和。重物 A 做平移，其速度为 $\boldsymbol{v}$；轮 B 做定轴转动，其转动角速度为 ω_B；轮 C 做平面运动，其质心 C 的速度为 $\boldsymbol{v}_C$，转动角速度为 ω_C，由运动学关系可知

$$\omega_B=\frac{v}{r},\quad \omega_C=\frac{v}{2R},\quad v_C=\omega_C\cdot R=\frac{v}{2}$$

重物 A 的动能

$$T_A=\frac{1}{2}m_1v^2$$

轮 B 的动能

$$T_B=\frac{1}{2}J_B\omega_B^2=\frac{1}{2}\cdot\left(\frac{1}{2}m_2r^2\right)\cdot\left(\frac{v}{r}\right)^2=\frac{1}{4}m_2v^2$$

轮 C 的动能

$$T_C=\frac{1}{2}J_C\omega_C^2+\frac{1}{2}m_3v_C^2=\frac{1}{2}\cdot\left(\frac{1}{2}m_3R^2\right)\cdot\left(\frac{v}{2R}\right)^2+\frac{1}{2}m_3\left(\frac{v}{2}\right)^2=\frac{3}{16}m_3v^2$$

则系统动能为

$$T=T_A+T_B+T_C=\frac{1}{4}\left(2m_1+m_2+\frac{3}{4}m_3\right)v^2$$

§11-3 动能定理

11.3.1 质点的动能定理

质量为 m 的质点 M 在合力 $\boldsymbol{F}$ 的作用下沿曲线运动，如图 11-15 所示。由质点运动微分方程，有

$$m\frac{\mathrm{d}\boldsymbol{v}}{\mathrm{d}t}=\boldsymbol{F}$$

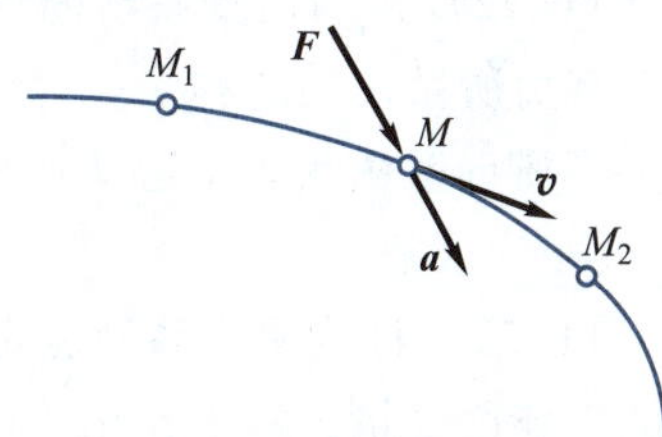

图 11-15

将上式两边点乘质点的无限小位移 $\mathrm{d}\boldsymbol{r}$，得

$$m\frac{\mathrm{d}\boldsymbol{v}}{\mathrm{d}t}\cdot\mathrm{d}\boldsymbol{r}=\boldsymbol{F}\cdot\mathrm{d}\boldsymbol{r}$$

因 $\mathrm{d}\boldsymbol{r}=\boldsymbol{v}\mathrm{d}t$，于是上式可写为

$$m\boldsymbol{v}\cdot\mathrm{d}\boldsymbol{v}=\boldsymbol{F}\cdot\mathrm{d}\boldsymbol{r}$$

或

$$\mathrm{d}\left(\frac{1}{2}mv^2\right)=\delta W \tag{11-20}$$

式（11-20）称为质点动能定理的微分形式。表明：质点动能的增量等于作用于质点上的力的元功。

当质点 M 从点 M_1 运动到点 M_2 时，其速度大小由 v_1 变为 v_2，将式（11-20）沿路径积分，得

$$\int_{v_1}^{v_2}\mathrm{d}\left(\frac{1}{2}mv^2\right)=\int_{M_1}^{M_2}\delta W$$

$$\frac{mv_2^2}{2}-\frac{mv_1^2}{2}=W_{12} \tag{11-21}$$

式（11-21）称为质点动能定理的积分形式。表明：在质点运动的某个过程中，质点动能的改变量等于作用于质点的力做的功。

动能定理建立了质点的动能与作用力的功之间的关系，表明了在机械运动中功与动能相互转化的关系。由式（11-21）可见，力做正功，质点动能增加；力做负功，质点动能减小。

11.3.2 质点系的动能定理

设由 n 个质点组成的质点系，其中第 i 个质点的质量为 m_i，速度为 $\boldsymbol{v}_i$，根据质点动能定理的微分形式，有

$$\mathrm{d}\left(\frac{1}{2}m_iv_i^2\right)=\delta W_i$$

式中 δW_i 为作用于该质点的力 $\boldsymbol{F}_i$ 所做的元功。

对于整个质点系共有 n 个这样的方程，将所有方程相加，得

$$\sum\mathrm{d}\left(\frac{1}{2}m_iv_i^2\right)=\sum\delta W_i$$

交换上式微分及求和的顺序，得

$$\mathrm{d}\sum\left(\frac{1}{2}m_iv_i^2\right)=\sum\delta W_i$$

式中 $\sum\left(\frac{1}{2}m_iv_i^2\right)$ 是质点系内各质点动能之和，即质点系的动能，用 T 表示，则上式可写成

$$\mathrm{d}T=\sum\delta W_i \tag{11-22}$$

式（11-22）称为质点系动能定理的微分形式。表明：质点系动能的增量，等于作用于质点系全部力所做元功的和。

当质点系从状态 1 运动到状态 2 时，其动能由 T_1 变为 T_2，对式（11-22）积分，得

$$T_2-T_1=\sum W_i \tag{11-23}$$

式（11-23）称为质点系动能定理的积分形式。表明：质点系在某段运动过程中，起点和终点的动能改变量，等于作用于质点系的全部力在这段过程中所做的功之和。

【例 11-3】 如图 11-16 所示，在绞车的鼓轮上作用一个常力偶，其矩为 M，鼓轮半径为 r，质量为 m_1。绕在鼓轮上的钢绳的一端系质量为 m_2 的重物 A，沿着与水平面夹角为 θ 的斜面上升。试求绞车的鼓轮转过 φ 角时，重物 A 上升的速度和加速度。重物与斜面间的滑动摩擦因数为 f，钢绳重量不计，鼓轮可视为均质圆柱。假设系统从静止开始。

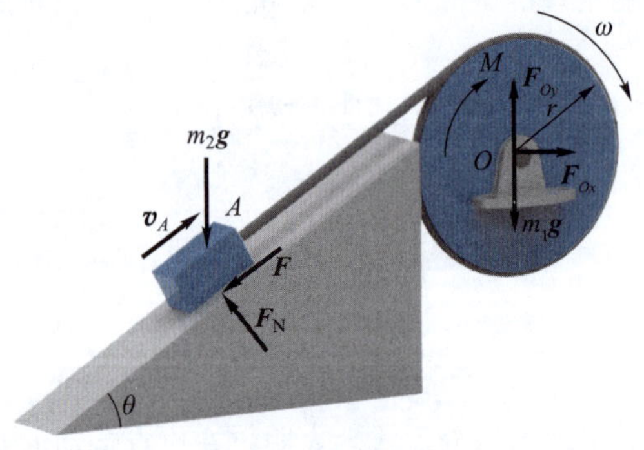

图 11-16

【解】 取重物及鼓轮组成的系统为研究对象。作用于系统上的力有主动力偶矩 M、重力 $m_1\boldsymbol{g}$、$m_2\boldsymbol{g}$，固定铰支座的约束力 $\boldsymbol{F}_{Ox}$、$\boldsymbol{F}_{Oy}$，摩擦力 $\boldsymbol{F}$，斜面对重物的法向约束力 $\boldsymbol{F}_\mathrm{N}$。

在开始提升重物时，系统处于静止状态，故系统在初始位置的动能 $T_1=0$，设当鼓轮转过 φ 角时，重物 A 的速度为 $\boldsymbol{v}_A$，鼓轮转动角速度为 ω，此时系统的动能为

$$T_2=\frac{1}{2}J_O\omega^2+\frac{1}{2}m_2v_A^2$$

因 $\omega=\frac{v_A}{r}$，$J_O=\frac{1}{2}m_1r^2$，则

$$T_2=\frac{1}{4}m_1r^2\left(\frac{v_A}{r}\right)^2+\frac{1}{2}m_2v_A^2=\frac{1}{4}(m_1+2m_2)v_A^2$$

常力偶矩 M 做功为 $M\varphi$，重力 $m_2\boldsymbol{g}$ 做功为 $-m_2g\sin\theta\cdot r\varphi$，摩擦力 $\boldsymbol{F}$ 做功为 $-m_2gf\cdot\cos\theta\cdot r\varphi$。重力 $m_1\boldsymbol{g}$，固定铰支座约束力 $\boldsymbol{F}_{Ox}$、$\boldsymbol{F}_{Oy}$ 及法向约束力 $\boldsymbol{F}_{\mathrm{N}}$ 做功均为零。故系统各力的总功为

$$\sum W=M\varphi-m_2g\sin\theta\cdot r\varphi-m_2gf\cos\theta\cdot r\varphi$$

由质点系动能定理 $T_2-T_1=\sum W_i$ 可知

$$\frac{1}{4}(m_1+2m_2)v_A^2=M\varphi-m_2g\sin\theta\cdot r\varphi-m_2gf\cos\theta\cdot r\varphi$$

由上式可解得

$$v_A^2=\frac{4(M\varphi-m_2g\sin\theta\cdot r\varphi-m_2gf\cos\theta\cdot r\varphi)}{m_1+2m_2} \tag{a}$$

即

$$v_A=2\sqrt{\frac{M\varphi-m_2g\sin\theta\cdot r\varphi-m_2gf\cos\theta\cdot r\varphi}{m_1+2m_2}}$$

上式建立了鼓轮转角 φ 与重物 A 上升速度 v_A 之间的函数关系。将式（a）两边对时间 t 求导数，并注意到$\dfrac{\mathrm{d}\varphi}{\mathrm{d}t}=\omega$，$\dfrac{\mathrm{d}v_A}{\mathrm{d}t}=a_A$，可得

$$2v_Aa_A=\frac{4(M-m_2g\sin\theta\cdot r-m_2gf\cos\theta\cdot r)}{m_1+2m_2}\cdot\frac{v_A}{r}$$

故

$$a_A=\frac{2(M-m_2g\sin\theta\cdot r-m_2gf\cos\theta\cdot r)}{(m_1+2m_2)r}$$

【例 11-4】如图 11-17 所示，滚子 A、滑轮 B 均质，质量和半径均为 m 和 r，滚子沿倾角为 θ 的斜面滚动而不滑动，借助跨过滑轮 B 的不可伸长的绳索提升重物 C，重物 C 的质量为 $2m$，同时带动滑轮 B 绕轴 O 转动。若系统初始静止，求重物 C 下降 s 时的速度和加速度。

【解】取重物 C、滚子 A 及滑轮 B 组成的系统为研究对象。作用于系统上的力有各自所受的重力，固定铰支座的约束力 $\boldsymbol{F}_{Ox}$、$\boldsymbol{F}_{Oy}$，斜面对重物的法向约束力 $\boldsymbol{F}_{\mathrm{N}}$ 和静滑动摩擦力 $\boldsymbol{F}_{\mathrm{s}}$。

初始时，系统处于静止状态，故系统在初始位置的动能 $T_1=0$，设重物 C 下降 s 时，重物 C 速度为 $\boldsymbol{v}_C$，滚子 A 质心速度为 $\boldsymbol{v}_A$、转动角速度为 ω_A，鼓轮 B 转动角速度为 ω_B，则系统的动能为

$$T_2=\frac{1}{2}\times2mv_C^2+\frac{1}{2}J_O\omega_B^2+\frac{1}{2}J\omega_A^2+\frac{1}{2}mv_A^2$$

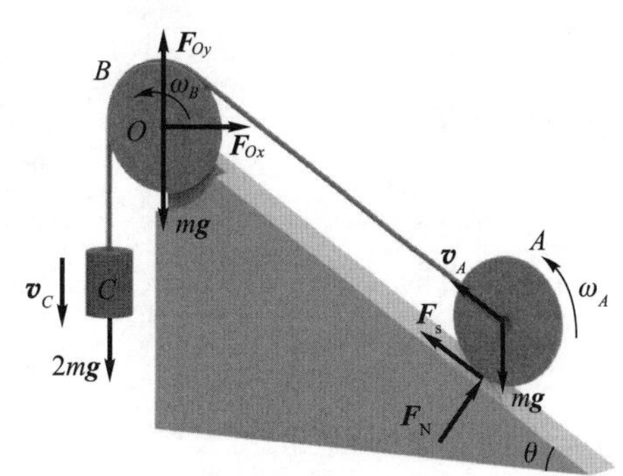

图 11-17

在系统运动过程中，固定铰支座的约束力 $\boldsymbol{F}_{Ox}$、$\boldsymbol{F}_{Oy}$，斜面对重物的法向约束力 $\boldsymbol{F}_{\mathrm{N}}$ 及静滑动摩擦力 $\boldsymbol{F}_{\mathrm{s}}$ 均为理想约束，其做功为零。做功的外力仅有重力，即

$$\sum W=2mg\cdot s-mg\sin\theta\cdot s$$

由动能定理 $T_2-T_1=\sum W_i$，有

$$\frac{1}{2}\times 2mv_C^2+\frac{1}{2}J_O\omega_B^2+\frac{1}{2}J\omega_A^2+\frac{1}{2}mv_A^2=2mg\cdot s-mg\sin\theta\cdot s$$

因 $v_C=v_A$，$v_C=\omega_B r$，$v_A=\omega_A r$，$J_O=J=\frac{1}{2}mr^2$，则

$$mv_C^2+\frac{1}{4}mv_C^2+\frac{1}{4}mv_C^2+\frac{1}{2}mv_C^2=2mg\cdot s-mg\sin\theta\cdot s$$

整理后得

$$2mv_C^2=(2-\sin\theta)mgs \tag{a}$$

由式（a）可解得

$$v_C=\sqrt{\frac{(2-\sin\theta)gs}{2}}$$

将式（a）两边对时间 t 求导数，并注意到 $\frac{\mathrm{d}s}{\mathrm{d}t}=v_C$，$\frac{\mathrm{d}v_C}{\mathrm{d}t}=a_C$，可得

$$a_C=\frac{(2-\sin\theta)g}{4}$$

§11-4 功率、功率方程和机械效率

11.4.1 功率

单位时间内所做的功称为**功率**。用功率来衡量机器做功的快慢程度，是衡量机器性能的一项重要指标。功率的数学表达式为

$$P=\frac{\delta W}{\mathrm{d}t}$$

力 $\boldsymbol{F}$ 的元功为

$$\delta W=\boldsymbol{F}\cdot\mathrm{d}\boldsymbol{r}$$

则力的功率为

$$P=\frac{\delta W}{\mathrm{d}t}=\frac{\boldsymbol{F}\cdot\mathrm{d}\boldsymbol{r}}{\mathrm{d}t}=\boldsymbol{F}\cdot\boldsymbol{v}=F_t v \tag{11-24}$$

上式表明：力的功率等于力在其速度方向上的投影与速度的乘积。

力矩或力偶 M 的元功为

$$\delta W=M\mathrm{d}\varphi$$

则力矩或力偶的功率为

$$P=\frac{\delta W}{\mathrm{d}t}=M\omega \tag{11-25}$$

上式表明：力矩或力偶的功率等于力矩与转动角速度的乘积。

在国际单位制中，以 1 s 内做功 1 J 的功率作为单位功率，称为瓦特，用 W 表示，即

1 W＝1 J/s。工程中常用 kW（千瓦）作单位，1 kW＝1 000 W。

11.4.2 功率方程

将质点系动能定理的微分形式 $\mathrm{d}T=\sum\delta W_i$ 两端除以 dt，得

$$\frac{\mathrm{d}T}{\mathrm{d}t}=\sum\frac{\delta W}{\mathrm{d}t}=\sum P_i \tag{11-26}$$

式（11-26）称为功率方程。表明：质点系动能对时间的一阶导数，等于作用于质点系全部力的功率的代数和。

功率方程常用来研究机器在工作时能量的变化和转化问题。对一部机器而言，其功率可分为三个方面：输入功率 $P_{输入}$；克服工作阻力消耗的有用功率 $P_{有用}$；克服摩擦阻力消耗的无用功率 $P_{无用}$。在一般情况下，式（11-26）可改写为

$$\frac{\mathrm{d}T}{\mathrm{d}t}=P_{输入}-P_{有用}-P_{无用} \tag{11-27}$$

由式（11-27）可知，当 $P_{输入}>P_{有用}+P_{无用}$时，即$\frac{\mathrm{d}T}{\mathrm{d}t}>0$，系统加速运行；当 $P_{输入}<P_{有用}+P_{无用}$时，即$\frac{\mathrm{d}T}{\mathrm{d}t}<0$，系统减速运行；当 $P_{输入}=P_{有用}+P_{无用}$时，即$\frac{\mathrm{d}T}{\mathrm{d}t}=0$，系统稳定运行。

11.4.3 机械效率

当一部机器工作时，必须输入功率。在输入的功率中，一部分用来克服无用的摩擦力之类的阻力而被损耗掉，称为无用功率；另一部分用来克服正常工作阻力必须消耗的功率与系统动能的改变之和，称为有效功率即 $P_{有效}=P_{有用}+\frac{\mathrm{d}T}{\mathrm{d}t}$。显然，一部机器的有效功率越大，其效率越高。把有效功率与输入功率的比值称为机械效率，用 η 表示，即

$$\eta=\frac{P_{有效}}{P_{输入}}\times100\% \tag{11-28}$$

可见，机械效率 η 表示机器对输入功率的有效利用程度，它是评定机器质量好坏的指标之一，一般情况下 $\eta<1$。

【例 11-5】 已测得某车床的最大切削力 $F=17.27$ kN。切削力最大时所用的主轴转速 $n=56.8$ r/min，工件直径 $d=115$ mm。设由电动机到主轴的机械效率 $\eta=78\%$，试确定电动机的功率。

【解】 已知最大切削力和主轴转速，可求得有用功率，即

$$P_{有用}=M\omega=F\cdot\frac{d}{2}\cdot\frac{2\pi n}{60}=17\ 270\times\frac{0.115}{2}\times\frac{2\pi\times56.8}{60}\ \mathrm{W}=5.9\ \mathrm{kW}$$

电动机功率为

$$P_{电}=\frac{P_{有用}}{\eta}=\frac{5.9}{0.78}=7.56\ \mathrm{kW}$$

§11-5 势力场、势能和机械能守恒定律

11.5.1 势力场

若质点在空间所受力的大小和方向完全由质点在空间的位置决定，则此空间称为力场，质点在力场中所受的力称为场力。质点在力场中运动，作用于质点上的场力要做功，若场力所做的功仅与质点运动的初始和末了位置有关，而与质点所经过的路程无关，则此力场称为势力场或保守力场。例如重力场、万有引力场、弹性力场都是势力场。质点在势力场内所受的力称为有势力或保守力。例如重力和引力都是有势力。

11.5.2 势能（位能）

如图 11-18 所示，在势力场中质点从位置 M 移至选定的点 M_0 的过程中有势力所做的功，称为质点在点 M 相对点 M_0 的势能，用 V 表示，即

$$V=\int_M^{M_0}\boldsymbol{F}\cdot\mathrm{d}\boldsymbol{r}=\int_M^{M_0}(F_x\mathrm{d}x+F_y\mathrm{d}y+F_z\mathrm{d}z) \qquad (11-29)$$

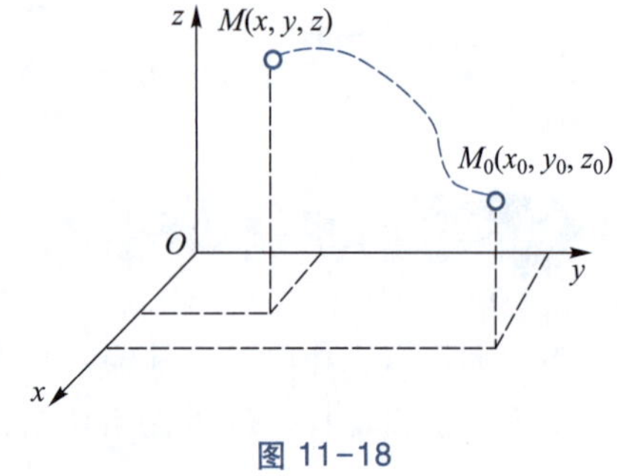

图 11-18

如果设点 M_0 的势能等于零，该点即为零势能点。因此在势力场中，势能的大小是相对于零势能点而言的，零势能点 M_0 可任意选取，对于不同的零势能点，在势力场中同一位置的势能可有不同的数值。势能和功的单位相同，在国际单位制中也是 J。

以下计算几种常见的势能。

（一）重力场中的势能

在重力场中，设坐标轴如图 11-19 所示，重力 $m\boldsymbol{g}$ 在各轴上的投影为 $F_x=0$，$F_y=0$，$F_z=-mg$，取 M_0 为零势能点，则点 M 的势能为

$$V=\int_z^{z_0}(-mg\mathrm{d}z)=mg(z-z_0) \qquad (11-30)$$

（二）弹性力场中的势能

如图 11-20 所示，在弹性力场中，弹簧的刚度系数为 k，取 M_0 为零势能点，则点 M 的弹性势能为

$$V=\frac{1}{2}k(\delta^2-\delta_0^2) \qquad (11-31)$$

式中，δ 和 δ_0 分别为弹簧端点在 M 和 M_0 时弹簧的变形量，如取弹簧的自然位置为零势能位置，即 $\delta_0=0$，则

$$V=\frac{1}{2}k\delta^2 \qquad (11-32)$$

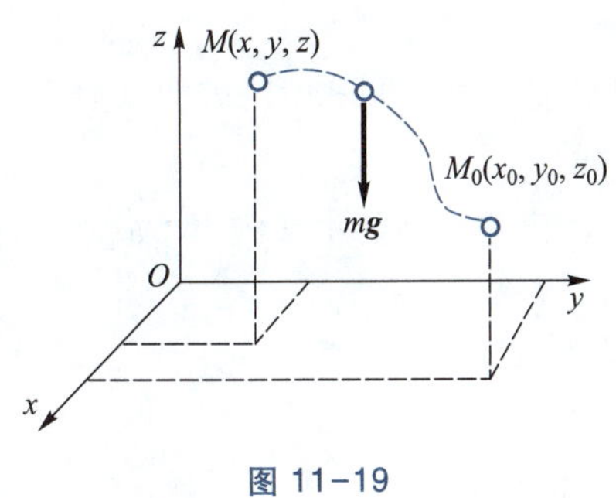

图 11-19

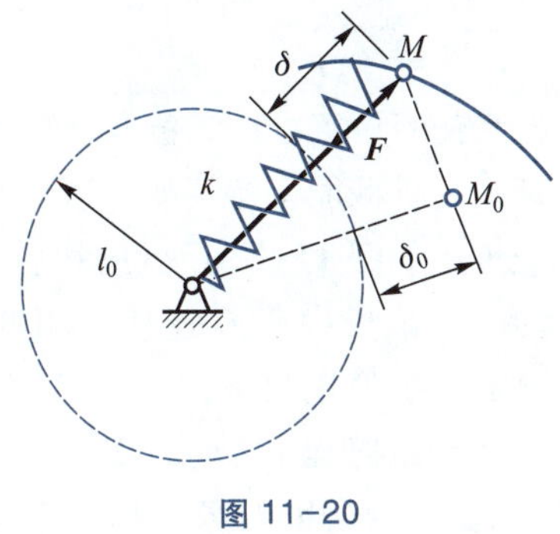

图 11-20

（三）万有引力场中的势能

如图 11-21 所示，$\boldsymbol{F}$ 为质量为 m_1 的物体作用于质量为 m_2 的物体上的万有引力，取点 A_0 为零势能点，则万有引力在点 A 的势能为

$$V=\int_{M}^{M_0}\boldsymbol{F}\cdot \mathrm{d}\boldsymbol{r}=\int_{A}^{A_0}\left(-\frac{fm_1m_2}{r^3}\boldsymbol{r}\cdot \mathrm{d}\boldsymbol{r}\right)=\int_{A}^{A_0}\left(-\frac{fm_1m_2}{r^2}\right)\mathrm{d}r$$

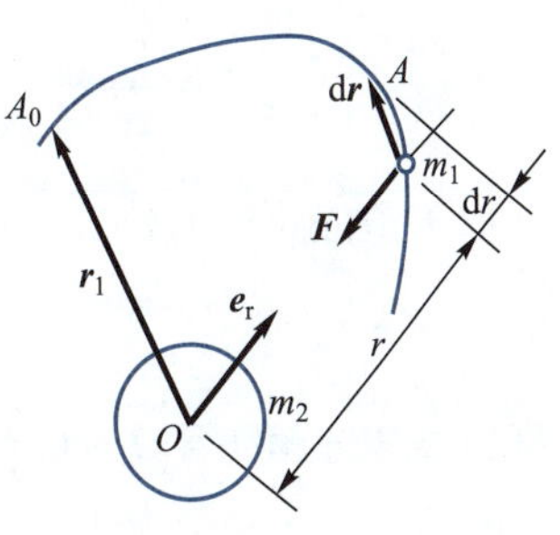

图 11-21

式中，f 为万有引力常量，$\boldsymbol{r}_1$ 是零势能点径矢，则

$$V=fm_1m_2\left(\frac{1}{r_1}-\frac{1}{r}\right) \tag{11-33}$$

若零势能点选在无穷远处，即 $r_1=\infty$，则

$$V=-\frac{fm_1m_2}{r} \tag{11-34}$$

11.5.3 机械能守恒定律

设质点 M 在有势力作用下沿曲线从点 M_1 运动到点 M_2，如图 11-22 所示。有势力所做的功为 W_{12}。若取 M_0 为零势能点，则从 M_1 到 M_0 时有势力的功 W_{10} 与位置 M_1 的势能 V_1 相等，从 M_2 到 M_0 的功 W_{20} 与位置 M_2 的势能 V_2 相等。由于有势力的功与轨迹形状无关，而由 M_1 经 M_2 到 M_0 时，有势力的功可写为

$$W_{10}=W_{12}+W_{20}$$

由此可得

$$W_{12}=V_1-V_2 \tag{11-35}$$

即有势力所做的功等于质点系在运动过程的初始与末了位置的势能的差。

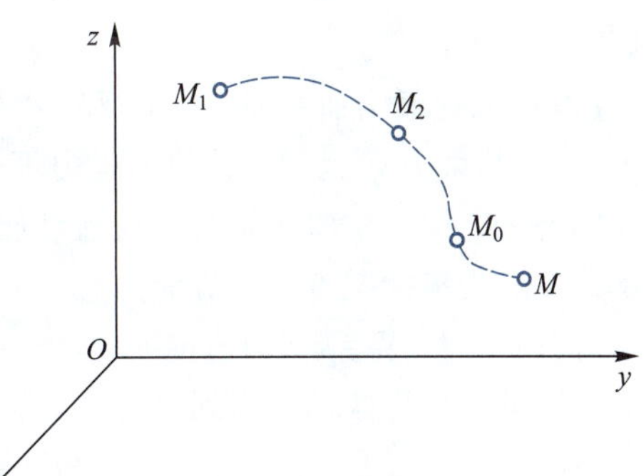

图 11-22

由动能定理有

$$T_2-T_1=W_{12}$$

将式（11-35）代入上式，整理得

$$T_1+V_1=T_2+V_2$$

或

$$T+V=\text{常量} \tag{11-36}$$

质点系在任一位置处的动能与势能之和称为机械能。式（11-36）表明：质点系在势力场中运动时，其机械能保持不变。这就是机械能守恒定律。

【例 11-6】 如图 11-23 所示的均质圆柱形滚子，质量为 m，半径为 R，沿倾角为 θ 的斜面做纯滚动。在滚子中心 C 连接一刚度系数为 k 的弹簧，设初始时滚子处于静止状态，此时弹簧无变形。试求滚子中心 C 沿斜面经过路程 s 时的速度。

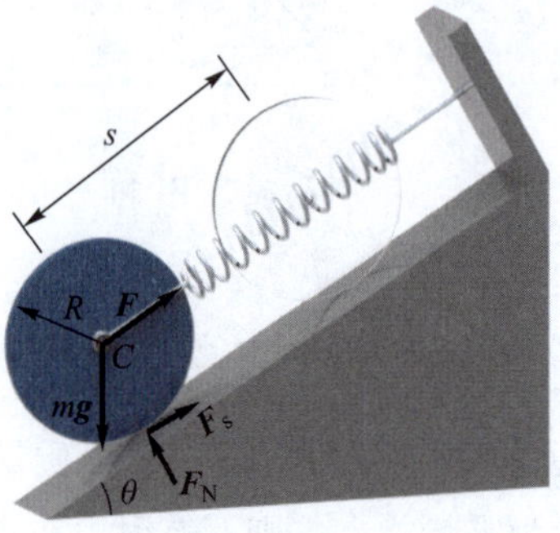

图 11-23

【解】 取滚子为研究对象。作用于滚子上的力有重力 $m\boldsymbol{g}$、弹簧力 $\boldsymbol{F}$、斜面法向约束力 $\boldsymbol{F}_{\mathrm{N}}$ 及摩擦力 $\boldsymbol{F}_{\mathrm{s}}$。前两力为有势力，后两力不做功，因此滚子的机械能守恒。滚子初始时的动能 $T_1=0$，滚子中心 C 沿斜面经过路程 s 时的动能为

$$T_2=\frac{1}{2}mv_C^2+\frac{1}{2}J_C\omega^2=\frac{3}{4}mv_C^2$$

取滚子静止时的位置为重力势能和弹性势能的零势能点，则初始和末了时的势能分别为

$$V_1=0,\quad V_2=\frac{1}{2}ks^2+(-mgs\sin\theta)$$

根据机械能守恒定律 $T_1+V_1=T_2+V_2$，有

$$\frac{3}{4}mv_C^2+\frac{1}{2}ks^2+(-mgs\sin\theta)=0$$

解得

$$v_C=\sqrt{\frac{4mgs\sin\theta-2ks^2}{3m}}$$

【例 11-7】 图 11-24 所示冲击试验机的摆锤质量 $m=17.8\ \mathrm{kg}$，质心到转轴的距离 $l=0.84\ \mathrm{m}$。试验开始时，摆锤的摆角 $\theta_1=70°$，冲断试件后，摆锤上升的摆角 $\theta_2=29°$，试求冲断试件所需的能量。

【解】 取摆锤为研究对象。作用于摆锤上的力有重力 $m\boldsymbol{g}$，约束力 $\boldsymbol{F}_{Ox}$、$\boldsymbol{F}_{Oy}$，而约束力不做功，因此摆锤的能量守恒。试验开始时，摆锤动能 $T_1=0$。以摆锤最低点为势能零点，则势能为

$$V_1=mgl(1-\cos\theta_1)$$

冲断试件后，摆锤升高到最高位置时，动能 $T_2=0$，势能为

$$V_2=mgl(1-\cos\theta_2)$$

由能量守恒定律可知，冲击前摆锤能量 V_1 应等于冲击后摆锤能量 V_2 与冲断试件所需能量 $V_{冲}$ 的和，即

$$mgl(1-\cos\theta_1)=mgl(1-\cos\theta_2)+V_{冲}$$

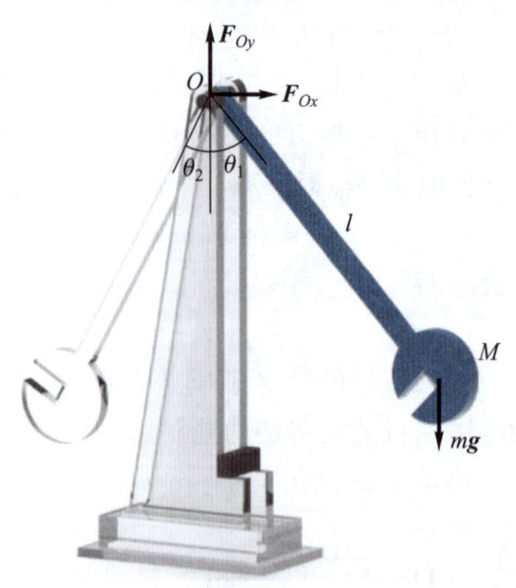

图 11-24

得

$$V_{冲}=mgl(\cos\theta_2-\cos\theta_1)$$

将已知量代入，即得冲断试件所需的能量为

$$V_{冲}=17.8\times9.8\times0.84\times(\cos 29°-\cos 70°)\ \mathrm{N\cdot m}=78.04\ \mathrm{N\cdot m}$$

§11-6 动力学普遍定理的综合应用

动力学普遍定理包括：动量定理（质心运动定理）、动量矩定理和动能定理。三个定理从不同侧面反映机械运动量与力、力矩和功之间的关系。动量定理和动量矩定理属于一类，是矢量形式，应用时采用其投影形式；动能定理属于另一类，是标量形式。两种类型各有自己的特点。

（1）动量与动量矩定理研究机械运动的传递和变化问题，而动能定理研究机械运动和其他运动形式转化的问题。

（2）在动量与动量矩定理中包含关于时间的量，而在动能定理中包含关于路程的量。

（3）在动量与动量矩定理中，内力可不考虑；在动能定理中内力之功的和通常不等于零，也就是说，质点系动能的改变不仅与外力有关，而且与内力有关，但当质点系是刚体时，内力可不计。因此在动能定理中，常把力分为主动力和约束力，在许多问题中约束属于理想约束，即约束力不做功，从而只须考虑主动力的功。

基本定理提供了解决动力学问题的一般方法，在具体问题中，应根据问题适当选择普遍定理中的某个定理，有时需要综合利用这些定理。一般情况下，动量定理和质心运动定理主要研究平移运动质点系问题；动量矩定理主要研究定轴转动质点系问题；质心运动定理和动量矩定理综合应用主要研究刚体平面运动问题。对于一般机械运动问题，当要求质点系的运动（比如速度、加速度、角速度和角加速度）时，常先采用动能定理；当要求作用在质点系上的力时，应根据问题选择动量定理、质心运动定理或动量矩定理。

【例 11-8】 图 11-25 所示均质杆 OA 的长度为 l，质量为 m，绕其一端 O 在铅垂平面内转动。设开始时，杆在水平位置，初始速度为零，试求杆转过角 θ 时质心的加速度、角加速度以及点 O 处的约束力。不计点 O 处的摩擦力。

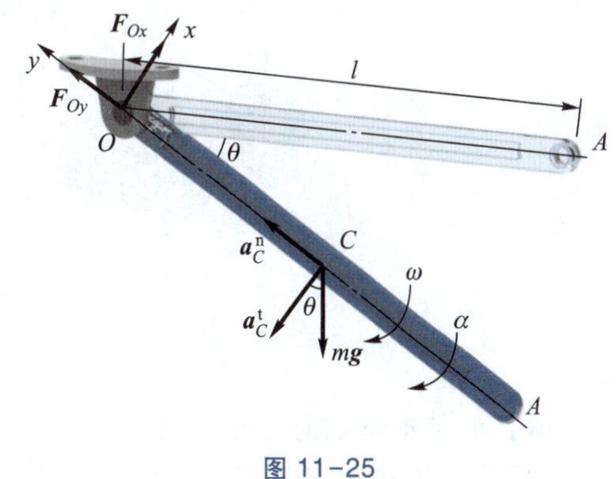

图 11-25

【解】 取杆 OA 为研究对象。

（1）求杆的角速度 ω。分析运动：杆 OA 做定轴转动，在水平位置，初速度为零，故 $T_1=0$；在转过角 θ 时，设此时杆 OA 的角速度为 ω，故

$$T_2=\frac{1}{2}J_O\omega^2=\frac{1}{2}\cdot\frac{1}{3}ml^2\cdot\omega^2=\frac{1}{6}ml^2\omega^2$$

受力分析：作用于杆 OA 上的力有重力 $m\boldsymbol{g}$，约束力 $\boldsymbol{F}_{Ox}$、$\boldsymbol{F}_{Oy}$，而约束力不做功。则杆由水平位置至转过角 θ 过程中重力做的功为

$$\sum W=\frac{1}{2}mgl\sin\theta$$

由动能定理 $T_2-T_1=\sum W$ 可知

$$\frac{1}{6}ml^2\omega^2=\frac{1}{2}mgl\sin\theta \tag{a}$$

由式（a）可解得

$$\omega=\sqrt{\frac{3g\sin\theta}{l}}$$

（2）求杆的角加速度 α。将式（a）两边对时间 t 求导数，并注意到 $\frac{\mathrm{d}\omega}{\mathrm{d}t}=\alpha$，$\frac{\mathrm{d}\theta}{\mathrm{d}t}=\omega$，可得杆的角加速度为

$$\alpha=\frac{3g}{2l}\cos\theta$$

（3）求点 O 处的约束力 $\boldsymbol{F}_{Ox}$、$\boldsymbol{F}_{Oy}$。可应用质心运动定理求解。

先计算杆的质心 C 的加速度

$$a_C^{\mathrm{t}}=\frac{l}{2}\alpha=\frac{3}{4}g\cos\theta,\quad a_C^{\mathrm{n}}=\frac{l}{2}\omega^2=\frac{3}{2}g\sin\theta$$

其指向如图所示。取轴 x、y，由质心运动定理，有

$$-ma_C^{\mathrm{t}}=F_{Ox}-mg\cos\theta,\quad ma_C^{\mathrm{n}}=F_{Oy}-mg\sin\theta$$

可解得

$$F_{Ox}=\frac{mg}{4}\cos\theta,\quad F_{Oy}=\frac{5mg}{2}\sin\theta$$

【例 11-9】 均质圆盘 A、B 的质量均为 m，半径均为 R，如图 11-26 所示，重物 C 的质量为 m_1，圆盘 A 在倾角为 θ 的斜面上做纯滚动，试求重物 C 的加速度及轴承 B 处的约束力。假设 $m_1>m$，重物 C 向下运动。

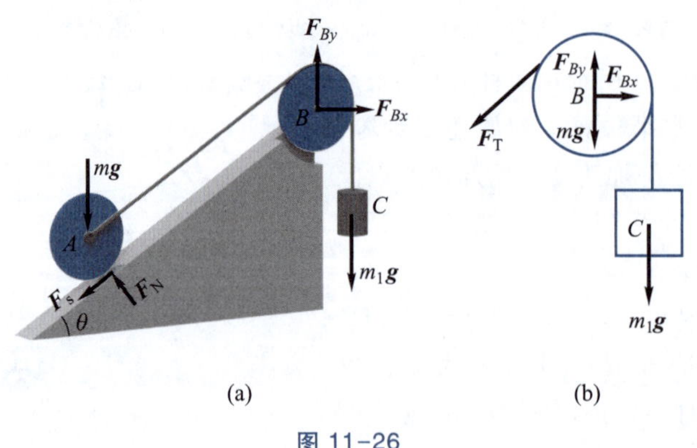

图 11-26

【解】 取整个系统为研究对象。

（1）求重物 C 的加速度 a_C。分析运动：重物 C 做平移，设速度为 $\boldsymbol{v}$；圆盘 B 做定轴转动，角速度 $\omega_B=\frac{v}{R}$；圆盘 A 做平面运动，质心速度 $v_A=v$，角速度 $\omega_A=\frac{v}{R}$，故系统在任一位置的动能为

$$T=\frac{1}{2}m_1v^2+\frac{1}{2}\cdot\frac{mR^2}{2}\omega_B^2+\frac{1}{2}mv_A^2+\frac{1}{2}\cdot\frac{mR^2}{2}\omega_A^2=\frac{1}{2}(m_1+2m)v^2$$

受力分析：作用于重物 C 上的力有重力 $m_1\boldsymbol{g}$；作用于圆盘 B 上的力有重力 $m\boldsymbol{g}$，约束力 $\boldsymbol{F}_{Bx}$、$\boldsymbol{F}_{By}$；作用于圆盘 A 上的力有重力 $m\boldsymbol{g}$，法向约束力 $\boldsymbol{F}_{\mathrm{N}}$，静摩擦力 $\boldsymbol{F}_{\mathrm{s}}$；如图 11-26a 所示。而约束力 $\boldsymbol{F}_{Bx}$、$\boldsymbol{F}_{By}$，作用于圆盘 B 上的重力 $m\boldsymbol{g}$，法向约束力 $\boldsymbol{F}_{\mathrm{N}}$，以及静摩擦力 $\boldsymbol{F}_{\mathrm{s}}$ 均不做功。则作用于系统的主动力的功率为

$$\sum P=m_1g\cdot v-mg\sin\theta\cdot v$$

由功率方程 $\dfrac{\mathrm{d}T}{\mathrm{d}t}=\sum P_i$，得

$$(m_1+2m)v\frac{\mathrm{d}v}{\mathrm{d}t}=(m_1g-mg\sin\theta)v$$

注意到 $\dfrac{\mathrm{d}v}{\mathrm{d}t}=a_C$，可解得

$$a_C=\frac{(m_1-m\sin\theta)g}{m_1+2m}$$

（2）求轴承 B 处的约束力。取圆盘 B 和重物 C 组成的系统为研究对象，其受力如图 11-26b所示。可先应用质点系对固定轴 B 的动量矩定理求绳的张力 $\boldsymbol{F}_{\mathrm{T}}$。

$$\frac{\mathrm{d}L_B}{\mathrm{d}t}=\sum M_B(\boldsymbol{F}_i)$$

式中

$$L_B=\frac{1}{2}mR^2\omega_B+m_1Rv=\frac{1}{2}(m+2m_1)Rv,\quad \sum M_B(\boldsymbol{F}_i)=(m_1g-F_{\mathrm{T}})R$$

代入上式可解得

$$F_{\mathrm{T}}=m_1g-\frac{1}{2}(m+2m_1)a_C$$

应用质点系动量定理求轴承 B 的约束力

$$\sum m_i\ddot{x}_i=\sum F_{ix},\quad m\cdot 0+m_1\cdot 0=F_{Bx}-F_{\mathrm{T}}\cos\theta$$

$$\sum m_i\ddot{y}_i=\sum F_{iy},\quad m\cdot 0+m_1\cdot(-a_C)=F_{By}-(m+m_1)g-F_{\mathrm{T}}\sin\theta$$

可解得

$$F_{Bx}=F_{\mathrm{T}}\cos\theta,\qquad F_{By}=(m+m_1)g+F_{\mathrm{T}}\sin\theta-m_1a_C$$

将 a_C、F_{T} 表达式代入 F_{Bx}、F_{By}，即可得到用已知量表示的轴承约束力。

小 结

1. 力的功是力对物体作用的积累效应的度量

$$W=\int_0^s F\cos\theta\cdot\mathrm{d}s$$

$$W=\int_{M_1}^{M_2}\boldsymbol{F}\cdot\mathrm{d}\boldsymbol{r}=\int_{M_1}^{M_2}(F_x\mathrm{d}x+F_y\mathrm{d}y+F_z\mathrm{d}z)$$

几种常见力的功：

（1）重力的功

$$W_{12}=mg(z_{C1}-z_{C2})$$

(2) 弹性力的功

$$W_{12}=\frac{k}{2}(\delta_1^2-\delta_2^2)$$

(3) 定轴转动刚体上作用力的功

$$W_{12}=\int_{\varphi_1}^{\varphi_2}M_z\mathrm{d}\varphi=M_z(\varphi_1-\varphi_2)$$

(4) 平面运动刚体上力系的功

$$W_{12}=\int_{C_1}^{C_2}\boldsymbol{F}_{\mathrm{R}}\cdot\mathrm{d}\boldsymbol{r}_C+\int_{\varphi_1}^{\varphi_2}M_C\mathrm{d}\varphi$$

2. 动能是物体机械运动的一种度量

(1) 质点的动能

$$T=\frac{1}{2}mv^2$$

(2) 质点系的动能

$$T=\sum\frac{1}{2}m_iv_i^2$$

(3) 平移刚体的动能

$$T=\frac{1}{2}mv_C^2$$

(4) 定轴转动刚体的动能

$$T=\frac{1}{2}J_z\omega^2$$

(5) 平面运动刚体的动能

$$T=\frac{1}{2}J_C\omega^2+\frac{1}{2}mv_C^2\quad 或\quad T=\frac{1}{2}J_P\omega^2$$

3. 动能定理

微分形式

$$\mathrm{d}T=\sum\delta W_i$$

积分形式

$$T_2-T_1=\sum W_i$$

理想约束条件下，只考虑主动力的功，但内力有时做功之和不为零。

4. 功率是力在单位时间内所做的功

$$P=\frac{\delta W}{\mathrm{d}t}$$

(1) 力的功率

$$P=F_tv$$

(2) 力矩或力偶的功率

$$P=M\omega$$

5. 功率方程

$$\frac{\mathrm{d}T}{\mathrm{d}t}=\sum P_i$$

6. 机械效率

$$\eta=\frac{P_{有效}}{P_{输入}}\times 100\%$$

$$P_{有效}=P_{有用}+\frac{\mathrm{d}T}{\mathrm{d}t}=P_{输入}-P_{无用}$$

7. 势能

$$V=\int_M^{M_0}\boldsymbol{F}\cdot\mathrm{d}\boldsymbol{r}=\int_M^{M_0}(F_x\mathrm{d}x+F_y\mathrm{d}y+F_z\mathrm{d}z)$$

几种常见的势能：

(1) 重力场中的势能

$$V=mg(z-z_0)$$

(2) 弹性力场中的势能

$$V=\frac{1}{2}k(\delta^2-\delta_0^2)$$

(3) 万有引力场中的势能

$$V=fm_1m_2\left(\frac{1}{r_1}-\frac{1}{r}\right)$$

8. 机械能守恒

$$T_1+V_1=T_2+V_2 \quad 或 \quad T+V=常量$$

思考题

11-1 质点在粗糙的水平圆槽内滑动，当质点刚好滑过一周时，摩擦力的功为零。这种说法对不对？为什么？

11-2 质点在铅垂平面内做圆周运动，当质点刚好转过一周时，其重力的功为零。这种说法对不对？为什么？

11-3 当质点做匀速圆周运动时，其动能有无变化？动量呢？

11-4 内力不能改变质点系的动量，也不能改变质点系的动能。这种说法对不对？

11-5 质点系的动量为零，则动能一定为零。这种说法对不对？为什么？

11-6 在弹性范围内，把弹簧的伸长加倍，则拉力做的功也加倍。这种说法对不对？为什么？

11-7 图 11-27 中质量相同的三个质点，自某高处以大小相等但倾角不同的初速度抛出，若不计空气阻力，当三个质点落到同一水平面上时，其速度大小是否相等？为什么？

11-8 图 11-28 中杆 OA 绕水平轴 O 以角速度 ω_0 转动。质量为 m、半径为 R 的均质轮绕其轴 A 相对于杆 OA 以角速度 ω 转动。已知 $OA=l$。试求轮的动能。

11-9 质量为 m、长度为 l 的均质杆 AB，以匀角速度 ω 绕轴 A 做定轴转动，如图 11-29 所示，则杆对轴 A 的动量矩为 $L_A=m\cdot\left(\frac{l}{2}\omega\right)\cdot\frac{l}{2}=\frac{1}{4}ml^2\omega$，动能为 $T=\frac{1}{2}m\cdot\left(\frac{l}{2}\omega\right)^2=\frac{1}{8}ml^2\omega^2$。以上结果对吗？为什么？

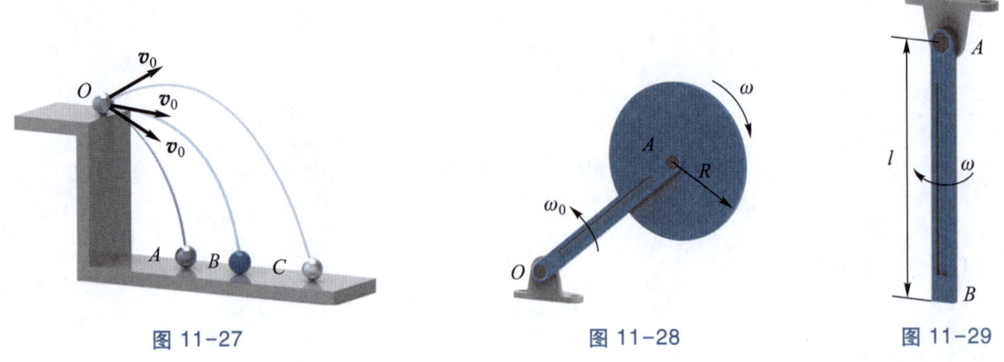

图 11-27　图 11-28　图 11-29

11-10 运动员起跑时，什么力使运动员的质心加速运动？什么力使运动员的动能增加？产生加速度的力一定做功吗？

习　题

习题：
第十一章

11-1 质量为 m 的物体，自高度 h 处无初速度地自由落下，撞在铅垂的弹簧上，已知弹簧刚度系数为 k，试求弹簧的最大变形量。

11-2 弹簧原长 $l_0=10$ cm，刚度系数 $k=4\ 900$ N/m，一端固定在点 O，此点 O 在半径 $R=10$ cm 的圆周上，如图所示。求当弹簧的另一端由半圆的最高点 B 沿圆弧运动至 A 时，试求弹簧力所做的功。已知 $AC\perp BC$，OA 为直径。

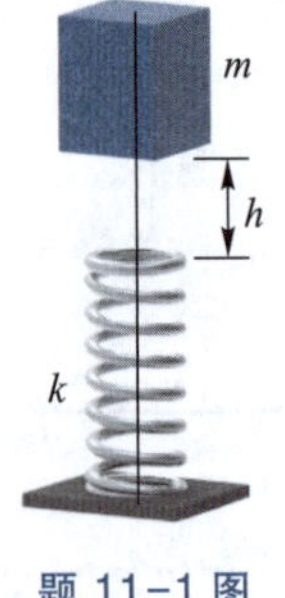

题 11-1 图

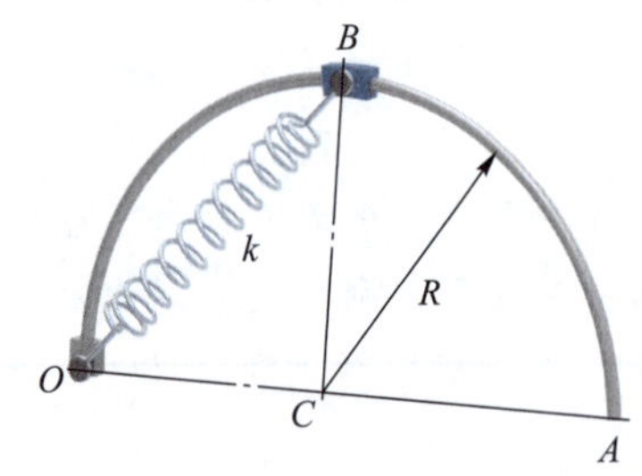

题 11-2 图

11-3 在质量为 m、半径为 r 的卷筒上，作用一个力偶，其力偶矩 $M=a\varphi+b\varphi^2$，其中 φ 为转角，a 和 b 为常量。卷筒上的绳索拉动水平面上的重物 B，设重物 B 的质量为 m_B，它与水平面间的滑动摩擦因数为 f，绳的质量不计。试求当卷筒转过两圈时，作用于系统上所有力做的功之和。

11-4 自动弹射器的弹簧自由长度为 20 cm，弹簧刚度系数 $k=1.96$ N/cm，若弹簧被压到 10 cm，试求质量 $m=0.03$ kg 的小球自弹射器射出的最大速度。弹射器处于水平位置，不计摩擦。

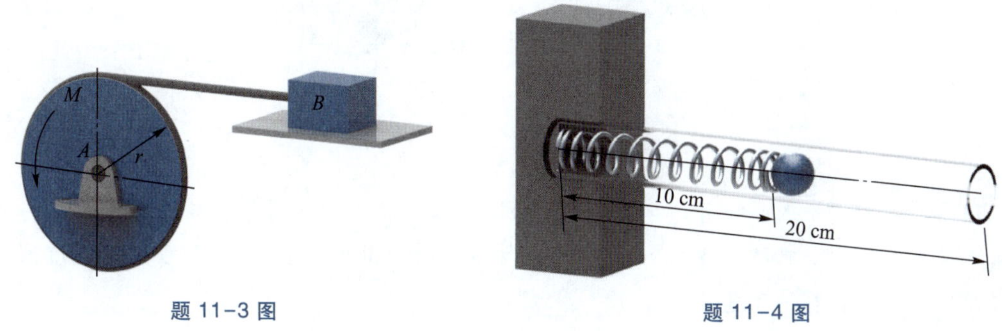

题 11-3 图　　题 11-4 图

11-5 一个质量 $m=20$ kg 的物块放在与水平面成 60°角的斜面上，被一动滑轮组向上牵引，如图所示。已知滑轮组绳端的向上拉力为 $F=80$ N，物块与斜面间的动摩擦因数 $f=0.4$。如果不计钢丝绳和滑轮的质量以及滑轮轴的摩擦。试求重物由静止向上滑行 4 m 时的速度。

11-6 物块 A 和 B 的质量均为 m，用杆 OA 及 AB 连接起来，$OA=200$ mm，$AB=250$ mm。物块 A 在图示位置从静止开始运动。若不计杆的质量和摩擦，试求物块 A 摆到铅垂位置时的速度。

11-7 链条传动中的大链轮以角速度 ω_1 转动，大链轮半径为 R，对固定轴的转动惯量为 J_1；小链轮半径为 r，对固定轴的转动惯量为 J_2，链条质量为 m。试计算此系统的动能。

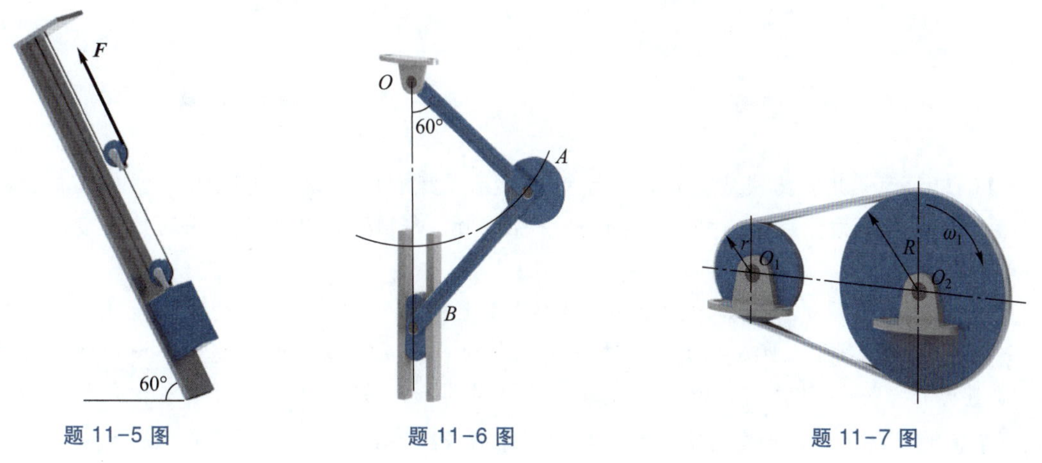

题 11-5 图　　题 11-6 图　　题 11-7 图

11-8 图示为坦克的履带与车轮，履带质量为 m_1，两轮的总质量为 m_2。车轮被视为均质圆盘，半径为 R，两轴间的距离为 πR。设坦克前进的速度大小为 v。试求此质点系的动能。

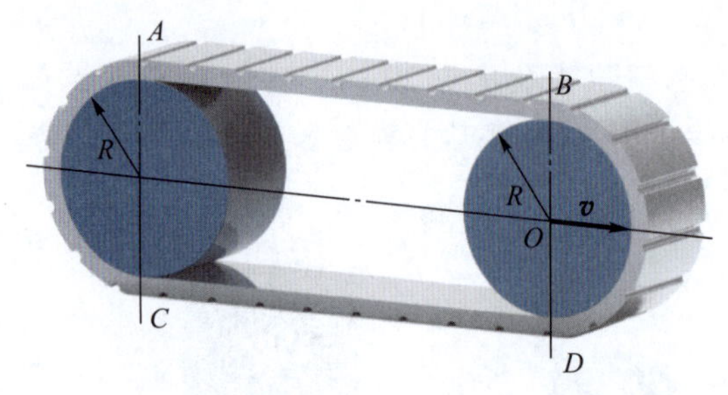

题 11-8 图

11-9 半径为 r 的齿轮Ⅱ与半径 $R=3r$ 的固定内齿轮Ⅰ相啮合，齿轮Ⅱ通过均质杆 OC 带着转动如图所示。杆的质量为 m_1，角速度为 ω，齿轮Ⅱ的质量为 m_2，可视为均质圆盘。试求此行星齿轮机构的动能。

11-10 机轮由质量 $m_1=4$ kg、半径 $r=250$ mm 的轮辋与轮辐和轮毂组成。装在质量 $m_2=3$ kg、质心在点 G、绕轴 O 回转半径为 $\rho=350$ mm 的轭形杆 OA 上，如图所示。若杆 OA 从水平位置无初速地释放，轮辋在大圆面上只滚不滑地运动。试求当轴 A 运动到 A' 位置时的速度。不计轮辐和轮毂质量。

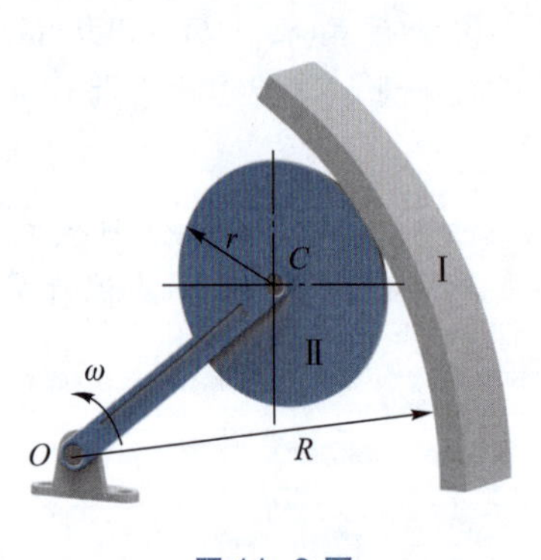

题 11-9 图

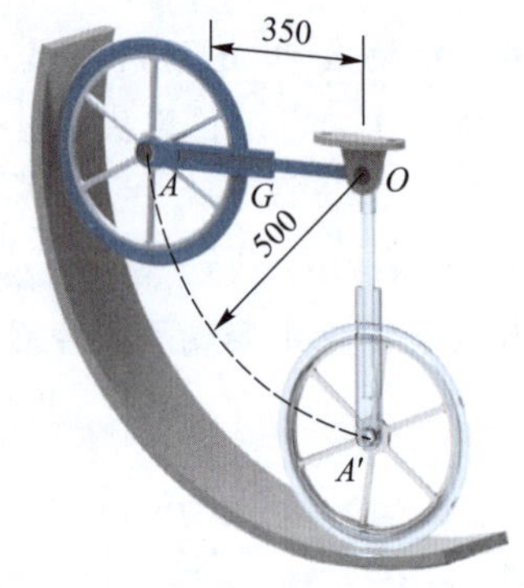

题 11-10 图

11-11 两均质杆组成的机构及尺寸如图所示。杆 OA 的质量是杆 AB 质量的 2 倍，杆 OA 由水平位置释放。试求当杆 OA 转到铅垂位置时，杆 AB 的 B 端沿水平面的速度。不计所有摩擦。

11-12 曲柄滑道机构如图所示，在曲柄 OA 上作用一个大小不变的力偶矩 M。若初瞬时系统处于静止，且 $\angle AOB=90°$。试求当曲柄转过一圈后，获得的角速度。设曲柄长度为 r，质量为 m_1，视为均质杆；滑槽及导杆的总质量为 m_2；滑块质量不计。滑槽导杆与滑道间的摩擦力可以认为等于常值 F，滑块与滑槽间的摩擦不计。

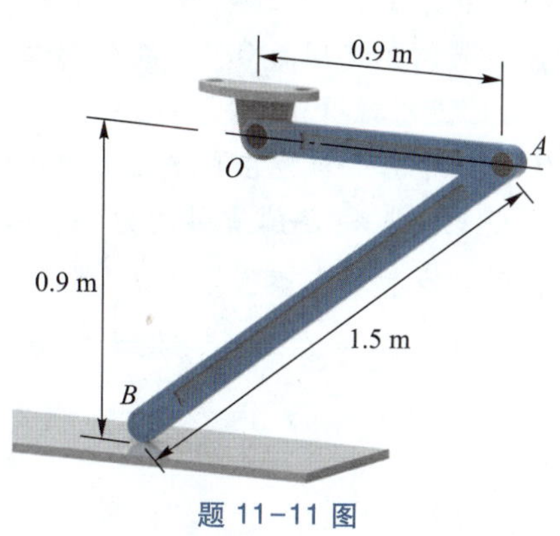

题 11-11 图

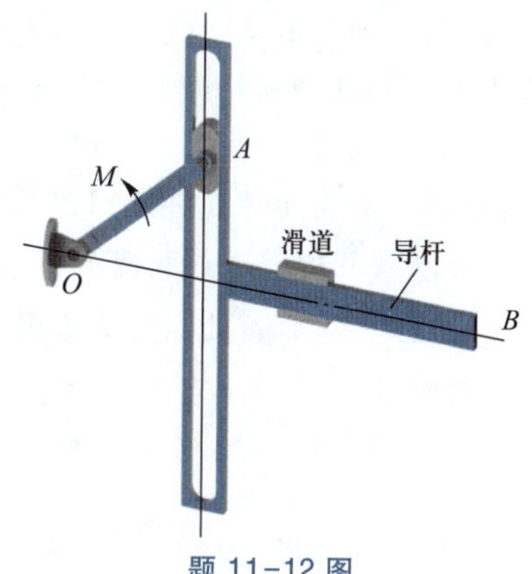

题 11-12 图

11-13 在带运输机的轮 B 上，作用不变力矩 M，使运输机由静止开始运动。被提升重物 A 的质量为 m_1。B、C 两轮的半径均为 r，各自质量均为 m_2，都可视为均质圆柱，若不计带及支撑轮的质量，物体 A 与带无相对滑动。试求物体 A 由静止走过距离 s 后的速度和加速度。

11-14 如图所示，均质圆盘可绕轴 O 在铅垂面内转动，圆盘的质量为 m，半径为 R。在圆盘的质心 C 上连接一个刚度系数为 k 的水平弹簧，弹簧的另一端固定在点 A，$CA=2R$ 为弹簧的原长，圆盘在常力偶 M 的作用下，由最低位置无初速地绕轴 O 向上转。试求圆盘到达最高位置时，轴承 O 处的约束力。

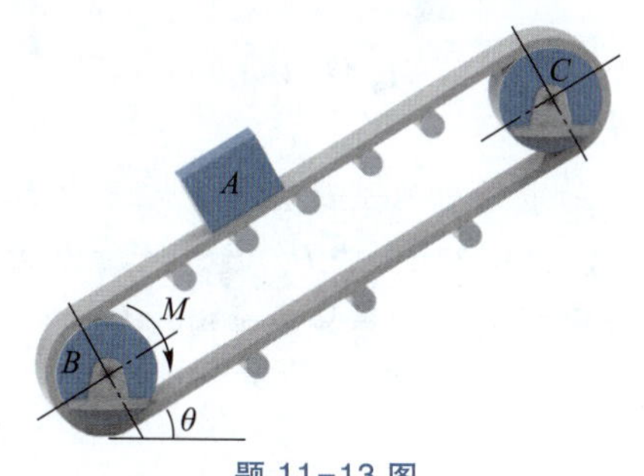

题 11-13 图

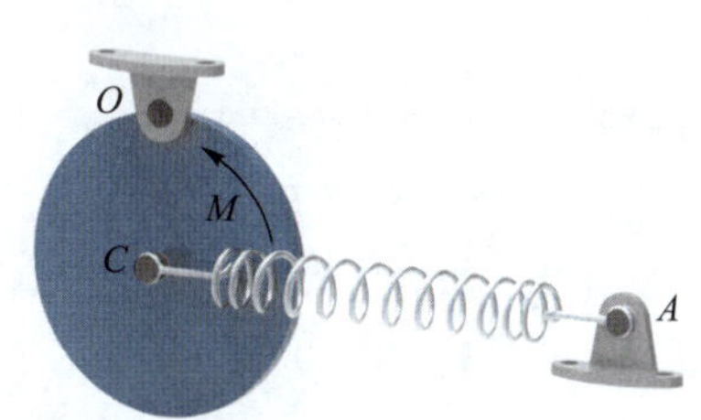

题 11-14 图

11-15 如图所示，升降机的均质绞盘 A 质量为 m_1，半径为 r_1，其上作用常力偶矩 M。均质定滑轮 B 质量为 m_2，半径为 r_2。跨在两轮上不会滑动的钢索重力可以略去。被提升的平台重量为 W，试求平台的加速度。

11-16 如图所示，电动机带动的传送带上料机构的输送量 $q_m=100$ kg/s。工料被输送的高度为 $h=1$ m，传送带的速度为 $v=0.5$ m/s。应选多大功率的电动机？不考虑机械效率。

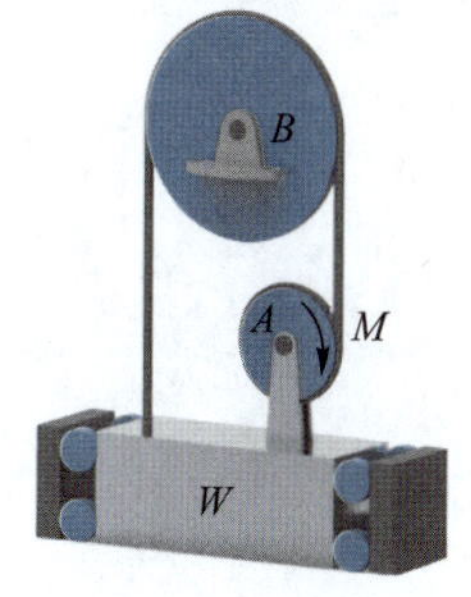

题 11-15 图

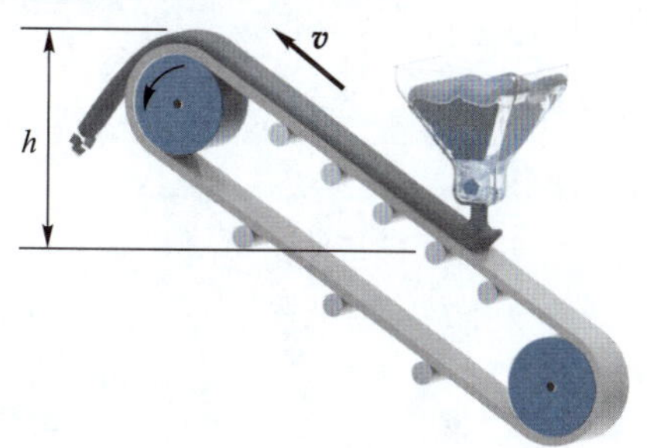

题 11-16 图

11-17 如图所示，汽车上装有可翻转车厢，内装重量为 115 kN 的砂石，车厢装砂石后 B 与翻转轴 A 的水平距离为 1 m。如欲使车厢绕轴 A 翻转的角速度为 0.05 rad/s，所需的最大功率为多少？

11-18 如图所示，一端固定的绳子绕过动滑轮 D 和定滑轮 C 与放在水平面上的物体 B 相连，在动滑轮的轴上悬挂重物 A，靠 A 的重力使装置运动。A 和 B 的质量均为 m_1，轮 D 和轮 C 质量均为 m_2，且都为均质圆盘，重物 B 与水平面间的滑动摩擦因数为 f。不计绳的质量。若重物 A 开始向下的初速度大小为 v_0。试求重物 A 下落多大距离，其速度将增加 1 倍。

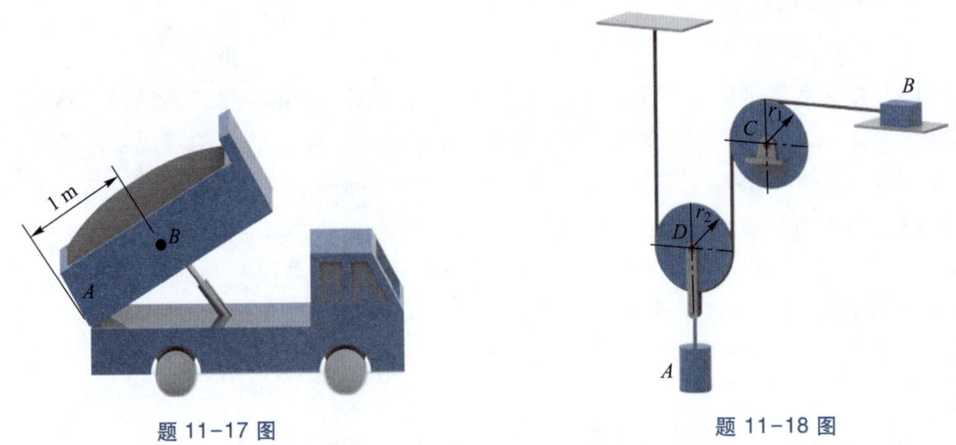

题 11-17 图　　　　题 11-18 图

11-19 齿轮传动的提升机构及尺寸如图所示。已知电动机转子及齿轮 A 质量为 30 kg，回转半径为 0.15 m；轮 B、C 总质量为 95 kg，回转半径为 0.3 m；轮 D、E 总质量为 95 kg，回转半径为 0.3 m，电动机功率为 2 kW，其中 94% 转为机械能。若某一时刻质量 $m=80$ kg 的物体被提升的速度为 0.9 m/s，试求重物的加速度。

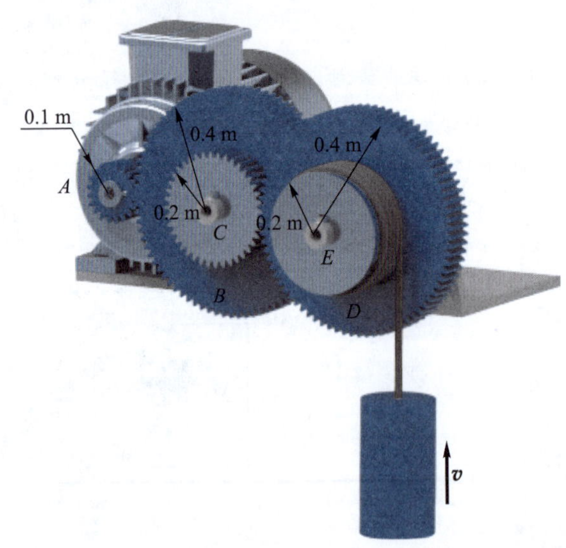

题 11-19 图

11-20 如图所示，升降机带轮 C 上作用一转矩 M，所提升重物 A 的质量为 m_1，平衡锤 B 的质量为 m_2，带轮 C、D 的半径均为 r，质量均为 m_3，可视为均质圆柱，不计带的质量。试求重物 A 的加速度。

11-21 在图示机构中，圆轮和鼓轮都是均质的，质量分别为 m_1 和 m_2，半径均为 R，不计绳的质量，斜面与水平面间夹角为 θ，圆轮沿斜面做纯滚动。若在鼓轮上作用力偶矩 M，试求：(1) 鼓轮的角加速度；(2) 轴承 O 处的约束力。

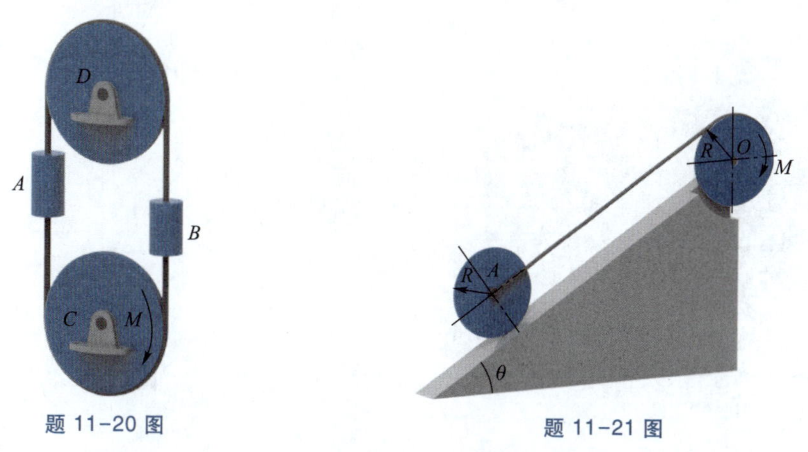

题 11-20 图　　题 11-21 图

11-22 两个相同的鼓轮，半径均为 R，质量均为 m，都可视为均质圆盘，用绳缠绕连接，如图所示。若鼓轮 C 由静止落下，试求动轮质心的速度 v_C 和下落距离 h 的关系，并求绳子 AB 端张力。

11-23 在图示机构中，物块 A 质量为 m_1，放在光滑水平面上；均质圆盘 C、B 质量均为 m，半径均为 R；物块 D 质量为 m_2。不计绳的质量，设绳与滑轮间无相对滑动，绳的 AE 段与水平面平行，系统由静止开始释放。试求物块 D 的加速度以及 BC 段绳的张力。

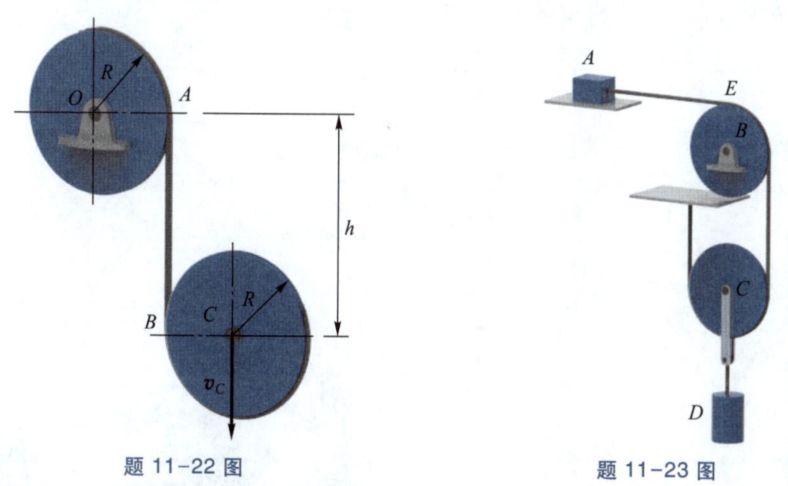

题 11-22 图　　题 11-23 图

11-24 质量为 m_0 的物块上刻有半径为 r 的半圆槽，将其放在光滑水平面上，开始时处于静止状态。有一质量为 m 的小球自 A 处无初速地沿光滑半圆槽下滑。若 $m_0=3m$，试求小球滑到 B 处时相对于物体的速度以及槽对小球的正压力。

11-25 撞击试验机的摆锤由摆杆 OC 和锤头 D 组成。试验时摆锤自高处 A 下摆到最低处 B 时将试件撞断。已知摆杆长度 $OC=l=1$ m，质量不计，锤头 D 的质量为 m。试求摆锤自高处 A 无初速地摆到最低处 B 撞击试件时的速度。

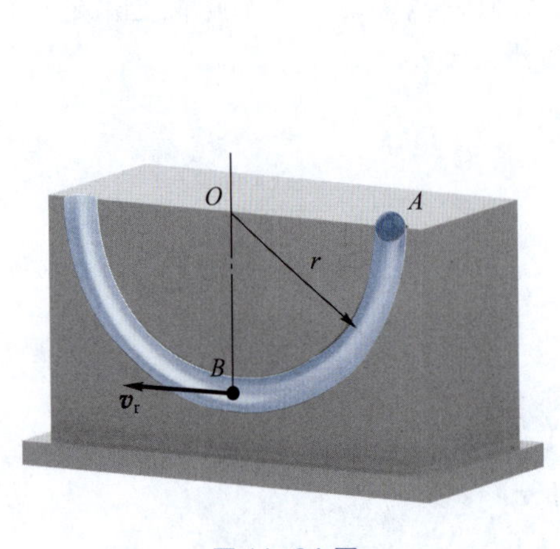

题 11-24 图

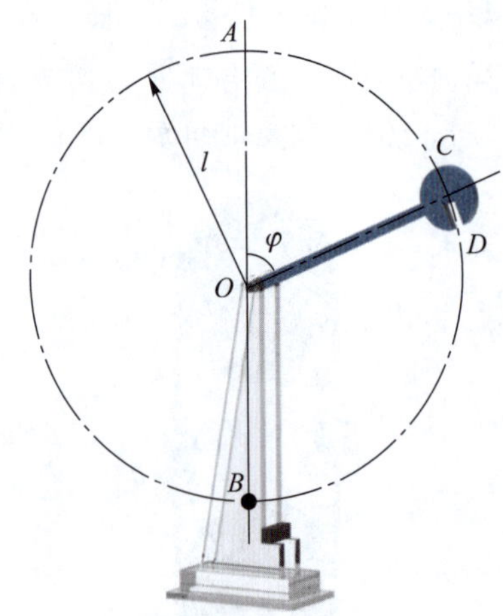

题 11-25 图

11-26 图示均质杆长 $OA=l=30$ cm，质量 $m=10$ kg，可绕过其端点 O 的轴转动，其另一端点 A 与一弹簧相连接。弹簧的刚度系数 $k=4.9$ N/cm，原长 $l_0=20$ cm。开始时杆置于水平位置，然后将其无初速释放。由于弹簧的作用，杆即绕轴 O 转动，已知 $OO_1=40$ cm，求当杆转到图示铅垂位置时杆的角速度和轴 O 处的约束力。

11-27 为了确定传送带的紧边和松边拉力，将传动部分安装在滚轴上，并在固定端 C 和传动轴之间连接测力计 D。若测力计读数为 P，传动鼓轮直径为 d，电动机功率为 N，传动鼓轮转速为 n，试求两边的拉力。

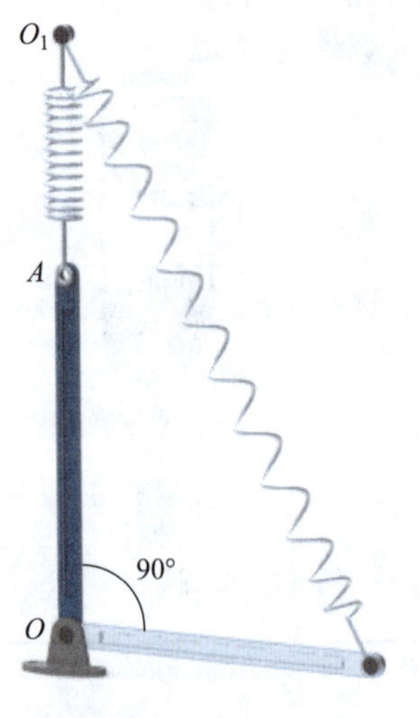

题 11-26 图

题 11-27 图

11-28 圆盘 A 的质量为 m，在其中部绕以细绳，绳的一端 B 固定不动。圆盘由初始位置 A_0 无初速地下降。试求当圆盘的质心降落高度 h 时质心的速度及绳子的张力。

11-29 如图所示系统中，A、B 二轮质量均为 m_1，转动惯量均为 J；大轮半径均为 R，小轮半径均为 $R/2$。两啮合齿轮压力角为 θ。如轮 B 的大轮上绕有细绳，挂有质量为 m_2 的重物；轮 A 小轮上绕有细绳连接刚度系数为 k 的无重弹簧。现于弹簧的原长处自由释放重物，试求重物下降 h 时的速度、加速度及轴承 B 处的约束力。

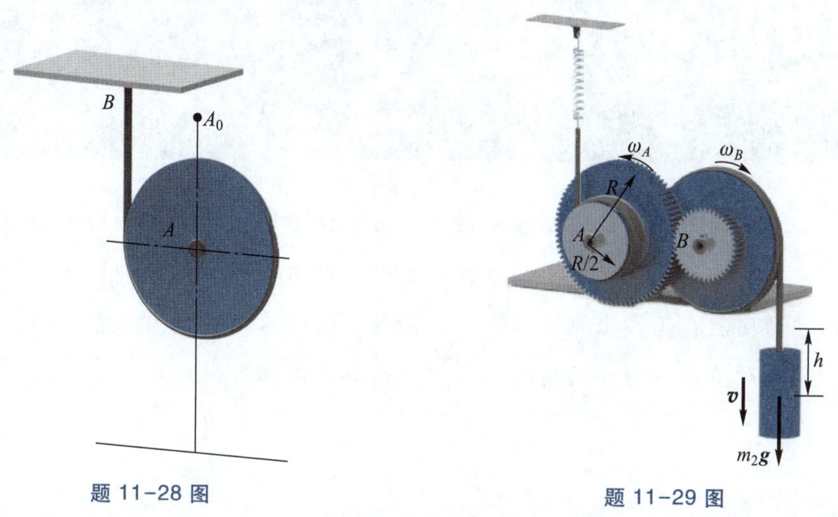

题 11-28 图　　　　题 11-29 图

11-30 半径为 r 的空圆环管，对圆环直径的转动惯量是 J，以角速度 ω 绕铅垂直径轴 z 转动，在管子内最高点放置质量为 m 的质点，由于微小扰动使质点从静止开始沿管下滑，试求当质点到达点 B 和点 C 时，质点的绝对速度。

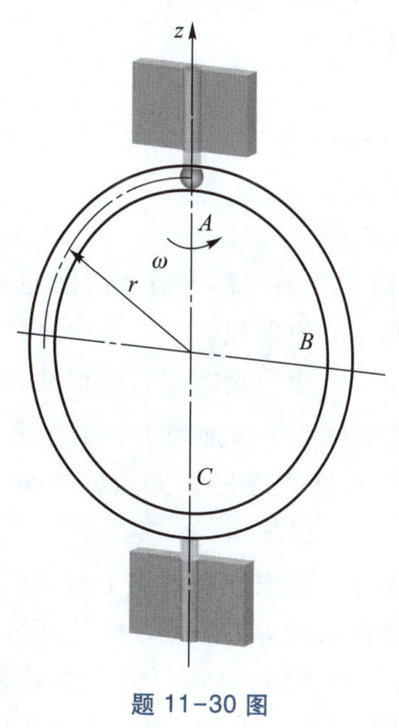

题 11-30 图

第十二章 达朗贝尔原理

前面介绍了动力学普遍定理，它提供了解决动力学问题的有效方法。本章将要介绍的达朗贝尔原理提供了求解动力学问题的另一种方法，即将动力学的问题在形式上化为静力学的问题来进行求解，又称为动静法。利用该方法求解某些动力学问题特别方便，因此在工程中得到广泛的应用。

§12-1 质点的达朗贝尔原理　惯性力

设质量为 m 的非自由质点 M 在主动力 $\boldsymbol{F}$ 和约束力 $\boldsymbol{F}_{\mathrm{N}}$ 的作用下，沿图 12-1 所示曲线运动，设其加速度为 $\boldsymbol{a}$。由牛顿第二定律，有

$$m\boldsymbol{a}=\boldsymbol{F}+\boldsymbol{F}_{\mathrm{N}}$$

上式可改写为

$$\boldsymbol{F}+\boldsymbol{F}_{\mathrm{N}}+(-m\boldsymbol{a})=\boldsymbol{0} \tag{12-1}$$

令 $\boldsymbol{F}_{\mathrm{I}}=-m\boldsymbol{a}$，则式（12-1）可表示为

$$\boldsymbol{F}+\boldsymbol{F}_{\mathrm{N}}+\boldsymbol{F}_{\mathrm{I}}=\boldsymbol{0} \tag{12-2}$$

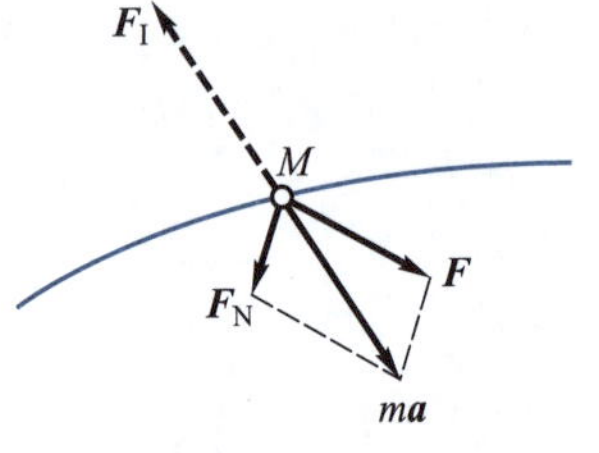

图 12-1

$\boldsymbol{F}_{\mathrm{I}}$ 具有力的量纲，且与质点的质量有关，称为质点的**惯性力**，它的大小等于质点的质量与其加速度的乘积，方向与加速度的方向相反。式（12-2）在形式上是一个平衡方程，但惯性力不是实际作用于质点上的力，只能当作一个虚加的力。于是式（12-2）可解释为：**作用在质点上的主动力、约束力和虚加的惯性力在形式上组成平衡力系**，这就是**质点的达朗贝尔原理**。

这里要强调的是：(1) 惯性力只是虚加在质点上的力，而并非真正作用在该质点上的力；(2) 由于质点并没有真正受到惯性力的作用，故达朗贝尔原理的“平衡力系”实际上是不存在的，只是在质点上虚加惯性力后，将动力学问题转化为静力学问题求解。

【例 12-1】 为了测定列车的加速度，采用一种称为摆式加速度计的装置，当列车做匀加速直线平移时，摆将稳定在与铅垂线成 θ 角的位置，如图 12-2a 所示。试求列车的加速度与

偏角 θ 之间的关系。

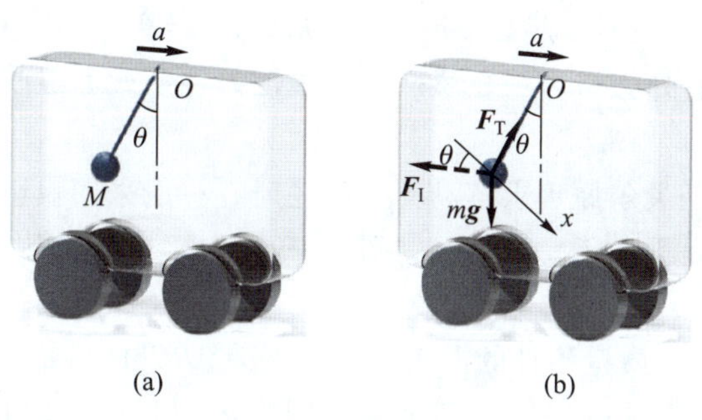

(a) (b)

图 12-2

【解】取摆锤 M 为研究对象，当摆稳定在与铅垂线成 θ 角的位置时，摆锤与列车具有相同的加速度。设列车的加速度为 $\boldsymbol{a}$，摆锤质量为 m，则作用在摆锤上的主动力为重力 $m\boldsymbol{g}$，约束力为摆线的张力 $\boldsymbol{F}_{\mathrm{T}}$，虚加惯性力 $\boldsymbol{F}_{\mathrm{I}}=-m\boldsymbol{a}$，如图 12-2b 所示。

由质点的达朗贝尔原理，有

$$m\boldsymbol{g}+\boldsymbol{F}_{\mathrm{N}}+\boldsymbol{F}_{\mathrm{I}}=\boldsymbol{0}$$

将上式向垂直于 OM 的轴 x 方向投影，则

$$mg\sin\theta-ma\cos\theta=0$$

可得列车加速度与偏角 θ 之间的关系为

$$a=g\tan\theta$$

可见，只要测出偏角 θ，即可知道列车的加速度。这就是摆式加速度计的工作原理。

§12-2 质点系的达朗贝尔原理

设质点系由 n 个质点组成，其中第 i 个质点的质量为 m_i，加速度为 $\boldsymbol{a}_i$，作用在该质点的主动力为 $\boldsymbol{F}_i$，约束力为 $\boldsymbol{F}_{\mathrm{N}i}$，虚加惯性力 $\boldsymbol{F}_{\mathrm{I}i}=-m_i\boldsymbol{a}_i$，由质点的达朗贝尔原理，有

$$\boldsymbol{F}_i+\boldsymbol{F}_{\mathrm{N}i}+\boldsymbol{F}_{\mathrm{I}i}=\boldsymbol{0}\quad(i=1,\ 2,\ \cdots,\ n)\tag{12-3}$$

式（12-3）表明：质点系中每个质点上作用的主动力 $\boldsymbol{F}_i$、约束力 $\boldsymbol{F}_{\mathrm{N}i}$和虚加惯性力 $\boldsymbol{F}_{\mathrm{I}i}$在形式上组成平衡力系。

若将作用在质点系上的力按外力和内力划分，设第 i 个质点上的外力为 $\boldsymbol{F}_i^{(\mathrm{e})}$、内力为 $\boldsymbol{F}_i^{(\mathrm{i})}$，则式（12-3）为

$$\boldsymbol{F}_i^{(\mathrm{e})}+\boldsymbol{F}_i^{(\mathrm{i})}+\boldsymbol{F}_{\mathrm{I}i}=\boldsymbol{0}\quad(i=1,\ 2,\ \cdots,\ n)\tag{12-4}$$

式（12-4）表明：质点系中每个质点上作用的外力 $\boldsymbol{F}_i^{(\mathrm{e})}$、内力 $\boldsymbol{F}_i^{(\mathrm{i})}$ 和虚加惯性力 $\boldsymbol{F}_{\mathrm{I}i}$在形式上组成平衡力系。对于整个质点系而言，外力 $\boldsymbol{F}_i^{(\mathrm{e})}$、内力 $\boldsymbol{F}_i^{(\mathrm{i})}$ 和虚加惯性力 $\boldsymbol{F}_{\mathrm{I}i}$（$i=1$，2，…，$n$）在形式上构成空间平衡力系。根据静力学中空间任意力系平衡的充要条件，有

$$\begin{cases}\sum\boldsymbol{F}_i^{(\mathrm{e})}+\sum\boldsymbol{F}_i^{(\mathrm{i})}+\sum\boldsymbol{F}_{\mathrm{I}i}=\boldsymbol{0}\\ \sum\boldsymbol{M}_O(\boldsymbol{F}_i^{(\mathrm{e})})+\sum\boldsymbol{M}_O(\boldsymbol{F}_i^{(\mathrm{i})})+\sum\boldsymbol{M}_O(\boldsymbol{F}_{\mathrm{I}i})=\boldsymbol{0}\end{cases}\tag{12-5}$$

由于质点系的内力总是成对出现，且等值、反向、共线，因此有 $\sum\boldsymbol{F}_i^{(\mathrm{i})}=\boldsymbol{0}$ 和 $\sum\boldsymbol{M}_O(\boldsymbol{F}_i^{(\mathrm{i})})=\boldsymbol{0}$，则式（12-5）成为

$$\begin{cases}\sum \boldsymbol{F}_i^{(e)}+\sum \boldsymbol{F}_{\mathrm{I}i}=\mathbf{0}\\ \sum \boldsymbol{M}_O(\boldsymbol{F}_i^{(e)})+\sum \boldsymbol{M}_O(\boldsymbol{F}_{\mathrm{I}i})=\mathbf{0}\end{cases} \tag{12-6}$$

即**作用在质点系上的所有外力与虚加在质点上的惯性力在形式上组成平衡力系**，这就是**质点系的达朗贝尔原理**。

在应用质点系的达朗贝尔原理求解动力学问题时，一般采用投影形式的平衡方程，若选取直角坐标系，当力系是平面任意力系时，可得三个平衡方程；当力系为空间任意力系时，可得六个平衡方程。

【例 12-2】 半径为 r、质量不计的滑轮安装在支架 ABC 的 C 处，在其上套有不可伸长的绳索，绳索两端分别挂有重物 D 和 E，其质量分别为 m_D 和 m_E；不计绳索质量，绳索与滑轮之间无相对滑动；二杆间夹角为 30°，不考虑其自重，如图 12-3a 所示。若在滑轮上作用一个力偶，其力偶矩为 M，试求重物的加速度和固定铰支座 A、B 的约束力。

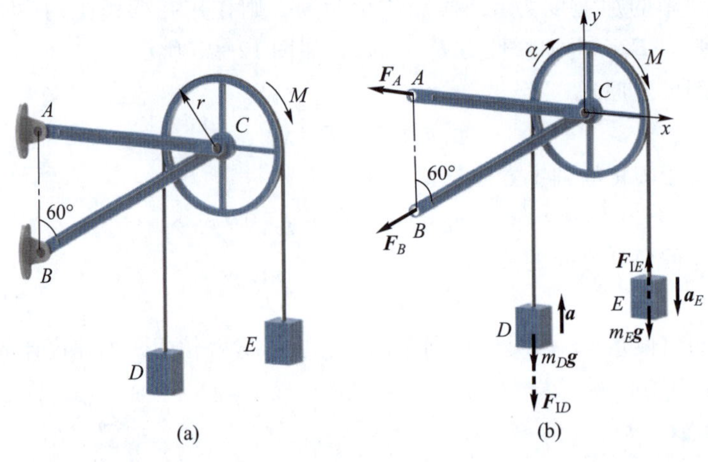

图 12-3

【解】 取重物和支架整个系统为研究对象。作用其上的力有重力 $m_D\boldsymbol{g}$、$m_E\boldsymbol{g}$，力偶 M，以及支座 A、B 的约束力 $\boldsymbol{F}_A$、$\boldsymbol{F}_B$。设重物 D 的加速度为 $\boldsymbol{a}$，则 $a_E=a$。对两重物 D、E 分别加惯性力如图 12-3b 所示，其大小分别为

$$F_{\mathrm{I}D}=m_D a,\quad F_{\mathrm{I}E}=m_E a$$

建如图 12-3b 所示的坐标系，根据达朗贝尔原理，列平衡方程

$$\sum F_x=0,\quad -F_A-F_B\cos 30°=0$$

$$\sum F_y=0,\quad -F_B\sin 30°-F_D-F_E-F_{\mathrm{I}D}+F_{\mathrm{I}E}=0$$

$$\sum M_C(\boldsymbol{F})=0,\quad -M+m_D gr-m_E gr+F_{\mathrm{I}D}r+F_{\mathrm{I}E}r=0$$

解上述方程组，得

$$a=\frac{(m_E-m_D)gr+M}{(m_E+m_D)r}$$

$$F_A=-\sqrt{3}\left[(m_D+m_E)g+(m_D-m_E)a\right]$$

$$F_B=-2\left[(m_D+m_E)g+(m_D-m_E)a\right]$$

§12-3 刚体惯性力系的简化

应用质点系的达朗贝尔原理时，对质点系的每个质点都要加上各自的惯性力，这些惯性力也形成一个力系，称为**惯性力系**。对于刚体而言，惯性力系很复杂，若利用力系简化理论将惯性力系进行简化，再将简化结果应用到达朗贝尔原理中，则求解刚体动力学问题将更加方便。

下面分别对刚体做平移、刚体绕定轴转动和刚体做平面运动时的惯性力系进行简化。

12.3.1 刚体做平移

刚体平移时，每一瞬时刚体内各质点的加速度相同。设任一质点的质量为 m_i，加速度为 $\boldsymbol{a}_i$，刚体质心的加速度为 $\boldsymbol{a}_C$，则各质点上虚加的惯性力为

$$\boldsymbol{F}_{\mathrm{I}i}=-m_i\boldsymbol{a}_i=-m_i\boldsymbol{a}_C$$

该惯性力系为平行力系，如图 12-4 所示。将此惯性力系向质心 C 简化，所得惯性力系主矢和主矩分别为

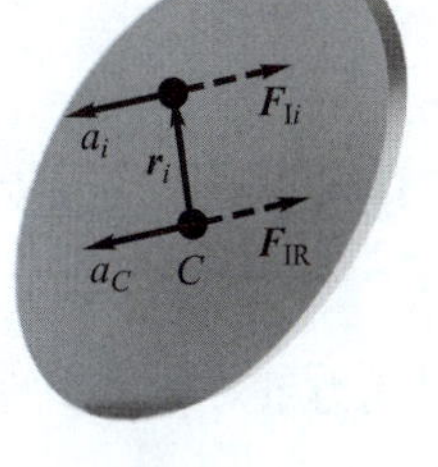

图 12-4

$$\begin{cases}\boldsymbol{F}_{\mathrm{IR}}=\sum\boldsymbol{F}_{\mathrm{I}i}=-\sum m_i\boldsymbol{a}_i=-\left(\sum m_i\right)\boldsymbol{a}_C=-m\boldsymbol{a}_C\\ \boldsymbol{M}_{\mathrm{I}C}=\sum\boldsymbol{M}_C(\boldsymbol{F}_{\mathrm{I}i})=-\sum\left[r_i\times(m_i\boldsymbol{a}_C)\right]=-\left(\sum m_i\boldsymbol{r}_i\right)\times\boldsymbol{a}_C=-m\boldsymbol{r}_C\times\boldsymbol{a}_C=\boldsymbol{0}\end{cases}\tag{12-7}$$

式（12-7）表明：**平移刚体的惯性力系可以简化为一个通过质心的合力，其大小等于刚体的质量与加速度的乘积，其方向与加速度方向相反。**

12.3.2 刚体绕定轴转动

如图 12-5 所示的刚体做定轴转动，设刚体的角速度为 ω，角加速度为 α，刚体内任一质点的质量为 m_i，加速度为 $\boldsymbol{a}_i$，到转轴的距离为 r_i，质点的坐标为（x_i，y_i，z_i），则该质点的惯性力为 $\boldsymbol{F}_{\mathrm{I}i}=-m_i\boldsymbol{a}_i$。刚体内各质点加上惯性力，组成惯性力系。任选转轴上一点 O 为简化中心，则此惯性力系的主矢为

$$\boldsymbol{F}_{\mathrm{IR}}=\sum\boldsymbol{F}_{\mathrm{I}i}=-\sum m_i\boldsymbol{a}_i$$

将刚体质心坐标公式 $\boldsymbol{r}_C=\dfrac{\sum m_i\boldsymbol{r}_i}{m}$ 对时间求二阶导数，得

$$m\boldsymbol{a}_C=\sum m_i\boldsymbol{a}_i$$

于是惯性力系主矢可写为

$$\boldsymbol{F}_{\mathrm{IR}}=-m\boldsymbol{a}_C$$

下面计算惯性力系向 O 简化所得的主矩。将质点的惯性力 $\boldsymbol{F}_{\mathrm{I}i}$ 分解为切向惯性力 $\boldsymbol{F}_{\mathrm{I}i}^{\mathrm{t}}$ 和法向惯性力 $\boldsymbol{F}_{\mathrm{I}i}^{\mathrm{n}}$，方向如图 12-5 所示，大小分别为

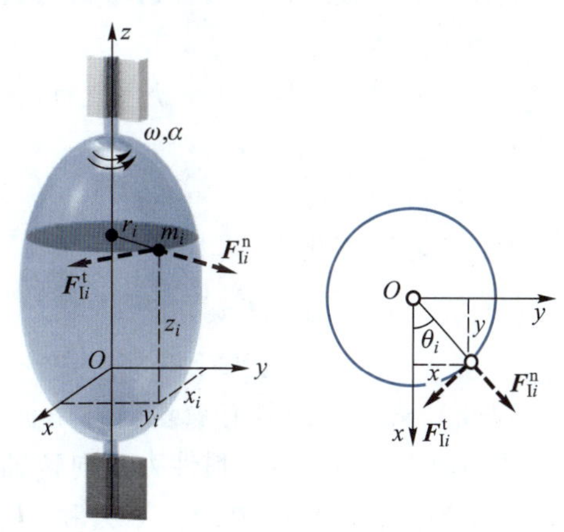

图 12-5

$$F_{\mathrm{I}i}^{\mathrm{t}}=m_i a_i^{\mathrm{t}},\ F_{\mathrm{I}i}^{\mathrm{n}}=m_i a_i^{\mathrm{n}}$$

由此可得惯性力系对轴 x 的矩为

$$\begin{aligned} M_{\mathrm{I}x} &= \sum M_x(F_{\mathrm{I}i}) = \sum M_x(F_{\mathrm{I}i}^{\mathrm{t}}) + \sum M_x(F_{\mathrm{I}i}^{\mathrm{n}}) \\ &= \sum m_i \alpha r_i \cos\theta_i z_i + \sum -m_i\omega^2 r_i \sin\theta_i z_i \end{aligned}$$

由图中几何关系可知

$$\cos\theta_i=\frac{x_i}{r_i},\ \sin\theta_i=\frac{y_i}{r_i}$$

可得

$$M_{\mathrm{I}x}=\alpha\sum m_i x_i z_i-\omega^2\sum m_i y_i z_i$$

其中，$\sum m_i x_i z_i$ 和 $\sum m_i y_i z_i$ 依赖于刚体质量对于坐标轴分布的情况，具有转动惯量的量纲，称为对于轴 z 的惯性积，记为

$$J_{xz}=\sum m_i x_i z_i,\ J_{yz}=\sum m_i y_i z_i$$

于是惯性力系对于轴 x 的矩为

$$M_{\mathrm{I}x}=J_{xz}\alpha-J_{yz}\omega^2$$

同理可得惯性力系对于轴 y 的矩

$$M_{\mathrm{I}y}=J_{yz}\alpha+J_{xz}\omega^2$$

惯性力系对于轴 z 的矩为

$$M_{\mathrm{I}z}=\sum M_z(F_{\mathrm{I}i}^{\mathrm{t}})+\sum M_z(F_{\mathrm{I}i}^{\mathrm{n}})$$

因各质点的法向惯性力通过轴线，故 $\sum M_z(F_{\mathrm{I}i}^{\mathrm{n}})=0$，则

$$M_{\mathrm{I}z}=\sum M_z(F_{\mathrm{I}i}^{\mathrm{t}})=-\sum m_i r_i\alpha\cdot r_i=-\sum(m_i r_i^2)\alpha=-J_z\alpha$$

综上可知，刚体绕定轴转动时，惯性力系向转轴上一点 O 简化所得的主矩为

$$\boldsymbol{M}_{\mathrm{I}O}=M_{\mathrm{I}x}\boldsymbol{i}+M_{\mathrm{I}y}\boldsymbol{j}+M_{\mathrm{I}z}\boldsymbol{k}$$

于是可得到结论：刚体绕定轴转动时，惯性力系向转轴上任一点简化可得一个力和一个力偶。这个力等于刚体质量与质心加速度的乘积，方向与质心加速度方向相反；这个力偶的矩矢在直角坐标轴上的投影分别等于惯性力系对三个轴的矩。

若刚体有质量对称平面且该平面与转轴 z 垂直，取此平面与转轴 z 的交点 O 为简化中心，则有

$$J_{xz}=\sum m_i x_i z_i=0,\ J_{yz}=\sum m_i y_i z_i=0$$

于是有

$$M_{\mathrm{I}x}=M_{\mathrm{I}y}=0$$

因此惯性力系可简化为

$$\begin{cases} \boldsymbol{F}_{\mathrm{IR}}=-m\boldsymbol{a}_C \\ M_{\mathrm{I}O}=M_{\mathrm{I}z}=-J_z\alpha \end{cases} \tag{12-8}$$

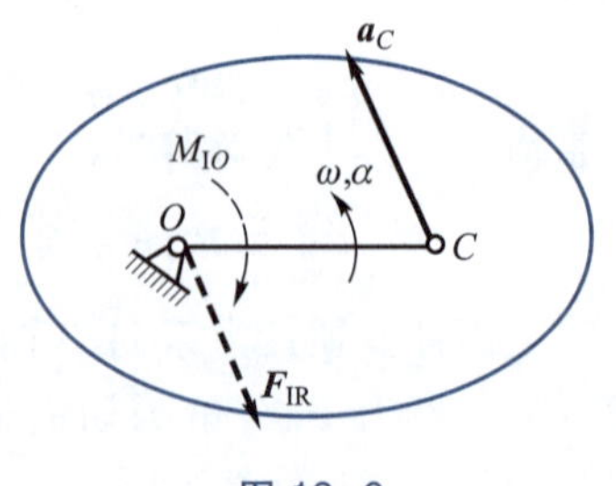

图 12-6

式（12-8）表明：当具有质量对称平面的刚体绕垂直于对称面的轴做定轴转动时，惯性力系向转轴与对称面的交点简化时，得到位于此平面内的一个力和一个力偶，如图 12-6 所示对称面内的力 $\boldsymbol{F}_{\mathrm{IR}}$ 和平面力偶 $M_{\mathrm{I}O}$。这个力等于刚体质量

与质心加速度的乘积，方向与质心加速度方向相反；这个力偶的矩等于刚体对转轴的转动惯量与角加速度的乘积，转向与角加速度相反。

下面考虑两种特殊情况：

（1）当刚体做匀角速度转动时，由于 $\alpha=0$，故 $M_{IO}=0$，惯性力系简化为一个力，如图 12-7 所示；

（2）当刚体的转轴通过质心时，由于 $\boldsymbol{a}_C=\boldsymbol{0}$，故 $\boldsymbol{F}_{IR}=\boldsymbol{0}$，惯性力系简化为一个力偶，如图 12-8 所示。

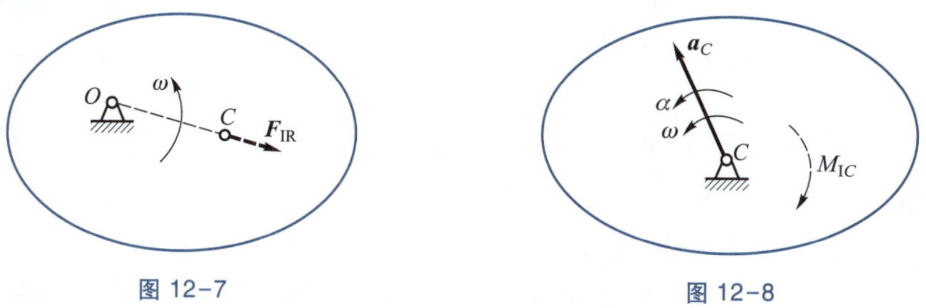

图 12-7　　图 12-8

12.3.3 刚体做平面运动（平行于质量对称平面）

在工程实际中，做平面运动的刚体一般有质量对称平面，且其运动平行于此平面，这种刚体的惯性力系可简化为质量对称平面内的平面力系。现仅限于讨论这种情况下惯性力系的简化。

取质量对称平面内的平面图形如图 12-9 所示。由运动学知，平面图形的运动可分解为随基点的平移与绕基点的转动。取质心 C 为基点，设质心的加速度为 $\boldsymbol{a}_C$，绕质心转动的角速度为 ω，角加速度为 α。与刚体绕定轴转动分析相似，可得此时惯性力系向质心 C 简化的主矢、主矩分别为

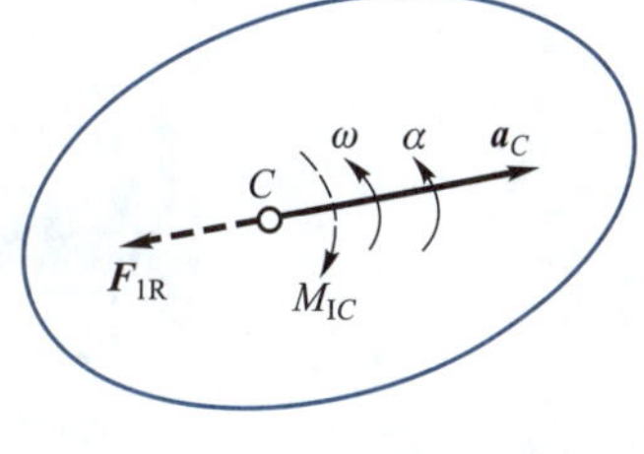

图 12-9

$$\begin{cases}\boldsymbol{F}_{IR}=-m\boldsymbol{a}_C\\ M_{IC}=-J_C\alpha\end{cases}\tag{12-9}$$

式中，J_C 为刚体对通过质心且垂直于质量对称平面的轴的转动惯量。

式（12-9）表明：**有质量对称平面的刚体，平行于此平面做平面运动时，刚体的惯性力系简化为在此对称平面内的一个力和一个力偶。这个力通过质心，其大小等于刚体质量与质心加速度的乘积，方向与质心加速度方向相反；这个力偶的矩等于刚体对通过质心且垂直于质量对称平面的轴的转动惯量与角加速度的乘积，力偶的转向与角加速度的转向相反。**

由于刚体的运动形式不同，惯性力系简化结果也不相同。因此，在应用达朗贝尔原理解决刚体或刚体系动力学问题时，应首先分析各刚体的运动形式，在刚体上添加相应的惯性力系简化结果，则其与作用在刚体上的主动力、约束力形式上组成平衡力系，然后便可用静力学求解平衡问题的方法进行求解。

【例 12-3】 如图 12-10 所示，均质杆 AB 长 $l=1$ m，质量 $m=9.8$ kg，一端 A 由铰链与直角架 AD 边相连，另一端 B 靠于直角架的垂直壁 BD 上。现直角架以加速度 $\boldsymbol{a}=2$ m/s^2 向左运动，不计摩擦，试求点 A 与点 B 的约束力。

【解】 取杆 AB 为研究对象，作用于杆 AB 上的力有重力 $m\boldsymbol{g}$，点 A 的约束力 $\boldsymbol{F}_{Ax}$、$\boldsymbol{F}_{Ay}$及点 B 的约束力 $\boldsymbol{F}_{NB}$。杆 AB 与直角架一起做加速直线平移，惯性力如图 12-10 所示，其大小为

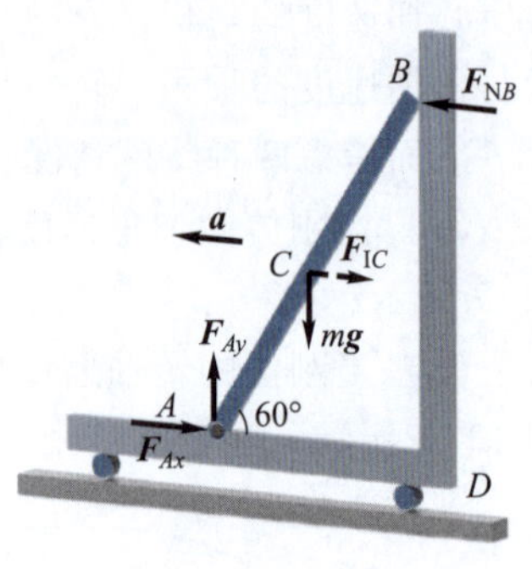

图 12-10

$$F_{IC}=ma$$

根据质点系的达朗贝尔原理，杆 AB 上的外力与惯性力形式上形成一个平衡力系，列平衡方程

$$\sum F_x=0,\ F_{Ax}-F_{NB}+F_{IC}=0$$

$$\sum F_y=0,\ F_{Ay}-mg=0$$

$$\sum M_A=0,\ F_{NB}l\sin 60°-F_{IC}\frac{l}{2}\sin 60°-mg\frac{l}{2}\cos 60°=0$$

解上述方程组，得

$$F_{Ax}=17.93\ \text{N},\ F_{Ay}=96.04\ \text{N},\ F_{NB}=37.53\ \text{N}$$

【例 12-4】 水平均质杆 AB 的长度为 l，质量为 m，A 端用铰链连接，B 端用铅垂绳吊住，如图 12-11a 所示。现将绳突然剪断，试求此时杆 AB 的角加速度和点 A 的约束力。

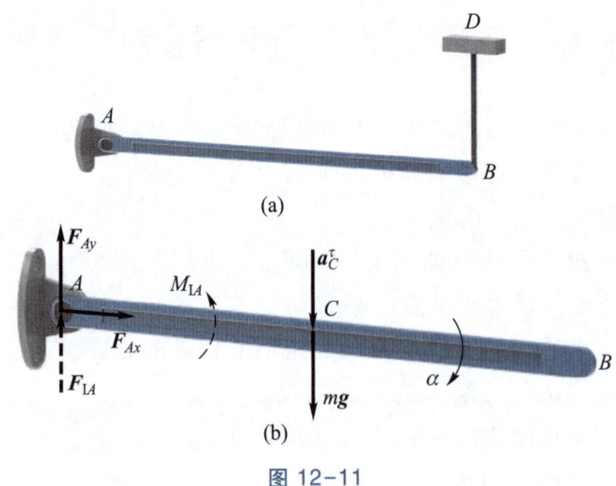

图 12-11

【解】 取杆 AB 为研究对象，作用于杆 AB 上的力有重力 $m\boldsymbol{g}$，点 A 的约束力 $\boldsymbol{F}_{Ax}$、$\boldsymbol{F}_{Ay}$。将绳突然剪断，此时杆做定轴转动，且 $\omega=0$，$\alpha\neq0$。故惯性力系可简化为作用于 A 处的惯性力 $\boldsymbol{F}_{IA}$和惯性力矩 M_{IA}，如图 12-11b 所示，其大小分别为

$$F_{IA}=ma_C^{\tau},\ M_{IA}=J_A\alpha=\frac{1}{3}ml^2\alpha$$

根据达朗贝尔原理，列平衡方程

$$\sum F_x=0,\ F_{Ax}=0$$

$$\sum F_y=0,\ F_{Ay}+F_{IA}-mg=0$$

$$\sum M_A=0,\ M_{IA}-mg\frac{l}{2}=0$$

解上述方程组，得

$$\alpha=\frac{3g}{2l},\ F_{Ax}=0,\ F_{Ay}=\frac{1}{4}mg$$

【例 12-5】如图 12-12a 所示，质量为 m、半径为 r 的均质轮 A 在斜面上做纯滚动。定滑轮 B 的质量、半径均与轮 A 相同，且可视为均质圆盘。弹簧的刚度系数为 k，斜面倾角为 θ。试求当弹簧伸长为 δ 时，轮 A 的角加速度及轴 B 处的约束力。

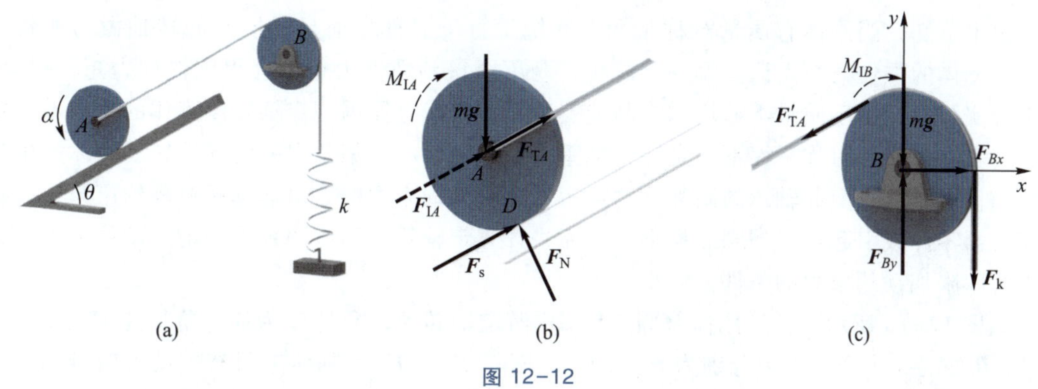

图 12-12

【解】轮 A 做平面运动，滑轮 B 做定轴转动。设轮 A 的角加速度为 α，则轮心 A 处的加速度为 $a_A=r\alpha$，定滑轮 B 的角加速度也为 α。将轮 A 的惯性力系向轮心 A 简化，如图12-12b 所示，其大小分别为

$$F_{IA}=ma_A=mr\alpha,\ M_{IA}=J_A\alpha=\frac{1}{2}mr^2\alpha$$

因定滑轮 B 的转轴过滑轮质心，故其惯性力系可向转轴简化为惯性力偶，如图 12-12c 所示，其大小为

$$M_{IB}=J_B\alpha=\frac{1}{2}mr^2\alpha$$

取轮 A 为研究对象，作用于轮 A 上的力有重力 $m\boldsymbol{g}$、绳张力 $\boldsymbol{F}_{TA}$、约束力 $\boldsymbol{F}_N$、摩擦力 $\boldsymbol{F}_s$，其受力图如图 12-12b 所示。根据达朗贝尔原理，列平衡方程

$$\sum M_D=0,\ mgr\sin\theta-M_{IA}-F_{IA}r-F_{TA}r=0 \tag{a}$$

再取定滑轮 B 为研究对象，作用于定滑轮 B 上的力有重力 $m\boldsymbol{g}$，绳张力 $\boldsymbol{F}'_{TA}$，弹簧力 $F_k=k\delta$，约束力 $\boldsymbol{F}_{Bx}$、$\boldsymbol{F}_{By}$，其受力图如图 12-12c 所示。可列平衡方程

$$\sum M_B=0,\ F'_{TA}r-M_{IB}-F_kr=0 \tag{b}$$

$$\sum F_x=0,\ F_{Bx}-F'_{TA}\cos\theta=0 \tag{c}$$

$$\sum F_y=0,\ F_{By}-F'_{TA}\sin\theta-mg-F_k=0 \tag{d}$$

联立式（a）、（b），可解得

$$\alpha=\frac{1}{2r}\left(g\sin\theta-\frac{k}{m}\delta\right),\ F_{TA}=\frac{1}{4}(mg\sin\theta+3k\delta)$$

将所得结果代入式（c）、（d），可解得

$$F_{Bx}=\frac{1}{8}(mg\sin 2\theta+6k\delta\cos\theta),\ F_{By}=\frac{mg}{4}(\sin^2\theta+4)+k\delta\left(1+\frac{3}{4}\sin\theta\right)$$

§12-4 定轴转动刚体的轴承动约束力

由上节知，当刚体有质量对称平面，并绕垂直于对称平面且过质心的转轴做匀速转动时，该刚体的惯性力系无论向哪一点简化，既不会得到惯性力也不会得到惯性力矩。但是，在工程实际中，由于质量不够均匀、制造安装不够精确等原因，定轴转动刚体的质心不一定落在转轴上，质量对称平面不一定与转轴垂直。这种偏心和偏角误差将导致转动刚体产生相应的惯性力，从而引起轴承的附加动约束力，这种动约束力的数值远远超过静约束力，以致损坏机器零件或引起机器的剧烈振动。下面将计算定轴转动刚体的轴承的附加动约束力，并给出消除附加动约束力的条件。

如图 12-13 所示，任一刚体绕固定轴 AB 做定轴转动，角速度为 ω，角加速度为 α。轴承 A、B 处的 5 个全约束力分别为 $\boldsymbol{F}_{Ax}$、$\boldsymbol{F}_{Ay}$、$\boldsymbol{F}_{Bx}$、$\boldsymbol{F}_{By}$、$\boldsymbol{F}_{Bz}$；刚体上所有主动力向转轴上一点 O 简化所得主矢和主矩分别为 $\boldsymbol{F}_{\mathrm{R}}$ 与 $\boldsymbol{M}_O$；质心 C 的位置为（x_C，y_C，z_C），则惯性力系向 O 简化所得主矢 $\boldsymbol{F}_{\mathrm{IR}}$和主矩 $\boldsymbol{M}_{\mathrm{I}O}$分别为

$$\boldsymbol{F}_{\mathrm{IR}}=-m\boldsymbol{a}_C=m(x_C\omega^2+y_C\alpha)\boldsymbol{i}+m(y_C\omega^2-x_C\alpha)\boldsymbol{j}=F_{\mathrm{IR}x}\boldsymbol{i}+F_{\mathrm{IR}y}\boldsymbol{j}$$

$$\boldsymbol{M}_{\mathrm{I}O}=(J_{xz}\alpha-J_{yz}\omega^2)\boldsymbol{i}+(J_{yz}\alpha+J_{xz}\omega^2)\boldsymbol{j}-J_z\alpha\boldsymbol{k}=M_{\mathrm{I}x}\boldsymbol{i}+M_{\mathrm{I}y}\boldsymbol{j}+M_{\mathrm{I}k}\boldsymbol{k}$$

为了求出轴承 A、B 处的全约束力，建立如图 12-13 所示坐标系，根据达朗贝尔原理，主动力、全约束力和惯性力在形式上组成空间任意平衡力系，列平衡方程得

$$\sum F_x=0,\quad F_{Ax}+F_{Bx}+F_{\mathrm{R}x}+F_{\mathrm{IR}x}=0$$

$$\sum F_y=0,\quad F_{Ay}+F_{By}+F_{\mathrm{R}y}+F_{\mathrm{IR}y}=0$$

$$\sum F_z=0,\quad F_{Bz}+F_{\mathrm{R}z}=0$$

$$\sum M_x=0,\quad F_{By}\cdot OB-F_{Ay}\cdot OA+M_x+M_{\mathrm{I}x}=0$$

$$\sum M_y=0,\quad F_{Ax}\cdot OA-F_{Bx}\cdot OB+M_y+M_{\mathrm{I}y}=0$$

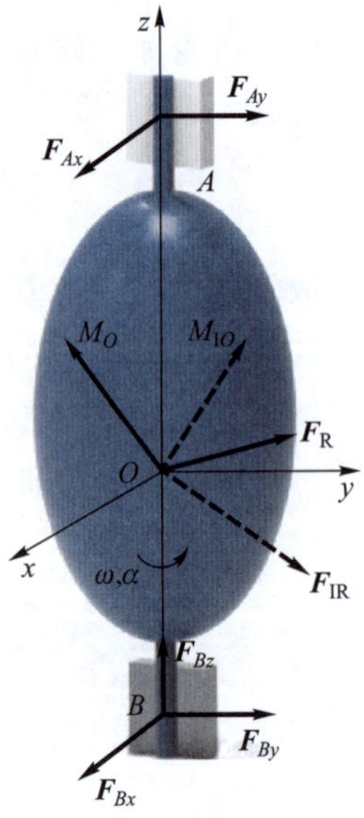

由上述 5 个方程解得轴承全约束力为

$$\begin{cases}F_{Ax}=-\dfrac{1}{AB}[(M_y+F_{\mathrm{R}x}\cdot OB)+(M_{\mathrm{I}y}+F_{\mathrm{IR}x}\cdot OB)]\\[2ex] F_{Ay}=\dfrac{1}{AB}[(M_x-F_{\mathrm{R}y}\cdot OB)+(M_{\mathrm{I}x}-F_{\mathrm{IR}y}\cdot OB)]\\[2ex] F_{Bx}=\dfrac{1}{AB}[(M_y-F_{\mathrm{R}x}\cdot OA)+(M_{\mathrm{I}y}-F_{\mathrm{IR}x}\cdot OA)]\\[2ex] F_{By}=-\dfrac{1}{AB}[(M_x+F_{\mathrm{R}y}\cdot OA)+(M_{\mathrm{I}x}+F_{\mathrm{IR}y}\cdot OA)]\\[2ex] F_{Bz}=-F_{\mathrm{R}z}\end{cases}\tag{12-10}$$

图 12-13

由式（12-10）可见，轴承动约束力由两部分构成：一部分是由主动力引起而与运动无关的，称为静约束力；另一部分是由惯性引起而与运动有关的，称为附加动约束力。由于惯性力没有沿轴 z 方向的分量，故轴承 B 沿轴 z 的约束力 $\boldsymbol{F}_{Bz}$与惯性力无关。要使附加动约束力等于零，则必须有

$$F_{\mathrm{IR}x}=m(x_C\omega^2+y_C\alpha)=0,\quad F_{\mathrm{IR}y}=m(y_C\omega^2-x_C\alpha)=0$$

$$M_{\mathrm{I}x}=J_{xz}\alpha-J_{yz}\omega^2=0,\ M_{\mathrm{I}y}=J_{yz}\alpha+J_{xz}\omega^2=0$$

即要满足条件

$$x_C=y_C=0,\ J_{xz}=J_{yz}=0$$

于是得出结论，刚体绕定轴转动时，避免出现轴承附加动约束力的条件是：转轴通过质心，刚体对转轴的惯性积等于零。

如果刚体对于通过某点的轴 z 的惯性积 J_{xz}、J_{yz} 为零，则称此轴为过该点的惯性主轴。通过质心的惯性主轴称为中心惯性主轴。因此，轴承附加动约束力为零的条件是：刚体的转轴必须是刚体的中心惯性主轴。

设刚体的转轴通过质心，当刚体只受重力作用时，它可以在任意位置静止，这种现象称为**静平衡**。当刚体的转轴通过质心且为惯性主轴时，刚体转动时轴承附加动约束力为零，这种现象称为动平衡。对于定轴转动的刚体，能实现静平衡但不一定能实现动平衡，但能实现动平衡的定轴转动的刚体一定能实现**静平衡**。

【例 12-6】 如图 12-14 所示，轮盘（连同转轴）的质量 $m=20$ kg，转轴 AB 与轮盘的质量对称平面垂直，但轮盘的质心 C 不在转轴上，偏心距 $e=0.1$ mm。当轮盘以匀转速 $n=$ 12 000 r/min 转动时，试求轴承 A、B 的附加动约束力。

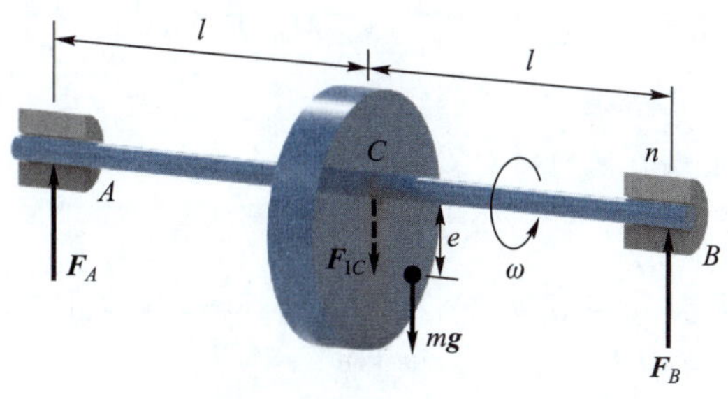

图 12-14

【解】 取轮盘为研究对象。轮盘受到重力 $\boldsymbol{mg}$ 和轴承约束力 $\boldsymbol{F}_A$、$\boldsymbol{F}_B$ 的作用。转轴 AB 与轮盘的质量对称平面垂直，转轴 AB 为惯性主轴，则轮盘对此轴的惯性矩为零，且轮盘做匀速转动，故其惯性力可简化为通过质心 C 的合力 $\boldsymbol{F}_{\mathrm{I}C}$，其大小为

$$F_{\mathrm{I}C}=me\omega^2$$

方向与质心加速度方向相反，如图 12-14 所示。

因为只求附加动约束力，故可以不考虑重力（即主动力）的作用，仅建立附加动约束力与惯性力的关系，即

$$F_A^{附}=F_B^{附}=\frac{1}{2}me\omega^2$$

代入题中数据得

$$F_A^{附}=F_B^{附}=\frac{20\times0.1\times10^{-3}}{2}\left(\frac{12\ 000\pi}{30}\right)^2\ \mathrm{N}=1\ 580\ \mathrm{N}$$

若仅考虑重力作用，则轴承的静约束力为

$$F_A'=F_B'=\frac{1}{2}mg=98\ \mathrm{N}$$

由此可见，轮盘在高速转动下，0.1 mm 的偏心距所引起的轴承附加动约束力是其静约束力的 16 倍。同时，轴承附加动约束力的方向随同转轴转动进行周期性变化。

小 结

1. 设质点的质量为 m，加速度为 $\boldsymbol{a}$，则质点的惯性力为

$$\boldsymbol{F}_{\mathrm{I}}=-m\boldsymbol{a}$$

2. 质点的达朗贝尔原理：作用在质点上的主动力、约束力和虚加的惯性力在形式上组成平衡力系，即

$$\boldsymbol{F}+\boldsymbol{F}_{\mathrm{N}}+\boldsymbol{F}_{\mathrm{I}}=\boldsymbol{0}$$

3. 质点系的达朗贝尔原理：作用在质点系上的所有外力 $\boldsymbol{F}_i^{(e)}$ 与虚加在质点上的惯性力 $\boldsymbol{F}_{\mathrm{I}i}$ 在形式上组成平衡力系，即

$$\begin{cases}\sum\boldsymbol{F}_i^{(e)}+\sum\boldsymbol{F}_{\mathrm{I}i}=\boldsymbol{0}\\ \sum\boldsymbol{M}_O(\boldsymbol{F}_i^{(e)})+\sum\boldsymbol{M}_O(\boldsymbol{F}_{\mathrm{I}i})=\boldsymbol{0}\end{cases}$$

4. 刚体惯性力系的简化结果

(1) 刚体做平移。惯性力系向质心 C 简化为一个主矢

$$\boldsymbol{F}_{\mathrm{IR}}=-m\boldsymbol{a}_C$$

(2) 刚体绕定轴转动（刚体有质量对称平面且转轴 z 垂直于该对称平面）。惯性力系向此对称平面和转轴 z 的交点 O 简化，主矢和主矩分别为

$$\boldsymbol{F}_{\mathrm{IR}}=-m\boldsymbol{a}_C,\quad M_{\mathrm{I}O}=-J_z\alpha$$

(3) 刚体做平面运动（刚体具有对称平面，且平行于此对称平面做平面运动）。惯性力系向质心 C 简化，主矢和主矩分别为

$$\boldsymbol{F}_{\mathrm{IR}}=-m\boldsymbol{a}_C,\quad M_{\mathrm{I}C}=-J_C\alpha$$

5. 刚体做定轴转动，消除附加动约束力的条件是：此转轴是中心惯性主轴。质心在转轴上，刚体可以在任意位置静止不动，实现静平衡；转轴为中心惯性主轴，转动时不产生轴承附加动约束力，称为动平衡。

思考题

12-1 单摆悬挂在车上，当车加速运动时，单摆向后倾斜某一角度。一种说法是：这是惯性力作用的结果。另一种说法是：这是单摆重力和惯性力两个力作用的结果。这两种说法对不对？为什么？

12-2 刚体做匀速直线平移及做匀速转动时有无惯性力？

12-3 雨天转动雨伞时，伞上的水滴脱离伞的边缘飞出，如何解释这种现象？是因为受到离心力的作用吗？

12-4 图12-15中圆盘的质量为 m，半径为 r，沿水平直线滚动。已知圆盘质心 C 在某瞬时的速度为 $\boldsymbol{v}_C$，加速度为 $\boldsymbol{a}_C$。试求该瞬时圆盘的惯性力系向速度瞬心 O 简化的主矢和主矩。

12-5 图12-16中均质杆 AB 在水平位置时处于平衡状态，现将 B 端细绳突然剪断。在刚剪断瞬时，A 端的约束力与剪断前相比有什么变化？

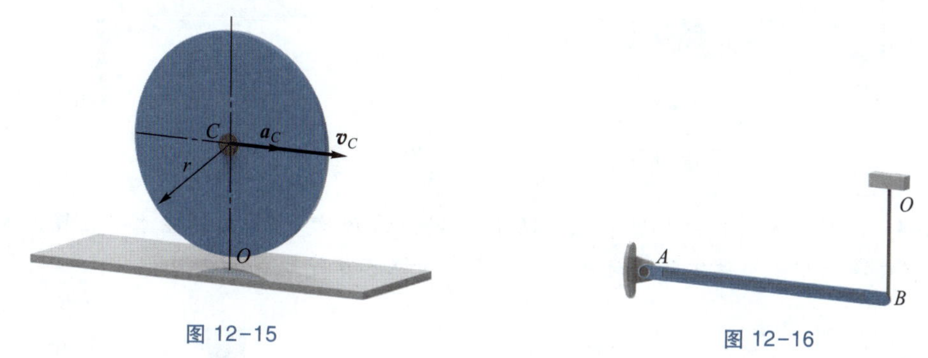

图 12-15　　图 12-16

12-6 均质薄板固连于水平转轴，如图12-17所示，并绕此轴以匀角速度转动，点 C 为平板质心。试分析哪几种情况轴承受的附加动约束力为零。

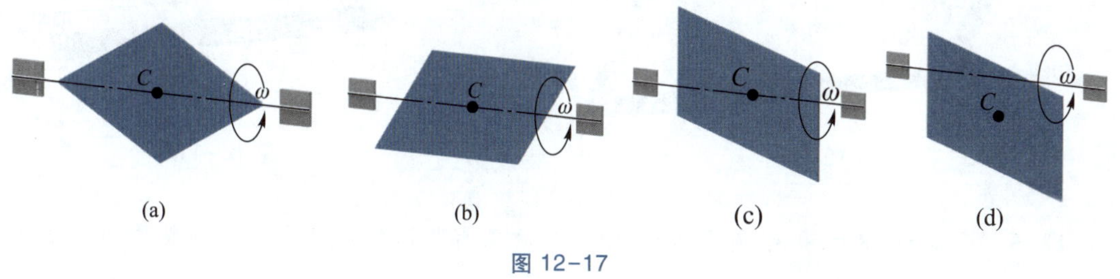

图 12-17

习　题

习题：
第十二章

12-1 在火箭、飞机、轮船和汽车等运载器中，常用图示装置测量它们的加速度。当重物 M 在平衡位置时，两根弹簧都没有发生变形，将此装置固结在运载器上，当运载器以某一加速度运行时，重物由于惯性而产生相对位移，因而每个弹簧都发生变形 δ；设两个弹簧的刚度系数均为 k，重物质量为 m，试求运载器的加速度。

12-2 如图所示，物块 A 放在光滑的斜面上，并随斜面一起以匀转速绕轴 z 转动。设物块 A 重100 N，$l=0.2$ m，试求绳 AB 的张力。

12-3 图示机构中，$O_1A=O_2B=r$，$AB=O_1O_2=l$，均质细杆 AB 质量为 m。图示瞬时，已知杆 O_1A 的角速度为 ω，角加速度为 α。试分别写出杆 AB 的惯性力系向质心 C 和端点 A 的简化结果。

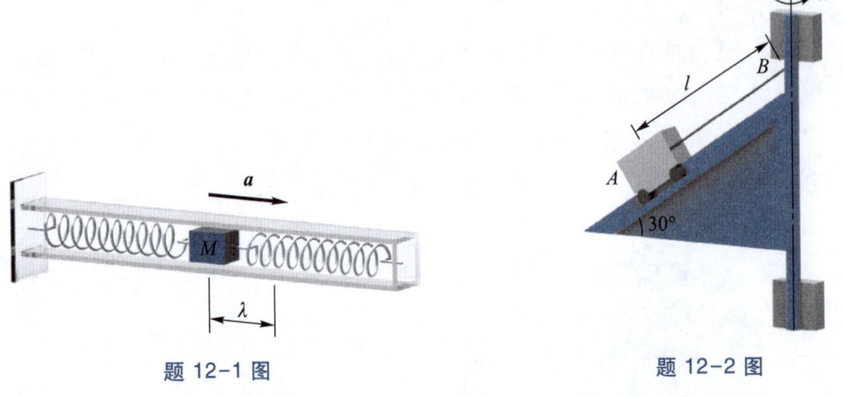

题 12-1 图　　题 12-2 图

12-4　质量为 m、长为 l 的均质杆 AD 用固定铰链 B 及绳 AE 维持在水平位置，如图所示。若将绳突然切断，试求此瞬时杆的角加速度和铰链 B 处的约束力。

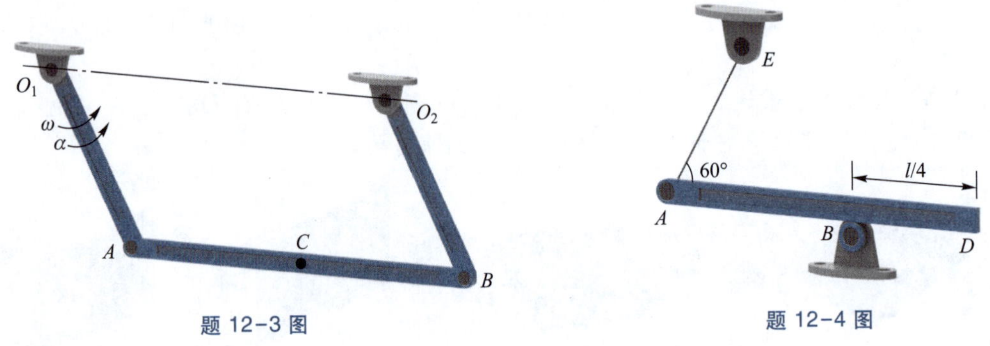

题 12-3 图　　题 12-4 图

12-5　质量 $m=8$ kg 的半圆形曲杆 AB，其两端有相同的导轮自由地在铅垂槽内滚动。已知曲杆的加速度 $a=\dfrac{1}{4}g$，试求力 $\boldsymbol{F}$ 的大小及点 A 与点 B 的约束力。

12-6　图中定滑轮的半径为 r，质量为 m，绕水平轴 O 转动。滑轮上套一软绳，两端分别悬挂质量为 m_1、m_2 的物块 A、B，且 $m_1>m_2$，绳与滑轮间无相对滑动。假设滑轮的质量均匀分布在轮缘上，试求物块运动的加速度和轮轴 O 的约束力。

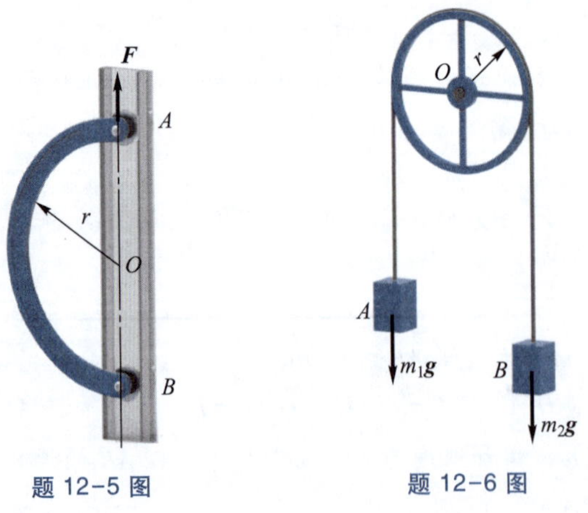

题 12-5 图　　题 12-6 图

12-7 图示均质滚子 C 的质量 $m=20$ kg，被水平绳拉着沿水平面做纯滚动。绳跨过滑轮 B，在另一端系有质量 $m_1=10$ kg 的重物 A。不计滑轮和绳的质量，试求滚子中心 C 的加速度。

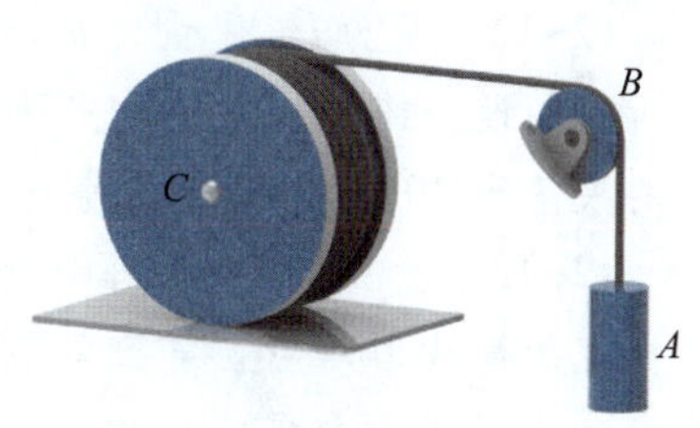

题 12-7 图

12-8 为研究交变拉力、压力对金属杆的影响，将金属杆的上端连接在曲柄连杆机构的滑块 B 上，而其下端挂质量为 m 的重锤。已知曲柄 OA 长为 r，连杆 AB 长为 l，当曲柄以匀角速度 ω 转动时，试求金属杆所受的拉力。

12-9 图示绞车的鼓轮 O 的质量 $m_1=400$ kg，绕在其上的绳索末端所系重物 A 的质量 $m_2=3\ 000$ kg，在鼓轮上作用力偶 M，使重物 A 沿倾斜角 $\theta=45°$ 的光滑斜面以匀加速度 $a=1.5\ \text{m/s}^2$ 上升。试求绳的张力及轮轴承的约束力。

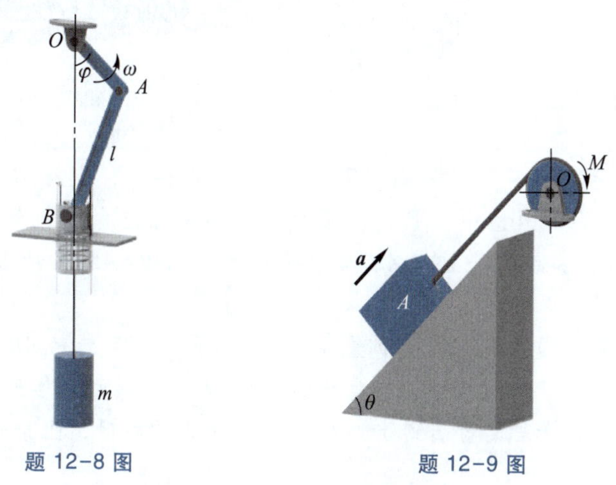

题 12-8 图　　题 12-9 图

12-10 提升设备如图所示。已知物体 A 的质量 $m_A=2\ 000$ kg，平衡物体 B 的质量 $m_B=800$ kg，由电动卷扬机拖动，若卷扬机对绳的拉力为 3 kN，不计滑轮和绳的质量，试求物体 A 的加速度和绳 ED 的张力。

12-11 均质直角曲杆 AOB 与铅垂转轴以铰链 O 相连，转轴以等角速度 ω 转动，如图所示。已知 $OA=a$，$OB=b$，试求 OA 与转轴夹角 φ 同 ω 的关系。

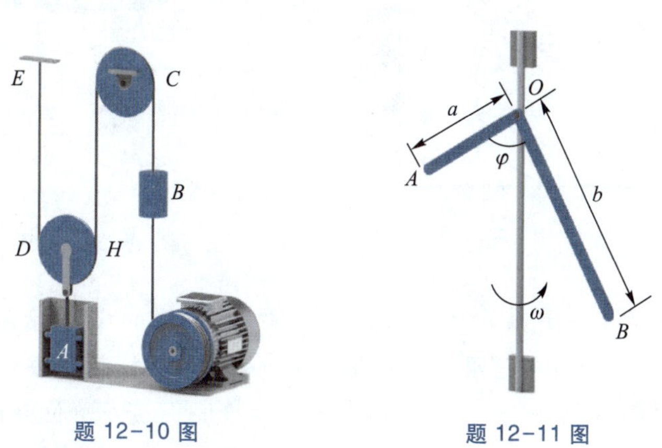

题 12-10 图　　题 12-11 图

12-12 长为 l、质量为 m 的均质杆 AB 和 BD 用铰链连接，并用固定铰支座 A 支撑，如图所示。设系统只能在铅垂平面内运动，试求系统在图示位置（杆 AB 水平，杆 BD 与铅垂线的夹角为 $30°$）无初速度释放的瞬时，两杆的角加速度和 A 处的约束力。

12-13 如图所示水平面上放一均质三棱柱 A，在此三棱柱上又放一均质三棱柱 B，两三棱柱的横截面均为直角三角形，且质量分别为 M 和 m，设各接触面都是光滑的。试求当三棱柱 B 从图示位置沿 A 由静止滑下时，三棱柱 A 的加速度。

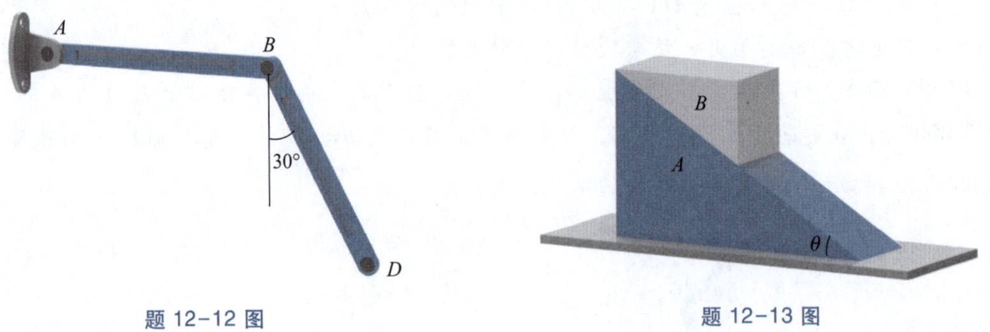

题 12-12 图　　题 12-13 图

12-14 如图所示机构，均质细杆 AB 长为 l，质量为 m，上端 B 靠在光滑的竖直墙上，下端 A 用铰链与均质圆柱中心相连，圆柱在粗糙地面上做纯滚动，其质量为 M，半径为 R。在图示瞬时，系统静止且杆 AB 与水平线的夹角 $\theta=45°$，试求该瞬时杆 AB 的角加速度。

12-15 如图所示，涡轮机的转盘重量 $G=2$ kN，质心 C 到转轴 AB 的距离 $e=0.5$ mm。转轴 AB 垂直于转盘的质量对称平面，转盘绕铅垂轴 AB 匀速转动，转速 $n=6\ 000$ r/min。已知 $AB=h=1\ 000$ mm，试求当转盘转到质心 C 位于 yz 平面的瞬时，止推轴承 A 和向心轴承 B 的附加动约束力。

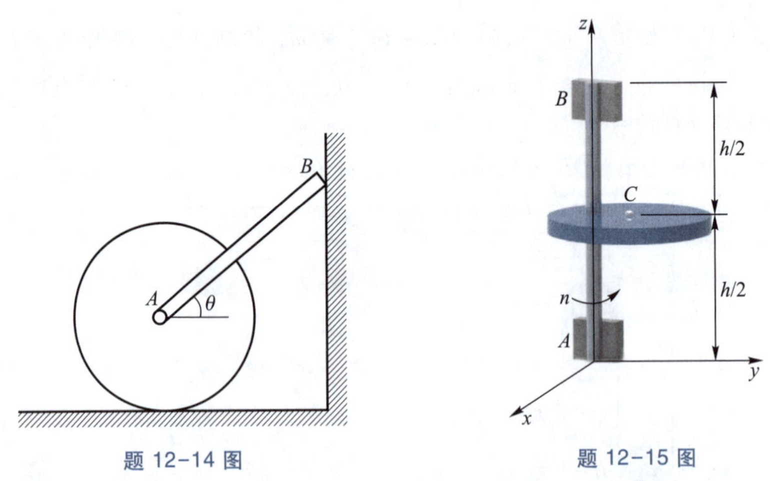

题 12-14 图　　题 12-15 图

12-16 图中砂轮Ⅰ的质量 $m_1=4$ kg，其偏心距 $e_1=0.5$ mm，砂轮Ⅱ的质量 $m_2=2$ kg，其偏心距 $e_2=1$ mm，电动机转子Ⅲ的质量 $m_3=8$ kg，无偏心，带动两砂轮旋转，转速 $n=3\ 000$ r/min。试求砂轮转动时轴承 A、B 的附加动约束力。（图中单位为 mm）

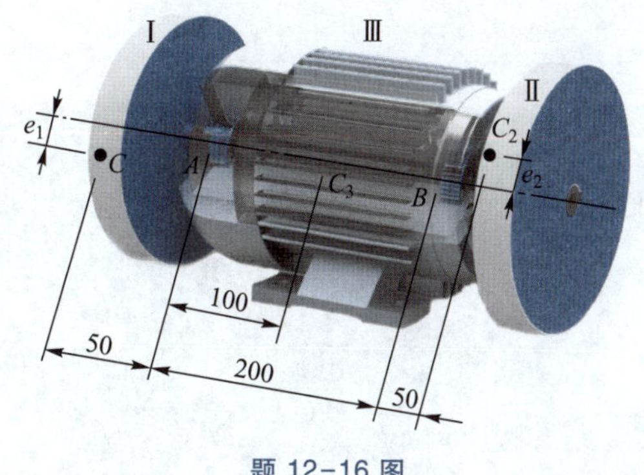

题 12-16 图

第十三章 虚位移原理

虚位移原理是分析力学的基本原理，该原理给出了任意非自由质点系平衡的必要与充分条件，是解决质点系平衡问题的普遍原理，故称为分析静力学。虚位移原理减少了不必要的平衡方程，从系统主动力做功的角度出发研究质点系的平衡问题，它不仅是求解平衡问题的普遍法则，通过和达朗贝尔原理结合所得的动力学普遍方程，也为求解复杂系统的动力学问题提供了另一种普遍的方法，即分析力学的方法。

本章首先介绍虚位移原理涉及的几个基本概念，然后给出虚位移原理及其工程应用。

§13-1 约束 自由度与广义坐标

13.1.1 约束的概念和分类

在静力学中我们把限制物体位移的周围物体称为该物体的约束。这里，我们将限制质点或质点系运动的条件称为**约束**，约束的数学表达式则称为**约束方程**。受到约束而不能任意运动的质点系称为**非自由质点系**，反之，不受约束而能任意运动的质点系称为**自由质点系**。

按照约束形式及其性质的不同，可将约束进行分类。

例如单摆，如图 13-1 所示，摆长为 l 的刚杆，一端与球铰相连，另一端固接摆锤 M，摆锤 M 只能在以球铰中心 O 为球心、杆长 l 为半径的球面上运动。对于摆锤 M 来说，其到固定点 O 的距离始终保持不变即为约束条件。

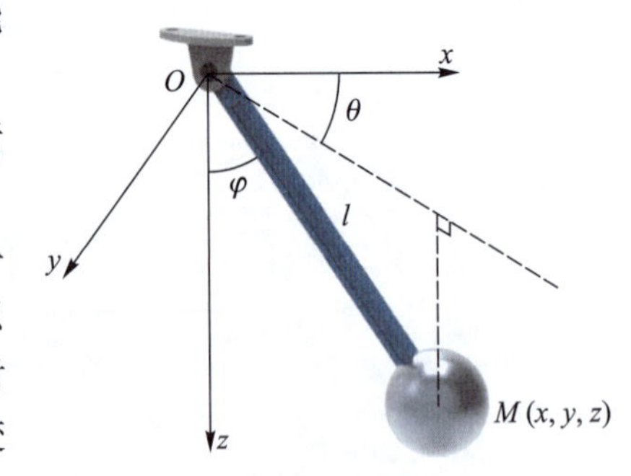

图 13-1

在图示坐标系中，摆的约束方程表示为

$$x^2+y^2+z^2=l^2 \tag{13-1}$$

例如曲柄连杆机构，如图 13-2 所示，曲柄和连杆的长度分别为 r 和 l，曲柄绕点 O 转动，滑块 B 在水平滑道中运动，整个机构在一个平面内运动。机构可简化为由曲柄销 A 和滑块 B 两个质点组成的质点系。该质点系所受约束为销 A 到点 O 的距离不变、销 A 和滑块 B 的距离不变、滑块 B 始终运动在轴 x 上。

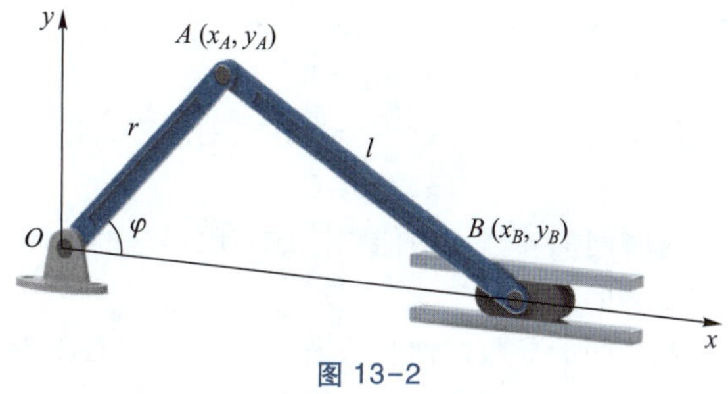

图 13-2

在图示坐标系中，曲柄连杆机构的约束方程为

$$\begin{cases} x_A^2+y_A^2=r^2 \\ (x_B-x_A)^2+(y_B-y_A)^2=l^2 \\ y_B=0,\ z_A=0,\ z_B=0 \end{cases} \tag{13-2}$$

上述这些约束方程都不明显包含时间 t，即约束不随时间而改变，这种约束称为**定常约束**（或**稳定约束**）。如果在约束方程中包含时间 t，则这种约束称为**非定常约束**（或**不稳定约束**）。

例如，图 13-3 所示摆长随时间变化的单摆，重物 M 由一根穿过固定圆环 O 的细绳系住，设摆长在初始时刻为 l_0，并以不变的速度 $\boldsymbol{v}$ 拉动细绳的另一端。

在图示坐标系中，单摆的约束方程为

$$x^2+y^2=(l_0-vt)^2 \tag{13-3}$$

显然，图 13-3 所示单摆的约束方程中含有时间 t，该约束即为不稳定约束。

式（13-1）~（13-3）这些约束方程中只包含系统各点的坐标，不包含系统各点的速度，这种只限制质点或质点系几何位置的约束称为**几何约束**。

如果在约束方程中包含系统质点坐标对时间的导数，即限制质点系中质点的速度，则称这种约束为**运动约束**。例如，沿直线轨道做纯滚动的车轮如图 13-4 所示，已知车轮半径为 r，

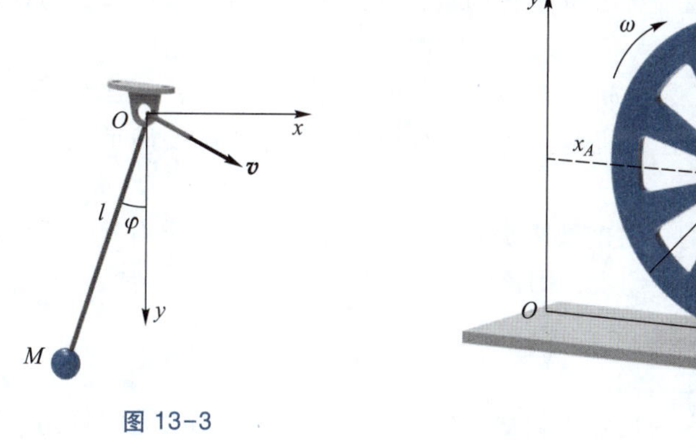

图 13-3

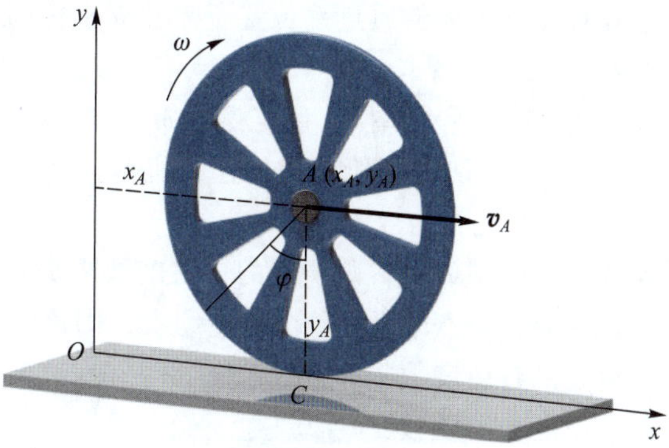

图 13-4

车轮轮心 A 与轨道的距离始终保持不变，即为其几何约束，在图示坐标系中，该约束条件对应的约束方程为

$$y_A = r \tag{13-4}$$

同时，车轮做纯滚动，即每一瞬时车轮与轨道接触点 C 的速度均等于零，该条件是对车轮上点 A 的速度的限制，该速度约束对应的约束方程为

$$v_A - r\omega = 0 \tag{13-5}$$

考虑到 $v_A = \dot{x}_A$，$\omega = \dot{\varphi}$，上式可写为

$$\dot{x}_A - r\dot{\varphi} = 0$$

上式是一个比较简单的运动约束，可以积分为有限的形式，即

$$x_A - r\varphi = C \tag{13-6}$$

约束方程中含有坐标对时间的导数，但能积分成有限形式的运动约束，称为**可积的运动约束**，它与几何约束没有显著的差别。

约束方程中含有坐标对时间的导数，而且方程不能积分成有限形式，称为**非完整约束**。反之，约束方程中不含坐标对时间的导数，或约束方程中含有坐标对时间的导数，但能积分成有限形式，称为**完整约束**。几何约束与可积的运动约束为**完整约束**。

双侧约束是指在约束方程中用等号表示的约束，这种约束能同时在两个相反方向对质点的运动起限制作用，如前所述，球摆的摆锤、曲柄滑块机构中的曲柄销和滑块、在平直道路上做纯滚动的车轮，所受到的约束均为双侧约束。单侧约束是指约束方程只能用不等式表示的约束。如把图 13-1 所示单摆中的刚性摆杆换为不可伸长的柔性绳索，则绳索只能限制小球 M 向球面外方向的运动，而不能限制小球在球面内运动，其约束方程为

$$x^2 + y^2 + z^2 \leqslant l^2 \tag{13-7}$$

此时，摆锤 M 受到的约束即为单侧约束。

本章仅讨论双侧、定常、完整约束问题。

13.1.2 自由度与广义坐标

在空间直角坐标系中，由 n 个质点组成的自由质点系，确定每个质点的位置需要 3 个坐标，确定 n 个质点的位置共需 $3n$ 个坐标，且这 $3n$ 个坐标都是独立的。对于非自由质点系来说，若质点系受到 s 个完整约束，则 $3n$ 个用于确定质点位置的坐标还需满足 s 个约束方程，即只有 $3n-s$ 个坐标是独立的，其余 s 个坐标则是这些独立坐标的给定函数。

确定具有完整约束的质点系位置所需独立坐标的数目称为质点系的**自由度数**，简称**自由度**，用 k 表示。

例如，图 13-1 所示单摆，确定摆锤 M 位置的 3 个坐标要满足 1 个约束方程式（13-1），摆锤自由度 $k=2$。图 13-2 所示曲柄连杆机构，确定系统位置的 4 个坐标要满足 3 个约束方程式（13-2），系统自由度 $k=1$。

质点的运动受到约束，则质点的自由度数减少。一般情况下，对于一个由 n 个质点组成的质点系，如果该质点系受到 s 个完整约束，则该完整系统的自由度数为

空间运动的自由度数：$k=3n-s$

平面运动的自由度数：$k=2n-s$

确定质点系位置的独立参量，称为质点系的**广义坐标**。广义坐标的形式是多样的，可以

是直角坐标 x、y、z，也可以是弧坐标 s 或转角 φ，广义坐标的选择并不是唯一的。但对于一个具体的确定的质点系，广义坐标数是确定的。

例如，图 13-1 所示单摆，系统自由度 $k=2$，以球坐标 θ 和 φ 作为广义坐标，即可简便地确定摆锤 M 的位置，且摆锤 M 的直角坐标也可以表示为 θ 和 φ 的单值连续函数：

$$x=l\sin\varphi\cos\theta,\quad y=l\sin\varphi\sin\theta,\quad z=l\cos\varphi$$

图 13-2 所示曲柄连杆机构，系统自由度 $k=1$，以曲柄 OA 的转角 φ 为广义坐标，也能方便地确定质点系的位置，各质点的直角坐标可表示为 φ 的单值连续函数：

$$x_A=r\cos\varphi,\quad y_A=r\sin\varphi$$

$$x_B=r\cos\varphi+\sqrt{l^2-r^2\sin^2\varphi},\quad y_B=0$$

显然，对于由 n 个质点组成，受有 s 个双侧、定常、完整约束的质点系，系统的自由度 $k=3n-s$，可以取 q_1，q_2，…，q_k 作为质点系的广义坐标，质点系第 i 个质点的径矢与广义坐标的函数关系为

$$\boldsymbol{r}_i=\boldsymbol{r}_i(q_1,\ q_2,\ \cdots,\ q_k,\ t)\quad (i=1,\ 2,\ \cdots,\ n) \tag{13-8}$$

第 i 个质点的直角坐标与广义坐标的函数关系为

$$\begin{cases}x_i=x_i(q_1,\ q_2,\ \cdots,\ q_k,\ t)\\ y_i=y_i(q_1,\ q_2,\ \cdots,\ q_k,\ t)\quad (i=1,\ 2,\ \cdots,\ n)\\ z_i=z_i(q_1,\ q_2,\ \cdots,\ q_k,\ t)\end{cases} \tag{13-9}$$

对于完整系统，广义坐标数目等于系统自由度数。

系统各质点的坐标可用广义坐标来表示，则系统各质点的虚位移 $\delta\boldsymbol{r}_i(\delta x_i,\ \delta y_i,\ \delta z_i)$ 也可用广义坐标的变分，即**广义虚位移** δq_1，δq_2，…，δq_k 表示。对式（13-8）、（13-9）进行变分运算可得

$$\delta\boldsymbol{r}_i=\frac{\partial\boldsymbol{r}_i}{\partial q_1}\delta q_1+\frac{\partial\boldsymbol{r}_i}{\partial q_2}\delta q_2+\cdots+\frac{\partial\boldsymbol{r}_i}{\partial q_k}\delta q_k=\sum_{j=1}^{k}\frac{\partial\boldsymbol{r}_i}{\partial q_j}\delta q_j \tag{13-10}$$

或

$$\begin{cases}\delta x_i=\dfrac{\partial x_i}{\partial q_1}\delta q_1+\dfrac{\partial x_i}{\partial q_2}\delta q_2+\cdots+\dfrac{\partial x_i}{\partial q_k}\delta q_k=\displaystyle\sum_{j=1}^{k}\frac{\partial x_i}{\partial q_j}\delta q_j\\ \delta y_i=\dfrac{\partial y_i}{\partial q_1}\delta q_1+\dfrac{\partial y_i}{\partial q_2}\delta q_2+\cdots+\dfrac{\partial y_i}{\partial q_k}\delta q_k=\displaystyle\sum_{j=1}^{k}\frac{\partial y_i}{\partial q_j}\delta q_j\\ \delta z_i=\dfrac{\partial z_i}{\partial q_1}\delta q_1+\dfrac{\partial z_i}{\partial q_2}\delta q_2+\cdots+\dfrac{\partial z_i}{\partial q_k}\delta q_k=\displaystyle\sum_{j=1}^{k}\frac{\partial z_i}{\partial q_j}\delta q_j\end{cases} \tag{13-11}$$

§13-2 虚位移原理

13.2.1 虚位移 虚功 理想约束

对于非自由质点系，由于约束的存在，系统中各质点的位移将受到一定的限制，有些位移是约束允许的，另一些位移则是约束不允许的。在某给定瞬时，质点或质点系在约束允许

的条件下，可能实现的任何无限小的位移称为质点或质点系的**虚位移**。

虚位移与实际位移是两个截然不同的概念。实位移是质点或质点系在一定时间间隔 $\mathrm{d}t$ 内发生的真实位移，除了与约束条件有关以外，还与作用在其上的主动力和运动的初始条件有关，其方向是唯一的。虚位移只与约束条件有关，而与时间、作用力和运动的初始条件无关，虚位移是任意的无限小的位移。在定常约束下，实位移是虚位移的一种。

虚位移可以是线位移，也可以是角位移，常用 $\delta\boldsymbol{r}$ 表示，以区别于实位移 $\mathrm{d}\boldsymbol{r}$。

由于约束的作用，在非自由质点系中各质点的位置或运动是相互制约的，它们必须满足约束的限制条件。因此，质点系中各质点的虚位移之间存在着一定的关系。例如，图 13-2 所示曲柄连杆机构，结构在 φ 角时处于平衡。在约束的允许下，给曲柄 OA 一个逆时针的虚位移 $\delta\varphi$，由于曲柄 OA、连杆 AB 的长度不变及滑道对滑块 B 的约束，销 A、滑块 B 此时的虚位移分别为 $\delta\boldsymbol{r}_A$、$\delta\boldsymbol{r}_B$，如图 13-5a 所示。考虑到虚位移的任意性，在约束允许下，也可给曲柄 OA 一个顺时针的虚位移 $\delta\varphi$，则销 A、滑块 B 的虚位移如图 13-5b 所示。

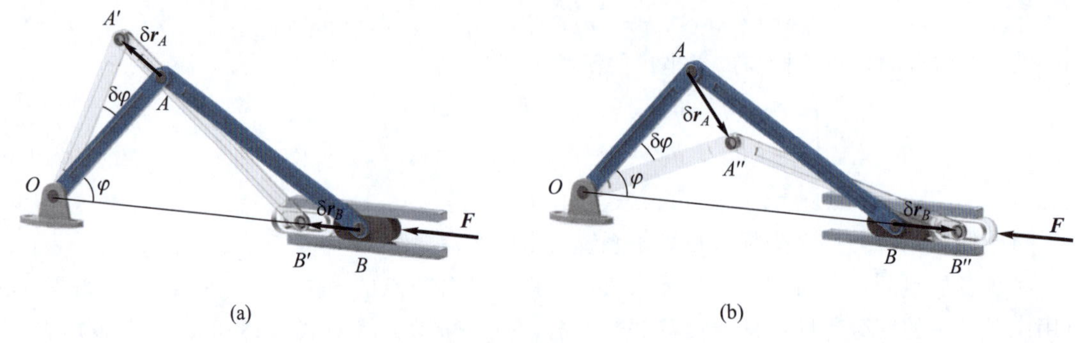

图 13-5

力在虚位移中做的功称为**虚功**，用 δW 表示。例如，力 $\boldsymbol{F}$ 的虚功为 $\boldsymbol{F}\cdot\delta\boldsymbol{r}$，力偶的虚功为 $M\cdot\delta\varphi$。本书中，虚功与实位移中的元功均采用 δW 表示，但它们之间有着本质的区别。由于虚位移是假想的无限小位移，而不是真实位移，因此其虚功也是假想的；实位移中的元功则是力在真实位移中做的功，它与物体运动的路径有关。

如果约束力在质点系的任意虚位移上所做的虚功之和等于零，这样的约束称为**理想约束**。若以 $\boldsymbol{F}_{\mathrm{N}i}$ 表示质点系中第 i 个质点所受的约束力，$\delta\boldsymbol{r}_i$ 表示第 i 个质点的虚位移，则系统具有理想约束的条件可表示为

$$\delta W_{\mathrm{N}}=\sum\boldsymbol{F}_{\mathrm{N}i}\cdot\delta\boldsymbol{r}_i=0 \tag{13-12}$$

常见的理想约束包括：光滑支承面，光滑铰链、轴承、铰链支座，二力杆及不可伸长的柔索，刚体纯滚动时的支承面等。

13.2.2 虚位移原理

设由 n 个质点组成的质点系处于静止平衡状态，作用于其中任一质点 m_i 上的主动力为 $\boldsymbol{F}_i$，约束力为 $\boldsymbol{F}_{\mathrm{N}i}$，如图 13-6 所示。

由质点系平衡可知，质点 m_i 也处于平衡状态，则有

$$\boldsymbol{F}_i+\boldsymbol{F}_{\mathrm{N}i}=\boldsymbol{0}$$

在约束允许下，给质点系一个虚位移，其中质点 m_i 的虚位移为 $\delta \boldsymbol{r}_i$，则作用在质点 m_i 上的主动力和约束力的虚功之和为

$$\boldsymbol{F}_i \cdot \delta \boldsymbol{r}_i + \boldsymbol{F}_{\mathrm{N}i} \cdot \delta \boldsymbol{r}_i = 0$$

由此可得

$$\sum \boldsymbol{F}_i \cdot \delta \boldsymbol{r}_i + \sum \boldsymbol{F}_{\mathrm{N}i} \cdot \delta \boldsymbol{r}_i = 0$$

若质点系所受约束为理想约束，则有 $\sum \boldsymbol{F}_{\mathrm{N}i} \cdot \delta \boldsymbol{r}_i = 0$，代入上式可得

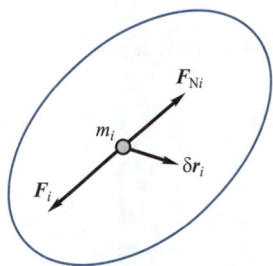

$$\delta W_{\mathrm{F}} = \sum \boldsymbol{F}_i \cdot \delta \boldsymbol{r}_i = 0 \qquad (13-13)$$

图 13-6

具有理想、双侧、定常约束的质点系，在给定位置保持平衡的必要与充分条件是，作用在质点系上的所有主动力在任何虚位移上所做的虚功之和等于零。这就是**虚位移原理**，也称为**虚功原理**。

式（13-13）称为虚功方程，其解析表达式为

$$\delta W_{\mathrm{F}} = \sum (F_{ix}\delta x_i + F_{iy}\delta y_i + F_{iz}\delta z_i) = 0 \qquad (13-14)$$

式（13-14）中，F_{ix}、F_{iy}、F_{iz} 是主动力 $\boldsymbol{F}_i$ 在直角坐标轴上的投影；δx_i、δy_i、δz_i 表示虚位移 $\delta \boldsymbol{r}_i$ 在直角坐标轴上的投影。此方程又称为**静力学普遍方程**。

应用虚位移原理解题无须分析理想约束的约束力，可以方便地求解系统平衡时主动力之间的关系，以及系统的平衡位置。若要应用虚位移原理求理想约束的约束力，只须解除相应的约束，代之以约束力，并将该约束力视为主动力，即可应用虚位移原理解出所要求的约束力。

对于有摩擦或可变形弹簧等情形，可以把摩擦力或弹性力视为主动力，考虑其所做的虚功，仍可采用虚位移原理求解。此外，在建立虚功方程时，如果主动力包含力矩，则对应的虚位移应为虚转角。

【例 13-1】 如图 13-7 所示椭圆规机构，已知连杆 AB 长为 l，不计杆重和滑道、铰链上的摩擦力。求在图示位置平衡时，主动力 $\boldsymbol{F}_A$ 和 $\boldsymbol{F}_B$ 之间的关系。

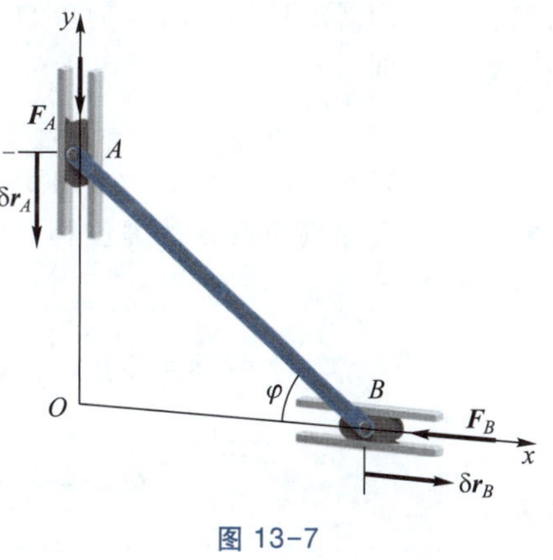

图 13-7

【解】 本题所求为机构平衡时主动力之间的关系，可用虚位移原理求解。

取机构整体为研究对象，系统约束为理想约束。

解法一：解析法

系统只有一个自由度，取 φ 为广义坐标。作用在系统上的主动力为 $\boldsymbol{F}_A$ 和 $\boldsymbol{F}_B$，由虚位移原理 $\sum(F_{ix}\delta x_i + F_{iy}\delta y_i + F_{iz}\delta z_i) = 0$ 可得

$$(-F_A)\delta y_A + (-F_B)\delta x_B = 0 \qquad (a)$$

在图示坐标系下，主动力 $\boldsymbol{F}_A$ 和 $\boldsymbol{F}_B$ 作用点 A、B 的坐标为

$$y_A = l\sin\varphi, \quad x_B = l\cos\varphi$$

分别对上述坐标作变分运算，可求得点 A、B 的虚位移投影为

$$\delta y_A = l\cos\varphi\delta\varphi, \quad \delta x_B = -l\sin\varphi\delta\varphi \qquad (b)$$

将式（b）代入式（a），整理后可得

$$(-F_A l\cos\varphi+F_B l\sin\varphi)\delta\varphi=0$$

由 $\delta\varphi$ 的任意性可得

$$-F_A l\cos\varphi+F_B l\sin\varphi=0$$

解得主动力 $\boldsymbol{F}_A$ 和 $\boldsymbol{F}_B$ 之间的关系为

$$F_A=F_B\tan\varphi$$

解法二：几何法

在约束允许下，分别给点 A、B 一个虚位移 $\delta\boldsymbol{r}_A$ 和 $\delta\boldsymbol{r}_B$，由虚位移原理写出主动力 $\boldsymbol{F}_A$ 和 $\boldsymbol{F}_B$ 对应的虚功方程

$$F_A\delta r_A-F_B\delta r_B=0 \tag{c}$$

由于杆 AB 为刚杆，则 A、B 两点的虚位移在 A、B 连线上的投影应相等，即

$$\delta r_A\sin\varphi=\delta r_B\cos\varphi$$

将上述虚位移关系代入式（c），整理后可得

$$(F_A-F_B\tan\varphi)\delta r_A=0 \quad 或 \quad (F_A\cot\varphi-F_B)\delta r_B=0$$

由虚位移 $\delta\boldsymbol{r}_A$ 或 $\delta\boldsymbol{r}_B$ 的任意性可得

$$F_A-F_B\tan\varphi=0 \quad 或 \quad F_A\cot\varphi-F_B=0$$

解得主动力 $\boldsymbol{F}_A$ 和 $\boldsymbol{F}_B$ 之间的关系为

$$F_A=F_B\tan\varphi$$

【例 13-2】 曲柄式压榨机如图 13-8 所示，杆 OA 和 AB 与铅垂线的夹角均为 θ，且 $OA=AB=l$，在中间铰链 A 上连接一个手柄，已知水平力 $\boldsymbol{F}_A$ 作用在手柄上，拉动手柄，使得压板 D 压榨物体。求系统平衡时，作用于被压榨物体上的压力。

【解】 取曲柄式压榨机整体为研究对象，欲求作用于被压榨物体上的压力，先求被压榨物体作用于压板上的力 $\boldsymbol{F}_B$，$\boldsymbol{F}_B$ 为系统受到的主动力，方向如图 13-7 所示。压榨机机构可简化为曲柄滑块机构，机构为单自由度的质点系，所受约束为定常、理想约束，可以采用虚位移原理求解。

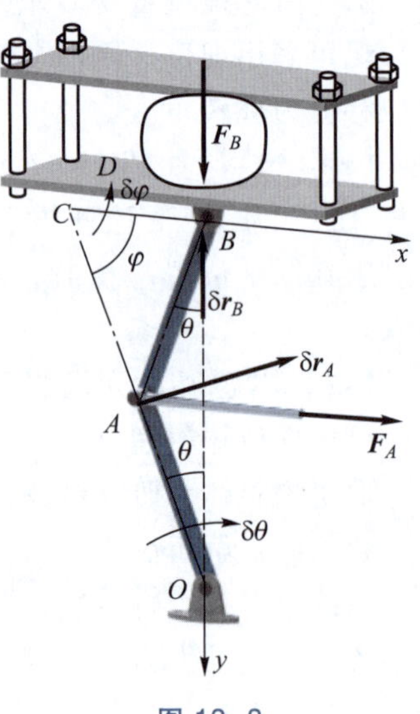

图 13-8

求解方法：几何法

设杆 OA 有一个虚转角 $\delta\theta$，由于压板被限制在铅垂方向运动，与压板连接的点 B 的虚位移只能沿铅垂方向。点 C 为杆 AB 的速度瞬心，可知

$$\delta r_B=CB\cdot\delta\varphi=CB\cdot\frac{\delta r_A}{AC}=\frac{CB}{AC}\cdot\delta r_A$$

$$=\frac{2l\sin\theta}{l}\cdot\delta r_A=2\sin\theta\cdot\delta r_A$$

由虚位移原理写出主动力 $\boldsymbol{F}_A$ 和 $\boldsymbol{F}_B$ 对应的虚功方程

$$F_A\delta r_A-F_B\delta r_B=0$$

将虚位移关系代入上式，整理后可得

$$(F_A-2F_B\sin\theta)\delta r_A=0$$

由虚位移 $\delta\boldsymbol{r}_A$ 的任意性可得

$$F_A-2F_B\sin\theta=0$$

解得被压榨物体作用于压板上的力

$$F_B=\frac{1}{2}F_A\csc\theta=\frac{1}{2}F\csc\theta$$

作用于被压榨物体上的压力与 $\boldsymbol{F}_B$ 互为作用力与反作用力。

【例 13-3】 如图 13-9a 所示平面机构，已知各杆和弹簧的原长均为 l，滑块 A 重为 P，弹簧刚度系数为 k，杆与弹簧重量均可忽略，且不计摩擦。试求平衡时，重力 $\boldsymbol{P}$ 与 θ 之间的关系。

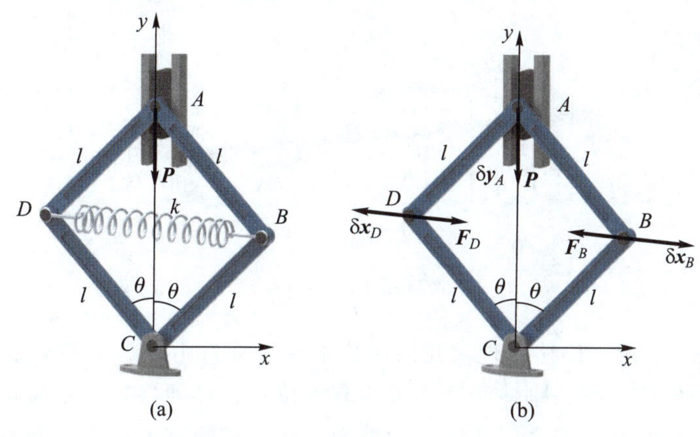

图 13-9

【解】 去掉弹簧的约束，以弹簧弹力 $\boldsymbol{F}_D$、$\boldsymbol{F}_B$ 代替，系统的约束为理想约束，在主动力（重力 $\boldsymbol{P}$ 和弹簧弹力 $\boldsymbol{F}_D$、$\boldsymbol{F}_B$）的作用下处于平衡。在约束允许下，给滑块 A 向下的虚位移 $\delta\boldsymbol{y}_A$，则 B、D 两点的虚位移为水平方向的 $\delta\boldsymbol{x}_B$、$\delta\boldsymbol{x}_D$，如图 13-9b 所示。可以采用虚位移原理求解。

求解方法：解析法

系统只有一个自由度，取 θ 为广义坐标。作用在系统上的主动力为重力 $\boldsymbol{P}$ 和弹簧弹力 $\boldsymbol{F}_D$、$\boldsymbol{F}_B$，由虚位移原理 $\sum(F_{ix}\delta x_i+F_{iy}\delta y_i+F_{iz}\delta z_i)=0$ 可得

$$(-P)\delta y_A+(-F_B)\delta x_B+F_D\delta x_D=0 \tag{a}$$

在图示坐标系下，主动力作用点 A、B、D 的坐标为

$$y_A=2l\sin\theta,\quad x_B=l\cos\theta,\quad x_D=-l\cos\theta$$

分别对上述坐标作变分运算，可求得点 A、B、D 的虚位移投影为

$$\delta y_A=2l\cos\theta\delta\theta,\quad \delta x_B=-l\sin\theta\delta\theta,\quad \delta x_D=l\sin\theta\delta\theta \tag{b}$$

弹簧弹力为

$$F_D=F_B=k\cdot(2l\cos\theta-l) \tag{c}$$

将式（b）、（c）代入式（a），整理后可得

$$[-P+kl\cdot(2\sin\theta-\tan\theta)]\delta\theta=0$$

由 $\delta\theta$ 的任意性可得

$$-P+kl\cdot(2\sin\theta-\tan\theta)=0$$

解得平衡时重力 $\boldsymbol{P}$ 与 θ 之间的关系为

$$P=kl\cdot(2\sin\theta-\tan\theta)$$

【例 13-4】一多跨静定梁受力如图 13-10a 所示，试求支座 B 的约束力。

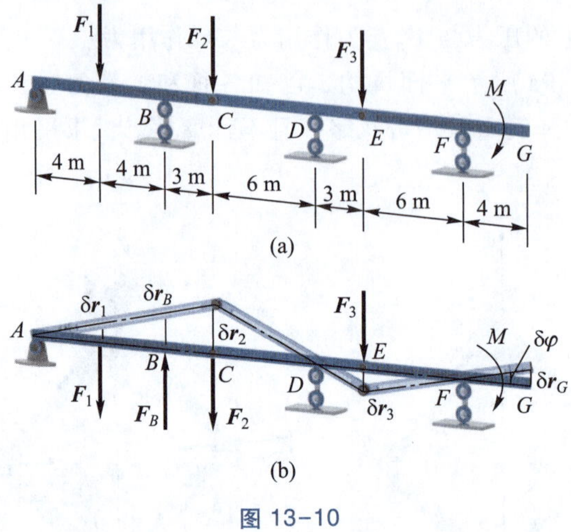

图 13-10

【解】本例题为采用虚位移原理求几何形状不变（即自由度等于零）的刚体系统的约束力问题。由于几何形状不变的刚体系统不可能有虚位移，必须将其转化为几何形状可变的系统。方法是解除某一约束而代之以相应的约束力，并将该约束力作为主动力，在系统虚功方程里考虑其所做的虚功。

将支座 B 处的约束解除，用与约束性质相应的约束力 $\boldsymbol{F}_B$ 代替，并将其看作主动力，如图 13-10b 所示。系统的约束为理想约束，在主动力（$\boldsymbol{F}_1$、$\boldsymbol{F}_2$、$\boldsymbol{F}_3$、$\boldsymbol{F}_B$ 和 M）的作用下处于平衡。可以采用虚位移原理求解。

求解方法：几何法

在约束允许下，给 B 处一向上的虚位移 $\delta \boldsymbol{r}_B$，由于各杆为刚性杆，则其余主动力的虚位移如图 13-10b 所示，各处虚位移的关系为

$$\delta r_1=\frac{1}{2}\delta r_B,\quad \delta r_2=\frac{11}{8}\delta r_B$$

$$\delta r_3=\frac{3}{6}\delta r_2=\frac{3}{6}\times\frac{11}{8}\delta r_B=\frac{11}{16}\delta r_B,\quad \delta\varphi=\frac{\delta r_3}{6}=\frac{11}{96}\delta r_B$$

由虚位移原理写出所有主动力对应的虚功方程

$$-F_1\delta r_1+F_B\delta r_B-F_2\delta r_2+F_3\delta r_3-M\delta\varphi=0$$

将各处虚位移关系代入上式，整理后可得

$$\left(-\frac{1}{2}F_1+F_B-\frac{11}{8}F_2+\frac{11}{16}F_3-\frac{11}{96}M\right)\delta r_B=0$$

由虚位移 $\delta \boldsymbol{r}_B$ 的任意性可得

$$-\frac{1}{2}F_1+F_B-\frac{11}{8}F_2+\frac{11}{16}F_3-\frac{11}{96}M=0$$

解得支座 B 的约束力大小为

$$F_B=\frac{1}{2}F_1+\frac{11}{8}F_2-\frac{11}{16}F_3+\frac{11}{96}M$$

§13-3 以广义坐标表示的质点系平衡条件

设作用在第 i 个质点上的主动力为 $\boldsymbol{F}_i=F_{ix}\boldsymbol{i}+F_{iy}\boldsymbol{j}+F_{iz}\boldsymbol{k}$，第 i 个质点的径矢为 $\boldsymbol{r}_i=x_i\boldsymbol{i}+y_i\boldsymbol{j}+z_i\boldsymbol{k}$。将式（13-10）代入虚功方程式（13-13）可得

$$
\begin{aligned}
\delta W_{\mathrm{F}} &= \sum_{i=1}^{n}\boldsymbol{F}_i\cdot\delta\boldsymbol{r}_i=\sum_{i=1}^{n}\boldsymbol{F}_i\cdot\left(\sum_{j=1}^{k}\frac{\partial\boldsymbol{r}_i}{\partial q_j}\delta q_j\right)\\
&=\sum_{j=1}^{k}\sum_{i=1}^{n}\boldsymbol{F}_i\cdot\frac{\partial\boldsymbol{r}_i}{\partial q_j}\delta q_j=\sum_{j=1}^{k}\left(\sum_{i=1}^{n}\boldsymbol{F}_i\cdot\frac{\partial\boldsymbol{r}_i}{\partial q_j}\right)\delta q_j\\
&=\sum_{j=1}^{k}\left[\sum_{i=1}^{n}\left(F_{ix}\frac{\partial x_i}{\partial q_j}+F_{iy}\frac{\partial y_i}{\partial q_j}+F_{iz}\frac{\partial z_i}{\partial q_j}\right)\right]\delta q_j=0
\end{aligned}
\tag{13-15}
$$

若令

$$Q_j=\sum_{i=1}^{n}\boldsymbol{F}_i\cdot\frac{\partial\boldsymbol{r}_i}{\partial q_j}\quad(j=1,\ 2,\ \cdots,\ k)\tag{13-16}$$

或

$$Q_j=\sum_{i=1}^{n}\left(F_{ix}\frac{\partial x_i}{\partial q_j}+F_{iy}\frac{\partial y_i}{\partial q_j}+F_{iz}\frac{\partial z_i}{\partial q_j}\right)\quad(j=1,\ 2,\ \cdots,\ k)\tag{13-17}$$

则有

$$\delta W_{\mathrm{F}}=\sum_{j=1}^{k}Q_j\delta q_j=0\tag{13-18}$$

Q_j称为对应于广义坐标 q_j的**广义力**。广义力的量纲由其对应的广义坐标而定：广义坐标为线位移时，对应广义力的量纲是力的量纲；广义坐标为角位移时，则对应广义力的量纲是力矩的量纲。

由于各广义虚位移 $\delta q_j(j=1,\ 2,\ \cdots,\ k)$ 彼此独立，若式（13-18）恒能满足，则必有

$$Q_j=0\quad(j=1,\ 2,\ \cdots,\ k)\tag{13-19}$$

这就是以广义坐标表示的平衡条件，即具有完整、双侧、理想约束的质点系，在某位置平衡的必要与充分条件是，对应于每个广义坐标的广义力都等于零。

若作用于系统的主动力都是有势力，即系统为保守系统，则系统的势能与直角坐标之间的关系为

$$V=V(x_1,\ y_1,\ z_1;\ \cdots;\ x_n,\ y_n,\ z_n)$$

任一质点 m_i上的有势力在直角坐标轴上的投影为

$$F_{ix}=-\frac{\partial V}{\partial x_i},\quad F_{iy}=-\frac{\partial V}{\partial y_i},\quad F_{iz}=-\frac{\partial V}{\partial z_i}\tag{13-20}$$

则虚功方程（13-14）可写为

$$
\begin{aligned}
\delta W_{\mathrm{F}}&=\sum(F_{ix}\delta x_i+F_{iy}\delta y_i+F_{iz}\delta z_i)\\
&=\sum\left(-\frac{\partial V}{\partial x_i}\delta x_i-\frac{\partial V}{\partial y_i}\delta y_i-\frac{\partial V}{\partial z_i}\delta z_i\right)=-\delta V
\end{aligned}
$$

虚位移原理可表示为

$$\delta V=0\tag{13-21}$$

即在势力场中，具有理想约束的质点系的平衡条件是势能的一阶变分为零。常见的势力场有重力场、弹性力场、万有引力场、电场和磁场等。

如果我们选取广义坐标 q_1，q_2，…，q_k 描述质点系的运动，则质点系的势能可表示为广义坐标表示的函数

$$V=V(q_1,\ q_2,\ \cdots,\ q_k)$$

由此可得势能 V 对广义坐标 q_j 的偏导数

$$\frac{\partial V}{\partial q_j}=\sum\left(\frac{\partial V}{\partial x_i}\frac{\partial x_i}{\partial q_j}+\frac{\partial V}{\partial y_i}\frac{\partial y_i}{\partial q_j}+\frac{\partial V}{\partial z_i}\frac{\partial z_i}{\partial q_j}\right)$$

$$=\sum\left(-F_{ix}\frac{\partial x_i}{\partial q_j}-F_{iy}\frac{\partial y_i}{\partial q_j}-F_{iz}\frac{\partial z_i}{\partial q_j}\right)=-Q_j$$

虚位移原理描述的平衡条件可用广义坐标表示为

$$Q_j=-\frac{\partial V}{\partial q_j}=0 \quad (j=1,\ 2,\ \cdots,\ k) \tag{13-22}$$

即在势力场中，具有理想约束的质点系的平衡条件是势能对于每个广义坐标的偏导数分别等于零。

下面介绍如何计算广义力。

方法一：**定义法**

由广义力的定义可知，与广义坐标 q_j 对应的广义力为

$$Q_j=\sum_{i=1}^{n}\boldsymbol{F}_i\cdot\frac{\partial \boldsymbol{r}_i}{\partial q_j}=\sum_{i=1}^{n}\left(F_{ix}\frac{\partial x_i}{\partial q_j}+F_{iy}\frac{\partial y_i}{\partial q_j}+F_{iz}\frac{\partial z_i}{\partial q_j}\right) \quad (j=1,\ 2,\ \cdots,\ k)$$

方法二：**虚功法**

完整系统广义力的虚功之和为

$$\delta W_{\mathrm{F}}=\sum_{j=1}^{k}Q_j\delta q_j$$

式中 δq_j 彼此独立，故可令质点系某一广义虚位移 $\delta q_j\neq 0$，而其他 $k-1$ 个广义虚位移都等于零，则有

$$\delta W_{Q_j}=\sum_{j=1}^{k}Q_j\delta q_j=Q_j\delta q_j$$

与广义坐标 q_j 对应的广义力为

$$Q_j=\frac{\delta W_{Q_j}}{\delta q_j} \quad (j=1,\ 2,\ \cdots,\ k)$$

方法三：**势能法**

当作用于系统的主动力都是有势力时，可利用势能法求广义力，即与广义坐标 q_j 对应的广义力为

$$Q_j=-\frac{\partial V}{\partial q_j} \quad (j=1,\ 2,\ \cdots,\ k)$$

【例 13-5】 如图 13-11 所示，双摆悬挂于点 O，摆杆 OA、AB 长度分别为 l_1、l_2，不计摆杆自重，摆锤 A、B 分别重为 P_A、P_B，摆锤 B 上作用水平力 $\boldsymbol{F}$。试求双摆平衡时两摆杆与铅垂线之间的夹角 θ_1、θ_2。

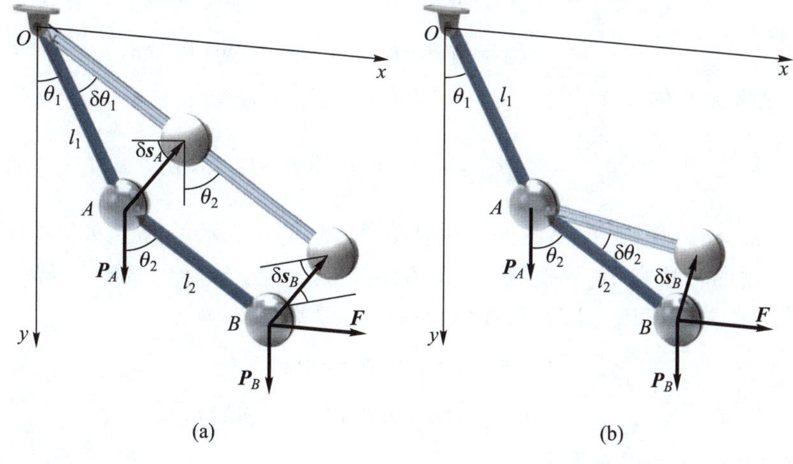

图 13-11

【解】 图示双摆可看作由两个质点 A、B 组成的系统，系统具有两个自由度，可分别选取摆杆与铅垂线之间的夹角 θ_1、θ_2为广义坐标，其对应的广义虚位移为 $\delta\theta_1$、$\delta\theta_2$。

下面计算对应于广义坐标 θ_1、θ_2的广义力。

方法一：**定义法**

由广义力的定义

$$Q_j=\sum_{i=1}^{n}\left(F_{ix}\frac{\partial x_i}{\partial q_j}+F_{iy}\frac{\partial y_i}{\partial q_j}+F_{iz}\frac{\partial z_i}{\partial q_j}\right)\quad (j=1,\ 2,\ \cdots,\ k)$$

可得对应于广义坐标 θ_1的广义力为

$$Q_1=P_A\frac{\partial y_A}{\partial \theta_1}+P_B\frac{\partial y_B}{\partial \theta_1}+F\frac{\partial x_B}{\partial \theta_1}$$

对应于广义坐标 θ_2的广义力为

$$Q_2=P_A\frac{\partial y_A}{\partial \theta_2}+P_B\frac{\partial y_B}{\partial \theta_2}+F\frac{\partial x_B}{\partial \theta_2}$$

在图示坐标系下，摆锤 A、B 的坐标为

$$y_A=l_1\cos\theta_1,\ y_B=l_1\cos\theta_1+l_2\cos\theta_2,\ x_B=l_1\sin\theta_1+l_2\sin\theta_2$$

将摆锤 A、B 的坐标分别对广义坐标 θ_1、θ_2求偏导可得

$$\frac{\partial y_A}{\partial \theta_1}=-l_1\sin\theta_1,\ \frac{\partial y_B}{\partial \theta_1}=-l_1\sin\theta_1,\ \frac{\partial x_B}{\partial \theta_1}=l_1\cos\theta_1$$

$$\frac{\partial y_A}{\partial \theta_2}=0,\ \frac{\partial y_B}{\partial \theta_2}=-l_2\sin\theta_2,\ \frac{\partial x_B}{\partial \theta_2}=l_2\cos\theta_2$$

则有

$$Q_1=-P_Al_1\sin\theta_1-P_Bl_1\sin\theta_1+Fl_1\cos\theta_1$$

$$Q_2=-P_Bl_2\sin\theta_2+Fl_2\cos\theta_2$$

方法二：**虚功法**

先设 $\delta\theta_1\neq0$，$\delta\theta_2=0$，此时系统的虚位移如图 13-11a 所示。由于 θ_2保持不变，所以摆杆 AB 做平移，摆锤 A、B 的虚位移大小为 $\delta s_A=\delta s_B=l_1\delta\theta_1$。

作用于系统的主动力 $\boldsymbol{P}_A$、$\boldsymbol{P}_B$、$\boldsymbol{F}$ 在虚位移中的虚功之和为

$$
\begin{aligned}
\delta W_1 &= -P_A\delta s_A\sin\theta_1 - P_B\delta s_B\sin\theta_1 + F\delta s_B\cos\theta_1\\
&= (-P_A l_1\sin\theta_1 - P_B l_1\sin\theta_1 + F l_1\cos\theta_1)\delta\theta_1
\end{aligned}
$$

可得对应于广义坐标 θ_1 的广义力为

$$Q_1 = \frac{\delta W_1}{\delta\theta_1} = -P_A l_1\sin\theta_1 - P_B l_1\sin\theta_1 + F l_1\cos\theta_1$$

再设 $\delta\theta_2 \neq 0$，$\delta\theta_1 = 0$，此时系统的虚位移如图 13-11b 所示。由于 θ_1 保持不变，所以摆杆 AB 绕点 A 转动的转角为 $\delta\theta_2$，摆锤 A、B 的虚位移大小为 $\delta s_A = 0$，$\delta s_B = l_2\delta\theta_2$。

作用于系统的主动力 $\boldsymbol{P}_A$、$\boldsymbol{P}_B$、$\boldsymbol{F}$ 在虚位移中的虚功之和为

$$
\begin{aligned}
\delta W_2 &= -P_B\delta s_B\sin\theta_2 + F\delta s_B\cos\theta_2\\
&= (-P_B l_2\sin\theta_2 + F l_2\cos\theta_2)\delta\theta_2
\end{aligned}
$$

可得对应于广义坐标 θ_2 的广义力为

$$Q_2 = \frac{\delta W_2}{\delta\theta_2} = -P_B l_2\sin\theta_2 + F l_2\cos\theta_2$$

根据系统的平衡条件 $Q_1 = 0$，$Q_2 = 0$，可得

$$-P_A l_1\sin\theta_1 - P_B l_1\sin\theta_1 + F l_1\cos\theta_1 = 0$$

$$-P_B l_2\sin\theta_2 + F l_2\cos\theta_2 = 0$$

双摆平衡时两摆杆与铅垂线之间的夹角满足以下关系：

$$\tan\theta_1 = \frac{F}{P_A + P_B},\quad \tan\theta_2 = \frac{F}{P_B}$$

小 结

1. 约束的概念与分类

(1) 限制质点或质点系运动的条件称为约束。

(2) 按照约束对质点系运动的限制情况，可将约束分为：定常约束与非定常约束、几何约束与运动约束、完整约束与非完整约束、单侧约束与双侧约束。

2. 自由度与广义坐标

确定具有完整约束的质点系位置所需独立坐标的数目称为质点系的自由度数。

一般情况下，对于一个由 n 个质点组成的质点系，如果该质点系受到 s 个完整约束，则该完整系统的自由度数为

空间运动的自由度数：$k = 3n - s$

平面运动的自由度数：$k = 2n - s$

确定质点系位置的独立参量，称为质点系的广义坐标。

3. 虚位移、虚功、理想约束

在某给定瞬时，质点或质点系在约束允许的条件下，可能实现的任何无限小的位移称为质点或质点系的虚位移。

力在虚位移上做的功称为虚功。

如果约束力在质点系的任意虚位移上所做的虚功之和等于零，这样的约束称为理想约束。常见的理想约束包括：光滑支承面，光滑铰链、轴承、铰链支座，二力杆及不可伸长的柔索，刚体纯滚动时的支承面等。

4. 虚位移原理

具有理想、双侧、定常约束的质点系，在给定位置保持静止的必要与充分条件是，作用在质点系上的所有主动力在任何虚位移上所做的虚功之和等于零，即

$$\delta W_{\mathrm{F}}=\sum \boldsymbol{F}_i\cdot\delta \boldsymbol{r}_i=0$$

或

$$\delta W_{\mathrm{F}}=\sum(F_{ix}\delta x_i+F_{iy}\delta y_i+F_{iz}\delta z_i)=0$$

5. 以广义坐标表示的平衡条件

具有完整、双侧、理想约束的质点系，在某位置平衡的必要与充分条件是，对应于每个广义坐标的广义力都等于零，即

$$Q_j=0\quad(j=1,\ 2,\ \cdots,\ k)$$

6. 广义力的计算方法

方法一：**定义法**

$$Q_j=\sum_{i=1}^{n}\boldsymbol{F}_i\cdot\frac{\partial \boldsymbol{r}_i}{\partial q_j}=\sum_{i=1}^{n}\left(F_{ix}\frac{\partial x_i}{\partial q_j}+F_{iy}\frac{\partial y_i}{\partial q_j}+F_{iz}\frac{\partial z_i}{\partial q_j}\right)\quad(j=1,\ 2,\ \cdots,\ k)$$

方法二：**虚功法**

令质点系某一广义虚位移 $\delta q_j\neq 0$，而其他 $k-1$ 个广义虚位移都等于零，则与广义坐标 q_j 对应的广义力为

$$Q_j=\frac{\delta W_{Q_j}}{\delta q_j}\quad(j=1,\ 2,\ \cdots,\ k)$$

方法三：**势能法**

当作用于系统的主动力都是有势力时，与广义坐标 q_j 对应的广义力为

$$Q_j=-\frac{\partial V}{\partial q_j}\quad(j=1,\ 2,\ \cdots,\ k)$$

思考题

13-1 非自由质点系的几何约束方程是否是各被约束质点的轨迹方程？为什么？

13-2 试分析如图 13-12 所示各平面系统的自由度。

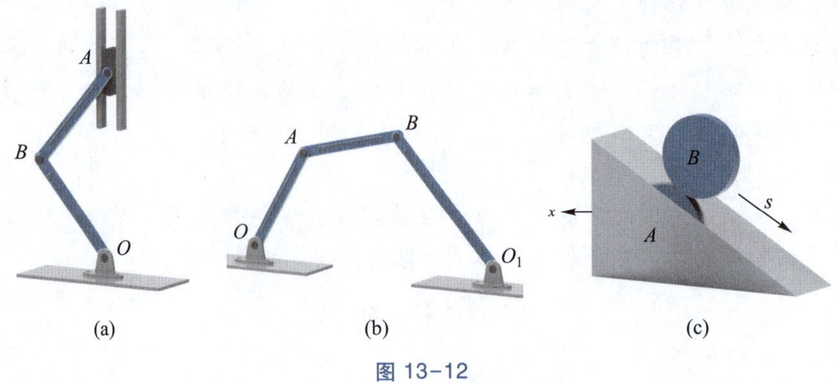

图 13-12

13-3 什么是广义坐标？选择广义坐标时应注意什么？

13-4 虚位移和实位移有何异同？试举例说明。

13-5 刚体做平移、定轴转动和平面运动时，如何确定刚体上任意两点的虚位移之间的关系？

13-6 虚位移原理能否用于求解带有摩擦的静力学平衡问题？

13-7 以广义坐标表示的质点系的平衡条件是什么？

13-8 广义力的量纲为力的量纲，这种说法正确吗？试举例说明。

习 题

习题：
第十三章

13-1 如图所示，千斤顶由长 $OA=0.6$ m 的手柄推动顶起重物。已知手柄末端作用垂直于手柄的水平力 $F=160$ N。设千斤顶的螺距 $h=12$ mm，求顶起重物的重量 P。

13-2 如图所示，楔式压榨机手柄末端作用有力 $\boldsymbol{F}$，$\boldsymbol{F}$ 同时垂直于螺纹轴和手柄。已知手柄长为 a，螺距等于 h，楔块的顶角为 α。求力 $\boldsymbol{F}$ 和压榨力 $\boldsymbol{Q}$ 的大小关系。

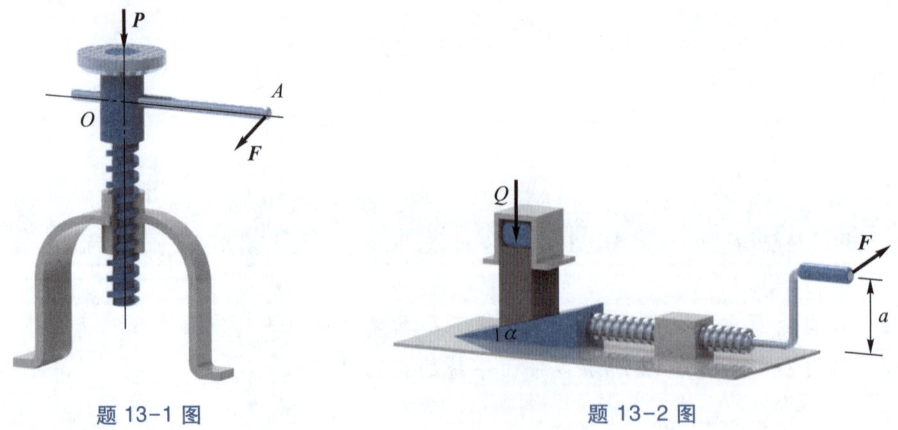

题 13-1 图　　题 13-2 图

13-3 拉伸试验机如图所示。重物 P 的质量为 m，试件 K 所受的力为 $\boldsymbol{F}$ 时，重物 P 到零位置 O 的距离为 x。若利用重物 Q 来调整机器，使得重物 P 处于零位置时，试件 K 不受力，且所有的杠杆都水平。已知 l_1、l_2 和 e，求 F 与 x 之间的关系。

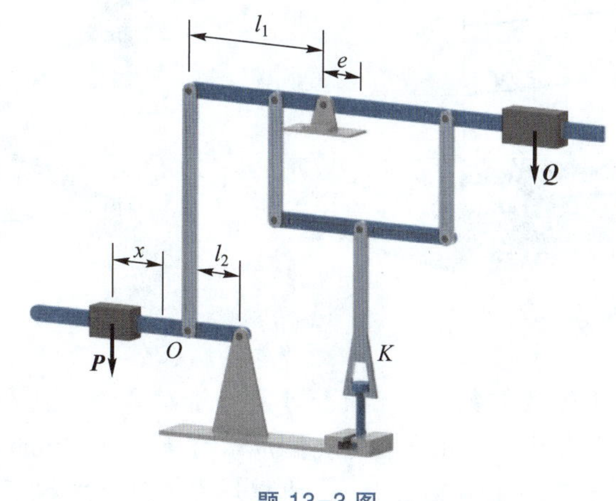

题 13-3 图

13-4 重物 K 和 L 由杠杆机构相连并处于平衡，如图所示。已知 $\dfrac{BC}{AC}=\dfrac{1}{10}$，$\dfrac{ON}{OM}=\dfrac{1}{3}$，$\dfrac{DE}{DF}=\dfrac{1}{10}$。求重物 K 和 L 的质量 m_K 和 m_L 之间的关系。

13-5 杠杆式压榨机如图所示。已知 $F=100$ N，$a=60$ cm，$b=10$ cm，$c=60$ cm，$d=20$ cm。求试件 A 所受力的大小。

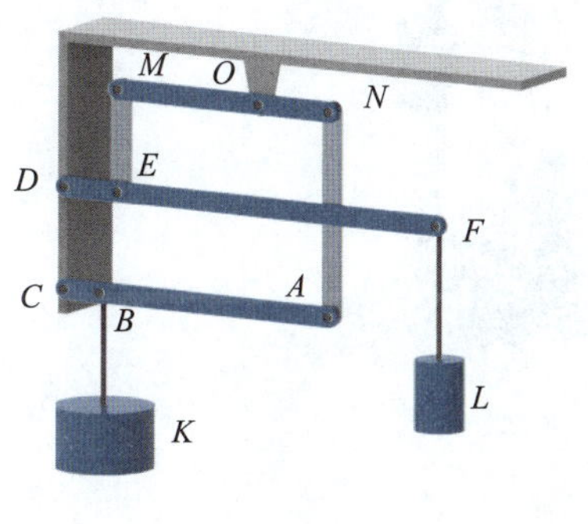

题 13-4 图

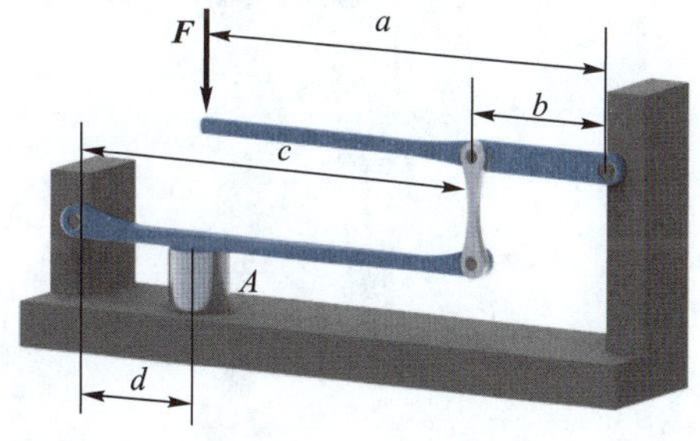

题 13-5 图

13-6 如图所示，质量为 m 的重物置于台秤的点 F。已知 $AB=a$，$BC=b$，$CD=c$，$IK=d$，$EG=L$。为使平衡重物用的砝码 M 不依赖于重物在台秤上的位置，求 b、c、d、L 之间的比例及砝码的质量 M。

13-7 如图所示，椭圆轨机构处于水平面内，滑块 A 上作用指向曲柄 OC 转轴 O 的力 $\boldsymbol{F}$。已知 $OC=AC=CB=l$，为使机构在曲柄 OC 与图示滑道的夹角为 φ 时处于平衡，求作用在曲柄 OC 上的力偶矩 M。

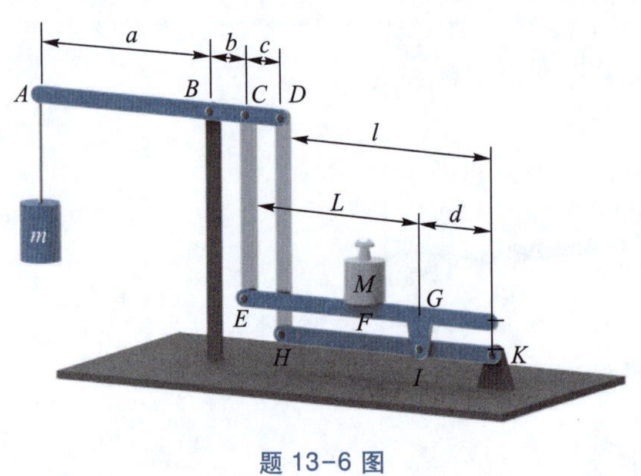

题 13-6 图

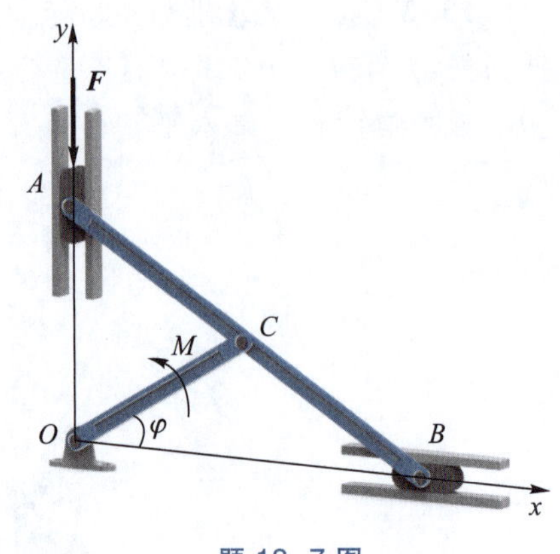

题 13-7 图

13-8 如图所示，滑轮组包含一个定滑轮 A 和 n 个动滑轮，力 $\boldsymbol{F}$ 作用在定滑轮 A 下垂绳子的末端。求滑轮组平衡时，提升重物的质量 m 与力 $\boldsymbol{F}$ 大小的比值。

13-9 如图所示，水平面上有质量为 m_1 的楔块 C，其上支撑置于铅垂滑道内质量为 m_2 的推杆 AB，楔块在水平向右的力 $\boldsymbol{F}$ 作用下静止。已知楔块的倾角为 α，求：(1) 不计摩擦时，力 $\boldsymbol{F}$ 的大小；(2) 楔块 C 与水平面之间滑动摩擦因数为 f 时，力 $\boldsymbol{F}$ 的大小范围。

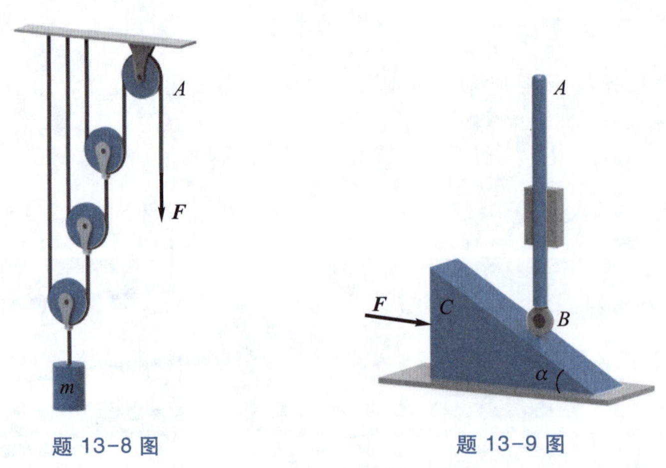

题 13-8 图　　　题 13-9 图

13-10 如图所示，质量为 m_1 的偏心轮 A 装在与图面垂直的固定水平轴 O 上，偏心轮支撑着质量为 m_2 并处于铅垂滑道内的框架。不计摩擦，偏心距 $OC=e$。当系统静止时，OC 与水平面夹角为 α，求作用于偏心轮的力偶矩 M。

13-11 如图所示，差动绞车由两个固接在一起的轴 A 和 B 构成，用手柄 C 驱动，质量为 m 的重物 D 系在绕有绳子的动滑轮 E 上。转动手柄 C 时，绳子的左分支从半径为 r_1 的轴 A 上解开，右分支在半径为 r_2 ($r_2>r_1$) 的轴 B 上卷起。已知 $m=720$ kg，$r_1=10$ cm，$r_2=12$ cm，$R=60$ cm。在手柄 C 的末端沿垂直于手柄方向作用多大的力 $\boldsymbol{F}$，才能使重物 D 平衡？

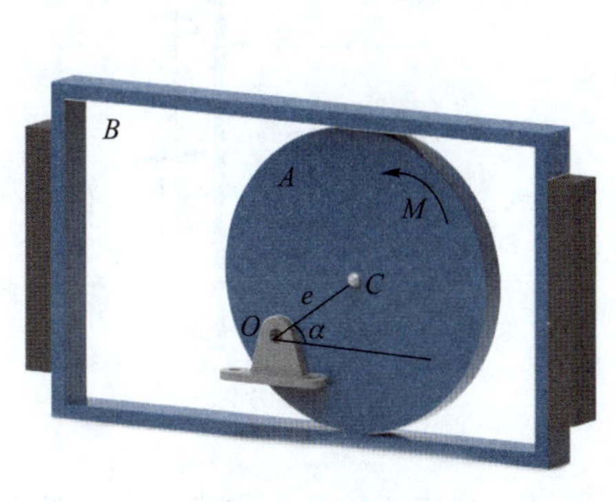

题 13-10 图

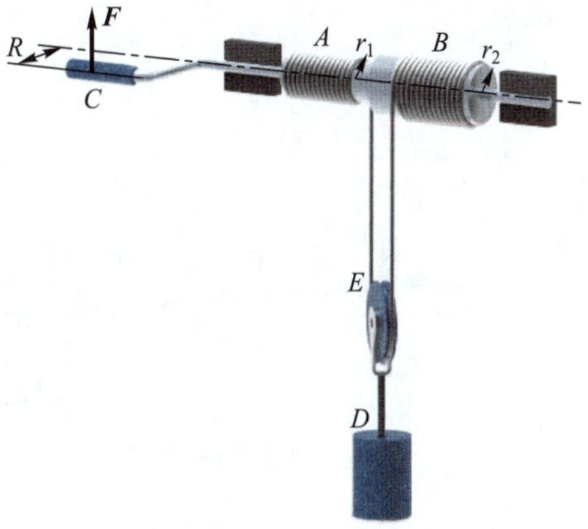

题 13-11 图

13-12 如图所示，反平行四边形机构 $ABCD$ 由杆 AB、CD 和 BC 链接而成，并连接在机架 AD 上。在杆 CD 的铰链 C 处作用有水平力 $\boldsymbol{F}_C$，铰链 B 处沿垂直于杆 AB 的方向作用有力 $\boldsymbol{F}_B$，机构在图示位置处于平衡。设 $AD=BC$，$AB=CD$，$\angle ABC=\angle ADC=90°$，$\angle DCB=30°$，求力 $\boldsymbol{F}_B$ 的大小。

13-13 如图所示，曲柄滑块机构 OAB 中，连杆 AB 在中点处与杆 CD 铰接，杆 CD 又与杆 DE 相铰接。力 $\boldsymbol{F}_A$ 和 $\boldsymbol{F}_D$ 分别垂直于杆 OA 和杆 DE，机构在图示位置处于平衡。已知 $\angle DCB=150°$，$\angle CDE=90°$，求力 $\boldsymbol{F}_A$ 和 $\boldsymbol{F}_D$ 大小之间的关系。

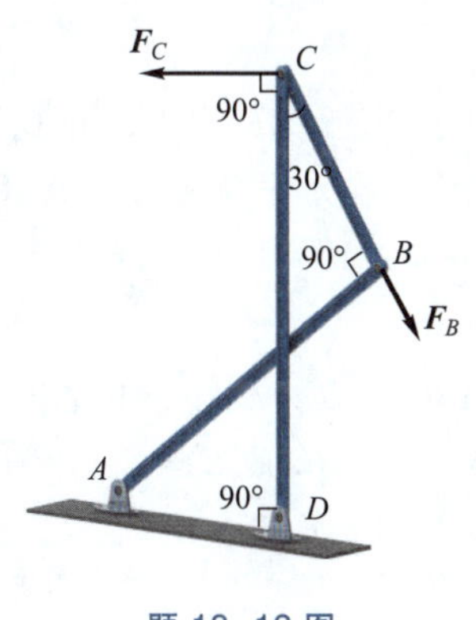

题 13-12 图

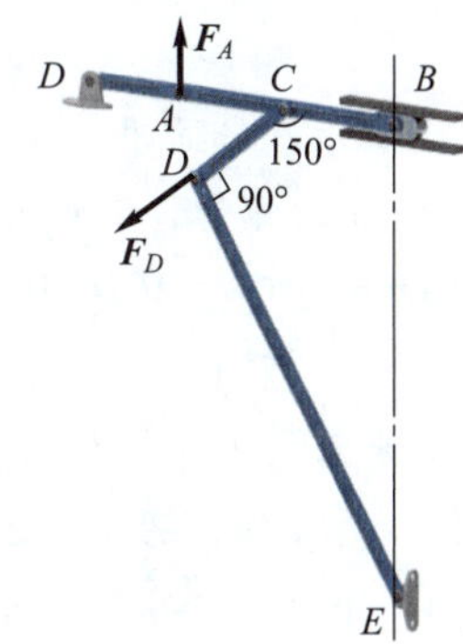

题 13-13 图

13-14 水平组合梁 AE 由梁 AB、BD 和 DE 铰接而成，A、C 均为滚动铰链支座，梁 DE 的 E 端插在墙内。组合梁受到如图所示大小相等的铅垂力 $\boldsymbol{F}$ 的作用，求截面 E 处约束力的垂直分量。

13-15 如图所示，平台钢架由一个 Γ 形框架带中间铰 C 构成，其中框架 A 端插入混凝土墙内（固定端约束），B 端搁在滚动铰链支座上。求在力 $\boldsymbol{F}_1$ 和 $\boldsymbol{F}_2$ 作用下，固定端 A 处的铅垂约束力。

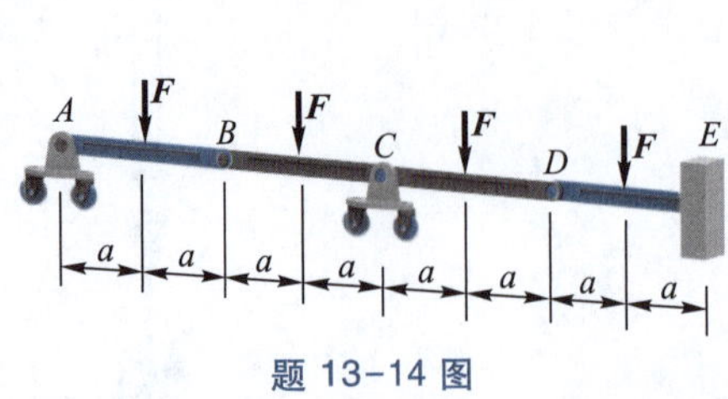

题 13-14 图

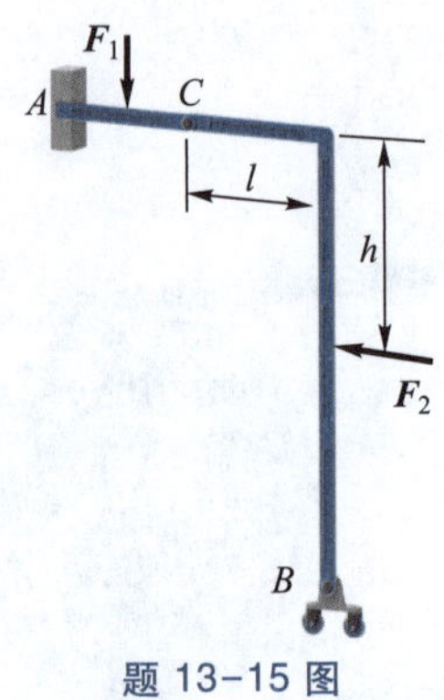

题 13-15 图

13-16 如图所示，杆系由水平杆 AB、CE 和铅垂杆 CB 构成，在铅垂面内平衡，其中均质杆 CE 与刚度系数为 k_1 的拉压弹簧相连，均质杆 AB 的 A 端有刚度系数为 k_2 的螺线弹簧。已知 $AB=BC=l$，$CD=DE$，均质杆 AB 重为 P，杆 BC 上作用有水平线性分布载荷，其最大载荷集度为 q。不计杆 BC 质量，求拉压弹簧的变形量 δ 和螺线弹簧的扭转角 φ。

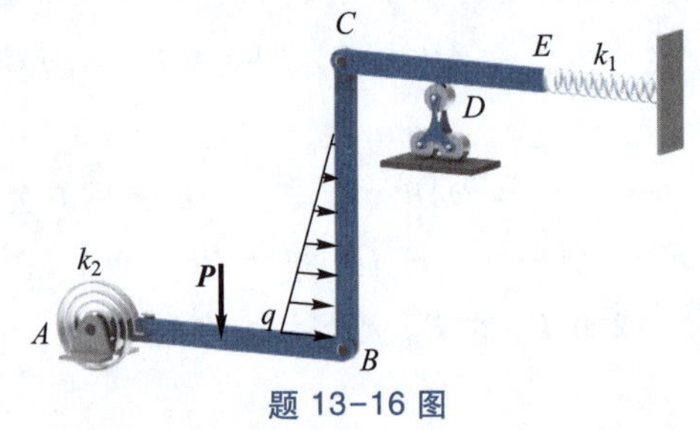

题 13-16 图

13-17 如图所示，平面机构由不计自重的杆 AB、BC 和 CE 构成，杆 CE 的 D 处连接刚度系数 $k=60\ \mathrm{N/m}$ 的弹簧，G 处的小滑轮可使弹簧保持在水平位置，当 $\theta=0°$ 时，弹簧为原长。若杆长 $AB=BC=CE=2CD=0.4\ \mathrm{m}$，$M_1=0.5\ \mathrm{N\cdot m}$，$M_2=1.5\ \mathrm{N\cdot m}$，$F=2\ \mathrm{N}$，且 $\boldsymbol{F}$ 沿杆 BC 轴线方向。求平面机构维持平衡所需要的 θ 角。

13-18 如图所示，平面机构的曲柄 OB 与连杆 ABC 在 B 处铰接，自重 $P=50\ \mathrm{N}$ 的均质圆盘连接在杆 ABC 的 A 端，铅垂滑道内有光滑块铰接于杆 ABC 的 C 端。已知 $a=20\ \mathrm{cm}$，$b=50\ \mathrm{cm}$，$c=30\ \mathrm{cm}$，不计杆和滑块的重量，求机构平衡时的 θ 角。

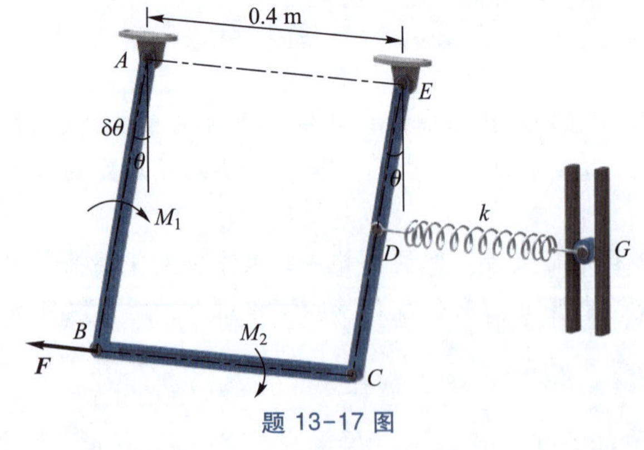

题 13-17 图

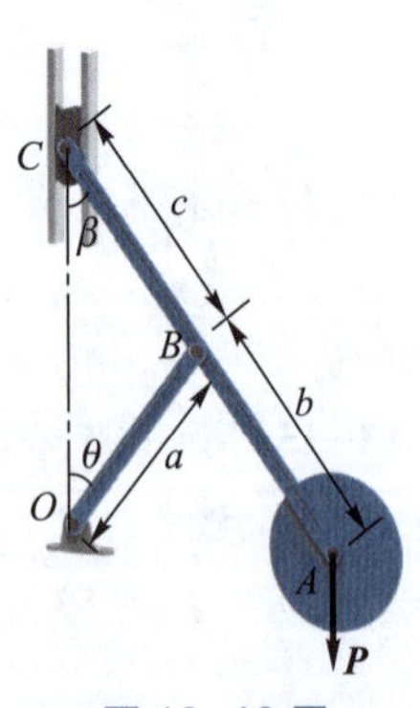

题 13-18 图

第十四章

机械振动基础

振动是人们生产和生活中非常普遍的现象。物体在其平衡位置附近所做的往复性运动称为机械振动，它是一种特殊形式的机械运动。如钟摆的摆动、船舶和车辆的颠簸、机器运转时的振动、地震时地面的强烈振动等。

在很多情况下，振动是有害的。振动会加剧机械设备的磨损，缩短设备和结构的使用寿命；振动可能引起结构的破坏，使得建筑物和桥梁等因振动而坍塌；振动能使机器连接件松动，从而影响加工精度和工件的表面粗糙度；振动影响仪表的测量精度，造成控制系统失灵；车辆的振动会降低乘客的舒适度；振动引起的噪声会造成环境污染，使人厌倦甚至影响健康。但振动也有其积极的一面。例如：乐器的适宜振动会产生美妙的音乐；利用摆的振动等时性可以制造钟；工程中常见的振动沉桩、振动筛选、振动夯实、振动传输、振动造型和地震仪，都是利用振动的原理进行工作。研究机械振动的目的，就是要掌握机械振动的基本规律，避免和减少振动的危害，充分利用其有利的一面。

工程实际中的振动系统都是比较复杂的，在研究振动问题时，需要根据实际条件和研究目的对其进行简化，使之成为数学上易于描述和处理、性质上又能基本反映真实系统主要振动特性的力学模型。例如，装在梁上的电动机，如图 14-1a 所示，电动机工作时会引起梁在铅垂方向的振动，当梁的质量相对于电动机的质量较小可以忽略时，梁的弹性对电动机就相当于一根不计质量的弹簧，电动机则可抽象为质量为 m 的物块，电动机和梁组成的振动系统最终可简化为如图 14-1b 所示的弹簧质量系统。常见的力学模型包括单自由度系统、多自自度系统和连续体系统。图 14-1b 所示弹簧质量系统，质量块的位置只须一个坐标 x 就可确定，因此这是一个单自由度系统。

由于单自由度系统的振动具有振动的重要特征，而且是进一步研究复杂系统振动问题的基础，因此对单自由度系统的振动问题进行研究具有重要的意义。本章将讨论单自由度系统的线性振动问题，包括单自由度系统的自由振动、受迫振动以及阻尼对它们的影响，此外还将介绍减振、隔振的相关知识。

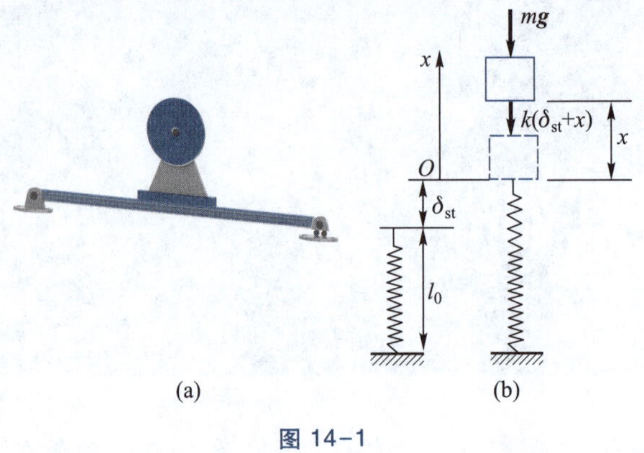

图 14-1

§14-1 单自由度系统的自由振动

14.1.1 无阻尼自由振动微分方程及振动特性

如图 14-1b 所示弹簧质量系统，设弹簧原长为 l_0，刚度系数为 k，物块的质量为 m。作用在物块上的弹性力与其重力相平衡的位置 O，称为物块的**静平衡位置**。当物块位于静平衡位置时，弹簧的变形 δ_{st} 称为**静变形**。

由胡克定律和平衡条件可得

$$k\delta_{st}=mg \tag{14-1}$$

为研究方便，取物块静平衡位置 O 为原点，轴 x 竖直向下为正。

在外界干扰后，物块开始振动。任一瞬时，设物块的坐标为 x，此时物块受重力和弹性力作用，它们的合力 $\boldsymbol{F}_x$ 在轴上的投影为

$$F_x=mg-k(\delta_{st}+x)=-kx \tag{14-2}$$

上式表明，合力 $\boldsymbol{F}_x$ 的大小与物块偏离平衡位置的距离成正比，方向则与偏离方向相反，即合力恒指向 $x=0$ 的平衡位置。这种始终企图使物块恢复到平衡位置的力称为**恢复力**。只在恢复力作用下产生的振动称为**无阻尼自由振动**。

物块的运动微分方程可写为

$$m\frac{\mathrm{d}^2x}{\mathrm{d}t^2}=-kx \tag{14-3}$$

令 $\omega_0^2=\dfrac{k}{m}$，则上式可改写为

$$\frac{\mathrm{d}^2x}{\mathrm{d}t^2}+\omega_0^2x=0 \tag{14-4}$$

式（14-4）是无阻尼自由振动微分方程的标准形式，它是一个二阶线性常系数齐次微

分方程。由微分方程理论可知，其通解为

$$x=C_1\cos\omega_0 t+C_2\sin\omega_0 t \tag{14-5}$$

式中，C_1、C_2 为积分常量，可由初始条件确定。

设 $t=0$ 时，$x=x_0$，$\frac{\mathrm{d}x}{\mathrm{d}t}=v_0$，代入式（14-5），可得

$$C_1=x_0,\quad C_2=\frac{v_0}{\omega_0} \tag{14-6}$$

令

$$A=\sqrt{C_1^2+C_2^2},\quad \tan\theta=\frac{C_1}{C_2} \tag{14-7}$$

则式（14-5）可改写为

$$x=A\sin(\omega_0 t+\theta) \tag{14-8}$$

式（14-5）、(14-8）均为自由振动的振动方程。由此可见，无阻尼自由振动是以平衡位置 O 为中心的简谐振动，其运动线图如图 14-2 所示。由式（14-8）可知，A 是质点离开平衡位置 O 的最远距离，称为**振幅**，它描述了自由振动的强弱与范围。$\omega_0 t+\theta$ 称为振动的**相位**，θ 是 $t=0$ 时的相位，称为**初相位**，单位为 rad（弧度）。相位决定了物块在任意瞬时的位置，初相位决定了物块的初始位置。振幅和初相位由振动的初始条件及系统参数 ω_0 来决定。

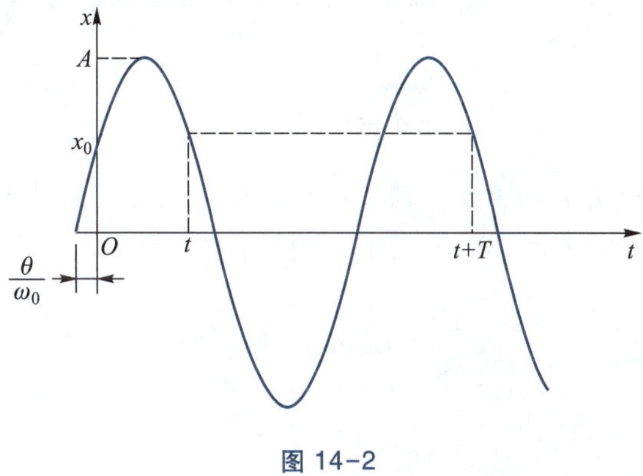

图 14-2

质点的自由振动是周期运动，每振动一次所经历的时间称为**周期**，用 T 表示。正弦函数的周期为 2π，由式（14-8）可知，质点每完成一次振动，相位增加 2π，即

$$[\omega_0(t+T)+\theta]-(\omega_0 t+\theta)=2\pi$$

故质点自由振动的周期为

$$T=\frac{2\pi}{\omega_0}=2\pi\sqrt{\frac{m}{k}} \tag{14-9}$$

周期 T 的单位为 s（秒）。

每秒内系统振动的次数称为频率，用 f 表示，其单位为 Hz（赫兹）。即

$$f=\frac{1}{T}=\frac{\omega_0}{2\pi} \tag{14-10}$$

由上式可知 $\omega_0=2\pi f$，则 ω_0 可以理解为 2π s 内振动的次数，故称 ω_0 为**圆频率**，单位为 rad/s（弧度/秒），与角速度的单位相同。由于 ω_0 只与振动系统的质量 m 和刚度系数 k 有关，与运动的初始条件无关，因此 ω_0 又称为系统的**固有频率**。

【例 14-1】 质量为 m 的小车，沿光滑斜面无初速度地从高度 h 处滑下与缓冲器相碰撞，如图 14-3a 所示，碰撞后就挂在缓冲器的钩上运动。已知斜面倾角为 α，缓冲器质量不计，弹簧刚度系数为 k。求小车在缓冲器上自由振动的周期和振幅。

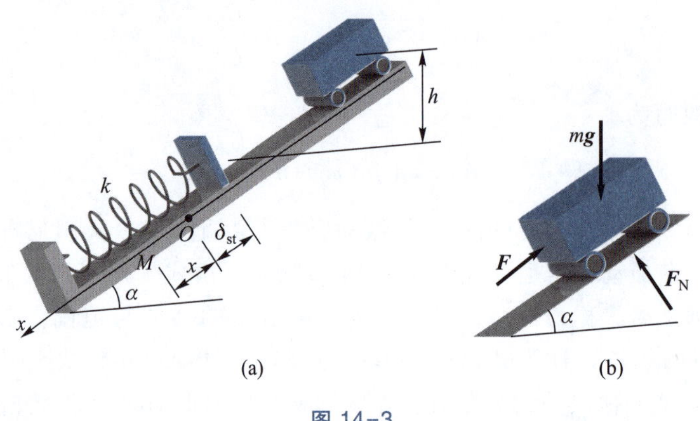

图 14-3

【解】 当小车无初速度地放在缓冲器上时，其重力沿斜面的分力与弹性力相平衡，则缓冲器弹簧的静变形为

$$\delta_{st}=\frac{mg\sin\alpha}{k}$$

取小车的平衡位置 O 为坐标原点，轴 x 沿斜面向下为正，设小车在任意位置 M 时的坐标为 x，其受力如图 14-3b 所示。则小车的运动微分方程为

$$m\frac{d^2x}{dt^2}=mg\sin\alpha-k(\delta_{st}+x)$$

整理后可写为

$$m\frac{d^2x}{dt^2}=-kx$$

则系统的固有频率 $\omega_0=\sqrt{\frac{k}{m}}$，周期 $T=\frac{2\pi}{\omega_0}=2\pi\sqrt{\frac{m}{k}}$。

由题可知运动的初始条件：$t=0$ 时，$x_0=\delta_{st}$，$v_0=\sqrt{2gh}$。则由式（14-6）、（14-7）可得

$$A=\sqrt{x_0^2+\frac{v_0^2}{\omega_0^2}}=\sqrt{\left(\frac{mg\sin\alpha}{k}\right)^2+\frac{2mgh}{k}}=\sqrt{\frac{mg}{k}\left(\frac{mg}{k}\sin^2\alpha+2h\right)}$$

14.1.2 固有频率的计算

系统的固有频率是表征系统振动特性的一个极其重要的参数，对解决工程中的振动问题具有重大意义。下面介绍几种计算振动系统固有频率的常用方法。

（一）定义法

由定义 $\omega_0^2=\dfrac{k}{m}$ 可得

$$\omega_0=\sqrt{\frac{k}{m}} \tag{14-11}$$

若已知振动系统的刚度系数 k 及振动物体的质量 m，则直接根据式（14-11）计算出系统的固有频率。

（二）静变形法

弹簧质量系统平衡时有 $mg=k\delta_{st}$，则

$$\omega_0=\sqrt{\frac{k}{m}}=\sqrt{\frac{g}{\delta_{st}}} \tag{14-12}$$

由式（14-12）可知，只要通过计算或测量得到振动系统在重力作用下弹簧的静变形 δ_{st}（单位为 m），就可以求得系统的固有频率。

【例 14-2】 两弹簧的刚度系数分别为 k_1 和 k_2，试分别求下列两种情况下，系统的固有频率：（1）两弹簧并联，如图 14-4a 所示；（2）两弹簧串联，如图 14-4b 所示。设弹簧悬挂的物体质量为 m。

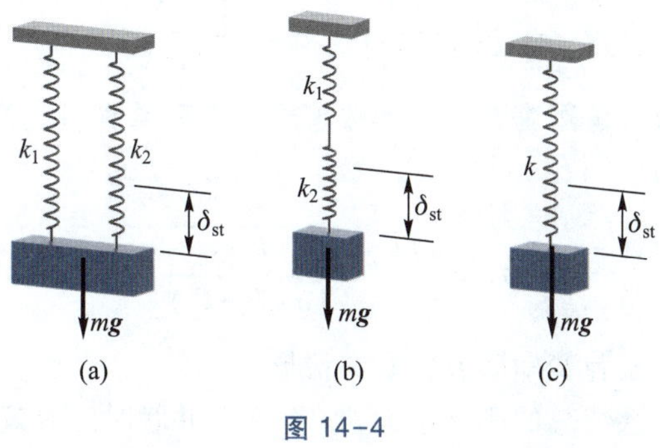

图 14-4

【解】 将并联、串联的弹簧质量系统均简化为图 14-4c 所示等效弹簧的刚度系数为 k 的弹簧质量系统。弹簧的等效处理，是指在等值的力作用下，质点产生的静位移（即弹簧的静变形）应与原系统相等。

（1）两弹簧并联

当重物在平衡位置时，两根弹簧的静变形均为 δ_{st}，它们的弹性力分别为 $k_1\delta_{st}$、$k_2\delta_{st}$，由平衡条件可得

$$mg=k_1\delta_{st}+k_2\delta_{st}=(k_1+k_2)\delta_{st}$$

若令等效弹簧的静变形等于 δ_{st}，则有

$$\delta_{st}=\frac{mg}{k}=\frac{mg}{k_1+k_2}$$

因此等效弹簧的刚度系数为

$$k=k_1+k_2$$

即**两弹簧并联时，其等效弹簧刚度系数等于并联弹簧刚度系数之和**。并联弹簧质量系统的固有频率为

$$\omega_0=\sqrt{\frac{k}{m}}=\sqrt{\frac{k_1+k_2}{m}}$$

（2）两弹簧串联

当重物在平衡位置时，串联弹簧每根弹簧所受之力均等于重物重力，设每根弹簧的静变形分别为 δ_{st1}、δ_{st2}，则有

$$\delta_{st1}=\frac{mg}{k_1},\quad \delta_{st2}=\frac{mg}{k_2}$$

串联弹簧质量系统的静变形等于每根弹簧的静变形之和，即

$$\delta_{st}=\delta_{st1}+\delta_{st2}=mg\left(\frac{1}{k_1}+\frac{1}{k_2}\right)$$

若令等效弹簧的静变形等于 δ_{st}，则有

$$\delta_{st}=\frac{mg}{k}=mg\left(\frac{1}{k_1}+\frac{1}{k_2}\right)$$

因此等效弹簧的刚度系数为

$$\frac{1}{k}=\left(\frac{1}{k_1}+\frac{1}{k_2}\right)\quad 或\quad k=\frac{k_1k_2}{k_1+k_2}$$

即**两弹簧串联时，其等效弹簧刚度系数的倒数等于两串联弹簧刚度系数的倒数之和**。串联弹簧质量系统的固有频率为

$$\omega_0=\sqrt{\frac{k}{m}}=\sqrt{\frac{k_1k_2}{m(k_1+k_2)}}$$

上述结论可以推广到多弹簧串联或并联的情形。

当多个弹簧并联时，系统总的刚度增大，n 个弹簧并联时的等效刚度系数为

$$k=\sum k_i$$

当多个弹簧串联时，系统总的刚度降低，n 个弹簧串联时的等效刚度系数为

$$\frac{1}{k}=\sum\frac{1}{k_i}$$

工程中，通常将多个弹簧并联作为支撑以达到对机器的隔振，如图 14-5a 所示；由两个刚度系数分别为 k_1 和 k_2 的橡胶叠合而成的串联橡胶弹簧，也可用于隔振，如图 14-5b 所示。

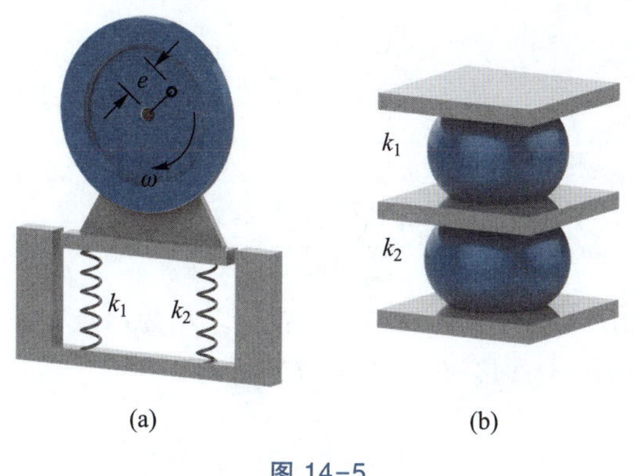

图 14-5

（三）解微分方程法

已知系统的运动微分方程形如 $A\dfrac{d^2x}{dt^2}+Bx=0$，将该运动微分方程化为标准形式

$$\frac{d^2x}{dt^2}+\frac{B}{A}x=0$$

则系统的固有频率为

$$\omega_0=\sqrt{\frac{B}{A}}$$

【例 14-3】 如图 14-6a 所示，矿井提升设备的轿厢质量 $m=5\ 100$ kg，以速度 $v_0=3$ m/s 匀速下降，钢索的刚度系数 $k=4\ 000$ kN/m，钢索重量不计。试求钢索上端突然被卡住时，系统的固有频率及轿厢的运动方程。

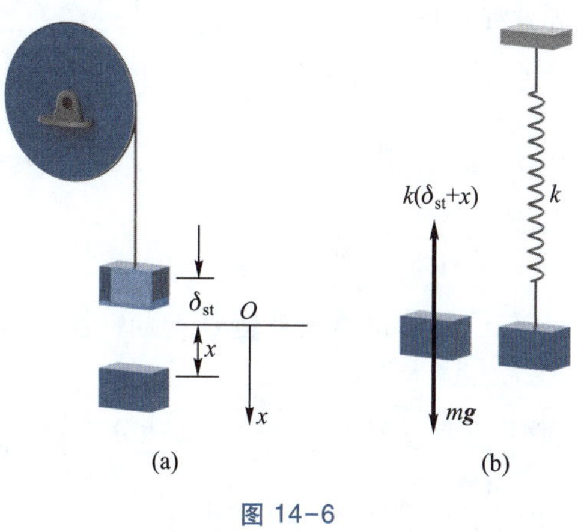

图 14-6

【解】 轿厢匀速下降，钢索上端突然被卡住时，由于惯性和钢索弹性的存在，轿厢不会立刻静止。以轿厢为研究对象，可将其简化为图 14-6b 所示弹簧质量系统，系统平衡时有

$$mg=k\delta_{st}$$

由质点运动微分方程，可得

$$m\frac{d^2x}{dt^2}=mg-k(\delta_{st}+x)=-kx$$

将上式化为标准形式

$$\frac{d^2x}{dt^2}+\frac{k}{m}x=0$$

则系统的固有频率为

$$\omega_0=\sqrt{\frac{k}{m}}=\sqrt{\frac{4\ 000\times 10^3}{5\ 100}}\ \text{rad/s}\approx 28\ \text{rad/s}$$

钢索卡住瞬间，轿厢所在位置 O 为静平衡位置，以 O 为原点，轴 x 竖直向下为正。则 $t=0$ 时，$x_0=0$，$v_0=3$ m/s。则由式（14-6）、（14-7）可得

振幅 $A=\sqrt{x_0^2+\frac{v_0^2}{\omega_0^2}}=\sqrt{\frac{3^2}{28^2}}$ m $=0.107\ 1$ m $=10.71$ cm

初相位 $\theta=\arctan\frac{x_0\omega_0}{v_0}=\arctan\frac{0\times 28}{3}=0$

轿厢的运动方程为 $x=A\sin(\omega_0t+\theta)=10.71\sin 28t$（单位为 cm）

除弹簧质量系统这类单自由度振动系统外，工程上还存在许多其他类型的振动系统，如扭振系统、复摆、多体系统等，这些系统的固有频率也可通过解微分方程的方法获得。

【例 14-4】 如图 14-7 所示，扭振系统由垂直轴和圆盘组成。垂直轴一端固定，一端与圆盘中心固接。已知圆盘对中心轴的转动惯量为 J，轴的扭转刚度系数为 k_t（表示使圆盘产生单位转角所需要的力矩，单位为 N · m/rad）。

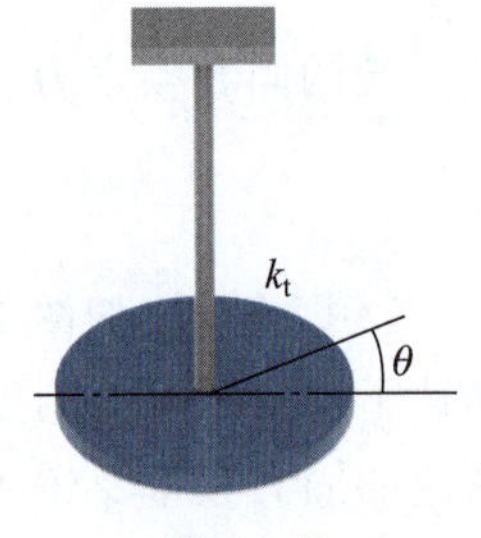

图 14-7

【解】 使圆盘扭转微小角度后松开，系统将做扭转自由振动。设 θ 为圆盘上任一半径从其静平衡位置开始的转角，以图示方向为正。系统振动时，圆盘受到由轴作用的、与 θ 方向相反的弹性恢复力矩 $k_t\theta$。根据刚体定轴转动微分方程，得

$$J\frac{d^2\theta}{dt^2}=-k_t\theta$$

则扭振系统的固有频率为

$$\omega_0=\sqrt{\frac{k_t}{J}}$$

【例 14-5】 如图 14-8 所示，复摆可绕水平轴 O 摆动，摆的质最为 m，质心为 C，摆对轴 O 的转动惯量为 J_O。

【解】 由刚体定轴转动微分方程可列出复摆的运动微分方程

$$J_O\frac{d^2\theta}{dt^2}=-mgl\sin\theta$$

复摆微幅摆动时，$\sin\theta\approx\theta$，上式可写为

$$J_O\frac{d^2\theta}{dt^2}=-mgl\theta$$

则复摆的固有频率为

$$\omega_0=\sqrt{\frac{mgl}{J_O}}$$

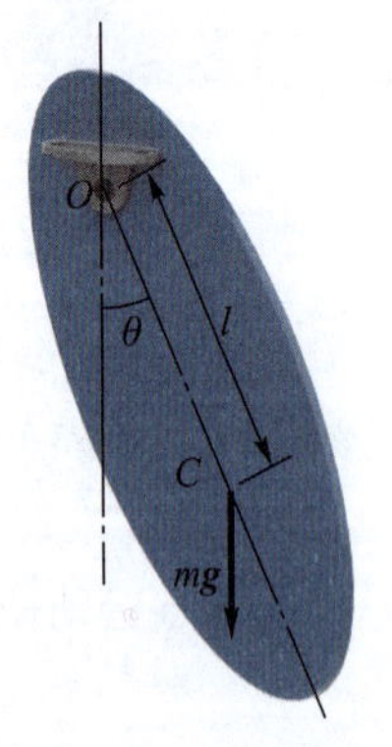

图 14-8

（四）能量法

从前面的分析可以看出，定义法、静变形法和解微分方程法都能获得系统的固有频率。但是对于比较复杂的系统，建立运动微分方程往往比较麻烦。对于保守系统，如果只须求解固有频率，应用能量法则比较简便。能量法从机械能守恒定律出发，利用自由振动中最大动能和最大势能相等的关系来建立方程，从而求得固有频率。

仅有保守力作用的质点组成的质点系，在运动过程中机械能守恒，即

$$T+V=常量$$

以图 14-9 所示弹簧质量系统为例，在不考虑弹簧的质量的情形下，物块在距平衡位置 O 任意 x 处的速度为 $\dot{x}$，此时系统的动能和势能分别为

$$T=\frac{1}{2}m\dot{x}^2,\ V=\frac{1}{2}kx^2$$

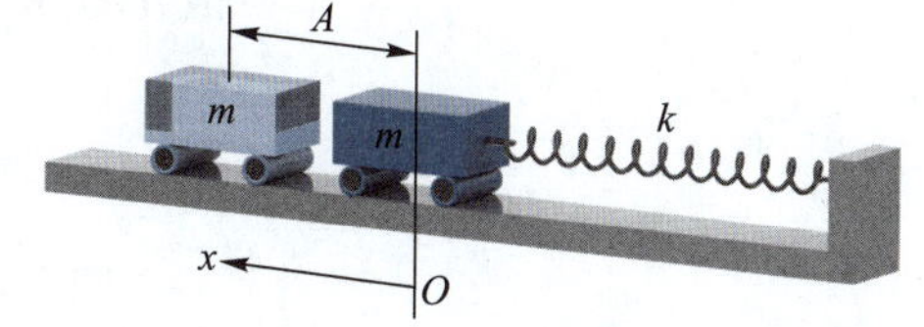

图 14-9

由于该振动系统做简谐运动，因此有

$$x=A\sin(\omega_0t+\theta),\ \dot{x}=A\omega_0\cos(\omega_0t+\theta)$$

取系统的静平衡位置为零势能位置。

系统在平衡位置时，势能为零，动能具有最大值 $T_{max}=\frac{1}{2}m(A\omega_0)^2$，系统在此位置的最大动能就是其全部机械能。

系统离开平衡位置最远时，动能为零，势能具有最大值 $V_{max}=\frac{1}{2}kA^2$，系统在此位置的最大势能就是其全部机械能。

由机械能守恒可得

$$\frac{1}{2}m\ (A\omega_0)^2=\frac{1}{2}kA^2$$

解得

$$\omega_0=\sqrt{\frac{k}{m}}$$

由此可见，采用能量法所得系统固有频率计算式与前面所讨论的完全相同。

【例 14-6】 如图 14-10 所示摆振系统，已知 $OA=a$，$OB=l$，小球质量为 m，弹簧刚度系数为 k，弹簧及杆 OB 的质量不计。摆杆在铅垂位置时系统平衡，试求系统做微幅振动时的固有频率。

【解】 系统为保守系统。设任意瞬时摆杆的摆角为

$$\theta=\Theta\sin(\omega_0t+\varphi)$$

则系统振动时，小球的最大速度 $v_{max}=l\dot{\theta}_{max}=l\Theta\omega_0$，因此系统的最大动能为

$$T_{max}=\frac{1}{2}m(l\dot{\theta}_{max})^2=\frac{1}{2}m(l\Theta\omega_0)^2$$

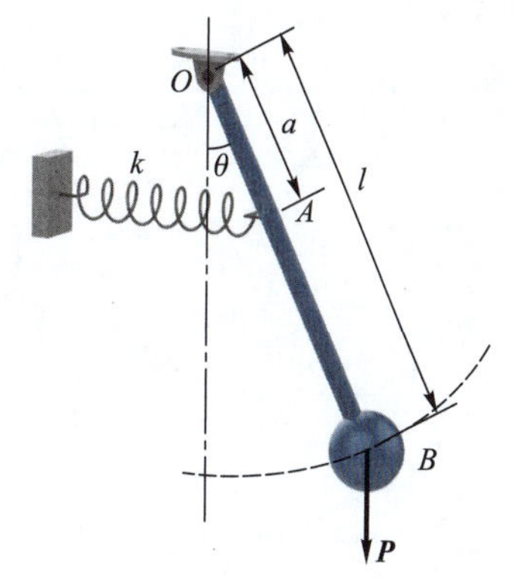

图 14-10

摆杆的最大角位移为 Θ，取平衡位置为零势能点，则系统的最大势能为

$$V_{\max}=V_{弹}+V_{重}=\frac{1}{2}k\ (a\Theta)^2+mg(l-l\cos\Theta)$$

$$=\frac{1}{2}k(a\Theta)^2+mgl(1-\cos\Theta)$$

$$=\frac{1}{2}k(a\Theta)^2+mgl\cdot 2\sin^2\left(\frac{\Theta}{2}\right)$$

$$\approx\frac{1}{2}k(a\Theta)^2+\frac{1}{2}mgl\Theta^2$$

由机械能守恒可得

$$\frac{1}{2}m(l\Theta\omega_0)^2=\frac{1}{2}k(a\Theta)^2+\frac{1}{2}mgl\Theta^2$$

解得

$$\omega_0=\sqrt{\frac{g}{l}+\frac{k}{m}\left(\frac{a}{l}\right)^2}$$

§14-2 单自由度系统的有阻尼自由振动

工程实际中的自由振动系统，振动物体的振幅不断减小，直到停止为止，这是因为系统在振动过程中不但受恢复力作用，而且还受到各种阻力的作用，如接触面间的摩擦力、气体或液体介质的阻力和弹性材料中分子的内阻力等。在振动中这些阻力统称为**阻尼**。

当振动速度不大时，由于介质黏性引起的阻力近似地与速度成正比，即

$$F_{\mathrm{d}}=-c\boldsymbol{v}$$

这样的阻力称为**黏性阻力**或**线性阻力**。式中负号表示阻力与速度的方向相反；系数 c 称为**黏性阻力系数**，简称为**阻力系数**。阻力系数与物体的形状、尺寸及阻尼介质的性质有关，它的单位是 N · s/m（牛 · 秒/米）。本节只研究黏性阻尼对自由振动的影响。

图 14-11a 所示为有阻尼的弹簧质量系统的力学模型，弹簧刚度系数为 k，阻力系数为 c，物块的质量为 m，弹簧静变形为 δ_{st}。仍以静平衡位置 O 为坐标原点，设轴 x 向下为正。物块在任意位置 x 处受重力 $m\boldsymbol{g}$、弹性力 $F_{\mathrm{k}}=k(\delta_{\mathrm{st}}+x)$ 和黏性阻力 $F_{\mathrm{d}}=-c\dfrac{\mathrm{d}x}{\mathrm{d}t}$ 作用，如图 14-11b 所示。

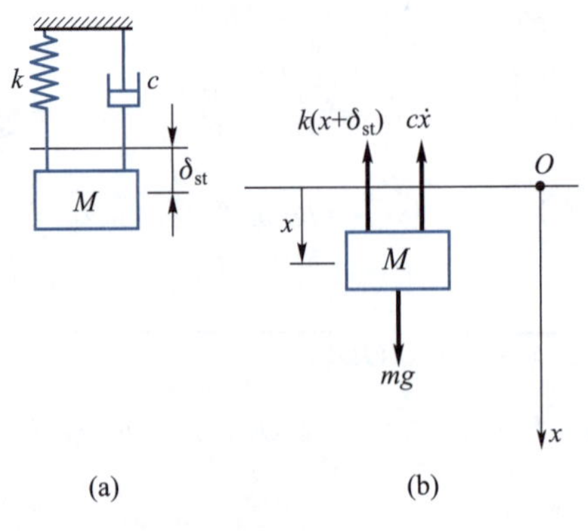

图 14-11

系统的振动微分方程为

$$m\frac{\mathrm{d}^2x}{\mathrm{d}t^2}=mg-k(\delta_{st}+x)-c\frac{\mathrm{d}x}{\mathrm{d}t}=-kx-c\frac{\mathrm{d}x}{\mathrm{d}t} \tag{14-13}$$

令 $\omega_0^2=\frac{k}{m}$，$\delta=\frac{c}{2m}$，δ 为**阻尼系数**。则上式可改写为

$$\frac{\mathrm{d}^2x}{\mathrm{d}t^2}+2\delta\frac{\mathrm{d}x}{\mathrm{d}t}+\omega_0^2x=0 \tag{14-14}$$

式（14-14）是有阻尼自由振动微分方程的标准形式，它仍是一个二阶线性常系数齐次微分方程。由微分方程理论可知，其通解为 $x=\mathrm{e}^{rt}$，代入式（14-14），消去公因子 e^{rt}，可得系统的特征方程

$$r^2+2\delta r+\omega_0^2=0$$

上式的两个特征根为

$$r_1=-\delta+\sqrt{\delta^2-\omega_0^2},\quad r_2=-\delta-\sqrt{\delta^2-\omega_0^2}$$

方程（14-14）的通解为

$$x=C_1\mathrm{e}^{r_1t}+C_2\mathrm{e}^{r_2t} \tag{14-15}$$

现讨论 $\delta<\omega_0$、$\delta>\omega_0$、$\delta=\omega_0$ 三种不同情形时，系统的运动规律。

（一）小阻尼情形（$\delta<\omega_0$）

当 $\delta<\omega_0$ 时，特征根为一对共轭复数

$$r_{1,2}=-\delta\pm\mathrm{i}\sqrt{\omega_0^2-\delta^2}$$

其中 $\mathrm{i}=\sqrt{-1}$。通解（14-15）为

$$\begin{aligned}x&=C_1\mathrm{e}^{(-\delta+\mathrm{i}\sqrt{\omega_0^2-\delta^2})t}+C_2\mathrm{e}^{(-\delta-\mathrm{i}\sqrt{\omega_0^2-\delta^2})t}=\mathrm{e}^{-\delta t}(C_1\mathrm{e}^{\mathrm{i}\sqrt{\omega_0^2-\delta^2}t}+C_2\mathrm{e}^{-\mathrm{i}\sqrt{\omega_0^2-\delta^2}t})\\&=\mathrm{e}^{-\delta t}[(C_1+C_2)\cos\sqrt{\omega_0^2-\delta^2}t+(\mathrm{i}C_1-\mathrm{i}C_2)\sin\sqrt{\omega_0^2-\delta^2}t]\\&=\mathrm{e}^{-\delta t}(C_1'\cos\sqrt{\omega_0^2-\delta^2}t+C_2'\sin\sqrt{\omega_0^2-\delta^2}t)\end{aligned}$$

其中 C_1'、C_2'是两个任意常量，由运动的初始条件决定。上式适当变换后可改写为

$$x=A\mathrm{e}^{-\delta t}\sin(\omega_d t+\theta) \tag{14-16}$$

其中 A、θ 是积分常量，由振动的初始条件决定；$\omega_d=\sqrt{\omega_0^2-\delta^2}$，为有阻尼自由振动的固有频率。

设 $t=0$ 时，$x=x_0$，$\frac{\mathrm{d}x}{\mathrm{d}t}=v_0$，可得

$$A=\sqrt{x_0^2+\frac{(v_0+\delta x_0)^2}{\omega_0^2-\delta^2}},\quad \tan\theta=\frac{x_0\sqrt{\omega_0^2-\delta^2}}{v_0+\delta x_0} \tag{14-17}$$

由式（14-16）可知，在小阻尼情形下，系统做减幅振动，即振幅随时间逐渐减小，其运动线图如图 14-12 所示。因此，有阻尼自由振动也称为**衰减振动**。

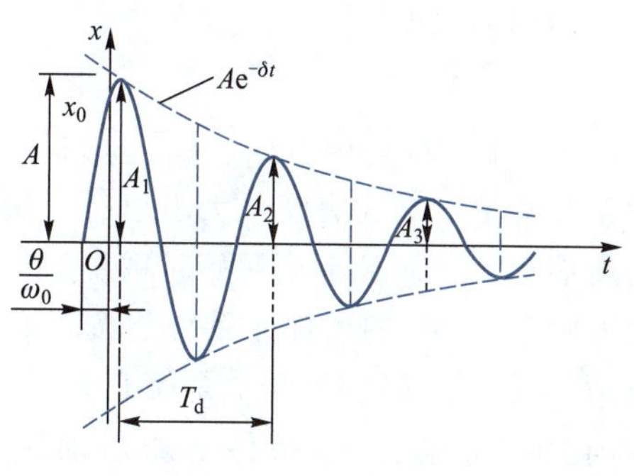

图 14-12

由图 14-12 可知，物块的运动不再是等幅的简谐运动，且衰减振动也不是周期运动，但这种运动仍是平衡位置附近的往复运动，且相邻两次到达同

侧最大偏离位置所需时间是一个与初始条件无关的常数，称为衰减振动的周期，用 T_d 表示，即

$$T_d=\frac{2\pi}{\omega_d}=\frac{2\pi}{\sqrt{\omega_0^2-\delta^2}} \tag{14-18a}$$

或

$$T_d=\frac{2\pi}{\omega_0\sqrt{1-\left(\frac{\delta}{\omega_0}\right)^2}}=\frac{2\pi}{\omega_0\sqrt{1-\zeta^2}} \tag{14-18b}$$

其中 $\zeta=\frac{\delta}{\omega_0}=\frac{c}{2\sqrt{mk}}$，$\zeta$ 为**阻尼比**，它是振动系统中反映阻尼特性的重要参数。在小阻尼情形下 $\zeta<1$。

将有阻尼自由振动与无阻尼自由振动相比较，有阻尼自由振动的周期 T_d、频率 f_d 和圆频率 ω_d 与无阻尼自由振动的周期 T、频率 f 和圆频率 ω_0 有如下关系：

$$T_d=\frac{T}{\sqrt{1-\zeta^2}},\ f_d=f\sqrt{1-\zeta^2},\ \omega_d=\omega_0\sqrt{1-\zeta^2}$$

显然，由于阻尼的存在，使系统的自由振动的周期增大，频率减小。但在阻尼系数较小的情形下，对周期和频率的影响不大。如 $\zeta=0.05$，则 $T_d=1.001\ 25T$，仅比无阻尼时的周期大 0.125%。因此，当阻尼不大时，可认为有阻尼自由振动的周期 T_d、频率 f_d 与无阻尼自由振动的周期 T、频率 f 近似相等。

将同侧相邻两次振动的振幅记作 A_i 和 A_{i+1}，其比值

$$\eta=\frac{A_i}{A_{i+1}}=\frac{Ae^{-\delta t}}{Ae^{-\delta(t+T_d)}}=e^{\delta T_d} \tag{14-19}$$

称为**减缩因数**。由式（14-19）可知，任意两个相邻振幅之比为一常数。系统的振幅呈几何级数衰减，且阻尼系数越大，振幅衰减越快。仍以 $\zeta=0.05$ 为例，此时 $\eta=1.37$，即每振动一个周期，振幅就减小 27%。由此可见，小阻尼虽然对周期影响很小，但对振幅的影响却很大。

减缩因数的自然对数称为**对数减缩**，以 Λ 表示，有

$$\Lambda=\ln\eta=\delta T_d\approx 2\pi\zeta \tag{14-20}$$

（二）大阻尼情形（$\delta>\omega_0$）

当 $\delta>\omega_0$ 时，$\zeta>1$。特征根为两个不等负实根

$$r_{1,2}=-\delta\pm\sqrt{\delta^2-\omega_0^2}$$

式（14-14）的解为

$$x=-e^{-\delta t}\left(C_1e^{\sqrt{\delta^2-\omega_0^2}t}+C_2e^{-\sqrt{\delta^2-\omega_0^2}t}\right) \tag{14-21}$$

式（14-21）中，C_1、C_2 是由运动初始条件确定的积分常量。上式表明，大阻尼时，质点的运动已不是周期运动，而且不论初始时系统处于哪种非平衡位置，随着时间 t 的增加，系统均按指数规律迅速趋于平衡位置。图 14-13 表示系统在初始位移 x_0 和几种不同的初始速度 $\dot{x}_0$ 条件下的运动线图，表示振不起来。

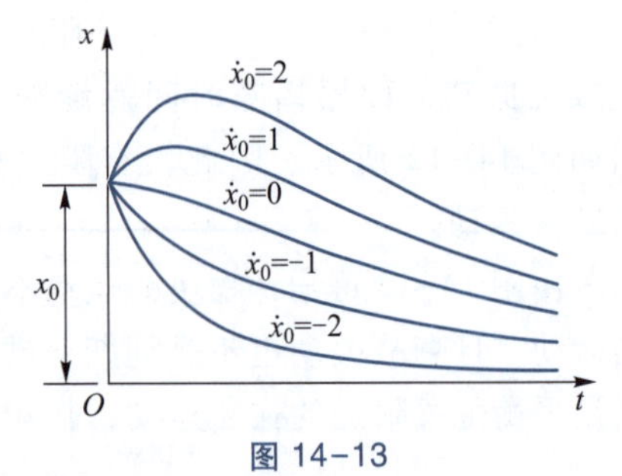

图 14-13

（三）临界阻尼情形（$\delta=\omega_0$）

当 $\delta=\omega_0$ 时，$\zeta=1$，为临界阻尼情形。特征根为两个相等的负实根

$$r_{1,2}=-\delta$$

式（14-14）的解为

$$x=e^{-\delta t}(C_1+C_2t) \tag{14-22}$$

式（14-22）中，C_1、C_2 为两个积分常量，由运动的初始条件确定。上式表明，临界阻尼情形下，系统的运动随时间的增加而无限趋向平衡位置，运动仍不具备振动的特点和性质。

【例 14-7】 如图 14-14 所示，无重刚杆端部固连质量为 m 的重物，刚杆处于水平位置时，弹簧变形量为 0。已知弹簧刚度系数为 k，阻力系数为 c。试写出系统的运动微分方程，并求出系统的固有频率。（杆为无重刚杆，杆的转角非常小。）

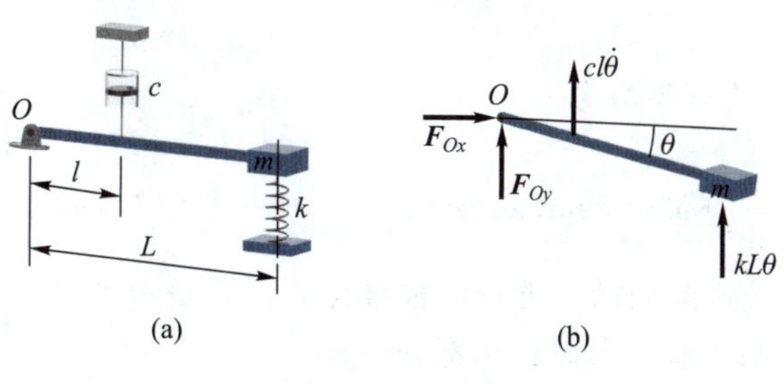

图 14-14

【解】 先求系统的运动微分方程。由动量矩定理可得

$$mL^2\ddot{\theta}=-cl^2\dot{\theta}-kL^2\theta$$

整理上式得

$$\ddot{\theta}+\frac{cl^2}{mL^2}\dot{\theta}+\frac{k}{m}\theta=0$$

则有

$$\omega_0^2=\frac{k}{m},\quad 2\delta=\frac{cl^2}{mL^2}$$

固有频率为

$$\omega_0=\sqrt{\frac{k}{m}}$$

§14-3 单自由度系统的受迫振动

如前所述，由于阻尼的存在，自由振动将逐渐衰减直至完全停止。但在工程实际中又存在大量不衰减的持续振动，这是由于系统除受恢复力外，还受外界激励的作用，以弥补阻尼消耗的能量，从而使系统的振动能持续下去。在持续不断的外界激励作用下所产生的振动，称为**受迫振动**。外界激励所引起的系统振动称为响应。

外界激励的形式有力（直接作用力或惯性力），也有运动（位移、速度或加速度）。外

界激励一般是时间的函数，激励随时间的变化规律可能是周期的，也可能是非周期的或随机的。本节只讨论简谐激振力作用下的受迫振动。

14.3.1 无阻尼受迫振动

如图 14-15a 所示振动系统，弹簧原长为 l_0，刚度系数为 k，弹簧静变形为 δ_{st}，物块质量为 m。取物块平衡位置 O 为原点，轴 x 竖直向下为正。任一瞬时，设物块的坐标为 x，此时物块受重力、弹性力和简谐激振力 $F=H\sin(\omega t+\varphi)$（$H$ 为激振力的幅值，ω 为激振力的固有频率）的共同作用，如图 14-15b 所示。

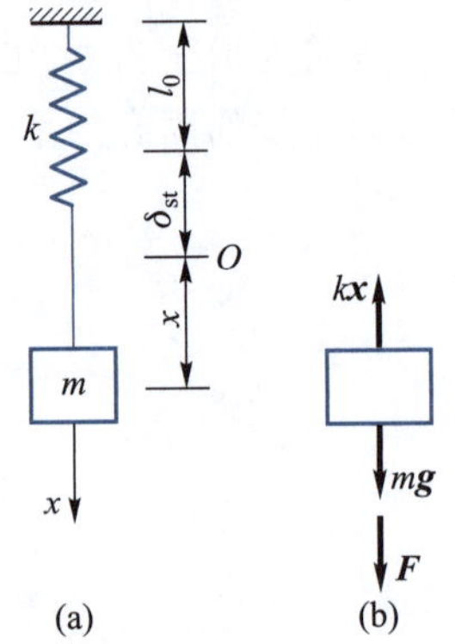

图 14-15

物块的运动微分方程可写为

$$m\frac{\mathrm{d}^2x}{\mathrm{d}t^2}=mg-k(\delta_{st}+x)+H\sin(\omega t+\varphi) \tag{14-23}$$

令 $\omega_0^2=\dfrac{k}{m}$，$h=\dfrac{H}{m}$，则上式可改写为

$$\frac{\mathrm{d}^2x}{\mathrm{d}t^2}+\omega_0^2x=h\sin(\omega t+\varphi) \tag{14-24}$$

式（14-24）是无阻尼受迫振动微分方程的标准形式，它是一个二阶线性常系数非齐次微分方程。其解由两部分组成

$$x=x_1+x_2$$

式中，x_1 对应于式（14-24）的齐次方程 $\dfrac{\mathrm{d}^2x}{\mathrm{d}t^2}+\omega_0^2x=0$ 的通解，由本章第一节的讨论可知

$$x_1=A\sin(\omega_0t+\theta)$$

x_2 对应于式（14-24）的特解，设解的形式为

$$x_2=B\sin(\omega t+\varphi) \tag{14-25}$$

式中，B、φ 为待定常量，由满足式（14-24）的条件来决定。

将式（14-25）代入式（14-24），得

$$-B\omega^2\sin(\omega t+\varphi)+B\omega_0^2\sin(\omega t+\varphi)=h\sin(\omega t+\varphi)$$

解得

$$B=\frac{h}{\omega_0^2-\omega^2}$$

微分方程的特解为

$$x_2=\frac{h}{\omega_0^2-\omega^2}\sin(\omega t+\varphi) \tag{14-26}$$

x_2称为受迫振动，$\dfrac{h}{\omega_0^2-\omega^2}$为受迫振动的振幅。式（14-24）的全解为

$$x=A\sin(\omega_0t+\theta)+\frac{h}{\omega_0^2-\omega^2}\sin(\omega t+\varphi) \tag{14-27}$$

由上式可知，在恢复力和干扰力的作用下，系统的振动由两部分组成：第一部分是自由振动，第二部分是受迫振动。自由振动的振幅 A 和初相位 θ 由运动的初始条件决定。由于实际振动系统中阻尼的存在，自由振动部分将迅速衰减，只剩下受迫振动部分。

由式（14-26）可知，在简谐激振力作用下，系统的受迫振动频率与激振力的频率 ω 相同，而与系统的固有参数 m、k 无关。受迫振动的振幅大小与振动系统的固有频率 ω_0、激振力的频率 ω 及激振力的力幅 H 有关，而与运动的初始条件无关。受迫振动的振幅

$$B=\frac{h}{\omega_0^2-\omega^2}=\frac{\frac{h}{\omega_0^2}}{1-\left(\frac{\omega}{\omega_0}\right)^2}=\frac{B_0}{1-\lambda^2} \tag{14-28a}$$

或

$$\beta=\frac{B}{B_0}=\frac{1}{1-\lambda^2} \tag{14-28b}$$

上式中，$B_0=\frac{h}{\omega_0^2}$可看作弹簧在静力 H 作用下的静变形；$\lambda=\frac{\omega}{\omega_0}$为**频率比**；$\beta$ 为**振幅比**。以 λ 为横坐标，以 β 为纵坐标（为了便于比较，振幅比取绝对值），根据上式画出幅频响应曲线，如图 14-16 所示。

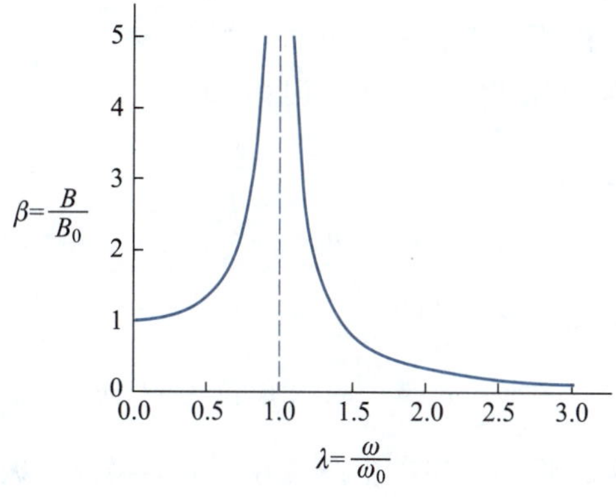

图 14-16

（1）当 $\omega=0$ 时，$\beta=1$，即受迫振动的振幅

$$B=B_0=\frac{h}{\omega_0^2}=\frac{H}{k}$$

显然，受迫振动振幅 B 与激振力幅值 H 成正比。

（2）当 $0<\lambda<1$（即 $0<\omega<\omega_0$）时，随着 λ 的增加（即随着 ω 的增加），β（或振幅 B）将越来越大。

（3）当 $\lambda>1$（即 $\omega>\omega_0$）时，振幅 B 为负值，即振动的相位与激振力的相位差 180°。由于习惯上把振幅都取为正值，此时 β（或振幅 B）取其绝对值。随着 λ 的增加（即随着 ω 的增加），β（或振幅 B）将越来越小。当 $\lambda\to\infty$ 时，$\beta\to 0$，即 $B\to 0$，这表示系统的振幅十分小，而趋于静止。

（4）当 $\lambda=1$（即 $\omega=\omega_0$）时，$\beta\to\infty$，即 $B\to\infty$。即当激振力频率 ω 与系统的固有频率 ω_0 相等时，系统的振幅 B 为无穷大，这种现象称为**共振**。激振力频率 $\omega=\omega_0$ 时，称为**共振频率**，共振频率的附近区域称为**共振区**。工程上，通常认为 $0.75\leqslant\lambda\leqslant 1.25$ 区间为共振区。

当系统发生共振时，式（14-28）无意义，微分方程（14-24）的特解应为

$$x_2=bt\cos(\omega_0 t+\varphi) \tag{14-29a}$$

将上式代入式（14-24）可得

$$b=-\frac{h}{2\omega_0}$$

微分方程（14-24）的特解为

$$x_2=-\frac{h}{2\omega_0}t\cos(\omega_0 t+\varphi) \tag{14-29b}$$

此时振动的幅值为

$$B=\frac{h}{2\omega_0}t$$

它随着时间的增加而无限增大，如图 14-17 所示。

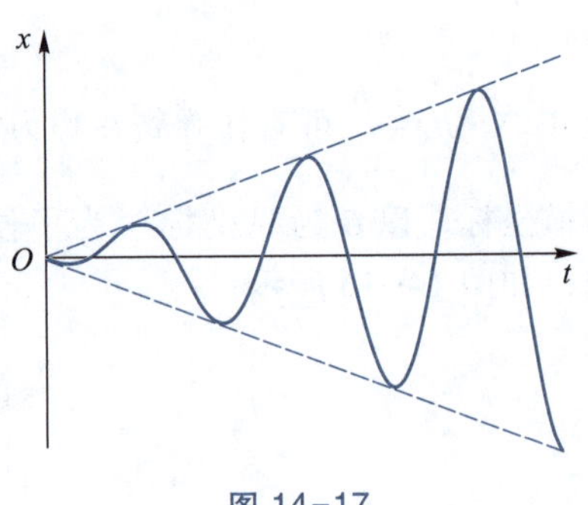

图 14-17

实际上由于系统存在着阻尼，振幅不可能无限大。但一般来说，共振时的振幅都是相当大的，如不加防止，极易造成工程上的危害。如旋转机器的转轴由于加工及安装不当，可能引起一定的偏心，当转轴以角速度 ω 转动时，干扰激振力的频率等于角速度 ω，如果角速度 ω 与系统的固有频率 ω_0 相等，则会发生共振。发生共振时，转轴的角速度称为**临界角速度**，记为 ω_{cr}，则有

$$\omega_{cr}=\omega_0=\sqrt{\frac{k}{m}} \tag{14-30}$$

此时的转速称为**临界转速**，记为 n_{cr}，则

$$n_{cr}=\frac{30}{\pi}\omega_{cr}=\frac{30}{\pi}\omega_0\ (\text{单位为 r/min}) \tag{14-31}$$

有些情况下，人们也可以将共振用于生产实际，如共振筛、振动选料机等，可节省激振所需的功率，提高工作效率。

14.3.2 有阻尼受迫振动

有阻尼时的受迫振动力学模型如图 14-18 所示。弹簧刚度系数为 k，阻力系数为 c，物块的质量为 m。仍以静平衡位置 O 为坐标原点，设轴 x 向下为正。物块在任意位置 x 处受弹性恢复力 $F_e=kx$、黏性阻力 $F_d=-c\frac{dx}{dt}$ 和简谐激振力 $F=H\sin\omega t$ 的共同作用。

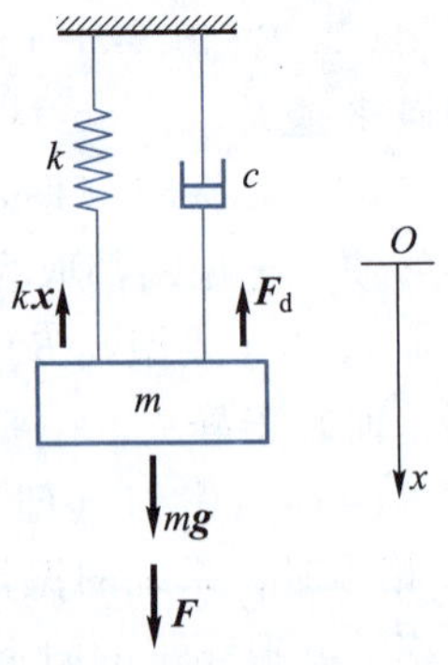

图 14-18

有阻尼时系统的受迫振动微分方程为

$$m\frac{d^2x}{dt^2}=-kx-c\frac{dx}{dt}+H\sin\omega t \tag{14-32}$$

令 $\omega_0^2=\frac{k}{m}$，$\delta=\frac{c}{2m}$，$h=\frac{H}{m}$，则上式可改写为

$$\frac{d^2x}{dt^2}+2\delta\frac{dx}{dt}+\omega_0^2x=h\sin\omega t \tag{14-33}$$

式（14-33）是有阻尼受迫振动微分方程的标准形式，它是一个二阶线性常系数非齐次微分方程。其解由两部分组成

$$x=x_1+x_2$$

式中，x_1 对应于式（14-33）的齐次方程$\frac{d^2x}{dt^2}+2\delta\frac{dx}{dt}+\omega_0^2x=0$ 的通解，由本章第二节的讨论可知，在小阻尼 $\delta<\omega_0$ 情形下

$$x_1=Ae^{-\delta t}\sin(\sqrt{\omega_0^2-\delta^2}\,t+\theta)$$

x_2 对应于式（14-33）的特解，设解的形式为

$$x_2=B\sin(\omega t-\varepsilon) \tag{14-34}$$

式中，B、ε 为待定常量，由满足式（14-33）的条件来决定。

将式（14-34）代入式（14-33），得

$$-B\omega^2\sin(\omega t-\varepsilon)+2\delta B\omega\cos(\omega t-\varepsilon)+B\omega_0^2\sin(\omega t-\varepsilon)=h\sin\omega t$$

将上式右端改写为

$$h\sin\omega t=h\sin[(\omega t-\varepsilon)+\varepsilon]=h\cos\varepsilon\sin(\omega t-\varepsilon)+h\sin\varepsilon\cos(\omega t-\varepsilon)$$

可得

$$B(\omega_0^2-\omega^2)\sin(\omega t-\varepsilon)+2\delta B\omega\cos(\omega t-\varepsilon)=h\cos\varepsilon\sin(\omega t-\varepsilon)+h\sin\varepsilon\cos(\omega t-\varepsilon)$$

比较上式等号两边的系数，得

$$B(\omega_0^2-\omega^2)=h\cos\varepsilon,\quad 2\delta B\omega=h\sin\varepsilon$$

由此可解得

$$B=\frac{h}{\sqrt{(\omega_0^2-\omega^2)^2+4\delta^2\omega^2}},\quad \tan\varepsilon=\frac{2\delta\omega}{\omega_0^2-\omega^2} \tag{14-35}$$

微分方程（14-33）的特解为

$$x_2=\frac{h}{\sqrt{(\omega_0^2-\omega^2)^2+4\delta^2\omega^2}}\sin(\omega t-\varepsilon) \tag{14-36}$$

x_2 称为有阻尼受迫振动，B 称为有阻尼受迫振动的振幅，ε 为激振力与有阻尼受迫振动的相位差。式（14-33）的全解为

$$x=Ae^{-\delta t}\sin(\sqrt{\omega_0^2-\delta^2}\,t+\theta)+B\sin(\omega t-\varepsilon) \tag{14-37}$$

式中 A 和 θ 为积分常量，由运动的初始条件决定；B 和 ε 由式（14-35）决定。由上式可知，第一部分（x_1 部分）为衰减振动，第二部分（x_2 部分）为受迫振动。

衰减振动只在振动开始后的一段时间内才有意义，所以称为**瞬态振动**，一般情况下可以不予考虑。由于阻尼力的存在，第一部分很快全部衰减，之后系统将按受迫振动的规律振动，这是一种持续等幅振动，称为**稳态振动**。

阻尼对受迫振动的影响：

（1）由式（14-37）可知，虽然存在阻尼力，但受迫振动的规律仍为简谐振动。它并不因为有阻尼而衰减。

（2）受迫振动的频率不受阻尼力的影响。不论有无阻尼力，它的频率都等于激振力的频率 ω。

（3）当 h、ω_0、ω、δ 等因素的值已定时，由式（14-35）知，有阻尼受迫振动的振幅 B 是一个常量，它不因阻尼的存在而逐渐衰减，即系统仍做等幅振动。

振幅 B 虽是个常量，但是这个常量的大小是随 h、ω_0、ω、δ 的变化改变的。关于 h、ω_0、ω 等因素对振幅的影响，前面已进行过讨论，这里着重讨论阻尼系数 δ 对振幅的影响。

将有阻尼受迫振动的振幅（14-35）写为

$$B=\frac{h}{\sqrt{(\omega_0^2-\omega^2)^2+4\delta^2\omega^2}}=\frac{\dfrac{h}{\omega_0^2}}{\sqrt{\left[1-\left(\dfrac{\omega}{\omega_0}\right)^2\right]^2+\left[2\left(\dfrac{\delta}{\omega_0}\right)\left(\dfrac{\omega}{\omega_0}\right)\right]^2}}$$

考虑到 $B_0=\dfrac{h}{\omega_0^2}=\dfrac{H}{k}$，频率比 $\lambda=\dfrac{\omega}{\omega_0}$，并设 $\zeta=\dfrac{\delta}{\omega_0}$为**阻尼比**，整理上式可得

$$B=\frac{B_0}{\sqrt{(1-\lambda^2)^2+(2\zeta\lambda)^2}} \tag{14-38a}$$

或

$$\beta=\frac{B}{B_0}=\frac{1}{\sqrt{(1-\lambda^2)^2+(2\zeta\lambda)^2}} \tag{14-38b}$$

由上式可知，当 h、ω_0、ω 已定时，δ 使受迫振动的振幅减小。以 λ 为横坐标，以 β 为纵坐标，对应于不同的 ζ，根据上式画出幅频响应曲线，如图 14-19 所示。

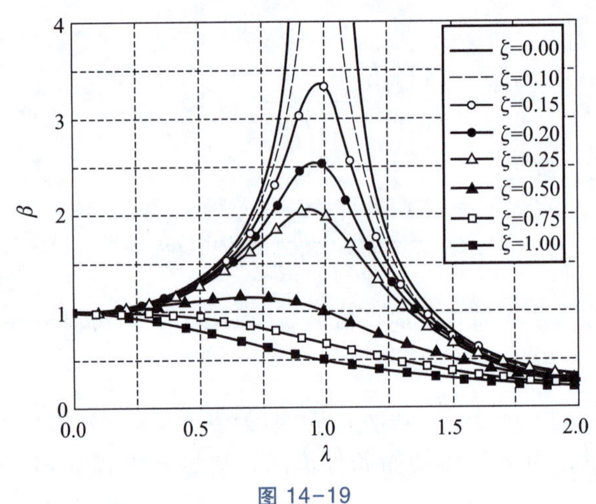

图 14-19

从这组幅频响应曲线可以看出：

当 $\lambda\to1$ 时，振幅 B 虽然很大，但并不是无限大。随着 ζ 的增大，共振振幅显著减小。

当 $\lambda\gg1$ 及 $\lambda\ll1$ 时，有阻尼受迫振动的振幅与无阻尼受迫振动的振幅大小相差无几，这说明在远离共振区时，阻尼对振幅的影响十分微小，可以忽略不计。

当有阻尼作用时，共振振幅极大值实际上并不在 $\lambda=1$ 处。由$\dfrac{\mathrm{d}\beta}{\mathrm{d}\lambda}=0$ 可求得共振频率为

$$\omega=\omega_0\sqrt{1-2\zeta^2} \tag{14-39}$$

而工程实际应用中，阻尼往往比较小，即$\zeta \ll 1$，此时可以认为共振频率$\omega=\omega_0$，即当激振力频率等于系统固有频率时，系统发生共振，共振时的振幅为

$$B=\frac{B_0}{2\zeta\sqrt{1-\zeta^2}} \tag{14-40}$$

由式（14-35）可得

$$\tan\ \varepsilon=\frac{2\delta\omega}{\omega_0^2-\omega^2}=\frac{2\dfrac{\delta}{\omega_0}\dfrac{\omega}{\omega_0}}{1-\left(\dfrac{\omega}{\omega_0}\right)^2}=\frac{2\zeta\lambda}{1-\lambda^2}$$

即

$$\varepsilon=\arctan\frac{2\zeta\lambda}{1-\lambda^2} \tag{14-41}$$

以λ为横坐标，以ε为纵坐标，对应于不同的ζ，根据上式画出相频响应曲线，如图14-20所示。从图中可以看出：

相位差ε总是在0至π区间变化，且随着λ的增加而单调上升。

在$\lambda \ll 1$时，相位差$\varepsilon \to 0$，即受迫振动与激振力同相位。

在$\lambda \gg 1$时，相位差$\varepsilon \to \pi$，即受迫振动与激振力的相位相反。

在$\lambda=1$时，相位差$\varepsilon=\dfrac{\pi}{2}$，说明共振时系统的相位比激振力滞后$\dfrac{\pi}{2}$，这是共振时的一个重要特征。共振时，$\varepsilon$与阻尼的大小无关，这一点与幅频特性曲线有很大区别。

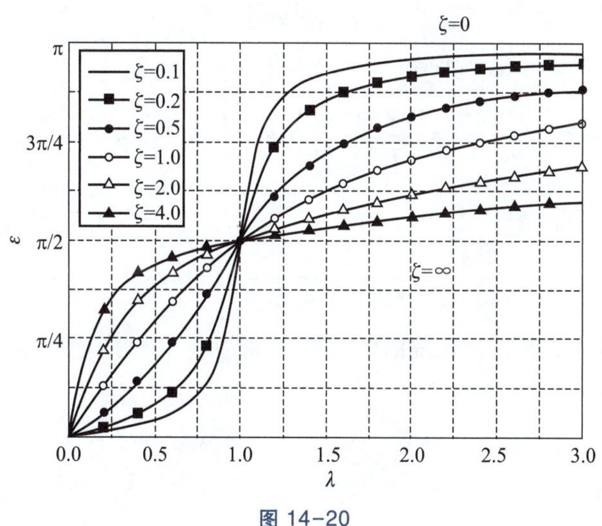

图 14-20

【例 14-8】 如图14-21a所示，重型电动机（含转子）质量为$m_1=3\times10^4$ kg，基础质量为$m_2=4.8\times10^4$ kg，基础底面面积$A=20\ \mathrm{m}^2$，其下为夯实地基（比刚度$\mu=6\times10^7\ \mathrm{N/m^3}$）。转子角速度$\omega=314$ rad/s，由于转子偏心引起的周期激振力$F=0.2H\sin\ \omega t$，且$H=45$ kN。试求：电动机与基础做铅垂受迫振动的振幅；共振时电动机的临界转速。

【解】 电动机与基础可简化为质量$m=m_1+m_2=7.8\times10^4$ kg的质点，地基可简化为刚度系数$k=\mu A=1.2\times10^9$ N/m的弹簧，因此系统简化为图14-21b所示弹簧质量系统。

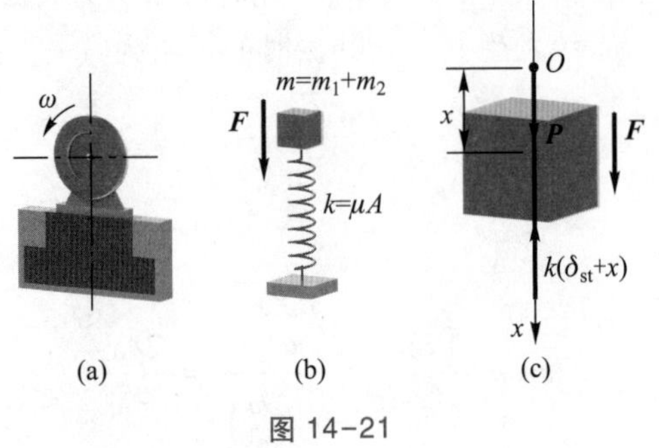

图 14-21

取平衡位置 O 为原点，轴 x 竖直向下为正，δ_{st}为基础在平衡位置时的静变形。设物块在任一瞬时的坐标为 x，此时物块受重力 $(m_1+m_2)g$、地基弹性力 $k(\delta_{st}+x)$ 和周期激振力 $F=0.2H\sin\omega t$ 的共同作用，如图 14-21c 所示。

电动机与基础的运动微分方程为

$$(m_1+m_2)\frac{d^2x}{dt^2}=(m_1+m_2)g-\mu A(\delta_{st}+x)+0.2H\sin\omega t$$

或

$$\frac{d^2x}{dt^2}+\frac{\mu A}{m_1+m_2}x=\frac{0.2H}{m_1+m_2}\sin\omega t$$

由无阻尼系统受迫振动微分方程可得

$$\omega_0=\sqrt{\frac{\mu A}{m_1+m_2}}=\sqrt{\frac{6\times10^7\times20}{7.8\times10^4}}\ \text{rad/s}=124\ \text{rad/s}$$

$$h=\frac{0.2H}{m_1+m_2}=\frac{0.2\times45\times10^3}{7.8\times10^4}\ \text{m/s}^2=0.115\ 4\ \text{m/s}^2$$

系统受迫振动的振幅为

$$B=\frac{h}{\omega_0^2-\omega^2}=\frac{0.115\ 4}{124^2-314^2}\ \text{m}=-1.387\times10^{-6}\ \text{m}$$

当激振力的频率 ω 等于振动系统的固有频率 ω_0 时，系统发生共振，此时电动机的临界角速度为

$$\omega_{cr}=\omega_0=124\ \text{rad/s}$$

临界转速为

$$n_{cr}=\frac{30}{\pi}\omega_{cr}=\frac{30}{\pi}\omega_0=\frac{30}{\pi}\times124\ \text{r/min}=1\ 184\ \text{r/min}$$

由于振动系统的固有频率 ω_0 远比激振力频率 ω 小。在电动机启动过程中，转子角速度到达临界角速度 ω_{cr}时，系统发生共振；但转子角速度一旦超过临界角速度 ω_{cr}之后，随着角速度的增大，振动反而逐渐减弱。在停车过程中，由于在共振区域过渡时间较长，这种共振现象更为明显。

【例 14-9】某精密设备用橡胶隔振器隔振，如图 14-22a 所示。已知系统的固有频率为

3.8 Hz，橡胶隔振器的阻尼系数 $\zeta=0.125$。如地面振动的垂直分量是正弦振动，振幅为 0.002 m，最大振动速度为 0.125 6 mm/s，试求设备的振幅。

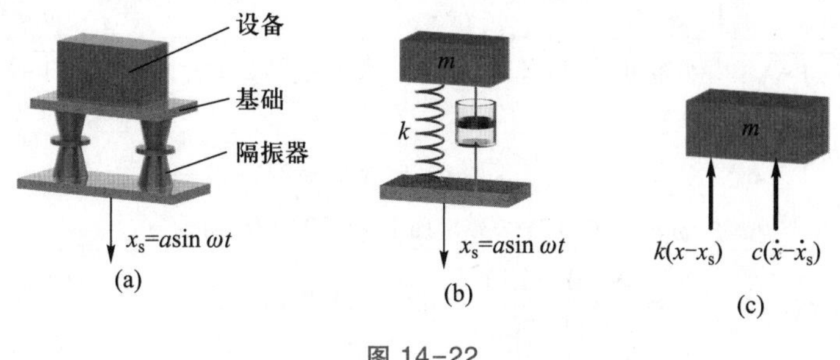

图 14-22

【解】根据题意可知，地面垂直振动的规律为

$$x_s=a\sin\omega t,\quad \dot{x}_s=a\omega\cos\omega t$$

将系统简化为图 14-22b 所示情形，物块在任意位置受力如图 14-22c 所示，其重力与弹性力的合力为 $k(x-x_s)$，其阻尼力为 $c(\dot{x}-\dot{x}_s)$。物块的运动微分方程为

$$m\frac{\mathrm{d}^2x}{\mathrm{d}t^2}=-k(x-x_s)-c(\dot{x}-\dot{x}_s)$$

即

$$m\frac{\mathrm{d}^2x}{\mathrm{d}t^2}=-k(x-a\sin\omega t)-c(\dot{x}-a\omega\cos\omega t)$$

整理后可得

$$m\frac{\mathrm{d}^2x}{\mathrm{d}t^2}+c\dot{x}+kx=ka\sin\omega t+ca\omega\cos\omega t$$

可见，支承运动相当于作用了两个激振力：一个是经过弹簧传递的力 $ka\sin\omega t$，另一个是经过阻尼器传递的力 $ca\omega\cos\omega t$，后者在相位上比前者超前 90°。

将两个激振力合成为同频率的一个简谐激振力

$$ka\sin\omega t+ca\omega\cos\omega t=H\sin(\omega t+\theta)$$

式中

$$H=a\sqrt{k^2+c^2\omega^2},\quad \theta=\arctan\frac{c\omega}{k}=\arctan\frac{2\delta m\omega}{m\omega_0^2}=\arctan 2\zeta\lambda$$

可得系统运动微分方程

$$m\frac{\mathrm{d}^2x}{\mathrm{d}t^2}+c\dot{x}+kx=H\sin(\omega t+\theta)$$

令 $\omega_0^2=\dfrac{k}{m}$，$\delta=\dfrac{c}{2m}$，$h=\dfrac{H}{m}$，则上式可改写为

$$\frac{\mathrm{d}^2x}{\mathrm{d}t^2}+2\delta\dot{x}+\omega_0^2x=h\sin(\omega t+\theta)$$

上述方程和式（14-33）相比，只是相位角增加了 θ，因此上式的特解为

$$x=B\sin(\omega t+\theta-\varepsilon)=\frac{B_0}{\sqrt{(1-\lambda^2)^2+(2\zeta\lambda)^2}}\sin(\omega t+\theta-\varepsilon)$$

式中 $B_0=\dfrac{h}{\omega_0^2}=\dfrac{H}{k}$，$\lambda=\dfrac{\omega}{\omega_0}$，$\zeta=\dfrac{\delta}{\omega_0}$，$\varepsilon=\arctan\dfrac{2\zeta\lambda}{1-\lambda^2}$，故

$$B=\frac{H}{k}\frac{1}{\sqrt{(1-\lambda^2)^2+(2\zeta\lambda)^2}}=a\sqrt{1+\left(\frac{c\omega}{k}\right)^2}\frac{1}{\sqrt{(1-\lambda^2)^2+(2\zeta\lambda)^2}}=\frac{a\sqrt{1+(2\zeta\lambda)^2}}{\sqrt{(1-\lambda^2)^2+(2\zeta\lambda)^2}}$$

由题可知

$$\zeta=0.125$$

$$\omega_0=2\pi f=2\pi\times3.8\ \text{rad/s}=23.876\ \text{rad/s}$$

$$\omega=\frac{v}{a}=\frac{0.1256}{0.002}\ \text{rad/s}=62.8\ \text{rad/s}$$

$$\lambda=\frac{\omega}{\omega_0}=\frac{62.8}{23.876}=2.63$$

则设备的振幅为

$$B=\frac{a\sqrt{1+(2\zeta\lambda)^2}}{\sqrt{(1-\lambda^2)^2+(2\zeta\lambda)^2}}$$

$$=\frac{0.002\sqrt{1+(2\times0.125\times2.63)^2}}{\sqrt{(1-2.63^2)^2+(2\times0.125\times2.63)^2}}\ \text{mm}=0.0004\ \text{mm}$$

§14-4 减振与隔振

机器设备运转时的振动常会对环境和设备产生影响，使其不能正常工作或妨碍加工测试的精度，也会给人体健康带来危害。因此，如何减少和隔离振动，已成为高转速、高精密机器和仪器必须注意的问题。

在工程中，减少振动的方法很多，针对不同问题，一般可采取如下途径和措施：

（一）消除振源

激振干扰力的存在是产生受迫振动的原因，因此消除振动的根本办法是消除产生激振力的来源。如旋转机械的激振力，主要是由于转动构件的偏心产生离心力，从而使系统产生受迫振动。因此，对高速转动的构件必须进行静平衡和动平衡试验，以消除或减小离心力。

（二）避开共振区

在激振力无法完全避免的情况下，可使机器避开共振区进行工作，即使激振力频率远离系统固有频率，避免出现共振现象。由于系统的质量及角速度一般为定值，所以减小系统刚度，即可增大频率比，以远离共振区。如在工程中许多机器在支座下垫上一层或多层橡皮垫进行消振，就是利用该原理。

（三）增大阻尼

阻尼对受迫振动的振幅有抑制作用，尤其在共振区特别明显。如车辆在振动时，利用板弹簧各板簧片间的摩擦力可使振动迅速衰减。

（四）隔振

根据振源的不同，隔振一般分为**主动隔振**和**被动隔振**两类。

（1）主动隔振。机器本身是振源，将其与地基隔离开，以减少它对周围的影响，称为**主动隔振**，或**积极隔振**。如在机器的基础及地基之间，设置弹簧或橡胶垫，就是常用的一种主动隔振措施。

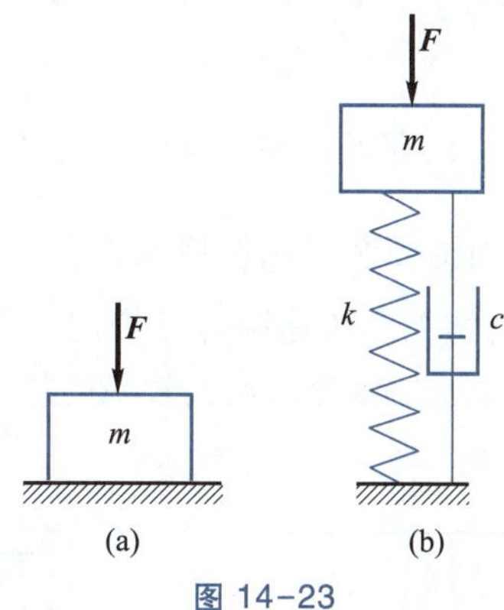

图 14-23

设机器上作用有激振力 $F=H\sin\omega t$。若没有隔振装置，机器直接放置于地基之上，则传递到地基上的力即为激振力 $H\sin\omega t$，如图 14-23a 所示。若给机器加上隔振措施，则如图 14-23b 所示，传递到地基上的力由两部分组成：一部分是通过弹簧传到地基上的，即

$$F_{e}=kx=kB\sin(\omega t-\varepsilon)$$

另一部分是通过阻尼器传到地基上的，即

$$F_{d}=c\dot{x}=cB\omega\cos(\omega t-\varepsilon)$$

这两部分激振力的频率相同，故可合成为一个合力，其最大值为

$$F_{max}=\sqrt{F_{emax}^{2}+F_{dmax}^{2}}=\sqrt{(kB)^{2}+(cB\omega)^{2}}=kB\sqrt{1+(2\zeta\lambda)^{2}}$$

根据上节知识可知，在激振力 $H\sin\omega t$ 作用下，系统的振幅为

$$B=\frac{H}{k}\frac{1}{\sqrt{(1-\lambda^{2})^{2}+(2\zeta\lambda)^{2}}}$$

故

$$F_{max}=\frac{H\sqrt{1+(2\zeta\lambda)^{2}}}{\sqrt{(1-\lambda^{2})^{2}+(2\zeta\lambda)^{2}}}$$

隔振后传到地基的力幅 F_{max} 与未隔振前传到地基的力幅 H 之比，称为**力的传递率**，以表示主动隔振的效果。即

$$\eta=\frac{F_{max}}{H}=\frac{\sqrt{1+(2\zeta\lambda)^{2}}}{\sqrt{(1-\lambda^{2})^{2}+(2\zeta\lambda)^{2}}} \tag{14-42}$$

（2）被动隔振。机器设备或仪表装置放在地基上，振源来自其他机器引起的地基运动，在地基与设备间加隔振装置，以减小地基传至设备的振动，称为**被动隔振**。如例 14-9 中，精密设备用橡胶隔振器与地基隔开，就是被动隔振。

把隔振后机器设备的振幅 B 与地基运动的振幅 a 之比，称为**位移的传递率**，以表示被动隔振的效果，即

$$\eta=\frac{B}{a}=\frac{\sqrt{1+(2\zeta\lambda)^2}}{\sqrt{(1-\lambda^2)^2+(2\zeta\lambda)^2}} \tag{14-43}$$

由式（14-42）与式（14-43）可知，无论是主动隔振还是被动隔振，虽然力的传递率和位移的传递率含义不同，但系数的变化规律一样，都可用图 14-24 所示的特性曲线来表示，并有下列共同特性：

a. 不论有无阻尼和阻尼大小，只有当频率比 $\lambda>\sqrt{2}$ 时才有隔振效果。因为只有 $\lambda=\dfrac{\omega}{\omega_0}>\sqrt{2}$，才有 $\eta<1$。因此不经过计算而随便装置隔振器或许会得到相反的效果。

b. $\lambda>\sqrt{2}$ 以后，随着频率比的增加，传递率 η 逐渐趋于零。但在 $\lambda>5$ 以后，η 曲线几乎水平。因此，此时即使选用更好的隔振装置，隔振效率的提高也是有限的。工程上一般选取 η 在 2.5~5 范围内。

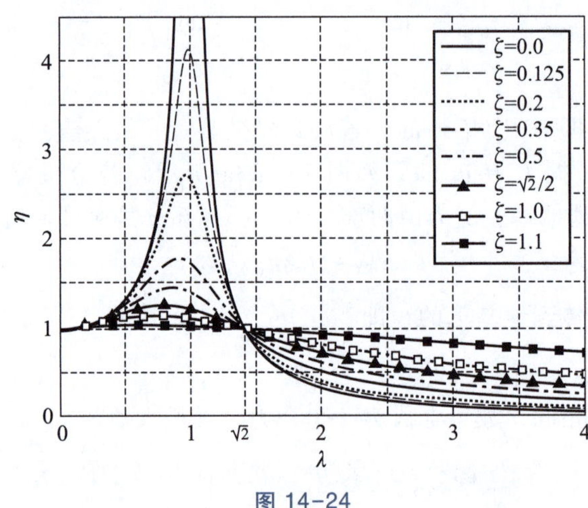

图 14-24

c. 当 $\lambda>\sqrt{2}$ 时，传递率 η 随 ζ 的增大而提高，此时增大阻尼是不利于隔振的。因此，盲目增加阻尼并不一定能带来好的隔振效果。但是，为了便于机器在启动或停车的过程中能顺利通过共振区，也不能完全没有阻尼。

小 结

1. 系统仅在恢复力作用下的振动，称为自由振动。

单自由度无阻尼自由振动微分方程的标准形式为

$$\frac{d^2x}{dt^2}+\omega_0^2x=0$$

微分方程的解为

$$x=A\sin(\omega_0t+\theta)$$

自由振动的固有频率、振动周期和振动频率是振动系统的重要物理参数，其大小完全取决于系统本身，而与运动的初始条件无关。对于弹簧质量系统

固有频率　$\omega_0=\sqrt{\dfrac{k}{m}}$

振动周期　$T=\dfrac{2\pi}{\omega_0}=2\pi\sqrt{\dfrac{m}{k}}$

振动频率　$f=\dfrac{1}{T}=\dfrac{\omega_0}{2\pi}$

自由振动的振幅 A 和初相位 θ 与初始条件有关，也与系统的固有频率有关。

振　幅　$A=\sqrt{x_0^2+\dfrac{v_0^2}{\omega_0^2}}$

初相位　$\theta=\arctan\dfrac{x_0\omega_0}{v_0}$

2. 计算振动系统固有频率的方法

（1）若振动系统的刚度系数为 k，振动物体的质量为 m，则系统的固有频率

$$\omega_0=\sqrt{\frac{k}{m}}$$

（2）已知弹簧质量系统平衡时的静变形 δ_{st}，则系统的固有频率

$$\omega_0=\sqrt{\frac{g}{\delta_{st}}}$$

（3）已知系统运动微分方程的标准形式 $\dfrac{d^2x}{dt^2}+\dfrac{B}{A}x=0$，则系统的固有频率为

$$\omega_0=\sqrt{\frac{B}{A}}$$

（4）若振动系统为保守系统，采用能量法计算振动系统的固有频率，即根据 $T_{max}=V_{max}$ 计算系统的固有频率。

3. 除了受恢复力外，还受到阻尼力作用的振动，称为衰减振动，也称为阻尼振动。

单自由度有阻尼自由振动微分方程的标准形式为

$$\frac{d^2x}{dt^2}+2\delta\frac{dx}{dt}+\omega_0^2x=0$$

小阻尼情形 $\delta<\omega_0$ 下，微分方程的解为

$$x=Ae^{-\delta t}\sin(\sqrt{\omega_0^2-\delta^2}\,t+\theta)$$

有阻尼自由振动仍具有往复性，系统的振幅 A 和初相位 θ 与初始条件有关。

振　幅　$A=\sqrt{x_0^2+\dfrac{(v_0+\delta x_0)^2}{\omega_0^2-\delta^2}}$

初相位　$\theta=\arctan\dfrac{x_0\sqrt{\omega_0^2-\delta^2}}{v_0+\delta x_0}$

衰减振动的周期受阻尼影响不大，其周期略大于相同系统无阻尼自由振动的衰减振动周期，即

$$T_d=\frac{2\pi}{\sqrt{\omega_0^2-\delta^2}}=\frac{2\pi}{\omega_0\sqrt{1-\zeta^2}}$$

衰减振动振幅按几何级数衰减，衰减的快慢程度用减缩因数 η 和对数减缩 Λ 来描述，即

$$\eta=\frac{A_i}{A_{i+1}}=\frac{A\mathrm{e}^{-\delta t}}{A\mathrm{e}^{-\delta(t+T_d)}}=\mathrm{e}^{\delta T_d},\quad \Lambda=\ln\,\eta=\delta T_d$$

在大阻尼 $\delta>\omega_0$ 和临界阻尼 $\delta=\omega_0$ 情形下，系统的运动已不是周期运动，不具备振动的特点和性质。

4. 系统在外界干扰下产生的振动，称为受迫振动。

受迫振动微分方程的标准形式为

$$\frac{\mathrm{d}^2x}{\mathrm{d}t^2}+2\delta\frac{\mathrm{d}x}{\mathrm{d}t}+\omega_0^2x=h\sin\,\omega t$$

在小阻尼 $\delta<\omega_0$ 情形下，微分方程的解为

$$x=x_1+x_2$$

瞬态响应　$x_1=A\mathrm{e}^{-\delta t}\sin(\sqrt{\omega_0^2-\delta^2}\,t+\theta)$

稳态响应　$x_2=B\sin(\omega t-\varepsilon)$

振　幅　$B=\dfrac{h}{\sqrt{(\omega_0^2-\omega^2)^2+4\delta^2\omega^2}}=\dfrac{B_0}{\sqrt{(1-\lambda^2)^2+(2\zeta\lambda)^2}}$

相位差　$\tan\,\varepsilon=\dfrac{2\delta\omega}{\omega_0^2-\omega^2}=\dfrac{2\zeta\lambda}{1-\lambda^2}$

受迫振动的特点：

(1) 受迫振动的频率与激振力的频率相同，阻尼不影响频率；

(2) 受迫振动的振幅 B 和相位差 ε 只与振动系统的固有频率 ω_0 和阻尼系数 δ 及激振力的幅值 H、频率 ω 有关，而与初始条件无关；

(3) 幅频特性曲线描述了受迫振动的振幅随频率的变化关系，相频特性曲线描述了受迫振动的相位差随频率的变化关系。

思考题

14-1　下列四种自由振动弹簧质量系统如图 14-25 所示。物块的质量均为 m，弹簧刚度系数均为 k，不计摩擦，则系统振动的固有频率各为多少？如将 k 增加一倍，固有频率如何变化？

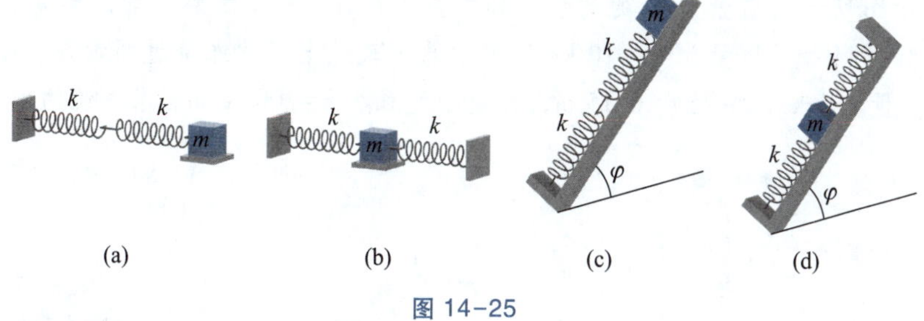

图 14-25

14-2 弹性力与恢复力是否相同？试举实例说明。

14-3 自由振动的频率和振幅与哪些因素有关？

14-4 阻尼力对自由振动的频率和振幅有什么影响？

14-5 受迫振动的振幅和频率与哪些因素有关？

14-6 阻尼对受迫振动的振幅和频率有什么影响？

14-7 什么是共振？如何避免共振？

14-8 高转速机器一般说来 $\omega>\omega_0$，启动时又须经过共振区域，但是机器没有什么激烈振动，如何解释？

14-9 欲得良好的隔振效果，应该采取什么措施？是不是弹簧越软越好？阻尼越大越好？

14-10 为了用实验方法求出简支梁的固有频率，在简支梁中间装有带偏心转子的电动机，如图 14-26 所示。改变电动机的转速使梁发生共振，这时电动机的角速度 ω 就是梁的固有频率 ω_0，这种实验方法是否可用？为什么？

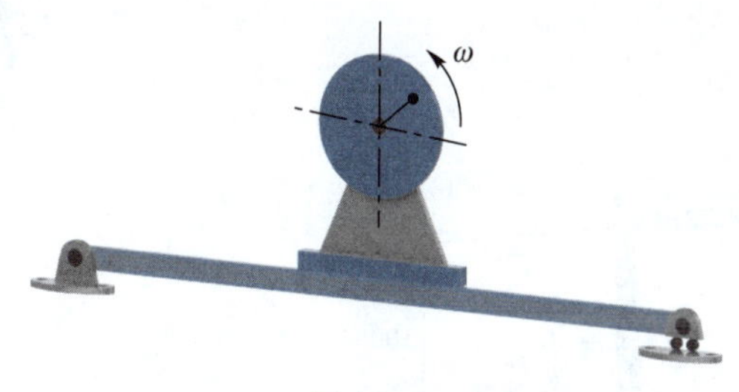

图 14-26

习 题

习题：
第十四章

14-1 质量未知的托盘挂在弹簧上，当盘上放质量为 m_1 的物体时，测得的周期为 T_1。如盘上放质量为 m_2 的物体时，测得的周期为 T_2。求弹簧的刚度系数。

14-2 如图所示，质量 $m=5$ kg 的光滑套筒 M 松放在弹簧顶端。现将套筒由静平衡位置压下 $\lambda=4$ cm，无初速地释放。若要使套筒 M 做简谐运动，求弹簧刚度系数 k 的最大值。

14-3　如图所示，质量为 m 的均质圆环支持于点 A。求其微幅摆动的周期。

14-4　如图所示，质量为 $m=10$ kg 的重物悬于软绳上，软绳跨过圆盘与水平弹簧相连。已知圆盘的质量为 5 kg，半径 $r=0.15$ m，弹簧刚度系数 $k=200$ N/m。求系统的振动周期。

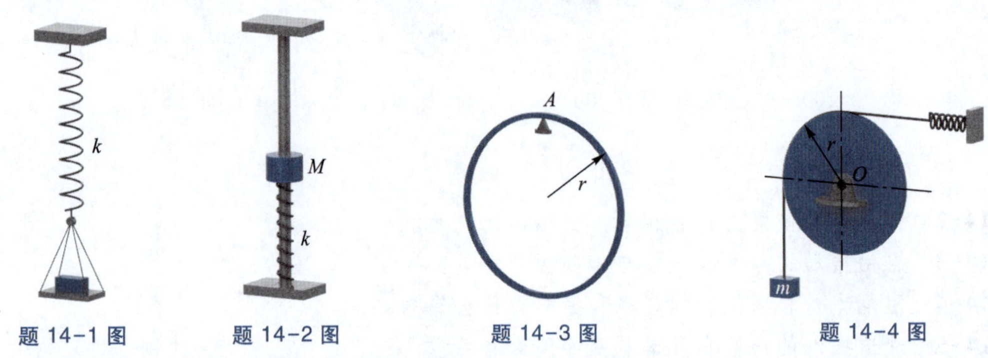

题 14-1 图　　题 14-2 图　　题 14-3 图　　题 14-4 图

14-5　如图所示，不计质量的曲杆 ABC 可绕轴 B 转动。曲杆 A 端与刚度系数 $k=$ 400 N/m 的水平弹簧相连，C 端系质量为 $m=5$ kg 的物体。曲杆微幅转动时，求系统的固有频率及周期。

14-6　如图所示系统，定滑轮半径为 r，其对转轴 C 的转动惯量为 J_C，重物 M 的质量为 m，弹簧 AB 的刚度系数为 k，静平衡时弹簧 AB 水平且端点 A 与转轴 C 在同一垂直线上。不计轴承处的摩擦，求系统在静平衡位置附近微幅振动的周期。

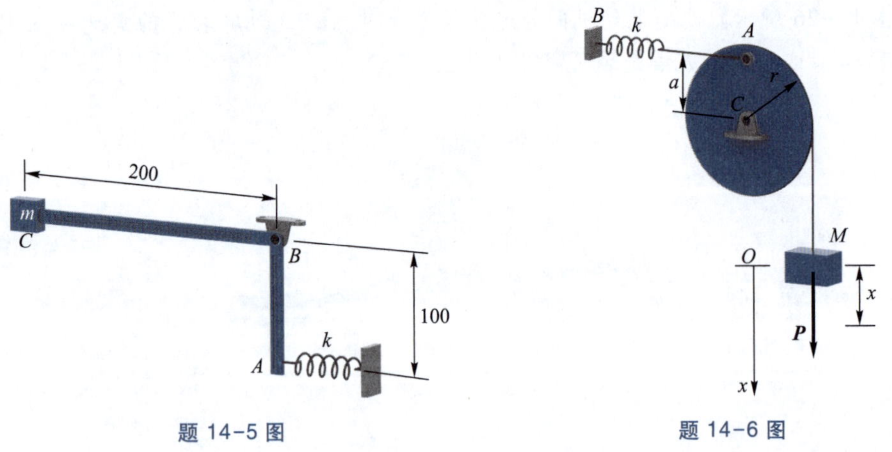

题 14-5 图　　题 14-6 图

14-7　为了记录土壤的振动，地震仪中有如图所示的摆。在长为 l 的刚杆一端，固结一个夹于两水平弹簧间的摆锤。摆锤质量为 m，两弹簧的刚度系数均为 k，且一端固定。不计杆的质量，设杆在平衡位置时弹簧不受力。求摆微幅振动的周期。

14-8　如图所示，圆柱的直径为 d，质量为 m，可在水平面上做纯滚动。在柱长度的中点系有两根相同的弹簧，连接点与柱的轴心相距均为 a。已知两根弹簧的刚度系数都为 k，求圆柱的微振动周期。

14-9　如图所示，计数器由摆及附加其上质量为 m 的活动重物 G 构成。整个系统对水平轴 O 的转动惯量可通过移动活动重物来调整。已知摆的质量为 M，质心到转轴 O 的距离为 s_0，$OG=s$，摆对转轴的转动惯量为 J_0。求计算器微幅振动的周期。

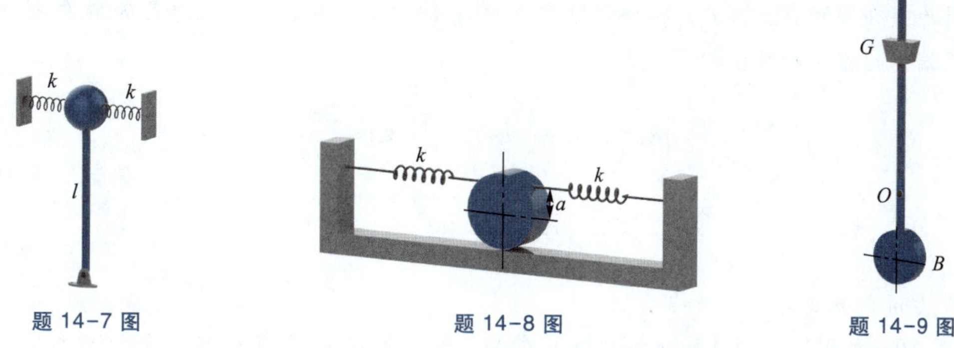

题 14-7 图　　题 14-8 图　　题 14-9 图

14-10　如图所示，物体挂在相距为 $2a$、长为 l 的两根铅垂细绳上，物体可绕与两绳等距的铅垂轴 OO_1 做扭摆运动。若物体对轴 OO_1 的回转半径为 ρ，求摆微幅振动的周期。

14-11　如图所示，由两根均质细杆固接而成的直角尺可绕点 O 转动。已知 $OA=l$，$OB=2l$。求直角尺在平衡位置附近做微幅振动的周期。

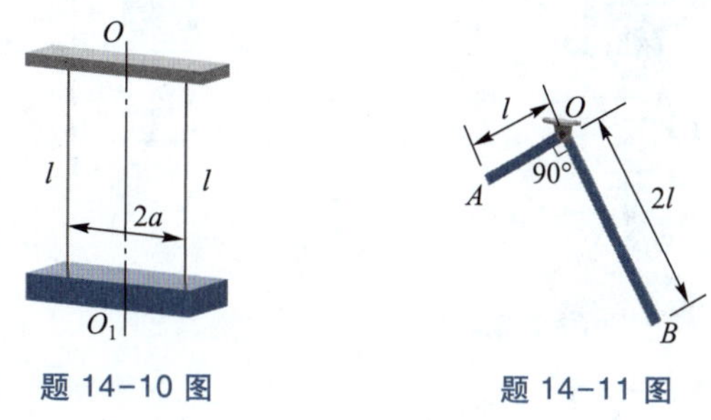

题 14-10 图　　题 14-11 图

14-12　如图所示，在记录机器底座铅垂振动的仪器内，质量为 m 的重物 Q 连在刚度系数为 k_1 的铅垂弹簧上，并与静平衡的指针铰接。指针为弯杠杆的形状，对转轴 O 的转动惯量为 J，且被刚度系数为 k_2 的水平弹簧压在平衡位置上。已知 $OA=a$，$OB=b$。重物的尺寸以及弹簧初始张力的影响均不计，求指针在铅垂平衡位置做自由振动的周期。

14-13　质量为 m 的重物 P 悬挂在顶端固定的弹簧上，弹簧的刚度系数为 k，质量为 m_0。设弹簧上任意两点偏离平衡位置的大小之比恒等于这两点到弹簧固定端距离之比。求重物振动的周期。

14-14　质量为 M、半径为 r 的均质盘可沿水平直线做纯滚动。圆盘上固连着一根长为 l 的杆，杆的末端带有一个质点 m。不计杆的质量，求系统的振动周期。

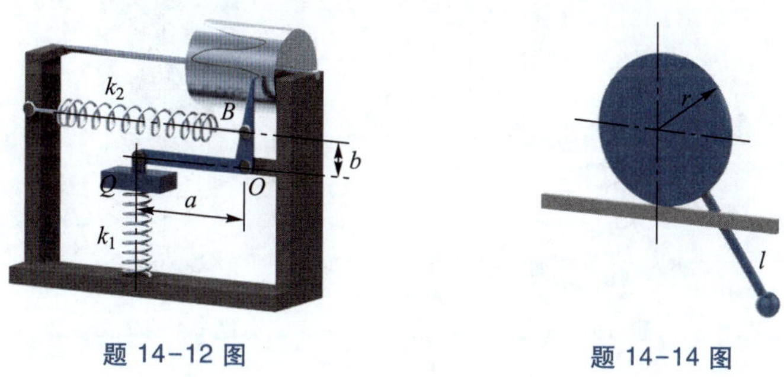

题 14-12 图　　题 14-14 图

14-15 启动阀门的凸轮机构可简化为如图所示结构。质量块 m 的一端用刚度系数为 k 的弹簧连接在固定点上，另一端通过刚度系数 k_1 的弹簧连接凸轮。根据凸轮的廓线，下方弹簧底端的铅垂位移可由如下公式确定：

$$\begin{cases} x_1 = a(1-\cos \omega t) & \left(0 \leqslant t \leqslant \dfrac{2\pi}{\omega}\right) \\ x_2 = 0 & \left(t > \dfrac{2\pi}{\omega}\right) \end{cases}$$

求质量块 m 的运动。

14-16 如图所示，质量 $m = 20$ kg 的物块，下落高度 $h = 0.5$ m 时与 $k = 100$ N/cm 的无重弹簧末端碰合为一体，试求碰后物块的运动。

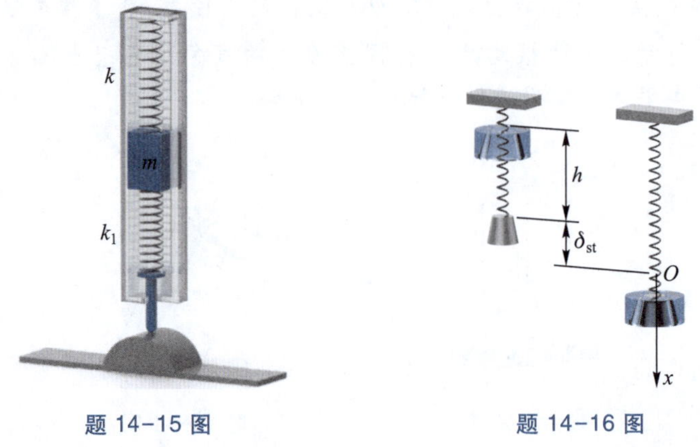

题 14-15 图　　题 14-16 图

14-17 如图所示，质量为 m_1 的厚板，静止于刚度系数为 k 的弹簧上。质量为 m 的物块从高处 h 下落到厚板上，设碰撞为完全塑性碰撞，即碰撞后一起运动，求其振动。

14-18 已知钢轨长 $l = 12.5$ m，车架弹簧的静变形 $\delta_{st} = 5$ cm。车厢做匀速运动。试求列车速度多大时，车厢将发生共振而剧烈颠簸。

14-19 如图所示，电动机质量 $m_1 = 250$ kg，由两个刚度系数 $k = 30$ kN/m 的弹簧支持。在电动机上装有质量 $m_2 = 0.2$ kg 的偏心物块，偏心距 $e = 0.01$ m。求：(1) 发生共振时的角速度；(2) 当角速度为 105 rad/s 时的振幅。

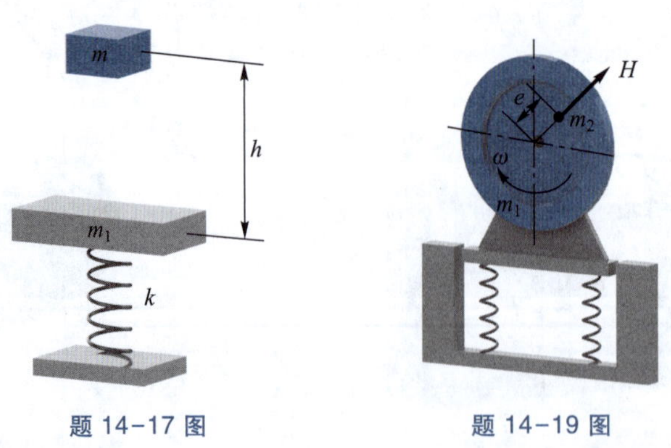

题 14-17 图　　题 14-19 图

14-20 如图所示，质量 $m=0.49$ kg 的活塞置于气缸中，活塞杆上连接刚度系数 $k=196$ N/m 的弹簧。气缸上下两端可以交替地通入和排出压缩空气，因而在活塞上作用有 $F=2.26\sin 8\pi t$ 的干扰力（力以 N 计，时间以 s 计，角度以 rad 计）。试求活塞的受迫振动规律。

14-21 质量 $m=50$ kg 的物体，由两个刚度系数均为 $k=400$ N/m 的弹簧并联支撑，已知介质阻力与速度的一次方成正比，经过三次上下振动后振幅减到原来的$\frac{1}{12}$，求振动系统的周期和对数减幅率。

14-22 重 5 N 的物体挂在刚度系数 $k=2$ N/cm 的弹簧上，经过四次振动后，振幅减为原来的$\frac{1}{12}$，设系统具有黏性阻尼，求振动的周期和阻尼比。

14-23 如图所示，电磁振动给料机总的质量（包括物料质量）$m=223$ kg，质心在点 C。激振力的频率 $f=50$ Hz，根据使用要求，力的传递率为 $\eta=\frac{1}{20}$。已知 $a=1$ m，$b=1.56$ m，试计算隔振弹簧的刚度系数 k_1 和 k_2。

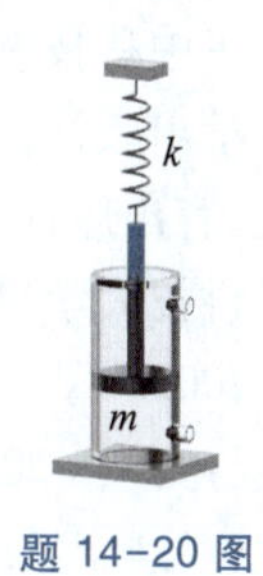

题 14-20 图

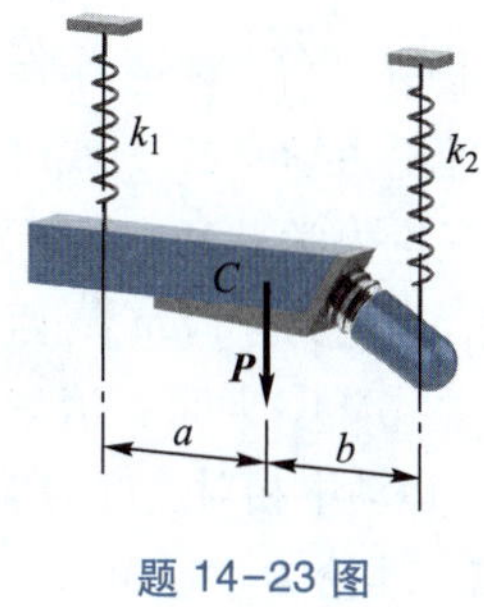

题 14-23 图

参考文献

［1］哈尔滨工业大学理论力学教研室．理论力学：Ⅰ，Ⅱ［M］．9版．北京：高等教育出版社，2023．

［2］胡文绩，华蕊，杨强，等．理论力学［M］．武汉：华中科技大学出版社，2010．

［3］刘江，张朝新．理论力学［M］．武汉：武汉理工大学出版社，2008．

［4］武清玺，徐鉴．理论力学［M］．4版．北京：高等教育出版社，2023．

［5］张功学，侯东生．理论力学［M］．西安：西安电子科技大学出版社，2008．

［6］税国双．理论力学［M］．北京：清华大学出版社，2009．

［7］税国双．点的复合运动中相对速度的描述［J］．力学与实践，2016，38（2）：181-186．

［8］李卓球，侯作富．理论力学［M］．武汉：武汉理工大学出版社，2011．

［9］张祥东．理论力学［M］．重庆：重庆大学出版社，2006．

［10］赵淑红，贾永峰．理论力学［M］．北京：清华大学出版社，2012．

［11］牛学仁，戴保东．理论力学［M］．北京：国防工业出版社，2013．

［12］支希哲．理论力学［M］．3版．北京：高等教育出版社，2021．

［13］东北大学、北京科技大学．工程力学：运动学与动力学［M］．5版．北京：高等教育出版社，2020．

［14］王青春．理论力学［M］．北京：机械工业出版社，2017．

［15］贾启芬，刘习军．理论力学［M］．北京：机械工业出版社，2013．

［16］师俊平．理论力学［M］．北京：机械工业出版社，2016．

［17］邱秀梅，刘燕，李明宝．理论力学［M］．北京：中国水利水电出版社，2009．

［18］张速，吕晓棠．理论力学［M］．武汉：武汉大学出版社，2013．

主编简介

李永强，男，1970 年生，工学博士，东北大学长聘教授，辽宁省普通高等学校本科教学名师，国家级一流本科课程“理论力学”课程负责人，辽宁省力学学会理事。

主要从事非线性振动、转子动力学与旋转机械故障诊断、微重力流体动力学、离散元数值模拟等领域的科研工作。主持承担和参加了国家自然科学基金、863 计划项目、GF973 项目等国家级和省部级科研课题 30 余项。在 Journal of Sound and Vibration、Composite Structures 和《机械工程学报》《计算力学学报》《应用力学学报》《力学与实践》《振动与冲击》等国内外学术刊物发表论文 100 余篇。